2018

Research Reports on the Development of Chinese Arts

中国艺术研究院　主编

2018 年度
中国艺术发展研究报告

文化藝術出版社
Culture and Art Publishing House

图书在版编目（CIP）数据

2018年度中国艺术发展研究报告 / 中国艺术研究院主编. —北京：文化艺术出版社，2019.4

ISBN 978-7-5039-6527-2

Ⅰ. ①2… Ⅱ. ①中… Ⅲ. ①艺术事业 - 研究报告 - 中国 - 2018 Ⅳ. ① J12

中国版本图书馆CIP数据核字（2019）第050962号

2018年度中国艺术发展研究报告

主　　编　中国艺术研究院
责任编辑　董良敏　韩路民
书籍设计　蔡立国　赵　矗
出版发行　文化艺术出版社
地　　址　北京市东城区东四八条52号（100700）
网　　址　www.caaph.com
电子邮箱　s@caaph.com
电　　话　（010）84057666（总编室）　84057667（办公室）
　　　　　（010）84057696—84057699（发行部）
传　　真　（010）84057660（总编室）　84057670（办公室）
　　　　　（010）84057690（发行部）
经　　销　新华书店
印　　刷　国英印务有限公司
版　　次　2019 年 5 月第 1 版
印　　次　2019 年 5 月第 1 次印刷
印　　张　29.75
字　　数　530千字
开　　本　787毫米 × 1092毫米　1/16
书　　号　ISBN 978-7-5039-6527-2
定　　价　98.00元

目录

导　言　/　001

2018年度中国马克思主义文艺理论发展研究报告　/　001

2018年度中国艺术学理论发展研究报告　/　019
2018年度中国音乐发展研究报告　/　048
2018年度中国舞蹈发展研究报告　/　074
2018年度中国戏曲发展研究报告　/　099
2018年度中国话剧发展研究报告　/　117
2018年度中国曲艺发展研究报告　/　141
2018年度中国电影艺术发展研究报告　/　158
2018年度中国电视艺术发展研究报告　/　186
2018年度中国美术发展研究报告　/　218
2018年度中国摄影艺术发展研究报告　/　247
2018年度中国建筑发展研究报告　/　268
2018年度中国工艺美术发展研究报告　/　291

2018年度中国文化发展研究报告　/　315
2018年度中国红学发展研究报告　/　339
2018年度中国文化战略发展研究报告　/　368
2018年度中国艺术人类学发展研究报告　/　397
2018年度中国非物质文化遗产保护发展研究报告　/　429

导 言

2018年是改革开放40周年，也是全面贯彻十九大精神的开局之年，实施国家“十三五”规划承上启下的关键一年。十三届全国人大一次会议通过了《中华人民共和国宪法修正案》，把习近平新时代中国特色社会主义思想载入宪法，进一步明确了新时代国家发展的根本任务、奋斗目标、战略步骤，为中国特色社会主义文化建设提供了强大的理论指导和根本遵循。中国文化艺术工作者肩负起新的文化使命，承担了文艺事业发展的新任务、新要求、新目标，努力铸就中华文化艺术的新辉煌。

作为国家级综合性艺术科研机构，中国艺术研究院切实履行为国家文化艺术发展提供学术支撑的职责，自2018年起持续推出年度《中国艺术发展研究报告》，对我国艺术发展的年度状况进行系统的调查研究和分析评估，努力为广大文艺工作者开辟艺术创作与研究新境界提供现实参考。《2018年度中国艺术发展研究报告》旨在客观呈现我国文化艺术发展新作为与新成就的同时，归纳艺术发展的规律与经验，探查其中的问题和不足，并就此提出对策与建议，积极为我国文化艺术管理献策建言。现将要点综述如下。

一、现象与热点：开辟新境界

2018年，在党和国家的高度重视和坚强领导下，我国文化艺术建设成效显著，成果突出，不断满足人民群众日益增长的精神文化生活需求，开辟了社会主义文艺创作与学术发展新境界。

1. 国家政策为文艺繁荣保驾护航

为全面贯彻党的十九大精神，认真落实《中共中央关于繁荣发展社会主义文艺的意见》，国务院及有关部门出台了一系列相关政策与文件，有效推动了精品艺术创作，促进了优秀文化传承，加强了乡村文化建设，推进了文化与旅游的融合发展。

《文化部办公厅关于开展2018年度剧本扶持工程申报工作的通知》《文化和旅游部办公厅关于开展2018年度戏曲剧本孵化计划项目申报工作的通知》从剧作这一创作源头抓起，推动体现中国精神和时代风格的舞台艺术创作。在国家政策鼓励下，以中国梦为主题、弘扬社会主义核心价值观的舞台剧剧本创作不断涌现，数十部优秀戏曲及话剧原创剧作脱颖而出，并在扶持下完成创排，其中《生死契约》《一号机密》等剧目已成功上演，反响热烈。

为鼓励国产纪录片精品创作，加快推动纪录片产业发展，继续开展优秀国产纪录片推荐播映工作，《国家新闻出版广电总局关于做好2018年优秀国产纪录片推荐播映工作的通知》的发布使展示中国革命和建设的艰苦历程、讴歌爱国主义精神和时代精神的纪录片创作得到有效加强。例如，《西南联大》用珍贵翔实的影像资料回顾了战争岁月，展现中国知识分子以浩然正气守护中国文脉的事迹与风骨，赢得广泛好评；《中关村——变革的力量》真实呈现了几代中关村人的创业史，展现了中国硅谷乃至中国互联网业的崛起之路，引起观众热议。

为深入推进优秀传统文化艺术的传承与发展，根据教育部发布的《教育部关于开展中华优秀传统文化传承基地建设的通知》，北京大学昆曲传承基地等55个中华优秀传统文化传承基地申报成功，促进了文化艺术传承全方位融入高校教育。在教育部、国家语委联合发布的《中华经典诵读工程实施方案》支持下，“2018年中华经典诵读比赛”等全国性大型活动广泛展开，《中国诗词大会》等语言文化类电视节目推陈出新，极大激发了社会大众尤其是学校师生参与诵读活动的热情，使广大参与者在诵读过程中感受中华经典的魅力，潜移默化地接受中华民族传统文化的熏陶和影响。

为落实十九大报告提出的实施乡村振兴战略的重大决策，《中共中央 国务院关于实施乡村振兴战略的意见》出台，明确提出“繁荣兴盛农村文化，焕发乡风文明新气象”。《乡村振兴战略规划（2018—2022年）》就“繁荣发展农村文化”进一步部署了“农耕文化保护传承”“戏曲进乡村”“贫困地区村综合文化服务中心建设”“中国民间文化艺术之乡”等一系列重大工程。这些政策及工程项目的启动和实施推动着全国各院团将优秀艺术创作带上乡村舞台，使乡村人民切实有效地体验与享受文化艺术成果，推动了乡村公共文化设施及服务体系建设。

2018年，国家旅游局与文化部合并，组建了文化和旅游部，明确了“宜融则融，能融尽融，以文促旅，以旅彰文”的工作思路，推动了文化与旅游的融合发展，促使全国各地文化艺术体验旅游升温。其中，一年一度的上海旅游节推出了“阅读上海”“红色旅游”“艺术团体展演”等活动单元，使广大市民和游客在领略上海建筑风情的同时感知和体验开放而多元的海派文化艺术。

2.以精品力作提振改革开放信心

2018年，文化艺术界以纪念改革开放40周年为契机，通过丰富多彩的艺术形式回顾了中国人民解放思想、走中国特色社会主义道路的伟大进程，反映了40年来中国政治、经济、文化上取得的辉煌成就，提振了全国人民深化改革、扩大开放的信心。

为庆祝改革开放40周年，全国各地纷纷举办主题性展览，各种别具匠心的策展设计和珍贵展品深受观众喜爱，引发观展热潮。例如，在中国国家博物馆举行的“伟大的变革——庆祝改革开放40周年大型展览”，通过一幅幅老照片、一张张票券证书、一件件生活“老物件”使观众重温了改革开放以来中国每座城市、每个乡村乃至每个家庭日新月异的变化，感受了中国人民自立自强的民族品格。“东方风来满眼春——中国美术馆典藏精品展(1978—2018)”以新时期以来的百件美术精品多角度展现了当代中国社会文化建设的探索历程和成就，使观众体味了求真务实、自强不息、与时俱进的改革开放精神。

在众多献礼之作中，不少艺术创作通过塑造典型人物形象，展现改革开放进程中中国社会和人民经历的种种困境与机遇，激发深层思考，博得广泛关注。例如，电视剧《大江大河》通过三个主人公逐梦的命运轨迹，映射出改革开放中国有经济、集体经济和个体经济的变迁与发展，反映了冲破陈腐观念羁绊、破除过时体制束缚的困难与艰辛，引发观众的强烈共鸣。原创歌剧《命运》演绎了鲁镇绣娘打破原有生活模式，自主创业并走向国际的奋斗历程，歌颂了改革开放中弄潮儿顽强不屈、敢为人先的豪迈气魄。

广大文艺工作者还以多种艺术形式塑造各行各业的时代楷模，颂扬爱岗敬业、无私奉献精神，使观众了解改革开放各项事业背后鲜为人知的英模故事。话剧《追梦云天》不仅呈现了中国民用大型飞机的艰苦研制历程，反映了中国民航制造业的兴衰起伏，还表现了不同年代、不同岗位上老中青三代杰出典范的家国情怀。舞剧《雪域天路》用肢体语言精彩演绎了三代铁路人在青藏铁路勘测、建设和开通运营过程中拼搏奋斗、力排万难的感人故事，体现了挑战极限、勇创一流的青藏铁路精神。

3. 对现实题材进行多元纵深开掘

2018年，广大文艺工作者坚持以人民为中心的创作导向，努力纵深开掘贴近大众生活的现实题材，创作紧扣时代脉搏、如实观照当代人们物质与精神现实的优秀作品，引起广泛而热烈的反响。

其中，一些切中时代痛点、深度挖掘人性的现实题材创作真诚地为人民心愿代言，弘扬人性的善与美，产生了强大的艺术感染力和社会影响力。例如，“现象级”电影《我不是药神》针对药价虚高给百姓带来的求医难问题，通过主人公从违法代购药品逐利到牺牲自身救助癌症病患的蜕变故事，不但鞭挞拜金主义价值观，彰显人性光辉，传递生命温暖，而且真实反映了我国医疗体制改革过程中经历的曲折与困难，把关乎百姓切身利益的医保问题推至台前。该片引发的舆论效应使有关部门加快落实抗癌药降价保供等相关措施，真正实现了现实题材创作反思现实、促进制度变革的社会意义与价值。

在主旋律创作中，一些现实题材作品通过形式创新赢得了市场与口碑。例如，电视剧《最美的青春》突出青春剧元素，以生气勃勃、个性十足的人物塑造和写实主义手法，生动呈现了20世纪60年代的大学生在塞罕坝变荒漠为绿洲的奋斗史。该剧不仅赢得高收视率及破4亿人次的网阅量，而且青年观众占比过半，打破了主旋律电视剧难以获得年轻观众喜爱的尴尬状况。在戏曲领域，以敦煌学学者樊锦诗为原型的沪剧《敦煌女儿》采用时空交错的叙事手法，通过简洁而有意味的舞台布景，营造了虚实相生的意境空间，让观众对传统沪剧艺术有了全新体验。

4. 命运共同体意识促进文化认同

十九大报告提出，构建人类命运共同体是新时代坚持和发展中国特色社会主义的基本方略之一。基于人类命运共同体意识创作的优秀文化艺术作品可以有效增进世界各国之间的文化认知与认同，使不同文明体共同放眼未来，形成和平共处的新型国际关系范式。

2018年，我国文艺工作者通过举办国际展览、展演等形式将展现中华文化精髓、彰显中华美学精神的优秀艺术作品分享给世界人民，借此增进国外民众对中国的了解，传递构建人类命运共同体的美好愿景。在美术领域，“中国美术世界行”项目之“艺术与和平——中国当代美术作品展”于欧洲四国巡展，以国画、油画、版画、雕塑等形式展现中国人民“以和为贵”的价值观及对和平、和谐生活的向往与追求。在舞蹈领域，中国艺术“梦之队”携《丝路花雨》《我的梦》《国色·十二生肖》三部经典舞剧，先后在大洋洲、北美洲和南美洲6个国家、12个城市进行巡演，以极具民族特色的舞姿和意境向世界人民展现中华民族的悠久历史和中华文化的无穷魅力。

“一带一路”建设是构建人类命运共同体的伟大实践，广泛开展的“一带一路”主题性文化艺术交流促进了中国与“一带一路”沿线国家之间的合作互鉴，沟通民心，连接民意。6月19日，“丝绸之路国际美术馆联盟”在中国美术馆成立，“一带一路”沿线18个国家和地区的国家美术馆和重点美术机构加入了该联盟，共同致力于更深、更广的国际美术交流与合作，实现各国民众的相互理解、尊重和信任。我国美术界相继举办的“合作·共赢——‘一带一路’国际版画邀请展”“无问西东：从丝绸之路到文艺复兴”等大型展览，在展现各国丰富的人文、历史和自然风貌的同时，反映了不同文明之间对话、交融与共同发展的历程。音乐领域，主题为“丝路相连·心路相通·乐路相融”的首届“丝绸之路音乐节”，以及“丝绸之路”“意象丝路·龟兹盛歌”民族管弦乐原创作品音乐会等活动推出众多丝路主题音乐创作，增进了丝路沿线国家之间音乐领域的互学共鉴。

5.跨界融合成为艺术创新新引擎

近年来，很多文化艺术领域突破原有边界，融合趋势渐增，各艺术领域内部的不同风格类型创作也交相杂糅，生发出诸多新的子类型。随着艺术创作经验的不断积累及创新路径的逐步增多，跨界融合已成为艺术创新发展的重要引擎。

在舞台创作领域，“跨界融合”极大地促进了艺术表现形式的创新。例如，交响民族器乐剧《笛韵天籁》，将笛子演奏与其他民族音乐、交响乐、合唱及电子音乐等形式相交融，诗情地展现了笛子的历史演变，并借助数字技术营造了情景交融的意境之美。在中国吹打乐剧场上演的《大笛绞》，融合唢呐、笙、打击乐演奏形式，利用影像技术手段，再现了民间吹打乐的传统样态与生存空间。此外，《丝路追梦》《蝶恋传奇》等加入多种民族器乐演奏的交响乐作品，为中国民族音乐融入现代艺术潮流、走向国际舞台做出了积极探索。

不同领域、不同艺术门类之间的跨界融合则有效开掘了艺术创作的多元化创新潜力。“2018·跨界艺术项目展演国际工作坊”活动中，集戏剧表演、音乐、舞蹈、新媒体、冰酒设计等多种艺术形式于一体的综合项目《最近最远》在李津单幅同名绘画作品基础上进行了极大丰富与升华，动态展现了时尚潮流与传统文化、西方文明与东方文明的碰撞，引发了观众对现代人精神境遇的思考。

6.新技术拓展艺术未来发展空间

日新月异的科技发展对艺术创作与传播产生了深远影响，并通过提供崭新的表现手段，大大激发艺术创作活力。其中，数字技术和人工智能（Artificial Intelligence，缩写为AI）等现代高新科技手段越来越广泛地融入艺术创作与生产之中，给艺术活动带来更多的新素材、新观念、新形式，为艺术表现和传播提供了更加广阔的发展空间。

数字技术在建筑设计、建造等方面已经有了具体而细致的应用。例如，袁烽设计的四川竹里乡村建设项目，将数字化参数设计与当地木构工艺紧密结合，实现了预制工业化建筑构造与传统营造技艺的融合，展示出现代建筑技术在灾后重建及普通居民建筑中发挥的重要作用，入选“第16届威尼斯国际建筑双年展”。

在电视领域，弹幕作为技术革新下的新兴视频模式，实现了在视频播放的同时以字幕形式发布即时评论的功能，为观众创造了一种新的欣赏与交流模式，使他们得以通过弹幕进行跨时空互动，成为年轻人喜爱的追剧方式。新型网台融合则改变了传统的“先台播后网播”的单向度形式，产生了网生内容反哺卫视的现象，引发网台双播价值最大化效应。例如，优酷出品的纪录片《了不起的匠人》在网播后，其精编版由央视科教频道（CCTV-10）再次播出，取得良好收视效果，成为网生纪录片反向电视台输出内容的先例。

人工智能影响人类生活与文明的步伐也逐渐加快，关注度不断提升。2018年，百度与国家文物局共同启动了“AI博物馆计划”，致力于利用人工智能技术构建传播中华文化和艺术的网络数字矩阵，推动“互联网+中华文明”建设。

7.参与式体验催生艺术审美新形式

高新技术不仅极大拓展了艺术表现空间，而且生发出艺术审美体验新方式。目前，互动式、参与式审美活动在技术的支持下越来越多地走进人们生活中，全面革新了单向度、被动式的艺术接受方式，催生出新的审美需求，形成新的艺术创作形式。

伴随VR技术的发展与成熟，以人机交互观影体验方式为特征的虚拟现实电影成为电影艺术的新类型。2018年，北京国际电影节推出了VR单元，展映了来自英美等多个国家和地区的VR作品，使观众以参与者的身份经历了一场沉浸式的感官之旅。“2018中国·南昌世界VR大会分论坛：VR+动漫：新时代　新技术　新动漫”“2018VR/AR影视娱乐展”等活动，立足虚拟现实技术前沿，在充分展示虚拟现实技术的应用场景的同时，探索了虚拟现实技术作用于生活与艺术的可能性路径。

VR、AR、沉浸式新媒体等在文化演艺、博物馆体验、网络领域的广泛应用引发了观众的极大兴趣与体验热潮。例如，“第三届生活榜发布会暨首届生活方式体验展”以描绘中国古代名士精致生活的百科全书《长物志》作为蓝本，借助科技手段建构了一个中国古典生活空间，使观众由选择十二类生活物品，进入五个不同的雅趣空间，互动式体验古代文人的艺术化生活方式。“海上丝绸之路及边疆万里数字文化长廊”展览活动，借助AR与VR新技术打造了文物数字展墙与数字非遗体验空间等单元，用情境化、可视化的数字形态立体地向观众展示了文化遗产，讲述了“海上丝绸之路”文化故事，受到观众欢迎与好评。

8.加强本土理论体系建设成为共识

中国特色艺术事业的繁荣发展需要中国特色艺术理论提供强大的学术支持。为此，我国文化艺术理论工作者自觉承担历史使命，努力从厚积的中华文化中开掘新的理论视角，依托中华民族的思维模式和解读习惯，做出基于民族立场和本土视域的理论阐释，构建中国特色的艺术理论体系。

在马克思主义文艺理论方面，“当代形态”与“当代化”引起热议，学者就如何在当代语境中开掘马克思主义的理论能量，发展当代中国的马克思主义文艺理论进行了深入研究与探索，着力挖掘马克思主义经典著作中活的精神与方法，并借此阐释分析中国现状，与时俱进地更新文艺理论体系，引导文艺健康发展。在文化研究领域，学者们通过梳理国学兴起与发展的脉络，对儒家经典进行再思考，呼吁在中西比较视野中建构“中国古典学”，努力提炼与展示优秀传统文化的精髓及其中具有当代价值、世界意义的内容。

在各艺术学科领域，构建本土理论体系已成为共识和自觉实践。学者纷纷开展以“构建中国学派”为宗旨的学术研究与研讨活动，发掘中国传统文化中的艺术理论资源，剖析中国传统艺术中的文化基因，并在此基础上结合中国艺术发展实践，探索学理化、规范化、特色化的学科发展路径，为构建中国特色艺术理论体系提供全面的理论支撑。

二、问题与困难：面临新挑战

党的十九大以来，在习近平新时代中国特色社会主义文艺思想指引下，我国文艺事业取得长足进步和显著成就，各个艺术领域都呈现了百花齐放、生机勃勃的繁荣景象。毋庸讳言，在当前艺术领域的创作实践、学术研究、大众审美、民间传承及院团管理等领域仍然存在一些无法回避的问题与困难，我国广大文艺工作者需清醒认识并客观面对相关症结与疑难，有针对性地加以破解和矫正。其中，主要问题如下。

1. 以西方理论“解读”本土艺术实践

中西方文化在思维方式、价值取向、行为规范等方面存在差异，致使中西艺术理论体系建设各具特色。中国传统文化历来重视感性认知和直觉感悟，习惯于形象、整体的思维方式，创造了诗词歌赋、琴棋书画等丰富多彩的文学艺术形式及基于实践体验的艺术理论成果。西方文化则强调科学理性和实证精神，注重抽象思维和逻辑推理，在构建系统化、规范化、标准化的研究模式和理论体系方面更具优势。因此，西方较早形成相对成熟的自然科学和人文社科理论，并往往运用既有的理论框架、概念体系和研究方法对艺术实践进行分析和阐释。相比较而言，我国本土艺术理论欠缺严谨细致的逻辑推演和分析归纳，缺乏系统规范的理论构建，在面对纷繁复杂的文艺现象时，某些艺术研究领域依然存在过多套用西方理论体系、概念术语和研究视角的现象，盲目运用西方艺术理论分析、阐释和解读中国的文化艺术实践，以致脱离中华传统文化脉络，剥离中国文明历史情境，不但使我国文艺理论界在国际文化艺术的学术交流中“失语”和“失声”，而且因中国传统文化艺术得不到具有民族立场和本土视域的理论阐释而遭“误读”和“错读”。例如，借用西方视觉艺术与造型艺术理论解析中国书法中的“颜筋柳骨”、生套西方结构理论诠释中国画作品中的“留白”、照搬西方音乐理论阐释中国传统音乐中的“琴韵”和传统戏曲中的“唱腔”等现象，都不仅无法准确呈现中国文化独有的审美特质、意境表达和精神追求，更不利于中国特色艺术理论体系的建构和本土文艺创作实践的发展。

2. 网络乱象助长文化的快餐式消费

当前，随着网络技术与信息科技的飞速发展，网络游戏、网络文学、网络视频、网络音乐、网络影视等全新的网络娱乐与艺术形式不断涌现，最大限度地整合了文字、图片、声音、视频等多媒体元素，更具时效性、开放性和交互性，备受广大青年和网民欢迎。大众通过互联网媒介可以更加快捷直观地浏览、阅读和欣赏文化艺术内容。

然而，在互联网创新势头迅猛、竞争更加激烈的背景下，某些网站为追逐利益、获得流量，不惜以低俗恶搞的方式、古怪猎奇的内容、无底线的娱乐炒作来吸引网民关注和点击，致使大量网络“爆款”充斥着哗众取宠、搞怪、粗陋、媚俗和低级趣味等乱象，一些创作者也为图一时之利，抛弃了创作初衷，放弃了对艺术作品的深入研究和精致打磨，盲目娱乐大众，某些“网红”艺人更是成为商家追逐利益的合作者，甚至一些传统艺术表演也受其影响，出现“噱头化”“碎片化”和“泛娱乐化”等现象。例如，“陕北说书”这一传统曲艺表演通过网络直播形式，满足了大众欣赏曲艺节目的多样化需求，传扬了传统艺术，拓展了曲艺发展新空间，但同时也在一定程度上存在模仿和追随娱乐性直播节目倾向，在“说书”表演中掺杂不雅段子及扮怪搞笑内容，扭曲了原本独特清新的曲艺直播形象。

因此，浅表化、片面化、娱乐化的网络内容侵袭了艺术作品的思想性、整体性和思想性，“用心感受、品读和思考”的审美追求也逐渐被网络时代“用眼观看、娱乐和消费”的感官体验所替代，大众快速消费大量平庸、低俗和浅薄的娱乐内容，长此以往将会丧失理性批判、逻辑思考和对生活的反思能力，加速整个社会快餐式文化艺术消费倾向。

3. 缺乏系统美育有碍审美素养提升

2018 年 8 月 30 日，习近平总书记复函中央美术学院 8 位老教授，在致以诚挚问候的同时，就做好美育工作、弘扬中华美育精神提出殷切期望。然而，我国当前的教育体制虽然包含艺术专业的审美教育，但其专业化程度尚待提高，公共文化艺术领域内的社会性、综合性、体验性审美教育和审美训练也需加强，这样才能使大众审美能力获得与党和国家要求相一致的系统而整体的提升。

首先，系统规范的学校审美教育亟须加强。目前，一些中小学教育依然以应试教育为主，重视智育，忽视美育和人文素养教育，美育师资相对贫乏，美育资源配置不达标，美育课与其他专业课协同推进机制不够健全，审美教育在学校教育中依然处于薄弱环节。

其次，专门化社会审美培训有待提升。伴随物质生活水平的提高，人们开始追求丰富多彩的精神生活，通过参加画展书展、欣赏音乐舞蹈、观赏各种文化艺术表演等文化活动主动接触各门类艺术作品，但与此相应的各艺术门类专业知识的社会普及尚不充分，社会化审美训练仍显不足，博物馆、图书馆等公共文化机构的公共美育培训有待开展。

最后，传统艺术的审美空间尚需拓展。中国传统诗、词、曲、赋、音乐、绘画、舞蹈等文艺形式是中华美学精神的重要载体，不仅蕴含美善统一、道艺合一、形神兼备等审美思想，还推崇以物比兴、托物言志、情景交融的审美形式。然而，在互联网时代，电脑、智能手机、人工智能等科学技术普遍融入人们的日常生活之中，一定程度上挤压了吟诗作画、笔墨飘香、吹弹歌舞的传统审美空间，弱化了中国传统艺术以形写神、涵情养性、文以载道等审美功能。

以上诸种原因在不同程度上导致我国的大众审美能力缺乏系统训练，大众审美素养无法得到普遍提升。

4. 生存环境变迁不利民间艺术传承

传统民间艺术是凝结劳动人民智慧的文化瑰宝，是中华民族世代相传的艺术遗产。然而，伴随着社会发展和时代变迁，人们的生活方式和审美情趣发生变化，一些传统民间艺术如彝族花鼓舞、龙州壮族天琴、秦皇岛抚宁吹歌等失去了生存发展的空间和既有的审美群体，逐渐远离人们的生活和视野，某些民间艺术门类的传承也陷入困境。

首先，民间艺术传承人才青黄不接。很多民间艺术在传统农业社会是人们生活中不可或缺的技艺，民间艺人也以表演和传承这些技艺谋生。而在现代社会，有些民间艺术失去了生存的土壤，年轻人也因学习周期长和经济收入低而学习意愿淡薄，许多民间艺术传承面临后继无人的窘境。特别是一些少数民族的优秀民间艺术属于独门绝学，需口传身授，传承情况往往因人而异，最终面临人绝艺亡。

其次，民间艺术的受众流失渐趋严重。民间艺术源于劳动实践，是在生产力不发达、物质生活相对贫乏的年代生存发展起来的，现代人因缺少相关需求和真切体验而无法主动接纳和传承。

最后，民间艺术的发展空间逐渐狭窄。伴随新的传播媒介和艺术形式的形成和发展，电影电视、网络文艺等各种现代大众文化艺术形式逐渐将民间艺术挤压到了生死边缘，工业化大生产也使费时费工的手工艺制品一度脱离人民生活，许多依靠口传身授方式传承的技艺、习俗、礼仪等文化遗产在逐渐消失，大批具有较高历史与文化价值的优秀民间艺术因失去市场和发展路径而消亡。

5.同质跟风之作疏于深度开掘内涵

当前，艺术创作中出现重形式轻内涵、重宣讲轻艺术、重“投排”轻规律的创作倾向，存在创作形式“模板化”、创作题材“标签化”、创作风格“套路化”等问题，在表达主题、表现形式、创作思路等方面存在模仿和重复现象，阻碍了艺术形式的持续创新和对精神内涵的深入开掘，有些艺术创作则追求甚至迷信“题材决定论”，并有“主题先行”的倾向。如为向改革开放40周年献礼，舞蹈领域出现了“天路年”现象，涌现大量以青藏铁路建设为主题的舞剧，虽然其中不乏《雪域天路》《天路》《天之路》等精品力作，但依然存在题材雷同、千人一面的趋同现象；电视剧领域献礼作品贯穿全年，艺术水准参差不齐；戏曲领域也存在一窝蜂转向现实题材创作、忽略戏曲艺术传统及艺术个性问题，导致某些复制式、同质化内容大行其道。这些艺术创作疏于对生活的观察和体验，缺乏对艺术本质的深刻挖掘，忽视对作品精神内涵的展现，致使真正有思想灵魂和生命力，独具精神风格的作品相对匮乏，不利于艺术创作生态的健康发展。

6.定位模糊引发艺术院团管理矛盾

艺术院团是艺术生产的经营实体，也是具有传播艺术和社会教育功能的机构，在各历史时期因承担功能差异而定位有所不同。在中华人民共和国成立初期，艺术院团承担社会教育功能，定位偏重政治宣传。改革开放以后，艺术院团更多地承担传承中华优秀文化、繁荣社会主义文艺和为人们提供丰富多彩的精神产品等功能，定位渐趋多元，有些注重产业化经营，有些侧重传承民族文化。然而，当前某些传统艺术院团在体制改革中出现了“有限责任公司”“传承中心”“研究院”等名称和定位，一定程度上混淆了身份，忽略了艺术创作和传承发展传统艺术的价值和功能，且在归口管理时存在多头领导、职责不清、管理不顺等问题。如某些传统戏曲剧团在实现归口管理时，不仅存在文化系统内部公益与非公益职能的管理差异，还出现宣传部门和文化部门之间管理的相互掣肘，使得艺术院团管理矛盾重重。

因此，盲目或“一刀切”式的改革方式容易造成艺术院团定位模糊，功能不清，并带来诸多方面的管理矛盾。所以，艺术院团应该根据自身功能而形成清晰定位，并有针对性地进行差异化管理，促进长远健康发展。

三、对策与建议：踏上新征程

针对我国文化艺术发展中存在的问题与困难，我们结合艺术创作与研究的客观规律和实践经验，就如何促进文化艺术的健康发展与持续繁荣提出如下对策与建议。

1.构建中国特色艺术理论体系

习近平总书记在哲学社会科学工作座谈会上的讲话中指出，构建中国特色哲学社会科学理论话语体系要按照立足中国、借鉴国外，挖掘历史、把握当代，关怀人类、面向未来的思路，充分体现中国特色、中国风格、中国气派。秉持这一精神，我们首先需从中华优秀传统文化中汲取智慧，采撷中国古代艺术理论精华，将中国古代“天人合一”的思维方式、“和合而生”的宇宙观念、“立象尽意”的美学传统、“知行合一”的实践意识、物我交融的艺术境界等凝结中华民族共同价值追求与审美取向的思想精华作为涵养中国特色艺术理论的重要源泉，确立本土文化立场下的艺术评价标准，建构具有中华民族特色的理论体系。其次，要立足我国艺术发展现实，紧扣时代发展脉搏，坚持问题导向，关注当下，走向田野，将艺术理论研究与艺术创作实践相结合，提出具有主体性、原创性的理论见解，构建能够体现中华民族特质的学科体系、学术体系，形成我国艺术理论自身的特色和优势。再次，构建中国艺术理论体系还要重视跨学科研究，借鉴相关学科的研究方法与成果，加强与文史哲乃至自然科学等各界学者的交流合作，吸收其在理念、方法、体系构建等方面的有益经验，努力全面、科学地把握中国艺术发展的规律性特征。

2. 加强网络思想文化阵地建设

网络新媒体的快速发展对当前文化艺术发展产生了巨大影响，带来了文艺观念和文艺实践的深刻变化，但在提供发展机遇的同时，也生发出一些无序失范现象，亟须加强管理和引导，为网络文艺的创作和发展营造风清气正的良好环境。有鉴于此，我们需要以社会主义核心价值观为指引，积极传播向上向善的正能量，增强道德判断力和道德荣誉感，自觉抵制与抨击网络娱乐中不时出现的诸如自我价值过度膨胀、个人私欲过度放纵及以怪为美、以丑为尚等不良现象，坚守中华文化立场，礼敬中华优秀传统文化，对“去思想化”“去价值化”“唯洋是从”等历史虚无主义文化现象进行鞭挞。同时，文化管理部门还需努力健全互联网管理方面的法律法规，建立实时监管与智能网络筛查系统，摒除有损公共道德、破坏社会秩序、危害国家文化安全的有害信息，给大众提供一个健康有序的网络环境。

3. 探索大众审美教育的新途径

美育并非只是专业艺术院校的技艺传授，而是包括情感取向、价值导向、道德修为等在内的人的整体素质的培养。因此，大力提倡社会美育，发挥美育塑造美好心灵的重要作用，就需努力探索大众审美教育的多元路径。首先，学校在开展系统的美育教育时，不仅需要开设美学、艺术学课程，还应注重审美实践活动，通过跨学科合作、在实践中学习等新的教学方式，扩展美育课程的深度和广度，全方位提升学生的审美素养。其次，在全社会推广美育教育，通过提升美术馆、博物馆等公共文化艺术机构的硬件设施及服务水平，吸引更多观众主动接受艺术熏陶，同时鼓励专业艺术机构及从业人员到学校及社区中进行艺术普及工作，并以新闻、出版、广播、电视及网络等传播媒体作为载体，打造公共美育平台，实现美育熏陶日常化。再次，通过民间途径不断拓展美育范围。譬如，挖掘戏文、蒙学、乡约、行规、家训等民间传统文化中的审美意蕴，把美育普及渗透到百姓的日常生活之中，化为代代相传的审美意识和鉴赏习俗。

4. 拓展民间艺术生存发展空间

民间艺术作品往往是民族文化发展的原生态呈现和真实记录，要促进其传承，拓展其生存空间，需要深入发掘和把握民间艺术蕴含的原有精华与韵味，在保留其艺术精髓的基础上促使其与时代和社会相适应，激发内在活力，促进创造性转化和创新性发展，同时适当开发民间艺术的日常应用价值，通过研发能够融入日常生活的文化创意产品，使民间艺术焕发新的生命力。此外，鼓励民间艺人打破陈规限制，不再限于家族内部传承，而是积极开门授艺，让优秀民间艺术后继有人。

5. 发挥审批把关环节调控作用

避免同质跟风现象，提升文艺原创力，需要积极发挥文化管理部门审批把关环节的引导调控作用，健全相关管理机制，其中包括对文艺创作审批、立项等环节严格把关，完善选题论证、剧目立项、演出推广等工作流程，努力杜绝主题“扎堆”现象，鼓励、扶持和保护原创作品的创作生产，加大对剧本、词曲等创作基础性环节的支持力度，增强创意含量，同时充分发挥专家学者的咨询指导作用，完善科学论证、效益分析等流程，充分激发和保障艺术创作的原创活力。

6. 优化艺术院团管理体制机制

深化艺术院团管理体制改革，在完善政府扶持政策方面，可通过政府购买服务、原创剧目补贴、国家艺术基金招标及财税优惠政策等方式扶持艺术院团创作生产，鼓励、引导社会资本投资艺术院团，加强对基层、民营艺术院团扶持力度，保护稀有剧种；在推进艺术院团体制改革方面，需在尊重艺术发展规律的前提下，明确艺术院团的功能和定位，推动艺术院团制度建设。其中，针对以经营性为主的艺术院团，需通过政策措施鼓励其适应市场经济发展规律，引导其从旧有“戏班子”模式逐步转型为现代文化企业，建立现代企业制度，提高现代经营管理能力，进而提升核心竞争力；针对全部或部分履行公益性职能的艺术院团，可借鉴公益性文化事业单位法人治理结构改革经验，探索建立艺术院团法人治理模式，向社会提供公共文化产品和服务。此外，在尊重艺术发展规律和行业发展规律的前提下，文化管理部门应积极引导各级各类艺术院团根据自身发展优势和特色制定符合自身发展的路径与策略，获得持续发展的动力源泉，不断增强内生动力。

改革开放40年来，春风化雨、春华秋实，在实现中华民族伟大复兴的征程中，中国艺术研究院作为集艺术科研、艺术教育和艺术创作为一体的国家级综合性学术机构，肩负着为国家文化艺术发展提供学术支撑、助力文化艺术发展繁荣的重要使命。中国特色社会主义已经进入新的历史时期，在这个千帆竞发、催人奋进的新时代，中国艺术研究院及广大文艺工作者将“立万象于胸怀，传千祀于毫翰”，自觉挺立时代潮头，引领时代风气，努力做好民族文化的建设者、时代精神的塑造者、先进思想的传播者，为推动中华民族文化的大发展大繁荣、建设社会主义文化强国做出重要贡献。

课题主持机构：中国艺术研究院研究室

主　笔：《2018年度中国艺术发展研究报告》导言撰写组

撰稿人：潘　源　林　琳　申　坤

2018年度中国马克思主义文艺理论发展研究报告

摘要：本报告采用文献细读、比较研究等方法，以全球纪念马克思200周年诞辰、《共产党宣言》发表170周年这一历史事件为背景，对2018年度中国马克思主义文艺理论学科相关研究成果进行了系统梳理、研判。在此基础上，抓住“形态”“当代化”“批评”“外马”与“中马”①4个/组关键词展开论述，首先对出现这些关键词的文本进行归纳，展现其提出的学科意义；其次，对这些关键词出现的社会与学科原因进行分析，进而对其中隐含的深层问题进行剖析；最后，在马恩经典理论与中国现实结合的坐标内思考，提出了解决这些问题的初步思路。

关键词：马克思主义文艺理论　形态　当代化　批评　“外马”“中马”　2018年度

一、引言

本年度马克思主义文艺理论研究状况要在时、空两个维度上观察。

作为一门有着较长发展历史且处于渐进积累期的理论学科，我们每年的发展研究报告都强调时间维度，强调要在较长的时段中观察、评估本学科的年度发展状况，因为对处于平台期的马克思主义文艺理论学科而言，以年度为度量单位，几乎很难发现多少有意义的明显变化。这对于2018年依然适用。不过，2018年我们愿意反过来指出，即在一年时间内看不那么明显的变化，放在较长时段观察，或许孕育着值得期待的变化。也可以说，2018年我们捕捉到了一些有意味的微小变化。我

① “外马”与“中马”是笔者为行文方便而创造的两个术语。“外马”指包括西方马克思主义文艺理论在内的国外马克思主义文艺理论研究成果，“中马”则指中国化的马克思主义文艺理论研究成果。

们愿意继续观察、评估甚至召唤、培育这些变化。

与往年不同，本年度我们还格外强调空间因素，之所以如此，是因为在马克思200周年诞辰、《共产党宣言》发表170周年之际，围绕着这一历史性时刻，掀起了一场全球范围的纪念活动。根据对相关信息的研判，我们认为与往年其他纪念活动相比，纪念马克思200周年诞辰活动显得与众不同。概而言之，这种不同主要体现在三个方面，即活动的广度、密度和深度。所谓广度，是指这次纪念活动范围广、时间长。范围是全球性的，时间则前后延续近一年。所谓密度，指纪念活动次数多且关涉面广。纪念次数，我们只能窥斑见豹。比如，据报道，2018年仅德国就举办了600多场纪念活动。[①] 就关涉面看，不仅有国家、政党、社会机构、团体举行纪念活动，许多大学、研究机构、艺术机构也举办了主题丰富、形式多样的纪念活动。不过，更引人注意和思考的，还是纪念活动的深度。也就是说，许多纪念活动，不仅仅是对马克思这一历史伟人的回望和凭吊，而且具有深刻的理论内涵，更体现出丰富的时代内容，许多纪念活动本身就具有明确的问题意识和强烈的理论色彩。概括来看，这次纪念活动主要指向两个方向：一是资本主义的全球危机，二是马克思主义作为"真理的力量"。或者说，正是资本主义的全球危机使人们重新认识到了马克思主义这一"真理"的存在及其力量，期望重新拿起这一理论武器，研判自2008年华尔街金融危机开始蔓延至今，给全球带来巨大风险，且仍看不到尽头的危机，从而为人类社会寻找出路，寻找未来。

学科化的马克思主义文艺理论与现实距离相对较远，相关成果较少讨论纪念活动，讨论上述危机，但我们认为这些成果必须放置在这一时代背景中加以观察，因为只有这样，其得失才能得到更好的认识。

课题组共收集了110篇论文、8本著作及大量会议信息。经过梳理，我们发现本年度中国马克思主义文艺理论研究主要围绕着"形态""当代化""批评""外马"与"中马"4个/组关键词展开，因而，本年度报告也主要从这4个/组关键词出发，进行解读、研判、总结。

① 《全球纪念马克思诞辰200周年特辑·欧美篇》，http://www.wyzxwk.com/Article/shidai/2018/05/389265.html。

二、形态

本年度马克思主义文艺理论研究中，“形态”出现频次较多，除部分文章行文中屡屡提到外，还有多篇文章将其作为题眼、文眼。可以说，“形态”是本年度马克思主义文艺理论研究中的关键词。通过它，不仅可以窥察相关研究状况，甚至可以看到一些深层次的问题。

从具体使用情况看，“形态”往往与不同的限定词搭配，用于描述不同历史阶段、不同功能和不同存在样式的马克思主义文艺理论。概括地说，主要有以下三种情况：第一，按时间顺序描述马克思主义文艺理论发展史上不同历史时期之“形态”。较常见的是“经典形态”和“当代形态”的区分。①这是20世纪80年代以来描述马克思主义文艺理论继承与发展关系时常见的表述。“经典形态”一般指马克思主义创始人马克思、恩格斯的文艺思想，“当代形态”则是“经典形态”与当代中国时代精神、文艺实践结合的成果，是对“经典形态”的继承和发展。②此外，与“经典形态”相对及与“当代形态”相类的，还有“中国形态”，指马克思主义文艺理论中国化过程中形成的理论成果。③有的学者更加精细，将马克思主义文艺理论发展史划分为5种历史形态（前史形态、初始形态、科学形态、政治形态、文化形态）和一种发展形态（中国形态），并分别进行研究。④第二，按功能划分，如将马克思主义文艺理论分为“政治形态”（解决社会问题）、“批评形态”（解决文艺现实问题）、“理论形态”（解决理论体系建构问题）。⑤第三，按照存在形式划分，

① 李永新：《马克思主义文艺思想的理论形态：从经典到当代》，《汉语言文学研究》2018年第2期；段吉方：《从经典形态到当代发展——近年来马克思主义经典文艺思想中国化当代化研究路径》，《文艺争鸣》2018年第7期。

② 也有学者使用“原初形态”来指马克思、恩格斯的文艺思想。此外，与“经典形态”和“当代形态”同时使用的，往往还有“发展形态”“现代形态”等，指“经典形态”和“当代形态”之间马克思主义文艺理论的形态。

③ 在有的学者那里，“中国形态”包括“当代形态”，也有学者用“中国形态”指从马克思主义传入中国到新时期之前这段时期的马克思主义文艺理论。

④ 张永清在《时代境遇中的马克思主义批评理论》（《文学评论》2016年第5期）一文中提出了6种形态的分法；在《马克思主义批评理论的前史形态——试论马克思恩格斯1833—1844年的批评理论》（《中国人民大学学报》2016年第3期）一文中对第一种形态进行了论述；本年度则在《马克思主义批评理论的初始形态——试论马克思恩格斯1844—1895年的批评理论》（《中国人民大学学报》2018年第2期）中对“初始形态”做了探讨。

⑤ 季水河、季念：《论马克思主义文艺理论创新的中国问题意识》，《社会科学辑刊》2018年第3期。

将其区分为“历史形态”和“理论形态”，前者指不同理论家在不同历史阶段形成的理论观念，后者指对前者进行概括与综合而得到的体系性的理论成果。[①]

根据《现代汉语词典》，“形态”指事物的形状或表现。[②]文学理论的形态，则指文学理论在历时态中的存在样式。[③]由此，可以说马克思主义文艺理论的“形态”是指马克思主义文艺理论在不同历史阶段、为解决不同问题而展现出的不同样貌。最早从“形态”角度探讨马克思主义文艺理论的做法，出现于20世纪80年代后期。当时，有学者倡导根据时代语境、文艺现实变化，构建马克思主义文艺理论的“当代形态”。[④]此后，“当代形态”成为马克思主义文艺理论研究中的常见词。但“当代形态”的设想较多体现在宏观层面，常常是作为某种若隐若现的“远景”而出现，缺少对具体的路径、方法等的探讨，也没有针对新鲜的文艺实践开展文艺评论，从而提供较成功的批评范例。

“当代形态”未曾实际构建起来，与此同时，从不同角度将马克思主义文艺理论分为不同“形态”的做法却越来越多。之所以出现这种状况，直接原因是不同学者对不同历史阶段的马克思主义文艺理论的认识、评价有所分歧，根据各自标准做了不同切分。有学者指出：“在究竟应该如何看待、如何开展马克思主义文艺理论历史形态的研究，特别是在应该如何评价某些具体阶段、具体国别、具体流派中的理论人物的思想属性、理论贡献和历史地位等方面，学界还是存在大量歧见和纷争的。”[⑤]而且，即便是对马克思主义创始人马克思、恩格斯的文艺思想，看法也不尽相同。本年度张永清的文章《马克思主义批评理论的初始形态——试论马克思恩格斯1844—1895年的批评理论》探讨了自马克思、恩格斯开始其伟大合作到两人逝世期间的文艺思想。这一时段往往被学界视为马克思主义文艺思想的开端，即通常所说的“经典形态”。文章指出，对于他们是否有系统性、体系性的文艺思想，在整个20世纪，世界各国都存在着不同的看法。文章在梳理了相关论争后指出，马克思、恩格斯的文学批评既不是零散的“意见”，也不是系统的“体系”，而是建基

① 谭好哲:《论马克思主义文艺理论的历史形态与理论形态》,《山东社会科学》2018年第1期。

② 《现代汉语词典》(第6版)，商务印书馆2014年版，第1459页。

③ 董学文:《文学理论学导论》，北京大学出版社2004年版，第153页。

④ 董学文:《我的理论反思》,《文学自由谈》1987年第6期；董学文:《马克思主义文艺学当代形态论纲》,《文艺研究》1988年第2期；陈辽:《论马克思主义文艺学的当代形态和民族形式》,《苏州大学学报(哲学社会科学版)》1988年第3期。

⑤ 谭好哲:《论马克思主义文艺理论的历史形态与理论形态》,《山东社会科学》2018年第1期。

于历史唯物主义基础之上而呈现的一种松散的连贯性、整体性的理论形态，故可称之为“初始形态”。

究其实质，“形态”分类多样，源自“共识”缺乏。也有学者意识到，仅仅对诸种具体历史形态的研究是不够的，因为这样做的一个可能后果是只看到不同形态的差异和多样化的态势，却未能整体把握马克思主义文艺理论，由此，这位学者倡导在“历史形态”的基础上构建“理论形态”。“历史形态”是具体的，但有局限性。“理论形态”是对“历史形态”的“去芜存菁、删繁就简”，“由零碎、分散、微观、具体的历史层面上升到系统、整体、宏观、普遍的理论把握”，从而实现“当代理论形态的建构”。但作者也指出，理论建构的首要原则是“要确保当代理论形态建构的‘马克思主义’属性”[①]。不过，问题随之而来：“马克思主义属性”或马克思主义文艺理论的本质属性究竟是什么？如果我们承认在“马克思主义文艺理论”名义之下，包含了种种名目不同、分类依据不一的“形态”，那么这众多“形态”可称为“马克思主义文艺理论”的依据究竟何在？

本质属性界定不清晰，或难以达成共识，是马克思主义文艺理论研究中一个老问题。界定的难度之一，在于马克思主义文艺理论的不同“形态”之间确实存在难以通约的地方。在不同历史时期，马克思主义文艺理论面对的时代语境不同，要解决的问题不同，具有的职能不同，由此产生了不同的理论形态。在马克思主义传入中国的20世纪上半期，时代主题是“战争与革命”，“十月革命一声炮响，给中国送来了马克思列宁主义”，这句话形象地说明了马克思主义主要是作为一种革命实践理论传入中国的，具有某种指导和动员功能，即指导、动员人民群众进行革命，完成反帝反封建任务。从这一任务出发，对文艺的功能、语言、形式等提出了相应的要求，将文艺纳入革命实践，形成了中国化的马克思主义文艺理论。而到了20世纪后半期，时代主题转为“和平与发展”，语境的变化决定了马克思主义的职能也需进行相应调整。与此相应，文艺理论的构建也需做出相应的调整。

20世纪80年代对“当代形态”的探讨，就是马克思主义文艺理论面对新的历史语境及新的文艺现实力图自我更新、自我发展的某种尝试。在80年代新潮文论迭起的语境中，此前在中国占据主流的马克思主义文艺理论的“经典模式”“苏联模

① 谭好哲：《论马克思主义文艺理论的历史形态与理论形态》，《山东社会科学》2018年第1期。

式”等被边缘化乃至污名化。[①] 提出“当代形态”，未尝不是一种摆脱历史包袱、进行突围的创新之举。从“当代形态”的倡导来看，提出应从基本原理、具体结论、理论架构、方法和语言表述等方面发展马克思主义文艺理论[②]，所做论述不可谓不全面。但这一倡导，较多还是在“继承与发展”的框架之内做宏观的设想，较少论及时代语境的变化及由此应做的职能方面的调整等深层问题，因此未能和实践有效结合而真正发展出“当代形态”。

后来从不同角度区分马克思主义文艺理论形态的做法，往往较多谈论不同历史形态的区别，而对不同形态内在关联的论述较为含混，或者干脆搁置、放弃对马克思主义文艺理论本质属性的追问，只进行“历史化”的研究。应该说，对马克思主义文艺理论各个发展阶段的研究，目前来看远远不够充分[③]，进行深耕细作的历史化研究，无疑是必要的。而且，在共识达成的条件尚不具备的时候，先做史料的爬梳或者阶段性的梳理阐释，也是有意义的做法。不过，问题可以延迟，却无法回避。马克思主义文艺理论的“形态”研究，有必要追问统摄不同历史形态的“公约数”，界定其内核和特征，从而为构建一种既符合马克思主义“真精神”，又能应对文艺现实的“当代形态”提供理论前提。

三、当代化

在对“形态”这个关键词的梳理中，本年度马克思主义文艺理论研究中的第二个关键词——“当代化”已经呼之欲出，因为我们可以看到，在对马克思主义文艺理论各种“形态”的区分与讨论中，其“当代形态”是最为人所关注的着眼点。不

---

① 马克思主义文艺理论在当时的处境，从倡导构建“当代形态”的学者的叙述中就可以看出来。比如，董学文曾这样自述：“有的朋友这样劝我：既然你搞‘文艺学的当代形态’，何必要加上‘马克思主义’的定语，干脆就叫你的主义的文艺学多好！中国人为啥绕不过马克思主义，干什么事，搞啥理论研究，都要加上‘马克思主义的’帽子？”参见董学文《马克思主义文艺学当代形态论纲》，《文艺研究》1988年第2期。

② 陈辽：《论马克思主义文艺学的当代形态和民族形式》，《苏州大学学报（哲学社会科学版）》1988年第3期。

③ 张永清指出，对于马克思主义文艺理论各个形态的研究不平衡，存在着“冷热不均”现象，即有的形态的研究比较充分，有的则比较薄弱。参见张永清《时代境遇中的马克思主义批评理论》，《文学评论》2016年第5期。

过，值得注意的是，虽然“当代化”不是什么新提法，但在本年度，这个词却别具分量，甚至可以说，在今天谈论马克思主义，必须探讨其当代化，也就是以当代的问题视野重新打开与激活马克思主义。具体而言，就全球范围看，2018年可谓“危机的时刻”，全球资本主义暴露越来越多的问题与危机。在危机情势下，马克思主义作为分析与克服危机的理论武器，自然被寄予厚望。对中国来说，2018年则是“再出发的时刻”。随着改革开放实践进入更复杂深刻的阶段，需要不断开辟马克思主义发展的新境界，发展当代中国的马克思主义。只有将马克思主义文艺理论放置在这样的时代语境中，才能显露其最深层的理论动力，也才能理解马克思主义所蕴藏的理论能量及其与当代状况间的密切关系，即当代化不仅是学科发展的需要，更源自时代的需求。新的现象、问题、情境、语言经验等层出不穷，这既对马克思主义文艺理论提出了挑战，也提供了自我更新的契机。

这一迫切需求在本年度的学科成果中有非常直观的反映。比如，我们整理出多篇与当代化议题相关的论文。其中，直接讨论当代化的论文至少有9篇[①]，涉及当代化问题的文章则更多。可以说，“当代”“当代化”“当代创新”是本年度马克思主义文艺理论研究的高频词，这似乎意味着“当代化”成了研究者的理论自觉，而相关研究也逐渐成为潮流。概括来看，这些文章结构类似，大体可以分为两个论证层次：一是说明马克思主义文艺理论当代化的必要性、重要性与紧迫性；二是尝试提出实现当代化的具体途径。比如，段吉方的两篇论文《马克思主义经典文艺思想中国化当代化研究：理论内涵、阐释立场与实践意义》和《从经典形态到当代发展——近年来马克思主义经典文艺思想中国化当代化研究路径》就很有代表性。前一篇侧重阐明当代化的理论内涵与实践意义，尤其辨析了经典与当代化的关系，并

① 直接讨论当代化的论文包括《汉语言文学研究》2018年第2期“马克思主义经典文艺思想中国化当代化研究”笔谈中的3篇（王建刚：《马克思主义经典文艺思想的当代化与中国经验》、李永新：《马克思主义文艺思想的理论形态：从经典到当代》、张清民：《马克思主义经典文艺思想的当代问题》），《文艺争鸣》2018年第7期上的2篇（段吉方：《从经典形态到当代发展——近年来马克思主义经典文艺思想中国化当代化的研究路径》、宋伟：《现代性的批判与解构：马克思主义文艺理论的当代性》），以及一些单篇文章，比如詹艾斌：《马克思主义文学批评的当代形态问题》（《广东社会科学》2018年第1期）、段吉方：《马克思主义经典文艺思想中国化当代化研究：理论内涵、阐释立场与实践意义》（《社会科学家》2018年第3期）、田文君等：《马克思文艺理论的精神品格及其当代启示》（《大众文艺》2018年第10期）、徐吉贵：《马克思主义现实主义文艺思想的当代价值》（《文化创新比较研究》2018年第10期）。

简要地提示了当代化的若干努力方向。后一篇则详细梳理了马克思主义中国化与当代化的历程，并在此基础上明确了马克思主义经典文艺理论当代化研究的若干方向，包括加强经典文本阅读与经典阐释，挖掘原典文本的当代意义；确立马克思主义经典文艺思想中国化与当代化的理论阐释框架与问题解析方式；积极呼应当代问题，推动马克思主义文艺批评的发展等。其他文章大体脱离不开这样的结构方式，只是两个部分的详略程度不一。比如张清民的《马克思主义经典文艺思想的当代问题》就更具体地指明了马克思主义文艺理论在当下的用武之地，总结了语言形式、新媒体文艺、文艺消费、文化政治、生态文艺、视觉文化、全球化七个可以开拓的领域。比起抽象论证当代化的必要性，这类文章显然具有一定的实践指导作用。

平心而论，以上列举的几篇文章的问题意识鲜明，论述比较周延，对当代化的进一步发展做出了有益的探索，在同类文章中质量较高。不过，在更为大量的论及当代化问题的文章中，一些缺点却更突出地呈现出来。第一，文章大都是表态式的，论证过程雷同，结论也类似，无非是当代化的必要性及若干当代化的议题或途径，且基本都停留在从理论到理论的抽象议论中，无助于实现认识水平的质的提升，从而难以使讨论更进一步。第二，文章中所使用的理论话语较为陈旧，与当下鲜活的现实存在一定程度的脱节。甚至“当代化”这个概念本身就是相当抽象和模糊的，当它对应于“经典化”等概念时，它的形象相对清晰；而当它被单独使用时，则成了一个汗漫无边的定义，似乎只要讨论时髦的话题，便符合“当代化”的诉求，其核心规定性尚不明确。金永兵在《马克思主义文论的革命话语》中指出，中国的马克思主义文论缺乏必要的“术语革命”，其理论术语的创造性转化与再造工作，目前做得还非常不够。[①]第三，这些文章形成了某些表述上的成规，很容易滑过原本可进一步展开的关节点。比如一谈“当代化”，许多文章就条件反射般地联系到若干概念，得出某些确定的结论，而无法深入到下一个讨论层次。这不仅是文风的问题，更反映出某种机械化的思维与表达方式，甚至体现出思考过程中的一种无力感。第四，这些文章普遍存在理论与对象“两张皮”的现象。也就是说，在当代化的理论阐发和当代化的具体议题之间没有连接环节，似乎只要将马克思主义文艺理论直接套在这些议题上，就可以“自动”实现当代化，因而也就根本不会考虑当代化实际展开过程中的具体难题了。更重要的是，如果将当代化追求过度局限

① 金永兵:《马克思主义文论的革命话语》,《文艺理论与批评》2018年第6期。

在马克思主义文艺理论“学科”内部，反而容易割断理论与现实的血脉，打破文艺理论与马克思主义总体理论的有机关联，丧失马克思主义政治经济学的总体视野。

需要说明的是，这些问题并不只是在涉及“当代化”这一命题时才会出现，它们已成为这一学科的通病或思维定式。这首先是因为马克思主义的经典理论命题与概念范畴与当下存在一定距离，不能简单套用。许多概念术语已无法直接拿来准确指称当下的新现象。而如果没有有效的概念术语作为工具，又如何生产出有效的分析呢？恐怕只会陷入“隔靴搔痒”的表述困境中。更深层的原因在于，新时期以来马克思主义文论从一门指向政治文化实践的理论转变为一门主要进行知识积累的学科。学科化程度逐渐加深，固然可以促进知识的细化、深化与系统化，但也极易导致学科边界的固化与学科发展的封闭化。可以说，当下马克思主义文艺理论的当代化更多指向的是发展出这一学科的当代形态，而不是将这一学科的理论知识应用到当代实践中，对当代发言并介入现实中去。这也可以被视为“当代化”的两种形态——前者致力于知识上的更新与发展，而后者的最终目的是改造世界。显然，后者更符合马克思主义的本质，但实现起来也更艰难，因而目前基本停留于第一种情况。此外，这一学科与其他学科和相关社会实践的互动较少，很容易陷入理论命题和概念的自我循环之中，无法完成从“理论—实践—理论”的认识深化过程。

“当代化”不应当止步于宣讲口号、表明姿态或提出设想的阶段，而应当将之落于实处，转化为一个稳步推进的过程。即使学院内马克思主义文艺理论这一学科的定位是发展其理论形态，也应在实践经验的基础上加以理论提升。马克思主义文艺理论“当代化”的可靠途径，首先是对马克思主义经典著作的再学习与再运用，通过把握马克思主义活的精神与方法，建立马克思主义极具洞察力的整体分析视野，并在此指导下，寻求我们这个时代新的有效的现实议题与理论话语。其次，也要加强学科内外的互动，从其他学科与复杂广泛的社会实践中汲取资源、发现问题，将马克思主义文艺理论与其他人文社科研究结合起来，不断更新自己的讨论方式与阐释框架，在现实议题面前检验与发展理论。再次，要将着眼点更多放在如何实现当代化上，倡导多做具体个案的剖析，不能仅仅停留于理论架构的层面。最后，当代化的目的是更好地利用马克思主义文艺理论，介入和引导文艺健康发展。因此，在文艺批评实践中，寻求贴近现实对象的分析方法，发挥马克思主义文艺理论的解释力与穿透力，是焕发其当代活力的关键环节。当然，这并不是倡导直接从社会经济条件出发去分析当下的文学表述，再次陷入庸俗社会学的泥淖中，而是要贴近研究对象，发明出真正有效的文艺批评。总之，只有在现实中具体有效地应用，马克思主义文艺理论的当代化才能逐步实现，否则它就只能沦为理论教条。

四、批评

“当代化”“当代形态”“当代创新”等成为本年度马克思主义文艺理论研究的热词，马克思主义文艺理论“当代化”成为部分学者研究的关键领域和方向。与此相呼应，本年度另一个令人欣喜的现象是马克思主义文艺批评重新回到研究者的视野之中。在一些学者的文字中，我们甚至可以感受到对马克思主义文艺批评归来的强烈期待。这类论文的数量较多，在我们收集的论文中，有11篇讨论马克思主义文艺批评，占全部论文总数的10%。这一比例不低，如果与前几年类似文章很少以至于无的情况相比，其意义就更耐人寻味。但与数量相比，更让人高兴的是这些论文质量普遍较高。11篇论文中，7篇质量较高，有的可谓优秀之作。如陈越的《让马克思主义来回答：什么是批判？》[①]、董学文的《马克思主义经典作家文艺批评的方法和技巧》[②]、孙士聪的《新时代马克思主义文学批评的现实品格》[③]。

略加归纳，会发现这些论文主要分两类：一是对马克思主义文艺批评进行学理性研究，以将其理论化、学科化。这方面的论文有4篇，如胡亚敏的《马克思主义文学批评中国形态的实践观》以马克思主义的实践观统摄马克思主义文艺批评，并以之作为建构其中国形态的基础。但比较而言，我们更关注的是另一类，即通过对马克思主义文艺批评特质（精神、方法、目的、理念、技巧、文风）的归纳，呼唤马克思主义文艺批评在新时代的归来。比如，董学文的《马克思主义经典作家文艺批评的方法和技巧》。仅从题目看，会以为其核心内容是探讨经典作家文艺批评方法与技巧的，可仔细研读，会发现作者的重点毋宁说是在呼唤这一方法、技巧在新时代重现并有所作为。同样，丁帆的《马克思主义批判哲学与文学批评读札》[④]也在期盼马克思主义文学批评，尤其是其批判精神在新的时代语境中的回归。这两位学

---

① 陈越：《让马克思主义来回答：什么是批判？》，《文艺理论与批评》2018年第5期。

② 董学文：《马克思主义经典作家文艺批评的方法和技巧》，《华中学术》2018年第1期。

③ 孙士聪：《新时代马克思主义文学批评的现实品格》，《文学评论》2018年第3期。

④ 丁帆：《马克思主义批判哲学与文学批评读札》，《华夏文化论坛》2018年第1辑。

者原本学术立场迥异，研究方法也判然有别，可他们在本年度却不约而同地为马克思主义文艺批评鼓与呼，颇有意味。

在我们看来，本年度马克思主义文艺批评呼声陡然升高的原因有三。首先，这是党和国家理论顶层设计在文艺领域的回音，是对习近平总书记关于文艺工作的重要论述，尤其是坚持马克思主义指导地位、发扬批评精神的落实。由是观之，这也是马克思主义文艺理论当代化的有机组成。

其次，这也是对当前文艺批评精神不振、实践乏力的不满与反拨。我国当代文艺批评的历史大致可以分为以下几个阶段：第一阶段从 1942 年 5 月毛泽东举行延安文艺座谈会并发表讲话到 70 年代末 80 年代初（就文艺领域而言，可以 1979 年 10 月 30 日至 11 月 16 日第四次文代会举行为标志）。这是新民主主义革命、社会主义革命与建设时期，是马克思主义文艺批评在中国建立，并逐步在文艺领域确立领导地位的历史时期。在这一阶段后期，由于在实践中遭遇重大挫折，马克思主义文艺批评由盛转衰。第二阶段从 20 世纪七八十年代之交到 90 年代末，即学界通常所说的“新时期”。这一阶段，马克思主义文艺批评由主导退向边缘，新的批评理念、批评方法、批评群体逐步发展起来。具体说，就是专业批评、学院批评、形式批评取代官方批评、意识形态批评而成为批评主流。在这一阶段末期，消费主义文化渗入专业批评、学院批评，并逐渐瓦解其专业性、权威性。第三阶段自 20 世纪 90 年代末至 2014 年 10 月 15 日习近平总书记主持召开文艺工作座谈会并发表重要讲话。这一时期，学院批评、专业批评看起来形式多样、方法多元，但由于为消费主义所侵蚀，缺乏批评精神，公信力很低。第四阶段自习近平总书记《在文艺工作座谈会上的讲话》发表至今，是理论话语、批评范式和文风等全面调整，文艺批评重新凝魂聚魄的时期。可以看到，呼唤马克思主义文艺批评归来的文章主要是针对第三阶段批评的无能而发声的。比如董学文就追问：“应该说，我们的批评范式和方法比以前格外的多样了；我们获得的批评自由可以说也是前所未有的；我们的文艺批评队伍在急剧地扩张，许多从前搞美学或文艺理论研究的人也挤进了批评的行列。但是，为什么我们文艺批评的功能和有效性却在日益萎缩呢？”他还说：“文艺批评倘若随着市场、人情、面子或利益而漂浮，说穿了那是把个人得失摆在了首位，是将审美理想和追求真理当成了儿戏。”[①] 丁帆也认为：“我们现在的文学批评缺少的就

① 董学文：《马克思主义经典作家文艺批评的方法和技巧》，《华中学术》2018年第1期。

是那种一针见血的批评文风。”他由此感叹：“一个被温情主义所包围的文学批评王国，且又缺乏批判功能的主体性，你能指望它创造出什么像样的文学批评来吗？”[①]

最后，这是对马克思主义文艺理论学科建设遭遇困境后的必然反应。一般而言，一种理论创生后，经过一定的发展，就会体系化、学科化。中国马克思主义文艺理论也是如此。自中华人民共和国成立起，就面临体系化、学科化的任务，并经历了不同阶段：50年代，主要从苏联译介、引进理论话语体系；60年代，以蔡仪编著的《文学概论》、以群主编的《文学的基本原理》为代表，开始构建中国的马克思主义文艺理论话语体系；70年代，在高校教材中，“马克思主义文艺理论”作为专有名称得以确立；自八九十年代至今日，马克思主义文艺理论引进各种西方马克思主义的文学、美学、文化理论，学科建设进入新阶段。在现代学科建制下，体系化、学科化成为学科发展的必然要求，一般而言，体系化、学科化能促进理论研究，使理论释放出更大的能量。毋庸置疑，过度体系化、学科化也会扼制理论活力，甚至使理论与实践渐行渐远，各说各话，理论的适用性、指导性都大打折扣。客观地说，这是近些年来困扰马克思主义文艺理论发展的一个瓶颈问题。因此，本年度相关论文对马克思主义文艺批评的吁请，是对学科化方向的有意识的反拨。比如，孙士聪就指出，中国马克思主义文学批评“不同程度地面临现实性淡隐乃至遗忘等问题，文学批评时效性不足、有效性弱化、功能性降低等当代症候不一而足”。他还进一步批评说：“文学批评的现实性退缩为‘学术化’的不干涉，批评的实践性退缩为理论的实践性，批评话语沦为晦涩难解的密室低语。”[②]

通过上述引文，不难看出作者对过度学科化的不满。确实，诚如陈越所言：“‘马克思主义批评’——无论是马克思主义经典作家关于文学的粗略谈论，还是西方马克思主义精致的学术话语；无论是第二国际或苏联式的教条主义批评，还是任何一种自称带有马克思主义血统的理论……都有一个共同的标记，使之区别于同时代建立的文学及‘文论’学科。这个标记就是：他们拒不接受文学作为知识对象的独立性。我们不能把这仅仅当作一个有趣的发现，因为正如特里·伊格尔顿所告诫的，把马克思主义称作一门‘学科’是‘有点危险’的。”他还提醒我们：“马克思主义把文学理解为社会‘精神生产’的产品和‘意识形态的形式’，这意味着把文

① 丁帆：《马克思主义批判哲学与文学批评读札》，《华夏文化论坛》2018年第1辑。

② 孙士聪：《新时代马克思主义文学批评的现实品格》，《文学评论》2018年第3期。

学放回到自然史和人类史的统一中，放回到社会结构和生产关系中，放回到历史的阶级斗争中，放回到意识形态的领导权较量中，以一种彻底的基于人类生产活动的历史观，抵制形式主义和商品拜物教的文学观及批评观。”①

诚如斯言，马克思主义的经典作家，尤其是马克思和恩格斯，不就是在追求人类解放的艰难实践中，在对资本主义制度，在对商品、资本、价值、劳动的现实分析中，建立了自己的学说吗？具体到文学理论，他们不就是在对具体作家作品的批评实践中，提出了自己的文学理念，树立了自己的批评文风，构建了自己的理论空间吗？一句话，他们正是通过自己的批评实践为我们敞开了马克思主义文艺理论的大门。难道我们今天要通过过度的体系化再封死这扇大门吗?！行文至此，开始时的喜悦竟大打折扣，毕竟，这么多文章，还仅仅是在呼吁批评、呼吁实践、呼吁“向现实去寻求思想”，而真正的以马克思主义文艺理论为指导的批评文章则少之又少。我们期望下一年度能看到一些真正的批评文章，看到我们的马克思主义文艺理论者能够在批评实践中激活理论。

五、“外马”与“中马”

“外马”与“中马”是我们自行概括的另一组关键词，它们指涉这样两种意味的现象：一是能够从中国现实出发对国外马克思主义文艺理论进行整体研究，而且一些文章带着明确的反思意识；二是一些研究者开始对中国化的马克思主义文艺理论在国外的研究、传播状况进行观察。

本年度研究国外马克思主义文艺理论在中国译介、传播的论文有 4 篇。②这组文章从史料考证出发，或聚焦个案，或考察流派，从整体上梳理了国外马克思主义文艺理论在中国的传播、研究状况。在《2017 年度中国马克思主义文艺理论发展研究报告》中，我们曾指出：“‘西方马克思主义文艺理论’研究越来越缺乏整体性、

① 陈越：《让马克思主义来回答：什么是批判？》，《文艺理论与批评》2018年第5期。

② 朱国华的《文化政治之外的政治：重思法兰克福学派中国之旅》（《兰州大学学报（社会科学版）》2018年第1期），彭成广的《东欧新马克思主义文论在中国的接受与影响——以卢卡奇为考察中心》（《学术交流》2018年第3期），傅其林的《里夫希茨马克思主义文艺理论在中国的旅行》、匡存玖的《西方马克思主义符号学本土化的若干问题》（《学术论坛》2018年第1期）。

系统性、现实性；研究对象的选择越来越随意，缺乏问题意识的引导。”[①] 而从上述研究成果看，本年度的相关研究开始呈现整体性特点，且有意识地在中国视野内对其进行检视，在一定程度上克服了上一年度的问题。彭成广的《东欧新马克思主义文论在中国的接受与影响——以卢卡奇为考察中心》、傅其林的《里夫希茨马克思主义文艺理论在中国的旅行》、朱国华的《文化政治之外的政治：重思法兰克福学派中国之旅》就是很好的例子。彭成广以卢卡奇为中心进行考察，勾勒出中国学界对东欧新马克思主义的接受从依附走向独立、从偶尔涉及走向普遍关注、从一般性译介评述走向专题研究的整体状况。傅其林则探讨了苏联学者里夫希茨的马克思主义文艺理论在中国“旅行”中呈现的三种形象，即作为马克思、恩格斯论文艺资料编撰者的形象，作为马克思主义美学家的形象，作为当代俄罗斯马克思主义文艺理论复兴者的形象。文章认为，里夫希茨对马克思主义文献的整理和对其现实主义文艺理论的研究有力地促进了中国本土的马克思主义文艺理论的体系建设，但在本土化过程中也存在文献整理不够、研究片面、对其文艺观念缺乏辩证分析等问题。朱国华的观点比较犀利，认为法兰克福学派批判理论的中国之旅，经历了一个去政治化的过程。他指出，对于一些中国学人而言，法兰克福学派被刻板化地指向一套过时的文化理论，变成了一种与现实隔绝的知识体系，因而遮蔽了该学派对资本主义批判的较为广阔的视野。其后果是，花费大量时间和精力从西方取来的“真经”却未能实际帮助解决中国的问题，而造成这一问题的根本原因则在于西方马克思主义文艺理论研究长期缺乏问题意识，不关注现实，不愿对中国问题发声。

那么，如何才能改变这一困境呢？西方左翼学者对中国马克思主义文艺理论的研究经验或许可以提供一些启发。我们知道，作为中国马克思主义文艺理论的经典成果，毛泽东文艺思想在国外得到了一定的传播与研究。本年度，研究国外左翼学者理解与阐释毛泽东文艺思想的论文有3篇。[②] 通过文末说明可知，这组文章是2016年国家社科基金重大项目“20世纪西方文论中的中国问题研究”的阶段性成果。文章在史料梳理的基础上，对以毛泽东思想为代表的中国马克思主义理论传入

① 马克思主义文艺理论研究所课题组:《2017年度中国马克思主义文艺理论发展研究报告》,《文艺理论与批评》2018年第2期。

② 马欣的《布莱希特对毛泽东〈矛盾论〉的美学转化》、吴娱玉的《西方左翼怎样阐释中国马克思主义？——以德里克对〈矛盾论〉的解读为例》(《文艺理论与批评》2018年第2期)，曾军的《西方左翼思潮中的毛泽东美学》(《文学评论》2018年第1期)。

西方的关键节点、人物、事件进行研究，并对相关理论问题进行思考，对当下国外马克思主义文艺理论研究具有一定的启示意义，即通过“镜像他者”的研究方法和理论成果，以陌生化的眼光反观中国化的马克思主义文艺理论成果，同时也反观中国当下的国外马克思主义文艺理论研究状况。

《矛盾论》是毛泽东构建中国化马克思主义理论的重要文献，不论是布莱希特还是德里克，都被其浓厚的思辨特征所吸引。马欣指出，布莱希特借助“主要矛盾”与“次要矛盾”在事物发展过程中的地位和作用，以及“主要矛盾”与“次要矛盾”在一定条件下相互转换的思想，从剧情分析到表现方式，提出了其美学观点。① 吴娱玉则以德里克对《矛盾论》的阐释为线索，探究被西方话语建构的中国马克思主义呈现怎样的面向。德里克从《矛盾论》中生发出了“反现代性的现代性”、反历史目的论、反霸权等理论范畴。他在全球化、现代性视野下对《矛盾论》进行重新解读，并结合现实语境，将其发展成一种文化抵抗策略。布莱希特和德里克都是汲取毛泽东《矛盾论》中的思想精华而建构了自己的理论话语的，这很值得我们思考和借鉴。

西方左翼思潮关注中国问题是 20 世纪后半期的重要现象。曾军的《西方左翼思潮中的毛泽东美学》较为全面地叙述了以毛泽东思想为代表的中国马克思主义在 50 年代之后传入西方的流变过程，以及 80 年代之后又如何以西方“毛泽东美学”为知识图景重新进入中国文论话语体系，并在不同历史时期对不同文论话语产生了不同程度的影响。如“布莱希特的戏剧理论、萨特的‘介入’思想、阿尔都塞的辩证法、马尔库塞的解放美学、雷蒙·威廉斯的马克思主义文学理论、詹明信的政治无意识、德里克的后革命及近年来激进左翼思潮的大规模引入，等等”。但在这一过程中，国内学者并没有留意到它们与毛泽东思想的关系，没有留意到它们与毛泽东文艺思想的对话关系。鉴于此，曾军一再强调相关研究务必应联系毛泽东思想产生的历史语境，克服西方“毛泽东美学”往往片面强调毛泽东思想中的某些侧面，对中国马克思主义美学内部的复杂性存在严重忽视、误读和曲解的问题，进而揭开西方“毛泽东美学”对中国“毛泽东文艺思想”的遮蔽之处。

---

① 在马欣看来，这些“美学要求”有：首先，在表演方法方面，演员的“表演”与“体验”既要融为一体，又要主次分明；其次，分析剧情时，要从错综复杂的人物关系中抽象出贯穿全剧的冲突的根源，将故事的局部冲突放在故事的整体思想中进行考察；再次，将剧情的反转看成主次矛盾相互转化的结果，用心揣摩并着力表现剧情反转过程中角色心理和行动上的变化。

从中国现实出发，以明确的反思意识对国外马克思主义文艺理论进行整体研究，同时对中国化马克思主义文艺理论在国外的研究和传播状况进行观察和思考——这似乎意味着，随着中国经济的跨越式发展，随着中国主体意识和文化自觉意识的提升，国内学界不仅在努力吸收、消化国外马克思主义文艺理论的成果，也开始反观中国马克思主义文艺理论在国外的研究状况。这是一种可喜的改变，一个良好的开端。

六、结语

实际上，“形态”“当代化”“批评”“外马”与“中马”这 4 个 / 组关键词，是同一理论命题的不同面向，即马克思主义文艺理论的真理性所在及其如何在中国语境中有所作为的问题。“形态”问题的提出，是为了应对 20 世纪 80 年代以来全球转型给马克思主义文艺理论，尤其是中国马克思主义文艺理论带来的空前挑战。实际上，西方马克思主义文艺理论的引进，也是对这一现实与理论变动的应急反应。现在看，正是这种应急状态导致这一理论引进相对匆促和被动，缺乏“拿来主义”精神，因而未能充分使其发挥作用。从本年度的研究成果看，国内学者已逐渐走出这种应急状态和心态，开始全面、辩证地看待这一理论思潮。“当代化”则是“形态”问题在当下的演进，是对迟迟未能完成自身理论建设的“形态”问题的不满与倒逼。“批评”问题之所以在本年度以一种峻急的方式凸显，更是上述问题的直观现身。换言之，正是因为“形态”问题的长期悬置，使一些学者意识到了批评的重要性，意识到了或许批评实践是解决“形态”问题和“当代化”问题的一个有效突破口或起点。

之所以如此，是因为马克思主义倡导美学的和历史的批评标准，主张把文艺现象还原到它所从属的社会结构中加以分析和理解，同时又通过对文艺作品的细致把握，透视它所呈现或遮蔽的社会构造和阶层关系，即在马克思主义的视野内，美学是历史的一部分，是其有机构成，对美学发言同时也是与社会对话。因而如何重构这种对话关系，如何找回马克思主义文艺理论的活力与尊严，恢复马克思主义文艺批评是当务之急。

也正是出于这个考虑，2018 年度，《文艺理论与批评》组织了“马克思主义文艺理论学科建设系列笔谈”。为了保证笔谈“有的放矢”，我们建议在四个方面开展工作。历史方面，将中国马克思主义文艺理论的曲折发展历程放回到历史境况中重新审视，既要总结经验，更不惮于直面教训，以期打开马克思主义文艺理论新的发展潜能。现实方面，切实探讨如何在当前现实条件下焕发马克思主义文艺理论的活力与批判能量，或分析制约马克思主义文艺理论发展的现实因素，或讨论从哪些方面入手推动马克思主义文艺理论的学科建设，或结合当下文艺批评实践思考马克思主义文艺理论的用武之地，等等。横向比较，在多元化的世界视野中，比如在与西方马克思主义等不同语境下的马克思主义发展形态的对话中，更好地理解中国马克思主义文艺理论的特殊性与普遍性。面向未来，努力展望学术研究领域中马克思主义文艺理论值得关注、开拓的话题与面向。

在学界共同努力下，2018年度中国马克思主义文艺理论研究展现了一些可喜的苗头与动向。下一年度，我们愿与学界同道一起，继续呵护、培育这些希望，同时努力去发现、召唤更多的动向与希望。

参考文献

[1]中共中央马克思恩格斯列宁斯大林著作编译局编译:《马克思恩格斯文集》，人民出版社2009年版。

[2]中共中央马克思恩格斯列宁斯大林著作编译局编译:《列宁选集》，人民出版社2012年版。

[3]毛泽东:《毛泽东选集》，人民出版社1991年版。

[4]中共中央文献研究室编:《毛泽东文集》，人民出版社2008年版。

[5]习近平:《在文艺工作座谈会上的讲话》,《人民日报》2015年10月15日。

[6]习近平:《在中国文联十大、中国作协九大开幕式上的讲话》，新华网2016年11月30日。

[7]马克思主义文艺理论研究所课题组:《2013年度中国马克思主义文艺理论发展研究报告》,《文艺理论与批评》2014年第2期。

[8]马克思主义文艺理论研究所课题组:《2014年度中国马克思主义文艺理论发展研究报告》,《文艺理论与批评》2015年第2期。

[9]马克思主义文艺理论研究所课题组:《2015年度中国马克思主义文艺理论发展研究报告》,《文艺理论与批评》2016年第2期。

[10]崔柯、兰善兴、杨娟、祝东力:《2016年度中国马克思主义文艺理论发展研究报告》,《汉语

言文学研究》2017年第3期。
[11]马克思主义文艺理论研究所课题组:《2017年度中国马克思主义文艺理论发展研究报告》,《文艺理论与批评》2018年第2期。

课题主持机构：中国艺术研究院马克思主义文艺理论研究所

主　笔：《2018年度中国马克思主义文艺理论发展研究报告》撰写组
撰稿人：鲁太光　崔　柯　杨　娟　李　静
祝东力曾参与课题组讨论并对初稿提出意见
编辑、统筹：王　畔

2018年度中国艺术学理论发展研究报告

摘要：2018年，艺术学理论“不忘本来、吸收外来、面向未来”，认真总结既往，坚持守正创新，朝着学理化、规范化学科发展目标不断探索、持续深化。在举国上下隆重纪念、热烈庆祝改革开放40周年总背景下，回顾和总结艺术理论和艺术学学科的不平凡历程，它的变革、发展与改革开放的深层关联成为该学科最重要的主题。有关艺术史理论尤其是“一般艺术史”的探讨，则成为该学科另一焦点所在。本报告从艺术理论、艺术史、艺术批评、艺术交叉学科及学科建设的总体情况几个方面，对2018年度艺术学理论一级学科研究发展情况进行了全景式扫描。

关键词：艺术学理论　艺术理论　艺术史　艺术批评　艺术交叉学科　学科建设

一、艺术理论

2018年，艺术学理论在许多层面都体现了一个新的共性追求：守正出新。学界开始普遍正视影响学科立足的本质性问题，即学科的学理性与规范性问题，并努力通过深入而扎实的研究来解决问题。同时，学界重视回顾总结改革开放以来艺术学建设、发展的历史经验和事实，在历史的镜鉴中，进一步明确中国艺术学理论的学科发展方向。

（一）改革开放40年主题：砥砺前行，致敬时代

艺术学在升级为学科门类之前，有一个加速发展期。正是改革开放，为艺术学学科从无到有、从小到大的加速发展提供了核心的、强劲的动力。值此改革开放40

年之际，社会各界纷纷以此为节点，对自身进行历史的回顾与总结。艺术学理论研究方面也出现了不少关于“新时期”以来学科发展道路的整理与回顾，进一步明确了中国艺术学理论在过去40年中形成的学科基本特征，即本土性与现代性交汇、理论与实践结合，等等。

王一川指出，改革开放40年深刻地解放了中国各个艺术门类和中国艺术学学科。与中国艺术门类潮的经历相应，中国艺术学学科经历学科恢复与重建、学科开放与发展、学科升“门”及学科门类开垦与耕耘等时段。当前中国艺术学学科门类面临一系列差异化困扰，使得艺术学学科门类呈现与众不同的学科门类景观。[①]王廷信指出，改革开放40年来，文艺理论的核心命题是围绕人的价值的发现和个性解放的追寻而展开的。一批致力于中国传统文艺理论的学者从本土理论出发对人的主题做出回应；而以中国化的马克思主义思想为立场的国家意识形态对文艺的发声也成为建构改革开放40年文艺理论话语体系的重要力量。对于人的主题的重视需要在充分发扬学术民主、艺术民主的旨向中重新思考。[②]

2018年于杭州师范大学举办的“中国艺术学理论学会年会”也准确把握了时代脉搏，以改革开放40年的学科发展为主题，组织全国范围内的200多位专家学者认真回顾、总结40年学科发展成就与历程，在学界产生了广泛而深远的学术影响力。李心峰从学科史的角度，概括总结了改革开放背景下艺术学发展的四个“十年”：第一个“十年”，艺术学在国家社科基金体系内形成“单列学科”机制，在客观上为艺术学作为一个相对独立的学科进行课题规划、申报、评审、立项、科研和管理提供了条件与保障；而学者们所进行的“艺术学的构想”，呼吁要尽快确立艺术学的独立学科地位、大力开展艺术学研究，则是艺术学在学理上的学科自觉的一种体现。第二个“十年”，在东南大学张道一教授的主导下，艺术学在高校人才培养与学位授予学科目录中确立为文学门类下的一级学科，形成由八个二级学科构成的学科体系；并率先于东南大学成立艺术学系，设立艺术学硕士点和博士点，为艺术学在高校的发展起到了引领与示范的作用。第三个“十年”，艺术学在国家社科基金艺术学“单列学科”和高校艺术学“一级学科”框架下飞速发展，成果丰硕。

① 王一川：《改革开放40年中国艺术学学科变迁及当前学科构型》，《当代文坛》2018年第5期。

② 王廷信：《对人的价值的发现和追寻——改革开放40年文艺理论的核心命题》，《中国文艺评论》2018年第12期。

第四个“十年”，艺术学升格为学科门类，并形成了艺术学理论等五大一级学科。庞井君从哲学、美学和艺术理论的角度回顾了40年来关于“什么是艺术”的相关探讨，以社会价值论的独特视角审视当下的社会转型，指出审美艺术面临着被技术、日常生活、物质消费、认知体系等同化及肢解的危险和趋向。① 这些成果，从不同层面、不同的视角勾勒出艺术学理论40年来的发展历程，具有重要的学术史价值与学科借鉴意义。

（二）学科史研究：接续传统，展望未来

总结20世纪以来中国艺术学的本土经验和学科特性，并就所存在的问题积极寻求解决方法与路径，在此基础上校定21世纪中国艺术学的发展方向，这无疑是当前艺术学理论研究的一项重要课题。中国艺术研究院于2018年12月1日举办“艺术学的中国经验：2018年艺术学与美学全国论坛”，就艺术学的中国问题和经验进行深入对话。论坛围绕“中国艺术学科发展史上的经验与得失”“中国艺术学科发展的西方参照”和“学科困境与解决方法”三个议题，来自全国各地40多位专家进行了广泛而热烈的研讨。大家认为，中国艺术研究院以艺术理论研究的国家机构和身份召集业内专家学者，适时总结中国艺术学百年来形成的现代传统与经验特征，并就所存在的问题积极寻求解决方法与路径，这些工作既具有极强的学术针对性，又负有高度的历史使命感，深入贯彻了习近平总书记《在哲学社会科学工作座谈会上的讲话》精神，即“不忘本来、吸收外来、面向未来”。

自20世纪初期起，王国维、宗白华等前辈学人尝试引入艺术学科，到2011年艺术学升级为学科门类，中国艺术学在百年进程中历经引进、积累、构建和学科化等阶段，取得了长足进展，这其中多个学术机构都为学科的建设和发展做出了积极的贡献。2018年，学界不约而同地回顾梳理自身的学术传统。

2018年11月14日，中国艺术研究院举办“当代艺术学与美学论坛”，以“中国艺术研究院的艺术学传统”为主题，邀请20多位专家学者共同梳理中国艺术研究院在60多年的发展历程中，由像王朝闻、张庚、杨荫浏、冯其庸、李希凡、陆梅林等一大批成就卓著、影响赫赫的学者专家所确立的学术特色和所做出的历史贡献。大家认为，中国艺术研究院的理论风格之所以具有独特的学理特征与深远的学

① 《2018中国艺术学理论学会年会主题报告发言摘编》，中国社会科学网2018年11月16日。

科影响，正在于前辈学人立足新中国文化建设，坚持人民文艺立场，在继承延安文艺精神的基础上，不断创新学术方法，最终形成了理论联系实践、史论研究相结合、注重学科布局与规划等开放的、科学的理论范式，而它的学术定位正是基于国家的文化意志和历史责任。正因如此，它才能不断以鲜明的时代特色和深厚的学术积淀，从理论层面构筑起中国艺术学学科体系的基本架构，在全国范围内发挥学科奠基和理论辐射的深远影响。

王一川的《思想之乡——兼谈北大艺术学科传统的渊源与特征》[①]一文更像一篇散文式的学术史梳理，以一种“散点透视”的精妙构思，将情感的灵动与思想的激荡汇聚在艺术学科这个焦点上，映照出北京大学作为思想之乡在20世纪中形成的学术气质、学科传统及它们对艺术学学科的潜在影响。从艺术学院的地址移居为导引，文章游走在“心灵地带”“思想之乡”“传统路标”“艺术学人”四个主题中，将北京大学的艺术学科传统置放在北京大学思想的大系统中来解读。文章所强调的是，北京大学的思想之乡传统呈现出思想原创的渴望、思想自由的环境、思想传播的自觉、思想者多形态、思想需要艺术形象滋润等特征；未来的艺术学人应将思想的原创性、理论思辨的开阔性与严谨度、人文底蕴的沉厚度与艺术形象的创造性和未来性等水乳交融地涵濡为一体。

除了对各自的学术传统进行回顾外，学界也普遍意识到对整个艺术学现代史的整理和接续的重要意义和价值。特别值得学界重视的是“接着说”。叶朗先生在接受访谈时提出，艺术学与美学的学科性质及学科历史决定了各自的研究都要体现中国眼光、中国立场、中国精神、中国特色，同时要有理论创造，提炼出具有强大包孕性的概念和命题，形成一个稳定的理论核心；“美在意象”重视“心”的作用，重视精神价值，这是对中国传统美学精神的继承；艺术学理论等新的创造应从前辈学者那里“接着讲”，要关注艺术家的人格和当代艺术经典，关注广大群众日常生活的审美追求。[②]在艺术学理论年会上，陈旭光从四个方面对中华美学精神和中国艺术精神进行了阐释，他认为，“传统是一条河”，文化有历时性和共时性两个方面，美学精神与艺术精神亦是如此。[③]陈池瑜则以各个时期为切入点，回顾梳理

① 王一川：《思想之乡——兼谈北大艺术学科传统的渊源与特征》，《中国文艺评论》2018年第8期。

② 顾春芳：《当前美学和艺术学理论研究的几个问题——访美学家叶朗》，《中国文艺评论》2018年第4期。

③ 《2018中国艺术学理论学会年会主题报告发言摘编》，中国社会科学网2018年11月16日。

了中国艺术学研究和发展的近百年历程。他认为，了解我国艺术学发展的规律和特点，对于推动当代艺术学学科的发展有着重要的学术意义和现实价值。[①]

张道一先生在接受梁玖教授的访谈时，介绍了中国本土的、民间的艺术在艺术学学科历史上所占据的重要地位。他强调，艺术学理论对于中国的艺术学学科起着柱石作用，但从宗白华等人开始，中国艺术学不同于西方的独特之处就在于理论不脱离实际、教育、创作、组织关系。在谈到造物艺术从图案—工艺美术—设计艺术的三个历史阶段时，张道一先生强调三段路之间的内在历史逻辑，它们不是新、旧的取代关系，而是三个逐渐深入和拓展的发展层次。民间艺术和工艺美术等造物艺术的这些历史事实是支撑中国艺术学学科的富矿。[②]

（三）基础理论：守正出新，多方突破

与往年相比，关于艺术学的基础理论研究的数量略有降低，但研究更加精细，多能够深入问题的根本，以积极理性的态度正视学理，并努力解决艺术理论中长期存在的含混问题。学科新兴时期的热情与激情渐渐加入了理性的支撑，学界开始努力追求一种整体包容的，而非狭窄排他的视野来认识艺术学理论，学科的内涵与外延都日渐澄清，在艺术的人民性问题、艺术本体论、艺术符号学、艺术学与美学关系、研究方法、艺术哲学研究及译著推介等方面形成了热点，并出现了不少突破性成果。

热点一：艺术的人民性问题

以马克思主义为指导的“文艺与人民的关系”“文艺与政治的关系”“文艺和生活的关系”等，是带有全局性、指导性的基本文艺理论问题，也是当前中国文艺界最需要从知识和理论层面进行阐述的重大问题。刘永明的专著《马克思主义与艺术人民性——一种艺术共同体的想象与建构》[③]，从国家文艺的宏观理论需求出发，立足艺术学体系的核心范畴的理论推进，对艺术的“人民性”问题做专题性、系统性研究，为构建中国特色的当代艺术学学科体系提供了重要的理论支持。王列生的

① 《2018中国艺术学理论学会年会主题报告发言摘编》，中国社会科学网2018年11月16日。

② 梁玖：《有情生活与自明学术的自在思想家——访艺术学家张道一》，《中国文艺评论》2018年第9期。

③ 刘永明：《马克思主义与艺术人民性——一种艺术共同体的想象与建构》，中国文联出版社2018年版。

《文艺“以人民为中心”的本体论建构——习近平新时代中国特色社会主义文艺思想研究》[①] 及王列生等的《谱系学视野文艺人民本体论命题建构——习近平〈在文艺工作座谈会上的讲话〉创新点研究》[②] 等文章，也从理论层面对艺术的人民性问题有深入的挖掘和阐扬。

热点二：基础理论的纵深研究

在艺术学理论学科整体快速上升的过程中，艺术一般、艺术的合法性及审美自律等基础性问题研究也出现了不少重要突破。李心峰发文对“艺术一般”进行论述。文章提出，“艺术一般”是一个相当重要的艺术基础理论问题，它是艺术原理、艺术概论或艺术基础理论研究中的一个核心范畴。这一范畴为艺术学理论（一般艺术学）学科提供充分的学理根据。各具体艺术门类的研究要想上升到“艺术学理论”，必须有自觉的“艺术一般”的观念，必须有一般与特殊对立统一的辩证思维素质，必须有由特殊到一般、再由一般到特殊之间的往复循环的思维运动。[③]

在艺术学理论的学科合法性论述方面也有实质性突破。“艺术学的中国经验：2018年艺术学与美学全国论坛”中，周宪发表《艺术理论的知识学问题：从西方学术语境看》[④] 一文。他指出，艺术理论是一个容易引起歧义和争议的概念，但作为一个独立的学科体系，艺术学理论自身的知识学问题必须一一阐明。从西方学术的现代语境出发，作者通过考察知识分化、知识生产主体、艺术理论与美学的交集及总体性和地方性艺术概念的差异等问题，论述了艺术理论在知识学上的合法性与合理性，并对这一学科的特点和性质展开了论证。此外，周宪在新著《艺术理论的文化逻辑》[⑤] 中，也着重探讨艺术理论的学科、研究对象及与其相关知识领域的复杂关系，努力厘清这一知识领域的历史演变和当代问题，以一种开放性和学理性的态度提出了一系列设想，触及现当代艺术理论的重要问题、艺术边界的争议、艺术自主性及体制、意义阐释，对不同艺术门类的批判性考察等。

---

① 王列生：《文艺“以人民为中心”的本体论建构——习近平新时代中国特色社会主义文艺思想研究》，《文艺研究》2018年第4期。

② 王列生、刘厦静、李竞爽：《谱系学视野文艺人民本体论命题建构——习近平〈在文艺工作座谈会上的讲话〉创新点研究》，《艺术百家》2018年第3期。

③ 李心峰：《论“艺术一般”》，《艺术百家》2018年第1期。

④ 周宪：《艺术理论的知识学问题：从西方学术语境看》，载《艺术学的中国经验：2018年艺术学与美学全国论坛论文集》，2018年12月。

⑤ 周宪：《艺术理论的文化逻辑》，北京大学出版社2018年版。

艺术自律与当代艺术的关系是艺术理论中的一大主题。冯黎明在《艺术自律与审美伦理》[①]一文中，分析了审美批判理论、审美救世主义、审美伦理及艺术自律等范畴间的逻辑关联，并指出20世纪中期以来，非自律性的艺术及知识界的新思潮的出现，审美伦理在价值和意义的判断方面的合法性逐渐减弱，审美批判理论也日渐式微。“日常生活的审美呈现”作为生活美学，和以审美伦理为救赎之道的批判理论不同。周计武的专著《艺术的祛魅与艺术理论的重构》，在现代性语境中以观念史的方式探讨了现代艺术、先锋派艺术、后现代主义、当代艺术等思潮，辨析了艺术的自主性、纯粹性及艺术的当代性等诸多现代艺术观念，以及艺术“祛魅”论、艺术体制论、现代主义终结论等前沿话题，系统反思了艺术终结之后的艺术表意策略、形式实验与美学阐释的危机，旨在重构具有中国人文底蕴的艺术理论体系。同时，周计武还发表《视觉文化视野中的当代先锋艺术》[②]《破框而出——当代艺术的挑战与艺术话语的重构》[③]等文，从西方艺术史叙事的逻辑出发，分析当代艺术不同于古典与现代艺术的地方，强调当代艺术作为一种“破框而出”的艺术事件。

热点三：艺术学与美学的关系

2018年，艺术学与美学的学科关系依旧是一个无法回避的老问题，但此方面的新出成果更加注重通过具体的历史人物及其理论成果的细部分析来清理艺术学与美学的关系，因而在学理上显得颇具说服力。孙晓霞发表《美学与艺术学的中间道路——塔塔尔凯维奇的美学史体系再分析》[④]一文，通过对美学家塔塔尔凯维奇《美学史》（三卷）体系的剖析，指出其体系的优势在于：一方面消除了哲学美学长久以来对艺术本体的褫夺与压制；另一方面克服了艺术科学论带来的美与艺术的背离与分裂，改变了人们对艺术理论和美学的传统认知模式。其理论架构、研究方法等对今日的艺术学学科发展都具有十分重要的启示意义和参照价值，故而美学与艺术学并不只有楚河汉界的对峙关系。

---

① 冯黎明:《艺术自律与审美伦理》,《文艺研究》2018年第11期。

② 周计武:《视觉文化视野中的当代先锋艺术》,《文艺争鸣》2018年第2期。

③ 周计武:《破框而出——当代艺术的挑战与艺术话语的重构》,《当代文坛》2018年第2期。

④ 孙晓霞:《美学与艺术学的中间道路——塔塔尔凯维奇的美学史体系再分析》,《外国美学》2018年第1期。

热点四：理论研究的历史化倾向

随着学科的日渐成熟，关于艺术理论的本体研究出现了一种历史化研究方法。这种理论的进入方式强调从艺术史事实中来认识艺术理论的多重面向，反对一种超历史的、独断的艺术理论认知路径，以克服本质主义艺术理论带来的僵化、封闭。如刘旭光的《欧洲近代艺术精神的起源——文艺复兴时期佛罗伦萨的文化与艺术》① 以艺术史为基础，把艺术史研究与美学研究结合起来，对美感的性质与内涵，艺术的公共性、自律性与象征性，“艺术家”概念的内涵与艺术在近代文化体系中的地位，艺术中的情感问题及图像的意义等众多美学问题进行了深入的研究。王廷信的《从观念出发思考早期艺术史》② 一文认为，考察人类早期艺术史应从观念入手。娱乐观念是人类的本能，这种观念要走向艺术，须从人类的生产观念和生活观念中去寻找。胡新群的《艺术学理论框架中艺术史研究的立场与目标》③ 一文认为，作为艺术学理论整体中的一部分或一个视角，艺术史研究必须围绕艺术学的根本问题而展开，必须为解决艺术学的根本问题而服务，因而必须以艺术创造为研究的核心。孙晓霞的《艺术概念史研究与艺术学理论的学科困境》④ 一文则从考察现代艺术体系形成的历史动力出发，厘清了观念史和概念史两种不同的艺术理论研究路径对于艺术学理论学科的重要意义和价值。

热点五：艺术学理论的学科本体性

杜卫认为，当前艺术学理论学科建设急需研究四个问题：一是艺术的人文价值；二是艺术的社会价值；三是艺术的生命价值，即自由创造的人生境界；四是文化产业的经济价值和精神文化价值的关系。⑤ 梁玖的《准确认识“艺术学理论”的五个内涵体系》⑥，认为有必要对艺术学门类各学科的“完善度”“更新度”“提升度”做出明确的结论。文章针对当下对一级学科“艺术学理论”依然存在的误识等问题，提出和论析从历史、理想、学科、功能、价值“五个体系”切入认识“艺术学理论”学科的特质、内涵与作为取向，力图基于更新性认识有效建构和把握“艺术

① 刘旭光：《欧洲近代艺术精神的起源——文艺复兴时期佛罗伦萨的文化与艺术》，商务印书馆2018年版。

② 王廷信：《从观念出发思考早期艺术史》，《民族艺术研究》2018年第4期。

③ 胡新群：《艺术学理论框架中艺术史研究的立场与目标》，《民族艺术研究》2018年第4期。

④ 孙晓霞：《艺术概念史研究与艺术学理论的学科困境》，《南京社会科学》2018年第12期。

⑤ 《2018中国艺术学理论学会年会主题报告发言摘编》，中国社会科学网2018年11月16日。

⑥ 梁玖：《准确认识“艺术学理论”的五个内涵体系》，《艺术百家》2018年第1期。

学理论”学科。赵奎英在《语言、空间与艺术》[①]一书中，则致力于从跨学科研究的角度，寻求进入艺术理论研究的新路径，探讨建构既能切中艺术本体，又具有生态精神和文化视野的中国当代“大艺术理论”。此外，王晨的《新时期我国艺术学科发展面临的五个问题》[②]、黎明的《艺术学理论：边界的焦虑与困境》[③]、李逸的《“艺术学理论”学科称谓争鸣的学理辨析》[④]等，也对艺术学理论的学科本体进行了深入的探讨。

热点六：艺术哲学的新拓展

赵毅衡的《论艺术中的“准不可能”世界》[⑤]一文指出，艺术中的不可能世界与逻辑学中的相应概念不同。艺术的创造与解释有强烈的主观性，艺术文本必然一方面与经验实在世界通达，另一方面深入逻辑上不可能却在艺术创作中可能的情节。艺术的“准不可能”世界，造就了艺术的特殊存在理由及不断求新的追求。在《“泛艺术化”的五副面孔》[⑥]一文中，陆正兰、赵毅衡分析了“泛艺术化”囊括“艺术生活化”与“生活艺术化”的多个方面，总结了人类生活的艺术化的历史进程，从中透视当今文化中种种浸透了所谓“艺术”的现象。李世武的《论西方艺术哲学与艺术人类学间分歧及成因》[⑦]一文，从丹尼斯·达顿的文章谈起，论述艺术哲学与艺术人类学之间分歧产生的原因，并提出了积极的解决通道：辨析关键概念，综合研究艺术中审美与非审美因素的关系。李森的《回到康德：对科学、艺术、审美的反省》[⑧]一文指出，人类的知识源于人的先验感性直观能力，科学与艺术两种认识论共同的出发点即在于此。科学和艺术的命题都是从“假设”出发的，借此形成科学的真理逻辑与艺术的幻象逻辑。两者之间的根本差异是：真理逻辑讲究概念范畴的同质对应，而艺术的幻象逻辑则不需要同质对应关系。

以符号学研究方法推动艺术哲学研究，也是2018年艺术哲学领域的又一新亮

① 赵奎英：《语言、空间与艺术》，北京大学出版社2018年版。
② 王晨：《新时期我国艺术学科发展面临的五个问题》，《艺术百家》2018年第1期。
③ 黎明：《艺术学理论：边界的焦虑与困境》，《南京艺术学院学报（美术与设计）》2018年第4期。
④ 李逸：《“艺术学理论”学科称谓争鸣的学理辨析》，《美育学刊》2018年第1期。
⑤ 赵毅衡：《论艺术中的“准不可能”世界》，《文艺研究》2018年第9期。
⑥ 陆正兰、赵毅衡：《“泛艺术化”的五副面孔》，《云南社会科学》2018年第5期。
⑦ 李世武：《论西方艺术哲学与艺术人类学间分歧及成因》，《思想战线》2018年第1期。
⑧ 李森：《回到康德：对科学、艺术、审美的反省》，《民族艺术》2018年第3期。

点。赵奎英在《试论艺术作为出场符号》[①] 中提出：艺术本质上不是一种再现的不在场符号，而是一种显现的出场符号。艺术作为出场符号，不是对某个不在场对象的代替，而是对自身存在及相关意义的显现，是在特定时间和场所中发生的有意义或意味的符号实践。出场符号概念的提出，有助于更好地理解艺术符号的本质及艺术活动的本体，从而使艺术符号学及艺术基本理论研究得到真正推进。赵毅衡连续发表《从符号学定义艺术：重返功能主义》[②]、《从符号学看“泛艺术化”：当代文化的必由之路》[③] 等文，阐述符号学对艺术本体的新启示。

二、艺术史

本年度艺术史的研究表现突出，讨论问题波及范围广，研究成果质量优异。有关艺术史理论的大规模会议讨论，除2018年度中国艺术学理论学会年会的艺术史专题外，南京艺术学院主办的“边界与跨界：2018·艺术史学科发展研讨会”尤为值得瞩目，还有宜宾学院主办的“中国音乐图像学学会第四届年会暨中国艺术学理论学会首次艺术史研讨会”也关注了艺术史研究。各期刊刊登的有关艺术史的文章也表现出深入、扎实的特点。学者们对艺术史书写与研究的方法论问题、艺术史研究中的某些重要问题或现象的个案讨论、海外艺术史研究的范式及代表性人物等普遍关注，这些都是本年度该领域的重点和热点问题。

热点一：“艺术史”书写与方法论

2018年6月23日至25日，“边界与跨界：2018·艺术史学科发展研讨会”在南京艺术学院举办。此次会议聚集了国务院学位委员会艺术学理论学科评议组的全体成员、教育部高等学校艺术学理论类专业教学指导委员会和中国艺术学理论学会的有关专家、各高校从事艺术史教学和研究的学者，以及艺术学各门类学科——音乐与舞蹈学、影视与戏剧学、美术学、设计学和文艺学、美学领域的史论专家，共同把脉当前艺术史学科的问题和前景，可谓本年度艺术史理论研究领域规格、层次最高的研讨会。会议共设置五项议题展开讨论：艺术史内涵和外延、艺术史学科建

① 赵奎英：《试论艺术作为出场符号》，《文学评论》2018年第4期。

② 赵毅衡：《从符号学定义艺术：重返功能主义》，《当代文坛》2018年第1期。

③ 赵毅衡：《从符号学看“泛艺术化”：当代文化的必由之路》，《兰州学刊》2018年第11期。

构与整合、海外研究范式与中国艺术史研究、艺术史学本土化及元艺术史研究。共有来自全国30余所院校的77位专家学者做了专题发言。

在第一个议题的讨论中，凌继尧认为世界史的研究方法值得艺术史学界借鉴。他指出，艺术史书写也可以像书写世界史那样，需要回答四个问题：一是叙事的对象是什么，二是艺术史是如何发展，三是这种发展的动力是什么，四是各种艺术门类的共性与特性是什么。其他学者如王一川、周宪、陈池瑜、李向民、宋伟等也都认为，艺术史应是开放的，艺术史研究中要有跨界意识，关注最具普遍意义的艺术世界的历史。在第二个议题的讨论中，夏燕靖、黄宗贤、孙晓霞、王晨、李安源、刘祯、李健等学者从方法论、中西对比、艺术史料学等方面讨论艺术史学科的建构问题。夏燕靖指出："艺术学理论一级学科的形成及下设的二级学科划分已逐渐明晰，即以史、论、评为核心的基础理论学科，加上拓展而出的交叉与应用学科为其发展两翼。"他进一步强调了构成"学科"的基本要件：一是要有相对独立的知识体系；二是要有专业设置的分类依据和完备、成系统的评价体系。在第三个议题的讨论中，尹吉男、彭锋等学者纷纷发言并认为，关注海外研究范式可以起到"以史为鉴"与"引外中用"的作用。另外，有关中外艺术史共有的方法、标准、解释方式和史学理论等，或者说是共有的艺术史学知识体系，对中国艺术史学科建设形成参照。在第四个议题的讨论中，王廷信、童强、李倍雷、陈岸瑛等学者一致认为，对艺术史研究的本土化要求合情合理，本土化是理解现在的重要途径，这正是艺术史方法与理论研究的真义所在。在第五个议题的讨论中，李心峰以"元思维"方法，提出"元艺术史"的学科命名问题，指出：元艺术史，就是用元科学的方法对艺术史这门学科进行系统反思所形成的学科。他说："从今天艺术史学科角度提出'元艺术史'学科概念，则应该尝试将有关艺术史学科的所有元科学的思考，都归结到元艺术史学科的概念之中。"他进一步指出，元艺术史的研究有两种不同的研究趋向：一是"艺术史哲学"，反思最基本的元理论问题；二是以实证或经验科学的方法对艺术史本身进行研究的"艺术史科学"。在学界对艺术史学科仍存有不同声音的当下，该会议的召开非常及时，对于明晰学科发展路径具有重要意义。[①]

在10月26日至27日召开的2018中国艺术学理论学会年会中，有关艺术史书

---

① 夏燕靖：《著史观念的转换——"边界与跨界：2018·艺术史学科发展研讨会"述评》，《南京艺术学院学报（美术与设计）》2018年第5期。

写与研究方法的问题再次引起学者们广泛而深入的讨论。徐子方的《艺术史理论再认识》一文对艺术史提出了自己的五点建议：第一,一代有一代之主流艺术，主流艺术决定艺术史脉络与走向。应引进文化地理学概念，以此为基础确立人类艺术中心。艺术史也可以看作艺术中心交替发展的历史。第二，重视艺术本质的诸要素平衡，以艺术品为中心，同时摆脱形式主义、结构主义的艺术史学传统，将艺术家生平及其创作观念摆到适当位置。第三，形式主义和结构主义理论与艺术史的本质不相容。必须以全面再现和阐释人类历史上曾经有过的艺术现象为主要目的，不刻意将不同时代的艺术品之间是否有联系作为艺术史展开的前提。第四，艺术史不仅是艺术品的历史，也是艺术理论发展的历史。应将艺术理论史纳入艺术史的范畴。第五，应当重视艺术史的历史本质，艺术史不应孤悬于历史科学之外。勾画艺术演变规律，不能脱离文化社会背景。① 有关艺术理论史的认识，徐子方在《中国古代艺术理论史撰要》一文中指出，中国艺术理论自成一个独立的严整的系统，有着清晰的发展脉络，并对这个脉络划分出“艺术理论分属诸子美学，实用工艺理论首先独立”的上古阶段、“门类艺术理论分别发展”的中世阶段、“中国古代艺术理论趋向成熟”的近世阶段三个历史阶段。作者特别指出，晚清刘熙载的《艺概》在艺术理论史上体现出承前启后、继往开来的独有特色，是一部具有代表性的中国古典传统的艺术学著作，值得重点观照。②

夏燕靖的《艺术史的交错与边界扩展》一文对如何认识艺术史的问题提出四方面观点：第一，确认艺术史的事实存在；第二，阐明中外艺术史的路径差异与殊途同归；第三，表明艺术史存在形式的多种可能性；第四，论述建立在艺术学理论学科基础上的艺术史有其内在逻辑，与学科整体发展相互一致。③ 林少雄的《“中国艺术史”书写的基本观念》一文认为，“中国艺术史”的基本观念应立足于“中国”“艺术”“历史”这三个动态、开放、不断被发现和建构的概念，这决定了中国艺术史的不同内涵、外延和不同样貌。④ 刘心恬的《作为中国当代艺术史叙事对象的艺术生态系统》一文指出，当代艺术史的书写已经不同于传统艺术史以“艺术

① 徐子方:《艺术史理论再认识》，载《2018中国艺术学理论学会年会论文集》，2018年10月。

② 徐子方:《中国古代艺术理论史撰要》,《艺术百家》2018年第2期。

③ 夏燕靖:《艺术史的交错与边界扩展》，载《2018中国艺术学理论学会年会论文集》，2018年10月。

④ 林少雄:《“中国艺术史”书写的基本观念》，载《2018中国艺术学理论学会年会论文集》，2018年10月。

家—作品”为主线的书写模式，其趋势是走向对艺术生态系统的整体把握。①

此外，王廷信的《从观念出发思考早期艺术史》②，胡新群的《艺术学理论框架中艺术史研究的立场与目标》③，李沛健、李荣有的《艺术史整体研究视域下的乐、图、文历史性对话——由〈两汉乐（舞）史研究〉引发的思考》④，徐子方的《〈世界艺术史纲〉自序》⑤等也是本年度该热点话题中值得关注的重要文章。

热点二：对中国艺术史研究中的某些重要问题、重要现象或代表人物进行个案讨论，深挖中国传统和现代艺术史理论资源，具有艺术史料和学理层面的双重价值

高兴的《以图传史：中国艺术图像史的学科构建思考》一文对中国艺术图像史的学科功能、学科属性和研究方法等做出探讨。作者认为，艺术图像具备与文献、考古、口述史一样的“传史功能”。艺术图像史学是图像学与艺术史学相结合的跨学科研究领域，是艺术史学分支学科。其研究方法有微观与宏观两种，前者主要指从“图像分析”向“图像阐释”演进的图像学方法；后者包括艺术考古、田野考察等具体方法，比较研究、数量研究等科学研究中的一般方法，归纳演绎、类比推理等思维方法等。⑥

吴衍发的《论常任侠的东方艺术史观》一文对中国当代著名的东方艺术史与艺术考古学家常任侠的艺术史观做出考察。文章指出，常任侠在艺术史研究中提出“劳动创造艺术”和“舞巫同源说”两个命题，他的东方艺术史研究从中国美术史、中国乐舞史和中外艺术交流史三个维度展开，将艺术交流与文物考古和文献资料结合起来，借助现代考古学方法和艺术比较研究来建构东方艺术史的图景。⑦

张波的《滕固、邓以蛰、陈师曾艺术史学思想比较研究》一文从文化史观、史

① 刘心恬：《作为中国当代艺术史叙事对象的艺术生态系统》，载《2018中国艺术学理论学会年会论文集》，2018年10月。

② 王廷信：《从观念出发思考早期艺术史》，《民族艺术研究》2018年第4期。

③ 胡新群：《艺术学理论框架中艺术史研究的立场与目标》，《民族艺术研究》2018年第4期。

④ 李沛健、李荣有：《艺术史整体研究视域下的乐、图、文历史性对话——由〈两汉乐（舞）史研究〉引发的思考》，《艺术百家》2018年第6期。

⑤ 徐子方：《〈世界艺术史纲〉自序》，《艺术学界》2018年第1期。

⑥ 高兴：《以图传史：中国艺术图像史的学科构建思考》，载《2018中国艺术学理论学会年会论文集》，2018年10月。

⑦ 吴衍发：《论常任侠的东方艺术史观》，载《2018中国艺术学理论学会年会论文集》，2018年10月。

学思想来源、中西学的本末问题、艺术史分期、南北宗论、文化艺术救赎论等方面对三人的艺术史学思想做出比较研究。[①]

除上述文章外，在2018中国艺术学理论学会年会对艺术史的讨论中，还有一些学者如赵崇华、邱丽杰、赵小平、刘凯、饶黎等也就艺术史研究中的某些问题或代表人物展开了研究。此外，赫云、谢九生等学者对艺术史中的母题与主题、“艺术列传”等问题的研究也值得关注。

赫云、李倍雷的《艺术史系统中的母题与主题学体系研究》一文是作者承担的国家社会科学基金艺术学项目重点课题“中国传统艺术母题与主题学体系研究”的阶段成果。文章指出，母题演变导致主题在不同时期、不同地域发生改变或有不同的解读，这实际上涉及艺术主题的变迁研究，即艺术史的重要研究内容。换句话说，对母题学与主题学体系的研究实则是对艺术史变迁的深层动因与规律的探寻，由此我们便窥视到一种史学方法。从艺术史系统中探讨母题与主题学体系，不但创构了多途径的艺术史学理论，也为揭示艺术变迁的规律找到具有可操作性的研究方法。[②]

谢九生的《论古代“艺术列传”的艺术文献学价值》[③]《中国古代“艺术”列传研究》[④]两篇文章梳理了《晋书》《北史》《周书》和《隋书》中有关“艺术”列传的内涵与流变，讨论了古代“艺术”的概念与范围，分析了“艺”与“六艺”的文化教育和“术”与“五术”的理论渊源，进而指出“艺术列传”在史料文献研究中的重要价值。

热点三：关注海外艺术史研究范式及代表性人物

2011年艺术学升为学科门类后，学界已经对“艺术”研究对象的认识有了新变化，即在中国艺术史的视野中，其研究对象涵盖美术、音乐、舞蹈、戏剧、影视、设计等艺术样式。而西方艺术史的研究对象往往特指绘画、建筑、雕塑等造型艺术。因此，中国对有关西方艺术史相关问题的研究，有大量成果集中在美术界，这种特点尤其体现在对西方艺术史著作的译介和研究上。

---

① 张波：《滕固、邓以蛰、陈师曾艺术史学思想比较研究》，《艺术学界》2018年第2期，同时收录于《2018中国艺术学理论学会年会论文集》。

② 赫云、李倍雷：《艺术史系统中的母题与主题学体系研究》，《艺术百家》2018年第2期。

③ 谢九生：《论古代“艺术列传”的艺术文献学价值》，《艺术学界》2018年第1期。

④ 谢九生：《中国古代“艺术”列传研究》，《东南大学学报（哲学社会科学版）》2018年第3期。

郁火星的《西方艺术史研究中的鉴赏理论与方法——以美国鉴赏家伯纳德·贝伦森为例》一文考察了西方艺术理论界著名的艺术鉴赏家伯纳德·贝伦森的艺术鉴赏理论。文章指出，艺术鉴赏方法理论是在19—20世纪流行于西方的重要的艺术研究方法，它从经验出发，在观察、比较具体作品细节的基础上，深入分析艺术家的表现手法和描绘特征，来最终推断艺术作品的创作者等艺术史信息。文章认为，伯纳德·贝伦森在继承莫雷利艺术鉴赏传统的基础上，对艺术鉴赏理论的性质、方法和步骤进行了深入、细致的阐释，并在艺术实践活动中不断加以完善，最终使之成为一种在西方艺术史论研究领域行之有效的权威研究方法。艺术鉴赏方法有力地回击了20世纪初期艺术史研究领域黑格尔主义一统天下的局面，为艺术研究手法的多样性做出了突出贡献，具有里程碑意义。①

张颖的《笛卡尔的激情论与勒布伦的表现说——对十七世纪法国古典主义美学的一个细部考察》②、《夏尔·巴托的艺术摹仿论及其内在矛盾》③、《杜博的情感主义艺术理论及其启蒙意识》④等文章分别以笛卡尔、勒布伦、夏尔·巴托、杜博等人的艺术思想与理论为考察对象，对西方艺术史中一些重要的命题做出了阐释和研究。

熊海洋的《艺术史危机的现代性逻辑及其当代应对——从总体性视角重审艺术史危机问题》一文认为，艺术史作为一门现代性的学科已经遭遇过两次危机。这两次危机各自催生了不同的艺术史的新方法。艺术史的危机发生在现代性的历史纵深之中，内在地分有着现代性的逻辑。第一次危机刚好发生在现代性前半段完成之时，其标志就是总体性/综合性的艺术史与实在经验之间发生了分裂。第二次危机与现代性的后半段刚好重合，其标志是对总体性的否定，以及诸领域之间的分化。艺术史的危机就是一部综合的/总体的艺术史形成和瓦解的历史，与现代性的逻辑，即总体性的形成与自我否定刚好吻合。描述出艺术史危机的现代性逻辑对于理解和解决这一危机提供了一个思路。这个思路就是如何看待总体性，如何看待总体的/

① 郁火星：《西方艺术史研究中的鉴赏理论与方法——以美国鉴赏家伯纳德·贝伦森为例》，《艺术百家》2018年第6期。

② 张颖：《笛卡尔的激情论与勒布伦的表现说——对十七世纪法国古典主义美学的一个细部考察》，《文艺理论研究》2018年第1期。

③ 张颖：《夏尔·巴托的艺术摹仿论及其内在矛盾》，《复旦学报（社会科学版）》2018年第1期。

④ 张颖：《杜博的情感主义艺术理论及其启蒙意识》，《美育学刊》2018年第3期。

综合的艺术史。[①]

此外，张佳峰的《达弥施艺术史论研究范式及其当代意义》[②]，李骁的《艺格敷词的历史及功用》[③]，李雷的《从“天才”到“艺术界代理人”——艺术体制理论视野下的“艺术家”形象考察》[④]，[美]伊夫－阿兰·布瓦、周宪、张婷的《艺术史的传统与嬗变——伊夫－阿兰·布瓦教授专访》[⑤]，颜景旺的《谁是真正的“艺术史之父”》[⑥]等文章均值得关注。

本年度出版的该主题专著主要有：张坚的《另类叙事：西方现代艺术史学中的表现主义》(北京大学出版社 2018 年 9 月出版）不仅阐述了西方艺术史理论的发展脉络，也指出了长期以来被遮蔽、忽视的一种艺术史学传统——表现主义，而后者在某种意义上更接近中国艺术本质，对中国艺术理论研究和创作实践都颇具借鉴意义。林国兵的《西方现代艺术观念演化史》(武汉大学出版社 2018 年 4 月出版）在审美现代性视域下考察西方现代艺术观念的逻辑进程。仇国梁的《西方技术艺术史》(西南师范大学出版社 2018 年 3 月出版）是一部基于技术的西方艺术史，探讨了技术与艺术的关系发展历程。

本年度出版的该主题译著主要有：[美]菲利普·E. 毕肖普著，陈永国译《人文精神的伟大冒险：人文艺术通史》(中信出版社 2018 年 3 月出版)；[英]克里斯·米－安德鲁斯著，曹凯中、刘亭、张净雨译《录像艺术史》(中国画报出版社 2018 年 7 月出版)；[意]朱利奥·卡洛·阿尔甘、[意]毛里齐奥·法焦洛著，谭彼得译《艺术史向导》(南京大学出版社 2018 年 6 月出版)；[英]弗朗西斯·哈斯克尔著，孔令伟译，杨思梁、曹意强校《历史及其图像：艺术及对往昔的阐释》(商务印书馆 2018 年 1 月出版）等。

---

① 熊海洋：《艺术史危机的现代性逻辑及其当代应对——从总体性视角重审艺术史危机问题》，《艺苑》2018年第1期。

② 张佳峰：《达弥施艺术史论研究范式及其当代意义》，《南京艺术学院学报(美术与设计)》2018年第4期。

③ 李骁：《艺格敷词的历史及功用》，《新美术》2018年第1期。

④ 李雷：《从“天才”到“艺术界代理人”——艺术体制理论视野下的“艺术家”形象考察》，《文艺争鸣》2018年第5期。

⑤ [美]伊夫－阿兰·布瓦、周宪、张婷：《艺术史的传统与嬗变——伊夫－阿兰·布瓦教授专访》，《南京艺术学院学报(美术与设计)》2018年第3期。

⑥ 颜景旺：《谁是真正的“艺术史之父”》，中国社会科学网2018年12月5日。

三、艺术批评

2018年，艺术批评界在党和国家各项文艺政策指导下，继续推进各类批评活动和研究工作，各门类艺术的即时评论层出不穷，艺术批评的学理探讨不断涌现新视角。整体而言，本年度艺术批评的实践和理论研究的热点问题主要集中在：对党的各项文艺政策的贯彻落实与解读研究、从不同角度和层面自觉构建新时代中国艺术批评的话语体系、重视媒介新变与艺术批评的互动关系三方面。

热点一：高度重视习近平总书记关于文艺工作的系列讲话，对其中针对文艺界的普遍问题提出的新思想、新导向不断做出解读，对讲话面向文艺界和批评界的种种深刻影响做重点观照，对艺术批评界自觉贯彻落实讲话精神的情况进行梳理

可以预见，今后很长一段时间内，对习近平总书记关于文艺工作的系列讲话的研究和落实依然是艺术批评界关注的重点问题。

仲呈祥的《40年，文艺政策引领文艺繁荣》一文回顾总结了改革开放40年来党在不同时期的文艺政策，并提炼出相应的关键词：改革开放新时期的文艺政策强调的是“为人民服务，为社会主义服务”；伴随着思想解放的文艺政策则“弘扬主旋律、提倡多样化”；关于社会主义文艺，尤其是党的十八大以来，习近平总书记关于文艺工作的系列讲话反复强调的是“以人民为中心的创作导向”；面对市场经济大潮，文艺政策要求的是“坚持把社会效益放在首位”。这种对文艺政策关键词的提炼和解读，既体现出历史线索的纵深感，又显示出每个时代的差异性和丰富性。这对于文艺界和批评界坚定文化自信，坚定自觉地贯彻落实党的文艺政策大有裨益。①

蒋述卓、李石的《价值分化与价值重构——新时代文艺批评的功能与价值取向》一文认为，当前文艺批评的缺席、失语、弱化等问题，不只跟市场化及西方理论的强势影响有关，而且根源于中国现代化的进程中社会的分化和价值的分化。文章进而指出，习近平总书记关于文艺工作的系列讲话对文艺批评的相关论述，为新时代文艺批评的价值构建提供了重要契机。新时代文艺批评的功能应该落实到人民大众的审美素质的提高及现代人格的养成。该文尽管是从文学的视角梳理批评的功

① 仲呈祥：《40年，文艺政策引领文艺繁荣》，《人民日报》2018年10月30日。

能与价值取向，但对于当前艺术批评而言，同样具有启发意义。尤其是文章提到新时代文艺批评应当具备的“以人民为中心、对中国历史及文化传统有坚定自信、坚持审美性原则”的三种价值取向，具有普遍意义。①

唐宏峰的《新思想、新组织、新媒介——近年中国文艺评论状况探析》一文从新思想、新组织和新媒介等方面对党的十八大召开以来我国文艺评论领域发生的许多重要变化进行了梳理和总结。文章指出：习近平总书记关于文艺工作的系列重要讲话为文艺评论提供了新的思想观念指引；国家高度重视文艺评论，出现众多以文艺评论为主题的国家组织、社会团体和学术共同体等，各种文艺评论活动极为活跃；网络新媒介的迅疾发展极大影响了文艺评论生态，从评论的主体、评论的属性、传播的途径到文本的文体风格、评论的价值与效果等都发生了不同于以往的根本变化。②

热点二：聚焦当下艺术批评的种种问题和困境，从学理层面对其进行分析和把脉，自觉构建新时代中国文艺批评的话语体系

金雅在《“美情”与当代艺术理论批评的反思》一文中指出，传统艺术理论资源对当下艺术实践和理论批评具有重要理论意义。作者认为重视民族美学的“美情”传统是扭转当前批评界普遍存在的趣味不高、境界低俗，唯西是瞻、缺失根基，急功近利、拜金逐名等问题的极具针对性的方法和举措之一。作者指出，对“美情”的追求和倡扬是中华美学与艺术精神的精髓之一。“美情”要求对日常情感进行审美升华，重视美的情感与真善之贯通，由此可以对当代艺术理论批评的种种非美趋向予以观照反思。“美情”的命题，也要求理论家批评家提升情感能力，重视情感品格，尤其是传承弘扬中华美学以真善美贯通为要旨的大美情韵。③

汪涌豪在《批评的敬畏与诚意》一文中指摘艺术批评与当前创作实践和大众需求的双重疏离，强调了艺术批评家“必须永远保持独立的本位”，坚守职业敬畏和学术操守。作者指出，只有基于对真理无条件的服从，以及对自己视为志业的评论事业的神圣信仰，才能使批评避免寄生的冗余，真正成为艺术强有力的护法。而要

---

① 蒋述卓、李石：《价值分化与价值重构——新时代文艺批评的功能与价值取向》，《文艺理论研究》2018年第5期。

② 唐宏峰：《新思想、新组织、新媒介——近年中国文艺评论状况探析》，《民族艺术研究》2018年第2期。

③ 金雅：《“美情”与当代艺术理论批评的反思》，《中国文艺评论》2018年第5期。

做到这一点，评论家能否知所敬畏、常怀诚意就显得非常重要。为此应鼓励无私于轻重、不偏于憎爱的直言无隐的真批评，并确信只有在这种评论中，批评家才能既提升别人，又成就自己。①

王中原在《中国文艺评论的当代困境与“回到马克思”》一文中历数文艺评论的种种问题与困境，同样将其“病根”指向评论品质的丧失，并为之开出“回到马克思”，重塑批评品质的药方。作者认为，当代中国文艺评论的困境主要表现为专业型文艺评论的“学院化”、非专业型文艺评论的“产业化”的负面效应及其“消极的后现代主义化”倾向，其症结在于“现实意识”和“人文精神”的双重缺失。中国当代文艺评论的“病根”在于评论品质的沦丧，其于“困境”中“突围”的契机在于评论品质的重塑，即通过“回到马克思”来重塑文艺评论的现实主义人文终极关怀品质。②

潘天波的《艺术批评范式及其误用：以器物文化为中心》一文以器物文化为切入点，分析了器物艺术文化批评绝非仅是风格、形式、美学及知识等传统批评范式所能完成的原因，认为这类传统艺术批评范式极易走向形式论、机械论、玄学论等学术危险境地。作者指出，对器物文化的批评还需引入角色、情境、互动及界限等批评范式。因此，要想拓宽器物文化批评的疆域，应该着力开放艺术边界，使之与常规批评范式互补，从而顺应艺术批评的健康发展。③

热点三：关注当下具有前沿性和时代性的话题，尤其表现在对媒介新变与艺术批评关系的讨论上

本年度，大量批评理论类文章不约而同地注意到数字时代艺术生态呈现的多元化和复杂性的状态，注意到网络数字媒体对当前艺术批评产生的广泛而深刻的影响，在对其持肯定态度的同时，对大量非专业批评的现象和问题，提出解决意见与建议。

李震的《媒介化时代的文艺批评》一文认为，媒介化时代的到来改变了文化生态及与此相关的文艺批评，文艺批评的主体从文化精英向网络公众延伸。作者肯定了网络舆论中那些充满现实感、真性情和口语的非专业批评话语的存在和价值，并

---

① 汪涌豪：《批评的敬畏与诚意》，《中国文艺评论》2018年第8期。

② 王中原：《中国文艺评论的当代困境与“回到马克思”》，《艺术学界》2018年第1期。

③ 潘天波：《艺术批评范式及其误用：以器物文化为中心》，《齐鲁艺苑》2018年第2期。

指出专业批评家不应忽视、排斥这种类型的批评话语，这种公共话语应与专业批评话语一起，共同熔铸新时代中国文艺批评话语体系。①

万书元的《数字媒体时代的艺术批评》一文总结了数字媒体时代普遍审美化、普遍虚拟化、多元化和商业化的四大特征，并由此指出“艺术批评不再属于少数人垄断的专利”。作者对网络媒体同样秉持正面和肯定的态度，但针对其可能出现的粗俗的、极端的、垃圾化的非专业评论，认为需要从社会风气、学术氛围、学术精神、批评主体等方面创造必要条件，引导其走出混乱和无序，进而期待一种真面真言的批评。②

王一川、王臻真的《数字时代文艺批评的三个圈——兼谈文艺批评家素养》一文把数字时代文艺批评家的群体划分成学者职业批评圈、网众自发批评圈和名人自媒批评圈三个类别，并认为名人自媒批评圈因其特殊性而特别值得关注，“名人的自媒批评话语往往可能对艺术时尚流产生直接的拉动作用”。作者指出，数字时代这三个艺术批评圈共生共存，与之相应的艺术批评家需要探索审美与文体敏锐度、中国艺术公心、博学和批评个性等各方面素养的养成。③

除以上热点问题外，对艺术批评的史论探索也始终没有离开研究者的视野，这其中既有对中国艺术批评史和批评学的回顾与开拓，也有对西方艺术批评的关注。

刘永明在《20世纪中国艺术批评学发展述略》一文中回溯了20世纪中国艺术批评学的发展历史，文章认为20世纪是中国艺术批评学学科自觉的一百年。1904年，王国维的《红楼梦评论》开启了中国艺术批评学的现代历程，作者将这个百年分为两个“多元化”阶段（即20世纪“前三十年”和“后二十年”）与一个“中心化”的阶段（即20世纪30—70年代），历史呈现出一种哑铃型的时间结构。作者指出，由于受社会历史的深刻影响，中国艺术批评学的发展与20世纪中国社会历史大进程之间存在着深刻的对应关系，由此表现出的总体特征是科学性、民族性和现代性。④

黄桂娥在《艺术学理论学科视角下艺术批评史教学的革新——以〈清代艺术批

① 李震：《媒介化时代的文艺批评》，《文艺研究》2018年第8期。

② 万书元：《数字媒体时代的艺术批评》，《南京艺术学院学报（美术与设计）》2018年第3期。

③ 王一川、王臻真：《数字时代文艺批评的三个圈——兼谈文艺批评家素养》，《陕西师范大学学报（哲学社会科学版）》2018年第4期。

④ 刘永明：《20世纪中国艺术批评学发展述略》，《美与时代》2018年第10期。

评史〉教材书写为例》一文中对高等教育中艺术批评史教学展开讨论，对其专著《清代艺术批评史》(中国文联出版社 2018 年 6 月出版）的主要内容、重点、难点与创新点、价值意义等做出说明，并强调艺术批评史“研究艺术的一般性和普遍性规律，以打通门类艺术为己任”[①]。

柯蒂斯·卡特的《门罗·比厄斯利、阿瑟·丹托、诺埃尔·卡罗尔的艺术批评》一文是其在“中华美学的传承与创新”国际学术研讨会上的主旨发言。文章对西方三位代表性艺术批评家的思想背景、主要经历和学术观点、方法论特点等做出阐释，并对三者所持的艺术批评方法（即描述、阐释和评价）做出简评。[②]

综上所述，“关注时代变化”“探索中国经验”“寻求突破之路”是本年度艺术批评留给人最为印象深刻的关键词。面对这些批评实践和学理成果，我们有理由相信：建构中国本土艺术批评的话语体系不但已经成为学界的共识，而且学者们正在朝着这个目标稳步前进。

四、艺术交叉学科

本年度，艺术人类学、艺术社会学、艺术教育学、艺术管理学等交叉学科沿着各自的发展轨迹稳步前进，呈现稳扎稳打的特点。主要表现在：几个主要的交叉学科均有稳定的研究群体，有每年一届高规格的国际或全国学术研讨会，有固定的发布学术成果的核心期刊等。各学科发展状态稳定，各有千秋，呈现百花齐放的学术生态。因本书中专设有艺术人类学发展研究报告，这里不重复叙述。

（一）艺术社会学

本年度，艺术社会学研究领域出现了许多新变化：新的学术平台建立、研究群体扩大及学术会议常态化，学术成果发布的阵地也有新扩展。种种迹象表明，艺术社会学研究正在走向迅速发展的快车道。

在学术平台建设和研究群体方面，东南大学成立专门研究机构，汇聚该领域专

① 黄桂娥:《艺术学理论学科视角下艺术批评史教学的革新——以〈清代艺术批评史〉教材书写为例》,《遵义师范学院学报》2018年第4期。

② [美]柯蒂斯·卡特:《门罗·比厄斯利、阿瑟·丹托、诺埃尔·卡罗尔的艺术批评》,《外国美学》2018年第1期。

门研究人员。2018年11月，东南大学艺术人类学与社会学研究所成立，特聘著名艺术人类学家方李莉研究员为所长，孟凡行任常务副所长。该所致力于艺术学与人类学、社会学、民俗学等交叉学科的原创性研究，关注学科前沿动态，实践基于中国本土的艺术田野考察和艺术民族志的撰写，参与国家文化遗产保护、中华传统文化全面复兴、乡村振兴、传统工艺振兴等重大战略工程，着力于建构中国艺术人类学与艺术社会学理论体系。

在学术成果发布的重要刊物方面，由中国社会科学院社会学研究所主办的核心期刊《社会学研究》本年度首次推出"艺术社会学"专题，共设置两个相关专题栏目，收录5篇文章：周怡的《"大家在一起"：上海广场舞群体的"亚文化"实践——表意、拼贴与同构》、方军的《中国新兴中产家庭中的视觉艺术——职业地位群体、抽象艺术与自我呈现》、卢文超的《将审美带回艺术社会学——新艺术社会学理论范式探析》[①]，以及严俊、乐鹏举的《制度环境、工作模式与艺术生产——上海A电影厂的艺术兴衰史》，贾文娟、钟恺鸥的《另一种娱乐至死？——体验、幻象与综艺娱乐节目制作过程中的劳动控制》[②]。这几篇文章均体现了强烈的当下性和时代性的特点，研究当下艺术生产、艺术现象，提出艺术社会学的中国理论，成为学者们努力的方向。

在学术会议方面，继2017年全国艺术社会学青年学者论坛暨"艺术社会学的理论、方法与中国实践"学术研讨会成功举办后，2018年6月1日至2日，"新视野中的艺术社会功能"暨第二届艺术社会学青年学者论坛在东南大学召开。会议围绕"艺术与审美能动性""艺术与社会介入""艺术史中的艺术之用""艺术的社会功能""艺术、政治与美学"等主题展开多角度研讨。来自全国各高等院校、研究院所的30余位青年学者参加了会议。学术会议的常态化，将极大地凝聚人心，促进学科自身的发展，艺术社会学青年学者论坛已经成为该学科学术交流的一个重要平台。

在该学科基础理论研究方面，本年度由译林出版社"凤凰文库"推出的两本译著值得关注。两本译著属刘东主编的"艺术与社会系列"译丛，分别为［美］盖瑞·阿兰·法恩著，卢文超、王夏歌译的《日常天才》(译林出版社2018年1月出

① 此三篇文章收录于《社会学研究》2018年第5期。

② 此两篇文章收录于《社会学研究》2018年第6期。

版），[美] 薇拉·佐尔伯格著、原百玲译的《建构艺术社会学》（译林出版社 2018 年 8 月出版）。前者是美国社会学家和民族志学者盖瑞·阿兰·法恩的著作，讨论了美国“民间艺术”，即作者所谓“自学艺术”的生存状态和独特的市场经济规律，以及完整的社会运作机制。后者注重在社会学语境下理解艺术，建立了一套经济、政治是如何影响艺术创作的社会学方法和评估制度。此外，卢文超的《艺术社会学的两难困境及其解决之道》[①]《从艺术社会学到新艺术社会学——提亚·德诺拉音乐思想的转变》[②]，沈淑琦的《媒体、艺术、商品：20 世纪上半叶视觉艺术之艺术社会学研究》[③]，李金花的《弗理契艺术社会学思想在中国的接受（1921—1933）》[④]等文从艺术社会学的学术史、理论困境、代表学者等方面做出探索，是本年度该领域值得关注的文章。

（二）艺术管理学、艺术教育学及其他

2018 年 12 月 7 日至 9 日，全国艺术学理论一级学科《研究生核心课程指南》编写与建设学术研讨会在河北大学召开。学科评议组专家在此次会议上指出，艺术学理论核心课程除艺术理论、艺术史、艺术批评外，还要增加应用类课程，即艺术管理、艺术教育、艺术传播、艺术遗产、艺术与文化创意。事实上，很长一段时间以来，这五种应用类理论均已经形成独特的研究范式，拥有固定的研究群体，正沿着自身的发展道路稳步前进。本年度，艺术管理学、艺术教育学较之往年热度减弱，但常态化的学术会议依然是学者们思想交流的平台。艺术遗产和文化创意产业本身就是一个规模庞大、研究者和相关从业人员众多的领域，尤其是我国从国家意志层面高度重视中华优秀传统文化在当下的传承与发展，重视非物质文化遗产保护工作，因此对该领域相关问题的研究一直是学界关心的热点。

艺术管理学领域。除田川流的文章《论艺术管理学科理论研究的基本范畴》[⑤]外，还有两篇博硕士论文值得关注。卢育娟的博士论文《艺术管理学科体系构建研

① 卢文超：《艺术社会学的两难困境及其解决之道》，《民族艺术》2018 年第 6 期。

② 卢文超：《从艺术社会学到新艺术社会学——提亚·德诺拉音乐思想的转变》，《文艺研究》2018 年第 12 期。

③ 沈淑琦：《媒体、艺术、商品：20 世纪上半叶视觉艺术之艺术社会学研究》，《南京艺术学院学报（美术与设计）》2018 年第 3 期。

④ 李金花：《弗理契艺术社会学思想在中国的接受（1921—1933）》，《江西社会科学》2018 年第 10 期。

⑤ 田川流：《论艺术管理学科理论研究的基本范畴》，《美育学刊》2018 年第 3 期。

究》，在梳理对比国内外艺术院校艺术管理学科建设情况基础上，从学科定位、学科属性、相关学科、专业设置研究、培养方案、课程体系建设、核心课程、学科队伍建设、学科基地建设等多个维度来对艺术管理学科体系进行研究并提出思考与建议。[①] 林路的硕士论文《论中国艺术管理本科专业核心课程构建》，梳理归纳了自 1983 年上海戏曲学校举办“艺术管理专修班”、中央文化管理干部学院成立文化管理教研室开始的学科发展之路，对不同阶段中国艺术管理本科专业核心课程做出了总结。[②] 本年度，该领域的学术会议主要是 11 月 30 日至 12 月 2 日在中国美术学院召开的第十三届中国艺术管理教育学会年会暨新时期文化艺术管理共同体高峰论坛。会议围绕“多元、跨界、智能、创新、共享”聚焦“创建文化艺术管理共同体”，旨在激发当下艺术生产、艺术教育向社会文化资源转换，强化艺术管理教育一体化的管理实践。会议分别以“智能化时代艺术管理介入的可能性和方式”“不同艺术门类的艺术管理教育学科建设的共性与个性探讨”“艺术管理机构与院校交流机制与人才供需”“文化政策与产业化运作对艺术管理的影响”四个分论坛议题展开研讨。同时，会议设置全国艺术管理学生创意策划竞赛环节，全国 26 所院校的 35 组优秀团队展开决赛单元的角逐，展现了艺术管理学科“创意 +”的教育成效。来自国内外 30 余所艺术院校、艺术博物馆、艺术传媒机构和杂志刊物的 50 余位专家学者参加了会议。

艺术教育学领域。彭兆荣的《寓教于艺》[③]、张璐的《教与学：国外艺术教育现状与理念分析》[④]、钱初熹的《艺术教育研究的新视野与新范式》[⑤]、黄从威的《关于高等艺术院校人才培养目标的探讨》[⑥]、韩聃的《日本高等艺术教育的特点经验及启示》[⑦] 等文章从不同角度探讨了艺术教育的理论及学校人才培养情况。本年度，艺术教育学术活动持续开展，学术会议有意总结改革开放 40 年中国艺术教育的经验，展望未来发展趋势。11 月 24 日至 25 日，2018 第十三届全国艺术院校院（校）长高峰论坛在广西艺术学院召开，该论坛“旨在回望中国艺术教育 40 年的成果，探

① 卢育娟：《艺术管理学科体系构建研究》，博士学位论文，中国艺术研究院，2018 年。

② 林路：《论中国艺术管理本科专业核心课程构建》，硕士学位论文，中央美术学院，2018 年。

③ 彭兆荣：《寓教于艺》，《民族艺术》2018 年第 1 期。

④ 张璐：《教与学：国外艺术教育现状与理念分析》，《艺术评论》2018 年第 3 期。

⑤ 钱初熹：《艺术教育研究的新视野与新范式》，《美育学刊》2018 年第 4 期。

⑥ 黄从威：《关于高等艺术院校人才培养目标的探讨》，《艺术教育》2018 年第 23 期。

⑦ 韩聃：《日本高等艺术教育的特点经验及启示》，《黑龙江高教研究》2018 年第 12 期。

寻我国艺术教育发展的趋势和路径，增强新时代改革创新意识，为艺术教育的新跨越提供助力”[①]。论坛围绕“习近平新时代中国特色社会主义思想与艺术教育”“中国艺术教育 40 年”“新时代艺术学学科建设”“艺术人才培养特色探索”“艺术拔尖人才培养”五个议题开展讨论，分为主论坛和艺术学理论、美术设计、音乐舞蹈、戏剧影视四个分论坛，来自全国 30 余所艺术院校、文化传媒机构、企业的 60 余位院（校）长、艺术学科专家等参加了会议。

艺术遗产领域。本年度最为引人注目研究成果是彭兆荣的《生生遗续　代代相承——中国非物质文化遗产体系研究》(北京大学出版社 2018 年 1 月出版)。作者是我国第一个国家社科项目在文化遗产领域公开招标的重大课题“中国非物质文化遗产体系探索研究”(11&ZD123)的首席专家，该著作即此课题的研究成果，在理论上提出了“生生遗续”作为我国非物质文化遗产体系的代表性概念。作者已出版的《中国艺术遗产论纲》(北京大学出版社 2017 年版)一书也是在此重大课题基础上延伸出来的，都成为作者在中国艺术遗产研究领域的代表性著作。其他值得关注的著述还有：陈勤建的《回归生活——非遗保护的理论与实践研究》(上海人民出版社 2018 年 6 月出版)，曹德明主编的《国外非物质文化遗产保护的经验与启示》(社会科学文献出版社 2018 年 5 月出版)，张洁的《非物质文化遗产法律保护研究》(中国法制出版社 2018 年 4 月出版)，[英]德瑞克·吉尔曼著，唐璐璐、向勇译的《文化遗产的观念》(东北财经大学出版社 2018 年 6 月出版)，以及论文[英]麦夏兰、方李莉文，关祎译的《未来的遗产和遗产的未来》[②]等。

五、学科建设

下面对 2018 年度艺术学理论学科建设从整体上加以扫描。本年度艺术学理论学科在全国性会议、青年论坛、期刊建设等方面的发展均有新的推进，亮点频现。各环节的学科建设工作都取得不少新成就，从宏观的格局建制方面逐渐完备，形成了一些整体性的发展趋势。如注重对学科历史进行梳理和回顾，强调对学科本体学

① 本刊编辑部:《回望中国艺术教育40年开创新时代高等艺术教育新局面——2018第十三届全国艺术院校院(校)长高峰论坛在广西艺术学院举行》,《艺术教育》2018年第23期。

② [英]麦夏兰、方李莉:《未来的遗产和遗产的未来》,《民族艺术》2018年第5期。

理性内容的发展和研究等。其中，一些重要的全国性会议的情况在上文中已有介绍，这里不再重复，主要关注如下几点。

（一）青年论坛：聚焦前沿，活力创新

目前，艺术学理论界已形成若干稳定且较为成熟的常设论坛，其中几个青年论坛以敏锐的问题意识和理论洞察力，聚焦学科前沿和艺术学的基础理论研究，就学科中的某一方向或问题展开深度对话，激发出学科发展的新活力，成为学科亮点。这些论坛规模不等，主旨多样，各有特色，但共同特征是倚重中青年学者的学术新发现，在一定程度上也成为培养和发现后备人才的优质平台。

“当代艺术学与美学论坛”是中国艺术研究院马克思主义文艺理论研究所创办的常设青年论坛。该论坛定位艺术学的基础理论研究，2018 年共举办 4 次活动：“康德艺术论中的形式主义与表现论之间的张力”（朱会晖主讲），“人性论与文人艺术的三种呈现方式”（余开亮主讲），“18 世纪德国民族精神的美学基础及其当代理论启示”（杨一博主讲）及“中国艺术研究院的艺术学传统”。这些选题和对话内容立足中国艺术学学科本体，开放地思考与其他学科及西方艺术科学的关系，对艺术理论进行了多维度的检视和探索，在对话和碰撞中触及学科的一些根本问题。本年度，论坛根据现场活动文稿，整理出版《当代艺术学与美学论坛 2017》，受到学界关注。东南大学艺术学院举办“新视野中的艺术社会功能”暨第二届艺术社会学青年学者论坛。中国人民大学文学院举办“批判理论中的艺术问题”暨第三届“求是”青年论坛，聚焦自法兰克福学派以来的“批判理论”，强调艺术理论应有敏锐的现实感和批判意识，同时对“批判理论”在探讨艺术问题时所提出的论题、采用的方法及理论的发展谱系等进行总结和拓展。

（二）期刊建设：整体推进，稳步提升

自学科升级以来，除《文艺研究》《艺术百家》《民族艺术》《艺术评论》等既有代表性期刊外，《贵州大学学报（艺术版）》、杭州师范大学《美育学刊》、广西艺术学院《艺术探索》、中国文联《中国文艺评论》、云南省民族艺术研究院《民族艺术研究》等刊物，均以艺术学科所包含的各门类艺术学科领域的学术研究为关注对象，成为艺术学理论学科的学术集中地。尤其是《民族艺术研究》通过不懈努力，

重新入选“2018 年度中国人文社会科学期刊 AMI 综合评价”A 刊核心期刊目录，成为艺术学理论成果展示的又一重要期刊。

除上述学术刊物对艺术学理论的大力支持外，以艺术学理论为主体的集刊成为本学科重要的学术成果发布平台。《艺术学界》《艺术学研究》《北大艺术评论》等集刊的稳步发展，取得不小成绩。尤其是以艺术学理论为主打方向的《艺术学界》入选 CSSCI 集刊（2017—2018）目录，也表明学科内部学术成果的质量不断提升。此外，2018 年南京大学艺术学院新创办《艺术理论与艺术史学刊》集刊，以艺术学理论一级学科为基础，聚焦艺术理论及艺术史、艺术批评研究等前沿问题，成为艺术学理论学科发展的又一重要平台。

（三）学科评价体系：精细分析，准确研判

2018 年 4 月，中国艺术研究院完成《2017 年度中国艺术发展研究报告》①，其中李心峰、孙晓霞、秦佩完成《2017 年艺术学理论学科研究发展报告》②，准确分析本学科 2017 年度的发展状况，并形成客观综合的评判，为学科发展和评价体系建设提供了重要的参照。2018 年 10 月，由王一川主编的《中国艺术学年度报告 2017—2018》③出版。本书概要介绍了艺术学门类下属全部五个一级学科在 2017 年度的发展概况，在具体描述上述五个一级学科的年度概况时，主要围绕学科动态、问题聚焦和专题研究三方面展开。其中对艺术学理论学科年度发展概况做了全景式扫描，特别是对本学科的年度重点问题展开全面梳理和分析，并以专题研究的方式，就艺术学理论的基本问题做了纵深研讨，成为学科评价的又一重要参照。此外，王廷信的《踏入正轨　稳步前行——2017 年艺术学理论学科扫描》④，郭必恒、纪元的《2017 年中国艺术学理论热点现象述评》⑤等论文也以细致的整理和清晰的判断，成为了解艺术学理论 2017 年度学科发展情况的重要参考。

以上成果以年度发展研究报告形式，通过深入调研、严谨论证和透彻分析，剖析 2017 年度艺术学理论研究中的重点和热点问题，研判艺术学理论学科发展趋势

---

① 中国艺术研究院主编：《2017 年度中国艺术发展研究报告》，文化艺术出版社 2018 年版。

② 李心峰、孙晓霞、秦佩：《2017 年艺术学理论学科研究发展报告》，《艺术百家》2018 年第 2 期。

③ 王一川主编：《中国艺术学年度报告 2017—2018》，社会科学文献出版社 2018 年版。

④ 王廷信：《踏入正轨 稳步前行——2017 年艺术学理论学科扫描》，《艺术评论》2018 年第 4 期。

⑤ 郭必恒、纪元：《2017 年中国艺术学理论热点现象述评》，《民族艺术研究》2018 年第 2 期。

与走向，从历史和理论角度为当代中国文化艺术的理论发展做宏观和微观的多角度把脉，成为艺术学理论学科发展的重要路标。

此外，李荣有、仲呈祥的《艺术学门类学科专业设置及评价标准研究》[①] 汇集了当前艺术学界老、中、青三代学者在该领域里的新成果20余篇，分别对“艺术学科基础理论”“学科专业设置问题”“学科专业评价标准”做了较为系统的探讨，对我国当前艺术学门类学科建设及长远发展，都将发挥有益的理论借鉴作用。

（四）学位点建设：乐观进取，扎实推进

2018年初，教育部公布2017年艺术学理论一级学科新增河北大学、东北大学、河南大学三个博士学位点。2月27日，教育部下发《国务院学位委员会关于下达2017年动态调整撤销和增列的学位授权点名单的通知》[②]，其中南京大学、福建师范大学取消艺术学理论博士、硕士一级学位点，西北大学取消艺术学理论硕士学位点。浙江大学增列博士一级学位点。增列硕士一级学位点的有东北大学、同济大学、兰州大学等。

其中，南京大学撤销艺术学理论学位点让学界一片哗然，引发对学科自身状况的反思。南京大学艺术学理论学位点在业内有较强学术影响力，在全国艺术学理论学科综合排名中历来靠前，但在南京大学内部与其他传统学科的横向比较中，却成为院校提升整体实力的牺牲品。对此学界深表遗憾。这一意外事件也警示我们，作为一个年轻学科，艺术学理论尽管充满活力、空间广阔，但学科的整体实力依旧不够强大，抗风险能力较弱，未来学科的发展任重道远。不过，尽管遭遇不利境况，但南京大学艺术学院的团队成员在过去一年中，理性面对困境，勠力同心，扎实深入本学科理论研究，取得不凡成就。如创办了专业性艺术学理论集刊《艺术理论与艺术史学刊》；由周宪、赵奎英主编“南京大学艺术理论文丛”[③] 连续推出周宪的《艺术理论的文化逻辑》、赵奎英的《语言、空间与艺术》、李健的《跨学科视域中的当代艺术理论》、周计武的《艺术的祛魅与艺术理论的重构》、童强的《艺术理论

① 李荣有、仲呈祥:《艺术学门类学科专业设置及评价标准研究》，中国文联出版社2018年版。

②《国务院学位委员会关于下达2017年动态调整撤销和增列的学位授权点名单的通知》，中华人民共和国教育部官方网站，http://www.moe.gov.cn/s78/A22/xwb_left/zcywlm_xwgl/moe_818/201802/t20180228_328145.html。

③“南京大学艺术理论文丛”由北京大学出版社出版。

与空间实践》等多部著作，成为基础理论研究领域的力作，为该学位点的未来再突破奠定牢固基础。

从全局看，艺术学理论学科建设在2018年的表现更为理性而客观，出现了普遍的向心发展局势。各学位点均形成了清晰的专业学科方向和明确的学术定位：它们或聚焦基础理论研究，或关注艺术史学学科发展，或广泛涉猎艺术实践的批评及批评理论研究等，均注重以扎实的学术根底为发展之根本。论坛、会议、期刊、机构建设等方面不断出现一批更具思想活力、更具现实针对性的学术交流平台，形成一种稳定的学科向心秩序。在学科结构日益完备的同时，多个学科点都组建起专家引领、青年创新的学术梯队，学科后备力量充足。整体而言，艺术学理论学科正朝着良性、健康的方向快速推进，前景可期。

课题主持机构：中国艺术研究院研究生院

主　笔：李心峰

撰稿人：李心峰　孙晓霞　秦　佩

编辑、统筹：傅　秋

2018年度中国音乐发展研究报告

摘要：本报告拟从“音乐创作”“舞台演出”“音乐交流”“音乐产业”“音乐教育”“学术研究”等方面，对2018年度我国音乐总体发展现状做较全面梳理，并以此为基础聚焦年度艺术现象和热点问题，评估年度音乐创作和学术研究成果，探寻音乐的内在运行规律，结合当前全面复兴优秀传统文化、增强文化自信、推动文化繁荣的大趋势，对未来音乐发展提出建设性意见，供业界参考。

关键词：音乐　年度报告　传统文化复兴　文化自信　文化繁荣

一、植根传统、致敬时代的音乐创作与演出

2018年全国的音乐创作和演出数量众多、形态各异，呈现繁荣的局面。无论是经典再现还是新作首演，无论是中国作品还是外国作品，都通过丰富多彩、琳琅满目的舞台表演，体现着作曲家和组织者们植根传统、致敬时代的现实主义精神，体现着胸怀全国、突出地域的创作理念，体现着立足中国、面向世界的立意与格局，丰富了广大人民群众的精神文化需求。从主题上看，“改革开放40周年”和“一带一路”是重点，“纪念性”“地域性”及“音乐节、展演及赛事”等方面成绩显著。

1.“改革开放40周年”与“一带一路”主题

庆祝改革开放40周年，是本年全国各界的大事之一，音乐界也不例外。除了由国家统一举办的“庆祝改革开放40周年文艺晚会”外，从文化和旅游部到各地院团，再到地方政府和院校等纷纷响应。例如，8月16日北京民族乐团举办的“光明颂——庆祝改革开放40周年民族音乐会”，精选《我的祖国》《长城随想》等观众

耳熟能详的民乐作品，还首演了格莱美获奖音乐人吴彤创作的《天人合一》的“笙与乐队”版本。10月15日，文化和旅游部艺术司主办的“抒情新时代——庆祝改革开放40周年新创歌曲音乐会”在北京音乐厅上演，15首新创歌曲热情讴歌改革开放带来的巨大变化。由中国音乐家协会、中国交响乐发展基金会主办的“庆祝改革开放40周年——中国交响乐作品回顾展演暨第六届中国交响音乐季”，10月27日在青岛市博兰斯勒大剧院拉开序幕，该音乐季由全国八家著名交响乐团分别承担演奏任务，在青岛即墨、成都、广州、武汉、哈尔滨和北京等地共演出9场，集中展示了40年来中青年作曲家的交响乐创作成果。12月26日晚，中央歌剧院献礼改革开放40周年的原创歌剧《命运》在北京二七剧场首演，讴歌了在改革开放进程中成长起来的一代又一代自强不息、拼搏奋斗、建设美好家园的小人物的故事，是以小人物书写大历史的代表。

本年度，“一带一路”的主题音乐创作和演出不仅保持较高热度，也是“国际交流”的重要抓手。例如，5月21日—26日，主题为“丝路相连·心路相通·乐路相融”的“首届丝绸之路音乐节”在西安音乐学院艺术中心音乐厅举行。担任艺术总监的琵琶演奏家吴蛮与来自丝路沿线国家和地区的近10位音乐家，以音乐会和传统音乐与乐器研习表演工作坊等形式，演绎了赵季平等多位著名作曲家创作的丝路主题音乐，为音乐节增添了浓郁的西域特色。相关演出还有中央音乐学院创作计划——“丝绸之路”管弦乐新作品音乐会、《意象丝路·龟兹盛歌》民族管弦乐作品音乐会等，推出了《敦煌两帧》（罗新民）、《丝韵》（向民）、《风越苍茫》（贾国平）、《万里行》（郝维亚）、唢呐与乐队狂想曲《火之舞》（罗麦朔曲）、《飞天随想曲——克孜尔石窟壁画印象》（高为杰曲）、《龟兹盛歌》（周湘林曲）、吹打乐重奏《呐喊》（袁昊昱曲）等作品，它们具有多彩的音色运用与丰富的情感表达，是作曲家深入丝绸之路采风后的感悟，体现出植根传统的创新与对中华美学思想的关照与反思，不仅彰显了中国音乐家在新时代的文化自觉与自信，也用音乐重新激活了“丝路”作为推动沿线国家及世界各国间交流与互动桥梁的重要文化功能。

2．“纪念性”与“地域性”主题

本年度是多所音乐院校和机构的“生日”，相关纪念演出异彩纷呈。主要有：7月1日“上海民族乐团60周年音乐会”举办，中央民族乐团为其改编创作民族管弦乐版《节日序曲》，琵琶演奏家刘德海、古琴演奏家龚一、古筝演奏家王中山等则分别领衔演奏了琵琶齐奏《飞花点翠》、古琴与乐队《平沙落雁》、古筝与乐队《满江红》等。9月26日晚，“激情的回忆——天津音乐学院建院60周年专场音乐会”在天津文化中心音乐厅举行，演奏了徐昌俊的民族管弦乐《新龙舞》、刘长远的民族管弦乐《激情的回忆》、鲍元恺的第六交响曲《燕赵》（第二、四乐章）等多部经典作品。沈阳音乐学院为庆祝建校80周年，在10月举行了“鲁艺情　沈音梦——沈阳音乐学院校友音乐会”“延河水　黑土情——80周年校庆民乐专场音乐会”等10余场纪念音乐会，以此呈现80年来该校的鲁艺传统和办学理念，展示该校教学成就。2018年恰逢紫禁城室内乐团成立10周年，11月1日—2日乐团以《国风雅韵》和《四面来风》两场音乐会，汇报10年来乐团在传承、传播和创新中国民族音乐方面取得的成绩。

“地域性”主题创作方面，主要以反映特定地域风貌和时代精神为核心，亦有多部佳作呈现。为庆祝海南建省办经济特区30周年，中央民族乐团于5月末创作了大型民族交响乐《炫丽海南》，涵盖民族声乐独唱（《迷人的海岛》）、合唱、表演唱、民间器乐独奏（鼻笛与乐队《五指山恋歌》、中阮与乐队《海南岛随想》）、重奏和民族管弦乐（《乐彩南风》）等多种体裁，彰显海南传统音乐的独特风貌。由吉林省文化厅出品、王丹红创作的大型民族管弦乐作品《高粱红了》，以“春、夏、秋、冬”的更迭为时间线索，以“起、承、转、合”的生命轮回为意象延伸，折射出黑土地儿女生生不息的生命精神。9月20日上演的民族管弦乐《八桂情缘》是广西首部以唱奏结合加音舞形式呈现的民族管弦乐作品，将民族乐器与民族风俗、舞蹈相结合，把广西的铜鼓、壮锦、山水、稻作、婚嫁、酒歌、三月三歌圩等文化，通过壮族马骨胡、铜鼓、啵咧、天琴，侗族侗琵琶、侗笛，苗族芦笙，京族的独弦琴等巧妙地展现出来。中国国家交响乐团今年演出的“哈尼交响”系列——《哈尼交响》《哈尼交响2》及“南音交响”系列，则让观众们欣赏到中国交响乐地域风格和音乐语言的多元统一。

3.民族歌剧与“跨界融合”

从体裁看，本年度的音乐创作与演出，除常规器乐、声乐作品外，民族歌剧与“跨界融合”作品依然热度不减。民族歌剧方面，仅国家大剧院就上演了31部，原创作品有《没头脑和不高兴》（儿童歌剧）、《兰花花》、中国史诗歌剧《长征》等，新制的有《唐璜》《阿依达》等。中央歌剧院、中国歌剧舞剧院等都分别创作和复排了多部作品，如《命运》《玛纳斯》《林徽因》等。各音乐院校也有原创作品推出，如中央音乐学院首部大型实景歌剧《山海经·奔月》、上海音乐学院歌剧《贺绿汀》、山东艺术学院原创歌剧莫言作品《檀香刑》等。

文化和旅游部主办的“全国优秀民族歌剧展演”于3月8日在保利剧院开幕。共有15出来自“中国民族歌剧传承发展工程”重点扶持和推荐剧目，演出30场，包括原创剧目《马向阳下乡记》《松毛岭之恋》《有爱才有家》《二泉》《玛纳斯》《英·雄》《蔡文姬》《青春之歌》《盐神》《呦呦鹿鸣》《红色娘子军》和经典剧目《白毛女》《小二黑结婚》《洪湖赤卫队》《星星之火》等，涵盖了正歌剧、喜歌剧、历史剧、时代剧等多种体裁。这些作品重视吸收戏曲、曲艺、民歌等艺术精华，反映出创作者对新时期民族歌剧关键问题的深入思考与积极尝试。由文化和旅游部艺术司、福建省文化和旅游厅主办的“全国优秀民族歌剧展演周”于2018年12月24日开始在福州举行，既有改革开放40周年题材作品《平凡的世界》《命运》，也有革命历史题材作品《松毛岭之恋》《尘埃落定》，艺术风格多样，主题鲜明，可圈可点。民族歌剧作为国家舞台艺术创作的代表之一，体现着创作者“以人民为中心”的理念和继承传统、融合现代的艺术追求，以其鲜明的民族特色赢得了广大观众的情感共鸣。

“跨界融合”创作与演出方面，以民族管弦乐为载体的作品，多以某一种吹管乐或弹拨乐为“主角”，以戏剧化结构贯穿整部作品，突出作品的戏剧性，融入声光电等舞美手段，从视听上提升作品审美品格。例如，上海民族乐团音乐剧场《霸王》围绕琵琶的两首传世名曲《十面埋伏》《霸王卸甲》，参考西楚霸王项羽的部分史实创作，用音乐刻画人物形象。上海音乐学院交响民族器乐剧《笛韵天籁》，融合民族音乐、交响乐、合唱及电子音乐等，以笛子的演变折射传统文明的发展。由浙江音乐学院创作的民族管弦乐组曲《钱塘江音画》，以民族管弦乐为载体，以音画融合为手段，呈现了钱塘江的历史与现实、自然与人文、经济与社会等内涵。天津音乐学院的中国吹打乐剧场《大笛绞》是以唢呐为“主角”、民间唢呐乐班为辅助的作品，它以“吹打乐剧场”的形式，通过“野游”“社戏”“对棚”“祭拜”“怀远”“鸿愿”六个围绕人生命过程的环节，结合最新影像手段，展现民间吹打乐的传统形态、生存空间、审美意识、精神世界及现代表达。以交响乐为载体的作品有上海音乐学院的多媒体交响剧场《丝路追梦》、贾达群的交响舞乐《蝶恋传奇》等。这些作品为民族音乐融入现代艺术潮流、走向国际舞台做出了积极探索。

二、互惠共赢的音乐节、展演、赛事与音乐交流

本年度，文化和旅游部及地方院校等，还举办了具有本土性、民族性和国际性的音乐节、展演与赛事。国际文化交流方面，中国音乐家也做了许多卓有成效的工作。

1. 音乐节、展演及赛事活动

4 月 27 日，“谛听天籁・中华创世神话原创作品音乐会”拉开了第 35 届上海之春国际音乐节的帷幕。在为期 3 周的时间里，推出了 66 部（首）具有鲜明民族特色和上海标识度的原创新作，举办了 5 场代表国际一流水准的名家名团演出，展示了“上海之春”这一老品牌在新时代的号召力和影响力。5 月，在国家大剧院举行的“2018 国际现代音乐协会世界新音乐节暨北京现代音乐节”汇聚了多位全球顶级现代音乐专家、学者和作曲家，20 多个知名国际乐团轮番展演。由文化和旅游部艺术司、山东省文化和旅游厅主办的“首届全国优秀民族乐团展演”，10 月 24 日至 11 月 2 日在济南举办。该展演汇集了中央民族乐团、上海民族乐团、中央音乐学院民族室内乐团等 10 个民乐团体参演，极大地推动了民族音乐创作，挖掘和推出了一批“旋律优美、意境深远、耳熟能详、百听不厌”的民族音乐作品，展示了我国民族乐团的整体形象和艺术水平，对促进民族音乐普及和传播、加强民族音乐理论建设有重要意义。

10 月，由中国艺术研究院研究员田青率领的团队，在历经一年半的准备后，拉开了“让古琴发声——中国艺术研究院藏古琴音乐展演”的序幕。此举不但充分发掘所藏名琴的乐器属性，让唐琴“枯木龙吟”、宋琴“鸣凤”、明琴“真趣”“小递钟”和蕉叶式无名琴逾越千年重新发声，彰显其巨大的文物和艺术价值，也为当下历史名琴保护提供了一套适应古琴自身规律的新范式。此外，“第 34 届中国・哈尔滨之夏音乐会”“2018 第 11 届上海当代音乐周”“2018 北京国际电子音乐节”等继续举办；中央音乐学院、西安音乐学院、武汉音乐学院、星海音乐学院等音乐院校，也都举办了相关国际音乐交流活动。

总的说来，本年度各项音乐活动的组织者，包括分布在全国各地的大剧院、音乐院校等，在策划上兼顾群众性、地域性、全国性、世界性或学校自身教学特色。大多数作曲家、演奏家能够继续深入地践行“以人民为中心”的宗旨，走出书斋、深入生活、扎根人民，从现实生活中汲取营养，寻找创作资源，创作和演出了拥抱新时代、状写新现实，既有专业性又有大众化、普及性的高质量作品，在弘扬中华优秀传统文化、满足人民群众对美好生活的向往等方面，迈上了新高度。

2.“请进来”与“走出去”的国际音乐交流

本年度，北京、上海、广西等地纷纷开展特定主题的音乐国际交流活动。国家大剧院作为中国顶级国家级剧院，自成立之始就将国际音乐交流作为其重点职能，本年度有多项“请进来”的事件值得关注：2 月 5 日，世界著名歌唱家普拉西多·多明戈与国家大剧院院长陈平签署“中国国家大剧院·多明戈青年艺术家培养计划”合作备忘录，旨在通过该计划培养中国青年歌唱演员，加强中国青年歌唱演员的声乐演唱及表演能力，将他们推向世界歌剧舞台；10 月又与肯尼迪艺术中心、费城交响乐团等世界著名音乐机构进行合作磋商。

9 月，“2018 第 11 届上海当代音乐周”在上海开幕，包含 4 场讲座、13 场音乐会、1 场纪录片和 1 场国际乐评高峰对话论坛，来自世界各国优秀作曲家的作品在音乐周上演。西安作为陆上“丝路”的起点，不仅在“丝路”主题音乐创作和演出上成绩突出，在对外音乐交流中也多围绕该主题，以西安音乐学院为主体举办了多项活动，如“2018 丝绸之路教育合作交流会专场音乐会”及以“丝路相连·心路相通·乐路相融”为主题的首届丝绸之路音乐节等。除此之外，“2018 世界新音乐节暨北京现代音乐节”“2018 北京电子音乐节”“‘上海之春’音乐节”“第七届中国—东盟音乐周”“长江之韵·2018 世界知名音乐院校交流展演季”“哈尔滨之夏”音乐节等交流活动，也都着重突出“国际化”特色，以中国为“主阵地”邀请世界各国艺术家和团体参与，风格各异、丰富多彩，强调和突出了交流与合作的意义。

2018 年伊始，中央民族乐团、中国歌剧舞剧院民族乐团和上海民族乐团，分别以民族管弦乐音乐会《丝绸之路》《国之瑰宝》和《海上生民乐》，踏上了奥地利、德国、匈牙利、哈萨克斯坦、塔吉克斯坦、乌兹别克斯坦、英国、法国、比利时 9 个国家的 19 场中国民族音乐巡演之路，为欧洲新年增添了浓郁的中国味道。上海民族乐团的中国音乐剧场《霸王》也于 1 月 11 日走进纽约亚洲协会进行全球首演。

7月，中央民族乐团又携带《玄奘西行》《丝绸之路》踏上英国伦敦和爱尔兰戈尔韦巡演的征程，让英国和爱尔兰观众领略到了中国民族音乐的新面貌。中国爱乐乐团、广州青年交响乐团在俄罗斯莫斯科和圣彼得堡、法国里昂、捷克布拉格和意大利加尔达湖等地巡演，向海外观众展示了来自中国的“最民族”“最融合”和“最具潜力”的音乐力量。

此外，国家大剧院还派代表出席了在西班牙马德里皇家歌剧院召开的“首届世界歌剧论坛”。该论坛围绕文化传承、新作品、多样性和“拥护”四大议题展开，旨在探讨歌剧艺术和歌剧产业未来的发展前景与机遇；又分别与西班牙皇家歌剧院、美国大都会歌剧院等，就歌剧展映、网络流媒体平台合作和歌剧电影制作流程多个文化交流项目进行商讨。除了国家级院团外，地方高校在“走出去”中也迈出较大步伐，例如，在美国纽约林肯艺术中心上演了“2018中国当代音乐——中央音乐学院作曲家新作品世界首演音乐会”，中国作曲家在西洋室内乐队中加入二胡、琵琶、古筝、笙、笛子、扬琴、唢呐、阮和铜锣等民族乐器独奏或重奏，在西洋音乐语汇中融入鲜明的中国元素，体现出中国作曲家参与世界文化交流与对话的自觉探索。相关活动还有8月由开罗中国文化中心与中外文化交流中心共同主办的“清凉夏夜，民乐与你相伴——紫禁城室内乐团音乐会”等。

3. 音乐文化传播与交流的使者

在本年度的国际音乐创作、展演与交流中，国家各级政府及“国家艺术基金”等起到了核心组织和资金支持作用。据不完全统计，2018年国家艺术基金资助的项目包括：音乐剧12部，交响乐8部，民族管弦乐7部，跨界融合9部，独奏、重奏、小合奏等19部，歌曲40首，传播交流推广资助项目（交响乐、民族器乐剧）等共8部，合计103部。“国家艺术基金”是2018年中国音乐创作、演出与交流的重要保障之一，在高举旗帜、引领风尚、弘扬时代精神、繁荣社会主义文艺创作等多个方面发挥了积极作用。

除了国际间的官方“邀请”外，以“吴氏策划”和“保利剧院管理有限公司”等为代表的多家企业，则承担了诸多策划、推介、宣传、业务联络和接待的功能，为国际音乐交流各项活动的顺利开展提供了诸多保障。“吴氏策划”作为最早从事中国民族音乐“走出去”的企业，1998年就策划了“首届中国春节民族音乐会”，开启了中国民族音乐对外传播的序幕，中央民族乐团是其第一家合作伙伴。2018

年，“吴氏策划”再次与中央民族乐团牵手，开启新年中国民族音乐的海外巡演之旅，而且还与中国歌剧舞剧院民族乐团、上海民族乐团、中国爱乐乐团、广州青年交响乐团等多家民族乐团和交响乐团合作，加大和推动了中国音乐在海外的交流传播。

保利剧院管理有限公司作为国内文化企业，是随着国内剧院的大量出现，在自身丰富的剧院管理经验基础上产生的剧院院线，目前已经管理和经营全国各地 63 家剧院，拥有统一的品牌系列演出及院线巡演机制。该公司网站公布的数据显示，2018 年全年共组织各类中外演出 9100 场，接待观众突破 900 万人次，足见其在繁荣国内演出市场中的重要作用。2018 年，该公司与澳大利亚歌剧院联合制作歌剧《蝴蝶夫人》，与日本四季剧团联合制作音乐剧《素敌小魔女》，分别在保利院线巡演，获得良好口碑。此外，各地剧院也都有世界各地优秀演出团体及其精品剧目上演，在国际交流中很好地履行了文化使者的职责。

毋庸讳言，繁荣的音乐创作、演出背后，同样也存在一些问题，主要体现在以下两方面。其一，个别作品新意不足，质量有待提升。比如“跨界融合”作品，从艺术形式、表达主题、创作思路等方面看，模仿和重复现象严重，新意不足，思想内涵不深，现实意义挖掘不够。创新需要主创团队具备客观历史视野，对同类体裁作品做梳理、总结和对比，不断明确和提升自己作品的创新点。其二，现有创作机制需要进一步完善。首先，一些大型跨界作品，在完成规定场次的国内巡演后，并不能以小乐队、室内乐或音乐会形式继续演出。一部作品若是只为迎合特定主题，而无使之成为永远流传的信念和品质，意义便大打折扣。其次，国家的资助包括国有院团、高校等事业单位用于创作的经费，的确为创作提供了重要保障，但仍有个别作曲家为了拿资助而创作，或者创作仅仅是为了完成任务。在现有音乐机制下，创作质量不能百分之百被保障，一些作品在现有评价语境和多元评价标准中，也很难形成客观、公允的定位，不利于健康创作环境的形成，更限制了优秀作品的诞生。

中国的音乐创作类型和演出市场需要百花齐放、百家争鸣，需要有面向不同主题、不同观众的作品。我们在总结既有成绩的同时，也需要客观看待和尊重每位作曲家的创作和演奏家的表演。在多样性的全球文化语境中，在弘扬中华优秀传统文化的时代要求下，我们的创作和演出需要立足传统、开拓创新，需要继续坚持“以人民为中心”的创作宗旨，坚持正确的舆论和价值导向，需要深入生活、扎根人民，需要关注时代、关注社会，从中挖掘取之不尽的素材和资源。只有这样，才能创作出让人民满意的作品，而只有让人民喜闻乐见，作品才能留得住、传得开，才有可能成为时代新声而广为流传。

三、有待升级与变革的流行音乐、音乐产业与音乐教育

2018 年度的流行音乐与音乐产业，总体表现出影响力不断扩大、产业不断升级的进取态势。一方面，随着我国流媒体（streaming media）的发展，无论其受众还是传播均已达到国际水平；另一方面，就音乐内容而言，无论是“电子音乐”等流行新形式，还是各类网络综艺节目，高品质的音乐作品及原创人才依然匮乏。平庸之作频现、文创动力不足是制约本年度流行音乐和音乐产业发展的瓶颈。在国家系列教育政策与方针的引领下，包含音乐在内的美育素质教育地位不断提升，音乐教育期待迎来新的发展变革。

1. 亟待规范与升级的流行音乐

电子音乐（electronic music，俗称“电音”）具有科技感、未来感，声音不仅失真而且失重，是歌唱、跳舞、音乐、打碟和“乐器演奏”的结合。它带来了新鲜的声音，拓展了流行音乐的想象空间，属于“潮一代”的城市音乐文化。2017 年的流行文化中，电音已经有多场中小型演出。2018 年伊始，三亚 ISY 大型国际电音节在元宵节上演，随后上海则将全球三大电音节之一的 EDC 引入国内。“艾媒咨询”数据表明，2018 年国内电音用户达到 3.5 亿，电音节升至 150 场，线上播放量达到 2800 亿次。如此广阔的市场前景，为这一新音乐形式的流行提供了良好空间。腾讯视频年末的网络综艺《即刻电音》便把电音带到大众面前，同时“乐杜鹃”等电子音乐节也包括了教育培训计划。

然而，与国际较为成熟的电音创作和国内广阔市场相比，本年度该领域发展中表现出的根基不牢靠、缺少厂牌、缺少技术引领者等不足，亦值得充分重视。例如，国内最早的“风暴电音节”的运营主体唐艾公司因资本乱象被查处；湖南卫视在春季招商会上主打的“中国首档电音竞演音乐选秀”，终因主持人、厂牌代理人、嘉宾皆与电音无关而在主流媒体失声。

网络综艺节目方面，主打男团的网络综艺节目《偶像练习生》期均播放超 2 亿人次；专注女团练习生的《创造 101》期均播放更达到 5 亿人次之多。然而，如此庞大的受众人群并未使音乐综艺摆脱集体困境的尴尬。不仅两档“练习生”都为模仿之作，《中国好声音》《明日之子》《跨界歌王》《蒙面唱将猜猜猜》等，也未能延续往昔的辉煌而迅速退潮。传统电视综艺节目不仅被流媒体挤在后面，且确实没推出有质感的音乐作品。2017 年的说唱，2018 年的电音，中国流行音乐为大众带来了新品种，但没有带来新品质。流媒体传播的便利让全民都可能成为歌手，但是大众基本音乐素养的匮乏，使中国流行音乐的底线不断下探。尽管我国已全面实行九年制义务教育，高等教育也已普及化，然而对专业音乐人和国民音乐素养的影响尚未充分显现。

网络直播和短视频领域的情况与综艺节目类似。这类流媒体的拥有量巨大，尤其是本年爆发的以抖音和快手为代表的短视频平台，能够短时间内传播大量流行音乐（号称“15 秒制造爆款音乐”），超过以前唱片公司对音乐的推广能力，也让一些“网红”崭露头角。这些音乐和网红带有类似的特点：搞怪、有趣、简陋、媚俗。短视频和直播中的音乐越来越“萌宠化”，如从文艺创作的角度看也不妨承认“15 秒毁掉音乐”。歌曲凡走红即为低端，这在 2018 年几乎成为定律。值得注意的是，本年度社交类型音乐 APP“动次”的出现，表现出科技界的一次努力。这是一款深入到创作、演奏、制作及乐队合作层面的音乐应用，希望能成为创造音乐佳作的新契机。

本年初，继《我爱摇滚乐》《滚石・音像世界》《摩登天空》《音乐天堂》《口袋音乐》之后，有着“中国《滚石》”之称、专推国内外摇滚音乐的杂志《通俗歌曲》宣告停刊。至此，代表流行音乐界精英行动的国内所有大型音乐杂志全部停办。

2018 年的中国流行音乐领域，流媒体已成为具有世界影响的媒体形式，它需要高品质的音乐人才和音乐作品来与之匹配。投资人和音乐企业面对市场的浮华，需沉下心来冷静思考，以应有的社会担当将提升流行音乐文化品质放在首位。流行音乐最大的问题是教育。学校是当代社会文化提升最主要的渠道，但流行音乐在专业音乐教育中一直被边缘化，很大程度上制约了创造、表演与制作水平的提升。在当前学校的素质音乐教育中，重形式、走过场的情况还很多，学生审美能力的培育需要回归。未来的流行音乐教育不仅要进入学校系统，更需要高素质的师资队伍与之相配，这是提升流行音乐文化质量的切实之途。

2. 保持进取的音乐产业

本年度的音乐产业发展，主要体现在短视频领域。流媒体虽然已经成为音乐传播的主渠道，但是其盈利能力并不乐观。全球最大的流媒体音乐公司Spotify也未能免于亏损，经营状况不如中国的QQ音乐、网易云音乐。2018年，中国音乐类流媒体企业不仅在盈利，而且在规模与影响力上也居于头部，这里面短视频功不可没。本年，短视频在世界范围内成为继音频、视频、音画后的又一主流媒体。中国进入短视频领域较早，技术方面占领高位。日本唱片公司Avex向抖音提供2.5万首音乐作品，以提升在中国与国际上的知名度；抖音国际版“TikTok”9月在美国的安装量超过Facebook，在所有APP中排名第一；快手则在俄罗斯和韩国等地拔得头筹。Muse、奶糖等小公司也借短视频，在优势网络音乐平台中分得一杯羹。

音乐平台亦不会错过短视频功能。网易云音乐、QQ音乐、酷狗音乐、酷我音乐、虾米音乐等音乐平台继2017年的版权之争后，本年在短视频阵地“短兵相接”。短视频成为音乐推广最重要的平台，它不仅成本低，而且用户基数大、传播范围广、互动及时。但是如前文所述，短视频主打社交娱乐，很难在音乐方面深耕细作，也没有向音乐行业输送更多人才。短视频上的音乐大多只是背景，制作粗糙，以媚俗搞笑为主。所以有必要继续追问：“我们的车上载的是什么？超车后能做什么？”

与短视频相比，本年度电视音乐综艺表面上虽更繁荣，但平均收视率已跌至1%以下。电视媒体的优势越来越不明显，被网络音乐综艺全面超越——网络视频除了收看方便、易于参与、盈利手法多，如今在流畅性、清晰性上也已不输电视。与之相伴的是音乐综艺领域的龙头企业“灿星”辉煌不再；实体KTV的春天遥遥无期；LiveHouse虽增长迅速，然而也难以再现当初KTV的体量；“全民直播”曾经在2016年和2017年风头无两，本年却被爆拖欠工资，上百名主播离开，网站无法打开；音乐培训领域同样乱象丛生。音乐产业部分行业散乱无序，缺乏自律，亟待规范升级。

总体而言，2018年的音乐产业基本呈现保持进取的态势。

第一，版权意识增强。2月，国家版权局协调腾讯音乐与网易云音乐相互授权网络音乐版权，达到各自独家音乐作品数量的99%以上；3月，网易云与阿里云音乐达成版权互授协议。音乐平台的合作越来越成熟，表现出多元、互动、高体验、国际化及差异化竞争的特点。

第二，拓展产业链。2 月初，腾讯音乐娱乐集体联手索尼音乐成立电音厂牌（Liquid State），是在 2017 年音乐人支持计划之上的升级，涉足生产环节；腾讯旗下的酷狗音乐中标广州天河文化艺术中心大剧院，试水剧院运营；腾讯还和浙江广电合作，实现台网联动；腾讯音乐人还落地了“原力音乐节”。与此类似，“斗鱼”的音乐盛典也把音乐演出落地。

第三，产业场景化。音乐不再只是音响意义上的音乐，各个音乐平台都在打造泛音乐的情感、社交、娱乐场景，不仅有线上也有线下，也不乏全景的沉浸式装置艺术体验。这个场景需要尊重词曲创作者，网易云和内容创作者共享收益，使其具备了长期竞争的底气。

第四，收割粉丝利润。从《超级女声》到《创造 101》，13 年来中国的粉丝经济从萌发走到全面爆发。《创造 101》在 6 月 18 日应援集资达到 3000 万元，SNH48 总选的集资则超过 7000 万元。中国粉丝应该是全球最疯狂的粉丝，各种打榜、应援、线下活动，公司出单曲都可以要粉丝来“众筹”。

第五，制造音乐之城。湖南卫视的《幻乐之城》不剪辑、现场不中断颇具诚意，节目具有一定剧场特点和导演实力。成都则努力在把“音乐都市”落实，街头艺人招募工作已经完成，其他还有四大音乐园区、五处音乐小镇在建。

第六，关注云端。科技改变生活习惯。移动媒体的功能越来越强大、体验越来越优良，机体和信道租费更低，网络“云端”越来越重要。城市和音乐人的关系变得若即若离，互联网越来越深地改变音乐存在方式，从而改变音乐。越来越多的独立音乐人从城市空间转到云端。即便云端不能代替现实，也在改变现实空间，要求其增加和云端联结的新途径。

随着中国媒体国际音乐传播能力的增强，音乐内容的老问题越发突出。音乐产业主要还是资本的传统运营模式，少见音乐和文创手法。有内容没有营销不行，有营销没有内容更不行。当前音乐产业一直都集中在短期营销方面，缺少对内容的关注，而行业的不规范性更加剧了这种倾向，商家需要认真考虑为顾客创造真实的价值。管理学大师彼得·德鲁克说，鞋子才是真实的，利润只是结果。站在改革开放 40 周年的历史节点，可以清晰地看出社会的开放还要继续深化。对于音乐产业而言，应在“引进来”的同时不忘“走出去”，在“走出去”的行动中倒逼国内音乐产业改革。

3. 临近变革的中国音乐教育

2018年是全面贯彻十九大精神的开局之年。本年排位第一的教育大事是在教师节当日开幕的“全国教育大会”。这是改革开放40年以来的第五次全国教育工作会议，也是中国第一次“全国教育大会”，是规格最高的教育工作会议，中共中央总书记、国家主席、中央军委主席习近平发表重要讲话，在京中共中央政治局常委、委员出席会议。此次会议具有清晰的针对性，其主旨、主题、核心任务和根本要求都是人才培养、立德树人。习近平总书记指出：“扭转不科学的教育评价导向，坚决克服唯分数、唯升学、唯文凭、唯论文、唯帽子的顽瘴痼疾，从根本上解决教育评价指挥棒问题。”以“顽瘴痼疾”来定义“五唯”，既指出问题的严重性，又彰显了党和政府解决问题的决心。

这次会议之前教育领域已经动作频频。十九大报告决定“优先发展教育”；2018年伊始，中共中央、国务院出台《关于全面深化新时代教师队伍建设改革的意见》，重申“遵循教育规律和教师成长发展规律”；2月，教育部提出《关于在教育系统大兴调查研究之风的意见》，把2018年定为教育系统“调查研究年”，写好教育“奋进之笔”；3月，教育部、国家发展改革委等五部门联合颁发《教师教育振兴行动计划（2018—2022年）》，“以提升教师教育质量为核心，以加强教师教育体系建设为支撑，以教师教育供给侧结构性改革为动力，从源头上加强教师队伍建设”；6月，教育部“新时代全国高等学校本科教育工作会议”后印发《关于加快建设高水平本科教育　全面提高人才培养能力的意见》(“新时代高教40条”)，“改革教师评价体系，引导教师潜心教书育人，享受得天下英才而育之的职业幸福”；9月，教育部提出《关于实施卓越教师培养计划2.0的意见》，“对学科课程与教学论教师实行倾斜政策”，等等。

全国教育大会之后，教育部党组下发《关于认真学习贯彻全国教育大会精神的通知》，要求各省、自治区、直辖市教育部门及部属、部省合建高等学校党委认真做好学习贯彻全国教育大会精神的各项工作，成立“百人宣讲团”全国宣讲。到年底，大会精神已经按要求传达到地方普通高校、中小学的普通老师。其间，科技部、教育部等还联合下发了《关于开展清理“唯论文、唯职称、唯学历、唯奖项”

专项行动的通知》。这些举措对于音乐教育“回归教育”有着重要的指导意义。

上述背景下，2018 年的美育与素质教育不断崛起。首先是地位不一样。8 月 30 日，习近平总书记回信中央美术学院 8 位老教授，在致以诚挚问候的同时，就做好美育工作、弘扬中华美育精神提出殷切期望。10 月，教育部主办第一届全国普通高校美术教育专业本科学生基本功展示活动。11 月，教育部办公厅印发《关于公布 2018 年全国普通高等学校音乐、美术教育专业本科学生基本功展示各项目评选结果的通知》，这是历史上第一次在此种规格上印发评选结果。其次是侧重不一样。2 月，教育部公布第二批 1035 所全国中小学中华优秀文化艺术传承学校，传承项目包括戏曲、民族民间音乐、民族民间舞蹈、书法与篆刻、民族民间美术、传统手工技艺等多种类型。其中各级非物质文化遗产项目占比近 55%。本年度教育部还主办完成了全国第五届大学生艺术展演活动，活动“坚守中华文化立场，传承中华文化基因，展现中华审美风范”。再次是力度不一样。2 月，中共中央办公厅、国务院办公厅印发《关于分类推进人才评价机制改革的指导意见》，要求各地适应中小学素质教育和课程改革的新要求，建立充分体现中小学教师岗位特点的评价标准。这里严禁简单用学生分数和升学率来评价中小学教师，而是重视教师的教育教学方法、教书育人工作业绩和一线实践经历。

中小学在大力提倡美育、素质教育，音乐教育的地位明显上升，以上文件与活动将对未来音乐教育产生重大影响。但是问题依然存在：“大学教育不改革，从音乐院系毕业的老师能够胜任吗？”音乐院系是中国音乐教育的枢纽，是中国音乐教育最大的“供给侧”。这里向上影响中国音乐教育的政策和活动实施，向下输送基层音乐教育工作者，向周边高校和研究机构提供音乐教师和音乐研究工作者。2018 年不能说音乐院系没有触动和改变，但与实现改变所应带来的触动相比，未来仍有很长的路要走。一系列问题有待我们思考和解决：如果多数音乐院系的生源本就缺少人文修养，那么未来如何以高尚师德、学识风范影响和感染学生？如果多数音乐院系的多数生源本就不具备基本乐感，那么未来如何以乐育人？如果多数音乐院系（包括师范院校中的音乐院系）都以音乐表演为核心、忽视教育能力和教学方法，那么未来如何成为合格教师？如果多数音乐院系仍以西方音乐话语体系开展教育，那么未来将如何继承和传承中华音乐文化基因？

如果说原来中小学缺少音乐师资，那么现在中小学缺少的则是合格音乐师资。

目前，中西部地区的农村中小学还缺少音乐教师，招进来的音乐教师有的被用来教非音乐的语数外课程。全国教育大会承诺提高教师工资，与工资提高相应的是入职音乐教师的素质，与素质一起提高的还有生源水平和音乐院系教育水平。当前，中国经济动能正由投资拉动向消费拉动转变，也就是说，中国高等教育要从规模扩张往供给质量提升转变，不需要再新开设音乐院系，而是把一些教育质量低下、与社会发展脱节的音乐院系淘汰掉。音乐教育的发展需要某些音乐院系或专业优胜劣汰，部分占用的资源应被其他更好的音乐院系或专业吸收，否则就无法实现整体的升级和改善。

四、创新理念引领下的音乐学术研究

2018年，中国的音乐学术稳步推进、持续深化，尤其在传统音乐、民族音乐学、音乐史学等领域，在国家整体文化发展的宏观理念引领下，各学科的学术理念和研究方法不断更新，个案研究与学理研讨相互促进，总体呈现扎根传统、观照当下、开掘理念、引领未来的发展局面。当然，音乐学研究中的某些“短板”，囿于现实各种条件制约，整体水平与其他各专业发展相比仍有差距，需进一步完善提升。下面从“构建中国音乐话语理论体系”及传统音乐与民族音乐学研究、中西音乐史学研究、作曲技术理论研究等侧面，综述本年度音乐理论发展概况。

1.“构建中国音乐话语理论体系”的自觉实践

音乐学术领域在创新理念引领下的进一步发展，首先表现为对“构建中国音乐话语理论体系”的自觉实践和深化拓展。2017年11月，中国艺术研究院音乐研究所曾与中国音乐家协会理论委员会和浙江师范大学音乐学院，联合举办“首届中国音乐理论话语体系学术研讨会”，提出建构中国音乐自己的理论话语体系的宏大构想，并计划未来从不同领域和视角，分门别类地对中国音乐艺术展开系列性、系统性研究，从诸多层面共同构建中国音乐理论话语体系。这一呼吁在学界引发积极响应和热烈探讨。

本年度，中国艺术研究院音乐研究所继续联合中国音乐家协会理论委员会，举办了“第二届中国音乐理论话语体系学术研讨会”。本届研讨会设有两个专场：第一场以“音乐表演理论”为主题，与河南师范大学音乐舞蹈学院合办；第二场以

“民族音乐理论”为主题，与福建师范大学音乐学院和福建师范大学海峡两岸文化发展协同创新中心合办。“音乐表演理论体系”专场研讨，提出中国音乐表演理论话语的深层内涵、中国音乐表演的流派风格与系统、中国音乐表演的历史与审美、中外音乐表演理论比较、音乐表演与创作的关系等议题，包含理论建构与反思、中国音乐史、民族声乐、民族器乐、传统音乐、戏曲曲艺六大板块，旨在对不同类型的表演理论做个性化诠释的同时，从多学科视角就不同传统音乐表演领域的个性与共性问题展开深入研讨，总结历史、联系当下、认真梳理，最终在历时与共时、个案与整体相结合的语境中，取得对传统音乐表演理论话语体系的明确认识。

例如，项阳研究员认为，应当从整体架构关注中国音乐理论话语体系下的表演话语体系，从国家用乐逻辑起点进行梳理，从仪式用乐和非仪式用乐或称礼乐和俗乐两条主导脉络整体把握。赵塔里木教授认为，应当厘清建设中国音乐表演理论话语体系所依据的资源，即音乐实践经验资源与历史文献资源，应该在中国 5000 年历史脉络、960 万平方公里的各个区域，以及 56 个民族的共同创造中进行挖掘、整理、归纳。秦序研究员对以往研究者只见（或只重）“艺术”而忽略“表演”这一问题进行反思，指出中国传统音乐多是民间性集体创作，是一种“活态”生存，具有更大的表演自由和发展空间，具有更多样更活跃的变化和创新特性。

戏曲艺术与民族声乐方面，张刚研究员从创作者、表演者与欣赏者的相互关系视角，对戏曲音乐美学“对象的艺术”问题进行讨论，以“村讴俚唱”“时曲俗歌”“文人雅唱”等为例，提出戏曲音乐的最基本属性是平民音乐，但由于对象不同而有不同的审美特征。孟玲教授首先分析当前院校声乐教育存在的问题，认为声乐教育不能从理论到理论，培养好演员是声乐教育的目的和任务，而好的声乐教育则必须重视舞台实践。许讲真教授提出中国歌唱艺术的顺声、阻声两种发声技术，并就“字”的表现手法及特殊演唱技巧进行分类说明。

民族器乐方面，丁承运教授探讨了日传唐筝谱《仁智要录》卷首载有“调子品”的筝调调弦方法与调弦小曲，认为其体裁与晚唐陈康士所创制的古琴“短章引韵”异曲同工，并对自《调子品》到古琴《调弦品》《调品》《调意》及“神品、妙品”《调意》的借鉴、传承与流变问题进行了辨析。张维良教授以其创作的《花泣》为例，认为民乐创作离不开民间音乐的土壤，表演专业需要向民间学习，由此进一步认为中国民族器乐表演传承需要加强理论建设。[①] 本次会议聚集了来自音乐理论界及表演艺术领域的近百位学者、艺术家，大家齐聚一堂、广泛交流，共同将这一重大理论问题逐渐引向深入。

在福建师范大学举办的“中国民族音乐理论话语体系”专场研讨中，项阳研究员对中国传统乐学的内涵和边界做了深入探讨，指出当下学界认知的乐学多为乐本体之学，但中国传统意义上的乐学具有学科门类的整体意义，将围绕乐所产生的系列文化现象等一切范畴涵盖在内。当下欲全面认知中国乐文化传统、把握中国传统乐文化整体，需要打破固化思维，回到中国乐文化的逻辑起点，在接通和类分的前提下整体考量。王耀华教授等立足《中华大典·音乐艺术分典》的编修工作，辨析古今音乐类书体例、分类、内容的不同特点，指出既需要承继、接续历代类书的优良传统，又需要借鉴和参照现代学理、目录分类方法，根据音乐学科内容的实际情况有所创新，将经整理的古籍资料尽可能纳入现代音乐学科分类体系，构建传统音乐理论话语体系的古代文献基础。

再如，杜亚雄教授以“压上与隔凡”“五调朝元”“尺五尺、六工六”“凡上商为变”等为例，展示了将中国传统乐理中有关旋宫犯调、旋律发展等研究成果运用于作曲实践的途径。张伯瑜教授指出，中国传统音乐理论体系具有很强的实际操作层面意义，体现出中国传统音乐的美学特性；只有从音乐实践中总结，并付诸音乐实践检验，中国传统音乐理论话语体系的构建才有可能实现。在为期两天的学术研讨中，来自全国各专业院校和科研团体的数十位学者，针对中国传统音乐理论话语体系的元理论基础及音乐文献学、形态学、学科方法论等问题，从多层次、多角度对传统音乐理论话语体系展开深入交流，凝聚共识、深化专题研究，取得了较为丰硕的成果。[②]

党的十八大以来，习近平总书记多次强调，要坚持走中国特色社会主义文化发展道路，建设社会主义文化强国。党的十九大报告更把坚持文化自信作为习近平新时代中国特色社会主义思想的重要内容，强调“文化自信是一个国家、一个民族发展中更基本、更深沉、更持久的力量”“没有高度的文化自信，没有文化的繁荣兴

---

① 以上综述，参见胡斌《继往开来创新声——第二届中国音乐理论话语体系（表演理论）学术研讨会评述》,《中国音乐学》2019年第1期。本次会议的详细情况，亦参见此文。

② 以上综述，参见郑俊晖《砥砺前行谱新篇——第二届中国音乐理论话语体系（传统音乐）学术研讨会述评》,《中国音乐学》2019年第1期。本次会议的详细情况，亦参见此文。

盛，就没有中华民族伟大复兴”。“中国音乐理论话语体系”系列学术研讨会的举办是音乐理论界进一步落实党中央文艺工作意见，深入贯彻习近平总书记在哲学社会科学工作座谈会上的讲话精神的重要举措，也是中国音乐各领域立足传统、深化发展，在自身理论话语体系建构中不断彰显“中国人的思路、风格和气派”[①]的重要实践。

2. 方法论观照下的传统音乐与民族音乐学研究

2018 年度传统音乐与民族音乐学研究方面的成果，首先体现在基于民族音乐学视野的系列新理念、新方法的提出与论证，如“音乐与文化认同研究”“应用民族音乐学研究”“音乐（表演）民族志理论与实践”，等等。学者以上述理念为依托，立足中国传统音乐开展扎实的个案实践，使民族音乐学和传统音乐各领域研究不断深化，获得了诸多丰硕成果。

音乐与文化认同研究方面，学者们结合跨学科理论思维，针对传统音乐的分类问题，以及少数民族田野个案，论证音乐文化的认同与建构问题。杨民康的《中国传统音乐分类法的方法论转型及文化认同特征》(《民族艺术》2018 年第 5 期）提出：由早期的“民间音乐五大类分类法”到中期的“传统音乐四阶层分类法”，再到如今兼具文本间性和主体间性视域的新的音乐分类与研究实践，不仅体现了由以对象为中心到兼涉自我—对象主体，亦即由音乐分析思维到民族音乐学分析思维的转型和变革，而且还映现出传统音乐文化实践应用过程所包含的隐喻性文化含义、身份与文化认同因素及其阶序划分特征。以此为对象的“再研究”则体现了由艺术学（史）到文化学（史），再到学科学、学术史的完整思考和环链分析过程。赵书峰的《移动的边界 身份的变色龙——冀北丰宁满族“吵子会”音乐认同变迁的历史人类学研究》(《中国音乐》2018 年第 1 期）一文运用历史人类学的研究理念，对冀北丰宁满族“吵子会”音乐的族性建构与音乐认同的变迁轨迹等问题做了较深入的分析阐释，是本年度该领域的代表成果之一。

应用民族音乐学理论是当下民族音乐学和传统音乐学界关注的热点问题之一。如何运用其理论为传统音乐文化的保护、传承与可持续发展提供可参考的理论支持，是摆在民族音乐学界的重要问题。换言之，如何结合“田野回馈”为研究对象的文化生态保护与地方民俗旅游经济发展及构建和谐社区做出实质性的学术贡献。

① 黄翔鹏:《中国人的思路、风格和气派——一个古代音乐史研究者在艺术与科学之间看到的中华炎黄文化之民族特点》，载《中国人的音乐和音乐学》，山东文艺出版社 1997 年版。

7月，中央音乐学院举办了“国际传统音乐学会第六届应用民族音乐学（AE）国际研讨会暨第二届音乐、教育和社会融入（MESI）国际研讨会”，与会学者从“对于文化可持续性方法的（批判性）反思”“应用民族音乐学和权力结构”“正规和非正规学习”“应用民族音乐学的方法论”四个议题展开学术互动。其中的“应用民族音乐学圆桌会议”，国际传统音乐学会应用民族音乐学研究组主席辉伯·西博思，以及安东尼·西格（Anthony Seeger）、斯文尼伯·帕顿（Svanibor Pettan）、张伯瑜、萧梅、喻辉等出席，集中讨论了“什么是应用民族音乐学——应用民族音乐学在全球的意义与实践”等话题。

音乐民族志理论方法与写作，尤其是音乐表演民族志的理论，是当下中国民族音乐学研究的重点。音乐表演民族志文本的书写，强调从静态的音乐本体的结构分析走向注重表演文本生成过程（“以表演为中心”）的记录与描述。中国音乐学院音乐研究所主办了“2018音乐民族志方法与写作学术研讨会暨教学工作坊”，来自北京大学、中山大学、中央民族大学、中央音乐学院、上海音乐学院等人类学家、民族音乐学家以“音乐民族志方法与写作”为主题，针对“音乐民族志研究方法”“音乐民族志与民族音乐学理论”“音乐民族志课程与教学实践”“音乐民族志写作与研究设计”“中国音乐民族志的发展与实践议题”展开跨学科交流。

音乐学界围绕“一带一路”音乐文化议题，运用历史文献、图像考古资料、田野实践等多重证据，继续从多层面、多角度深化丝绸之路传统乐舞艺术研究。7月，中央音乐学院召开东方文化研究计划——“丝绸之路”音乐融合与创新研讨会，来自世界各地的学者针对“中国音乐中的丝绸之路元素”“丝绸之路沿线国家传统音乐及其相互交融”“西方音乐中的丝绸之路元素”“‘一带一路’音乐的教育、传播与创新”等议题展开讨论。11月，上海音乐学院主办“ICTM专题研讨会：丝绸之路上的复合簧管乐器”，各国演奏家与音乐学家针对“丝路”上的复合簧管乐器与“丝路”的历史关联，从曲目分析、演奏技术、移民音乐、文化变迁、表演的音乐性和社会性等方面，结合乐器学、地理学、历史学、民族音乐学等理论展开讨论。12月，浙江音乐学院主办“第二届丝绸之路乐舞艺术高端学术论坛”，学者们结合历史文献、考古资料、乐器实物、传统音乐等材料，运用音乐考古学、民族音乐学、美术学、舞蹈学等学科方法，针对“陆上与海上‘一带一路’乐舞文化”展开深入研讨。

本年度，传统音乐研究领域还举办了其他议题的系列学术会议，涉及传统音乐的传承与流变、民族民间歌唱实践、传统音乐教学与学科建设等诸多主题。代表会议如7月在沈阳音乐学院举办的“中国传统音乐学会第二十届年会”，9月在云南师范大学音乐舞蹈学院（昆明）举办的“首届中国传统暨民族民间歌唱方法研讨会”，11月在四川音乐学院音乐学系举办的“第七届中国传统音乐教学与学科建设研讨会”等，都是本年度传统音乐研究不断深化拓展的重要活动。

基于传统音乐和民族音乐学本年度概况，未来该学科发展应充分考虑如下问题：第一，继续加强历史与田野互动性质的“历史民族音乐学研究”，要走向历史田野，重回历史现场，展开“历史文本”“历史事实”与田野资料互证性质的历史民族音乐学研究，充分运用音乐口述史访谈策略，结合深度田野工作与叙事学理论，加强音乐口述史信息的可靠性、稳定性与真实性问题及音乐口述史的方法论、本体论研究。第二，运用“传统的发明与本土音乐文化的重建”思维，重点开展“非遗”语境中的传统民俗节庆音乐文化认同的多层级建构研究，以及少数民族音乐族性建构与音乐变迁的思考。第三，继续加强应用民族音乐学的理论与实践研究，为传统音乐文化生态保护与可持续发展提供更多支持。第四，民族音乐学界应继续加强民族音乐学的“中国实践”（中国经验）相关理论研究，为构建中国音乐话语理论体系做出应有贡献。

3. 以本体为中心不断拓展的中国音乐史学

本年度，中国音乐史研究立足传统不断深入，研究视域不断扩大，史料进一步开掘，研究方法呈现借鉴、融合的特点，集中表现为立足传统的乐律学研究、关注前沿的音乐考古研究、不断拓展的音乐文献整理、结合实践的古乐重建探索及基于史料钩沉的断代史和专题史研究等方面。

本年度的乐律学研究成果多集中于对宫调理论的探讨。学者一方面在古今联系视角下关注活态传统音乐，从中探寻历史遗存并与文献互证；另一方面还重视横向对比，即在不同乐种或同名乐曲间寻找共性，探索音乐历史面貌。如李玫的《半字谱的前世今生——西安鼓乐与南音谱字系统及宫调关系》（《中国音乐》2018年第3期）立足半字谱的历史演化，进而延伸至西安鼓乐与南音谱字系统和宫调关系的研究，丁承运的《论楚商》（《黄钟》2018年第3期）对楚商调的探讨等。与此同时，学者还在考辨古籍文献的基础上，结合乐谱译解和考古资料运用，对既有乐学理论的合理性展开论证，使其获得进一步阐释，相关研究如孙晓辉的《论楚国乐律的自成体系及其乐学实践》(《黄钟》2018 年第 3 期)、李宏锋的《含英咀华　聚沙成塔——从两例古谱译解看“同均三宫”理论的实践意义》(《音乐研究》2018 年第 2 期)等。

2018 年正值曾侯乙编钟出土 40 周年，相关系列活动在武汉音乐学院举行，包括“编钟乐舞艺术实践展”“纪念曾侯乙编钟出土 40 周年”学术研讨会及编钟音乐工作坊，研讨内容涉及曾侯乙编钟本体研究、曾国音乐考古新发现及研究、乐律学相关研究等多个方面，展示了曾侯乙编钟出土 40 年来相关研究的新进展。一些成果集中于学科理论或实践方法探讨，表现出音乐考古学科日益成熟的发展趋势。例如，王子初的《论音乐考古学研究中类型学方法的应用》(《黄钟》2018 年第 3 期)一文，提出应在音乐考古学研究中合理有效地应用考古类型学方法；韩宝强的《如何评测编钟的音乐性能》(《黄钟》2018 年第 3 期)一文，则根据影响编钟音乐性能的音色、音准、音域等因素，提出编钟测评的具体方法，为考察编钟音乐性能、铸造性能优良的新编钟提供参考。另外，本年度的音乐考古研究还密切关注考古前沿成果，显示出音乐学界对新材料的重视。王清雷等的《试论海昏侯刘贺墓编钮钟的编列》(《音乐研究》2018 年第 5 期)一文，通过考释海昏侯墓编钮钟器型、纹饰、音列等，进一步探讨了该套编钟的编列特征。

文献史料方面，本年度研究范围有所拓展，域外音乐史料得到进一步重视。严晓星的《日藏明代孤本〈清湖琴谱〉版本及流传考辨》(《南京艺术学院学报(音乐与表演版)》2018 年第 3 期)对日本所藏明代琴谱《清湖琴谱》的流传及收藏情况做了考察。王小盾等的《从〈体源钞〉看中国典籍与日本乐书的关系》(《音乐文化研究》2018 年第 1 期)对《体源钞》中的引文进行版本对校和诸书他校，指出其征引方式及历史价值。此外，断代史料研究也趋深入，温显贵的《清代乐论史料述论》(《中国音乐学》2018 年第 1 期)、齐易的《珍贵的清代音乐史料——李声振的〈百戏竹枝词〉》(《中国音乐》2018 年第 1 期)、郑俊晖的《清代乐书考辨十二则》(《音乐研究》2018 年第 2 期)等成果，表现出学者在清代乐论梳理、挖掘、考辨方面取得的新进展。

立足实践的古乐重建探索，也是本年度音乐史学成果之一。林晨和陈忱的琴箫合奏专辑《琴韵箫声忆故人》(中华书局 2018 年版)，对清代琴谱中《琴谱谐声》《指法汇参确解》及民国《今虞琴刊》中有关琴箫合奏文献进行释读，分析近 200 年来在琴箫合奏中洞箫的尝试与演变，并通过演奏开展学术实证研究，是一次

“HIP”（Historically Informed Performance，意译为“基于历史文献的演奏”）的有益尝试。断代史研究方面，中国艺术研究院音乐研究所主办的“魏晋南北朝音乐文化研讨会”，特邀文学界、史学界专家与音乐学者共同研讨，使该时段音乐史研究不断深化。

近现代与当代音乐研究领域，新史料进一步开掘，在音乐史学史、人物与创作、史实考辨等方面取得系列成果。其一，尚未得到学界充分重视的音乐家不断走入研究视野；其二，以人物生平事迹梳理为中心，以小见大，探究其所处时代的音乐生活，进而彰显历史人物价值；其三，更为综合深入地探讨作曲家的创作，如对马可歌剧创作的回顾、对冼星海实验性新技艺的研究等。① 基于国内外相关史料发掘及视角更新，音乐史实考辨也有一定进展，更多近现代历史细节呈现出来，弥补了以往宏观叙事中的某些不足，拓宽了音乐历史空间。借助民族音乐学视角，将音乐史实置于文化语境中做多维度阐释，也是本年度近现代音乐的研究趋势之一。② 此外，关于“口述音乐史”资料的采编、建设问题，陈荃有的《对音乐口述资料采编的实践与思考》（《中国音乐》2018 年第 3 期）等多篇成果参与研讨。

整体而言，本年度中国音乐史各领域研究不断深化，呈现较好的发展态势。未来该学科发展中，应进一步考虑如下问题：第一，继续加强史学理论与音乐实践的互动关系，充分运用古今联系与横向对比，使音乐史诸问题获得深入探讨；第二，努力借鉴友邻学科研究方法与成果，加强与大文史学界的交流合作，吸收其在理念、方法等方面的新经验；第三，不断完善与音乐历史相关的社会史、文化史等宏观研究，从整体上把握中国音乐史发展本质与规律；第四，继续拓展研究视域，重视国外相关史料及学术理念与成果，不断充实完善中国音乐史学研究。

4. 国际学术视野下的西方音乐与作曲技术理论研究 ③

2018 年，有关西方音乐（史）的研究呈现全方位、多视角的探索视域。研究学

① 相关成果如沈冬《〈好地方〉的沪上余音——姚敏与战后香港歌舞片音乐（上、下）》，《音乐艺术》2018 年第 1、3 期；居其宏《民族歌剧音乐创作范式的奠基人与完形者——马可歌剧创作生涯历史回顾与当代思考》，《音乐研究》2018 年第 5 期；等等。

② 相关成果如吴昊《“育才馆”附设雅乐专修科音乐史事考（1921—1924）》，《中国音乐学》2018 年第 1 期；郭克俭《都市乡韵：婺剧 20 世纪初沪上搬演新史料人文阐释》，《音乐艺术》2018 年第 1 期；宫宏宇《柏林比较音乐学家与中国音乐——以霍恩博斯特尔为例》，《黄钟》2018 年第 1 期；等等。

③ 本节有关西方音乐史和作曲技术理论的论述，分别由首都师范大学宋戚、吴春福教授供稿，特此致谢。

者不仅积极把握国际最新学术动向，还在跨学科交叉研究方面获得较为明显的突破。学者们以更为开放的姿态融入国际学界，以独特的视角面对西方音乐，在音乐史元理论、历史编纂理论、学科方法论及国外权威著述引介等方面，都取得一定进展。

本年度音乐史元理论热议的话题，主要集中在美国音乐学家塔鲁斯金《牛津西方音乐史》的编纂方法与视角等方面。塔氏治史的宏观视角、主观论断与批评性介入等，均引起国内学者的思考与关注。代表成果如杨九华的《塔鲁斯金历史文述中的捷克音乐家——兼谈其对民族乐派的态度》(《音乐文化研究》2018 年第 3 期)、班丽霞的《塔鲁斯金音乐后现代主义叙事的逻辑与内涵》(《音乐研究》2018 年第 5 期) 等，预示了我国西方音乐史学进入接纳新思路、新维度、新视角、重反思的新阶段。德国史学家达尔豪斯倡导的"音乐结构史"，倡导恰如其分地融入美学与史学多维度阐释思维，本年仍持续受到国内学界关切，如"2018 · 成都 · 音乐史学方法论与学科新视野国际学术研讨会"上涉及达尔豪斯治史专题的发言。对其辩证接纳、合理探求，有助于在新旧方法论结合中找到新的思路和方向。

方法论方面，本年度西方音乐史学更注重跨学科视域下的交叉融合，深入探寻创作主体及文化空间的思想状态与现实根源。首先涉及的是艺术学内部的跨学科研究，其次是将音乐置于广博的"社会—文化"环境中展开研究。整个学科呈现多元性、多解性、多向性的研究思维，尤以"新音乐学"最为突出，同时在反思中审视以性别主义、女性主义理论解读音乐作品的有效性。此外，跨学科视域下的西方音乐研究，还涉及文学批评、传记学、修辞学、接受美学、比较文学、符号学及心理传记学等，不仅要做到对音乐本体、文化内涵、历史审美等的综合阐释，还要努力揭示西方音乐中的人文精神及生成机制的意义与价值。①

国外学术经典译介方面，杨燕迪教授主编的"六点音乐译丛"推出了美国当代音乐学家特莱特勒教授的《反思音乐与音乐史》(华东师范大学出版社 2018 年版)，将历史、美学与批评融汇一体，做跨文化研究。美国诺顿断代音乐史的《中世纪音乐》(伍维曦译) 也于本年由上海音乐出版社出版。这些重要译著的出版，为国内研

① 相关成果如韩锺恩《再论在音乐中究竟能够听到什么样的声音——布拉姆斯〈第一交响曲〉第四研究》,《中国音乐学》2018 年第 3 期；宋戚《科尔曼审美批评性音乐学研究理路探赜》,《人民音乐》2018 年第 12 期；邹彦《叙事、隐喻与身份——大卫 · 莱福考维茨〈听筝〉的一种多视角分析尝试》,《音乐研究》2018 年第 2 期；王旭青《西方音乐修辞理论的自我论域与理论向度——音乐修辞理论与修辞学关系的思考》,《音乐研究》2018 年第 4 期；等等。

究者提供了有益参照，对于充实学科体系、拓展学术视野具有积极意义。

总体而言，2018年国内有关西方音乐史的元理论、方法论探讨，除紧随西方研究动向之外，学者亦站在一定的理论高度，思考并注入“客位”研究主体的学术旨趣。音乐史编纂无论是方法论探索还是治史实践，均凸显并包含了较为明显的理论创见。关于研究视角的反思，学者们不仅从自身文化背景出发，而且放眼国外诸社会学科最新领域，不断找寻中国研究者的独特视野和定位，体现出从“受动性”研究向“能动性”研究的有益转变。跨学科视域与“新音乐学”思潮，使西方音乐研究重心逐渐转向音乐事象辐射的人文语境。正因为历史文化因素对音乐本体结构、内涵、意义的决定作用，固守音乐自在规律的研究最终向其外延历史文化推进，已成为我国未来西方音乐史学发展的必然趋势。

作曲技术理论研究承担着对创作进行实证的任务，不仅对创作实践有直接促进，对音乐史、音乐美学、音乐表演等的健康发展也有不可或缺的支撑作用。本年度该领域的发展首先体现在科研项目方面，无论立项数量还是项目级别均创历年最好水平。上海音乐学院徐孟东教授主持的“中国现当代作曲理论体系形成与发展研究”获国家社科基金艺术学重大项目，其他类别的社科基金立项也达10项之多，其中重点项目1项，一般项目9项。作曲技术理论在2018年度得到学界重视，从侧面反映出该学科发展质量稳步提升，有助于整个学科健康发展。

其次，专题培训和学术会议等活动为学科发展助力。2018年3月，“中国音乐学院教学实践公开课暨第一届国际作曲技术理论专题交流季”在中国音乐学院举行，来自中国、美国、德国、奥地利、芬兰等国的专家学者，就21世纪作曲技术理论教学、传承发展及在不同音乐文化中的应用等进行深入探讨。6月，2017年度国家艺术基金艺术人才培养项目“音乐理论人才培养”在上海音乐学院举行，邀请哈佛大学的克里斯托弗·哈斯蒂（Christopher Hasty）、普林斯顿大学的Dmitri Tymoczko、汉堡音乐与戏剧大学的陈晓勇等一批活跃在国际一线的国内外专家授课，为我国新时期音乐理论人才培养贡献力量。7月，上海音乐学院举办的另一场培训“国际视野中的音乐创作与理论——2018年上海市艺术学研究生暑期学校”，主要面向全国各艺术院校在读研究生，助推了该学科健康发展。

学术研讨方面，“中国当代音乐多维研究学术研讨会”5月在哈佛中心（上海）举行，由哈佛大学音乐系音乐理论学科带头人克里斯托弗·哈斯蒂教授领衔，旨在加强哈佛大学与中国作曲家和学者的交流，鼓励围绕作曲技术、音乐理论等热点话题展开多元对话，促进中国当代音乐创作与理论研究的世界传播。10月，“2018年全国高等学校理论作曲学术研讨会”在首都师范大学召开，研讨如何加强高等学校理论作曲专业学科建设，进一步推动高校理论作曲的学术研究与教学改革。11月，“周文中音乐研究中心成立仪式暨周文中国际音乐学术研讨会”在星海音乐学院举行。周文中先生的儿子周渌岩、周疏旼及国内外知名作曲家，分别回顾了周文中的传奇人生、教学理论及对祖国的赤子情怀，对周文中的创作进行了集中研讨。

相比如火如荼的学术活动，本年度作曲技术理论方面论著稍显不足。王安国教授的《多声部音乐分析基础》（人民教育出版社2018年版）是代表成果之一。该论著以多声部音乐分析为中心，将作曲理论课程“四大件”中的常识内容，在保持相对独立的基础上加以适度关联和应用延伸，紧扣音乐教师多声部音乐分析需要，对高校作曲理论课程的整合与创新有积极作用。钱国桢教授的《中国曲艺音乐作品分析》（百花文艺出版社2018年版），在一定程度上填补了曲艺音乐创作与分析的不足，为本学科充实提升发挥了重要作用。

五、余论

2017年，党的十九大报告已经把坚持文化自信作为习近平新时代中国特色社会主义思想的重要内容。以“坚持文化自信，推动文化繁荣”审视2018年度音乐发展，如下问题值得重视。

第一，音乐创演有赖健康艺术生态。个别作品在艺术形式、表达主题、创作思路等方面依然存在模仿现象，创新程度不高；完成项目任务后偃旗息鼓，缺乏经典传世之作。这就要求作曲家或主创者在创作中要拥有历史视野，要考虑为谁而作、为什么而作，进而赋予作品清晰定位；要不断完善音乐作品和演出的评价机制，严把质量关，以有深度、有立场的评论参与和影响创作与演出，形成良好的艺术生态，真正实现音乐对大众审美和价值观的建构和引领作用。

第二，流行音乐产业亟待升级。中国大众音乐传媒的受众量已具世界影响，急需高品质人才和作品。投资人和音乐企业面对市场浮华，需沉下心来冷静思考，以应有的使命感、责任感和社会担当，将提升文化品质放在首位，要在“引进来”的同时不忘“走出去”，在“走出去”的行动中倒逼产业改革。

第三，传统音乐生存土壤堪忧。民俗中的礼俗是传统音乐遗产展示平台，但一些地方仍存在与复兴传统文化不和谐的“弦外之音”。例如，以“节俭”“环保”为名严禁民间礼俗音乐，尽管在 2017 年的报告中已指出，但似无改观。国家各部委联合出台的《关于进一步推动殡葬改革促进殡葬事业发展的指导意见》中明确提出“不搞一刀切”，但从目前执行情况看，政策规定与现实行政操作间仍有差距。

第四，传统音乐传承呼唤教育转型。目前，国家在非遗保护传承方面虽然做了很多努力，诸如生态保护区建设、传承人机制设立，以及 2018 年度文化和旅游部、教育部、人力资源和社会保障部联合印发的《中国非物质文化遗产传承人群研修研习培训计划实施方案（2018—2020）》等，但要从根本上复兴优秀传统文化，增强文化信心，首要问题还是教育。单纯依靠目前的自然传承机制或技术技能培训，无法有效地保护传统音乐遗产。未来发展中，要努力打破政策壁垒，探索新型传承机制。例如，可否将各地艺术职业教育与专业院校本科乃至研究生教育接轨，使传统音乐传承落地生根，真正纳入国家教育体系之中。

第五，音乐理论研究仍需深化拓展。要以构建“中国音乐理论话语体系”为契机，加强音乐新型智库建设。学术研究要体现继承性、民族性，立足传统，回归本源；要体现原创性、时代性，关注现实，引领未来；要体现系统性、专业性，努力加强话语体系和高端智库建设，为繁荣社会主义文化事业助力。

明清之际思想家王夫之在《读通鉴论》中说：“述往以为来者师。”系统地总结、回顾过往，是为了开启美好的明天。2019 年，在新时代、新形势下，每位文化工作者都应在增强文化自信、推动文化繁荣、引领社会发展方面，有所担当、有所作为，在中华民族伟大复兴的历史征途中做出应有的贡献。

课题主持机构：中国艺术研究院音乐研究所

主　笔：项　阳　李宏锋

撰稿人：项　阳　李宏锋　赵　倩　张　燚
赵书峰　郭　威　李　欣　赵丹蕾

编辑、统筹：高　苹

2018年度中国舞蹈发展研究报告

摘要：本报告是针对2018年度中国舞蹈发展状况的整体性述评，分别从舞蹈创作、舞蹈理论、舞蹈教育、非遗舞蹈、中外舞蹈交流、国标舞街舞六个层面展开。在改革开放40周年之际，本年度的中国舞蹈呈现繁荣发展的态势，同时也存在着一定的问题。在各类赛事和不同项目平台中涌现的舞蹈作品及舞剧创作在质与量上都有所提升，舞蹈创作中现实题材占据了相当大的比重，显现了当代舞蹈人在“深扎”中的实践探索，推出了《阿嘎人》《与妻书》《看不见的墙》等舞蹈作品，以及舞蹈剧场《大饭店》和大型舞剧《醒·狮》《记忆深处》《天之路》《永不消逝的电波》等。舞蹈理论在科研项目、书籍出版、理论研究、学术活动与交流等不同向度都取得了丰硕成果，“现实题材舞蹈创作研究”被列为本年度舞蹈类重大项目。中国舞蹈高等教育历经40年的发展与积淀成果显赫，各地高校纷纷加强对舞蹈学科的规划与建设，本年度在总结40年发展历程及经验教训的基础上，深入思考全球化视野下中国高等舞蹈教育的现状与未来。以“舞动中国”系列剧目为代表的出访演出将改革开放以来中国舞台艺术的精粹展现于国际观众眼前，弘扬丝路精神，彰显文化自信，用舞蹈的方式助力“一带一路”建设。报告的最后一部分是对本年度舞蹈发展的深度反思，客观剖析繁荣背后的问题，并提供相应对策，以期为2018年度的中国舞蹈总结提供一定的理论依据。

关键词：2018年度　舞蹈　年度报告

在改革开放40周年之际，2018年的中国舞蹈多向度地探索、进取，在稳步发展中不断开创新的格局。“中国故事”“青藏铁路”“现实题材”“一带一路”“深入生活，扎根人民”“改革开放40周年”等成为舞蹈发展的年度热词，正如习近平总书记在十九大报告中所指出的："文化是一个国家、一个民族的灵魂。文化兴国运兴，文化强民族强。没有高度的文化自信，没有文化的繁荣兴盛，就没有中华民族伟大复兴。"十九大以来的中国舞蹈始终坚持为人民服务、为社会主义服务，坚持百花齐放、百家争鸣，坚持创造性转化、创新性发展，在铸就中华文化新辉煌的路上开拓、探索，取得了丰硕的成果。

2018年度的舞蹈创作在量与质上都比上一年度有所提升，在国家层面的各类展演、评奖及众多的项目活动中涌现一大批形态各异、风格独特的优秀作品，以传统文化、历史人物、革命战争、当代生活等为依托而创作的大型舞剧更是不胜枚举。其中，国标舞的发展尤其突出，频频在国际赛事中取得优异成绩。虽然舞蹈创作仍存在题材、形象雷同，对于中国精神深度挖掘不够及质与量发展不均衡等诸多问题，但对于现实题材舞蹈创作的关注及成果依然可圈可点。在舞蹈理论层面，科研课题、专著、论文及不同主题的研讨会、学术论坛和舞蹈展览，合力推进了舞蹈理论的体系化构建，虽然理论与实践，尤其是批评与创作之间还存在一定程度的脱节，但中国舞人的理论自觉已越发明显。中国舞蹈高等教育历经40年的发展与积淀成果显赫，各地高校纷纷加强对舞蹈学科的规划与建设，在总结40年发展历程及经验教训的基础上，深入思考全球化视野下中国高等舞蹈教育的现状与未来。在"非遗"舞蹈层面，2018年继续围绕"保护"与"传承"两大主题展开，多视角、跨学科研究成为趋势，新媒体、新技术的出现对于"非遗"舞蹈的传承、保护而言既是机遇也是挑战。而本年度的中外舞蹈交流亦有重大进展，不仅来华演出的品类丰富、场次众多，且以"舞动中国"系列剧目为代表的出访演出将改革开放以来中国舞台艺术的精粹展现于三大洲的国际观众眼前，弘扬丝路精神，彰显文化自信，用舞蹈的方式助力"一带一路"建设。

因此，2018年度中国舞蹈学科及其行业在舞蹈创作、舞蹈理论、舞蹈教育、"非遗"舞蹈及舞蹈交流等各个层面都取得了长足的发展，本报告将主要围绕上述几个层面对2018年度的中国舞蹈发展展开分类陈说。

一、舞蹈创作繁荣发展

2018年的舞蹈创作在总体上呈现繁荣、进取的态势，不仅在数量上蔚为可观，而且在内容和形式上积极探索，彰显当下舞蹈创作的多元态势，在兼收并蓄中推动具有当代情怀与中国气派的舞蹈创作进一步向前发展。

（一）舞蹈作品创作

2018年的舞蹈作品创作延续了近年来的繁荣态势，且在质量上有所提升。在平台、机制层面，国内外各大舞蹈节、舞蹈展演及“北京舞蹈双周”“青年舞蹈培育计划”等，使舞蹈创作活动呈现多样化的特点，一大批带有鲜明个人风格的舞蹈编导和独立舞团如雨后春笋般涌现，极大地丰富了2018年的舞台。

1. 全国范围内的舞蹈展演及评奖

7月11日至21日，第十二届全国舞蹈展演在昆明举行，此次展演不仅在作品类型上更为全面，且参演作品的数量亦有大幅增加，成为中国舞蹈界的一次盛会。另外，此次展演延续上一届“一场一评”“一剧一评”的模式，在多维度展示舞蹈的同时，也用学理精神滋养舞蹈创作。从舞种的角度来看，此次实际参加展演的78部作品中，中国民族民间舞作品多达47个，涵盖了汉族民间舞及藏族、蒙古族、朝鲜族、维吾尔族等多个少数民族的舞蹈，出现了《阿嘎人》《海阳有个王大娘》《南狮》《转山》《冈根扎鲁》《喜鹊衔梅》等优秀的作品。就作品题材来看，现实题材的舞蹈创作成为本届展演的焦点，有关注现实生活的《快乐生活》《幸福小院》《爹娘·争吵》，关注环保问题的《灵·境》《水草·逐》，关注革命历史的《回家》《红船》《南下·南下》等。此届全国舞蹈展演的作品在数量和质量上相比以往都有所提升，但问题也与之并行，依然存在诸如“千人一面”的趋同化现象，如何把握戏剧人物与肢体形象塑造的度，如何突出作品的形象性与意象性等都是需要我们深思的问题。透过此届全国舞蹈展演，我们欣喜地看到不少高校、院团及新生代编导正在迅速成长，也自豪地看到以王舸、周莉亚、韩真等为代表的新一代优秀编导已经发挥出中流砥柱的作用。相信中国舞人可以在接下来的创作中逐步思考并解决这些问题，这既是舞蹈求索的艰难过程，也是时代赋予舞蹈的应有之义。

作为当下中国舞蹈界唯一的全国性舞蹈评奖活动，第十一届中国舞蹈“荷花奖”当代舞、现代舞评奖活动于10月15日至17日在广东举行，共有33部当代舞作品、16部现代舞作品参与最终评奖，其中不乏题材新颖、立意深刻的优秀作品。最终，《与妻书》《运河船工》《黄河》获得此届中国舞蹈“荷花奖”当代舞奖，《看不见的墙》《不眠夜》《命运》获得中国舞蹈“荷花奖”现代舞奖。此次评奖涌现了大批独舞作品，且现代舞作品的质量有了明显提升，舞者将多元并充满质感的肢体动作和对生活的独到感悟融入舞蹈，在一呼一吸中表达思想与情感。但个别作品存在词不达意、立意不足等问题，仍有很大的上升空间。

此外，7月23日至25日，第五届“荷花少年”全国舞蹈展演在北京舞蹈学院舞蹈剧场举办，共有72部作品入围展演，其中普通中学组46部，专业中专组26部。7月27日至30日，“2018中国青少年宫系统文化艺术节”在江西南昌举办，其中舞蹈作品有2部获得“少年组”金奖，6部获得“儿童组”金奖。2018年度的少儿舞蹈创作用丰富的形式展现新时代儿童积极向上的精神风貌，歌颂改革开放40周年的辉煌巨变。

综上所述，2018年的舞蹈作品创作呈现繁荣积极的趋势。国家艺术基金、各大舞蹈创意工坊、中国舞蹈家协会等机构为舞蹈作品的创作提供不同层面及平台的支持。青年编导的活跃成为本年度无法忽视的亮点，新一代中国编导正在以前所未有的力量成长起来，为中国舞蹈的发展带来勃勃生机。与此同时，如何在活跃的艺术氛围中创作出兼具时代性、思想性、艺术性的舞蹈精品，如何克服浮躁之风，是对当下舞蹈编导的一大考验。

2. 各有侧重的舞蹈项目及平台

“北京舞蹈双周”是国内极具规模的现代舞盛事，共分为“舞蹈营”“大师班”“青年舞展”“另类平台”“焦点舞台”五大板块，为中外青年新锐编导搭建起一个高效率、国际化的交流与切磋平台。7月19日至31日，一年一度的“北京舞蹈双周”拉开帷幕，此次“双周”演出了包括北京雷动天下的《无梦可梦》、来自台湾布拉瑞扬舞团的《漂亮漂亮》和广东现代舞团的《本初》等多部原创作品，作品间的对话与映照丰富了观众对现代舞的既定认知，拓宽了青年编导的眼界。

2018年的“中国舞蹈十二天”共推出6部作品，包括杨海龙根据经典名著《西游记》之“三打白骨精”改编的《媲媊—西游》、用现代舞的形式探讨爱情的《凉亭》、展示人类境遇复杂性的《寂静之上》、关注老年特殊群体的《念想》、通过舞蹈展开人与工作关系探讨的《无人之境》及2017年获国家艺术基金小型剧目和作品创作资助项目的《遥遥南水》。作品在国家大剧院小剧场上演，其长度、宽度及观演方式都为中青年编导进行探索性作品实验提供极大的便利。整体来看，本年度的“中国舞蹈十二天”内容多样，风格迥异，给予编导充分的表达空间。

“青年舞蹈培育计划”（以下简称“培青”）注目于“最具创新能力和发展潜力”的青年舞蹈人才，并给予一定的支持与全方位的指导，为他们的创作搭建优质平台。2018年的“培青”作品种类繁多，有将舞蹈与物理放在同一舞台之上的《极简物理》、4位年轻编导共同探索舞蹈未知领域的《慢热集》、以汉代舞俑为原始形态的《俑2》、朝鲜族动作语汇与现代舞相碰撞而产生的《撞》、以Disco寻找自我的《未来舞厅》、探讨不同爱情的《暗夜彩虹》、关于梦的《三十二章节》、借助物件和行动本身探索生活的《我什么都没说》、荒诞而又沉重地表现人际关系的《没有孤岛》、宋欣欣编导的作品《草民》，以及以影像方式呈现非专业舞者追梦之路的《3个和13亿个》等。“培青”的委约作品并没有给青年编导以命题式的创作导向，任其发挥想象，寻找舞蹈表达的无限可能。这些作品或许还存在一些瑕疵和不成熟的地方，但他们体现的对舞蹈及未知的热情和求知欲却意义非凡。

这些风格迥异的舞蹈项目，为有潜力的青年编导提供培养、交流和展示的平台，在给予足够的创作自由和空间的同时，邀请导师在不同阶段对作品予以评估和指导，帮助青年编导及其作品更快地走向成熟。

（二）舞剧创作

回望2018年度的舞剧创作，依旧保持着良好的发展势头和繁荣景象，数量之多、题材之广使其成为中国舞坛上一道亮丽的风景。国家艺术基金等政策的扶持使中国舞剧的创作快速发展，无论是大中型专业院团，还是以艺术家个人为主体的舞剧创作，都在创作手法上不断突破。

11月10日至12月9日，第十一届中国舞蹈“荷花奖”舞剧评奖在上海举办，《醒·狮》《草原英雄小姐妹》《大禹》《花木兰》《井冈·井冈》《记忆深处》《刘三姐》7部作品登陆上海滩，最终前五部作品获得本届中国舞蹈“荷花奖”舞剧奖。此次入围的舞剧作品皆有浓郁的中国特色，或取材于民间传说、经典名著，或基于民俗风物、地域故事，构思新颖、逻辑清晰、舞段流畅，人物形象鲜明可信，感人至深。这些作品让中国舞剧的面貌呈现崭新的一面，在很大程度上代表着2018年舞剧创作所达到的新高度。

1. 专业院团的舞剧创作

第一，着眼现实，讲述中国故事。

2018年恰逢改革开放40周年，各大院团都以舞剧的形式讴歌40年来祖国的发展变化。

作为改革开放的丰硕成果，全长1956千米的青藏铁路建设历史同时成为铁路文工团、国家大剧院及中央民族歌舞团的舞剧主题向改革开放40周年献礼，因此2018年也被称为“天路年”。铁路文工团创作的舞剧《雪域天路》根据真人真事改编，将“爷爷”“爸爸”和“我”的亲身经历与青藏铁路深深地融合在一起，展现出代代相传的铁路精神。国家大剧院的《天路》则以藏族同胞的视角，讲述了青藏铁路西格段修建过程中藏族同胞与筑路兵由猜疑隔阂到心手相连的动人故事，凸显民族团结、军民融合的精神气概。中央民族歌舞团的《天之路》是2018年国家艺术基金资助项目，以当代人的视角审视和解读历史，讲述了以主人公张工为代表的铁路建设者在半个世纪的历程中，将青春和生命奉献给青藏铁路建设事业的动人故事。这三部作品虽题材相同，但表现手法和视角各有侧重，共同讴歌了中国人民艰苦奋斗、团结友爱的精神，是以舞剧的形式表现现实题材的一次积极而有益的探索。

以改革开放40周年为背景的现实题材创作还有舞剧《春天的故事》，作为邓林导演与天津歌舞剧院的又一次合作，于12月4日晋京亮相。全剧以大写意的手法和全新的创作理念，展现中国40年的发展变化。作品以“妈妈”这一角色贯穿全剧，将改革开放以来农业、工业和科学技术等领域中相继发生的历史性巨变相勾连，深情地展现改革开放的巨大成就，歌颂中华民族敢为人先的豪迈精神。

2017年，习近平总书记在十九大报告中指出，要坚持精准脱贫。作为以文艺反映党和国家实施精准扶贫战略的实践尝试，由四川省歌舞剧院创作的舞剧《大凉山的回响》于12月13日在四川正式首演。作为2018年国家艺术基金立项资助项目，作品以四川大凉山悬崖村为背景，通过一个家族两代人之间的悲欢离合，讲述了人民如何脱贫致富，折射出小人物在大时代中的情怀与担当。

此外，在现实题材的创作中，中国近现代历史进程中的革命、战争一直是红色经典舞剧的热门题材，有无数可歌可泣的故事值得书写与铭记。仅2018年，便有广州歌舞剧院的《醒·狮》、上海芭蕾舞团原创芭蕾舞剧《闪闪的红星》、江苏省演艺集团的《记忆深处》、上海歌舞团原创舞剧《永不消逝的电波》等。其中，历时五年创作而成的民族舞剧《醒·狮》脱胎于小舞剧《醒》，由钱鑫、王思思编导，于9月28日至30日在广州大剧院首演，获得第十一届中国舞蹈“荷花奖”舞剧奖。作品以第一次鸦片战争中三元里的抗英运动为故事背景，以深厚的岭南文化为依托，表现山河动荡之时南粤儿女勇于反抗、书写人生大义的动人故事。《闪闪的红星》由赵明担任编导和编剧，于10月24日至28日在上海国际舞蹈中心首演。作品以潘冬子的视角再现了一个红军战士历经战火洗礼的成长历程，表现革命精神的延续和红色基因的传承。《记忆深处》由佟睿睿编导，是国家艺术基金2017年度资助项目，曾于2017年9月在南京试演，于2018年12月8日、9日晋京演出。作品从美籍华裔作家张纯如探索南京大屠杀惨案的视角切入，以“真”为基础，忠于真实人物和事件，把目光投向大屠杀惨案的个体亲历者埋藏深处、触及灵魂的记忆，用舞蹈的肢体表达——“记住黑暗，是为了看到光明”。《永不消逝的电波》由韩真和周莉亚编创，于12月21日至26日在上海国际舞蹈中心首演。作品以解放战争时期的中共地下组织成员李白烈士为创作原型，赞颂中国共产党人“电波不绝，信念永存”的崇高理想，以舞剧的形式致敬英雄。

在改革开放40周年之际，现实题材舞剧创作从方方面面展现40年来的发展变化，有着鲜明的时代印记；同时回望历史，缅怀英烈，以宏大叙事讲述动人的中国故事。

第二，扎根文学，触摸文化命脉。

中西方舞剧创作常常会选取文学名著和神话传说作为创作蓝本，或忠于原著进行改编，或以新的理念进行当代解读，这种扎根文学的创作方式，在2018年依然深受广大编导和观众的喜爱。

舞剧《尘埃落定》改编自阿来荣获第五届茅盾文学奖的同名长篇小说，舞剧抽离了原著的历史语境与文学叙事的丰富细节，通过编导与演员的当代演绎，尽现人性的贪婪与荒谬，用藏族舞蹈语汇描绘了一幅浓墨重彩的藏族风情画卷，并进一步探讨“人性”这一永恒的话题。

2018年适逢北京当代芭蕾舞团成立10周年，该团新创了《风声鹤唳》来回望舞团十年之路。编导王媛媛将林语堂几十万字的长篇小说浓缩在两个小时之中，以小人物为切入点，反映大时代的变迁，通过精练的语言和舞者的肢体展示，带给观众一种独特的观赏体验。

此外，还有由佟睿睿担任总导演，以壮族“以花为神”的民间传说为灵感的舞剧《花界人间》，以及以写意化的方式再次展现凄美爱情传说的舞剧《梁山伯与祝英台》，凸显了中国古典舞语汇的表意功能，在一定程度上弥补了舞蹈在叙事方面的短板，并用现代化的手法加以创新和表达。

第三，塑造人物，彰显民族脊梁。

近年来，以展现人物为主要特征的舞剧创作，如《孔子》《李白》《杜甫》等成为舞剧创作中的重要一隅。2018 年，人物类题材依然是舞剧创作中不可忽视的一类。

中国舞坛在上一年刚刚见证了由周莉亚、韩真导演的民族舞剧《花木兰》，2018 年，辽宁芭蕾舞团又推出了芭蕾舞剧版《花木兰》，用芭蕾的语汇刻画中国古代的女性英雄形象。整部舞剧重点描述了花木兰金戈铁马的边塞生活，编导王勇和陈惠芬成功地将花木兰的芭蕾形象呈现在舞台之上。

舞剧《妇好》则抓住了妇好王后、大祭司、女将、母亲的四重身份，将这位存在于甲骨文和金文中的传奇女性以舞蹈的方式再现于舞台。作品不仅巧妙地将甲骨文运用到舞美设计中，并在一些舞段中以肢体模仿甲骨文的字形，给妇好这位商代女性注入古朴粗犷的生命活力。

而在舞剧《刘三姐》中，如何将擅长唱歌的刘三姐以舞蹈的形象呈现，成为舞剧创作的一大难点。编导在保留大量经典山歌唱段的基础上，融入壮族的传统乐器、原生态山歌，加之多舞种的语汇元素，将传统刘三姐的形象重新组构，展现壮族人民的勤劳勇敢，歌颂忠贞不渝的伟大爱情。

舞剧《人生若只如初见》抓住了纳兰性德的典型形象，尝试以全新的视角给予其多维度的提炼，通过描写纳兰性德与妻子的爱情故事、与友人之间的深厚友谊及辅佐一代帝王的家国情怀，将一代才子的形象呈现在观众眼前。

不同于上述舞剧对著名人物的赞美与纪念，舞剧《金蝉塑与糖人宝》则是用肢体语言刻画了几个小人物，即平凡的市井人物和民间手工艺者。作品将视角投放在老北京民俗文化的展现，舞剧里的三个人物传承了三种手艺——“毛猴”“糖人儿”“京韵大鼓”，在手工艺者跌宕起伏的一生中，融入了对家国山河的坚守，体悟和传承炽热的匠心精神。

在人物题材类型的舞剧编创过程中，对于人物形象的捕捉和把握至关重要，人物形象的鲜明准确直接关乎作品的成败。在2018年的舞剧创作中，对于各类女性人物的刻画成为一大亮点。

2. 以艺术家个人体验为主体的舞剧创作

近年来，越来越多的编导与舞者突破体制束缚，成立个人工作室或舞团，其作品往往带有鲜明的个人风格，2018年的《大饭店》《一梦·如是》《舞术》《春之祭》等作品格外引人注目。

由黎星工作室出品并制作，黎星、李超导演，李倩、谢欣、于建伟、彭捷、胡婕及李艳超倾力出演的舞蹈剧场《大饭店》于11月23日、24日在国家大剧院首演，以一种近乎蒙太奇的手法将一些碎片化的场景巧妙地拼贴在一起，表现7个人物复杂的人物性格和“罗生门”般强烈的戏剧冲突。

“亚彬和她的朋友们”系列十年第九季推出的舞剧《一梦·如是》分为上下两篇，分别由王亚彬和日籍舞者平原慎太郎担任编舞，以当代视角讲述鸠摩罗什的故事。作品以时间为轴拉开舞剧的纵深，通过时空的停顿与回放，鸠摩罗什的形象也随之逐渐丰满，展现了丝绸之路对现代人的精神启迪和深远影响。

作为第19届上海国际艺术节的委约舞蹈作品，《舞术》参加了2018年国家大剧院舞蹈节。赵梁将现代舞、武术、电子乐、古典乐及视觉元素熔为一炉，对传统文化和肢体语言进行解构重组，通过调动舞者、武者的感官和身体，在交锋中实现彼此间的对话，用舞与武打造极具当代性的先锋剧场，重现中国文化的精髓。

10月19日至21日，由中国上海国际艺术节、英国伦敦萨德勒之井剧院共同委约杨丽萍创作的现代舞剧《春之祭》在上海国际舞蹈中心进行全球首演。作品用东方审美、东方哲学重新解构这场经典的“春的祭祀”，致敬经典。杨丽萍在现代舞的基础上，融入大量的藏文化元素，狮子、女人、祭司成为舞台上的主角，杨丽萍的代表形象——孔雀，也在剧中涅槃重生。

综观2018年的舞剧创作，其创作体量之大，成为中国乃至世界舞坛上的一大现象。专业院团肩负起弘扬主流价值观的使命，立足“讲好中国故事”的文化自觉，努力从中华传统文化中汲取养分，寻求舞蹈本体的中国式表达。艺术家个人为主体的创作则更倾向于艺术家个人对世界及人生的理解，在相对轻松自由的氛围中，以真诚、严肃的态度探寻舞蹈表达的更多可能性。

二、舞蹈理论

2018 年度的中国舞蹈理论成果丰富，下面分别从科研项目、出版统计、学术活动与交流层面逐一展开陈述。

（一）科研项目

1. 本年度立项的科研项目

在 2018 年度国家社会科学基金艺术学项目公布名单中，舞蹈类唯一的重大项目为“现实题材舞蹈创作研究”。该项目由中国舞蹈家协会主席冯双白承担，以现实题材的舞蹈创作为研究对象，充分显现了国家和舞蹈界对现实题材舞蹈创作的重视与关注。一般项目共 6 项：“民族舞蹈学研究”（湖南师范大学王光辉承担）、“新媒体时代舞蹈作品版权多维保护机制的构建与完善研究”（武汉理工大学胡神松承担）、“江南民间舞蹈文化生态研究”（温州大学邵吟筠承担）、“新时代山西‘非遗’秧歌舞多元化发展走向与价值研究”（太原师范学院赵霖承担）、“岭南舞蹈史研究”（广东舞蹈戏剧职业学院曾华美承担）、“影响当代中国舞蹈发展因素与新时代舞蹈发展策略研究”（北京舞蹈学院王欣承担）。在这 6 项国家社科基金一般项目中，既包含了对地域舞蹈史、舞蹈文化生态的研究，也有对新时代“非遗”舞蹈、新媒体时代舞蹈作品版权问题及当代中国舞蹈发展问题的相关研究。从中可以看出国家社科基金立项覆盖的地域范围之广及承担人员之多元。2018 年度国家社科基金艺术学舞蹈类的青年项目获得立项的有 3 个，分别为“中国古代祭礼乐舞的东亚文化圈传播与形态流变比较研究”“改革开放 40 年云南省舞剧舞蹈诗创作研究”和“20 世纪舞蹈人类学理论范式研究”，较 2017 年舞蹈类青年项目多一个。

综上，2018 年度国家社科基金艺术学舞蹈类立项显现三个特点：第一，对基础研究及地方区域研究比较注重；第二，各项目负责人整体实力较强，对各自的研究具有研究方向、地域等的优势；第三，国家社科基金委对舞蹈类基金分配相对公平公正（地域范围广、承担人员多元）。

2. 本年度顺利结项的国家科研项目

王宁宁研究员主持的国家社科基金艺术学一般课题“中国古代雅乐舞发展史”，金娟助理研究员承担的国家社科基金艺术学青年课题“土家族毛古斯舞的调查与研究”，田湉承担的社科基金项目“1954—2014：中国古典舞经典理论文献的整理与研究”，苏娅承担的文化和旅游部文化艺术科学项目“中国古典舞肢体文化研究”，邵未秋承担的文化和旅游部项目“中国古典舞袖舞文化建设研究”都于本年度顺利结项，上述项目或建立了“中国古典舞经典理论文献类目”，或对“起于心、发于腰、形于体”的中国古典舞所承载的文化内涵进行了深入的梳理和研究，或为中国古代雅乐舞、土家族毛古斯舞及古典舞的文化建构提供扎实的学理支撑。

（二）出版统计

据不完全统计，2018年出版的舞蹈方向书籍有83本，较2017年多了2本。

就分类而言，这83本书籍包括：中国舞蹈史类3本；外国舞蹈史类译著1本；民族民间舞类24本，其中非遗舞蹈1本、少数民族舞蹈文化研究6本、民族民间舞蹈教程10本及其他7本（民族民间舞考察、报告、人才培养模式等）；中外舞蹈理论21本，包括基础理论12本，编导及表演等应用理论7本和舞蹈评论2本；舞蹈教育理论8本；体育舞蹈类7本；少儿舞蹈类11本；舞蹈鉴赏（包含图册）5本；文集及口述史3本。此外，作为专业学术刊物，《北京舞蹈学院学报》在舞蹈基础理论研究、舞蹈史研究、舞蹈创作与表演研究、舞蹈教育研究、舞蹈评论、舞蹈文化研究、舞蹈音乐研究等几大版块中，共发表了与舞蹈相关的文章109篇。

就题材而言，这83本书籍中，内容涉外的有8本，主要出现在舞蹈史研究、集训教材这两类中，占全年出版总数的9.6%；就功能而言，这83本著作中，舞蹈教材类最多，共32本，占全年总数的38.6%；就数量而言，民族民间舞蹈类书籍的数量多于2017年，但舞蹈史的书籍少于2017年；就内容而言，表演类教材的数量明显高于编导类教材；就舞种而言，83本书籍中，包括了中国民族民间舞、中国古典舞、芭蕾舞、现代舞及国标舞；就作者而言，舞蹈史论类书籍的作者大多是研究机构或高校具有良好学术背景的科研人员，编导和表演类教材多为高校具有丰富舞蹈实践教学的教师；就针对的读者而言，供专业学生使用、研究者参阅的书籍占大多数，而普及舞蹈知识的大多为少儿舞蹈读物。总体来看，理论与教材类书籍占据了突出的地位。在这83本书籍中，有不少具有较强的学术性和较高的研究价值，为中国舞蹈学的发展提供了扎实而稳定的学理基础。

此外，我们还欣喜地看到了大洋彼岸的美国学者在中国舞蹈研究上取得的最新学术成果——由密歇根大学东亚研究所魏美玲（Emily Wilcox）教授出版的《革命的身体——中国舞蹈与社会主义遗产》。这部著作的最大价值，就是能够用公允而学术的态度对中国现当代舞蹈的发展给予分析和论述，代表了美国学界对于中国舞蹈及其价值在认识上的一个新声音。

（三）学术活动与交流

2018 年度，舞蹈学各类学术交流活动对于推进舞蹈理论的研究和舞蹈学科的发展起到了一定的积极作用。本年度与舞蹈相关的国际和国内学术交流主要包括非遗舞蹈的传承和保护、“一带一路”倡议下国际间的舞蹈交流、中外舞蹈教育、舞蹈和舞剧创作、舞蹈展览等几个层面。

1.“一带一路”以舞促融

6 月 10 日至 15 日，“第二届中国—中东欧国家艺术合作论坛”在成都举行，以“当代艺术的实践与探寻——传统的当代价值”为主旨，通过举办艺术论坛、成果展演、专场演出等活动，增进“一带一路”沿线国家的沟通与交流。在国家“一带一路”倡议的指导和鼓励下，12 月 19 日、20 日，第三届“一带一路”文化艺术交流合作国际学术研讨会在广西壮族自治区北海举行。活动由中国艺术研究院、广西壮族自治区文化和旅游厅、广西壮族自治区文艺界联合会、北海市人民政府联合主办。来自俄罗斯、美国、马来西亚、新加坡、日本、韩国、乌兹别克斯坦、斯洛伐克等国，以及中国大陆、台湾、香港的近百位专家学者相聚北海进行交流。

2. 创作论坛——舞蹈创作“指向标”

6 月 1 日，由中国艺术研究院舞蹈研究所主办的“赵梁作品研讨会”在中国艺术研究院研究生院召开，针对赵梁近年来的舞蹈创作实践及作品，众多业内外与会专家展开了积极热烈的讨论。10 月 17 日，由中国舞蹈家协会主办，中国舞蹈家协会理论评论委员会、广东省舞蹈家协会承办的“中国现当代舞蹈发展论坛”在广州举行，与会专家学者围绕舞蹈创作的“表意优先”及舞蹈创作的“两个困惑”“舞蹈是什么”“当代舞的前世今生”等主题展开发言，对中国现当代舞的发展起到“指向标”的作用。11 月 15 日，“舞蹈叙事学理论研讨会”在东北师范大学音乐学院举办，以叙事学理论的视角梳理中国“叙事舞蹈”的发展历程，总结经典叙事性舞蹈作品和经典舞蹈艺术的审美特征，以推动中国叙事舞蹈作品的创作。11 月 16 日至18日，由北京舞蹈学院主办，北京舞蹈学院学术委员会承办的“首届中国舞蹈创作论坛”在舞蹈剧场举办。论坛邀请了众多中国舞蹈创作领域的编导艺术家和理论家，从不同的视角分析了中国舞蹈创作的各个层面，对于舞蹈艺术应有的审美价值、社会价值、人文价值、思想价值进行深入思辨。12月7日，由中国舞蹈家协会主办，中国舞蹈家协会理论评论委员会、上海国际舞蹈中心、上海舞蹈家协会协办的“2018年中国舞蹈高峰论坛暨中国舞蹈‘荷花奖’舞剧论坛”在上海举行。论坛围绕“锐度”“精度”“深度”和“广度”四个关键词展开发言，反映出中国舞蹈创作取得的坚实硕果，同时也辨明了中国舞蹈创作的不足与缺憾，为舞蹈创作的发展提供了趋势指引与学理支持。12月10日，中国艺术研究院舞蹈研究所主办了国际学术交流会“中国舞蹈八十年”，与会专家与美国舞蹈学者魏美玲交流、探讨了西方人眼中的“中国舞蹈”。

在少儿舞蹈创作层面，第十届“小荷风采”全国少儿舞蹈创作与教学高级研修班于5月14日在郑州开班，被列入“中宣部全国文艺业务骨干和管理干部培训计划”，吸引了来自全国各地近160位在少儿舞蹈创作、教学领域具有较大发展潜力的人才前来学习交流，合力推动中国少儿舞蹈艺术创作与教学的不断发展。12月25日至28日，2018年少儿舞蹈编创研讨会在山东青年政治学院舞蹈学院举行，主要围绕少儿舞蹈编创中的选材、想象力和创新三方面进行研讨，以推动少儿舞蹈教育及编创的蓬勃发展。

3．舞蹈展览溯“舞情”

9月13日，由魏公村舞蹈产业联盟组织发起，联合国家大剧院和海淀区委宣传部共同主办，中国艺术研究院舞蹈研究所提供学术支持的“为生命而舞——首届中国舞蹈艺术大展”在国家大剧院举行。本次展览展出了大量舞蹈文物、理论书籍、服饰、道具及数字化视频，使人们“思接千载、意贯古今”，领略了壮美的中华舞蹈艺术。9月30日，由中国舞蹈家协会主办，中国文联舞蹈艺术中心、《舞蹈》杂志社承办的“六秩春秋　甲子风华——《舞蹈》杂志创刊60周年展览”在中国文联中国文艺家之家展览馆举行，老一辈和中青年舞蹈人齐聚一堂，互相交流，共同回顾、感受《舞蹈》杂志风雨兼程的60年。

4．舞蹈科学填补空白

11月14日，北京体育大学艺术学院召开“舞蹈运动科学实验室”研讨会。与会人员围绕“舞蹈运动科学实验室”自身定位、研究方向、建设规划等方面展开了研讨。实验室力求通过自身建设弥补国内在该领域的空白，发挥北京体育大学办学优势，与舞蹈训练实践紧密结合，提高和完善对舞蹈的科学认知。

12月14日，北京舞蹈学院中国舞蹈科学研究中心启动暨研讨会在北京舞蹈学院举办，与会专家围绕“舞蹈科学发展与研究中心建设”展开热烈的讨论，认为中国舞蹈科学研究中心的研究要紧密结合舞蹈专业教学实践与人才培养，积极应对“健康中国”的国家战略，真正承担起舞蹈科学应有的社会使命与担当。

5. 追思会致敬前辈

2018年，数位舞蹈界的泰斗级前辈离我们远去，以追忆舞蹈人的生平事迹为主题，回顾舞蹈发展历程的追思会成为学术交流中的重要事件。7月6日，由中国文联、中国舞蹈家协会主办的“纪念盛婕先生百年诞辰”活动在中国文联召开，追思盛婕先生的生平事迹，并且由中国文联出版了《盛婕先生追思文集》。此外，中国第一代舞蹈理论家、美学家、教育家、中国古典舞学科主要创始人之一叶宁先生的追思会，中国第一代舞蹈史大家王克芬先生的追思会及中国著名舞蹈编导家李承祥先生的追思会也都在本年度举行。

2018年，中国舞蹈理论收获满满，在科研立项、书籍出版、学术交流等各个层面都有新的成绩与进展；同时，在舞蹈理论的横向拓展与纵深挖掘及理论与实践的密切联系等层面也还需持之以恒的努力。

三、舞蹈教育

2018年是中国舞蹈高等教育40周年，在国务院学位委员会的部署下，五大艺术学科“自我评估”“以评促建”，以及“双一流”建设活动的持续深化，各地高校纷纷加强对舞蹈学科的建设，加上“一带一路”倡议五周年之际，舞蹈教育教学活动此起彼伏，国内外舞蹈交流互动频繁，有效地提高了舞蹈教育教学的质量，推动了我国舞蹈教育的全面深化发展。

（一）中国舞蹈高等教育40周年

1978年，北京舞蹈学校改制为北京舞蹈学院，由此开启了中国舞蹈高等教育的大幕。40 年来，中国舞蹈高等教育为中国舞蹈事业的持续性发展培养了一代又一代各类舞蹈人才。中国舞蹈高等教育已成为中国高等教育体系的重要组成部分，建立了从本科到硕士再到博士研究生教育的舞蹈教育体系。

10 月 27 日，国际舞蹈教育论坛暨中国舞蹈高等教育 40 周年主题研讨会议在北京舞蹈学院召开。本次论坛是 2018 北京国际舞蹈院校芭蕾舞邀请赛的系列活动之一，也是北京舞蹈学院为推动教育深化改革、纪念舞蹈高等教育发展 40 周年举办的重要活动。论坛邀请了中国艺术研究院院长韩子勇、英国伦敦当代舞蹈学院校长克莱尔·康纳（Clare Connor）、新西兰奥克兰大学舞蹈系主任拉尔夫·巴克（Ralph Buck）教授、北京舞蹈学院学术委员会荣誉委员吕艺生、中国艺术研究院研究员江东、意大利国家舞蹈学院校长玛丽亚（Maria）等众多国内外知名专家及舞蹈教育学者，围绕“新时代面向未来的舞蹈高等教育”主题，在人才培养、科学研究、社会服务、文化传承创新、国际交流合作等方面进行了深入的研讨和交流，旨在推进中国及世界舞蹈高等教育事业发展。研讨会提出了关于发展速度、质量和规模等方面的思考，舞蹈高等教育“重启与转换”的理念，人才培养的阶段性问题等议题。论坛深化了各国学者对未来高等舞蹈教育的认识和理解，也强化了各国学者共同推进舞蹈教育发展的共识。

《北京舞蹈学院学报》在 2018 年第 4 期特设了“聚焦中国舞蹈高等教育四十年”专栏，刊登《回溯·展望·反思——“舞蹈高等教育四十年”专访》一文，邀请国内舞蹈界、舞蹈教育界工作者代表共话“中国舞蹈高等教育四十年”，回顾历史，总结经验，反思当下，展望未来，特辑北京舞蹈学院历任院长及中国舞蹈家协会主席专访，直面当前舞蹈高等教育的现象。专栏并特约吕艺生、于平、江东三位具有代表性的舞蹈教育工作者撰文：《四十载回望：中国舞蹈高等教育的历史使命与隐忧》（吕艺生）、《舞蹈高等教育高峰论坛四题》（于平）、《中国舞蹈学研究生教育漫谈》（江东），从多角度、多维度阐述中国舞蹈高等教育现状。

（二）舞蹈教育相关的论坛及研讨会

2018 年度与舞蹈教育相关的论坛、研讨会数量与主题繁多，下面仅以时间为序进行简要梳理。

7 月 28 日、29 日，“澳门专业舞蹈艺术教育”研讨会在澳门演艺学院舞蹈学校召开，探讨了新时期粤港澳台专业舞蹈发展现状与交流合作机制模式。

9月26日，2018年全国舞蹈审美教育联盟年会暨敦煌国际研讨会开幕，包括来自俄罗斯、新西兰、新加坡等7个国家的42所院（团）的舞蹈专家前来参会，分别从各自角度分享了舞蹈教育的成功经验及人才培养模式，探讨新时期高等院校舞蹈教育的历史使命与方向，希望通过不同国家及校际舞蹈文化交流、共享资源形成合力，实现舞蹈美育服务于公民、服务于社会、服务于国家创新人才培养的战略需求。

10月19日，“筑梦新时代——亚太国际舞蹈教育研讨会”在北京师范大学艺术与传媒学院举行。研讨会旨在搭建舞蹈教育学术问题沟通新平台，联结国内外高校、中小学及各种舞蹈教育机构，共同推进舞蹈教育事业的新发展。此次会议首次发布了中国网民舞蹈审美力调查报告，也首次把社会教育和特殊教育纳入高校艺术教育论坛，做到学科全覆盖。研讨会议题也因此涵盖了中国艺术教育的各个阶层，包括高等教育论坛、基础教育论坛、特殊教育及社会教育论坛。

10月22日，在2018北京国际舞蹈院校芭蕾舞邀请赛暨舞蹈展演活动期间，北京舞蹈学院主办了以“如何培养适应21世纪的新型芭蕾人才”为主题的第四届国际芭蕾教育研讨会。国内外知名芭蕾舞专家、学者齐聚一堂，分享国际芭蕾舞发展前沿信息、教育教学理论和实践经验，一同研讨芭蕾舞教育的发展方向，对于当代芭蕾舞人才培养理论和方法进行深入探讨。

10月29日，河南师范大学召开了“音乐与舞蹈学学科研究生核心课程建设研讨会”。11月26日，“2018中国—东盟音乐舞蹈教育学术研讨会”在贵州师范学院举行。12月8日、9日，2018中外艺术教育高峰论坛·舞蹈分论坛在南京艺术学院舞蹈学院举办，论坛主题为“舞蹈的身心教育与文化传承”，与会代表围绕“全球化背景下艺术教育的任务：融合、发展与创新”这一话题进行交流，共同关注新时代艺术本科教育与艺术人才培养的发展与实践。

在少儿舞蹈教育层面，由中国舞蹈家协会组织的“到人民中去——新农村少儿舞蹈美育工程舞蹈课堂调研暨授牌仪式活动”于5月29日至31日走进三湘，开展舞蹈课堂调研活动并为“舞蹈课堂”授牌。

总体而言，2018年度的舞蹈教育教学活动，内容丰富，形式多样，以中国舞蹈高等教育40周年为核心，持续深化了在舞蹈学科建设、人才培养、文化交流等方面的发展。尤其是以研讨会与工作坊的方式连接国内与国际的沟通、交流，充分发挥舞蹈教育与理论和实践紧密结合的特性。

四、“非遗”舞蹈的保护与传承

2018年的“非遗”舞蹈继续围绕着“保护”与“传承”两大主题深入发展。保护方面：整体性保护与抢救性保护继续深化；传承方面：社区、学校为传承“非遗”舞蹈助力；传播方面：新平台、新媒体、新技术为“非遗”传统舞蹈“赋能”；理论方面：多视角、跨学科研究成为趋势。

（一）保护方面

传承人与项目的申报认定：2018年5月，文化和旅游部公布的第五批国家级非物质文化遗产（以下简称“非遗”）代表性项目代表性传承人名单共计1082人，其中传统舞蹈类非遗传承人合计121名，占11.2%。至此，五批传统舞蹈类国家级非遗传承人总数达到298人。

传统舞蹈的记录与保存方面：2018年，传统舞蹈的记录与保护工作依然围绕着“数字化保护”和“抢救性记录工程”为主开展。各地纷纷展开国家级非遗代表性传承人抢救性工作通查、落实等工作，如浙江省、黑龙江省、广东省等，通过深入调查与系统拍摄，采集和整理口述文字、图片、视频等手段和措施进行抢救性记录与保护。

（二）传承方面

为了充分调动传承人传承的积极性，发挥传承人的能动性，各地都开展了对传承人的研修、培训、指导，加大了场地、资金、人员的扶持力度。除此以外，切实发挥学校和社区的传承优势，为“非遗”传统舞蹈助力。2018年，教育部在全国普通高校开展中华优秀传统文化传承基地建设，55所高校获批，舞蹈方面中南大学的《瑶族长鼓舞》、复旦大学的《吴越踏歌》入选。除了高校，中小学也是“非遗进校园”的重要阵地。另外，通过“社区”传承，能够让“非遗”真正回归到老百姓的生产、生活当中。“非遗+社区”的传承方式践行了“见人见物见生活”的非遗保护理念，促进了非遗的保护与传承。

（三）传播方面

本年度“非遗”舞蹈的传播在广度和深度上都有了较大的提升，除了传统展演的方式外，也得到了主流媒体与新平台、新媒体、新技术的助力。（1）主流媒体。央视综合频道的《非遗公开课》，以“非遗点亮智慧”“非遗引领时尚”“非遗传递情感”“非遗凝聚力量”四个板块进行，其中传统舞蹈奉贤滚灯、广东舞狮等面向全国电视观众进行了展示。《舞蹈世界》栏目专门推出了 5 期以“非遗舞蹈”为主题的节目。（2）新平台。国家图书馆举办了“年华易老，技・忆永存——国家级非物质文化遗产代表性传承人抢救性记录工作成果展映月”系列活动。（3）新媒体、新技术。腾讯直播平台对非遗传承人开展了网络直播，短视频 APP 快手联合央视财经频道特别策划推出“我的家乡有非遗”系列主题活动，此外还有利用 AR 与 VR 技术对非遗进行数字化展示。这种主流媒体宣传、国家级平台展示与“互联网 + 科技 + 非遗”的形式为“非遗”传统舞蹈的传播注入了新的活力，赋予了更多新能量。

（四）理论方面

研讨会。本年度举办了一系列相关主题的研讨会：如 5 月 5 日“民族瑰宝　舞之传承——中国非物质文化遗产传统舞蹈展演”在上海国际舞蹈中心举行。翌日，举办了中国传统舞蹈发展论坛，与会专家围绕着“传承与发展”展开关于“非遗”传统舞蹈的保护现状、原生与发展形态、非遗作品的概念、传承价值与意义等一系列问题的探讨。关注区域民间舞蹈文化的有：10 月 12 日，中国艺术研究院舞蹈研究所主办的南疆“非遗”传统舞蹈传承现状学术报告会，针对 7 月赴南疆考察的内容与成果进行了总结汇报。从一个地区的“非遗”传统舞蹈传承现状可以透视当前“非遗”传统舞蹈保护工作的种种现状与问题；10 月 19 日，在南昌举办的“中国区域民间舞蹈文化论坛”，就区域文化与舞蹈文化空间研究、中国区域传统舞蹈文化与校园特色课程建设研究、非遗保护视域下传统舞蹈的传承与创新三个板块展开专题研讨。围绕“非遗舞蹈教育”的有 11 月 28 日至 12 月 1 日在华南师范大学举办的 2018 年非遗舞蹈进校园：舞蹈精品课程课例展示暨论坛。通过“非遗舞蹈进校园”的活动，唤起更多地区对非遗舞蹈传承和保护意识。此外，还有北京舞蹈学院民族舞蹈文化研究基地年会暨中国民族舞蹈学科理论体系建设项目发布会等。

学术论文与著作。2018年度“非遗”传统舞蹈的理论有了进一步延伸和发展，视野更加多元，其中“非遗进校园”成为本年度学术文章的热词。多篇学术论文围绕着“非遗进校园”展开理论、实践、人才培养、路径对策等问题进行研究和讨论。著作方面，“非遗”数字化保护、跨文化、跨学科研究成为重点。如孙传明的《民俗舞蹈类非物质文化遗产数字化》从民俗舞蹈数字化理论及规范制定、舞蹈活动数字化再现和文化空间知识本体构建等方面展开研究。从民俗学视角出发的有汤旭丽的《寄语民俗：中国民间舞蹈艺术研究》，从人类学视角出发的有邓小娟、马正国的《守望田野——西北民间舞蹈的人类学考察》等。

2018年，“非遗”传统舞蹈面临着新的时代机遇，同时也面临着新的挑战和问题，我们还将继续探索“非遗”传统舞蹈保护与传承的“中国经验”。

五、中外舞蹈交流

为促进中外文化交流，弘扬中华优秀传统文化，2018年度中外文艺团体交流演出呈现“持续深化、繁荣发展”的态势。在多地、多次的演出季与艺术节等活动中，中外舞蹈能够在国际艺术平台中同台演出，促进了“国与国”“民与民”之间的文化交流与发展。

（一）外国舞蹈艺术团访华交流

2018年度，外国艺术团访华演出品类丰富，场次众多，包括弗拉明戈、踢踏舞、芭蕾舞、现代舞等，其中各国芭蕾舞团的芭蕾舞剧依然是来华演出的重头戏。

1. 芭蕾舞

2018年仅在国家大剧院上演的外国芭蕾舞剧就包括：立陶宛国家歌剧院芭蕾舞团的《睡美人》、意大利圣卡罗剧院芭蕾舞团的《灰姑娘》、瑞士日内瓦大剧院芭蕾舞团的《罗密欧与朱丽叶》、乌克兰哈尔科夫国家歌剧院芭蕾舞团的《天鹅湖》和《舞姬》、澳大利亚国家芭蕾舞团的《睡美人》、澳大利亚昆士兰芭蕾舞团的《仲夏夜之梦》、美国芭蕾舞剧院首席罗伯托·波雷携7位好友演出的《罗伯托·波雷和朋友们芭蕾精品荟萃》，以及暌违8年再度访华的莫斯科大剧院的《海盗》与《巴黎的火焰》等。以上来华演出的芭蕾舞作品几乎皆为中国观众耳熟能详的经典。

在北京天桥剧场演出的有法国普雷洛卡芭蕾舞团的《芭蕾精品荟萃》，以及世界芭蕾巨星扎哈洛娃携莫斯科剧院明星演出的《爱》(*AMORE*)，以不同的芭蕾风格诠释出狂热的真爱、偏向哲学意味的爱和幽默轻快的爱。

10 月 19 日至 11 月 22 日，第二十届上海国际艺术节在上海开幕，纽约城市芭蕾舞团的《巴兰钦之夜》作为开幕舞剧在上海大剧院亮相。此外，应邀在上海国际艺术节演出的还有西班牙玛利亚·佩姬舞团的《我，卡门》、加拿大蒙特利尔爵士芭蕾舞团的《舞到爱尽处》、挪威国家芭蕾舞团的《群鬼》，以及英国现代舞大师阿库·汉姆的挂靴之作《陌生人》。在艺术节的闭幕演出中，古巴国家芭蕾舞团上演了融合古巴风情和当地传统风格的芭蕾舞剧《唐·吉诃德》，为艺术节落幕画上圆满的句号。

此外，日本无设限舞团在上海国际舞蹈中心演出了被称之为“日式暗黑美学舞蹈杰作”的现代芭蕾《妮娜物语》；日本松山芭蕾舞团在北京保利剧院演出了中国芭蕾舞剧《白毛女》，70 岁高龄的森下洋子扮演喜儿，这是日本松山芭蕾舞团第十六次访华演出。

2. 现当代舞及舞蹈剧场

2018 年来华的演出基本都集中在北京、上海，且大多于国家大剧院和上海国际舞蹈中心上演。例如，在国家大剧院演出的玛莎·葛兰姆现代舞团的《寂静悲喜》，以及哥德堡歌剧院舞蹈团的《智者》《黑色未命名》等。此外，马修·伯恩携英国新冒险舞团于北京天桥艺术中心上演为纪念舞团 30 周年而创作的“二战版”《灰姑娘》；英国赫法什·谢克特舞蹈团的新作《无尽的终章》于上海国际舞蹈中心上演，表现人们面对危机时的无助、迷茫和社会应对危机的方式。同样上演于上海国际舞蹈中心的还有以色列编舞大师安德里亚·康斯坦佐·马天尼的幽默舞蹈剧场《圣甲虫的复活》。日本山海塾的舞蹈作品《缓缓飘落之中——帷幕》则先后在北京、上海演出，作品在永无静止的时间流逝中展示了宇宙的轮回。

3. 弗拉明戈与踢踏舞

在外国来访的演出中，极具异域风情的弗拉明戈与踢踏舞也深受中国观众的喜爱，仅 2018 年来华演出的便有西班牙玛利亚·佩姬舞蹈团的弗拉明戈舞剧《心灵之舞》、帕科·佩纳弗拉明戈舞蹈团的《弗拉明戈无疆界》，以及西班牙格拉纳达弗拉明戈舞蹈团和西班牙穆尔西亚舞蹈团分别在国家大剧院与北京展览馆剧场演出的不同版本的《卡门》等。踢踏舞则有凯尔特传说踢踏舞团的《凯尔特传说》，以及由理查德·格里芬编舞的爱尔兰经典踢踏舞剧《命运之舞》等。

（二）中国舞蹈艺术团出访交流

2018 新年伊始，由中国对外文化集团打造的高端对外文化交流品牌“中华风韵”携上海歌舞团的民族舞剧《朱鹮》和广东歌舞剧院的民族舞剧《沙湾往事》分别登上纽约林肯艺术中心大卫·寇克剧院、波士顿博赫中心、华盛顿肯尼迪表演艺术中心、费城金梅尔艺术中心玛丽安剧院演出。

9 月至 12 月，中国对外文化集团公司推出的“舞动中国”系列剧目在三大洲落地。近 4 个月的时间里，三支中国艺术“梦之队”携三部经典剧目，近 200 名演职人员先后巡演三大洲六个国家、十二个城市，将改革开放以来中国舞台艺术的发展成就精粹展现于国际观众眼前。

9 月 24 日至 10 月 8 日，作为“舞动中国”系列的第一个剧目、甘肃省歌舞剧院的经典民族舞剧《丝路花雨》，先后在澳大利亚黄金海岸星光剧场、纽卡斯尔市市政剧院和悉尼市国际会议中心情人港剧场演出。这是该剧自创排至今 40 年间首次登上澳大利亚的舞台。

11 月 4 日至 18 日，“舞动中国”第二个剧目、中国残疾人艺术团大型音乐舞蹈《我的梦》赴美国、加拿大巡演。其中，11 月 6 日晚在纽约林肯艺术中心爱丽丝·杜莉音乐厅的演出是中国担任联合国安理会轮值主席的活动，各国常驻联合国使节、联合国高级官员等 900 余人观看了演出。

11 月 22 日至 12 月 8 日，“舞动中国”系列演出的压轴剧目、中国东方歌舞团新创的大型舞乐《国色·十二生肖》在南美洲的阿根廷、乌拉圭和智利三国上演。此次巡演是该剧首次登上拉美舞台。该剧目为预热阿根廷 G20 峰会、献礼中乌建交 30 周年、“和平方舟号”访智等活动，配合国家外交，促进了国与国之间的文化交流。

11 月 29 日、30 日，《国色·十二生肖》作为庆祝中乌建交 30 周年闭幕演出，分别在乌拉圭圣卡洛斯、首都蒙得维的亚的索利斯剧院隆重上演。乌拉圭前总统穆希卡、内政部部长博诺米、教育文化部部长穆尼奥斯、陆军司令马尼尼、马省省长安迪亚等多位政要及多国驻乌大使与2000余名观众一同观看演出。

10月24日至11月4日，中央芭蕾舞团在巴黎塞纳河音乐厅献艺，为法国观众带来了11场中国版的“胡桃夹子”《过年》。这是继2013年在巴黎沙特莱剧院演出《天鹅湖》《红色娘子军》后，中央芭蕾舞团再次来到巴黎。12月5日至7日，中央芭蕾舞团携经典剧目《红色娘子军》作为中西建交45周年重点文化项目，承担第三届马德里国际舞蹈节开幕的重任，连续三晚在马德里卡纳尔剧院红色大厅上演，为西班牙观众带来了独具中国韵味与魅力的精彩演出，这也是中央芭蕾舞团首次登上西班牙的舞台。

回顾2018年，中国舞台向世界开放，世界舞台期待中国参与。在更加开放、互通的未来，中国舞蹈将把握时代机遇，在国际的交流合作中塑造中国形象，讲好中国故事。

六、国标舞、街舞

2018年度，我国的国标舞和街舞都有长足的发展，在国际、国内的各类赛事中取得优异成绩。

（一）国标舞

本年度，我国国标舞呈现综合全面的发展趋势。上海连续四届承办世界高级别比赛，高校国标舞发展水平也有显著提升。

3月24日至28日，在第二十届CBDF“院校杯”国际标准舞公开赛的赛场上，复旦大学与清华大学、哈佛大学、耶鲁大学、剑桥大学、牛津大学、莫斯科国立大学等国内外知名院校同台竞技，经过3个舞种、12轮比拼，最终，复旦大学代表队获得冠军。5月23日至6月2日，在英国黑池舞蹈节21岁组拉丁舞决赛中，来自中国北京百汇演艺舞蹈学校的选手张爱马迪、贾昊悦夺冠，这是有史以来我国选手首次拿下该组别的冠军。在这次黑池比赛中，中国选手在21岁组拉丁舞预赛的所有选手中占三分之一，职业组拉丁舞参赛选手也有近一成来自中国内地。其中，何艟、单箐获得业余组摩登亚军。团体舞比赛中，北京舞蹈学院附中同时获得拉丁舞和摩登团体舞冠军。

第四届CBDF国标舞艺术表演舞展演于11月4日在厦门举行，优秀作品分别是来自上海戏剧学院舞蹈学院的《别》(摩登双人舞）和北京百汇演艺舞蹈学校的《话西游》(拉丁双人舞)。第三届全国体育院系学生体育艺术节于12月6日至8日在沈阳体育学院举行，来自全国20所体育院系的1300余位师生相聚一堂。其中，沈阳体育学院的《高粱红了》和首都体育学院的《蕙·香销》等作品获得金奖。

（二）街舞

本年度国内的街舞赛事主要有：KOD街舞世界杯总决赛、BIS国际街舞大赛、第六届WDG中国（郑州）国际街舞大赛、中国学生街舞锦标赛等。此外，值得关注的是，“中国街舞文化研究中心启动仪式”于12月4日在北京舞蹈学院举行，研究中心关注和研究全球性的街舞文化现象，未来将积极促进舞者、教师、编导与研究者之间，以及传统舞蹈与现代舞蹈之间的交流、协同与碰撞，共同推动包括街舞文化在内的流行舞蹈文化研究，引领和把握中国街舞文化发展方向。

七、问题把脉

人民群众对于美好生活的向往与舞蹈艺术水平不平衡的矛盾，依然明显。“高峰”力作十分罕见，“高原”之作有了一些好的苗头，这说明中国舞蹈的创作活动在朝着一个良好的方向不断推进。

舞蹈、舞剧作品在选材上过于狭窄，工作围绕“评奖”工作进行的意识仍然十分浓厚。创作者们在创作上缺少对于生活的真实体验，模式化的创作倾向仍然十分明显。

“民族意识”开始有了较好的回升，无论在舞种建设上还是在具体舞作呈现上，这个视角的加强将有利于纠正整体业态囿于西方框架和观念影响的大格局。相比较而言，来自台湾的一些舞团的作品中浓厚的中国意味值得大陆同行借鉴学习，像陈美娥、“优人神鼓”“云门2”等一些舞蹈团体和个人的艺术主张，应该引起大陆业界的重视。

舞蹈作品在量的产出与质的保障之间，矛盾依然巨大。

近年来，一部优秀的舞剧力作《记忆深处》最终落选中国舞蹈“荷花奖”舞剧舞蹈诗评选，让许多人颇感意外。业界对于这部优秀舞剧力作在内容上和形式上的反应迟钝，反映出舞蹈界精英阶层在判断力上的钝化和集体走偏。

舞蹈创作与舞蹈评论之间对于作品认识上的偏差及由此引起的评判言说上的落差仍然很大。年末，由北京舞蹈学院推出的舞蹈剧场《从小岗走出》演出后，受到了来自坊间舞蹈评论者的严辞批评，在评论界和创作界引起截然不同的反响和巨大波澜。围绕此事件，可以看出舞蹈评论者和舞蹈创作者之间对于作品在解读和评析上存在着固有的巨大差异，也让人思考舞蹈评论应该如何更好地作用于创作这个老话题。

舞蹈教育虽经 40 年的快速成长，成果显赫，但舞蹈教师素质普遍低下，“中专教学思维”依然盛行，成为舞蹈高等教育事业发展的顽疾。目前，中国舞蹈高等教育的各级标准均出现质量下滑的态势，如不有效遏制，将会产生恶劣的影响。

八、结语

2018 年的中国舞蹈在作品创作、学术研究、教育教学、对外交流等层面都取得了丰硕成果。在舞蹈创作中，现实题材依然占据了相当大的比重，显现了当代舞蹈人“在深入生活、扎根人民中进行无愧于时代的文艺创造”的实践探索。这既源于国家文艺政策的创作导向，也体现了舞蹈艺术家们的时代使命与弘扬正能量的创作情怀。在肯定成绩的同时，我们也要客观地看待其中的问题，虽然现实题材作品众多，但真正触及当代人灵魂深处，准确揭示当代人生存现状的优秀舞作仍不多见。在舞剧创作中，对于“中国故事”的讲述、“中国人物”的塑造也还未从本质上接近中国传统哲学、美学的精神本源。“路漫漫其修远兮”，中国舞剧创作终将在曲折中上下求索，也许唯有如此，中国才会真正由“舞剧大国”变为“舞剧强国”。

对 2018 年中国舞蹈发展进行回望和总结，我们看到这一年中国舞蹈事业所取得的成果和进步，从而对未来充满信心；也逐渐明晰目前存在的一些问题，从而进一步思考行之有效的解决办法。展望未来，我们呼吁中国舞蹈人肩负起新时代文化创造者和传播者的职责，锐意进取、勇攀高峰，用舞蹈点亮更加光辉璀璨的未来。

12 月 27 日，“舞典华章——2018 年度舞蹈巡礼”在国家大剧院隆重上演，以本年度最精彩的舞蹈作品为改革开放 40 周年隆重献礼。作为中国舞蹈界里程碑式的年度巡礼活动，“舞典华章”由中国舞蹈家协会自2016年起牵头打造，在展现中国舞蹈界对于自身行业内年度发展总结的同时，营造年终舞蹈盛世的典礼性氛围。此次“舞典华章”汇聚了2018年的众多优秀舞作，以多样的舞蹈形式和多姿多彩的内容展现中国舞蹈作品百花齐放、欣欣向荣的盛世鸿姿。从中我们看到，在过去一年中所有舞蹈工作者们用辛勤与智慧共同谱写出的中国舞蹈的盛世华章。

课题主持机构：中国艺术研究院舞蹈研究所

主　笔：江　东　毛雅琛

撰稿人：江　东　毛雅琛　张　顺　梁亚坤　侯军虎
林荣珍　关樱丽　金　豆　司丽艳

编辑、统筹：张乃锋

2018 年度中国戏曲发展研究报告

摘要：2018 年，中国戏曲界在回溯改革开放 40 年的艺术实践中，牢牢把握传承与创造的艺术辩证规律，努力推进戏曲回应时代和人民的文化使命，满足新时代中国社会对于戏曲文化的需求和要求。本年度，戏曲工作在政策导向、展演创作、生态修复、市场探索、理论研究等领域所展现的矛盾张力，正是当前戏曲在良好的国家政策引导下逐渐走向深度的实践探索所出现的复杂状貌，其良好的发展态势及限制其发展的干扰因素，都需要在下一年度得到更多的理性调整和实践纠偏。

关键词：戏曲　发展　研究　报告

一、导言：改革开放 40 年来的戏曲发展规律

2018 年，文艺界深入学习习近平新时代中国特色社会主义思想，深入把握社会主义文化发展方向，在实践中破解人民对于文化的需求与不平衡不充分的发展之间的矛盾。一年中，中国戏曲界在回溯改革开放 40 年的艺术实践中，牢牢把握传承与创造的艺术辩证规律，努力推进戏曲回应时代和人民的文化使命，满足新时代中国社会对于戏曲文化的需求和要求。习近平总书记在全国宣传思想工作会议（8 月 21 日—22 日）上，提出要在宣传思想工作中自觉贯彻“举旗帜、聚民心、育新人、兴文化、展形象”的使命任务，在马克思主义和中国特色社会主义思想指引下，唱响主旋律，壮大正能量，培养时代新人，推动中华优秀传统文化创造性转化、创新性发展，继承革命文化，发展社会主义先进文化，提升国家文化软实力和中华文化影响力。他要求把提高质量作为文艺作品的生命线，书写中华民族新史诗，文艺工

作者要树立正确的历史观、民族观、国家观、文化观，用健康向上的文艺作品和做人处事陶冶情操、启迪民智、引领风尚。他强调，中华优秀传统文化是中华民族的文化根脉，要把优秀传统文化的精神标识，以及优秀传统文化中具有当代价值、世界意义的文化精髓提炼出来、展示出来。习近平总书记关于宣传思想文化的指示与他的一系列重要讲话精神一脉相承。中国戏曲正是中华的优秀传统文化和文化艺术形式中重要的一项民族形式。数十年来，中国戏曲的艺术发展正合乎这一艺术定位。

由中国艺术研究院戏曲研究所与中国戏曲学会共同主办的“激活传统　融入时代——尚长荣‘三部曲’与上海京剧院的艺术实践”学术研讨会，是本年度中国戏曲界面对改革开放40年成就进行理性总结的缩影（9月26日—28日）。京剧大家尚长荣主演并传承的《曹操与杨修》《贞观盛事》《廉吏于成龙》三部作品，突出地显示了一个引领京剧40年的艺术家、一批融汇了多元行当的优秀表演艺术家群体、一个实现良性创作演出的表演院团、一批相续不断卓有影响的艺术作品，以及由京剧和其他剧种剧团共同构建的上海戏曲文化生态所能达到的文化高度；当然也显示了在40年里京剧的代际传承法则和个性独创原则，以及经由理论与实践相结合的方式所呈现的坚守与创新兼具的戏曲艺术规律。类似的展演研讨广泛地出现在对于戏曲经典作品、新创作品、创作现象、剧院团庆典、艺术家纪念等诸多活动中。应该说，用理论引领戏曲发展，用戏曲促进理论深化，正是在改革开放40年中被高度认同的实践方式，即如“激活传统，融入时代”所标识的，这是中国戏曲在千百年发展中被尊重的文化传统，更是当前戏曲在现代化拓展进程中创造性转化、创新性发展的艺术实践。

正基于此，从国家文化主管部门到基层戏曲传承群体，都以丰富多元的形式共同回应着时代的主题和人民的需求，共同创造着属于2018年的戏曲成就。本年度在政策导向、展演创作、生态修复、市场探索、理论研究等领域所展现的矛盾张力，正是当前戏曲在良好的国家政策引导下逐渐走向深度的实践探索所出现的复杂状貌，其良好的发展态势及限制其发展的干扰因素，都需要在下一年度得到更多的理性调整和实践纠偏。

二、戏曲工作常态趋于稳定

“政策”是2018年度戏曲整体布局中的指标性词汇。2015年来持续的政策扶持为中国戏曲的发展和推广提供了巨大的保障。事实上，中国戏曲事业在70年来一直在体制保障中相对稳定地进行拓展，特别是十八大以来，基于中华优秀传统文化传承发展工程的国家文化战略，文化和旅游部在戏曲传承和发展工作中，持续推进了一系列卓有创造的举措，并且让相关工作进入常态化组织管理。2018年度文化和旅游部第四季度例行新闻发布会列举了戏曲领域的相关扶持工作，例如“国家舞台艺术精品创作扶持工程”、“西部及少数民族地区艺术创作提升计划”、“戏曲振兴工程”（包含“名家传戏”“戏曲像音像工程”“昆曲传统折子戏录制”“地方戏文献资料抢救保护工程”等）、“中国京剧‘像音像’工程”、“剧本扶持工程”（以戏曲剧本孵化计划为中心的“征集新创”“整理改编”“买断移植”等）以及戏曲人才培养“千人计划”（包括编剧、导演、作曲、舞美、评论）等，此外还有贯彻戏曲“进校园”“进乡村”，加强戏曲文化教育推广的政策，都是已经行之多年，在稳定落实中惠及中国戏曲的多元发展诉求。特别是国家艺术基金的制度化建设为中国戏曲创作、推广、人才培养等领域提供了稳定的经济扶持和艺术传播。这种以政府主导为特征的举措是中国戏曲在近十几年来被视作非物质文化遗产、被纳入公共文化服务体系、被作为中华优秀传统文化重要组成部分等观念下对其文化属性、艺术属性、遗产属性的切实推进。

同时，在文化和旅游部层面推动的全国优秀现实题材舞台艺术作品展演、全国舞台艺术优秀剧目展演、全国基层院团戏曲会演、国家艺术院团演出季，以及由文化和旅游部作为重要主办方推进的中国昆剧艺术节、中国评剧艺术节、中国越剧艺术节、中国黄梅戏艺术节、全国梆子声腔优秀剧目展演、全国采茶戏会演等，都代表了戏曲在国家层面所得到的持续重视。应该说，包括京剧、昆曲、地方戏和木偶皮影戏在内的中国戏曲整体，从国家文化安全和社会主义文化建设的高度，被充分地给予国家扶持和政府保护。因此，在各省的文化艺术活动和工作中，戏曲依然是重中之重。

本年度，相关省、市、区所推进的展演展示活动，如第七届福建艺术节暨第二十七届全省戏剧会演和第四届全省音乐舞蹈杂技曲艺优秀剧（节）目展演（福建），第十届广西戏剧展演、广西壮族自治区成立60周年广西优秀剧目展演和2018年中国—东盟（南宁）戏剧周（广西），第二届紫金京昆艺术群英会（南京），第六届湖南艺术节（湖南），第四届川剧节（四川），“粤戏越精彩”系列活动（广东），第五届丝绸之路国际艺术节（陕西），第五届当代小剧场戏曲艺术节（北京西城区文化委员会），第四届“戏曲·呼吸”上海小剧场戏曲节、第四届上海（浦东）沪剧艺术节（上海）等，都集中展现了戏曲在多元艺术平台的传承和发展。戏曲需要国家稳定而实效的政策管理，同样需要稳定而实效的在地管理，各级地方政府和文化主管部门一如既往地保持戏曲在区域文化建设中的核心位置，是最突出的文化自信。

当然，在国家主导的进程中，“戏曲进校园”“戏曲进乡村”等政策在相关省市落实推进，回应着社会对戏曲回归当代生活的期待。如何在稳定的政策中让各项利好措施真正落实到位，让政策实施更加符合戏曲传承发展的规律，让戏曲传承群体成为戏曲事业良性发展的主导，正是当前在解决文化领域人民日益增长的美好生活需要和不平衡不充分的发展之间的矛盾的重要方面。尤其是近年来剧院团建设问题日益凸显，成为贯彻落实中国传统戏剧的非遗政策、艺术管理政策的重要掣肘力量，如何持续推进文化体制改革，以导向来解决体制机制建设中的弊端，真正将戏曲剧院团创作、传承、发展回归到由观演市场所决定的戏曲文化生态，正考验着戏曲政策是否真正贴近戏曲发展规律，是否真正利于戏曲发展诉求。

三、戏曲文化生态偏于两端

“演出”是2018年度戏曲事业推进中的热点词汇。这不仅仅来自本年度戏曲演出场次稳步上升，各类型戏曲展演形式纷繁，而且更来自在数量较多的演出中，中国戏曲对建设良性文化生态的诉求变得更加强烈。戏曲演出是承载剧种艺术的剧院团保持艺术与观众长效沟通的重要形式，在国家和地方各类平台进行演出，可以不断激发戏曲院团的生存活力，不断提高传统戏曲的生存空间。同时，戏曲演出呈现的是由戏曲群体与观众群体所构建的观演关系，开放、稳定、发展的观演关系可以提升戏曲与时代的深度联系。2018年度的演出在剧目题材领域出现两极化分野，正显现出中国戏曲文化生态在政府主导和民众参与之间所呈现的文化张力。

由文化和旅游部艺术司和江苏省文化和旅游厅共同主办的“戏曲百戏（昆山）盛典”，实现了 120 个剧种总计 76 场 156 部剧目的精彩演出。而在此后的两年里，中国戏曲其他 240 多个剧种也将仍然延续着展演模式，竞演于昆山。通过三年时间展现中国戏曲现存所有剧种的代表力作，这是新时代前无古人的艺术和文化壮举。此次展演通过剧种集结和艺术检阅，突出了戏曲经典代表作对于剧种生存发展的意义，也突出了人民性对于戏曲发展的重要诉求，特别是展演作品基本是传统经典和剧种保留剧目，凝聚了中国戏曲观众的审美理想和欣赏趣味，这是源远流长的戏曲文化能够延续的重要基础。值得一提的是，本年度众多戏曲经典剧目的巡回演出引发了强烈的社会关注，易俗社秦腔《三滴血》、绍剧《三打白骨精》、上海越剧《红楼梦》、豫剧《朝阳沟》及复排的京剧《二子乘舟》等，其创作历史超过 60 年，甚至有的已经超过百年，至今盛演不衰，激发起了不同地区的观众对中国戏曲艺术精神和艺术品位的追逐。民族艺术经典与时俱进而品质犹在，正是中国特色社会主义文化所包含的“中华优秀传统文化”至今能够浸润人心的魅力所在。

当然，在当前着力推进的现实题材创作正以强烈的创新精神，对中国特色社会主义文化所包含的“革命文化”和“社会主义先进文化”进行艺术回应。2018 年，文化和旅游部持续重点加强现实题材创作，借助新创、复排演出和鼓励移植等方式，在全国范围推动重点现实题材舞台艺术作品，并且以“2018 年全国舞台艺术现实题材创作作品计划”的年度推动，来实现现实题材创作的精品化追求。在 10 月 15 日开幕的“全国优秀现实题材舞台艺术作品展演”，由文化和旅游部主办，文化和旅游部艺术司和各省文化厅局承办，采取全国联动、各自实施的方式，在各省进行展演。在 232 部入选剧目中戏曲占 135 部，这些作品大部分是近五年来在国家和地方扶持下创作的。戏曲在现实题材创作中的艺术定位，既可以通过国家艺术基金在近五年超过千部作品的扶持中可见一斑（戏曲现实题材近 700 部），也可以通过戏曲在国家和地方各种展演平台中的剧目比例得到证明。例如，本年度全国基层戏曲院团展演中现实题材作品占比超过 80%，在第八届中国黄梅戏艺术节上鼓励申报现实题材，其比例超过 90%。

几十年来戏曲界所尊重的“三并举”，实际是延续传统、适应时代、引领时尚的剧目创作导向，遵循了中国戏曲累积型的剧目保存与传承规则，当然也激发了成熟度不一的各类型剧种在创作中的优势发挥。当前的戏曲创作实践更多地趋于现实题材，弱化了传统剧目的整理改编和新编历史剧的创作。虽然本年度也涌现出几部品质较好的古装作品，例如淮剧《武训先生》、秦腔《关中晓月》、昆曲《顾炎武》和《琵琶记》、滇剧《王者江上》等，但在诸剧种新创作品中，现实题材已经成为创作的主流。戏曲需要现实题材创作，但更应该在中国戏曲多元的表演艺术体系基础上进行有效的艺术积累，由此实现多元艺术体系的共同拓展。当前现实题材投入创排数量大，艺术精品却明显不足，在本年度创作演出的现实题材作品中，除了京剧《红军故事》、沪剧《敦煌女儿》、秦腔《项链》和《民乐情》、淮剧《小城》、闽剧《生命》、黄梅戏《邓稼先》、晋剧《起凤街》及上一年度创作的上党梆子《太行娘亲》、秦腔《王贵与李香香》、芗剧《谷文昌》、花鼓戏《桃花烟雨》等为数不多的作品逐渐臻于精致，数以百计的现实题材作品尚待提升。当前创作中出现的重宣讲轻艺术、重即时轻长远、重投排轻艺术规律的创作倾向，严重地影响了新创作品的持续打磨，这也是现实题材创作被戏迷和观众诟病的主要原因。

剧种繁多的中国戏曲是区域文化生态中突出的文化标识，彰显了文化生态区域中由人群与文化形态相互关联所凝聚而成的生态关系，也彰显了区域文化生态的丰富性。当前对于经典剧目和现实题材作品的两种突出印象，代表了观众审美出现的两极趋向，当然也显示了戏曲文化生态建设的两种前景。尊重民族传统审美诉求与追求国家现代审美理想是并行不悖的，都是戏曲“人民性”的核心内容，但是如果偏于一端，最容易造成戏曲艺术体系的流失和现代表演体系建设的失序，当然也最终影响到戏曲文化生态的活态存续。在“戏剧圈”微信公众平台上推出的署名“蕞娃”的《直面现实——看现实题材舞台艺术作品展演》一文中，在赞赏全国优秀现实题材舞台艺术作品展演在全国联动，改变了以“晋京”为名进行宣传演出的弊端时，也特别提出“还没有经过观众检验的剧目就被冠以‘优秀’是否合适”。他提出的所谓“优秀”的剧目“良莠不齐，甚至有的尚在及格线下”；而在贯彻现实题材写作时，“排演、资助等便几乎将其他题材全挡在了槛外”，乃至大批“低质短寿高成本”的“非艺术品”“严重扰乱了戏剧创作生态、浪费了纳税人的钱财、拉低了大众审美趣味、毁坏了艺术家群体形象，造成了极为不良的社会影响”。这一批评比较契合观众对于当前创作弊端的一般性认知。当然，也必须看到传统戏曲演出水准的下降和青年后继人才的断代，实际为现代观众接受传统带来了更多的障碍。中国戏曲的艺术形象最重要呈现在以古装为基础的传统剧目，戏曲剧种得以区别的文化品格突出地凝结于剧种经典剧目、保留剧目中，由于剧院团体制机制的束缚及戏曲团队建设的不足、基础技艺功法训练不实等原因，戏曲传统经典保留作品的演出质量是需要准确评估并予以提升的。

四、戏曲创作目标重在精品

“创作”是2018年度戏曲发展进程中的核心内容。由于包括国家文化艺术基金在内的文化主管部门的积极推进，戏曲新创成为各地推进戏曲发展的重要举措。如何利用好国家对戏曲创作的经济扶持来创作回应时代而让观众喜闻乐见的优秀作品，应该成为当前戏曲创作的方向。综观2018年度新创作品，需要看到在聚焦现实题材新剧目之外，有更多的保留剧目始终是戏曲院团常态化生存发展的基础。为数不少的新创作品进入持续的市场检验和艺术打磨中。本年度有7位处在创作一线的剧作家在其作品中呈现出较为活跃的创作状态，折射出在剧目创作中的艺术规律。

青年剧作家罗周在近年来保持着旺盛的创作活力，本年度总计演出作品20部，除去话剧《张謇》、木偶剧《神奇的宝盒》、音乐剧《桃花笺》之外，越剧《丁香》《莫愁女》、锡剧《一盅缘》《卿卿如晤》、扬剧《衣冠风流》《不破之城》、昆剧《醉心花》《哭秦》《我，哈姆莱特》9部作品属于创作后一直在演出推广的作品。另外，本年度首演作品有锡剧《独角兽之夜》和《东坡买田》、昆剧《梧桐雨》和《顾炎武》、京剧《大舜》、越剧《素女与魃》和《乌衣巷》、徽剧《包公出山》等9部。这种演出状态显示出罗周诗性化的新古典风格的写作已经趋于娴熟，尤其是其历史剧创作在题旨和文学追求中具有强烈的个人特征，以及与传统的历史剧创作极不相同的艺术品质。由于剧作家扎根在江苏戏曲文化的生态环境中，其风格的奠定与她所涉猎的江南剧种品质有着密切联系。

著名的历史剧大家郑怀兴虽然年过古稀，仍然佳作迭出，本年度演出的作品总计12部。评剧《寄印传奇》、晋剧《傅山进京》和《于成龙》、豫剧《北魏孝文帝》、琼剧《海瑞》、高甲戏《昭君出塞》、汉剧《宇宙锋》、京剧《赵武灵王》8部作品已经在久经打磨中深入人心，其中《傅山进京》演出达到600场，具备了优秀保留剧目的经典品质；另有新排的琼剧《冼夫人》、秦腔《关中晓月》、高甲戏《浮海孤臣》、莆仙戏《林龙江》4部首演。此外，尚有京剧《嵇康托孤》已经排演结束，因主演身体原因尚未首演。这几部新作在文本阶段就已经显示出独具一格的历史视野和别具特色的艺术构思。郑怀兴的历史剧最突出的是从历史缝隙中发现人性幽微，通过独特的场面创设与结构铺排来解剖历史经验，呈现历史智慧，在极具古典性的题材中表达现代观照。这种艺术高度是中国戏曲历史剧创作成就在当代的集中体现。

剧作家颜全毅是中青年戏曲编剧中难得的“学院派”剧作家，本年度演出的作品总计13部。除了话剧《联大往事》外，新排首演作品4部：京剧《帝女花》、昆剧《风雪夜归人》、越剧《香榧树》、茂腔电影《红高粱》。此外，有8部此前排演的作品：越剧《倩女幽魂》《鹿鼎记》《游子吟》《仁医寸心》《一钱太守》《救风尘》，以及庭院戏《圆圆曲》和实验戏曲《还魂三叠》。从这些作品中可以看到剧作家已经从最擅长的剧种写作中，广泛深入到京剧、昆剧等剧种，特别是用戏曲与新形式相结合的探索实验显示出作家贴近传统、贴近本体，同时不排斥实验、不排斥时尚的创作动机。其中，庭院戏《圆圆曲》已经演出7年，年均演出20场左右；而《一钱太守》《救风尘》一直演出于浙江草台，这都显示出他对于戏曲长效积累的艺术坚守和创作态度。

此外，有几位作家的剧目演出也比较突出。剧作家姚金成本年度的演出作品有豫剧《香魂女》《村官李天成》《焦裕禄》《全家福》《王昭君》《琵琶记》《重渡沟》，以及越调《大明朱元璋》、锡剧《玉兰花开》、粤剧《疍家女》10部（部分为合作作品）；另有新作《淮海母亲》《大国工匠》已经完成排练合成。在这些作品中，经由剧院团深度打磨的作品已经实现经典化，显示出剧作家通过与最熟悉的剧种、剧团密切合作所实现的艺术品质。

剧作家李莉本年度有8部作品演出，其中苏剧《国鼎魂》、京剧《浴火黎明》、沪剧《挑山女人》、上党梆子《太行娘亲》、越剧《八女投江》《甄嬛》《双飞翼》在近年来不但获得理论界关注，而且在市场演出中颇有号召；另有沪剧《一号机密》试演成功。尤其是她在创作中呈现的一剧一品，显示出剧作家驾驭多元题材的艺术功力。

剧作家徐新华本年度的演出作品均为近年来的8部力作，有淮剧《小镇》《小城》、锡剧《锡商》《夕照青果巷》、秦腔《项链》、扬剧《红船》、淮海戏《辣妈犟爸》、京剧《红军故事·半条棉被》，作品贯穿的是作者剖析灵魂、直视现实的风格。其风格规避了现实题材创作中最容易出现的现实琐碎和政策宣讲，呈现出剧作家对于现实题材创作中艺术本体的尊重和理解。

此外，在基层戏曲演出中，剧作家王新生有8部剧作演出。其中，柳琴戏《沂蒙情》、渔鼓戏《老邪上任》、东路梆子《二蛋闹牛》、扽腔《廉政灶》、雷剧《岭南圣母》5部为边缘地方剧种近年来的创作作品；另有京剧《游百川》、吕剧《大河开凌》《长白寒儒》首演。他的创作中呈现出来的乡土气质和幽默风格，这在当前创作中实属难得。

通过以上几位剧作家在2018年度的作品演出，可以看到戏曲创作最终要面对时间考验和接受选择，在剧院团体的持续打磨与观众群体的持续审美中完成其经典性的追求，尤其是那些经过数十年长期演出后的作品已经成为剧院团维持常态化演出的基本保障，这也是剧作家致力于戏曲创作最重要的期待。这些剧作家近年来的新创作品特别是现实题材创作与当前整体创作趋向虽然一致，但是创作前的剧本构思创意，创作中的反复斟酌修订，搬上舞台后的继续提升，都是一部作品能够立得住、传得开、留得下的重要保障。其间需要剧院团对于作品有更长远的舞台评估和预设，并为之投入持续打磨提升的空间，更需要艺术主管者能够为一部作品的投排和常演，留出合乎规律的规划管理。就当前戏曲演出而言，观众对于作品的风格、题材、制作等都具有多元的期待，这也是剧作家要创造个人风格必须考量的。这种来自剧作家的个性创作是戏曲发展趋于良性的重要前提。

2018年度，新创首演作品中涌现了一些卓有品质的优秀作品，代表了本年度在古装历史剧和现代戏创作的成绩（个别作品如闽剧《生命》尚未进行公演，未列入本年度遴选范围）。

秦腔《关中晓月》是郑怀兴历史剧创作的一个转型代表，剧作家让笔下的人物超脱事件的束缚，真正直面心灵与精神的碰撞，人与人之间看似彼此感染，但他们在精神实质上却形同陌路，双寡夜谈，相对垂泪，各人心事各人知。基于人性的某些共通性，两位孀居女性在辞情恳切中褪下了沉重的精神包裹，但最终在社会担当、思想立场、文化精神的秉持上分道扬镳，南辕北辙。这正表现了那个独特的社会转型中，理性的人文思想痛苦地从所附生的文化肌体里剥离出来的复杂状态。其最终抽绎归结成的时代精神，基于“关学”延续千年的进步性，被纳入整个民族延伸的文化命脉中。该剧是郑怀兴在历史剧题材中开拓出的重要领域，让历史剧创作增加了更多的形态类型。

昆曲《顾炎武》是罗周历史剧创作的一部阶段性作品，剧作家用历时性的事件叙述，紧扣古典戏曲“四折一楔子”的创作方法，在近乎折子戏的写作结构中，建构起古代思想家顾炎武历经朝代更迭后的心路历程，其间交织着家庭伦理温情、友朋互助大义、家国文化节操，最终凸显出顾炎武作为一个思想者与传统政治最高层的文化对话。在该剧最后一场《问陵》中，充沛的历史想象让人物在如梦似幻中面对国祚兴衰的千古命题，咏叹出“天下兴亡，匹夫有责”的文化要义。该剧的文学高度在于尊重昆曲曲牌体的格律规范而又有当代思想观照，在保持昆曲纯粹的艺术品质规范的同时，创造出了具有诗性特征的舞台境界与艺术气象。

京剧《红军故事》由三出小戏《草地炊烟》《半条棉被》《军需处长》组合而成，生动展现了红军在行进中的三个小故事，诠释出红军顽强的生命意志、高尚的思想情怀和温暖的人格力量，也诠释出中国现代革命历史中由中国共产党领导的革命队伍开创的英雄史诗所具有的情感底色、精神本色和信仰正色。三部小戏从基层视角透视出红军的大历史。例如，《半条棉被》从老年徐解秀50年的回望思念，来展现三个红军女兵给她这个山村妇女播撒下的思想启蒙。这种书写最符合传统戏曲小戏写普通人、抒普通情、讲普通理的艺术传统，但又将深刻的情怀和观念赋予在普通事件中。该剧经过张曼君导演和整个团队对于戏曲本体艺术的把握，让小戏具备了大戏的意象空间，呈现了辩证的舞台创作思想。

沪剧《敦煌女儿》是对真人真事的提炼，挑战的是学者形象的塑造，为当前现实题材创作做出了有效的艺术突破。全剧紧扣着一句台词“你懂我”，展开描述樊锦诗半个世纪的生活和情感，表达对以樊锦诗为代表的学术阶层的人性理解，包括学者的单纯与冷峻和生活的枯燥与平静，以及学术人生的幸与不幸。该剧在张曼君导演的二度呈现中，用“回眸望”的倒叙方式，构建了心理时空中的樊锦诗作为学者的学人情感和文化情怀，以及作为女人的女性情感和生命体验，真正显示着当代中国人“新史诗”的具体创造。剧作用至简至纯的视觉审美，全面张扬了张曼君导演的艺术手法，以通适性的手段证明了现实题材创作打通戏曲程式性与新歌舞理念的重要实践。

秦腔《项链》延续剧作家徐新华逐渐成形的艺术实践，即在世界文学经典中寻找探索人性的题材，用人类共通的理性思考来实现题材的中国化提炼。该剧聚焦在生活变迁中现实人生的情感体验，通过一串项链的借、失、还，映照出人在虚荣、欺骗、救赎的心路历程，凸显在习以为常的生活惰性中，人的道德滑坡、思想警觉和灵魂回归。作品描写了围绕“项链”而出现的诚信、反省、自律等诸多命题，在尊重中国人的契约实践时，展现现代人对于自己操守尊严的纠偏与升华。剧作“做人的成色”作为该剧的终极命题，最终从艺术的书写提升到了哲学的辩证，将源远流长的传统文化内化到现实题材的人物与事件中，将世界文学的价值体系升华成现代中国社会的价值与观念。

上述 5 部 2018 年度首演作品呈现的优秀品质与本年度不断走向精品化的许多作品一样，都在艺术创作中自觉地通过艺术手段来提升作品质量。在古装戏曲艺术水准有所降低，而现实题材创作水准还不够高的创作环境里，精品意识应该成为创作者思想中的重要内容，尤其是要把艺术精品作为现实题材的创作目标。其一，在主题立意上实现思想道德的现代剖析，让传统优秀文化精髓真正现代化。中华优秀传统文化中的情感、道德与思想本就是戏曲最擅长表现的内容，在现代社会转型过程中需要现代提升，这是现实题材创作盘活戏曲传统资源的重要内容。其二，在艺术上实现传统技法的提升再造。现实题材作品不需要也不能放弃前人艺术遗产，同时更需要积极拓展符合戏曲艺术规律的手段和方法，不断壮大戏曲艺术体系。其三，在人物形象上实现生命质感的深度挖掘。生动感人的艺术形象是中国精神、中国价值、中国力量的载体，也是戏曲彰显人民性的艺术标准。同时，戏曲艺术团队要避免一窝蜂地转向现实题材创作，要充分尊重戏曲艺术传统，尊重团队创作的艺术个性与能力。

五、戏曲产业业态期于多元

“建设”是 2018 年度戏曲推广中的突出现象。第十三届全国人大一次会议第四次全体会议听取了全国人大常委会关于国务院机构改革方案的说明，将文化部和国家旅游局的职责整合，组建文化和旅游部。国务委员王勇表示，机构调整的宗旨在于“增强和彰显文化自信，统筹文化事业、文化产业发展和旅游资源开发，提高国家文化软实力和中华文化影响力，推动文化事业、文化产业和旅游业融合发展”。

文化事业中的“戏曲”以其庞大的艺术体量和有所式微的生存局面，面对着更为复杂的生存态势。因此，如何通过切实有效的举措来实现戏曲艺术在当代生活中的持续发展，是戏曲界乃至中国人的重要文化抉择。

在本年度的戏曲工作中，“戏曲小镇”的打造和推动是颇为突出的文化现象，代表了文化和旅游融合的进程中，由戏曲文化所带动的区域建设方向，因此备受社会各界关注。江西抚州连续推动汤显祖文化品牌的建设，在推进汤显祖戏剧节暨国际戏剧交流月活动时，倡建以汤显祖、莎士比亚、塞万提斯为主题的“三翁戏曲小镇”，借助戏曲小镇生态文化保护试验基地来推进塑造“写戏、演戏、唱戏、评戏、看戏”的“中国戏都”。这种将历史文化街区和历史遗产、戏曲文化与非物质文化项目、区域自然生态与文化旅游品牌统一整合，由此打造新的产业业态，寻求区域新的经济增长点，正是本年度诸多地区“戏曲小镇”的基本思路。上海浦东围绕沪剧东乡调打造“川沙小镇”，安徽省安庆市围绕黄梅戏推动“石牌戏曲小镇”，浙江嵊州市围绕越剧打造“越剧小镇”，江苏省昆山市围绕昆曲建设巴城“昆曲小镇”，北京通州区围绕国家大剧院舞美基地推进“台湖演艺小镇”等，都是试图通过戏曲文化的引导，集中区域优势资源，将旅游、创意、生态、人居及现代工坊、服务、娱乐、演出等加以融合，为区域发展创造新的人文生态。值得一提的是，戏曲产业业态的打造在吸引地方政府的经济投入和政策倾斜之时，同样需要注入社会多元的资本与创意。河南省郑州市运营的“足球小镇”，其文化项目“建业戏缘大食堂”即由河南建业集团和戏缘 APP 共同打造，以体验式的文化参与，集餐饮、古建、演出、创意、旅游等多元文化形式于一体，致力于戏曲与现代生活的交融。

戏曲小镇打造的核心在于区域文化生态中戏曲占据重要的地位，借助于地方政府对多元的地域优势的资源整理，来创建特色化的小镇业态。从 2016 年以来，特色小镇的建设持续推进，但是建设中挫败、消失的局面亦屡见不鲜。《2018 中国特色小镇死亡名单》一文显示，在国家发展改革委员会公布的两批总计 499 个特色小镇，部分面临被淘汰的危机，其原因在于项目设计策划的定位失败、运营经费不充分、生态环境的把握不足、旅游市场定位不准、产业链条和配套实施不完整、产业结构单一、主题特色缺乏、市场经营混乱、营销团队缺乏专业度，等等。这些问题同样是“戏曲小镇”在建设中必然要面对的。

事实上，“戏曲小镇”的核心目标是生态维护，尤其是戏曲生态因为剧种有异而本来就自具个性，缺乏对于传统戏曲文化生态的准确评估、充分利用和特色定位，因此“戏曲小镇”也极易遭遇危机。在当前戏曲实践工作中，已经不断涌现许多引人注目的戏曲重镇，例如几百年来一直作为天下戏曲荟萃的首善之区北京，由传统和现代相得益彰的戏曲创新城市上海，以现代戏创作形成重要文化现象的盐城，以古老剧种和演剧形态张扬戏曲古典风格的泉州，南北文化交融的华中重镇武汉等，都以其突出的艺术创作而显示出雄厚的文化个性，构成了区域戏曲文化生态的重要方面。例如，在2018年的戏曲工作中，上海戏曲界借助第四届上海小剧场戏曲节来突出上海戏曲品牌标识度，打造“上海戏曲码头”；武汉明确提出振兴戏曲“大码头”的口号，并且以市政府通知形式，借助区域演出品牌和相关戏曲活动，力图重振昔日南北戏曲荟萃的中心地位。这些举措在积极推进特色化区域建设时，最重要的是挖掘并利用传统戏曲文化生态资源，彰显文化建设与区域社会的资源整合。而在本年度各省区重要的戏曲展示活动中，都会在基本的剧场演出之外增加更加多元的文化艺术展示和互动，实际上将戏曲创作、演出与社区生活、文化普及乃至于市场拓展有效地结合起来，努力营造戏曲良性发展的生态环境。

在戏曲产业业态多元化实践进程中，中国戏曲的发展其实更显多元，也更趋复杂，同时也不可避免地暴露出诸多弱项。例如戏曲市场化拓展力度不足，戏曲表演院团进入生态产业的条件有限，戏曲自身生态建设出现断裂，戏曲艺术创作方向与社区生态需求有所背离，等等。可贵的是，随着党的十九大以来戏曲界对于文化自信的不断夯实，以及社会对戏曲认知度的不断强化，戏曲行业势态臻于自觉。作为戏曲发展的核心主体的戏曲人，更清楚剧种、剧团的真实存在状貌。在戏曲理论界出现的全国地方戏曲研究院所联盟、全国戏曲期刊联盟，由中国戏剧家协会倡导成立的民间职业剧团委员会，由河南李树建戏曲艺术中心等多家单位发起的全国戏曲剧种联盟等，都显示了戏曲行业自身面对不断变化的时代和社会，正在积极寻求并建设适应剧种、剧团发展的生态环境。在国家文化主管部门推进相关戏曲发展政策时，具体区域、具体戏曲群体通过多元而自觉的行业建设与生态建设，正以更加有效的实践形式，夯实着驻足基层的基础，推进着自足发展的切实举措，这是很具理性的探索。

六、戏曲理论研究责在引领

“引领”是2018年度戏曲理论研究中的重要任务。戏曲理论研究是20世纪被拓展出来的重要新兴学术门类，面对着已经有近千年的艺术实践，其可待深入关注的学术领域还有很多。特别是20世纪50年代开始的戏曲改革工作，实际上将戏曲理论研究的任务拉出了传统书斋，并赋予了戏曲艺术实践的引领责任。70年来的理论与实际相联系的学术导向，让理论始终站在戏曲实践的前沿，指导戏曲发展。2018年的戏曲理论研究仍然保持着集体化和个体化两个基本的研究趋向，前者所涉及的《中国大百科全书（戏曲卷）》《全明戏曲》《全清戏曲》等都是由集体承担的国家重要项目，后者则是以个体承担为特征的各级各类型的科研项目，这些项目整体上呈现了戏曲理论研究的基本状貌。

2018年度，国家社科基金艺术学重大项目有24项，其中，戏曲类项目占了8项，包括“戏曲人才培养体系研究”（中国戏曲学院）、“戏曲现代戏创作研究”（上海戏剧学院）、“梅兰芳表演艺术体系及相关文献收集整理与研究”（中国艺术研究院）、“新中国成立70周年中国戏曲史（安徽卷）”（安徽艺术研究院）、“新中国成立70周年中国戏曲史（福建卷）”（福建师范大学）、“新中国成立70周年中国戏曲史（黑龙江卷）”（上海戏剧学院）、“新中国成立70周年中国戏曲史（山东卷）”（临沂大学）、“中国现当代作曲理论体系形成与发展研究”（上海音乐学院）。其比重突出地显示了艺术学建设中对于戏曲研究的政策倾斜。在国家学术平台上，理论研究需要把握“戏曲”作为活态艺术形式的规律和特点。这种导向为传统的戏曲理论格局提出了不断提升和变化的新契机。

长期以来，戏曲理论机构分为高等院校和文化研究院所两类团队，前者侧重于文本、文献、文学，后者侧重于舞台、表演、活态。这当然与文化和旅游系统、教育系统的行政管辖隶属关系有关，也与70年来戏曲实践与文化研究院所形成的彼此互动有关。而在本年度的艺术学重大项目中，可以看到承担绝对优势的团队大多来自高等院校，在“新中国成立70周年中国戏曲史”的项目推进中，除了“安徽卷”由安徽艺术研究院承担外，其他立项的福建卷、山东卷、黑龙江卷均由高等院校承担。面对积累了近70年戏曲发展资源的各省市艺术研究院所，无法完成各省区戏曲史的70年建构，折射出当前各省艺术研究院所在戏曲团队建设中的人才匮乏和实力不济。而高等院校在面对这类研究项目时，必然会将传统研究视角转向戏曲活态生存，其研究方法必然带来新的局面和拓展。

2018 年度国家社科基金艺术学项目立项总计 220 项（其中重点项目 8 项，一般项目 155 项，青年项目 46 项，西部项目 11 项），涉及戏曲的项目有 22 项，占了十分之一。在这些项目课题中，除“传统戏曲道具制作与传承机制研究”一项的承担者河北艺术职业学院为传统意义上的文化艺术系统外，其他项目全部由高等院校承担。如重点项目“晚清演剧编年史”“华人作曲家对中华传统文化的海外创承研究”；一般项目“中国近现代豫剧的变革与转型”“中国昆曲的编演、传承和发展对策研究”“数字化技术与昆曲艺术创新发展研究”“近现代报刊与中国戏剧转型关系研究”“近代戏曲批评与戏曲观念的嬗变（1840—1949）”“清抄本昆曲身段谱研究”“南戏《琵琶记》多维度英语传播及其中华文化‘走出去’启示”“扬州清曲研究”“上海近现代剧场研究（1843—1999）”“码头与民国戏曲发展关系研究”“明清‘宣大’堡寨聚落古戏台与戏曲活动的调查研究”“《旧编南九宫谱》笺注与蒋孝生平研究”“中国戏曲欧美演出史料研究（1759—1959）”“中国现代戏剧批评话语体系形成史”“中国剧本数据库构建及大数据智能剧本创作系统研究”“基于戏曲‘四功五法’的民族动画表演体系研究及应用实践”；青年项目“中国古代戏曲叙事理论史通论”“戏曲生态学论纲——20 世纪中国戏曲生态格局变易及美学体系嬗变关系研究”“剧场形制与 20 世纪京剧演出形态变迁研究”。从上述课题能够看到多元的学术视野和学术方法，这是戏曲理论研究在多元结构中能够深入的前提。

同时，在全国哲学社会科学资助项目中，戏曲类项目总计 14 项，但几乎缺失了文化研究机构的参与，其重点项目“稿抄本明清戏曲叙录与研究”；一般项目“西南民族地区乡村戏剧调查与研究”“宋元戏曲明代改编本批评研究”“《昇平宝筏》与清代宫廷戏曲演进研究”“戏曲经典生成与明清文学风尚变迁研究”“中国传统戏曲的整理与改编研究（1949—1966）”“丝绸之路沿线眉户戏曲语言与民俗研究”“百年昆剧发展史研究”“延安时期戏剧运动文献史料整理研究（1936—1949）”“多元文化语境中的青海目连戏研究”“20 世纪中国‘水浒戏’剧本研究”；青年项目“中国古代戏曲格律与音乐关系研究”“稀见清代饬禁戏曲小说史料汇编与研究”“戏剧节与现代演剧制度转变研究（1938—1949）”，同样呈现多学科领域观照下的理论拓展。

上述2018年度立项的项目代表了当前戏曲理论研究的学术趋向，即深度融合文本文献与艺术实践，深度挖掘传统优势领域与潜在拓展领域，深度利用跨学科研究视角与戏曲本体研究方法。这当然对研究者的学术基础和研究取向提出了更多的要求。这同样意味着，文化研究院所的传统学科优势虽然随着人员的老化而少拓展、戏曲资源的固守而非利用、戏曲深度研究的弱化而突出多元功能、戏曲服务政策多而理性研究少，已经快速趋于边缘化发展，但是，70年来文化研究院所所秉持的理论联系实际的研究理念，在服务社会、服务政策、服务活态戏曲方面，实际上仍然存在着现实的需求。而高等院校在理论研究的优势让戏曲研究走向更加成熟的学科完善，但真正贴近戏曲本体而能履行引领戏曲实践的任务仍然任重道远。特别是当前在戏曲实践领域出现的艺术创作难题、生存实践问题、传承发展困惑、体制机制纠结等，理论实际可以回应并指引的能力尚显不足，文化研究机构借助学术研究而呈现的政策咨询能力有所退化；高等院校致力研究而与戏曲实践缺乏互动，这都是理论研究在戏曲实践中难以实现引领的局限。因此，高度重视和推进建设各省艺术研究院所的学术科研能力，加强文化艺术研究院所与高等院校的智力资源的交流整合，提升高等院校对于戏曲实践领域的深度参与，都是戏曲理论研究界的努力方向。

七、戏曲发展的问题、趋势与态势

在2018年戏曲发展中出现的“政策”“演出”“创作”“建设”“引领”五个关键词，展现了当前社会各个层面对于戏曲艺术多元化的文化观照。应该说，人民对于文化的需求与不平衡不充分的发展之间的矛盾正在“戏曲”这项近千年的艺术中充分展开。对于一年来的工作成绩，突出地展现在可以感知的扶持政策、戏曲展演、文化小镇、艺术作品、理论项目等诸多热点现象中，但一年来的问题弊病，亦在这些热点现象中被清楚地呈现出来。当前在国家多项利好的扶持政策不断推进下，戏曲传承发展工作正趋于深水区，矛盾更加趋繁，问题更加趋重，挑战更加趋严，戏曲危机与生机亦更加趋大。因此，当前戏曲发展急需解决以下问题。

1.剧院团的体制机制急需理顺

剧院团是戏曲艺术的重要载体，近年来各项保护扶持工作都围绕着剧院团的生态环境要素，忽略了“剧团”作为一个传承、创作、发展戏曲的独特价值和实际作为。尤其是在体制改革中出现的“有限责任公司”“传承中心”“研究院”等定位，甚至在体制改革中部分戏曲剧院团身份遗失，由此导致戏曲剧团的职能定位出现偏差和错乱。特别是目前剧团在实现归口管理时，不但存在着文化系统内的体制差别，还存在宣传部门和文化管理部门的差别，机制不顺，导致戏曲政策无法很好落实。2018 年 12 月公布的《国务院办公厅关于印发文化体制改革中经营性文化事业单位转制为企业和进一步支持文化企业发展两个规定的通知》，持续推进国有经营性文化事业单位转企改制。通知的颁布将进一步深化文化体制改革。因此，戏曲剧院团的特殊性需要得到充分评估，在中宣部、文化和旅游部的统筹下，应及时出台对于戏曲院团的整体扶持政策，围绕戏曲院团的特殊性，尊重演出创作规律，尊重戏曲剧院团的文化职能，强化戏曲院团在传承发展中的艺术定位和文化属性。

2. 戏曲的演出市场和生态空间急需拓展

戏曲市场在多年来的体制改革及各种政策引导下，或建或毁，无法建立良性的发展机制。尤其是多元的戏曲利好政策忽略了戏曲市场的培育与拓展，导致很多拥有相对稳定演出市场的剧院团在落实“戏曲进校园”“戏曲进乡村”等政策时，出现市场遗失的局面。戏曲需要扶持，戏曲传统的修复和保护需要政策倾斜，但是作为活态艺术，戏曲的生存与发展仍需要市场开拓；尤其是市场与戏曲文化生态密切相关，戏曲缺失了市场，也很难维持和拓展文化生存空间。在当前产业业态趋于多元的前提下，从政策和实践中应该努力探索戏曲剧院团市场化路径，让戏曲艺术在剧院团的承载下真正成为区域文化审美中的组成内容。

3. 戏曲人才培养急需加强

戏曲人才是戏曲繁荣发展的前提基础。戏曲人才包括职业化的戏曲专业人才和戏曲理论人才。戏曲最重要的传承机构人中专学校由于身处教育管理和文化管理的夹缝中，戏校建设与剧团需求管理相互脱节，甚至戏曲学校往往被两个体制忽略。例如福建多地的戏曲中专学校一直是福建艺术职业学院的异地分校，但是在教育文化体制改革中，除了泉州艺术学校等具有独立办学资质外，其他各地艺术院校无法独立招生，由此导致有人学戏而戏校无法开课的局面，严重影响到了戏曲职业教育。特别是随着 20 世纪 80 年代以来一代戏曲领军者逐渐退出舞台，戏曲剧院团新一代领军艺术家还未承担起剧种发展推广的责任，戏曲代际传承面临困难。另外，各省市戏曲研究院所的理论人才断档，戏曲研究院所的职能定位偏移。因此，需要完善戏曲院校在体制管理、专业培养、人才输送等程序的合理规划，通过建立演出遴选机制来扶持新一代领军人才的培养，对各省市戏曲研究所的建设给予高度关注。

4.现实题材创作方法与体系急需研究

现实题材创作是现代戏创作领域重要的组成部分，近年来数量巨大的现实题材为戏曲注入了新的发展契机，但由于创作水准普遍偏低，现实题材创作的优秀作品比率极低。如何提升现实题材创作水平，实际上需要对其创作方法给予及时的经验总结，规避创作和表演中的误区，尊重并提升已经取得的成功实践，用相对准确的理论方法来引导现实题材向良性发展。特别是在70年来的现代戏创作中，经由时代审美和观众认同所带来的现代戏艺术体系更需要充分整理总结，以利于现实题材创作取得成功。因此，戏曲理论界需要深入联系戏曲实践，加强对戏曲现实题材创作的方法与体系研究，真正做到理论引领实践，切实指导现实题材创作走向成熟。

2018年度，中国戏曲已经将复杂纷繁的实践与理论命题做了很好的呈现。2019年将迎来中华人民共和国成立70周年，在这个节点上，中国戏曲应该更加深入地总结70年的艺术成就和实践历程。而今迈步从头越，风物长宜放眼量，期待中国戏曲在新时代新征途上拥有新的成就、新的局面！

课题主持机构：中国艺术研究院戏曲研究所

主　笔：王　馗

撰稿人：王　馗

编辑、统筹：张乃锋

2018 年度中国话剧发展研究报告

摘要：2018 年是中国改革开放 40 年的历史节点，也是贯彻党的十九大精神的开局之年，中国话剧在坚守传统、开拓创新的基础上持续稳步发展。戏剧节活动不断增多，并向二三线城市蔓延。在国家艺术基金的支持下，各地方院团的新创剧作增多，巡演范围不断扩大。原创话剧以改革开放、国计民生题材为主，出现了多部反映时代变迁下人们生活改善和精神提升的优秀作品。此外，以文学助力戏剧已经成为一种潮流，一些改编自小说的话剧显现出可喜的成绩；重新解读与重新排演的经典与优秀剧作，也丰富了各地院团的演出内涵，大剧场、小剧场均有佳作呈现；本年度中外戏剧交流更加频繁，合作剧目的舞台呈现给观众以新奇之感。整体来说，话剧艺术在各类剧场均呈现出风格多样、百花齐放的发展态势。

关键词：2018 年　中国话剧　原创改编　戏剧交流

国家主席习近平在 2019 新年贺词中指出："岁月不居，时节如流"，"2018 年我们过得很充实，走得很坚定"。[①] 这是中华民族迈进新时代的形象表征，也十分恰切地反映了本年度话剧艺术的发展进程。

中国共产党十九大以来，广大话剧工作者秉承紧跟时代、反映现实的艺术传统，坚持以人民为中心的创作导向，深入生活，扎根人民，在时代洪流和现实生活中寻找创作素材，在不断的摸索、探求、提炼、积淀中，创造"思想精深、艺术精湛、制作精良"的舞台艺术作品。据北京演出行业协会针对 142 个演出剧场所进行的统计："在戏剧演出方面，2018 年共演出 12217 场，接近总演出场次的一半，吸引观众约 467.7 万人次，票房收入超 6 亿元，占总票房的 33.9%，'看戏'已成为

① 《国家主席习近平发表二〇一九年新年贺词》，《人民日报》2019 年 1 月 1 日。

北京广大市民重要的文化活动之一。其中话剧、儿童剧最为活跃，共演出 8738 场，贡献 4.78 亿元票房。”[①] 这其中既有原创、新创剧目的流光溢彩，也有重排、改编剧作的轮番上演；既有中外戏剧交流合作的可喜业绩，也有小剧场戏剧的探索实践。

与以往的年份一样，2018 年各种戏剧节的举办依然如火如荼，甚至有从一线城市向二三线城市蔓延、拓展的趋势。戏剧节的主办方，不仅有各级政府机构，也有一些新文艺群体、文化娱乐公司、戏剧运营院线，等等。在原创剧方面，不仅保持了创作的增长势头，而且具备一定的数量规模。尤为难能可贵的是，有些话剧在向思想深度和艺术高峰迈进的趋势中，显示了可喜的艺术定力和经典潜质。

一、持续不断的戏剧节

在谈到原创话剧之前，我们要简单地回顾一下 2018 年所举办的各种戏剧节或戏剧展演，因为一些新创、原创剧目大多会选择在这样的平台上亮相。

1 月 4 日至 3 月 4 日，由国家大剧院特别策划的“全国人民艺术剧院话剧邀请展”在北京与观众见面，天津人民艺术剧院、陕西人民艺术剧院、辽宁人民艺术剧院、四川人民艺术剧院分别演出了《天下粮田》《平凡的世界》《开炉》《苏东坡》。

2 月 25 日，由中国国家话剧院与北京市西城区人民政府联合主办的“第四届中国原创话剧邀请展”在国家话剧院剧场举行，以音乐剧《你若离开，我便浪迹天涯……》开幕。之后，陆续演出了《谷文昌》《四世同堂》《拯救大兵友友》《北京法源寺》《萧红》《闽宁镇移民之歌》《董必武》《共同家园》《家客》《父亲》《立秋》等 28 部优秀话剧作品，为纪念改革开放 40 周年唱响了时代赞歌。

3 月 3 日至 31 日，由文化和旅游部举办的“全国舞台艺术优秀剧目展演”于北京隆重拉开帷幕。开幕式上演出了宁夏话剧团创排的现实题材话剧《闽宁镇移民之歌》。这样的话剧具有时代旋律、乡土气息和民族情怀，展现了党的精准扶贫政策给贫困山区的农民生活带来的深刻改变，以及对于他们精神世界的引领和提升。此外，还演出了话剧《玩家》《董必武》《共同家园》及儿童剧《时间森林》等。

3 月 14 日至 7 月 8 日，由北京人民艺术剧院举办的“首都剧场精品剧目邀请

① 《2018年北京演出市场：旅游演艺成重要增长点》，环球网，http：//go.huanqiu.com/news/tour/2019－01/14010904.html。

展演”间隔性地演出了 6 个国家的 7 台戏剧。其中，3 月演出了立陶宛 OKT 剧院的《海鸥》，法国马赛剧院的《可笑的女学究》，北京央华时代文化发展有限公司的《北京人》；4 月演出了北京悠洋坊文化传播有限公司的《陌生人》；6 月演出了罗马尼亚布加勒斯特国家剧院的《暴风雨》；6 月末 7 月初演出了俄罗斯联邦鞑靼斯坦共和国喀山卡查洛夫俄罗斯模范大剧院的《黑桃皇后》；7 月演出了波兰卡齐米日・戴梅克罗兹新剧院的《福地》。

4 月 10 日至 6 月 23 日，由聚橙网旗下嬉习喜戏文化传播有限公司主办的“城市戏剧节”以“戏剧，遇见生活的一百种模样”为主题，在深圳、广州、上海、石家庄等地上演了《木心・人曲》《海达・高布乐》《遇见弗尔德・Meet Fred》《雅各比和雷弹头》《爸爸》等 13 台戏剧。

5 月 29 日至 9 月 15 日，“国家大剧院国际戏剧季”汇集中国、英国、法国、德国、澳大利亚、丹麦、奥地利、南非等中外著名院团，为观众集中呈现 20 部戏剧、84 场演出。本届国家大剧院国际戏剧季以“汇剧古今・戏聚人生”为主题，集中呈现阿里斯托芬、莎士比亚、莫里哀、易卜生、斯特林堡等古往今来戏剧大师的代表作，并根据剧目特点，分别策划了“国家大剧院制作”“致敬经典”“中国故事”“国际儿童戏剧季”四大板块，更具引导性地带领观众走进戏剧的大千世界。

6 月 30 日至 9 月 30 日，由北京市文学艺术界联合会、中国共产主义青年团北京市委员会、中国国家话剧院主办，北京戏剧家协会和北京青年戏剧工作者协会承办的“第十一届北京国际青年戏剧节”在恭王府拉开帷幕。北京青年戏剧节于 2008 年首次举办。本届戏剧节整合国内新生代艺术力量，尝试艺术跨界，融合现代科技，对接国际舞台，在北京 12 个剧场轮番演出了 26 部风格各异的青年戏剧。

7 月 14 日至 8 月 25 日，由中国儿童艺术剧院主办的“第八届中国儿童戏剧节”在北京举办，呈现了来自世界各地的 38 家儿童戏剧团体的 61 部戏剧、229 场演出。演出剧目有《鹬・蚌・鱼》《月亮草》《阿凡提与小毛驴》《三个和尚》《幼童留洋记》，等等。

8 月 1 日至 9 月 7 日，由北京市文化局主办，宽友文化承办的 2018 年“北京故事”优秀小剧场剧目展演正式拉开帷幕。展演从来自全国各地 60 个演出单位的 75 台申报剧目中遴选出 20 台优秀话剧戏曲作品，其中关注百姓生存状态的现实题材话剧有《将军里》《十年》《我去哪儿了》《Hi，米克！》《家丑外扬》，历史题材话剧有

《丁西林民国喜剧三则》《五脊六兽》《奋不顾身的爱情》等。

8月3日至8月19日，由北京戏剧家协会、朝阳文化馆举办的“第十七届金刺猬大学生戏剧节”在北京9剧场和多维剧场亮相。本届戏剧节共收到来自全国21省、自治区、直辖市65所院校80个剧社报名的89部剧作，从中遴选出包括《根在草原》《四十三次日落》《抓壮丁》等14部作品在京演出。

9月7日至10月25日，由北京市演出有限责任公司、天桥艺术中心管理有限公司联合主办的“第二届老舍国际戏剧节”在北京拉开帷幕。老舍戏剧节并不只是演出老舍的作品，但“京味”和“文学味”却是其关键词。此次演出的剧目有《老舍赶集》《亲爱的，胡雪岩》《呐》及国外剧团的《围城状态》《日瓦戈医生》等。

9月26日至12月22日，“2018年北京喜剧艺术节”在北京喜剧院拉开帷幕。北京喜剧艺术节由著名演员陈佩斯于2009年发起并担任艺术总监，至今已成功举办七届。本届喜剧节的重点剧目是原版引进以色列已故著名剧作家汉诺赫·列文编剧导演的作品《冬季的葬礼》。该剧创作于1987年，在通俗与滑稽之间表达了作者对生死的思考。此外，还有《戏台》《三昧》《两只狗的生活意见》《非常悬疑》等。

10月18日至28日，“2018乌镇戏剧节”以27+6部特邀剧目，共计109场演出，囊括了来自俄罗斯、法国、波兰、日本、美国、澳大利亚、南非、墨西哥、意大利、德国、巴西、阿根廷、印度、罗马尼亚、荷兰及主办方中国等17个国家和地区的参与者。比较受关注的剧目有孟京辉重新解读与呈现的老舍剧作《茶馆》、铃木忠志的新作《北国之春》等。

11月3日，“上海国际喜剧节”开幕，在29天内上演17部特邀剧目，共计60多场演出。喜剧节以“提升国民文化素质，展示上海城市形象”为宗旨。作为上海国际喜剧节艺术委员会主席，陈佩斯带来了《托儿》《阳台》《老宅》《戏台》四部作品。本届喜剧节也邀请多部国外优秀喜剧作品参与，例如百老汇《STOMP破铜烂铁》、澳大利亚踢踏舞剧《踢踏狗》、多媒体音乐故事会《钢琴解剖课》、加拿大互动儿童亲子剧《你是演奏家》等。

11月13日至2019年1月，“戏剧东城·第二届全国话剧展演季”以庆祝改革开放40周年为主题，在中国国家话剧院、首都剧场、保利剧院、北京喜剧院、国话先锋剧场等剧院集中上演，演出了来自全国15个省、自治区、直辖市的25部优秀剧目，如《大国工匠》《塞罕长歌》《哭之笑之》《新新旅馆》《犹太城》《大码头》

《太阳照在南洋河上》《王荷波》《工匠世家》等，共计 50 场演出。

11 月 23 日至 26 日，“2018 国际戏剧协会 70 周年庆典暨首届海口戏剧周”在海口举办。国际戏剧协会目前有 100 多个成员国，属于联合国教科文组织管辖，办公地点落户上海。本次活动邀请了来自中外的嘉宾、演职人员共计 290 余人，其中国际嘉宾约 150 人，分别来自全球 50 余个国家与地区。此次活动包括庆典晚会、研讨会、工作坊、中国戏曲演出、中外青年学生戏剧展演、话剧演出等。

此外，据不完全统计，各地举办的戏剧节与话剧展演活动还有：3 月，“天津大剧院 2018 戏剧展演季”和北京的喜剧节“喜聚北京”；4 月，“山东潍坊乡村戏剧节”；5 月，“2018 上海 · 静安现代戏剧谷”展演；6 月，上海“有种戏剧节”和北京“南锣鼓巷戏剧节”；9 月，深圳“南山戏剧节”；10 月，上海“首届国际默剧展”；11 月，四川“三星堆戏剧节”；12 月，“戏聚北京——北京市青少年戏剧短剧作品大赛”；等等。

二、原创、新创话剧的发展

2018 年，在国家艺术基金的大力扶持下，各地院团对于抓重点选题、创作现实新剧保持了热情，并产生了一批优秀的剧作。首先是国家艺术基金对于进入滚动资助的话剧项目的修改提高，召开专家研讨会对于《北京法源寺》《甲午祭》《开炉》《张謇》《成兆才》等剧逐一进行录像观摩和探讨研判。其次是对于列入文化和旅游部的“舞台艺术精品创作工程”和“西部少数民族地区舞台艺术扶持计划”的话剧，如《干字碑》《八廓北院》等进行提高指导。

1. 红色题材与英模人物

2018 年的新创剧目中包含了一批表现红色题材和英模人物的剧作，如《王荷波》（武汉人民艺术剧院）、《焦裕禄》（河南省话剧艺术中心）、《信仰》（广东省话剧院）等。

宁波话剧团演出的话剧《守护》（洪靖惠编剧、李伯男导演），讲述了 20 世纪 20 年代参加共产党的张人亚在大革命失败后，将一只自称比生命还重要的箱子交给家人。父亲遵守与儿子的约定，将其留下的箱子埋入衣冠冢，并且守候了一生。50 年代衣冠冢被打开，在层层包裹的油布里，有党史之中第一份《中国共产党党章》，有《共产党宣言》早期译本，还有几十份有重要历史价值的文献。此剧表现了共产党员对党的坚定信念，对党的历史的敬重。张人亚不惜以生命为代价，守护了党的历史记忆和红色文化基因。

西安话剧院演出了话剧《柳青》（唐栋编剧，傅勇凡导演）。剧作从柳青离开都市、定居皇甫村写起，表现他对农村生活的“身入”“心入”“魂入”的一系列过程。柳青一家刚住进改造后的破庙，经济上就捉襟见肘，连食用油都吃不上。柳青打了几只斑鸠，邻居雪娥却抱着下软蛋的母鸡来找麻烦。柳青脱下了背带裤，穿上了农家衣，从蹲一会儿就腿麻，到帮助王家斌互助组合理分稻种，共同致富；从教育黄文海扎扎实实深入生活学习创作，到切实解决雪娥家的贫困问题，促成王家斌和彩霞的婚事；从像个农民一样在集市里跟人家捏码子，到救下突然临产的雪娥母子；从把自己当成农民中的一员，到捐献16000多元《创业史》稿费；从“文革”中历经磨难，到最后魂归神禾原……剧作家写出了柳青的“杠头”脾气、朴实人生、坦荡襟怀、精神风范、人格魅力、文学追求、生命壮举，塑造了共产党人知识分子的典型。

2．“精准扶贫”主题的话剧

《闽宁镇移民之歌》（王志洪编剧、导演）是宁夏话剧团演出的一部反映“精准扶贫”主题的话剧。西部贫瘠干旱的土地上，居住着喊水村的贫苦乡民。喊水村像它的名字一样，表达着人们对水的乞求和渴盼。村里最大的人情是送给邻里一桶水，最无奈的事情是走了几十里山路去背水，在半路上人滑倒而水滚入山崖。水资源的匮乏造成了自然生态的恶化，生产、生活水平的低下，也造成了生存竞争的压力和伦理关系的复杂。此剧表现了西部农村的移民故事，在创作立意和表现内涵上突破了一般性的外部叙事，将笔触着力刻画这方水土养育的这方人。村支书田广才是村里的主心骨，孔奶奶是当年的铁姑娘队队长，她的儿子是个憨娃，村里人都说他有点傻，村支书却给他改名孔聪明。党和政府“精准扶贫、精准脱贫”政策的实施，给当地农民带来了改变命运的契机，使他们终于走出不适合人类居住的山沟，搬入移民新居——闽宁镇的楼房。通过学习技能，勤劳务工，他们过上了真心向往的生活，实现了脱贫致富。

《太阳照在南洋河上》（眸子编剧、宫晓东导演）是一台反映太行山农村现实题材的成功戏剧。主创团队具有以人民为中心的情怀与家国意识，它所反映的生活不是表层现象，而是关乎人心、人情、人的精神追求的真实境遇。此剧的主题反映了精准脱贫的现实问题，具有乡土文化特点和独特的艺术旨趣。主要情节集中在一户农村家庭的三个人物身上，这三个人物反映了三种类型的脱贫方式：冯念念是一个伟大的母亲形象，她在城里做保姆，善良、真诚、奉献、牺牲，忍辱负重，供养家庭。把儿女抚养成人，变成对社会有用的人才，就是她此生最大的心愿。她忍受住被诬陷偷窃的屈辱，忍受雇主将孩子丢给她一走了之的无奈，以一颗博大的母爱的心灵和勤劳的双手为周围人带来温暖，也改善了自己和他人的境遇。她的丈夫林耕田是位因故致残的盲人，他不想被家人白白供养，而是自谋生路。他以草根文艺家的身份走四方，向天而歌，在一群盲艺人中间找到了共鸣的心声。而他们的儿子则以优异成绩考进城里的一流大学，在母亲的言传身教之下，儿子学业优良，开朗向上。戏剧既表现了城乡的差异、人情的隔膜，也表现了传统与现代的纠葛，苦难与奋斗交织。在表现手法上，密集的高楼、老杏树和大斜坡作为典型场景，全剧将歌、诗、话有机地融汇在一起，太阳、大河、土地、人构成壮阔的戏剧意象，极具象征色彩地表达了人自身的梦想和希望。此剧表现了悲欣交集的生活哲理。全剧融合了包括《开花调》在内的多首山西民歌，而民歌的演唱也与剧情结合得十分紧密，增强了戏剧的诗意化和表现力。

在扶贫题材上，还有云南省话剧院创作的《独龙天路》及四川人民艺术剧院的《高腔》等。

3. 话剧民族化的新探索

在话剧民族化的探索之中，不仅出现了创作题材对民族传统文化的注重，而且在表现形式上显现出对戏曲的借鉴与化用。比如 2018 年末，北京人民艺术剧院将田汉的《名优之死》做了重新解读，增加了戏曲演出后台的规矩、章法、戏俗，也将名优刘振声的唱、做之功展现在舞台上。当然，话剧民族化不等于戏曲化，吸纳传统资源、增强文化自信，需要漫长的探索历程。

风雷京剧团近年来致力于把戏曲艺人的生活搬到话剧舞台上。继《网子》之后又演出了一部京剧题材的话剧《缂丝箭衣》（松岩编剧、松天硕导演）。作品以一件精美绝伦的戏服“缂丝箭衣”为故事核心，讲述了“三益永”赁衣铺老板朱缃从清末到中华人民共和国成立初期历尽荣辱，坚守传统的人生故事。未能如愿成角儿的朱缃与弟弟朱瑾继承父业，在京剧艺术极度繁荣的民国时期将赁衣铺的生意做得风生水起。朱缃精通戏班后台各箱口服装、道具的制作和使用规则，店中又有一件珍贵的“缂丝箭衣”，使“三益永”成为行业内的龙头。一些病态戏迷和无良之人对这件戏服觊觎已久。朱缃恪守父命，珍藏此衣，不是最优秀的演员决不能穿。在妻子月桂难产、财务困难的情况下，他也不肯卖掉“缂丝箭衣”，以致失去了未出世的孩子，月桂也伤心离去。中华人民共和国成立后，赁衣铺失去市场，店里伙计陆续离开，只有那件“缂丝箭衣”孤零零地挂在店中。嫁作人妇的月桂再次来到店中，要求朱缃剪破“缂丝箭衣”，以报偿自己当年的委屈。失去了一切的朱缃，只剩下心中的坚守。“缂丝箭衣”显然是传统的象征，朱缃为坚守传统，不惜牺牲妻子的行为体现出坚守传统与人伦道德的对立，也为观众提供了思考的空间。

江西省话剧团演出的话剧《哭之笑之》（汪浩编剧、李伯男导演）反映了明末清初皇族后裔、文人画家朱耷的坎坷人生和艺术造诣。明覆灭后，面对残山剩水，改朝换代，朱耷退隐山林，修禅悟道，在笔墨丹青里寄托亡国之思、孤愤之意。这是他主要的生命轨迹，也是戏剧的情节主线。此剧以他与绿娘的情感缱绻作为复线，二人患难与共，却不得不分离。他想做闲云野鹤而不得，只得出入县衙，编辑《临川县志》。他得遇丹娘、丑娘，却再无绿娘的风致。他情丝永系却拱手分离，心心念念却怅然错失。他亦疯亦痴，亦哭亦笑，把境遇的忧愤悲戚变成了参悟人生、达成境界的契机。他内心独立不移，威武不屈，把往事不可追的愁苦吟成一首峻拔高逸的生命之诗。戏剧时空变化灵动，有叙事体的陌生化效果，有昆曲唱段、工法的化用，舞台布景将八大山人的一幅幅绘画作品呈现于观众面前，舞台风格整体上追求一种空灵、怪绝、淡远、清隽之气，与八大山人的绘画风格相一致。

4. 国营院团的新创作

曾在3月上演的国家话剧院的话剧《审判》经修改后，更名为《特赦》（徐瑛编剧、李伯男导演），于12月上演。徐瑛受2016年于欢辱母杀人案的激发，根据民国时期施剑翘为父报仇的真实事件创作该剧。1935年11月13日，一女子将孙传芳射杀于居士林佛堂，随后散发传单自首。该女子名叫施剑翘，其养父施从滨在战争中被孙传芳俘虏，后被枭首，并暴尸三日。施剑翘的表兄施中诚拒绝以暗杀方式报仇，施剑翘的丈夫施靖公又不愿因报仇失去家庭，施剑翘对二人失望至极，决定亲自复仇。她忍痛放足，十年寻觅仇人，终于得偿所愿。其兄不忍妹妹重刑加身，孙传芳之子愤怒不已，二人各寻律师，对簿公堂。经三度审判，施剑翘终被特赦。舆论、法律、道德、时局，围绕施剑翘案的社会因素之复杂足以展开一场大讨论，而剧中主要表现的也正是四个律师之间的辩论和社会因素的影响，作为案件主角的施剑翘反而并不十分突出。结果并不重要，重要的是让观众对各个问题逐步地进行思考。虽然这种均衡可能削弱了统一的情感指向，但留给观众的思考空间也足以令人回味。剧中巧妙安排的戏中戏令人耳目一新。钟馗审案、古装时装混搭、即兴演讲、草率的调度、编演刺激的时事，那一时代戏曲艺术的特殊形态不仅为今天的观众提供了审美趣味，更在剧中为主体事件建构了社会学镜像，给观众一个思考的支点。

12 月，上海话剧艺术中心演出了本年度重点剧目《追梦云天》（王俭编剧、胡宗琪导演）。本剧讲述了设计工程师唐瑛和她的伙伴们攻克一个个难关和障碍，研制出中国自己的民用大飞机的故事。围绕着叙事主线，塑造了副总设计师辛旭东、实验试飞处处长杨艳红、首席试飞员赵鹏等一群“特殊的普通人”的真实感人的形象。在他们身上能看到激情与严谨的碰撞，感性与理性的交融。本剧将大飞机研制的过程贯穿始终，着重展现剧中人物的心路历程，揭示大飞机设计师、工装工人、试飞员三种职业在不同时代、不同岗位上的奋斗历程，展现中国航空制造业的巨大变革。

乐生厌死是人的本能，而由大庆市话剧团演出的《远航》（辛彩屏编剧）所表现的却是人生的最后一段行程——安乐医院的医生与患者的处境。这里有生离死别的爱情，有回归本我、释然远航的真情。这里不是此生的终点，因为还有很多世间的不了情；这里也不是人生的至暗，因为新的航程正在延展。此剧情节动人，形象生动，具有现代哲学意识和人文情怀，向死而生，化悲为美，赋予生命的离去一种诗意的韵致。

三、以文学滋养话剧

2018 年，现实题材原创话剧仍然是大剧场的主流。多部小说改编作品获得广泛关注。改编小说一直是话剧创作的重要方式之一。一部优秀的小说可以提供丰富的情节和精彩的语言，而将文学语言搬上舞台也带给观众不同的艺术体验。民生问题、时代变迁、传统文化、历史名人等是话剧创作者重点关注的题材。

1 月，陕西人民艺术剧院演出了根据路遥同名小说改编的话剧《平凡的世界》

（孟冰改编、宫晓东导演）。此剧不仅保留了路遥小说的主体情节和精粹成分，而且浓缩提炼了合乎戏剧逻辑的感人场面和人生意境。其主题内涵丰富而有机统一，涉及生与死、悲与喜、幻灭与追求、平凡与伟大、短暂与永恒、自然欲望与理性选择、人生苦难与精神升华等多重人生哲理命题。大转台的旋转是生命循环往复、不断求索的轨迹，土色的大碾盘、窑洞、坡坎是起伏的命运具象化的表征。此剧成功地表现了时代特征，有生活气息，有力度血性，甚至在舞台上创造了带有雕塑感的典型人物。孙少安与孙少平既相互区别，又互为表里：少安是传统框架里的少平，少平是迈向现代社会的少安。主人公孙少平是有梦想的时代青年，他渴望走出村庄，发现新的世界，探索人生意义。孙少平这一形象具有鲜明的时代性，他纯洁、善良、正直、肯吃苦、有抱负、有理想、有担当，他救下小翠，替哥哥还债，热恋活泼的城里姑娘田晓霞，同情失去矿工丈夫的惠英，促成老支书田福堂一家的大团圆。他处境低微，却从不自卑，尤其是孙少平与田晓霞的爱情，曲折跌宕，动心动情，超凡脱俗，引人泪崩。孙少平之所以痛苦，不在于他经受了多少磨难，而在于他一直拥有梦想，并且坚持着更高的精神追求。他的苦谱成了他生命的诗。

4 月，根据刘震云同名小说改编的话剧《一句顶一万句》（牟森改编、导演）在国家大剧院首演。这是一个关于失落与寻找的漫长故事，故事中主人公的人生被生活的苦难和流离而改变。生活在山西的老妇曹青娥记得自己的家乡是河南延津，就此引出她的后爹杨百顺的故事。少年杨百顺喜欢读书，但是父亲却用假抓阄的方式，让另一个儿子去读书，留下杨百顺在家乡卖豆腐。杨百顺喜欢看罗长礼喊丧，这意味着他将别人的死亡变成了一种旁观性欣赏。16 岁的杨百顺离家出走，剃头、杀猪、种菜、挑水、扛活、蒸馍，凡能够谋生的事情他都做过。他认识了洋人神父，改名杨摩西，入赘寡妇吴香香的馒头店，又改名吴摩西，吴香香与人偷情私奔，他带上吴香香的女儿巧玲一路追赶、寻找，巧玲被人拐走骗卖，成了后来的曹青娥。生命就这样在混沌中挣扎，人与同类在冲突中依赖，在失落中寻找，又在寻找中错过。杨百顺—杨摩西—吴摩西—罗长礼，一个人姓名的不断变换，表现着身份的荒谬感和不确定性及生命的流浪感。戏剧的前半部分吴摩西是主角，后半部分主角就变成了曹青娥的儿子牛爱国。他与妻子结婚后形同陌路，他知道妻子出轨却死活不离婚，用这样的方式跟自己较劲也报复他人。为了一句说得着的话，为了一个说得着的人，两代人断断续续寻找了 70 年。此剧突出了寻找与救赎的主题，演出采用河南方言进行，表现了乡土中国的特点，舞台上的歌队以吟唱性的歌谣渲染气氛。因为出场人物众多、叙事线索纷繁而导致了情节场面的零散、飘忽感。

大连话剧团演出的《大码头》（黑纪文编剧，王晓鹰、王剑男导演）根据徐铎的同名长篇小说改编。本剧以抗日战争为背景，表现日本侵略者丧心病狂的侵略行径，以及中国百姓自发的抗敌斗志和他们对日本侵略者的顽强斗争。从山东逃难来到大连的孔家兄弟孔昭仁与孔昭德，在码头上组建了搬运队，生意做得顺风顺水，昭仁还娶妻生子，过上了小老板的日子。他们兄弟情深，共同回忆童年和家乡，昭仁最喜欢家乡吕剧《二小赶脚》。当昭德发现哥哥正在替日本人装运军火的时候，十分吃惊和愤怒，两个人大吵一顿，分道扬镳。后来，昭德带领着一拨兄弟购买了一艘帆船跑运输，却被日本的铁甲舰撞翻。昭仁以为弟弟已死，心里也很难过，但是他无法挣脱日本人的魔掌，在助纣为虐的道路上越走越远。他顺从日本人的安排，把女儿送到日本，让儿子宪隆娶日本女子，遭到儿子的极力反抗。大连码头上，不时燃起大火，人们传说那是抗日组织——放火团干的。昭仁的寿诞之日，请了他最喜欢的吕剧演员来家里唱堂会，因为鬼子在演出用的跑驴身上发现了炸弹，逼着昭仁开枪杀人。昭仁见到了被折磨得奄奄一息的弟弟昭德，他力劝弟弟在悔过书上签字，但是弟弟却将悔过书撕得粉碎，并且英勇就义。儿子宪隆的女朋友来到家中，被鬼子抓住，原来她是身负使命的中共地下组织成员。当鬼子逼迫昭仁脱掉衣服接受检查时，宪隆拉响了身上的炸弹，与周围的敌人同归于尽。昭仁看到一幕幕悲剧，生不如死。此剧表现了爱国主义主题，对汉奸行为和苟且懦弱予以批判。穿插的山东评书和吕剧表演，强化了舞台的形象感，高潮场面处理得较有气势，大红色块的运用酣畅淋漓，视觉鲜明。

已改编多部老舍作品的方旭 2018 年带来新作《老舍赶集》。当年，老舍在出版了多部长篇小说后，稿约不断，经常赶稿，只得改写短篇。因此，他的第一部短篇小说集取名《赶集》。方旭选取了这个名字，将老舍四部短篇小说、两篇短文集结成剧。开场提示即老舍以反语形式撰写的《话剧观众须知二十则》。《创造病》讲述了年轻小夫妻手头拮据却什么都想买的尴尬。《牺牲》讲述了崇洋媚外的留美博士无法平衡现实与个人追求的矛盾，终于发疯的故事。《黑白李》讲述了弟弟与洋车夫砸电车，哥哥替弟弟顶罪赴死的故事。《邻居们》讲述了一个知识分子家庭和一个商人家庭之间从不理解到认同的故事。最后，以《我的理想家庭》结尾，表达了一种朴素的生活理想。一直延续全男班的表演方式，此次剧中的女性角色也由男演员扮演。角色与演员在性别上的疏离感一方面是喜感的来源，另一方面也形成了特殊的观演状态。改编自《送别》的主题曲，以不同的变奏形式贯穿全剧，调侃着每个人都向往着“长亭古道”的精神家园，却又不得不与现实和自身的一些东西道别的尴尬与惆怅。长期以来，观众多是从《茶馆》《骆驼祥子》等作品了解老舍，方旭则希望通过他的舞台创作，让观众更多了解老舍的幽默与悲悯。

齐齐哈尔市话剧团创作的《萧红》选取了著名女作家萧红的人生片段，并将其著名作品《生死场》《呼兰河传》中的片段穿插其中，表现了她的悲剧命运和不屈追求。《萧红》的剧本是一位博士生导师写的，是多年研究的心得，导演和舞美很有特点，以互文关系结构戏剧叙事，一体两面地表现了萧红与金枝的精神联系，是一部难能可贵的表现人性、追求艺术性的戏剧。该剧凸显了不那么具有道德和思想高度的萧红在生的坚强、爱的蒙昧、死的挣扎中沉陷于人生困境。

此外，2018 年根据文学作品改编的话剧还有《繁花》《沧浪之水》等。文学内涵的丰富性，情节的系统性，人物形象的生动性，无疑对于话剧舞台的艺术创构提供了良好基础。

四、改编、复排与演绎经典

2018 年，几部经典剧作的重排演出获得了观众和评论界的关注。北京人民艺术剧院近年来重排了多部旧剧，本年度又将《天之骄子》《小井胡同》《我们的荆轲》《名优之死》重新搬上舞台。此外，国家话剧院复排《四世同堂》《北京法源寺》《狂飙》，上海话剧艺术中心复排《商鞅》，辽宁人民艺术剧院复排《父亲》，山西话剧院复排《立秋》。一系列经典作品重回舞台，既让人们看到话剧艺术的成就，又为创作者提供了创新的基础。

2 月，田沁鑫复排的旧作《狂飙》在国家大剧院上演。此次复排主要的变化在视觉效果上。舞台空间被分成上下两层六个可推移的立方体空间区域，利用“即时摄影”将时空挪移拼贴，以电影质感的黑白画面使舞台时空得以无限拓展。在这样的技术下，演员的表演也带有了影视表演的性质，微表情的变化、细腻的肢体动作变得更加重要。多种视角的结合，使该剧的美学追求具有“后戏剧剧场”

的性质。

3月，由台湾地区著名导演赖声川执导的曹禺经典作品《北京人》在首都剧场上演。这部经历了70多年岁月洗礼的作品至今观来仍不失其艺术魅力。赖声川在采访中表示，这样有年代感的故事，如今看来会觉得太缓慢，如何将这种缓慢做得美，让所有人接受是很重要的问题。在舞美方面，他为三幕剧设定的白、黑、彩三种颜色为该剧带来了不一样的韵味。鸽子、棺材、蜡烛，这些富有寓意的物品在全白、全黑的鲜明背景色中凸显出来。幕间投影画面的平房屋顶和最后出现的现代都市高楼在将人们的目光带离那遥远故事的同时，又将那种郁结不散的忧伤缓缓融入了当下的世界。这一版的演员多是影视演员，但他们在声音表现上也十分出色。剧雪饰演的愫方、孔维饰演的曾思懿、屈中恒饰演的江泰都给人留下深刻印象。评论界对于该剧在舞美色彩上的设计，以及重新让“北京人”这一角色出场的处理颇有争议。有人认为，三种颜色的设计没有逻辑基础。“北京人”一角在曹禺20世纪50年代的修改版中被删去，但万方表示，当时删去这一角色是受到当时批判该剧宣扬原始主义的压力，设定这一角色的初衷是借袁任敢之口说出人应当解放天性、敢爱敢恨的期许。这是作者的初衷，应当被尊重。另外，这一版的《北京人》比起多年前李六乙的版本在处理喜剧效果上更为大胆，无论是用相声演员何云伟扮演管家，还是曾思懿的跋扈、老太爷的昏聩、江泰的胡言妄为，最重要的是“北京人”的出场，都使该剧在“笑”这一点上更为接近喜剧的特征。

10月，孟京辉改编的《茶馆》在乌镇戏剧节引起不小的轰动。孟京辉邀请德国戏剧构作塞巴斯蒂安·凯撒共同对《茶馆》文本进行研究，最终以压迫、饥饿、自由、友谊、时间、死亡几个关键词对《茶馆》进行了一番重新解读。还是那些人物，还是熟悉的台词，在脱离了现实感后，《茶馆》的主题不再是埋葬三个时代，而是追求对人的认识。舞美设计充满现代感，一个19米长、16米深、11米高的钢铁巨轮置于舞台后方，演员身穿现代服装坐在简易的折叠椅上。每一幕由原剧本的对白与由此生发出的剧情贯穿起来，演员们的嘶吼让那些熟悉的台词变得陌生。最后，那场经典的“撒纸钱”变成巨轮滚动，其中摆放的桌椅、菜单被纷纷卷起，漫天飞落，象征着被巨轮碾压的人生。这样一场有人惊喜有人困惑的演出是一次重新解读经典的尝试，或许并不成功，但寻找经典的当代意义是话剧创作者一项重要的任务。

西方戏剧不乏优秀作品，但对中国观众来说，常因语言障碍影响接受。许多创作者便通过翻译、改编的方式或将其中国化，或展现其原貌，或重新解读，不仅使中国观众能够更加切近地领略西方作品的魅力，也是中国话剧创作者在创新方面的有益实践。

1月，王子川将以色列剧作家汉诺赫·列文的《雅各比和雷弹头》改为独脚戏，在隆福剧场演出。该剧通过对两个无所事事、庸庸碌碌、渴望爱情的流浪汉和一个自诩为艺术家的女人之间的荒诞故事，戏剧性地展现了人与人之间的“隔阂”“不可沟通”“冷漠”和“与社会的分离”的现状。王子川一人分饰三角，上半场演绎雅各比与胖女人莎哈诗的故事，其间莎哈诗收养了一只猫。雅各比发现莎哈诗其实只是个普通女人后离开了她，只有那只猫跟她在一起。下半场讲述雷弹头在雅各比离开后变成了一只猫，跟随雅各比，后被莎哈诗收养。离开莎哈诗的雅各比回到家，却再也不见雷弹头。两种角度演绎同一段故事，展现了两种人生态度。虽然王子川一人分饰三角，但叙事清晰，丝毫不乱。巧妙的灯光设计区别人和猫的不同视角，为该剧带来了颇有意境的舞台效果。

此外，还有一些中国人排演的西方戏剧。如3月，何冰导演的法国戏剧作品《陌生人》在首都剧场上演。4月，国家大剧院制作阿里斯托芬名剧《鸟》(罗锦鳞、罗彤导演)。6月，北京保利剧院演出了法国阿维尼翁戏剧节“剧王”《西贡》。7月，著名舞蹈家金星与青年演员赵立新主演斯特林堡的作品《父亲》。8月，国家大剧院制作莎士比亚的话剧《暴风雨》亮相，在初秋时节为首都观众带来了一场酣畅淋漓的“魔法之旅”。《暴风雨》讲述了被流放荒岛的米兰公爵濮思洛利用魔法为自己夺回王位的故事，此剧邀请英国皇家莎士比亚剧团导演提姆·修普执导，濮存昕、李小萌等主演，国家大剧院戏剧演员队演出。

9月，林兆华20年前的旧作《三姐妹·等待戈多》在保利剧院复排上演。20年前，该剧票房惨淡，2018年，该剧在北京、上海、南京、深圳等地巡演，赢得了不俗的票房成绩。对莫斯科的向往与等待戈多是否存在关联在这部戏中不是一个理性问题，而是同一种忧郁的情绪。“去不了”和“等不来”在事与愿违的程度上是差不多的，不同的是，三姐妹是具有特殊社会背景的知识分子，而两个流浪汉代表的是集体茫然无知的人类。这种不同在某些段落会导致两边的对话无法联系起来，但又在某些段落确实存在似有若无的联系。而观众对这部戏的兴趣也就在于此。《等待戈多》部分的滑稽对话增加了更多的中国元素，获得了年轻观众的喜爱。

11 月，国家大剧院制作的《哈姆雷特》在国家大剧院上演。该剧由李六乙导演，迈克尔·西蒙担任舞美设计，濮存昕、胡军主演。《哈姆雷特》是李六乙继《李尔王》后导演的第二部莎士比亚作品，也是他与舞美设计迈克尔·西蒙的二度合作。为了能最大限度地保留莎士比亚作品的韵味，回归经典本身，此版《哈姆雷特》的舞美布景与视觉造型都兼顾了传统元素与现代符号，让这部剧在视觉呈现上具有寓意深刻的象征意味。

五、小剧场的戏剧演出

2018 年，小剧场话剧在现实题材原创作品和改编国内外名著方面都有佳作出现。以肢体剧创作为主的赵淼继《罗刹国》后又带来新作《行者无疆》。

5 月，由王婧担任戏剧构作、赵淼导演的《行者无疆》在国话先锋剧场演出。来自法国的舞美艺术指导艾瑞克·苏耶、作曲于埃尔·巴特雷米、多媒体设计马蒂厄·桑什，为本剧打造多义、超现实的多媒体影像风格和音乐风格。该剧以张骞出使西域的历史事件为蓝本，将张骞的成长和两次出使西域的经历以简略的旁白和丰富的肢体语言配合舞台技术的方式展现出来。

为迎接六一国际儿童节，中国儿童艺术剧院演出了小剧场新剧《鹬·蚌·鱼》（冯俐编剧、吴旭导演），这是一台带有先锋实验性质的儿童肢体剧。“鹬蚌相争，渔翁得利”本来是一个训诫故事。经过改编之后的故事，却将角色关系做了新的转换，使渔夫渔婆与鹬、蚌、鱼之间生发新的矛盾和新的行动。本剧叙事有创意，形式有新意。肢体、偶、音、画的有机融合，彰显了中国符号和民间艺术的魅力，注重肢体表演、没有语言障碍的演出，也便于到国外巡演，增强中国儿童剧的传播力。

7 月，由在日朝鲜作家郑义信编剧、缪歌导演的《杏仁豆腐心》在繁星戏剧村上演。该剧由于关注弱势群体，将复杂的社会问题精巧地蕴含于一对情侣的个人遭遇和关系变化中而备受观众喜爱。全剧是一对即将分手的情侣临别前的长谈，在长谈中展现一个挣钱养家的女子和一个居家男人间的情感纠葛。

7月，《马》(彼得·谢弗编剧、班赞导演)在北京人民艺术剧院实验剧场上演。剧中，17岁的少年刺瞎了马术俱乐部6匹马的眼睛，老板对此恨得要命，法官认为他有精神病，把他送到精神病医生那里。医生厌倦自己的工作，他老是做着同一个噩梦，梦中他是一个大祭司，拿着一把长剑划破孩子们的肚皮，看着他们的内脏流出来，看他自己的脸上流着玉色的汗。医生抽丝剥茧般剥开了少年的心路历程，父母不和谐的婚姻，母亲的性冷淡和对于基督教的虔诚，父亲对家庭生活的不满，导致少年对于马倾注了特殊感情。他曾在深夜跪在一幅马的图画前祈祷，也曾在深夜背着老板把马牵出去独自狂奔，他抚摸马匹汗津津的脊背鬃毛，感受到特殊的心理快感。马术俱乐部的女孩子基尔带着少年去看成人电影，少年却发现父亲也在这里，三个人非常尴尬。基尔带着少年来到马场，脱去了他的衣裳，可是少年无法接受基尔的身体，因为有6匹马的眼睛在盯着自己。他赶跑了基尔，在对自己和他者莫名的愤怒和绝望中，刺瞎了马的眼睛。医生了解少年，他似乎也体察了自己的内心。本剧在空的舞台上，以细绳悬挂六边形框架作为主要表演区，内中只有条凳和六边形桌子，可旋转、发光的六条边线时而紧贴地面，表现日常的生活；时而转向空中，构成扭曲的线条，外化心灵的黑暗时刻；时而组成屋顶的轮廓，表现一对青年人幽会偷情的场景。天幕附近的一条长凳，构成少年的病室。

8月，颜永祺导演的全男版《普拉东诺夫》在鼓楼西剧场上演。在对原著进行了较大幅度的改编后，该剧以5个角色的自白贯穿故事主线，由5位男演员扮演所有人物。普拉东诺夫由一人扮演，其余4位演员除扮演女性角色外，还要串演一个男性角色。在裙子和裤子之间，在胡子、帽子、马甲、毛巾等道具的辅助下，角色转换十分便捷。几位演员都十分出色地完成了角色形象的塑造，对于女性角色的诠释也没有刻意在男扮女上制造反差，博取笑声，而是非常忠实地表现几位女性的特点。安娜夫人的优雅、索菲亚的清高、萨沙的卑微、玛丽亚的暴脾气都令人印象深刻。普拉东诺夫的死和女人们的落寞指向人们对浪漫而无着落的痛恨，但又总是迷恋浪漫的无奈循环。虽然在形式上有所创新，对内容的改编也使情节更加清晰，对原著思想的体现也十分到位，但由男性演员扮演女性角色在这部作品中并不如在喜剧作品中那样令人乐于接受。

11月，由武汉艺术学校和话剧研究所联合出品的小剧场话剧《家长会》(林蔚然编剧、郭蔡雪导演)在先锋剧场上演。剧中围绕着某高中举行的分班英语考试，四个平时成绩相差很大的学生却考出了一样的高分，而且每个人的对错都一样。教导主任荣久瑛开始追查此事件，竟然发现有试卷被盗情况。他找来了家长，讨论如何处理此事。于是班长刘学、学霸女生、体育生、官少爷、暗恋学霸的男孩演绎了一场“罗生门”式的争辩。“创作者采取了倒叙和插叙的手法，让舞台场景在家长会当天与考试前四位学生的生活交替出现，并通过墙上的电子屏显示时间的切换，进一步渲染了本就弥漫在剧场中的悬疑气氛，使剧情解谜的节奏更加紧凑，跌宕起伏的情节、充满张力的表演，调动着观众的思绪和情绪。”[①] 此剧涉及学校内外的文化环境，引导人们思考教育的本质到底是什么，以及怎样的人生才算成功。

10 月—12 月，鼓楼西剧场将其引进、制作的直面戏剧——中国人演出的外国剧进行了集中展示。演出的剧目有马丁·麦克唐纳的代表作《枕头人》《丽南山的美人》，具有强烈直面意味的波拉·沃格尔的《那年我学开车》，玛莎·诺曼的《晚安，妈妈》及英格玛·伯格曼的《婚姻情境》。

《枕头人》加入了新演员，由王子川接替赵立新扮演卡图兰。该剧经过四年的小剧场演出，未来将搬上大剧场舞台。《那年我学开车》不但由关皓天、孙语涵接替李晔和张晔子饰演主角，更由导演孙悦对剧本进行了重新解读。77 岁高龄的中央戏剧学院教授林荫宇与青年演员刘丹演出的《晚安，妈妈》，在一对平凡的母女之间展开了一场对于生存选择、个人价值的对话和斗争。林荫宇曾在 1993 年执导该剧，此次在剧中饰演母亲。这一版本与当年的版本相比，没有过多的表现性手法，而是以较为自然的方式诠释了一个忧伤而深刻的故事。林荫宇的表演，自然中带着节奏感，虽然整场戏只在客厅的方寸之间打转，但能看出母亲从疑惑、生气、愤怒再到劝慰、阻止、绝望的整个行动和情感线索。

六、港台戏剧的发展

因特殊的社会文化环境，香港和台湾地区的话剧创作总能为内地观众展现不一样的风采。2018 年，除了经典剧目《宝岛一村》《如梦之梦》《最后 14 堂星期二的课》继续在内地巡演外，还有香港话剧团的经典剧目《亲爱的，胡雪岩》、“非常林

① 胡一峰：《以艺术的形式找回教育的初心——话剧〈家长会〉观后感》，《中国文化报》2018 年 12 月 3 日。

奕华”的《聊斋》和台湾地区早年成立的戏剧团体“兰陵剧坊”带来的《演员实验教室》。

9月，香港话剧团经典作品《亲爱的，胡雪岩》在北京天桥艺术中心上演。该剧创作于1998年，编剧潘惠森在2016年重新打磨该剧。导演司徒慧焯用现代感十足的舞台空间传递中国历史文化意味。

11月14—18日，香港演出团体“非常林奕华”带来原创话剧《聊斋》。故事其实与蒲松龄的《聊斋》没有直接关系，但剧中蒲先生与胡小姐的故事也是一个充满了诡异色彩的爱情故事。蒲先生是一位畅销书作家，但在图书销售陷入困境后，只能改行做起了手机APP。他开发了一个程序叫作“斋聊”，可以设定聊天对象的外貌和谈话风格。而他正在实验的对象正是以他的前妻胡小姐的面容为样本。此时，蒲先生住进了一个酒店，在这个房间有一个热恋他的女记者曾经自杀，而他也在这里认识了胡小姐。他们结婚生子，但儿子夭折，蒲先生不断有外遇，二人终于离婚。之后，蒲先生再婚，胡小姐周旋于小情人和前任之间，但二人多年后相遇还是觉得深爱彼此。在蒲先生与手机里的胡小姐的对话中，展现出男女之间微妙的情感变化。人与人之间如何相互吸引？为什么要和陌生人聊天？这部作品并没有解答这些问题，只是在情感的旋涡中迷惑、困顿。林奕华的作品向来以出色的舞台效果著称，声光的配合、布景的多变、调度的灵活将碎片式的叙事装点得丰富多彩，但有时也有淹没叙事的感觉。张艾嘉、王耀庆两位影视明星赢得了不俗的上座率，而两人的表现也不负众望。谢幕时，张艾嘉表示希望观众们通过该剧重新相信真爱的可能，憧憬爱情的美好。

11月16—17日，刚刚结束了在乌镇戏剧节的演出，《演员实验教室》又来到国家大剧院戏剧场。40年前，台湾地区一群年轻人在吴静吉博士的带领下成立戏剧团体“兰陵剧坊”（前身为耕莘实验剧团），开始了对戏剧艺术的学习。如今，这些人中已有多位成为台湾地区戏剧界的知名导演、演员，如金士杰、马汀尼、刘若瑀、李国修（已故）、赵自强等，而大部分人并没有从事戏剧工作。“兰陵剧坊”在20世纪80年代初成为台湾地区“小剧场运动”的主力军。随着众人各奔东西，“兰陵剧坊”也结束了历史使命。1983年，“兰陵剧坊”以训练和片段连缀的形式上演了一场《演员实验教室》。此次，该剧由金士杰、马汀尼、刘若瑀带领当年的伙伴以同样的形式再度呈现。但当年的众人在经历了40年的人生风雨后，对生命和戏剧的理解也呈现出别样的情怀。舞台以简单的三面围墙构成，左右各有两个门。在四场形体训练营造的静谧空间中，众人轮番演绎着自己的人生故事。从童年时代的丢裤子、被同学欺负、不停搬家到青年时代对未来的踌躇、倔强地坚持理想，再到中年回想与伴侣、父母的往事等，一段段真实的故事诉说着曾经的青涩、困惑和如今的成熟、释然。结尾曲《谢饭歌》的歌词仿佛把戏剧演出比作一桌饭，而戏剧的每个元素就像食材和调料，每种食材从种子到成熟再到做成一桌饭，就像演员的个人成长和戏剧的创作一样，都需要一定的时间。很多观众都被这一场质朴而真挚的演出打动，但也有人认为，该剧的内容和形式都太过简单。无论如何，该剧表达出的真诚与耐心的重要性还是颇值得创作者们反思的。

七、中外戏剧交流与合作

2018 年，外国来华剧目不断引发观剧热潮和评论界热议。跨国合作中的文化融合、改编名著的思考方式、舞台高科技与表演的结合、民族文化诉求等问题备受关注，说明外国戏剧在使人们不断开阔眼界、享受艺术的同时，更加深人们对世界各国戏剧艺术的了解，为我们深入思考民族文化定位和发展方向提供参考。

1 月，波兰导演格热戈日·亚日那改编自鲁迅小说《铸剑》的同名话剧在天桥艺术中心上演。几个月里，该剧陆续在上海、哈尔滨、北京上演，引发评论界热议。人们对该剧的评价褒贬不一，毁誉参半，这也说明该剧对于鲁迅文本的改编与舞台诠释存在明显的可争议点。一方面是对于文本的改编是否完美地融合了东西方文化内涵，另一方面是舞台呈现是否展现了戏剧内涵的丰富性和完整性。眉间尺的成长被分为四个阶段，由四个中国演员扮演，最后一个是女演员。成长被表现为一种从反抗到自由的过程，最后变成女性是因为亚日那认为牺牲精神是属于女性的。王的扮演者是已 70 岁高龄的波兰演员莱赫·洛托茨基。年龄感、异域风、波兰语，这种陌生的威严感就像后现代主义者面对理性主义的感受。王在该剧中被塑造成一种精神权威，太阳和时间是王之权威的象征。在西方文化语境中，理性主义和线性发展的观念与非理性主义和循环论经常引起争议。亚日那将这种冲突赋予眉间尺和王的对抗中，但这与原本的复仇故事存在一定的错位。在西方文化受到东方影响之后，重视感悟和圆融无碍的思想确实对西方的非理性文化有所加强，在文化融合的背景下，东西方思想有了融通的可能。而《铸剑》的故事本身又具有后现代主义意味的颠覆性。这让改编具备一定的基础。但无论是被王的权威治下的如监狱囚徒般的众人同化，还是表现母亲莫邪的慈爱，都显得与复仇故事偏离较远。从亚日那的一些阐释和表达愿望来看，我们能感到他是一位有创作理想和艺术追求的戏剧实践者。他将西方后现代主义对于理性传统的反抗与复仇故事结合，又将对人性自由发展的追求加诸同归于尽后的荒芜之上。但这样一部有意蕴、有设计感的作品却存在较大的接受障碍。首先，中国人对《铸剑》的复仇故事有比较稳固的印象；其次，对于西方理性文化的陌生也使王与眉间尺的对立变得隐晦；最后，过于炫目的发光服饰和投影没有与表演形成较好的对接。这一部虽不算十分成功的作品，大概会在日后为东西方戏剧交互影响的研究提供一个有意义的示例。

5月，由万方的中篇小说《杀人》改编的话剧《新原野》（万方编剧，［立陶宛］拉姆尼·库兹马奈特导演）在国家大剧院上演，由孔维、冯宪珍主演。万方说："作为一出戏剧，它和《原野》没有任何关系；但在我的生命中，又是有关系的。很多年前，我心里就萌生过一个愿望，写一部像《原野》那样的戏，戏剧性强烈，人物欲罢不能，冲突的升级难以遏制。说到底，《新原野》讲述的是人性，是人心底的爱与恨。"[①]《新原野》的故事发生在20世纪50—70年代的大栗堡子村，故事的主角是一对相依为命的婆媳——婆婆服仙和儿媳六团。六团被包办婚姻娶进家门，成了鞠生的女人。进城工作的鞠生看不上六团，一直闹着离婚，很少回家。六团与婆婆相依为命，过着守活寡的生活。三人之间的亲情在离婚拉锯战中逐渐升级、毒化，彼此对对方充满了怨恨。在婆婆失踪之后，村边的河流里发现了一具腐烂的女尸，六团一口咬定鞠生杀了亲娘，村里人也纷纷作证，鞠生被处以极刑。可是有一天遍身泥污、一脸愚钝的婆婆服仙回到家中，为了掩盖真相，六团动了杀机，掐死了婆婆，将其尸体扔进了河水里。导演拉姆尼·库兹马奈特是立陶宛最高戏剧大奖的获得者，她以女性的敏锐和现代的视角，反思这一人性的悲剧。其舞台处理突出了表现性的具象画面，烘托出苦难的生活里质朴而偏执的情绪氛围，舞台场景充满仪式感，演员的形体动作略带夸张，舞台呈现重在对人物心理的表现而不是对生活的还原。

8月，话剧《情书》（尚晓蕾、张越编剧，［俄罗斯］尤里·伊万诺维奇·耶列

① 王嘉敏：《〈新原野〉致敬曹禺》，北京商报网2018年5月11日。

明导演）由北京央华时代文化发展有限公司出品。此剧经过在美国及国内的山西、南京、武汉的演出后，在北京保利剧院上演。该剧讲述了20世纪70年代至今，北京的一对恋人路佳佳和张明亮跨越40年、远隔重洋的情感之路。从上课传纸条渐生情愫，到二人一个身在北京，一个远赴海外，各自成家立业，从少年到暮年，两人在一封封书信中坚守着纯洁的爱情。其间，又全景式地展现了40年中国社会的进步和变迁。告别主持工作后，首次登上话剧舞台的著名主持人周涛成为该剧的一大看点。从15岁到55岁，较大的年龄跨度对演员要求很高，周涛的表演生动、自然、恰如其分，得到了广大观众的认可。

2017年因《哈姆雷特》颇受好评的立陶宛OKT剧院2018年又来华演出了契诃夫名剧《海鸥》。奥斯卡·科尔苏诺夫导演的《海鸥》《哈姆雷特》与《在底层》，被并称为“排练场三部曲”。以导演本人命名的OKT剧院是立陶宛首都维尔纽斯的一个小剧场，观众与演员同在一个狭窄的空间中，就像在围观排练。一些与后台有关的元素，也贯穿在“排练场三部曲”中。

5月，英国国家剧院带来享誉多年的舞台剧《深夜小狗离奇事件》。该剧于2012年首演，曾获得七项奥利弗奖和五项托尼奖。该剧由西蒙·史蒂芬森改编自英国作家马克·哈登同名小说。该小说在2004年超越《哈利·波特》登上畅销书排行榜榜首。哈登本想为该书取名《阿弗的书》，而阿弗写书的过程后来成为舞台剧的主线。15岁的数学天才阿弗发现邻居小狗离奇死亡，而他也成为头号嫌疑人。在追查小狗死因的过程中，阿弗意外发现了多年前父母关系破裂的秘密。在发现是父亲杀死了小狗后，他踏上了前往伦敦寻找妈妈的旅途。阿弗是一名患有阿斯伯格综合征的孩子，而他又是一个对数字极其敏感，对逻辑思维有极高天赋的少年。在这样一番事件中，故事的发展并不曲折，而阿弗的怪癖、对事件的想法和数学游戏引起了人们极大的兴趣。在阿弗的心中，语言的隐喻是不可理解的，而事物的颜色和数量却让他感受到某种神秘力量。他不喜欢与人交流，只爱与他的宠物鼠为伴，而为了寻找真相他开始学着与人沟通，勇敢地踏上未知旅途。他心怀梦想，数学考试对他来说无比重要，而老师雪莉也成为他最信任的朋友，也正是雪莉鼓励他试着写一本书。最终一家人团聚，通过了数学考试、会写书、能去伦敦的阿弗相信自己可以做好任何事。一个男孩的成长故事，带给我们的既是青春的美好与无限可能，也是对精神多样性的尊重。该剧的舞台效果堪称一绝。导演玛丽安尼·艾略特和团队把整个舞台设计成一个充满科技感的魔方舞台。舞台上没有任何实景，892块LED灯箱，通过视频编程连接与操控，以点线面组成了阿弗的想象世界。所有支离破碎的信息、慌乱迷惑的情绪，都在舞台上以视觉化的方式呈现。墙上的方块是可以伸缩的机关盒子，不但解决了道具问题，更可以让阿弗沿着盒子形成的阶梯游走。科技手段与表演完美的结合令观众耳目一新，也为话剧的创新带来新的经验。

6月，法国巴黎北方剧院演出莫里哀作品《德·浦尔叟雅克先生》。该作品把芭蕾和喜剧混搭，勾勒出了一个打破一切规则、疯子称智为王的世界。罗马尼亚布加勒斯特国家剧院演出莎士比亚名作《暴风雨》。这是一台充满喜剧感和自由度的演出。本月还有俄罗斯联邦鞑靼斯坦共和国喀山卡查洛夫俄罗斯模范大剧院演出根据普希金同名小说改编的话剧《黑桃皇后》。7月，波兰卡齐米日·戴梅克罗兹新剧院演出了根据1924年诺贝尔文学奖得主波兰作家符瓦迪斯瓦夫·莱蒙特同名小说改编的《福地》。

9月，曾在2016年带来《喀布尔安魂曲》的巴西阿默克剧团在隆福剧场演出《萨琳娜——最后的脊梁》。该剧作者是法国作家洛朗·高岱，该作品于2015年在巴西里约热内卢首演。该剧创作灵感来源自非裔巴西人的传统文化，尤其是"Congado"（一种戏剧和宗教性的表演）和"Candomblé"（非裔巴西人的宗教），同时也融合了多种不同的文化元素，如希腊悲剧和非洲史诗等。萨琳娜是部落智者妈妈丽塔收养的孤儿。年轻的萨琳娜美丽动人，青春的萌动和野性的冲撞绽放在姑娘们婆娑的裙摆中。萨琳娜喜欢族长的小儿子卡诺，但却被其兄萨罗强占，生下儿子牧牧郍。萨琳娜恨意难消，在萨罗因战斗负伤时，拒绝挽救，只希望早早与卡诺成婚。萨罗的父母得知后，将萨琳娜赶出了部落，而卡诺对她的冷酷也让她更加愤怒。萨琳娜在绝望中生下了卡诺的孩子卡沃尼，而他也将作为萨琳娜复仇的利器。多年后，萨琳娜和卡沃尼已经成为部落族人闻风丧胆的魔鬼。萨琳娜杀死了族长西科索，并将其尸骨斩碎散落各方，将一块脊骨挂在胸前。族长妻子为让丈夫安息四处找寻他的遗骨。卡诺迎娶了一位年轻的女孩艾丽娅，他们生育了六个孩子。卡沃尼杀死了哥哥牧牧郍，痛苦不已，萨琳娜又亲手扼死了卡沃尼，并被抓回部落。最后，艾丽娅将最小的孩子送给萨琳娜，而萨琳娜也归还了西科索的脊骨。原始的信仰、血腥的复仇、温暖的和解，在一场场舞蹈、仪式中，一个遥远的故事讲述着人类原始野性的混沌之力和宽容与爱的温暖。据导演介绍，非裔巴西人在巴西这个多族群的国家地位较低，因大量负面描述普遍受到歧视，做演员也难受重视。这样一个讲述命运、复仇、和解的故事，正是这些非裔巴西演员寻找传统，重塑自我之愿的表达。

11 月，央华时代文化发展有限公司出品的以色列戏剧《犹太城》在保利剧院上演。话剧《犹太城》(约书亚 · 索博尔编剧、导演)。制作人称这是一部“交响乐般层次分明、结构多维”的舞台艺术作品。此剧表现 20 世纪 40 年代德国纳粹在立陶宛首都维尔纽斯建立犹太城，捕杀、围猎、摧毁犹太文化、灭绝犹太人。在隔离区里，犹太艺术家创建并维持了一个剧场，他们以艺术的形式、以生命的顽强，对纳粹进行不屈不挠的精神抵抗。

2018 年中国话剧的发展，基本呈现以下特征：

第一，戏剧节、展演季作为演出组织形式已呈常态，并向二三线城市甚至农村延伸。在北京、天津、上海等大城市已连续举办多年的首都剧场精品剧目邀请展、中国原创话剧邀请展、国家大剧院演出季、南锣鼓巷戏剧节、国际青年戏剧节、金刺猬大学生戏剧节、北京喜剧艺术节、天津大剧院演出季、上海城市戏剧节、上海国际喜剧节、乌镇戏剧节等继续为广大观众送上一系列国内外优秀剧目。除此之外，又有深圳南山戏剧节、三星堆戏剧节、潍坊乡村戏剧节等陆续开展。戏剧活动不但在经济发达城市不断增多，更逐渐向二三线城市延伸。

第二，在国家基金扶持下，地方院团作品纷纷开始巡演。国家艺术基金已连续四年支持话剧艺术创作、演出，一些多年没有创作大型话剧的地方院团重整旗鼓，纷纷推出大剧场作品。近年来，西藏、云南、陕西、宁夏、辽宁、黑龙江等地的话剧院团均有大型话剧作品来京演出。这说明，在国家政策扶持下，中国话剧的发展范围已经从东部向西部扩展。

第三，改编、重排剧增多。在原创压力较大的情况下，小说改编话剧和改编、重排经典成为许多创作者的选择。优秀的小说保证了作品的文学性，一定的接受基础也为宣传创造了便利。在立足传统、开拓创新的政策号召下，重排、改编旧剧也为话剧艺术的发展提供了另一条思路。

第四，常演剧目数量达到一定规模。在整理一年的演出剧目时会发现，很多剧目已连续演出多年，其中既有国家院团经典剧目、小剧场经典剧目、港台剧目，又有国外优秀剧目。这一方面说明经典作品的艺术魅力经得住时间的考验，一些能够把握时代脉搏、符合当下观众审美趣味的剧目也形成了较为稳定的接受群体；另一方面也说明优秀的原创作品数量有限。

课题主持机构：中国艺术研究院话剧研究所

主　笔：宋宝珍

撰稿人：宋宝珍

编辑、统筹：王　畔

2018 年度中国曲艺发展研究报告

摘要：2018 年是中国曲艺界重大活动举办比较集中的一年，也是曲艺事业发展不够充分、创作表演相对低迷的一年。一些重要的品牌活动，既激扬着行业的发展，也暴露出不小的问题。其中，艺术观念的模糊和专业基础的薄弱，呼唤着人才孵化的加强与理论修养的跟进。但普遍浮躁的创演环境和教育培训的不足，直接制约着艺术生产力的正常提升。尽管一些学术与艺术相结合的业界活动力图通过“拾遗补缺”来“雪中送炭”，以矫正行业发展的不均衡，也尽管有些曲种艺人走红网络直播的年度实践给曲艺在新时代的传播与生存展示出新的前景，但优秀曲艺新人才的缺乏和精品力作的匮乏，依然强烈警示：树立艺术自信，坚守自身传统，曲艺才有光明的前程。

关键词：2018 年度　中国曲艺　发展研究报告

中国是一个拥有 960 万平方千米陆地国土、56 个民族和 400 个左右曲艺品种的地理及文化大国，各地区各民族都有属于自己的曲艺形式。要在时间比较紧促、资讯无法周全、能力相对有限的情况下，对刚刚过去的 2018 年度全国各地各民族各个方面的曲艺发展状况做出较为全面的系统描述及学理价值的评估判断，实际上是不自量力的。好在这一年全国层面和相关机构组织举办的曲艺活动比较频繁，形式与内容也较为多样。一些活动的目的及宗旨可圈可点，所暴露的问题可为镜鉴；一些引人注目的创演实践，为盘点 2018 年度的曲艺发展提供依据；一些引发议论的事件，也为思考未来的曲艺发展提供警醒。还有一些特别的动态，看似属于不很普遍的个案，但却蕴含着新的动能，标示着新的路径，值得回眸驻足，也值得瞩目关切。

为此，我们借着这些已知的“窗口”，选取一些较有意味的“视角”，做一些必要的回顾与观察，为2018年度中国曲艺的历史图景写意留真，也给未来中国曲艺的健康发展存鉴立镜。

一、行业活动频繁集中，隐含问题值得注重：热点暴露着盲点

某种意义上讲，2018年度可以称得上中国曲艺界开展活动的“大年”。从3月在天津举办的“第九届中国曲艺节”，到6月在天津举行的“全国非遗曲艺周”，再到持续数月而于10月在江苏省扬州颁奖的“第十届中国曲艺牡丹奖”评选活动，包括7月底8月初在江苏省张家港举行的“第八届全国少儿曲艺展演”等，全国性的重大曲艺品牌活动在这一年间集中举办。与此相关的曲艺展演、竞赛和交流活动也在这一年间轮番举行。其中的一些活动，无论层级与规模，抑或作用与影响，都是空前的。通过这些活动，我们既可以观察当今中国曲艺发展状态和水平，包括政策导向与引领；也可以思考当今中国曲艺的发展困难与问题，包括偏向与短板。

3月25日至30日在天津举办的“第九届中国曲艺节”，是由中国文学艺术界联合会和中国曲艺家协会牵头主办、每三年举办一次的全国性曲艺交流展演的重要品牌活动，也是目前我国规格最高、规模最大、最具影响力的全国性曲艺盛会。本届中国曲艺节的主题为“曲艺的盛会、大众的节日”，旨在全面展示新时代广大曲艺工作者创作表演取得的新成果与新业绩。为期6天的活动，除了开幕式和闭幕式，共有3台优秀综合曲艺节目的组台专场、3台各地小剧场相声的组台专场及2场“送欢笑到基层”慰问演出集中亮相；来自全国各地的800多名曲艺工作者给天津的广大观众献上了总共15场形式多样的演出。但是，本届中国曲艺节一个十分令人疑惑的地方是共有“5台大型曲艺剧”参加演出，仅从名称上看，“曲艺剧”应当属戏剧的范畴，即便是由相应的曲艺形式生发转换而成的戏剧剧种（因绝大多数的地方戏曲剧种，都是在相关曲艺品种的基础上，变曲艺的演员本色叙述表演而为角色化了的人物代言表演所形成），不宜也不应纳入“曲艺节”，但被纳入曲艺形式交流演出，也未见有特别的说明。至于所指的具体节目，除了北京曲艺团参演的章回鼓书《古城暗战》本属曲艺节目却被误归为“曲艺剧”外，其他如《姜昆“说”相声》、四川曲艺剧《望红台》和津味曲艺剧《澡爷》均非纯正的曲艺节目，而原创河南方言剧《老街》更是采用河南方言表演的话剧节目。这种匪夷所思的“曲

艺节”演出安排，尽管从2005年第五届中国曲艺节闭幕式安排济南市曲艺团演出方言话剧《泉城人家》时就已经有过，但10多年过去了，依然将许多戏剧节目不加说明地作为曲艺节的参演节目来对待，至少说明业界对于什么是曲艺、什么是戏剧，或者说对曲艺和戏剧的区别与关联，还不是十分清楚，从而与相声表演的“小品化”、曲艺创演的“戏剧化”及曲艺团改革的“改行化”一道，共同构成了当今一些曲艺创演相当严重的“非本体化”或“去曲艺化”倾向。折射出来的潜在问题是业界的许多人不太懂曲艺，或者不大情愿再去搞曲艺；艺术自觉很难达到，艺术自信缺乏。在这样的曲艺盛会，由于这样掺杂进约占四分之一的“非曲艺”类节目，足见其中显现的艺术观念的缺失。即便在节目单上标示这些参演“曲艺节”的节目属于“剧”而非纯正的“曲艺”，但并没有特别的说明，至少在坚守本体和弘扬自身的意义上，是不够坚定的。证之整个行业尤其是一些主流曲艺团体多年来纷纷将原本非常有限的人力、物力和财力，不是主要用来进行曲艺的创作和表演，而是去做戏剧节目的创演和经营，从而助长“不务正业”的行业习气，并在客观上放弃了对于曲艺的坚守和弘扬。

6月8日至14日在天津举行的“全国非遗曲艺周”，是由中华人民共和国文化和旅游部与天津市人民政府在2018年“文化和自然遗产日”期间主办的重要主场活动，也是我们国家由政府主导开展对非物质文化遗产的保护工作以来，第一次举办的集中交流和全面展示曲艺类非物质文化遗产保护成果的全国性活动。活动的宗旨在于贯彻落实党的十九大精神及《中华人民共和国非物质文化遗产法》和《关于实施中华优秀传统文化传承发展工程的意见》。活动的内涵也非常丰富：不仅第一次将全国范围由国务院公布的迄今4批共127个曲艺类国家级非遗代表性项目及所包含的134个曲艺品种汇集起来进行展演，堪称有史以来我国曲艺界参与曲种数量最多的一次专业聚会，而且使来自全国各地193个国家级曲艺类非遗保护单位的各级传承人、保护工作者和专家学者近1500人齐聚天津，共襄盛举；同时通过6天20多台分类专业观摩和60多台170多个节目的下基层惠民巡演，以及4个展览研讨和交流座谈，赋予活动多样的形式和丰富的意涵。本次活动既是艺术的展示，又是学术的交流；既是工作的检阅，又是成果的共享；既是近年曲艺类非遗保护工作面向社会和民众的一次集中汇报，更是进一步推动曲艺传承“活态”开展的有力举措。活动对于激发曲艺传承人的文化自信心和艺术自豪感，形成曲艺保护的良好社会环境及舆论氛围，都有重大而深远的影响。本次活动可谓盛况空前，意义非凡。但是，即便这样的壮举和盛会，也难免折射出存在的问题，暴露着些微的遗憾。一方面，并非所有被公布为国家级非物质文化遗产保护项目的曲种样式及其保护单位都参加了此次盛会，得以接受检阅，也借机向祖国和人民做出更为全面和彻底的汇报。这说明个别地方的非遗保护工作还存在着“重申报，轻保护”和“重规划，轻落实”的问题。另一方面，曲艺周期间推出的成果展览，由展品到释文，都不同程度地存在着一些错讹。除了工作不够细致的原因，对曲艺缺乏了解及其知识的不够普及，也是其中的重要原因。同时，如《中国文化报》6月20日为配合对“全国非遗曲艺周”的专版宣传而刊发的“本报评论员”文章所指出的：作为演员以本色身份采用口头语言“说唱”叙述的表演艺术门类，曲艺的艺术存在样态及价值体现途径，就是通过从业人员不断推出优秀节目的创作和表演活动，持续服务于广大民众的日常娱乐和精神审美。这使曲艺的传承与保护必须要以“演出”的方式“活”在观众与听众中间，也使对于曲艺的传承与保护必然要以人为核心加以体现。本次“全国非遗曲艺周”的参演者中，既有92岁高龄的天津时调国家级代表性传承人王毓宝，也有年仅5岁的陕北道情幼儿爱好者，老中青少四代传承人同台献艺、争辉竞技，可谓传承有序。但也必须看到，观演的观众却多属老年人，非常值得重视和警醒。这使对于曲艺的传承与保护工作，不能仅止于聚焦保护的对象即曲艺本身，也要兼顾生存的土壤包括培育青年观众。此外，曲艺的节目创演总体上还比较低迷，其中的曲本创作尤其较为滞后。这使节目的思想内容较难满足观众的欣赏需求。而本次“全国非遗曲艺周”最受欢迎的节目，主要是传统经典的事实也充分表明，新创节目的不足和表演新秀的难见是曲艺发展的主要短板；曲本创作的乏力和优秀新人的培养因而成为扭转曲艺发展颓势的关键。而从“全国非遗曲艺周”个别参演节目所暴露的一些具体技术性问题去看，坚守曲艺本体、保持曲种特色是传承发展曲艺的核心；强化方言基础，张扬“说唱”特质，突出伴奏特点，讲求舞台美化，通过追求理论自觉来坚定文化自信，更是繁荣发展曲艺的基础与前提。只有新人的培养彻底跟上了，能使曲艺的特色充分张扬了，对于曲艺的传承与保护，才可说是达到了基本要求。①

10月15日在江苏扬州揭晓颁发的“第十届中国曲艺牡丹奖”，是由中国文学艺

---

① 参见《中国文化报》2018年6月20日“文化和自然遗产日”特刊。

术界联合会和中国曲艺家协会共同主办的全国曲艺行业最高专业奖项。本届牡丹奖共收到符合参评资格的报送节目 312 个，涵盖曲种 87 个，参评作者 57 人，参评演员 140 人。经初选、分赛区比赛和终评，最后共评出中篇扬州评话《玉山子传奇》、杭州摊簧《夏母训子》、四川扬琴《守望》、相声《我爱诗词》、沁州三弦书《十七棵松》5 个节目奖，王勤、蔡小华、徐宁、庄丽芬、何菊芳、杨锦龙 6 个表演奖，陆锦花、袁国虎、纪鸣亮、李丁、王舜 5 个新人奖，以及中篇苏州弹词《焦裕禄》、绍兴莲花落《催生鸡》、鄱阳大鼓《晒秋》、小品《等爱回家》4 个文学奖，总共 20 个奖项。同时，为褒扬取得卓越成就并对曲艺事业有杰出贡献的老曲艺家，特授予 90 岁高龄的单弦牌子曲表演艺术家赵玉明和 85 岁高龄的上海独脚戏表演艺术家童双春“中国文联终身成就曲艺艺术家”荣誉称号。但是，作为最具权威性的业界最高专业奖项，本届中国曲艺牡丹奖仍然存在着将本属戏剧形式的小品纳入曲艺奖项评奖，并授予小品剧本《等爱回家》中国曲艺牡丹奖“文学奖”。此前的多届中国曲艺牡丹奖评选已经有过此类情况。对于曲艺本体的深入思索和正确认识，因而成为业界的许多人士亟待补上的必修“功课”。

此外，7 月 31 日至 8 月 3 日在江苏省张家港市举行的“第八届全国少儿曲艺展演”，是由中国关心下一代工作委员会办公室和中国曲艺家协会等单位主办的全国性曲艺品牌活动。本届活动从 3 月底开始启动，共收到全国 27 个省区市和台湾地区及有关单位推荐选送的少儿曲艺节目 153 个。最终入选参加展演的优秀节目有 65 个，涵盖 45 个曲种。其中最小的演员只有 6 岁，新编原创作品占一半以上。近 400 名小演员在 4 天的展演中，共参加 6 场交流演出及 1 场优秀节目汇报演出，集中展示了近年少儿曲艺创演的丰硕成果。展演期间，主办单位还邀请少儿曲艺作者、辅导老师、理论工作者及优秀小演员共同参加了以“少儿曲艺发展途径探索”为主题的研讨会，展现了全国少儿曲艺事业蓬勃发展的良好态势。但从参演节目的整体状况及其水平看，符合少儿特点、表现少儿题材的节目还不是很多；对于少儿表演的技能拓展尤其是自我伴奏能力强调不是很够；集体表演和群口节目的数量也稍显偏多，急需通过加强辅导，予以扎实提高。

通过上述对 2018 年度几个覆盖面较大且层级较高的全国性主要曲艺品牌活动的“热点”梳理与“盲点”挖掘不难发现：2018 年曲艺的艺术交流及展演活动尽管十分热烈，价值与意义均比较重大，但隐含其间的一些观念偏误及盲目实践仍然值得重视。有关曲艺的基础知识和基本理论有大力普及的必要；业界的专业学习和理论武装也有大力加强的必要。

二、事业发展冷热不均，学术关切动作频仍：冰点催生出亮点

习近平总书记在十九大报告中指出："我国社会主要矛盾已经转化为人民日益增长的美好生活需要和不平衡不充分的发展之间的矛盾。"证之中国曲艺的发展实际，事实上也存在着"不平衡不充分"的问题与矛盾。换句话说，长期以来，中国曲艺的发展在地域、曲种、民族乃至内部的行当之间，都存在着事实上的不平衡或不均衡现象。比如区域之间，无论东部、中部和西部，还是北方与南方，尤其是城市和乡村，发展都很不平衡。再如曲种之间，由于历史和现实的种种原因，那些拥有较多专业团体的曲种，较之没有专业团体作为依托的曲种，发展较为良好；而那些具有音乐性本体构成的曲种，特别是以创演短篇节目为主的曲种，也比徒口讲说表演且以长篇节目为主的"大书"类曲种发展要好；各兄弟民族之间的曲艺发展，也存在着不够平衡的现象；而在行业内部，不同的行当之间，包括曲本创作和舞台表演、主体"说唱"和器乐伴奏、艺术创演和学术研究等之间，也存在着发展不够均衡现象。凡此都使曲艺的事业发展存在着诸多的短板，出现了许多的偏颇，影响了曲艺全面的进步与整体的繁荣。

为了扭转这些偏差，破解这些瓶颈，有关方面本着勇于负责的态度和敢于担当的精神，从抓"冷门"出发，以补"短板"入手，于2018年有针对性地举办了相关活动，着眼"拾遗补缺"，力争"雪中送炭"，使曲艺发展中那些长期以来鲜有人来问津的诸多"冰点"成为引人注目的工作"亮点"。

比如，10月13日—14日，在江苏省盐城市盐都区举办的首届"中国盐都·全国乡村曲艺发展论坛暨全国乡村优秀曲艺节目交流展演"活动，就是对于全国范围乡村曲艺当下发展的特别关切。由中国艺术研究院曲艺研究所、中国说唱文艺学会、江苏省曲艺家协会、江苏省群众文化学会和江苏省盐城市盐都区人民政府联合主办的此项活动，旨在贯彻落实《中共中央国务院关于实施乡村振兴战略的意见》，通过推动乡村曲艺的繁荣发展，充实丰富"美丽乡村建设"内涵。来自北京、吉林、山西、陕西、湖南、四川、安徽、浙江、新疆、江苏的40多位专家学者、80

多位乡村曲艺家及所携 20 多个曲种的 3 台近 50 个优秀节目参加了本次活动。该项活动的一个主要特点，就是通过学术座谈和艺术交流，高举弘扬乡村曲艺的大旗，搭建乡村曲艺家学习互鉴的平台，交流繁荣发展乡村曲艺的大计。论坛的主题也直白明了："如何发展乡村曲艺?"目的就是推动乡村曲艺在实施"乡村振兴战略"和"美丽中国建设"的过程中发挥更为积极的作用。正因如此，活动得到了业界同人尤其是乡村曲艺家们的热烈响应。主流媒体更是给予高度关注和积极报道：中央电视台不仅在 10 月 17 日综合及新闻频道的《朝闻天下》栏目做了及时报道，而且在 11 月 8 日戏曲频道的《戏曲采风》栏目做了专题报道。《中国文化报》不只做了消息报道，而且刊发长篇通讯，全面宣传活动情况。① 尤其值得一提的是，来自新疆维吾尔自治区的蒙古族曲艺家带来的曲种"陶力"及所演出的节目《江格尔·序章》，不仅在全国曲艺的交流舞台上较为罕见，而且引发了展演同行的浓厚兴趣，受到了盐都观众的特别欢迎。参与主办的各有关方面特别是盐都区人民政府因此受到极大鼓舞，表示要将这个独特的全国性曲艺及艺术交流活动作为长期平台与工作品牌持续举办下去，为全国乡村的曲艺发展继续做出积极的贡献。

再如，11 月 30 日—12 月 3 日，在江苏省扬州市举办的"首届'中国扬州·全国曲艺大书发展论坛及全国曲艺大书扬州书会'暨'第七届中国曲艺团长高峰论坛'"，则是对重视一直不够、发展相对冷寂的"评书评话"类曲种（即"说书"类曲艺中的"大书"）所做的特别关切。尽管 2016 年 5 月，此项活动的牵头主办方就曾与浙江省文化厅及杭州市有关方面在杭州举办过类似活动，但将对于曲艺大书的关切作为一项准备长期坚持的品牌活动予以确立和开展，此次活动则属首创。本次活动的目的是深入学习贯彻习近平总书记《在文艺工作座谈会上的讲话》精神，通过学术和艺术的双向互动，借助论坛和展演的相互激扬，结合曲艺大书在当今时代的发展实际，探讨并交流各地各类曲艺团体和机构在合力推动曲艺大书创演繁荣过程中的实践追求与现实路径，全面推进中国特色社会主义曲艺事业的发展繁荣。为此，主办方中国艺术研究院曲艺研究所、中国说唱文艺学会、江苏省曲艺家协会、中共扬州市委宣传部和扬州市文化广电新闻出版局不仅将论坛的主题确定为"如何发展曲艺大书"，而且将专门展演曲艺大书的"扬州书会"搭建成全国范围评

① 参见《中国文化报》2018年10月16日《曲艺家汇聚江苏盐城盐都区献艺》及10月23日王学思撰写的通讯《乡村曲艺发展沐浴阳光雨露》。

书评话艺术家的交流平台。为此，首届“扬州书会”共组织了“名家示范”“中坚展演”和“新秀展示”三类专场表演。来自北京、天津、上海、辽宁、湖北、四川、重庆、浙江、福建、江苏等地全国知名的曲艺大书（评书评话）艺术家，包括北京评书名家刘兰芳、连丽如，湖北评书名家何祚欢，苏州评话名家陈景声，扬州评话名家沈荫彭、杨明坤等老中青三代共30余位代表性演员参加了演出，其中年龄最大的80多岁，最小的20多岁；涉及的曲种有北京评书、湖北评书、四川评书、扬州评话、苏州评话、常州评话、杭州评话、绍兴评话、宁波评话、福州评话共10种。同时，为尊重大书表演叙事、抒情、说理、明知与写人、状物、绘景、传神有机结合而细说慢表的艺术特点，彰显大书艺术丰富的文化内涵，要求每个参加交流展演的节目必须达到30分钟左右的时长，以此张扬曲艺大书由徒口讲说表演和长篇连回节目共同构成的形态特征，矫正长期以来因急功近利的浮躁心态和“短平快”式的创演经营，使得“说收拾寻常有百万套，谈话头动辄是数千回”的曲艺大书存在的严重的“碎片化”偏向；引导蕴含着十分丰富的文学内涵与非常高超的语言魅力，具有激浊扬清艺术功能和惩恶扬善美学传统的曲艺大书艺术，按照自身特有的创演规律健康持续发展。

由于“首届‘中国扬州·全国曲艺大书发展论坛及全国曲艺大书扬州书会’”与“第七届中国曲艺团长高峰论坛”整合主办，所以，在论坛结束之际，全体与会代表还面向全国同行和社会各界发布了有关繁荣发展曲艺大书的《倡议书》，特别指出：“一个时期以来，以徒口讲说表演和长篇连回节目为基本特征的曲艺大书，生存发展面临许多困难，创演经营出现不少偏差。一方面，普遍浮躁的创演态度，严重影响着精品力作的出现和优秀人才的成长；另一方面，拼盘式、综艺化的单一性演出经营方式，以及片段化、时限性的表演比赛机制，极大地助长了急功近利的‘短平快’式创演，导致存在着‘碎片化’的艺术评价偏向。特别是新人的奇缺、原创的匮乏、书场的缺失和听众的老化，更使曲艺大书的生存与发展，缺少必要的人才条件与环境依托，出现了空前的困难与多重的危机。急需我们包括社会各界通过各种努力，加以关切和矫正。”同时表示：“如何繁荣和发展曲艺大书，首要任务是遵照曲艺界的良师益友、老一辈无产阶级革命家陈云同志生前的嘱托：‘出人、出书、走正路。’出人，就是要不断培养大批曲艺大书的创作和表演人才；出书，就是要持续推出大量优秀的曲艺大书节目，尤其是长篇连回节目；走正路，就是要按照曲艺的自身特点，遵循大书的创演规律，坚持长篇节目的主体格范，弘扬警世醒人的美学传统。不媚俗迎合，不趣味低级。当前情况下，尤其要全面领会和正确把握‘出人、出书、走正路’的思想内涵，统筹开展‘出人、出书、走正路’的艺术实践：通过不断创演优秀长篇新节目锻炼队伍也推出精品，借着持续满足听众观众的欣赏需求砥砺技艺也提升水平。不因循守旧，会开拓创新，在大力培育优秀新人和大量推出精品节目的实践中，造就大书繁荣的新时代，成就曲艺大书的新辉煌。”为此呼吁：“曲艺大书界尤其要树立远大理想，振奋艺术精神。要按照习近平总书记有关文艺工作的重要论述，坚定文化自信，坚守自身格范。既要传承好前辈先贤留下来的看家经典，又要加强新节目的编演特别是现实题材节目的创作，不断推出讴歌党、讴歌祖国、讴歌人民、讴歌英雄的精品力作；既要创作和表演现实需要的短篇节目，更要下大力气创作和表演能够真正代表大书特点和独特魅力的优秀长篇新节目。面对艺术传统日渐式微的客观实际，尤其要把曲本创作的文学性追求放到更加重要的核心位置，通过对故事情节的引人编排、人物形象的丰满塑造、语言表达的生动运用及思想感情的丰沛酝酿，全面张扬说书表演的‘立体文学’传统。要牢记‘评书无评，如日无睛’的艺谚诫训，通过注重‘评说’表演的思想引领，彰显大书艺术丰富的文化内涵。让英雄形象、美好情感、不屈精神与正义之声，成为曲艺大书所以引人入胜的‘立身之本’。在讲好中国故事、振奋民族精神的审美创造中，熔铸曲艺大书的自身精魂。”①

又如，中国曲艺家协会的机关刊物《曲艺》杂志在 2018 年第 10 期也推出“让长篇书目再次‘长’起来”的“特别策划”专题，组织了 5 篇文章，对曲艺说书类曲种一个时期以来不够注重长篇节目创作、很少见长篇节目演出和长篇节目在承续说书艺术方面的重要价值与意义等问题，进行了集中探讨。内容涉及长篇演出与书场机制、长篇传承与艺术发展、长篇创演与文化自信，等等。牵涉的曲种，包括苏州评话、苏州弹词、北京评书、河南坠子和四川评书。参与讨论的作者有学者评论家，也有艺术家。对于推动曲艺长篇节目的创演，全面继承和弘扬曲艺的艺术传统，发出了可贵的警醒，具有积极的作用。

还如，由中国文联理论研究室和中国曲艺家协会于 9 月 26 日至 29 日在广西百

① 参见《中国艺术报》2018年12月12日第6版以整版篇幅刊发的专题报道《坚守曲艺大书格范　激扬曲艺大书传统》。

色举办的“第三届全国曲艺理论学术研讨会”以“新时代新曲艺”为主题，就“新时代现实题材曲艺创作的社会价值与现实意义、中华美学精神与中华曲艺、文化自信与曲艺创新发展、曲艺艺术的接受美学研究”等论题进行了深入交流和研讨。对于当前曲艺的创作表演和发展繁荣，具有一定的思想启迪和理论意义。

与此同时，原本比较冷寂的曲艺学研究在 2018 年也有不同程度的推进。其中的一些成果，可以说实现了相应的拓展与深化。比如，作为 2014 年度立项的国家社科基金重大项目“（苏州）评弹历史文献资料整理与研究”的阶段性成果《中国苏州评弹社会史料集成》（上、中、下三卷，360 万字）于年初完成，并在 5 月由商务印书馆出版。这部由该项目首席专家、上海师范大学教授唐力行主编的大书，通过对明清之际即苏州评话和苏州弹词形成以来，散见于报纸、期刊、档案、方志、笔记、回忆录、口述等资料中的相关文献进行钩沉爬梳和分类编订。一方面，该书完整直观地披露了苏州评弹自明末清初诞生以来的艺术发展与历史变迁，反映了苏州评弹与江南社会尤其是上海都市文化的密切关联，为学术界的相关研究提供了更为丰富和翔实的资料文献基础；另一方面，集中而又多向地反映了苏州评弹在上海都市发展起来以后的异常繁荣面貌，如书场众多、听众多样、与广播电台及报刊等传媒关系密切等，对深化苏州评弹的历史研究、发掘上海都市的文化内涵，具有非常重要的基础性作用。再如，有关宋代唱曲形式“唱赚”与“覆赚”及其关系的研究有所推进。四川师范大学文学院赵义山教授发表在《文艺研究》2018 年第 7 期的文章《“唱赚”与“覆赚”考论》，通过对相关资料及文献的重新研究与解读，对宋代“唱赚”的体式构成、发展阶段及相关概念的名实关系，进行了较为全面和系统的梳理与考辨。文章指出：“唱赚作为一种套曲体，有缠令、缠达两种构套方式，但学界或将唱赚与缠令、缠达放在同一逻辑层面，并列为三种曲式，不妥；在南宋初期，张五牛创制一种名为【赚】的曲调，有人据此认为唱赚产生于南宋，亦不妥；唱赚到南宋中后期又出现覆赚一体，或以为覆赚是南诸宫调，也不妥。”进而指出：“宋代之赚曲，实即金元北曲之套数，覆赚即应相当于北曲之联套。”又如，为纪念改革开放 40 周年，一些媒体组织发表相关文章，对 1978—2018 年曲艺的观念碰撞、思潮演变及基础研究等状况做了不同程度的回顾与梳理[①]，对于思考当下的曲艺发展并推进曲艺学研究的深入开展，具有一定的参考意义。

三、艺术传承后继乏人，偏离本体让人忧心：痛点提醒着难点

曲艺是综合性较强的表演艺术，衡量其健康持续发展的根本，说到底是创演的繁荣。而创演繁荣的核心指标是人才的辈出和节目的引人。

然而，2018年度的中国曲艺界，许多艺术名家的纷纷离世，给整个行业带来了巨大的悲痛：1月18日，73岁的相声名家丁广泉在北京去世；8月5日，81岁的女相声名家魏文华在天津去世；9月7日，88岁的相声名家常宝华在北京去世；9月11日，84岁的评书名家单田芳在北京去世；9月21日，82岁的相声名家刘文步在天津去世；9月28日，66岁的相声名家师胜杰在哈尔滨去世；10月3日，61岁的著名弦师穆祥征在北京去世；11月30日，76岁的相声名家常贵田在北京去世。这些知名曲艺家的先后离世，在给广大曲艺界及爱好者带来一次又一次沉痛冲击的同时，引发的是对曲艺发展后继乏人的自然喟叹与深切忧思，从而也再一次触及了影响曲艺繁荣发展的真正“痛点”与“难点”。

更为不堪的是，放眼2018年，一些堪称主流和重镇的专业曲艺表演团体，纷纷举团排演大戏而疏于曲艺本职创演的现象，更是继续加剧着曲艺发展不断偏离本体的顽疾。如前所述，不但2018年举办的“第九届中国曲艺节”上有4台非曲艺的“剧目”上演，而且本年评出的“第十届中国曲艺牡丹奖”中，还有“小品”的剧本入选。一些省市级乃至国家级的曲艺表演艺术团体，更是排演着本非自身艺术的各式大戏。比如，重庆市曲艺团上半年排演了“曲艺剧”《啼笑因缘》并在天津和成都等地巡演；河南省曲艺团继前些年连续排演了《老汤》和《老街》两部方言话剧之后，2018年又提出筹划排演第三部方言话剧《老家》；而中国广播说唱团在6月排演了“相声剧”《风吹水面层层浪》；广东音乐曲艺团11月也排演了“大型情景器乐剧”《扬帆大湾梦》。这些本属业界梁柱的专业团体在2018年陆续排演戏剧节

① 参见《文艺报》2018年12月3日发表的《曲艺发展：创新莫丢本体》，《中国艺术报》2018年12月19日推出的“庆祝改革开放40周年特刊”第42版文章《改革开放40年来中国曲艺的演进轨迹及潮汐脉动》及《中国文化报》2019年1月9日发表的《改革开放40年中国曲艺学研究：奠基与提升》。

目的状况，很大程度上并非完全出于对自身团体“多才多艺”的刻意展示和“多种经营”的特殊考量，而是另有因由。一些排演大戏的团体及其主创有的认为他们所排演的“曲艺剧”或“相声剧”就是属于曲艺或者相声；或者更进一步认为这种做法属于“改革创新”的范畴，是对传统曲艺的“革新”与“发展”。而从此类似是而非的理念出发，许多同行并不认为自身的创演偏离了曲艺的本体，甚或是对曲艺本体的“丢弃”。对自身艺术革新发展的误解之深，以及坚守本体和弘扬本真之难，也就可见一斑。

而要弥补正确艺术观念的缺失，扭转这一现象的唯一途径和办法，就是大力开展相应的专业学习和深度的教育培训。因为，传统师徒收授机制的基本式微和现代曲艺教育的长期贫弱，致使大多数的曲艺从业人员无法得到相应全面和较为系统的专业基础训练，导致有关曲艺的基础知识和基本理论，不够普及和牢固。客观地说，2018 年度曲艺界开展的各类培训活动并不少，但真正涉及专业技能及基本理论的培训不多。如从 9 月初在北京举办的“中国曲协第八届理事会理事培训班”，到 6 月至 7 月和 8 月分别在西藏和新疆举办的“西藏自治区民族曲艺工作者培训班”“第三期边疆民族地区（新疆）曲艺工作者培训班”，到 5 月和 7 月先后举办的两期“曲艺网络编辑、创作、推广人才培训班”，以及 8 月、9 月和 11 月分别在山西长治和陕西延安等地举办的“首期中国曲艺之乡（名城）管理服务干部培训班”“首期全国曲艺小剧场经营管理人才培训班”及“全国曲协业务干部培训班”等来看，组织管理性的工作培训居多而业务性的进修培训偏少。即便如 12 月在广东惠州举办的“第十期全国曲艺创作高级研修班”，虽然是对曲本创作高端人才的集中培训，但课程内容的设计却不甚理想，为数不多的几次专家讲座却请了戏剧小品表演及影视文学方面的老师，讲授的内容也主要是戏剧及影视的创演。尽管“他山之石，可以攻玉”，可面对整个行业普遍缺乏自身艺术基础知识和基本理论的现状，此等课程内容不太聚焦的高级创作研修班，效果势必大打折扣。而有的培训，如天津艺术职业学院及其中国北方曲艺学校本年度承担实施的“中国非遗传承人群（曲艺鼓曲）研培班”，由于学员多为基层的民间艺人或业余爱好者，真正专业的创演者报名前来参加学习的极为稀少。9 月在沈阳举办的国家艺术基金资助的“北京评书表演艺术人才培养班”项目也有类似情况存在。所以，其所培训的社会效果，也就很难在负有提高职责的专业团队中发挥影响与作用。也正由于此，本年度各地的小剧场相声演出虽然热闹，但从国庆假期播出的由央视等单位主办的“首届中国相声小品大赛”决赛的许多相声新秀的实际表现看，小剧场相声的演出水平还远远达不到上乘；主要来自各地小剧场相声班社的这些年轻演员，依然需要在基本技能和文化基础上多下功夫。这也使得 8 月在上海嘉定举办的“首期曲艺小剧场创作人才培训班”，看上去是一场十分难得的“及时雨”，但从办班培训仅仅 3 天的时间及培训内容同样十分单薄的教学安排观察，“形式大于内容”已然成为 2018 年曲艺行业开展培训的主要病症。

当然，2018 年也有一些学术及艺术交流活动，由于聚焦曲艺的传承与发展，客观上也对曲艺的艺术传承和人才孵化，发挥了积极作用。比如，5 月 10 日至 13 日在浙江省绍兴市举办的“第二届中国浙江·全国曲艺传承发展论坛及观摩交流展演暨中国浙江（绍兴）·全国曲艺小书（弹词、走书）传承发展论坛及观摩交流展演”活动，由于汇集了来自上海、江苏、山东、新疆、四川、陕西、河南、湖北、江西、广东、浙江的 30 多位专家学者和 20 多位曲艺保护工作者，聚拢了 28 个曲种的 150 多位各地曲艺传承人及 7 台近 50 个优秀曲艺节目，组织全国范围具有代表性的老中青三代弹词、走书艺术家集中进行了“名家示范”“传承中坚”“新秀展示”及“绍兴曲艺（绍兴平湖调、绍兴摊簧、绍兴评话）中篇节目《陆游》”等 7 个专场的交流演出。活动分“经验交流”“传承体会”和“学术探讨”三个板块集中探讨了曲艺小书（弹词、走书）的传人培养和未来发展，不仅让参加交流展演的各地曲艺传承人有机会相互观摩，而且让他们得以与参加论坛的专家学者互动交流，从而实现了互鉴学习和共同提高的活动初衷。再如，10 月 26 日—27 日在重庆举办的“2018‘沙坪坝文化杯’第四届全国故事交流展演”活动，也为全国范围的故事讲述表演者搭建了一次集中交流和共同提高的平台。又如，11 月 1 日—3 日在河北省河间市举办的“第五届中国河间·西河大鼓发展论坛及西河大鼓书会”，同样是对西河大鼓传承保护及传承人培养的一次促进。还如，11 月 9 日—11 日在广西桂林举办的“2018 广西·桂林渔鼓交流展演及传承论坛”及 12 月 27 日—28 日在上海市徐汇区举办的“曲集江南风·艺汇辉煌路——庆祝改革开放四十周年长三角地区（沪、苏、浙、皖）曲艺类非遗精品节目交流展演”及“曲艺传承保护工作座谈会”等，都是为了曲艺的保护和传承人的培养，所组织搭设的交流平台及提高手段。这些情形也在令人欣喜地表明，曲艺的艺术传承和人才培养虽让人深感疼痛并且存在令人格外忧心的痛点与难点，但却也是有关方面没有轻易忽视或者放弃努力的工作重点。

10月16日—25日在苏州举行的“第七届中国苏州评弹艺术节”，虽属苏、浙、沪区域性曲艺交流和展演活动，但本届是由中国曲艺家协会和江苏省文联共同举办，仍然表明其比较重要。虽然一些年轻新秀的舞台表现可圈可点，但从来自15个专业团体包括部分民营社团演出的全部21台节目看，除了19个源自13部传统长篇的经典选回，其他新编中短篇节目的整体质量依然参差不齐；曲本的质量和演出的呈现，均有打磨的空间。其增设评话专场和票友专场的演出安排，对矫正重弹词轻评话的工作思路和培育能使苏州评弹持续发展的群众基础大有裨益，堪称本届活动的一大亮点。但以全国范围发展水平较高的这两个曲种的应有状态考量，本届艺术节的整体水准仍然不够理想。

此外，国家艺术基金2018年度的青年艺术人才创作扶持项目中，也有重庆的袁国虎和申开宇等曲艺界新秀获得资助；所资助的小型节目和作品创作项目中，共有12个曲艺节目及作品获得立项。涉及的曲种，包括相声、二人转、长子鼓书、福州评话、四川竹琴、苏州弹词、常德丝弦、河南坠子、京东大鼓和三弦平调，等等。国家层面的这些对于节目创演的政策性扶持，同时也是对于创作人才的切实孵化，无疑会发挥积极的作用。

四、网络直播未艾方兴，创演水平亟待提升：看点引发的观点

近些年来，曲艺的艺术和文化传播，也与其他的艺术及文化传播一样，随着互联网的迅猛发展，既面临空前的挑战，也获得了难得的机遇。一方面，许多曲艺的音像节目在互联网上被盗用和无偿使用，导致曲艺家们的知识产权无法得到有效的保护，创演的动能和积极性受到严重挫伤；另一方面，网络传播的海量需求，使得现有的曲艺创演阵容及其视频制作质量，难以满足现实的需要。网络上的精品曲艺节目，总量依然十分稀少；同时，也有一些思想较为活络的曲艺工作者，非常注重运用互联网来传播自身的创演成果，并且收到了较好的社会效果及良好的经济收益，取得了相当的艺术声名。特别值得一提的是，有些地方及曲种的中青年个体艺人，通过相应的网络平台如“快手”等注册开通自己的“直播间”，定时网络直播，

为传统曲艺的现代发展注入了新的内涵，带来了新的生机。

如果说，过去两年间陆续开通的一些曲种艺人的网络直播还处于模仿适应的阶段，从 2018 年起，在一些地区的曲种及其艺人那里，网络直播已然发展成为一个具有趋向性的时代看点。代表性的例子，就是陕北榆林和延安流行的陕北说书及其艺人纷纷开通网络直播的普遍实践。

陕北说书作为曲艺“小书”的一种，表演形式通常为一至二人自弹三弦兼击节子板或拉二胡等，说唱相间地叙述表演。唱词通俗，唱腔丰富；粗犷激昂，风趣生动；表演灵活，弹奏简劲；叙事抒情，十分引人。据不完全统计，现今从事陕北说书或者兼事陕北说书的职业性艺人，在榆林和延安多达 2000 余人；近年“触网”开通直播的在 1000 人左右；常年坚持并有自己稳定“粉丝”的“网红”性艺人也在 300—500 人之间。这些“网红”艺人的影响力也各有差异，如榆林市靖边县的女艺人马美如，嗓音甜美，年轻可爱，拥有“粉丝”120 多万，在线观看她直播表演的日均为 2 万多人，保守估计其每天的收入也在 10000 元左右；其次如延安的高小青、贺丽和榆林的张小飞，“粉丝”分别在 50 万、40 万和 30 万左右，每天观看其表演的在 2000 人左右，日均收入也在 1500 元上下；而像榆林的曹张萍、薛和平等艺人，每天也有 800 人左右观看他们的演出，日均收入不下 500 元。网络直播的开通，不只极大地增加了艺人收益，也在一定意义上传扬了陕北说书艺术，而且大大增强了艺人们的文化自信，有力激扬着作为国家级非物质文化遗产保护项目的陕北说书的艺术传承；同时，也突破了过去陕北说书主要在庙会和节日演出的传统传播方式，使陕北说书在当今的艺术传播时间和空间上大为扩展。目前，不仅全国 20 多个省区市都有陕北说书艺人的铁杆“粉丝”，就是海外的曲艺爱好者包括远在国外的陕北籍人，若想纾解乡愁、抚慰心灵，也能在手机上及时获得相应的艺术慰藉。①

以陕北说书为代表的此类曲种艺人的“直播”表演搭上了互联网的传播快车，也契合了曲艺传播的现实需求，更方便和满足了当今时代人们欣赏曲艺节目的即时性习惯和多样化要求，可以说打开了曲艺生存的新空间，开启了曲艺传播的新时代。只要技艺精湛、节目精彩、思想精深、服务精到，各类曲艺尤其那些主要是连

---

① 参见2018年12月10日《中国文化报》驻陕西记者秦毅采写的通讯《张小飞：互联网 + 陕北说书让我成了“网红”》。

回表演长篇节目的“说书”形式，必将迎来发展的美好春天。但是，现在这些曲种艺人的网络直播，更多是对其他娱乐性直播的模仿与追随，甚至存在着远离本身作为曲艺艺人的技艺特长，而在直播中过多掺杂许多民歌演唱、段子述说乃至扮怪搞笑等内容，极大地稀释和扭曲着原本独特清新的曲艺直播形象。这是当下网络直播能否得以健康持续发展的核心与关键问题，即一定要有大量真正坚守曲艺本体而以曲艺节目作为直播主体的杰出曲艺家及其数量与质量都很高的精品力作来支撑。特色独具、内容为王和品质优良是网络时代成功传播的根本前提，也是曲艺发展顺应时代潮流的唯一出路。

当然，从现有的直播情形看，除了要避免将所擅长的曲艺表演“噱头化”“碎片化”和“泛娱乐化”，另外存在的一些问题，尤其是其与商业倾向关联的种种做法，更应引起特别的注意。比如前述陕北说书艺人的“直播”表演，那些已然成为“网红”的艺人已不只是“互联网 + 陕北说书”的传播经营者，同时也已成为商家追逐的获利合作者。情境式的直播场景选择、嵌入式的产品组合摆设和应答式的网络互动话语，都属“软性广告”的刻意操作。一旦对于场景、摆设和应答的强调超出了艺术表演的审美范畴，或者占用直播表演的时间，则对作为曲艺表演的网络直播势必造成冲击乃至异化，必须引起相应的警惕。包括对直播节目的形式选择，也应本着品牌化的特色追求去经营。亦即要按品牌化的“专营门店”去打理，而非扁平性的“杂货铺子”去发展。换言之，对于作为表演艺术的曲艺传播而言，不管面对怎样的传播媒介，或者多样的欣赏需求，自身创演的基本规律和精神审美的根本要求不会变也不能变。曲艺审美的独有特色和受众对真善美的必然需求，应是两把永恒的标尺，此外的一切都可变通创新。尤其是题材内容和风格特点，必须丰富多彩。新的情节内容，新的思想意识，新的演员面孔，新的精神气质，新的嗓音条件，新的节奏韵味，应是永远的创演追求。当然，如何处理好继承与创新的关系，如何用旧瓶装好新酒，也是永恒的探索主题。而对于一些基本的理论观念，在此过程中必须辩证地理解并清醒地坚持。也就是说，曲艺固有的那些用以证明自身特征的所谓“老腔老调”不是有些人理解的“陈腔滥调”，必须深刻继承；推动艺术发展进步的改革创新不是外行肆意操弄的“荒腔走板”，更不能变成胡乱革新的“遮羞阳伞”。万丈高楼平地起，树高千尺不离根，在发展创新中始终坚守曲艺的本体、强化曲艺的特点，才是最为根本的遵循。

至于考量曲艺发展的核心指标即创作表演，从可知的资讯观察，2018 年整体上依然比较低迷。有数量缺质量、有高原缺高峰的问题，仍未得到根本扭转；真正引人注目的新人和新作十分稀缺和难见。即便 2019 年要在上海举办“第十二届中国艺术节暨第十八届全国群星奖”，各地本年度都在创作排练，积极备战，但由推出的曲艺节目的综合情况看，除了小部分较为优秀，大多数偏于平庸，并且存在不小的问题。比如，有的节目在曲本创作上追求甚至迷信“题材决定论”并有“主题先行”的倾向；有的节目在语言运用上热衷于“穿靴戴帽”和“标语口号”，缺乏形象思维，流于宣传说教；有的节目在“说唱”表演时偏离方言土语乃至丢弃特色唱腔，或者分不清“说唱”“歌唱”与“扮唱”的区别，将曲艺表演的“说唱”混同于歌曲的“歌唱”或戏曲的“扮唱”；有的节目在舞台呈现上存在着采用伴奏带伴奏而不让演员自行伴奏的情形，导致出现演员是为伴奏带伴唱而非伴奏带为演员伴奏的倒错怪象；至于舞台美化上不加注意地胡乱运用 LED 电子显示屏的动态背景，或者服饰化妆的不恰当“角色化”强调与“非曲艺”式误用等，均使曲艺的特色受到不同程度的扭曲或消解。用灌输置换审美、用技术替代艺术的倾向，由是非常严重。凡此都须引起切实的注意，以使艺术的创演远离庸俗的宣传，也使曲艺的特质得以充分彰显。

总之，2018 年度中国曲艺的发展，有活动集中且牵动面广的热点，也有其间暴露或透示出来的盲点，更有一些冰点催生出的亮点、痛点提醒着的难点及看点引发出的观点等，很值得认真梳理、仔细思量和深度关切。作为年度性的盘点与考量，总结成绩固然重要，发现问题尤其需要。那些热闹之中的冷寂与光鲜背后的隐忧，包括成绩里的遗憾与前进中的问题，更是通过冷静理性的观察与思考，献给未来的警醒与滋养。为此，让我们感谢 2018 年度，也祝福 2019 年度。

课题主持机构：中国艺术研究院曲艺研究所

主　笔：吴文科

撰稿人：吴文科

编辑、统筹：高　苹

2018年度中国电影艺术发展研究报告

摘要：2018 年的中国电影处在一个微妙的转折阶段。一方面，电影创作更加多元化，题材、主题、类型等方面都有所拓展和深化，出现了一批优秀的高品质电影；另一方面，在市场层面，电影观众消费更趋理性，绵延数年的“IP+ 流量明星”策略遇冷，多部“IP+ 流量明星”配置的作品遭遇到了前所未有的打击，与口碑拉动电影消费、优质的原创作品广受市场追捧、叫好又叫座，形成了鲜明对比。这一现实，无疑将倒逼电影产业内部调整，尊重观众，着意进行电影内容、品质升级。

关键词：现实主义　历史叙述　传播　原创力　审美经验　中国声音

2018 年的中国电影市场，风云激荡，充满变化。全国电影总票房跃升至 609.76 亿元，同比增长 9.06%；国产电影总票房为 378.97 亿元，同比增长 25.89%，市场占比为 62.15%；成功超越 2017 年 559.11 亿元的全年票房成绩，国产片占比也提高了 8.31 个百分点，创下国内电影市场新纪录。市场行业规范升级，为中国电影发展提供发展空间、增添内在动力。在创作层面，2018 年的中国电影呈现新的发展趋势，其中最为集中体现的，首先是“新”现实主义影片的突破；其次，主旋律影片的进一步升级，类型的分化、杂糅与拓展引发观众热烈反响；再次，在动作、喜剧、爱情、青春、文艺等类型中，明显可见手法创新及题材的拓展与深化，为中国电影创作带来了创意与活力。2018 年的国产电影无疑处在一个新的转折阶段，尽管业界对电影改革的实际运作与走向的看法有很大差异，但不管怎样，许多重要的经验值得总结。

一、执拗的高音：电影怎样照见生活

2018 年的国产电影最重要的代表影片，当推《红海行动》和《我不是药神》。以《红海行动》为代表的主旋律影片延续了《战狼 2》的热度，展示了重工业电影的产业升级；以《我不是药神》《无名之辈》为代表的影片彰显了现实主义题材影片的质感和影响力。毋庸置疑，真实的东西最能感动人，要真正记录时代，就要照亮人心，照见人性和生活。

《我不是药神》堪称 2018 年暑期档[①]“现象级”影片，30.99 亿票房的商业成功、85 万余人打出的 9.0 豆瓣评分（猫眼评分 9.6），加上热烈的全民话题讨论，使其成为近年来罕见的“叫好又叫座”且拥有比较广泛的影响力的佳作。影片是新人导演文牧野执导的一部现实主义题材电影，改编自轰动一时、引发过巨大争议的真实事件“陆勇案”。

影片的改编无疑是成功的，产生了巨大社会影响力。一部虚构的现实主义题材影片，所产生的力量甚至在人们心目中改写了部分现实。[②]影片之所以能够达到这样的效果，与导演本人坚持的创作思维是分不开的。影片公映后，文牧野导演在媒体访谈中提及自己的创作思想，指出：电影是需要“三性”统一的，即娱乐性、社会性与灵魂性。对于这“三性”的解释，他提到娱乐性是最基本的，其作用是吸引观众持续观看下去。但仅有娱乐性是不够的，无法满足观众诉求，在满足娱乐性的基础上，观众还会有社会性和灵魂性两个层面的诉求。社会性是当前中国电影最缺的特性，社会性事关个体，生老病死能够牵动各个社会阶层，满足观众的代入感。灵魂性指的是人性深处灵魂的救赎，一般与主角所要承担的成长任务密切相关。“因为有的时候娱乐性为高，社会性为少，怎么样在这个地方找到平衡，这是这个电影最难做到的。”[③]从影片的最终成片效果来看，娱乐性、社会性、灵魂性的“三

① 2018年暑期档电影总票房为173.8亿元，较2017年同比增长7%；观影总人次达到5亿，同比增长6%。《我不是药神》摘下“暑期票房冠军”。本年暑期档上映的影片达134部，其中有91部电影票房不足千万。

② 影片放映后，重新勾起人们对“陆勇案”的讨论，以至于作为影片原型的陆勇本人在此片公映时不得不出来澄清自己当年乃是无偿帮助病友代购，并未趁机发财。而这在某种程度上也是影片的成功之处。

③ 张玮：《专访文牧野：〈药神〉本是文艺片，我要把它做成〈辩护人〉》，公众号“毒眸”2018年7月6日。

性”平衡，文牧野导演和他的创作团队做到了。

在娱乐性的处理方面，影片充满了黑色幽默、大量用心打磨的细节、回归到生活本身的质感，贫穷、苦难的人生中亦有欢喜，经过严谨的笑点与泪点的编排、设置，引导观众情绪的流动与抒发。观众观影时有笑有泪，情绪张弛有度，满足感官层面的愉悦。在社会性的处理方面，影片取材于真实事件，经过创造性改编，表现了角色在疾病面前的无奈、生死之间的挣扎。结合当前社会医疗负担重的现实，影片在引发观众共情方面具有天然优势，但导演在处理苦难时却十分克制，并未一味用渲染苦难来煽情，反而将酸甜苦辣的人生滋味交融在一起，引导观众对这一现实展开反思。在灵魂性的处理方面，主角经历了从自私、家暴、游走在违法边缘的丑陋的市侩小人物形象到无私、忘我而“封神”的灵魂转变。为了实现这一转变，主角得到了俗世财富、真挚友情，遭遇了假药集团的心机暗算，见识了人性的卑劣与高贵，最终在经历了吕受益的绝望自杀、黄毛为了替自己背锅而车祸死亡之后，灵魂涅槃重生。影片在戏剧性、社会性、心灵性三个层面展开，并很好地掌控了“三性”之间的平衡，从而做到了引人入胜、催人泪下、发人深省的多重观影体验，成为极少数商业与艺术完美结合的杰出作品。

影片的成功也离不开演员的表演，徐峥、王传君、章宇等演员以炉火纯青的演技，打磨出了程勇、吕受益、黄毛等真切、鲜活、动人的角色，影片掀起了观众对演员演技的探讨及热情，结合《演员的诞生》《我就是演员》《今日影评·表演者言》等相关的热门综艺节目的带动，助力好演员迎来春天。在商业成功、网络评论热捧与观众热议之外，影片也得到了主流评论界的不吝赞誉，先后斩获第 14 届中国长春电影节最佳青年编剧奖，第 55 届金马奖最佳新导演、最佳原著剧本奖，以及澳大利亚影视艺术学院奖最佳亚洲电影奖。《我不是药神》是国产电影里程碑之作。影片对于当下的国产电影创作意义重大，这样一部颇具深度的现实主义题材作品，取得如此令人瞩目的成功，无疑将对国产电影的良性发展带来深远的影响。

《无名之辈》同样由新生代导演饶晓志执导，极具个人风格，由老戏骨陈建斌、演技派任素汐、章宇、王砚辉等主演。影片上映之初票房遇冷，其后口碑发酵逆袭，票房 7.9 亿元，票房、口碑双赢。

《无名之辈》所走的是中小成本荒诞喜剧路线，以其诚意的制作、演员给力的表演及西南官话的鲜活生命力、独特的“笑果”，打动了观众。

影片采用多线叙事结构，将警察、讨债人、保安、蠢贼、瘫痪女、瘫痪女的追求者、保安女儿、欠债人及其儿子、小三、妓女、小混混等形形色色的人物安排得明明白白，形成了一个完整的闭环。在这个结构之中，又以陈建斌饰演的保安马先勇“寻枪”和任素汐饰演的马嘉旗“寻死”为主线，串联起了众多人物的行动。人物的行动与现实不断错位，荒诞的表象之下，包裹着一个关于“爱”的拯救力量的内核。小人物在现实世界的头破血流，以及头破血流后的抗争，正是影片为观众所创建的共情时刻。演员出色的表演，为这个时空奠定了现实基底，提供了真实质感。特别是任素汐的表演，有力与无力、冲动与收敛之间微妙的平衡，把握得相当细腻，赢得了交口赞誉，豆瓣高关注度短评称赞她“有的人坐着演戏就能‘封神’”。马嘉旗与眼镜、大头的段落，也因此成为影片的华彩乐章。

当然，《无名之辈》并不是完美的，在结构方面，导演对多线叙事的处理在逻辑上不够严谨，很多联系依赖于人物的设定，过多的巧合消解了故事自身应有的悬疑感和节奏的紧张感；在人物角色方面，由于影片时长的限制，人物群像的处理未能一一展开，部分角色难免陷入符号化、脸谱化境地，这就进一步导致了影片有些情感线索转变不合理；在视听语言方面，导演的处理更多地依赖于演员的表演，场面调度缺乏电影感，特别是影片最后，当所有的线索交叉汇集到一起，想象中热血沸腾的场景，最终因混乱沦为了一场尬戏。总体来看，影片瑕不掩瑜，努力表现现实主义创作精神，展现了相当的制作诚意和水准。

《找到你》改编自韩国悬疑片《迷失：消失的女人》，由吕乐执导，姚晨、马伊琍主演。影片片名从原版的“迷失”到新版的“找到”，预示了影片不同的侧重点。影片采用双女主的设定，姚晨饰演的职场白领女律师李捷与马伊琍饰演的底层农村妇女孙芳由于医院床位的问题而有了交集。孙芳在因无钱付医疗费被逐出医院、痛失爱女和情人因她欠下巨额高利贷面临生命威胁双重绝境之下，决意报复李捷，假意上门应聘保姆，伺机拐卖李捷的女儿多多。然而，孙芳在照顾多多的过程中，对多多产生了亲情，所以，当她最终带着多多离开后，并没有按照原定计划将多多带给同伙，而是神秘消失了。由于这一设定，片名的“找到你”具有双重指向性。揪心的经历，使得李捷从一个片面的自认为强大的职场女性，完成了灵魂的转变，认识到了自己作为母亲的身份，以及对女性所面临的艰辛现实的共情。

影片可贵的地方在于聚焦女性，从女性面临的婚姻、家庭、育儿与职场生涯的博弈，表达了对当下女性的现实境遇和生存困境的关注、悲悯和反思。作品由女性职场和母爱的相通，带出底层人物和女性现实困境的相通，对底层社会的观照，让人感叹女性和底层人的命运，引起了观众极大的共鸣，是一部优秀的现实主义作品。影片获得了第21届上海国际电影节金爵奖最佳影片提名。

二、不同时空的共振：超越单维的历史叙述传播

中国电影市场的韧性和巨大体量，展现了极大的可能。主旋律影片类型化，证明了电影市场的吸引力。中式商业大片特别是动作片，推进了更大力度、更高水平的影像书写，成为超乎人们预想的在不同时空共振的中国电影行动力。

从《战狼》系列到《湄公河行动》《红海行动》，我们欣喜地看到，主旋律题材片正在进行不同方向的探索，而市场票房成绩也证明了观众乐于见到这种尝试。主旋律题材电影是人们融合民族情绪的情感表达，能带给观众超脱于日常生活的情感体验和回应。爱国之情既是丰富电影创作的一个重要元素，也是电影创作者不容忽视的表达需要。在关于如何表达爱国之情的探索上，《红海行动》无疑迈出了强有力的一大步。

《红海行动》是香港导演林超贤执导的一部主旋律战争动作片，由张译、黄景瑜、海清、杜江等主演，2018年春节档[①]上映后不久即引发了观众的观影热潮。凭借口碑传播，此片春节档收获12.06亿元的票房，最终的票房则为36.51亿元。林超贤凭这部电影荣获了美国纽约亚洲电影节的最佳动作片导演奖。

影片根据2015年3月海军第十九批护航编队赴也门撤离中国公民的真实事件改编而成，在拍摄过程中得到中国海军的大力支持。影片运用“临沂号”导航护卫舰、主战坦克、直升机、装甲车等涵盖海、陆、空全方位的真实军方装备，不仅在银幕上呈现了生动激烈、悲壮残酷的战争场面，带给观众无与伦比的观影体验，更展现了中国海军强大的实力和威慑力，增强了国人的爱国热情和民族自豪感。作为主旋律题材的商业化，《红海行动》的探索取得了口碑与票房的双重成功。它的成功不仅来自剧组在形式上的求实求精，更离不开林超贤对影片内容广度与深度的把

① 2018年春节档作为“史上最强春节档”，票房达57.71亿元（大年初一票房为12.77亿元），相比2017年春节档总票房增长66.94%。

控。林超贤有着清醒的认识："我希望是除了展现我们海军的强大、担当，同样也可以展示当面对有可能威胁到全人类的恐怖主义的时候，一个普通人的勇气和使命感。"

就影片内容来说，林超贤超额完成了他的目标。《红海行动》用画面和声音传递的真实力量打动了观众，并带给观众观影后深刻思索的空间。在呈现中国海军的强大、担当上，影片除了展示先进精妙的武器装备，更充分展现了我国军人强大的作战能力、永不屈服的意志力和对国家与人民的忠诚。在紧张、激烈的营救人质间隙，影片巧妙地穿插蛟龙队员身为普通人的一面，如庄羽在战场上的自我怀疑、李懂对战争压力的畏惧、石头喜欢吃糖和对佟莉的暗恋等，迅速拉近了人物与观众的距离，实现了把他们从蛟龙队员到血肉之躯的还原。英雄不再是一个空洞的符号，变成了有血有肉的普通人。这使得电影人物形象更加饱满真实，增加了影片的深度，也从另一方面唤醒了观众的心理共鸣。当观众意识到军人就是我们身边的普通人，他们是出于对国家和人民深沉的爱而义无反顾地献出一切乃至生命时，他们的付出和牺牲就显得更加可贵。"只解沙场为国死，何须马革裹尸还"，既是电影主题"勇者无畏，强者无敌"的展示，更是我国军人甘愿用生命守卫国家的精神风貌的体现。我国军人用誓死保卫国家和民族的精神意志，铸就了千年不倒的长城，成了中华民族最强大坚定的守护者！

影片结构上的精心设计也衬托了普通人面对恐怖主义的勇气和使命感的主题，为调动观众的反战情绪做好了心理铺垫，再配合暴力血腥的战争画面，让观众深刻认识到战争的残酷与和平的宝贵。"我们没有生在和平的年代，但我们有幸生在和平的国家"，维护和平的使命感通过影片顺利传达给每一位观众。可贵的是，影片并没有一味地抨击战争，而是怀着悲悯之心，冷静呈现了战争对人类个体的伤害。通过一根手链串起夏楠失去丈夫和孩子的悲痛，"炸弹汽车"上被救下的无辜平民对孩子的牵挂，徐宏把炸飞的手指接回尸体上并用土掩埋，恐怖分子中杀人不眨眼的狙击手还是个爱吃零食的少年……通过这些微观、生动的细节，充分表现了恐怖主义的残忍暴虐和战争对人类精神和肉体的践踏戕害，让影片在输出祖国强大的文化自信之外，用旗帜鲜明的反战反恐主题提升了影片的审美，也让影片走出国门、引发全世界观众的共鸣成为可能。

2018年的动作片阵容，可谓饕餮盛宴，庄文强的《无双》、张艺谋的《影》，姜文的《邪不压正》、徐克的《狄仁杰之四大天王》、韩延的《动物世界》，从古代到民国、现代，从现实时空到架空、虚构世界，展现了色彩丰富、不断变换的时空叙述。

《无双》是由庄文强执导，周润发、郭富城、张静初、冯文娟主演的一部高智商犯罪动作片。《无双》于2018年国庆档[①]上映，以6.85亿元获国庆档票房冠军，最后累计票房12.73亿元，堪称票房与口碑双赢。影片以周润发饰演的“画家”和郭富城饰演的李问为主角，通过不断反转的剧情走向，给观众提供了新奇刺激的观影体验。难得的是，影片没有止步于用新鲜诡奇的剧情反转给观众感官刺激，而是通过对李问人性和情感的不断挖掘，让剧情的反转变得合理、流畅，并把人与命运对峙的迷思巧妙地嵌入其中，蕴含的人文色彩给了观众不断回味的余地，也增加了影片的深度。

替身、警匪、伪钞、暗恋，无论哪一个元素，在大银幕上都不鲜见，但通过精心编排设计的剧情，影片《无双》给了观众别样的震撼。对于这种题材的电影故事而言，面临的一个很大问题就是故事剧透以后观影的戏剧趣味降低。导演庄文强用了十年的时间，仔细打磨剧本，用角色和节奏深深吸引观众的注意力，演员们对人物心理的准确把握、与画面和主题相互呼应的插曲、复古而充满质感的画面和片中对老港片的“致敬”复现，增强了观影时的生理趣味和影像趣味，使得本片经受住了剧透的考验。影片名为“无双”，有双重含义，既暗示片中周润发饰演的“画家”与郭富城饰演的李问是同一人，又喻意个体价值的独一无二。然而，个体价值在影片中迅速被解构，李问作为一个十年卖不出一幅画的失败艺术家，在残酷的现实面前认识到“这个世界只有一个凡·高，其他的都没有价值”，由此走上画假画、制假钞的道路，并发出了“如果我的价值就是作假，你能接受吗”的叩问，把个体价值放在不可抗命运的背景下质询、探索。在访谈中，庄文强表示：“我现在讲的不是两个人物，是讲两个时代的观念，是讲一个人物内心的两种想法之间的冲击。”理性与感性、欲望与道德是人性中真实存在的两面。影片中李问对画家的反问、质疑，把一个人生价值是“作假”的人在实现自我价值和遵守群体道德之间的内心挣扎、绞杀展现得淋漓尽致。这也是普通人为成为主角、获得成功不得不支付相应代

① 2018年国庆档上映《影》《无双》《李茶的姑妈》等11部影片，电影总票房为21.75亿元，较2017年同比下降20%。

价的困窘写照。因此，虽然大多数人在生活中不会遭遇这样极端特殊的困境，影片依然因为能准确刻画出个体在命运和现实前的无奈与挣扎，而引发人们情感上的共鸣。

虚实相生是中国传统美学的重要原则。真假结合、以假乱真，真与假的精心设置不仅使影片情节充满了颠覆性，增强了观影刺激，而且使人生的虚妄性和现实的残酷性对比更加强烈，突出了影片主题。影片可按内容真假分为四部分：李问在警局里的叙述是假中有真，秀清与李问在房间里的交流是假中求真，而阮文与何警官、李问与鑫叔的交流都是真的。李问对阮文、秀清对李问的感情都是炽热浓烈的，同样以不可得的悲剧收场。秀清不顾生命危险救出李问，失望之下选择了与李问同归于尽，而李问为了阮文买下她所有的画、把秀清整容成她当替身、为了救她与同伙发生内讧枪战等，然而阮文却只知道“他以前就住在我隔壁”。影片前半部分对李问与阮文的感情铺陈得越细致、越动人，李问的暗恋与阮文的“无知”对比就越强烈，就越容易打动观众。然而，李问对阮文的暗恋同样是注定没有结果的，这一悲剧是命运的不可抗性在个体上的有力体现。

《无双》叙事内容的创新，获得了观众和业内的高度认可。但在拍《无双》之前，不少人曾提醒过庄文强，观众受不了高智商的犯罪片。这提醒着电影从业者，电影创作不能罔顾观众，更不能因为盲目迎合观众而自我设限。只有努力做到专业度高，把电影拍好，才能收获观众的理解和共鸣。

《影》是张艺谋导演古装武侠动作片的回归之作。与之前同类型的作品《英雄》《十面埋伏》色彩浓烈的影像风格不同，这次以独特的视听语言、水墨画的影像风格来打造一种充满东方意境的电影美学。这是一部充满野心的应时之作，它的出现适逢其时，成为建构文化自信的重要组成部分。张艺谋本人也直言不讳：“水墨画是中国传统文化的象征，我希望用《影》传递我们的传统文化和美。”《影》改编自朱苏进的作品《三国·荆州》，小说文本更侧重作家个人对于历史的探索与思索，有一种接近正史的质感。创作团队在改编时，为了突出人物，对时空做了架空处理，故事的核心人物是一个作为替身出现的影子镜州，在王侯将相之间诡谲阴暗的政治权谋博弈中挣扎求生。都督、沛王、将军，以帝王将相退场为背景，为这个影子粉墨登台。

《影》全片采用素雅写意的水墨画风格，以黑白灰三色入画，搭配东吴伞、围棋、古琴、屏风、竹林、书法、阴阳、太极八卦图等传统文化元素，并以舞台化的画面风格创造出了具有独特个人风格的东方美学意象。之所以采用这种风格，张艺谋说道："水墨画恰巧能去阐述人物的复杂性，水墨画不是非黑即白的，人性也是如此。它就像中间晕染和流动的部分，非常有层次，而这就是人性。"这种匠心独具的视觉呈现，令观众重新感受影像之美，影片在威尼斯电影节甫一亮相即惊艳外媒，受到广泛好评。

水雾氤氲、光影晕染的影像之下，包含着一个人性逆转的故事。这是一个发生在王侯将相间的隐秘传奇，也是一则人性扭曲的寓言。影片直面人性的复杂，镜州从单纯的少年，被囚禁之时弱小无助，到最后被权力所囚，成为真正的都督。这一个灵魂转变的过程，是他心里的"恶之花"绽放的过程。诚如尼采所言，当你凝视深渊的时候，深渊也在凝视你。密室中的特训、朝堂上的博弈，生存在黑暗中的少年，内心的野兽不断被黑暗召唤，最后屠龙的少年，身上长出了鳞片，完成了人性的逆转。

影片形式层面的影像之美与内容层面的人性之恶相互交融，引发了各种争议。特别是对人性黑洞的窥探，给部分观众带来了强烈的不适感。影片最终票房 6.29 亿元，豆瓣评分 7.3。相比而言，评论界的反馈要正面得多，影片入围第 75 届威尼斯国际电影节非竞赛展映单元、第 43 届多伦多国际电影节主展映单元，受到外媒一致好评。除此之外，《影》入围第 55 届台湾电影金马奖最佳剧情长片、最佳导演、最佳男主角、最佳女主角等 12 项提名，最终斩获最佳导演、最佳视觉效果、最佳美术设计、最佳造型设计 4 项。由此可见，评论界对《影》的认可是集中在视效、美术、造型层面的，即影像奇观的艺术形式之美。对于普通观众来说，美则美矣，灵魂过于暗黑。可以说，影片所传达的阴暗负面的价值观，影响了影片最终的质感和普通观众的接受、认可程度。

《狄仁杰之四大天王》是徐克执导的狄仁杰 IP 系列第三部作品。从《狄仁杰之通天帝国》的惊艳问世，到《狄仁杰之神都龙王》的品质延续，狄仁杰系列作品一以贯之地想象丰富、画面瑰奇、风格鲜明，具有强烈的个人色彩。也正因此，影片获得第 4 届豆瓣电影年度榜单最值得期待的华语电影（提名）。

《狄仁杰之四大天王》是优点与缺点同样明显的一部影片。影片的优点在于视觉特效的营造。借助强大先进的特效技术和充满想象力的设计，尽情展现徐氏脑洞，给观众们带来了酣畅淋漓的视觉体验。如片中异人组幻天、水月等四人在武后前的表演；封魔族追杀水月时的三人合体动作设计；大殿柱上金龙在众目睽睽之下变成真龙，杀人后破顶而去；沙陀去找圆测大师时，与大金鱼在深海中交流对话；封魔族族长幻化出的全身长满眼睛的血色怪物，与大猩猩屋顶作战……这些画面巧妙地糅合了大胆想象与传统元素，绚丽瑰奇，引人注目，让人不得不叹服。影片获得了第 55 届台北金马影展金马奖最佳视觉效果（提名）。

尽管如此，本片的缺憾仍然十分明显，首先是狄仁杰的神化。狄仁杰英明睿智，重情重义，因为主角光环，狄仁杰时刻保持完美、正确，这种形象的固化不仅让狄仁杰这个角色变得单调刻板，严重损害了他的个人魅力，而且大大限制了故事的多样性和发展空间。不管反派多诡异多凶残，狄仁杰一切尽在掌握之中的表现，极大地削弱了故事的悬疑性和观影乐趣。其次，反派的外强中干。影片中设定了两组反派，即明面上的方士反派和背地里的封魔族反派。两组反派各有目的，本可以发展更多的矛盾冲突，然而故事设定里对于两组反派的处理十分潦草，反派表面强大，实际表现却相当不给力。再次，故事的逻辑性太弱，情节发展经不起推敲。封魔族行为表面神秘、诡谲，实际行动缺乏逻辑。潜入大殿的封魔族完全具备斩杀皇帝皇后的实力，却幻化真龙表演杀了方士一走了之。封魔族与方士无冤无仇，还在借助方士的力量兴风作浪，杀方士不杀正主，情节不尽合理。此外，水月的正邪立场的转变也非常生硬。

《狄仁杰之四大天王》是狄仁杰系列票房最低的一部，仅过 6 亿元，相较于营销宣传高达 5 亿元的制作成本，可谓惨淡。从“最值得期待”到票房口碑双输，《狄仁杰之四大天王》的功过得失值得国内电影人深思借鉴。

《邪不压正》是姜文继《让子弹飞》《一步之遥》之后，暌违数年的魔幻现实主义力作。影片改编自张北海的新派武侠小说《侠隐》，以李天然的复仇为主线，带出风云诡谲、暗潮汹涌的时代氛围。小说独到之处在于对老北京，对一个时代的乡愁与旧韵的遥望。电影的改编是更加个人化的，姜文自称是“李小龙闯入卡萨布兰卡”式的故事。

影片的争议之处在于创作者在商业类型与自我艺术表达之间的纠结、博弈。一方面，影片商业类型片的表象，前半段叙事节奏紧凑，情节推进较快，吸引观众的注意力。与此同时，满屏的荷尔蒙到处挥洒，男主角彭于晏年轻美好的肉体、屋顶

"跑酷"的帅气身姿、打斗动作的利落潇洒，女性角色里，许晴一代名媛的妖娆风情，周韵独立端庄的大家韵致，组成了一个侠客佳人纵横江湖、快意恩仇的故事。加上颇为独到的视听语言表达，从电影工业、工艺层面来看，品质颇佳，能够带给观众视听层面的观影快感。

另一方面，姜文的个人表达，对时代、历史、政治的深沉思考，又使他技痒难忍，一路埋下了大量"彩蛋"，建构了一个颇为复杂的暗喻世界。影片英文名 *Hidden Man*，暗示了故事真正的主角并非李天然，而是隐藏在背后的神秘男人蓝青峰，他为了抗日暗地布局，在各方势力的角逐中冲突奔走，以江山、未来为赌注，安排了一场赌局。这是一场不惜一切、只许胜利不容失败的豪赌。在这场赌局里，李天然只是一枚棋子，他的爱恨情仇都是有利用价值的，一切必须经过价值衡量，包括李天然的命。这就导致表面上的男主角李天然失去了作为影片主角的能动性，表层的快意恩仇与深层的家国大义相互掣肘，搭配过多的机锋满满、余味悠长的台词，导致影片自身也在商业类型与作者自然表达之间互相撕扯，对于普通观众来说，形形色色的暗喻彩蛋无异于地雷，伤及了表层江湖复仇故事的类型表述，反而影响观影体验。对于影迷群体来说，商业类型化的表达与姜文独特"恶"趣味的嫁接，使得影片不伦不类。影片上映时首日破亿，证明了观众对姜文导演的期待，可惜影片未能达到观影预期，首日后口碑跳水，票房随之高开低走，最终仅收入 5.77 亿元。

《动物世界》是由韩延执导、李易峰主演，改编自日本漫画《赌博默示录》的一部商业电影。《动物世界》首映当日票房成绩破亿，然而票房后劲不足，它的失利绝非偶然。在访谈中，韩延导演提到他的创作理念："人和动物最基础的区别是直立行走和使用工具。但从精神层面来讲，人之所以高级，在于我们存在文明体系，有道德约束，做人要守住这个底线，这个世界才能变得更有秩序。"他的创作意图鲜明深刻，但在电影里的表达却不尽如人意。

影片设定了一个密闭空间——轮船"命运号"，里面有形形色色的人物，通过一场剪刀石头布的卡牌游戏，试图对人性进行深度剖析和挖掘。这个摆脱道德约束、天马行空的环境设定，本是一个很好的与观众灵魂深入交流的契机，可以通过生死抉择带给观众对人性善恶极端化探索的观影体验。遗憾的是，导演侧重于在电影中输出自己的理念，而忽略了一点——电影创作中的有效输出必须建立在通过共同的、饱满的、丰富的人性，使观众与电影人物强烈共情的基础之上。不通过共情打破电影与观众的心理隔阂，即使情节再新奇、画面再酷炫、明星再耀眼，那种输出依然是苍白的、浮于表面的，无法触动观众的内心。

从影片情节的本土化改编，快节奏、酷炫感特别强的镜头语言，精心打磨的特效画面，能看得出韩延导演带领观众进入电影世界的投入和用心。影片一开始通过动画片提出“我守住了我信的道”，到影片结尾时重提“我守住了我信的道”，经过两个小时的酝酿，首尾呼应的环形结构本该增强影片表达的力量，实际效果却因为观众难以与主角产生共鸣而大打折扣。

对于电影创作来说，在表达方式、表达内容之外，还有一个重要命题就是如何让观众认同创作者的表达。创作者必须借助电影人物的力量，因此需要精心设计情节、让观众爱上人物。影片中角色人性单薄，扁平化、符号化、脸谱化导致人物形象设计缺乏说服力，大大削弱了影片的张力与艺术感染力。

电影归根到底是一门用虚构画面展现真实人性的艺术。观众坐在电影院里，与片中角色同呼吸、共命运，即使影片结束，感动的涟漪依然激荡在观众心中，这样的电影才具有真正的生命力，能吸引着观众一次又一次走进影院。人性应该是丰满、复杂、集魔鬼与天使于一体的。纯粹的善与恶，或许能起到加强戏剧冲突、增强观影感官刺激的作用，但无法从内里真正地打动观众。因为缺乏真实的人性，《动物世界》的表达注定是不完整的，票房失利也就成了必然。

三、商业电影原创力的释放与 IP 的衰颓

商业电影作为电影市场的中坚力量，在 2018 年仍然收获了相当的票房和关注度。从上映的作品来看，类型的拓展也展现了多元的走向，既有《一出好戏》《无名之辈》这种基于现实的荒诞喜剧，《唐人街探案 2》这种科幻、动作、喜剧，《西虹市首富》《李茶的姑妈》这种白日梦式的喜剧，又有《捉妖记 2》这样的奇幻、爱情的演绎。可惜的是，这些商业电影作品毁誉参半，其中《一出好戏》《唐人街探案 2》《西虹市首富》几部作品收获高额票房。《唐人街探案 2》《西虹市首富》因负荷了太多观众的期待，在斩获高额票房的同时，口碑有所下滑。《李茶的姑妈》《捉妖记 2》《西游记：女儿国》是 IP 的又一次改编，同样 IP+ 流量明星的配置，却票房口碑

双输，未能达到预期。

《一出好戏》是黄渤的处女作，由黄渤、王宝强、舒淇、张艺兴、于和伟等主演，是一部融合了灾难、爱情、人性的寓言式喜剧影片。影片讲述了一群人在公司团建时被海浪冲击到一个与世隔绝的岛上，灾难性的经历让他们误以为世界已经被毁灭，他们作为仅存的人类不得不在荒岛上挣扎生存的荒诞故事。

表面上看，这是一部荒野求生剧嫁接的喜剧，实则导演通过陨石报道、死去的北极熊和被海环绕的地理环境，巧妙地塑造了一个游离于旧世界、规则秩序不得不重建的新世界，并通过岛上人物关系的不断变化，演绎了一部小型“人类简史”，人性和情感得到较深的挖掘。

小人物马进和小兴的各自转变，使影片对人性的探讨达到了一定高度。马进在海啸来临前发觉自己彩票中了6000万，这一刻意的安排把马进放到一个更具有戏剧冲突的境地。而冲突性、矛盾性越强，人性和情感挖掘的空间就越大。失去兑彩希望的马进，凭借运气和努力，在岛上争取到大家的认可，并赢得了姗姗的爱情。然而，就在这时，他却意外地发现外面的世界并未消失。导演通过“冰淇淋”的隐喻，为小兴的黑化做出注解，也是导演对人性与现实关系的思考。小兴用张总女儿的视频勒索他的全部家产，并决定将众人抛弃在荒岛。马进在姗姗爱情的召唤下恢复良知，把真相公之于众。其实，影片中的马进和小兴的转变，马进从自私到无私的选择，小兴从单纯到黑化，代表了人性善恶两面相互转化。人性或许会在现实中迷失扭曲，但亦能在艰难的困境中坚守道德的底线，散发着希望的光芒。在纷杂的演出背后，《一出好戏》是一曲温暖的人性赞歌。

首次执导筒，黄渤充分发挥想象力，用设定荒诞离奇的故事片表达自己的想法和感悟。影片观影感觉新鲜有趣，虽然存在情节太过刻意巧合、马进与姗姗的爱情线略显牵强的遗憾，但就总体而言，《一出好戏》恰如其名，是一次真诚、有力的艺术表达。

作为商业类型片，《唐人街探案》系列无疑是导演陈思诚建构“唐探宇宙”的野心之作。《唐人街探案2》承接《唐人街探案》不俗的票房与口碑①，继续深挖癫狂喜剧与犯罪推理的类型杂糅路线，将主要场景设置在纽约以打造异域风情，再加上流量明星与喜剧演员极具化学反应的另类组合搭档，以熟悉的配方炮制出了不同

① 《唐人街探案2》票房19.1亿元，超越2015年底的《唐人街探案》的8.24亿元票房。

的味道，充分体现了导演在流行娱乐文化方面的敏感度与掌控力。

影片探案走的社会派推理路线，内核紧扣对人性的反思与深层拷问。现代科学推理与古老的中国道教文化结合，风水、咒符、阴阳五行与连环变态杀人案深度勾连，不仅打造了炫目的视觉效果，而且构建了一个悬念迭出、离奇诡异的罪案世界。东西方文化的迷离交锋引人深省，世界名侦探竞技设置引出了宏大的推理宇宙，推理爱好者津津乐道，普通观众也觉得打开了新世界的大门。

在癫狂喜剧层面，王宝强与刘昊然的搭档令人忍俊不禁。王宝强颇具喜剧天赋，表演收放自如，土味方言、邋遢形象搭配猥琐动作，一举一动笑点满满。刘昊然清隽的少年感，清新气质与王宝强的 CP 组合极具反差萌感，由此带来的审美、性别错位桥段喜感十足。例如，两人当街大闹被追杀，闯入一个同性恋酒吧时，酒吧老大突然出手帮忙吓退了反派，观众吃惊之余，发现原来酒吧大佬对他们中的一个一见钟情，这时候导演让观众误以为被看中的是刘昊然，随后给出答案是王宝强。这种喜剧桥段的设置虽然略显刻意，但是联想到现实社会中东西方文化的审美错位，令人捧腹。王宝强带着刘昊然寻找自己师傅时，神神道道地给出了高大上的大师印象，结果师傅却是一个沉迷手机直播、喜欢美女、毫无记性的老混混，甚至连王宝强都不记得了，更别提能够为他们破案提供线索。观众在为他们着急之余，导演给出的解决方案是让师傅误以为刘昊然是美女，刘昊然假戏真做撒娇求助，师傅对刘昊然予取予求顺利解决问题。伴随着这种反差巨大的搞怪人设，剧情也随之反转再反转，十分欢脱，喜剧完成度较高。

《唐人街探案 2》成为春节档的票房赢家。但是由于影片未能把控好癫狂喜剧与犯罪悬疑的平衡，世界名侦探大比拼的设置固然宏大，却未能深挖人物，吸引眼球的妻夫木聪光速下线，其他名侦探的展现也局限于表面，导致人物群像比较单薄。叙事方面也多有漏洞，推理过程更多地聚焦于视觉效果的炫技式展现，而忽视了内在逻辑的合理性。如秦风被真凶恐吓而放弃追逐；医生已经发现了被杀人物的置换，在被揭发后却选择了自杀；“顺风车杀人案”案情陡转，看似炫酷，实则不能令人信服。

《西虹市首富》和《李茶的姑妈》是当前国内顶级喜剧团队“开心麻花”的作品，然而，两部作品却有着截然不同的命运。《西虹市首富》拿下 25.2 亿元票房，《李茶的姑妈》却出师不利，遭遇断崖式下跌，票房止步于 5.99 亿元。开心麻花系列作品中的第一部《夏洛特烦恼》以黑马之姿横空出世，拿下票房 14.41 亿元，豆瓣评分 7.5 分，可谓叫好又叫座；第二部作品《驴得水》作为一部文艺片票房 1.72 亿元，豆瓣评分达 8.3 分；第三部作品《羞羞的铁拳》收获 22.13 亿元，豆瓣评分略有下滑，6.9 分；第四部作品《西虹市首富》票房 25.21 亿元，豆瓣评分 6.6 分；《李茶的姑妈》豆瓣评分再创新低，仅 5.1 分，票房与口碑几乎双输。口碑的渐次下滑，反映其过度迎合观众走向媚俗的危机。

《西虹市首富》是一部非开心麻花戏剧的翻拍片，翻拍自美国影片《布鲁斯特的百万横财》，其改编自 20 世纪初美国小说家乔治·巴尔·麦卡奇翁作品《布鲁斯特的百万横财》。小说探讨了“钱”“欲望”与“梦想”“快乐”的关系，对于拜金的价值观提出了人性的拷问。小说跌宕起伏的情节设置、深刻动人的灵魂之问备受影视界青睐，先后经历了十余次改编。

《西虹市首富》的出现并非偶然。其本土化改编，呼应了当前中国社会的种种乱象。当前社会已经进入消费社会，人们被社会舆论不断放大、无限膨胀的欲望与消费降级的现实成为整个社会的焦虑之源，拜金、浮躁的不良价值观侵袭着人性，“何以解忧，唯有暴富”成为普通人自嘲背后的共识。“有钱是可以为所欲为的”“有钱人的快乐你根本想象不到”“贫穷限制了想象力”……互联网上充斥着拜金言论，财富的流动牵动着人们的神经。商业资本的刻意操控更将这一现象放大了，最有代表性的就是转发锦鲤营销。支付宝锦鲤“信小呆”一跃成为最新网红，天降横财成为普通人渴求的致富神话。正是在这样的社会环境中，《西虹市首富》打造的“一个月花光 10 个亿”的白日梦想才得以安放。主角解决人生困境无须奋斗，仅通过血统和花钱就可以实现，消费欲望得到无限制膨胀。这样的核心戏剧情节设置提供了普通人现实中遥不可及的白日幻梦，加上密集的搞笑包袱，成为影片吸睛、吸金之源。

对于观众来说，这样的处理提供了轻松的娱乐及逆袭的爽感，称得上可口的“爆米花”电影。然而，对于娱乐、爽感的追求也是一把双刃剑，搞笑段子的堆积使得影片过于单调、平面化，丧失了应有的批判性和发人深省的力量。除此之外，影片的爱情线也非常尴尬、生硬，王多鱼为了花钱而追求夏竹，目的并不纯粹。一场为了烧钱而盛放的烟花，一次次为了花钱而公开的示爱，强行浪漫，却看不到真爱深情。究其原因，开心麻花团队一贯以对女性的物化来编排故事。影片中，不管是作为女主角的夏竹，还是被反派利用的女配角，都是男性世界的奖品，以及被利用的符号化、脸谱化的工具。女主角清纯可爱、女二号妖艳性感，但从头到尾，她们没有自我，没有选择的权利，一个被迫成为衡量男主角人性的工具，另一个更是为了钱而出卖自己。作为国内顶级的喜剧团队，开心麻花早已以系列作品证明了自身的影响力，而其作品中毫不在意地对女性角色进行单调、刻板描述，以此强化喜剧色彩，不能不说是一种败笔。

作为一部“话剧 IP 改编的喜剧电影”，《李茶的姑妈》的失败并不是意外。梳理开心麻花系列作品可以发现，它的剧情套路是“美梦成真”，无论是回到青春岁月重新活一次、灵魂互换、屌丝逆袭，还是干脆的一夜暴富，都是普通人意淫的白日梦。在这样的剧情结构中，故事主角的“爽”是观众最大的“春药”，围绕着这份“爽”去设置密集的搞笑段子，为了搞笑而未免流于低俗，忽略了价值观的传达。实际上，从《夏洛特烦恼》开始，开心麻花作品对女性的物化就令人诟病。《李茶的姑妈》正是这一缺陷的集中爆发。影片中为了所谓的搞笑，充斥着下流玩笑。更令人发指的是，结尾人物关系关键的转换竟然是由于“春药”造成，男女主角在其作用下发生关系，激情过后女主角态度发生一百八十度转变，心甘情愿臣服于男主角，没有看到爱情，只看到被性征服，这种刻板的人物关系设定迎合了部分男性观众的意淫心理，却对广大女性观众是一种冒犯，透露出来的审美趣味低俗不堪，观影体验极其不适。最终影片口碑崩坏，票房下跌，透支了开心麻花团队的口碑和信誉，无疑在未来也会影响后续作品的观影预期。所谓“水能载舟，亦能覆舟”，希望开心麻花团队在将来的创作中能够反思这一现象，在对性别的表述上给予女性平等、尊重，少一点套路、多一点真诚，将喜剧进行到底。

《捉妖记 2》延续了第一部的奇幻喜剧路线，梁朝伟、李宇春、大鹏等明星的加入，拉高了影片的期待值，成为第四届豆瓣电影年度榜单最值得期待的华语电影。影片动作设计别出新意，开场不久妖怪假扮的大唐风妇人的伏地姿势的打斗动作让人眼前一亮，动作流畅，胡巴一如既往地专注卖萌，并与善良妖怪笨笨组团，视觉效果精致、细腻。

《捉妖记 2》打破了单片单日最高票房纪录（5.41 亿元），但令人遗憾的是，在口碑方面有所下滑，最后累计票房 17.18 亿元，被《唐人街探案 2》《红海行动》反超。在很大程度上，团队追逐合家欢、建构捉妖宇宙的野心将影片创作引入了误区，卖萌、搞笑、段子堆砌、精致画面组成了影片不错的卖相，而故事也在这些元素的堆砌与磨合之中被切得支离破碎。碎片化叙事导致画面都在用力娱乐观众、迎合观众、卖弄笑点，但整体情节成了一盘散沙，被生硬地拼凑到一起，却没能串联起来，甚至不能说是一个完整的故事。

《西游记：女儿国》是郑保瑞导演西游 IP 系列作品的第三部。《西游记》古典神魔题材极为适合影像化表达，因此，成为史上最大的 IP，历经多次影视动漫开发。其中，女儿国的故事在 1986 年电视剧版《西游记》的渲染之下，成为观众讨论热点，剧中对唐僧和女儿国国王之间“唯情劫难渡”的创造性虚构和古典浪漫化表达，每每牵动观众的心绪。因此，女儿国的故事天然具备热点优势，但同时也难逃与经典作品的比较。

如何在新的时代环境中，讲述唐僧和女儿国国王的爱情故事成为影片面临的最大挑战。从影片的完成度来看，无疑是不及格的。唐僧与女儿国国王的爱情故事之美在于爱情与信仰之间的抉择，以及未能实现而带来的巨大遗憾。从《西游记》原著到 1986 年电视剧版《西游记》再到电影《西游记：女儿国》，唐僧与女儿国国王之间的关系发生了巨大的变化。原著中女帝爱慕唐僧，但只是一厢情愿，唐僧只思拜佛未动凡心，原著中明确指出“女帝真情，圣僧假意”；电视剧版《西游记》创造性地虚构了两人的关系，唐僧的一句“来世若有缘分”平添几多旖旎浪漫，给了观众无尽的遐想空间。女儿国国王从一厢情愿的花痴到温柔多情的爱慕，唐僧从无心到有情，浪漫诗意的表达打动了一代又一代观众。相较而言，电影的表达更为直白、粗暴，影片中两人一见钟情的玛丽苏桥段，极其恶俗、老套，且违背唐僧应有的人设，令人难以接受。换而言之，观众喜欢唐僧与女儿国国王的故事，是因为观众想看到自律、坚持信仰的唐僧，可以被真爱打动。这份情，让唐僧这个人物真正从天选之人下降到凡尘。唐僧有情，才是一个有血有肉的唐僧。这是电视剧改编大获成功的根本原因。《西游记：女儿国》名为改编，实际上不过是披着《西游记》外衣、打着 IP 的旗号收割票房而已。这样的改编是违背原著精神的，一个以爱情与信仰为基底的故事，在影像化过程中表现得毫无做电影的信仰，观众不买账也在情理之中。最终，影片收获 7.2 亿元票房，豆瓣评分仅为 4.4 分。

当然，2018 年度商业电影失败的案例还比较多，最突出的当数《阿修罗》。这部自称投资 7.5 亿元的华语巨制真人 CG 电影，上映三天票房不到 5000 万元，被同档期的《我不是药神》远远甩在身后。

四、艺术表现的拓展与审美经验的多样开掘

把电影或文化赋予单一的市场，电影的整体活力便不可避免地被蚕食。电影的发展寄于文艺和思想的融入与艺术表现创新性的努力中。文艺与电影的结合，深深吸引着一代又一代的观众。2018 年度上映的国产文艺电影，题材拓展跨度较大，影片所传达的情感、思想和审美经验大异其趣。

其中，表现主题蕴含情感心理、历史人文和心灵纠葛的广义的艺术电影，不无观赏价值，对观众尤有吸引力。《超时空同居》是一部融合了科幻、奇幻、喜剧色彩的爱情片；《你好，之华》是岩井俊二对其经典作品《情书》的中国化诠释，延续了他的日式青春、文艺风格；《后来的我们》则是刘若英的歌曲大热 IP，流量明星的阵容，打造了一个高票房低口碑的北漂爱情故事；而《无问西东》则讲述了一个横跨百年的时空的故事，对于不同层次和面向的观众而言，片中包含的历史符码“就像是中止或者改变谈论话题的工具”，成为接受国产文艺电影观察的检验。

《超时空同居》通过“互动”的模式表现不同时代人们共同的情感、人性和日常生活，堪称年度国产片赢家，影片票房 8.91 亿元。爱情、喜剧嫁接奇幻，类型的拓展，加上影片对空间功能的极致运用，给观众带来了极大的新鲜感、愉悦感。男女主角因为遭遇时空重叠的意外事件而跨越时空相遇，被迫在同一屋檐下生活，浪漫奇幻的设定，给了现实中几乎不可能有交集的两个人相处的可能，而两个人在相差 19 年的不同时空中的穿越，时空的碰撞、交织，带出了无数的笑料、动人的浪漫。与此同时，影片通过时空的变换对两人生活的改变，对物质与爱情的关系做出了深入的探讨。

反差巨大的两个人阴差阳错误打误撞陷入爱情本是传统浪漫爱情喜剧的“冤家路窄”套路，处于同一时空通道中的陆鸣、谷小焦毫无疑问地在互相的陪伴中爱上了彼此。影片出彩之处在于，两人的人物关系转变过程中，外人面前谷小焦颇为适度的浮夸带来的喜剧色彩，与内在纯真善良对真情的渴求，被演绎得真实、走心。奇幻的设定，生动的演绎，新鲜、愉快的观影体验，给了观众出乎意料的惊喜，轻松俘获了万千观众的心。

影片豆瓣评分 6.9 分，在同一类型中，口碑不俗。导演苏伦借此斩获第 21 届上海国际电影节电影频道传媒关注单元最佳新人导演奖和第 17 届中国电影华表奖

优秀青年电影创作奖，女主角佟丽娅获得第 21 届上海国际电影节电影频道传媒关注单元最佳女主角奖，男主角雷佳音获得第 3 届“金鹤奖”最佳男主角奖。除此之外，影片在广州 2018 电影嘉年华被评为年度最受瞩目爱情电影。

《你好，之华》是一部特殊的中日合作影片，由日本知名导演岩井俊二自编自导，陈可辛、岩井俊二共同监制，周迅、秦昊、杜江、胡歌、张子枫一众演技派搭档谭卓、吴彦姝等黄金配角出演，幕后中日合作班底也十分优秀，阵容不可谓不强大。导演自言“这是一部给喜欢《情书》的中国观众的电影”。岩井俊二执导与《情书》升级版的噱头一经曝光，《你好，之华》便成为一众文艺青年年度最期待的文艺爱情片。

《情书》是岩井俊二导演爱情文艺片的“封神”之作，影片简洁唯美的日式纯爱风格极为动人，是一代又一代的文艺青年心目中的白月光。46 万余人在豆瓣打出 8.8 分，好于 98% 的爱情片和 96% 的剧情片。作为《情书》的升级版、中国版，岩井俊二在日本文艺故事中国化的改编过程中展现了更大的野心，试图勾勒出贯穿老中青三代人的更为复杂的人物关系。同为暗恋与错过，《情书》有着明确的情感指向，书信的错位安排极其自然，而人物对过往的追寻令被隐藏的一腔柔情浮出水面，最后，女孩从这份情感中汲取到了继续生活下去的力量。这种剧情结构的巧妙与简洁、影像语言的清纯唯美及人物情感的真挚美好，是《情书》得以实现跨文化传播的内在力量。

《你好，之华》在视听语言方面，延续了岩井俊二清新唯美的美学特质，取景地在大连。跨越 30 年时空的影像，岩井俊二以特有的严谨、认真细致打光、布景，使影像光影色调呈现出了日式清新风格，将人物的青春表现得清新动人，而跨入中老年的角色们则更低调地展现了现实生活质感。影片中尹川在旧日学校偶遇睦睦、飒然的时候，虽然情节略显刻意，但极具岩井俊二特色的光影布置，令尹川的回眸有了近乎穿越的力量，瞬间的恍惚与青春的鲜明指向，击中了观众内心的柔软。影片中这种极为精致的段落，展现了岩井俊二导演用视听语言雕刻时光的技巧和力量。片中演员的表演也各有光彩，周迅所呈现的生活真实感，张子枫展现的少年之华与之华女儿飒然的青春灵动，秦昊的文艺气质，胡歌的落拓与阴暗，邓恩熙演绎的少年之南与睦睦的单纯美好，使影片达到了岩井俊二的水准和质感。

《你好，之华》是一个中国故事，虽然导演是日本人，幕后班底也不乏日本工作人员，但是观众更希望看到的是岩井俊二如何以他的方式处理一个属于中国人的中国故事，而不是一群中国人在中国城市演绎一个日本人的故事。影片里中国演员给出的高质量表演与人物自身所带有日式思维方式，恰恰导致了影片呈现一种不中不日、亦中亦日的尴尬感。之南的死，单纯美好的开始与抑郁自杀的惨烈结局，家人所表现的克制对于国人来说是过于冷静、疏离的。之华代替姐姐去参加同学聚会，告知同学姐姐去世的消息，却在被误认为姐姐之后即兴扮演姐姐，这种“没有机会说出来”的含蓄内敛固然是人物性格所致，但这个事件本身是不符合中国人思维方式的。之华与之南淡漠的姐妹情谊，之南与家人之间的冷漠关系在日本文化中习以为常，但在中国主流文化中是难以接受的。尹川的感情指向也在观众接受中引起了巨大的争议，影片开始时，尹川给假扮之南的之华发了表白短信，后来却说第一次见面就认出之华。这样的安排使得观众难以判断尹川所爱到底是谁。尹川与之南、张超的爱恨情仇藏头露尾的表现，使得人物感情的走向扑朔迷离，观众自行推断出了各种“狗血”走向，使纯爱电影不再纯粹。失去了文化之隔的安全审美距离，《你好，之华》的遇冷也就不难理解了。值得注意的是，岩井俊二对这个剧作十分满意，因此决定一本两拍，日版片名《最后一封信》，岩井俊二编导，松隆子、福山雅治、广濑铃、神木隆之介、庵野秀明主演。观众回归到不同的审美出发点，或许对故事有不同的感受、理解。

《后来的我们》是年度大热IP爱情电影，由刘若英执导，井柏然、周冬雨、田壮壮主演。影片旨在通过主角的人生经历探讨爱情的变与不变，然而，由于台词矫揉造作、叙事单薄混乱及视听语言表达酷似超长MV而遭到差评。影片中唯一击中我们的是真实、动人的日常片段，如田壮壮写给周冬雨的信让人感动，但在一部爱情电影中，显得过于喧宾夺主。相较于影片内容，《后来的我们》更值得一提的是营销。在各个平台上以情怀营销绑架观众，在猫眼操作“买票、退票”假数据制造热度绑架影城排片，生生制造出“爱情电影16小时破3亿元”纪录。上映首日，此片出现大量集中退票的“异常情况”。如此在映前通过互联网售票平台恶意刷单，制造所谓的“口碑”假象，是一个教训。尽管影片大卖13.5亿元，获得高额市场回报，但一波热度操作及不能及格的影片内容，透支了国产电影的信用，消耗了观众的观影热情，若这种情况不加管理、遏制，恐怕中国电影市场距离“劣币驱逐良币”不远了。

《无问西东》是一部文艺气质明显的特别的青春片，其定位是一部清华大学百年校庆献礼片。影片名“无问西东”出自清华大学校歌歌词：“器识为先，文艺其从，立德立言，无问西东。”这部完成于2012年的影片，兜兜转转于2018年才上映。作为一部命题作文，在横跨百年的时空中选取素材，其艰难可想而知。导演紧扣“对生命的思索，对自己的真实”这一主题，选取了不同年代的青春故事，讲述了张果果、陈鹏、李想、王敏佳、沈光耀、吴岭澜等年轻人在不同时代所面临的人生困境，以及每个人所做出的选择。

从民国到现代，不同的时空中有不同的青春迷茫，百年的时空之中，几代人被命中的羁绊相连，生命的延续隐喻了精神、价值的传承。当前浮躁的社会环境，社会上不绝于耳的对“精致的利己主义者”的批判，不由得令人反思大学的教育内核：究竟什么才是应有的大学精神？梅贻琦的回答是：“所谓大学者，非谓有大楼之谓也，有大师之谓也。”《无问西东》影片聚焦价值的选择与人生意义的思索，设置了极端情境下的选项，将世俗意义的功名利禄与人性的真实、善良、高尚等美德二元对立，并通过主要角色的人生选择，交出了自己的答卷。大学之大，不仅要有大师，还要看培养出了什么样的人才。梅贻琦、吴岭澜、沈光耀、王敏佳、陈鹏、李想、张果果……绵延数代的对真理求知、对国家社会有责、对弱势群体有情的人物群像，才是真正的清华大学之魂。影片不完美，但导演的回答真诚、走心，发人深省。

狭义的文艺片创作在2018年的中国影坛创意逐新、各自精彩，不断推陈出新，既有贾樟柯的集大成式作品《江湖儿女》，又有藏族题材的特殊公路片《阿拉姜色》，还有忻钰坤的犯罪悬疑片《暴裂无声》，以及不乏形式感的探索气质的《地球最后的夜晚》《米花之味》。

《江湖儿女》是贾樟柯商业化程度最高的一部作品，票房6928万元，较之前的影片《山河故人》翻了一倍。豆瓣评分7.6分，在贾樟柯作品中显得较低。颇有意思的是，对贾樟柯作品的豆瓣评分进行梳理，可以发现，得分较高的《小武》（8.3分）、《站台》（8.2分）、《三峡好人》（8.1分），其评分人数也相对较少，《小武》《三峡好人》6万余人，而《站台》仅3万余人；评分相对较低的《山河故人》（7.9分）和《江湖儿女》，评分人数则达到了14万余人。这一现象引发我们对商业片与文艺片的思考。更符合小众审美趣味的作品获得了更高的评价，赢得了更多观众的作品反而被批评，这究竟是一种妥协、媚俗，还是创作理念的更新与探索？

千古文人侠客梦，武侠、江湖是自古以来文人的浪漫想象，有着自己的运行秩序和规则。江湖是一个浪漫、传奇、高度理想化，同时又非常真实、残酷、充满变数的世界。贾樟柯的独创之处在于，他把一个带有浪漫想象的时空放到了现代社会，放到了自己亲身体验过的当下，以自己对现实的描摹能力，给了这部片名带有浪漫主义色彩指向的作品坚实的现实基础。贾樟柯道："'江湖'是我浪漫的想象世界，更是我真实体验过的世界。……江湖首先是一种剧变的危机社会，还有复杂的人际关系。历练过后就像高温后纯净的灰烬。"[①] 基于这一创作理念，影片聚焦当下社会中的江湖情义，描述了从 2001 年到 2018 年的时代变迁和社会转变。影片时间跨度较大，为了保持真实时空的质感，贾樟柯用了 6 部不同的摄影机，还从自己以往拍摄的资料中选取素材，使得影片中随着时间的推进，影像也相应地呈现不同的质感。在这一过程中，贾樟柯借助早期影片元素巧妙地完成了自我影像世界的串联，形成了一个集大成式的、有着深层内核和丰盈外延的堪称"贾樟柯电影江湖"的影像世界。影片的呈现和影片外的延展，共同建构起属于"江湖""儿女"的传奇。

这个传奇是通过巧巧、斌哥两个主角人生的转换完成的。从这个角度可以说，这是一部真正意义上的"大女主"作品。影片开始时，巧巧与斌哥的关系是甜蜜而又疏离的，巧巧是大哥斌哥的女人，一心一意想把大哥变成家属；大哥却满足于这种情感关系，把巧巧作为点缀自己江湖生涯的绚烂花朵，并不愿更进一步。巧巧和斌哥之间隔着一个江湖。这个阶段，世俗的稳定与江湖的漂泊相互对立但并不界限分明。当斌哥教巧巧举起了枪，开玩笑说巧巧是江湖中人，一切将发生改变。斌哥遭遇仇敌算计，街头血战，被打到血肉模糊之际，巧巧举起了枪，救下了斌哥。她就此告别世俗的稳定，并替斌哥背下了非法持枪的罪名。一腔热恋，一场拯救，5 年牢狱之灾。江湖之花蜕变成了牢狱之囚。天平就此倾覆，世俗的稳定不再，江湖的漂泊不远。出狱后，没有等来斌哥探监的巧巧，追着斌哥要一个说法。然而，情深义重的付出换来的却是斌哥无情无义的移情别恋。时间改变了一切——山河、人

① 贾樟柯：《我为什么要拍〈江湖儿女〉？》，腾讯网 2018 年 9 月 18 日，https://new.qq.com/omn/20180918/20180918A24BUL.html。

情，江湖规则。与斌哥作别后，巧巧开始浪迹江湖，为了生存，她敲诈包养小三的有钱人，差点儿与邻座乘客前往新疆。当男人说着我们都是宇宙的囚徒打动巧巧，却介怀巧巧的过去时，巧巧终于梦醒了，她半路下车，看到了飞碟，找到了该走的路——巧巧回到了故乡，自己成了新的江湖"大哥"。斌哥中风瘫痪后，回到大同求助，巧巧收留了斌哥，对斌哥说自己现在对他无情，照顾他是因为要讲江湖义气。至此，巧巧完成了从对斌哥"有情"的情人、情意深重的情人，到"无情有义"的江湖大哥身份的转变。故事的最后，巧巧融入了江湖，而斌哥已经被放逐出江湖。身份互换后，巧巧和斌哥之间还是隔着一个江湖。斌哥无法接受这一现实，悄然离去。影片结尾的处理，没有再去追寻斌哥的去向，而是利用监控影像，把关注点转向了巧巧，监控镜头不带任何感情色彩，真实、冷静地旁观、记录着巧巧，而巧巧的身影越来越模糊。斌哥已走远，巧巧的心思无人知。这是一个不加评判的、余味悠长的结局。我们站到了上帝视角，却无法确定看到了什么。影片获得了第 71 届戛纳电影节（2018）主竞赛单元金棕榈奖（提名），女主角赵涛获得第 55 届台湾金马影展金马奖最佳女主角（提名）。

《阿拉姜色》是藏族导演松太加的新作，由容中尔甲等主演。影片名称来自藏族地区的祝酒歌。影片采用公路片的类型模式，将镜头对准了神秘的川藏普通人，描述了这些普通人转山磕长头的朝圣之旅，以及这场朝圣之旅背后的夫妻、父子等伦理、血缘层面的世俗情感。

影片表现了一个普通的再婚家庭，丈夫罗尔基不能接受妻子俄玛跟前任丈夫生的儿子诺尔吾，只能将诺尔吾交给俄玛的父母照顾。不被接受的孩子日渐叛逆，俄玛却突然得了重病，命不久矣。在生存与死亡面前，俄玛选择达成前夫的心愿，到拉萨朝圣。罗尔基不理解妻子的做法，在得知真相之后，选择陪伴俄玛，诺尔吾也任性跟随。各怀心思的三个人由俄玛链接在一起，相依相伴。然而，俄玛病情恶化，很快去世了。为了完成俄玛的夙愿，没有血缘关系的罗尔基和诺尔吾，只能以父子身份相处，接替俄玛前往拉萨。俄玛去世之后，影片真正的内核才渐渐水落石出。褪去宗教、信仰的外衣，这是一个再婚家庭融合的伦理故事。饱受情感创伤的叛逆孩子，不知如何与继子相处的父亲，在艰辛、枯燥的旅途中互相扶持，这种真实的在日常中滋生出来的暖意，逐渐消解了孩子心中的隔阂。罗尔基的付出与情感的自私，也让人看到他作为一个普通人所面对的艰难困境和心中的情意，正是因此，后面的和解才格外动人。两个人灰头土脸地走在路上，走出了父子情，迎来了爱之光，最终共同悟到了生活的真相，接受了命运的安排，各自成长。影片剧情很简单，但情感十分丰沛、真挚、细腻。演员的表演也非常真实、质朴、动人。影片荣获第 21 届上海国际电影节金爵奖评委会大奖、最佳编剧奖和最佳影片（提名）。

《暴裂无声》是由忻钰坤执导，宋洋、姜武、袁文康、谭卓主演的一部犯罪悬疑题材的影片，豆瓣评分高达 8.2 分，是国产电影的又一部佳作。

《暴裂无声》是一部具有厚重感、能引起观众反思的作品。影片不仅对个体人性进行了深刻的挖掘，更借助错综复杂的人物关系，展现社会不同阶层的利益冲突和由此导致的人性的扭曲，使得影片的格局更为广阔，成为当代社会生活的一种映射。寻找儿子的农民张保民是社会底层的代表，律师徐文杰是中产的代表，而矿主昌万年是上层的代表。选用矿主的身份作为上层的代表是影片的一个精心设计，开矿造成的生产事故和环境污染，都是由底层农民承担。而本该作为法律和正义维护者的律师，被金钱收买，为资本服务，帮助维护上层的利益，加强了影片的讽刺力度。张保民的艰难困境，无疑是底层农民悲惨生活的写照。他因为坚持不签协议扎瞎了屠夫丁海的眼睛，结果不仅没有拦住开矿，反而因此欠下一大笔债。他丢了儿子，也只能以到路边发传单、到处找人打听的低效方式寻找。而开矿导致的环境污染使村民患病和昌万年射杀张保民的儿子，蕴含了出身即原罪的隐喻。处于社会底层的人，不仅难以凭借奋斗和努力改善自身处境，反而因为社会上层和中产的勾结，生存环境变得更加恶劣。

影片中充满了丰富的隐喻，使得影片主题与故事互相融合，既增加了影片的戏剧性和趣味性，又借助生动鲜明的画面，提高了影片表达的冲击力。磊子玩石头、张保民失语、宰羊、西红柿、吃羊肉、猎物陈列室、“金字塔”坍塌……这些画面背后，都有深刻的文本含义，是对现实的压缩、浓缩和概括。更为可贵的是，影片采用中立客观的角度呈现故事，没有对其中任何一方进行批判鞭挞。影片把审视、反思的主动权递交到观众手里，因此达到了既反映时代，又超脱于时代的高度。张保民的儿子被昌万年杀死，他机缘巧合下救了徐文杰的女儿，而徐文杰却依然为了自身利益选择为昌万年保守秘密。影片的最后，随着徐文杰戴上眼镜，说出“没了”两个字，标志着正义、良心、律师的职业道德全部屈从于自身利益。人性的堕落在银幕上并不罕见，而徐文杰的沉默与中国传统的报恩思想相左，这带给观众情感上的压抑、抗拒。这种情感上的回应引导着观众主动评判、反思，影片也因此爆发了让人改变的力量。

无论从剧作结构还是画面呈现，《暴裂无声》都是一部完成度非常高的影片。影片票房仅有 5425.58 万元，虽然略显遗憾，但对于一部好的电影作品，票房的暂时失利并不能说明什么，电影的品位、格调会让它经受时间的考验，赢得更多观众的共鸣和喜爱。

此外，还有毕赣的表现浪漫爱情故事的《地球最后的夜晚》（汤唯、黄觉主演），鹏飞执导的留守儿童题材的文艺片《米花之味》（英泽、叶不勒主演）。前者是第 71 届戛纳电影节一种关注单元一种关注大奖（提名）、第 55 届台湾金马影展金马奖最佳剧情片（提名）、第 5 届豆瓣电影年度榜单年度华语独立佳作（提名），也是第 56 届纽约电影节最受关注的影片；后者入围第 74 届威尼斯电影节威尼斯日单元，获得特别提及奖，荣获芝加哥电影节新导演金雨果奖，并在首届平遥国际影展上一举获得中国新生代单元观众票选最受欢迎影片。两部影片在有限的时空里，分别对传统与现代之间的碰撞与融合进行了深入挖掘与思考，其丰富的意蕴和人文主义关怀，为观众提供了解读本片的多种角度。一方面，展现了导演细腻惊人的观察力；另一方面，通过真诚客观的事件呈现，“让我们看见了这个时代最珍贵的东西”。影片更为开放多元，也给观众留足了想象和思考的空间。

令人遗憾的是，虽然《地球最后的夜晚》《米花之味》获得了业界的诸多认可，但前者仅获得了高开低走的有争议的 2 亿多元票房，后者更是累计票房仅为 243.78 万元。要想电影市场健康持续发展，除了电影从业者在创作内容上不断探索创新外，也要探索如何破除优秀的文艺片叫好不叫座的票房怪圈。目前，全国艺术电影放映联盟已经在国内 226 个城市的 1656 家影院中拥有了 2131 块银幕，或许，这才是文艺电影营销与放映的切实平台和归宿。

五、电影的中国声音：发展作为最为坚固的东西

2018 年度，现实题材电影有了新突破，电影市场充满新的能量和多样性，创作质量进一步提升，优秀作品不断涌现，创作更加多元，市场更趋理性。电影创作和

市场发展构成联动态势，中国电影全年共生产故事片902部、动画电影51部、科教电影61部、纪录电影57部、特种电影11部，总计1082部。全年票房过亿元的影片82部，其中国产电影44部。2018年，仅在城市院线看过电影的就有17.16亿人次。全国银幕总数达到60079块，其中2018年新增9303块。电影类型化不断发力，推动了市场规模的发展，为当下和未来的中国电影创作增添了动力和色彩。而互联网技术向“互联网+”的电影新形态的转变和跃升，成为电影生态及其结构化变革的核心标志，为本土化的电影创作提供了转折发展的重要条件。

2018年，全球电影市场增长低于5%，中国电影继续保持着全球最具增长势头的产业和市场地位。中国电影在全球电影市场版图中有着比较重要的位置。但是，当下的中国电影在取得成绩的同时，也存在诸多问题，如：主题、题材、类型的同质化禁锢着电影的创新性发展；中国电影市场仍然缺乏规范，“唯票房论”还很突出；在类型不健全和不成熟的语境下，国产片的票房往往依赖于那些极少数的强势影片，精品力作比例不高。

40年前的1978年12月，中国电影走上重新面向世界开放的道路。在市场规模发展的趋向下，电影在快速发展很大的市场空间中自发生长，枝繁叶茂，百花盛开。这是40年来中国电影发展的文化逻辑，作为最值得珍视的遗产，它也彰显了电影进一步改革的方向。

“内容为王”成为共识。“网生代”的年轻人已经成为观看电影的生力军，在全媒体语境下，“网感”也成为电影创作的热点。经过市场的淘漉，“IP+流量明星”不再是票房灵药，观众不再唯“IP+流量明星”而论，而更加关注影片内容本身。在新语境下，唯有优质原创作品才会受到追捧，引发热议，成为票房黑马。没有创新就没有未来，创新会成为中国电影的主题，只有创新才能赢得未来。

2018年11月，广电总局发布了最严限薪令，要求演员片酬不超过制作总成本的40%，其中主要演员不超过总片酬的70%。随后，爱奇艺等6家公司发出联合声明，又给明星的片酬划出了5000万的红线。显而易见，这一政策将倒逼投资者、创作者放弃哗众取宠，回归影片内容本身，为中国电影下一阶段的艺术创作进入良性循环提供了正能量。

类型化成为抗拒逆改革势力的可靠力量。一个不能忽视的现实是，2018年的中国电影市场上，引进了大量叫好又叫座的优质外国电影，如科幻片（科幻、动作、冒险)《复仇者联盟3：无限战争》《侏罗纪世界2》《毒液：致命守护者》《头号玩家》《狂暴巨兽》《蚁人2：黄蜂女现身》《黑豹》《环太平洋：雷霆再起》《湮灭》《游侠索罗：星球大战外传》，动作、奇幻、冒险片《神奇动物：格林德沃之罪》《海王》，动作、惊悚、冒险片《碟中谍6：全面瓦解》《巨齿鲨》《摩天营救》，印度电影《神秘巨星》《印度合伙人》，日本电影《小偷家族》，动画电影《无敌破坏王2：大闹互联网》《蜘蛛侠：平行宇宙》《龙猫》等。其中，科幻、动作、冒险等类型元素广受欢迎，展现了国内观众对这些类型的偏好。如何把观众，特别是年轻一代观念装在创作者的心里是一个重要课题。对比2018年的中国电影创作，除去动作之外，科幻、冒险恰恰是短板，偌大的观众需求与供应不足的现实，提醒、激励中国电影人特别是新锐导演们在这方面开疆拓土，砥砺前行。

进一步打开视野，坚持改革，秉持具有情怀的文化视野和格局，提升电影艺术与市场博弈的能力和水平，是中国电影最需要的定力。它是主动性的源泉，也是在这个挑战与希望并存的年代中国电影的生命线。

2018年，电影艺术研究成果源源不断，电影理论和评论呈现研究维度和涉猎面越来越广、交叉性和文化内涵越来越强的特点。电影史、电影批评和应用性评论，进一步显出其现实与历史评价的科学性与活力。电影研究增强了实践感，显示出它的多向度的现实与历史价值取向。而其研究重点渐趋明确，即加快构建中国电影学派话语体系及其观念建构，已成当务之急。目前，研究队伍空前扩大，学术梯队已经形成，学术研究后继有人。这推动了领风气之先的新时代电影文明共生共荣局面的出现，但是还是要回归专业。而在其他方面，如电影史研究，一方面出现了不少扎实的学术力作，研究方法不拘一格，研究领域不断拓展；另一方面，如何通过对史料的实证寻求历史背后发生的动力，填补和完善当下电影研究领域的薄弱环节方面，需要对中国电影文化史、产业史、思想史和政治史的研究内涵等方面做出更大的拓展和进一步研究。现在，国际间的学术交流活动已经成为常态，如何将学术研究目的和我们所站立的历史高度与对时代社会发展的密切关注联系起来，焕发有血有肉的生命活力，值得思考。

因为有改革开放，所以才有了中国电影40年发展的成就；有改革开放40年来的发展，才有了电影现在比较大的影响和生命力，也才有了2018年中国电影艺术的发展和收获。继续顺应这样的要求，以文化天下，去为中国电影及其探索注入更多的能够照见生活的时代元素、中国元素，体现真正配得上我们这个时代的民族影视艺术更富活力与影响的创造性与辐射力，值得期待。

课题主持机构：中国艺术研究院电影电视艺术研究所

主　笔：丁亚平

撰稿人：丁亚平　陈晓萌

编辑、统筹：耿春晓

2018 年度中国电视艺术发展研究报告

摘要：2018 年于国家、个人、行业都是一个承前启后、继往开来的关键节点。值此改革开放 40 年、中国电视事业诞生 60 年、央视为代表的传统媒体进入融媒体“总台时代”之际，中国电视产业经过多年快速发展后，进入剧烈震荡、业态调整的多事之秋，整个行业在国家机构改革和媒介深度融合的背景下迎来堪称“拐点”又待观后效的变局之年。本文从宏观国家政策、广电管理、新收视综合评价大数据系统、三台合一、业界学界动向、受众圈层、内容孵化、电视综艺、真人秀和电视剧年度发展格局及其艺术特点等方面，进行视野开阔的综合考察与评估。通过深入解读全年电视业和电视艺术的发展亮点、系统整合数据得出客观结论、阐释艺术创新与流变、归纳行业问题并提出建议，清晰地论证：2018 年并非中国电视业的“至暗时刻”，更非“寒冬”！现实题材电视剧精品从认识论、方法论上严谨鲜活、饱含激情的史诗气质，文化类、观察类、垂直类综艺节目的主旋律化、专业性与人性化，台网内容标准异中求同的发展趋势与合作模式的全方位升级，电视“融媒体”旗舰式矩阵打造，共同在开启一个坚守社会主义文艺方向、社会效益高于经济效益、作品属性大于产品属性、追求内容价值为风尚的专业时代。

关键词：广电管理　行业洗牌　融媒体　内容为王　综艺节目　电视剧

2018 年注定是不平凡的一年，正逢中国改革开放 40 年和中国电视事业诞生 60 年。国家宏观政策和行政主管部门加大力度对影视业“祛俗扶正”，正本清源：定调宣传重点、规范网络视听、管控偶像选秀、治理天价片酬、整合收视数据等。一系列拨乱反正的举措，释放出行业降速、去产能、散泡沫、肃清数据、坚持现实主义、台网融合的信号，电视产业有望进入高速发展后修正“暴利思维”、进行价值转型的理性发展阶段。

2018年是“现实题材回归年”，中国电视剧发展已一个甲子，其成长与成熟恰与改革开放同步，受益并尽享改革带来的艺术福祉，在各种题材、类型上均奉献出扛鼎之作。如果说，现实题材创作和现实主义精神始终是中国电视艺术的优良传统，那么，改革开放40年中国社会面貌和国人心态变化都被同步摄取，电视剧细腻地捕捉了时代变迁，清晰地记录了“中国梦”的足迹。

文化类节目经过多年政策引导和市场培育，接地气，有人气，可喜地呈现“主旋律化”的自觉意识。越来越多形态的节目研发在开阔国人视野、提高全民素养、丰富大众精神生活上，于国家、民族都不失为功德善举，矫正着行业发展方向。今天的综艺节目已经超越了简单地娱乐大众、为人民服务的基础功能，通过讲故事、音乐剧、场景重现、电视朗诵、情景戏剧等多种艺术方式和丰富的多媒体视听手段拉近历史和现实的距离，激发大众参与、互动的热情，从形式到内容创新“寓教于乐”的潜移默化路径，让文化的陪伴成为一种向往的生活方式。

一、破冰：2018年中国电视业亮点解读

2018年，党和国家机构改革同步推进，调整幅度之广、触及利益之深，堪称改革开放40年来之最，构建了系统完备、科学规范、运行高效的党和国家机构职能体系。其中，文化部和国家旅游局合并，将偏重保护的文化部和侧重开发的旅游局合二为一，实现文化资源与旅游业的融合，通过文化旅游最终实现“优秀传统文化的创造性转化”[①]。新组建的国家广播电视总局（下称“国家广电总局”）为国务院直属新机构，主要职责是落实党的宣传方针政策，推进广播电视领域的体制机制改革，制定并实施行业政策，统筹规划、指导、协调广播电视事业与产业的发展，监管、审查广播电视与网络视听节目内容和质量等工作。新组建的中央广播电视总台（简称“央广总台”），整合中央电视台（中国国际电视台）、中央人民广播电台、中国国际广播电台，是国务院直属事业单位，归口中宣部领导，对内保留原呼号，对外统一呼号为“中国之声”，意在“加强党对重要舆论阵地的集中建设和管理，增强广播电视媒体整体实力和竞争力，推动广播电视媒体、新兴媒体融合发展，加

① 郭全中：《组建文化和旅游部　打通保护与开发的“任督二脉”》，《新京报》2018年3月15日。

快国际传播能力建设”[1]。

2018年下半年席卷中国影视业的税务稽查风暴在此背景下展开，“寒冬论”一时鹊起。电视业全年略显疲态，但贴近现实生活、提倡正能量、弘扬主旋律、注重文化品质的电视节目成为主流内容。

（一）行业整顿和内容管理

在1月24日召开的全国广播电视宣传管理工作会议上，广电系统明确了全年工作重点：引导各广播电视机构工作重心向节目创意研发和高水平制作转移，用内涵和品质取胜而不靠炒作、拼明星提高知名度，推动文化类节目转型升级。实施“舆论引导能力提升工程”和“节目质量提升计划”，提高广播电视的传播力、引导力、影响力、公信力；启动“记录新时代”工程，加大现实题材作品创作扶持力度。4月4日，国家广电总局在宁波召开全国电视剧创作规划会议，从记录新时代、淘汰冗余产能、再造网台关系、打击虚假收视、加快“走出去”五个方面规划推进电视剧高质量发展的具体工作，发布未来4年百部重点电视剧选题。

影视圈的阴阳合同等黑幕，引起相关部门高度重视，明星证券化、“避税天堂”霍尔果斯林立的影视皮包公司、深度捆绑的影视制作业及其艺人经纪一体化模式等各种资本寻租乱象浮出水面。6月，中宣部、文化和旅游部、国家税务总局、国家广电总局、国家电影局五部门联合印发《通知》，加强影视业阴阳合同、偷税漏税、天价片酬等问题的整治，规定每部影视剧、网络视听节目全部演员、嘉宾的总片酬不得超过制作总成本的40%，其中，主要演员片酬不得超过总片酬的70%。8月11日，“爱优腾”三大流媒体和正午阳光、华策影视、柠萌影业、慈文传媒、耀客传媒、新丽传媒六大影视公司联合声明：单个演员的单集片酬（含税）不超过100万元人民币，总片酬（含税）不超过5000万元；8月12日，横店影视产业协会发出关于“加强行业自律、规范行业秩序、促进影视精品创作”的倡议。

国家广电总局对“劣迹艺人”继续零容忍，坚持广播电视邀请嘉宾“四个绝对不用”标准：对党离心离德、品德不高尚的演员坚决不用；低俗、恶俗、媚俗的演员坚决不用；思想境界、格调不高的演员坚决不用；有污点、有绯闻、有道德问题

---

① 《广电/电影/新闻四十年的分与合，“三台合一”成历史拐点》，搜狐新闻2018年3月21日，http：//www.sohu.com/a/226142989_211289。

的演员坚决不用。还要求节目中文身艺人、嘻哈文化、亚文化（非主流文化）、丧文化（颓废文化）不用。被高调定义为“偶像团体元年”的 2018 年迎来最严出镜形象管制，偶像养成类、选秀类节目中多名男偶像因浓妆招致大众反感被批为“娘炮”，央视率先全面禁用“娘炮”艺人。9 月后播出的多档综艺节目中男明星的耳钉、文身和怪异的染发颜色的画面都被“马赛克”覆盖。其实，偶像类音乐节目，除了注重音乐的原创和专业以外，最重要的是选手的“饱满少年气”，纯净无邪是最直观的正能量形象。

7 月 10 日，国家广电总局发布《关于做好暑期网络视听节目播出工作的通知》，指示“对于偶像养成类节目、社会广泛参与选拔的歌唱才艺竞秀类节目，要组织专家从主题立意、价值导向、思想内涵、环节设置等方面进行严格评估，确保节目导向正确、内容健康向上方可播出”，坚决遏止过度娱乐化、拜金享乐、急功近利等不良倾向。此后，偶像选手参与的节目和卫视真人秀不再有未成年人身影。“偶像”“练习生”成为年度敏感词，《偶像练习生 2》改名《青春有你》，节目中“练习生”称谓代之以“训练生”。11 月中旬，湖南卫视被中央第八巡视组点名批评“过度娱乐化”的七大问题，湖南省委指导、督促其改变“过度集中综艺娱乐、过度依赖明星艺人、过度追求商业价值和市场效果”三个“过度”倾向。湖南卫视遂调整黄金时段和周末晚间编排，增加新闻专题、公益类节目、公益广告和相关“中国故事”纪录片的播出量，减少娱乐类节目日均播出时长，明星亲子节目《爸爸去哪儿 6》《想想办法吧！爸爸》在“延期”声明中望风消失。

（二）净化数据和“熵”思维

高片酬、收视率、拖欠款被从业者视作压垮行业的“三座大山”。9 月 15 日，导演、编剧郭靖宇公开再次揭露电视剧行业收视率造假内幕，得到广泛声援，批评“一个本该输出价值观的行业不断在毁掉价值观”①。互联网出现后，“窄播”取代了电视单向的“广播”，电视媒介环境因之巨变。多年来，用户在各社交平台的讨论度、互动量、口碑指数、弹幕量、流媒体播放等“社会化观剧”的内容热度上升，传统单一平台收视样本统计已无法量化跨平台、跨媒体、跨样态、跨时空等多维度的内容传播。国家广电总局 12 月 26 日宣布“广播电视节目收视综合评价大数据

① 武芝、张赫、刘玮：《〈天盛长歌〉收视低，就是数据造假吗？》，《新京报》2018 年 8 月 17 日。

系统”基本建成并开通试运行，新系统针对电视节目观看方式多渠道、多样化的趋势，采用精准到户的“全网络、全样本、大数据、云计算”的多维数据监测统计方法，全流程自动化、封闭化处理。清除行业假收视率毒瘤，核心问题是需要修补规则漏洞，防止互联网时代技术风险导致的“破窗效应”和人为因素污染数据。

随着当代人生活的日益原子化，都市中大多处于独生独居状态的年轻人交流渴望越发强烈，弹幕自2007年在日本首创，传入中国经A站B站的推广，迅速成为抚慰孤独、重塑沟通的新社交方式。最后，弹幕由小众变为大众喜爱的观剧模式，影响着剧集产业链的上下游，2019年初也纳入监管审核和新收视统计系统。①

国家广电总局历年的政策发布意在引导调控，然而，简单修规无法从根源上杜绝资本将文化产品降为牟利“金融品”的危害，技术进步和资金充裕也无法促使从业者的精神世界同步进化实现“善的主观性”。自从美国学者里夫金、霍华德将“熵”视作“一种新的世界观”②后，“系统熵理论”日益被看重甚至被引为思想资源管理社会问题。中国影视产业目前违反市场规律的失序，反映了行业功能紊乱、熵值增加。若“熵变”值不断集聚上升将损害行业的结构性肌理，乃至引发系统性崩溃。在中宣部等五部门联合整饬影视业税收秩序的3个月时间里，投机性圈钱资本开始撤资离场，专注于内容、懂创作、谙制作的专业团队如常。演员范冰冰被国家税务机关核查后勒令限期内悉数缴纳近9亿元的税款、滞纳金、罚款，成为年度被依法惩治缴纳巨额罚金的首位中国演员。赵薇等一众演员的公司、工作室的违法违规行为也得到清查。

事实上，2018年多部门联动之举并非偶发，是“改革在路上”的结果。“IT桔子”披露的一则数据表明：2016—2018年的3年间，影视行业内投融资事件总量逐年下降，2018年比2017年减少46%，但投融资总金额却增长65%。涌向影视业的资金非但没有减少，相反，规模在扩大，只是向头部企业聚集，创投市场的“马太效应”加剧，被市场边缘化和淘汰的影视公司是那些难以生产品质内容的非专业公

---

① 中国网络视听节目服务协会2019年1月9日公布《网络短视频平台管理规范》，规定网络短视频平台实行节目内容先审后播制度，平台上播出的所有短视频须经内容审核后方可播出，包括节目的标题、简介、弹幕、评论等内容。

② ［美］杰里米·里夫金、特德·霍华德：《熵：一种新的世界观》，吕明、袁舟译，上海译文出版社1987年版。

司。[①] 所谓“寒冬论”，放大了非理性资本退潮的负面影响，专业公司和专业创作者则额手称庆。换言之，这只是又一次行业洗牌，再深一步是广电系统积年的“负面清单”到了必须清算的时候。

改变“头疼医头、脚疼医脚”的工作思维，运用物理学“熵定律”进行税务和数据的双根源治理，兼顾广电管理、经济赋权和行业自律的动态设计与多方平衡，才能确保电视产业稳行在良性发展的正确轨道上。对内容的“价值投资”，将是未来文化娱乐行业投资者和制作者的首选，并且兼顾政策底线和行业标准。

（三）融媒体时代的内容孵化

媒体融合不仅是对信息革命成果纵深运用的伟大实践，也是必须由“电视”承担的刻不容缓的政治使命。“互联”成为一把钥匙，让电视从传统媒体阵营中“第一媒介”的地位变身“超媒体”“泛媒体”中的关键一环，借助各类用户终端的互动和体验，让主流的声音、主流的价值成为主流舆论。这是从政治领域延及自媒体语境下不容忽视的“真相”，是谨防各种“来路不明的事实”“黑天鹅事件”频发的武器。[②]2018 年文娱消费的环境、渠道、形态发生了巨大变化，“三台三网”打通了人才和渠道的融合，提升了公益传播力度。无论是马克思 200 周年诞辰之际融媒体平台推出的通俗理论节目、纪录片、短视频等内容矩阵，还是致敬改革开放 40 年的节目访谈、专题片、微纪录片和电视剧，都是多层次合作开创舆论新阵地的结晶。“总台时代”的融媒体通过“聚资源、聚用户、聚平台”强化主流传播，是有效控制“舆论熵”的前瞻之举，同时也是电视产业商业化升级的必然结果。

这是一个弹幕时时传递社会动态、抖音短视频 15 秒内秒杀注意力的时代。自媒体技术给予用户的自我赋权是商业逻辑的成功，彼此双赢，借此打通泛影像、泛娱乐媒介叙事中创作和消费的两端，拓展了文化再生产的空间，中国社会步入文化消费年轻化的“后喻文化”[③] 时代。此间少年是“文化启蒙”余音犹续的年代里接

---

① 《观察：2018年涌向影视行业的430亿元投资都去了哪？》，电视剧鹰眼2019年1月12日。

② 陈龙：《舆论熵的控制与防范：一种关于网络治理的认识方法论》，《新闻与传播研究》2018年第8期。

③ “后喻文化”指“年轻人因为对新观念、新科技良好的接受能力，而在许多方面都要胜过他们的前辈，年长者反而要向他们的晚辈学习”。参见《“60后懂点90后语言”让管理跟上趟》，《新京报》2018年2月27日。

受良好教育成长的“富养”的一代，尤其是“90后”的成长背景与互联网发展同步，围绕他们的新现象、新思维、新价值、新趣味、新语言层出不穷，是当下社会和文化的重要内容构成，也是电视综艺研发和电视剧创作取材的温床。2018年“两会”上，有委员认为“佛系青年”“丧文化”等词有时是标榜个性的口头禅，不一定意味着堕落，报以“不轻易否定年轻人”的宽容之见。《我在故宫修文物》《航拍中国》《国家宝藏》等通过主力受众群为“95后”的B站热播的现象，说明年轻人长知识、开阔眼界、活出精彩自己的价值理念。

一些枯燥的理论性、政论性电视节目为了“圈粉”年轻人，放低身段，改用生动走心、可亲可感、新鲜有趣的表达方式讲述“中国故事”。比如央视新闻频道（CCTV-13）播出的7集通俗理论电视节目《改革开放　关键一招》，从青春视角讲述中国变化，每一集主题命名其实都是时代之问：“这个时代超级燃”“这个民主很有范儿”“中国文化很有味”“幸福就要稳稳的”“中国山水很养眼”“大国形象很有样”“中国共产党为什么能”，节目在“解惑”中唤醒了亲历者、见证者、参与者的共鸣和感慨。科教类节目成为爆款很难，央视纪录频道（CCTV-9）播出的6集纪录片《创新中国》豆瓣评分高达9.3分，涉及信息、制造、生命、能源、空间、海洋等深具影响领域的中国创新发展，是世界上首部利用人工智能模拟人声完成配音的大型纪录片。2018年的纪录片在网络平台上的活跃度和接受度均优于往年，中国纪录片研究中心4月发布的《中国纪录片发展报告（2018）》，封纪录片为“互联网新晋网红”。这与传媒行业大数据监测研究机构泽传媒发布的一份关于“90后”最喜欢的节目类型的调查结果互为印证：平时泡在视频网站上的“90后”，受调查者中喜爱综艺节目的占55.63%，喜欢纪录片的则占57.27%。①

牛津大学互联网研究院院长卢西亚诺·费洛里迪在《第四次革命》一书中指出：“任何技术都有一个显著的特性——媒介。”每一次与媒体有关的技术变革都是对未来媒体的开启。传统媒体在互联网升级与融合后，将转型为一个内容生态孵化器，而流媒体可零可整、社交互动、便捷灵活的优势牵引着主流的传播语态和叙事方式的同步更新。受众分化及其进步也将引导市场从初级阶段对IP和流量的盲目崇拜中抽身，重塑着内容生产者对“内容为王”及其双效益的认知，所有平台都将“为内容打工”。

① 波斯：《纪录片成“新晋网红”，视频网站早已加紧布局》，传媒头条2018年12月22日。

（四）新媒体的“阐释社群”

按照播出媒介区分电视剧和网络剧在2018年已过时，网台双播价值最大化效应日趋常态，网台融合改写了内容和收视格局。“线上线下标准一致”是方向，网台播剧仍有差别，即便剧集筹备之初获得上网上星“双证”许可，严于网络的电视审查会把好最后一道关，《如懿传》《天坑鹰猎》《许你浮生若梦》改网播就是证明。《延禧攻略》《为了你我愿意热爱整个世界》《最好的我们》（电视播出更名为《遇见最好的我们》）反向输出卫视后，收视不俗，卫视购买网络出品“超级剧集”的意愿增强。近两年，每年超过10部网剧成功上星。2018年“优爱腾”有17部剧上星，或进入卫视周播剧场联动播出，或网播全剧后上星二轮播出，如《结爱·千岁大人的初恋》《沙海》《疯人院》等。

年度IP热度虽在衰减，但网文IP改编剧的商业价值不可低估，对网台两端的年轻观众和女性群体保持着足够的吸引力。腾讯娱乐白皮书统计年度电视剧播放量TOP 50中，32部为IP改编剧，占比64%。其中，17部改编自网络文学。腾讯视频凭借《如懿传》《扶摇》《沙海》三部剧吸纳2100万新会员，《扶摇》创下平台单剧会员拉新纪录，《你和我的倾城时光》将浙江卫视、东方卫视的收官收视率拉升至全国第一、二位。[①]“爱优腾”网站会员总量在2018年超过2亿，远超美国流媒体Netflix的全球会员数量。受众的代代更迭是中国网络文学兴盛的基础，最终造就了与好莱坞电影、日本动漫、韩国电视剧并驾齐驱的“世界四大文化现象”（唐家三少语），影视与文学在互联网时代的联姻让文字产生了“应有的价值”（麦家语）。

新媒体、B站、弹幕、网络文学与年轻受众的“脐带”关系，正在为电视节目“文化中国”的传播添砖加瓦。B站如同一个“蓄水池”，覆盖多个社区、圈层，有文艺青年和各类“迷”“粉”，容易将“小众喜好”的涓涓细流汇成江河，拥有集趣成雅的娱乐活力，这是“弹幕社交”受到欢迎的原因。2018年12月底，B站联合中国社会科学院推出第二届年度弹幕盘点，“真实”位列年度十大弹幕词首位。B站用户共发送弹幕逾10亿条，“真实”弹幕出现了477065次[②]，显示了年轻人对贴近现实创作的喜爱和寻求共鸣的愿望，侧面回答了2018年现实题材剧回归的原因。

观察2018年各视频网站的弹幕：古装剧是最热类型，低龄观众和女性是主力

---

① 夏天：《回望2018，迎战2019，网络文学IP价值进阶时》，骨朵网络影视2019年1月17日。

② 《B站公布2018年度弹幕 “真实”最受欢迎》，北青网2018年12月29日。

人群；既带动老剧播放，又可推高新剧关注指数创造爆款，也能发现遗珠；吐槽剧集的腐朽套路厌弃违背史实，较真节奏和逻辑上的漏洞，不断生产“新梗”；精彩的剧情、细节和人设容易激发讨论，赞好剧集中的“细节之美”。同样，反面人物之恶会招致人神共愤的唾弃，“劝你善良”字幕扎堆出现，很能体现善恶美丑的价值观分野。换言之，有了弹幕，一部剧仿佛进入阅兵场，从头到尾接受观众检阅，不留情面的挑剔和由衷的好评同时划过屏幕。弹幕已成为数字化时代的“新客厅”，唤起了传统电视时代一家人围坐共赏电视的记忆，独有“阐释社群”之效。

（五）业界焦点与学术动态

2018年，围绕重点、热播电视剧的研讨会，纪念中国电视剧诞生60年的座谈会，改革开放40年电视剧发展历程和辉煌成就的主题论坛，是贯穿全年从业界到学界的主线，也是剧评、时评到论文的共同主题。关于综艺节目的文章涵盖了创新节目的流程设计、效益评估、类型突破和发展历史四个方面。出版方面，除了常规机构部门定期发布的年度电视收视、产业、艺术发展等年鉴、蓝皮书、报告以外，重要的丛书/著作有：由国家广电总局挂帅，中国广播影视出版社联合中国传媒大学和中国广播电影电视社会组织联合会历时4年编撰的《中国电视剧60年大系》丛书（1958—2018）正式出版。丛书共6卷9本：“编年史”“法规卷”“创作卷”“产业卷”“剧目卷”（上、下）及“人物卷”（上、中、下），从不同角度勾勒中国电视剧60年来的发展历程，是资料性工具书。由中国电视艺术家协会艺术评论委员会策划编撰，中国广播影视出版社出版的《中国电视文艺通论》10月发布，从中国电视文艺的历史沿革、市场环境、文化批评的角度系统梳理了中国电视剧、综艺节目、戏曲节目、文艺栏目等电视文艺节目，有一定的理论指导作用。

每年春秋两季定期举办的北京电视节目交易会（简称“春推会”“秋推会”），被誉为行业“风向标”，除了新剧交易，还把脉行业政策走向、诊断行业问题、发布年度电视剧产业发展报告、举办由领域专家和行业代表参加的主题性高峰论坛。

3月25日—28日的“春推会”上，古装IP哑火，流量剧式微，翻拍剧抬头，现实题材剧成为最大热门，都市职场类是主流，行业题材涉及面既广且新。《大江大河》《归去来》等“强时代性”的作品涌现，《最美的青春》《初心》《奔腾年代》等根据先进事迹为原型的创作富有时代特色和艺术感染力。网剧高峰论坛“我们离高峰还有多远”凸显了诞生在更新的时代、体制、人才、技术、媒介、受众等语境下网络剧潜力无限的发展空间，以及在多样化、故事性、动作性、趣味性、现代性等方面相比电影、电视剧的优势。北京电影学院教授侯克明关于网络剧发展“类型多样化、创作专业化、审美人文化、思想现代化”的“四化”观点切中根本。

10 月 10 日—12 日的“秋推会”上，坚守现实主义成为“一面旗帜”，反映改革开放的 10 部电视剧集中亮相，台网两端购剧，播剧格局在发生“逆转”。卫视购剧能力降低，首轮剧发行数量连续两年走低，从 2016 年的 267 部、2017 年的 247 部到 2018 年的 227 部，承接网剧“二轮”播出的情况增加；相反，网络消化电视剧的能力提高，从 2017 年的 95 部到 2018 年的 128 部，显示了从“二轮”播剧平台升位“首轮”继而“反哺”电视台的趋势。[①] 这只是过渡状态，随着网络剧的精品化，网络平台购剧一定会提高筛选标准，将不再是“积压剧”的收容所。

此外，三场高峰论坛在回顾历史和聚焦现实的双重坐标上，讨论行业时弊及未来趋势，即北京论坛“继往开来，再铸辉煌——电视剧质量发展之路”、创作论坛“电视剧生产有序性的保障之道”、大数据论坛“智能大数据时代影视行业发展与前瞻”。

3 月底的上海电视节制播年会上，与会专家学者肯定了“内容为王”时代来临、现实题材剧升温、台网联动易推爆款的趋势，并给出公式：“品质爆款剧 = 主流价值 + 热点话题 + 符合当下审美的超级人设 + 经典戏剧叙事模式 + 精美制作”。同时，对电视剧剧名长、集数长和剧本孵化时间越来越短的“两长一短”的套路予以批评，预警国产剧的三大新套路：“谈判都去华尔街，恋爱都去巴黎秀；打枪都去唐人街，开炮都去索马里；大女主演满街走，帝王嫔妃多如狗。”[②] 现实题材回暖后数量上的“一窝蜂”、过度消费古装女性的成长励志题材，是两大投机取巧的新跟风套路。

---

① 张赫：《小鲜肉和大 IP 退“视”，现实题材回归》，《中国电视报》2018 年 10 月 12 日。

② 韩平：《国产剧多点爆款少点套路》，《中国电视报》2018 年 3 月 22 日。

二、综艺节目：文化品质和破圈创新

2018年，中国原创节目网台同步发力，创新力“向阳而生”[①]。中国综艺节目经过10多年竞争激烈的规模性产业扩张后进入快车道，从版权引进、模仿借鉴、联合研发到原创自制，在学会自己走路后具备了国际竞争力。4月7日举办的法国戛纳春季电视节MIPFormats主舞台上，中国电视人首次以“原创节目模式”集体亮相，推出《国家宝藏》《朗读者》《经典咏流传》《天籁之战》《声临其境》《跨界歌王》《明日之子》7个台网爆款原创节目和《功夫少年》《好久不见》等尚未播出的2个节目“纸模式”[②]。10月15日，中国首次作为主宾国出现在戛纳秋季电视节上，《我就是演员》《这！就是灌篮》等更多的原创节目与美国公司签署节目模式海外输出协议。国产综艺“模式出海”，标志着中国自主知识产权节目模式研发步入正轨。

2018年的综艺市场有两个关键词：破圈、创新！它得益于台网垂直题材节目的胜出，以及由“小众”渐至品牌和大众化的趋势，给跟风严重的同质化市场带来“潮流”风尚。当音乐、竞技、相亲、旅游类节目经过了风光鼎盛期相继进入瓶颈期时，更为陌生、幕后和专业的有趣领域进入创新视野，飙演技、赛配音、音乐剧、高科技、篮球、街舞、机器人、电子竞技、电音等皆是有可能引发小众或大众关注的“奇点”。

（一）台网综艺节目“向阳而生”

2018年的电视荧屏共有93档综艺节目播出，其中，音乐（18档）、竞技（17档）、文化（12档）、表演（8档）是四类主流。收视TOP 10中位列前8的季播综艺皆为“综N代”，仅有两档新节目入围。[③]湖南、浙江、东方三家卫视是综艺大户，口碑指数TOP 10中，湖南卫视占6席，《声临其境》《声入人心》《我家那小子》三大原创综艺表现惊艳，浙江卫视的《这！就是灌篮》《我就是演员》同样口碑出色（见表1）。

豆瓣2018年度最受关注的电视综艺TOP10是：《声入人心》（9.2分）、《经典咏

① 系腾讯视频爆款网综，中国首档女团青春成长节目《创造101》口号“逆风翻盘，向阳而生”。

② 《组队走向海外，九大中国原创节目模式登陆戛纳电视节》，搜狐新闻2018年4月8日，http://www.sohu.com/a/227573658_260616。

③ 《2018综艺白皮书：产量稳中有升、类型出新、同质化竞争成风险》，看电视2019年1月17日。

流传》(8.7 分)、《声临其境》(8.2 分)、《这！就是灌篮》(8.1 分)、《向往的生活 2》(8.1 分)、《极限挑战 4》(7.6 分)、《幻乐之城》(7.0 分)、《我就是演员》(6.8 分)、《中餐厅 2》(6.6 分)、《歌手 2》(6.6 分)。入围综艺被央视和 3 家卫视包揽，湖南卫视占 6 席，央视 1 档，浙江卫视 2 档，东方卫视 1 档。《经典咏流传》和诗以歌，以流行歌曲的演唱方法传唱经典诗词，别有韵味的混搭、跨界独具匠心，如《送别》《明日歌》《将进酒》《陋室铭》《梁祝》等。

表 1　2018 年度卫视综艺节目收视率、网播量、口碑指数 TOP10[①]

排名	季播综艺	播出平台	收视率（%）	季播综艺	网播量（亿）	季播综艺	播出平台	口碑指数
1	奔跑吧 2	浙江卫视	1.941	奔跑吧 2	74.32	声入人心	湖南卫视	88.2
2	中国好声音 2018	浙江卫视	1.675	王牌对王牌 3	37.51	声临其境	湖南卫视	85.7
3	极限挑战 4	东方卫视	1.334	极限挑战 4	35.71	向往的生活 2	湖南卫视	85.3
4	欢乐喜剧人 4	东方卫视	1.280	向往的生活 2	29.12	这！就是灌篮	浙江卫视	84.9
5	向往的生活 2	湖南卫视	1.218	歌手 2018	28.34	极限挑战 4	东方卫视	84.5
6	王牌对王牌 3	浙江卫视	1.142	中餐厅 2	26.18	幻乐之城	湖南卫视	84.2
7	跨界歌王 3	北京卫视	1.086	我是大侦探（湖南）	23.68	我就是演员	浙江卫视	83.6
8	歌手 2018	湖南卫视	1.015	我就是演员	17.93	中餐厅 2	湖南卫视	83.4
9	新舞林大会	东方卫视	0.961	欢乐喜剧人 4	17.37	我家那小子	湖南卫视	83.1
10	声临其境	湖南卫视	0.959	我想和你唱 3（湖南）	16.78	王牌对王牌 3	浙江卫视	82.8

2018 年的网综大放异彩，上线播出 124 档[②]，为 4 年来之最，远超电视综艺，且一年四季都有节目闪亮登场。“优爱腾”分别出品的爆款《这！就是街舞》《偶像练习生》《创造 101》成为拉新会员的引擎。电视综艺中出现了一些市场留白的“高

① 表格自制。数据来自“2018腾讯娱乐白皮书”。

② 《2018综艺白皮书：产量稳中有升、类型出新、同质化竞争成风险》，看电视2019年1月17日。

冷”节目，如声音魅力竞演秀《声临其境》、美声音乐剧竞演节目《声入人心》。前者通过演员对经典影视形象的配音模仿，从语言角度丰富了演员塑造角色的艺术完整性和全面的艺术素养；后者通过有才华的专业选手的竞演普及高雅艺术。

灵感来自韩国综艺的观察类综艺，由于具备本土扑面而来的生活气息和热点话题毫无违和感，全年有7档观察类节目：湖南卫视《我家那小子》，北京卫视《但愿人长久2》，芒果TV《妻子的浪漫旅行》《童言有计》《真心大冒险》，腾讯《心动的信号》《幸福三重奏》。其中，《我家那小子》《妻子的浪漫旅行》《心动的信号》《幸福三重奏》等受到好评，口碑指数均超过80。节目取材日常生活，将演播室的“拟态环境”与第二现场结合，熟人或亲人视角的信息补充和专家的同步点评，带领观众在熟悉、关心的话题分享中获得满足。与“他人即地狱”的西方哲学问题不同，观察类节目给人的代入感、新鲜感、参与感、认同感，仿佛社会的“一扇窗户”，让人从中观照自己的生活。

2018年综艺节目的内容结构分布进一步优化，呈现了复合化、场景化、大型化和垂直精品节目的多元立体开发意识。网综5年、电视综艺15年，均有了质的飞跃和商业化升级，各自形成了品牌类“综N代”（如电视综艺《歌手》《奔跑吧》《非诚勿扰》，网综《奇葩说》《吐槽大会》）、影响广泛的头部综艺（如电视综艺《朗读者》《见字如面》《国家宝藏》，网综《创造101》《偶像练习生》《这！就是街舞》）、针对不同圈层垂直开发的腰部综艺（如电视综艺《我就是演员》《声临其境》《声入人心》，网综《心动的信号》《一本好书》《奇遇人生》）三类节目布局。网综在类型、题材上不断创新发力，观察类、机器人、航天等专业团队竞技类真人秀节目影响不俗，正像业内人士指出的“出爆款”和“吃老本”是2018年台网综艺节目的最大区别。目前，台网综艺节目已臻饱和，触及综艺产能天花板，重要的是如何进一步创新并保持品牌影响力。

（二）启智的节目是“塑造社会”

2018年，文化类电视综艺全面进入转型升级中，打造文化与娱乐、商业、人性和日常生活千丝万缕的关系。导演了《中国汉字听写大会》《中国成语大会》《见字如面》《一本好书》等爆款综艺的关正文认为“从来都是单品的胜利，而不是类型的胜利”，点中了文化节目作为“内容价值类节目”的实质。[1] 不同于“类型”的盈利模式，很难与经济利益进行简单直接的挂钩和量化，然而，价值传播远比即时快感更能造福社会。

社会历史文化记忆的形态随着现代电子技术的更新和互联网“活性”发展，扩容了以往通过文字、身体、纪念碑、博物馆、档案馆等物质载体的保存方式[2]，传播范围、途径和影响力发生了巨变。文博综艺节目的意义与文化和旅游部的初衷一致，调动一切手段保障大众充分享受文化权益，创新文物资源利用模式，焕发中华文化在新时代的勃勃生机。“综N代”文化节目《朗读者》《见字如面》依然热播，收视稳定；《中国诗词大会3》照例在央视科教频道连播10天，延续“人生自有诗意”的主题，扩展题库达数百篇经典诗词，加入非遗元素，特别制作与节目同步播出的10集伴随式纪录片《诗词来了》；中国电视综艺节目介入文化保护的能量是可喜的，文博探索节目《国家宝藏》采用纪录、定格、传承、守护等“仪式性”手段，汇聚明星、专家，以情景剧的方式讲述国宝传奇故事，揭秘尘封已久的历史，让观众感受到守护历史、守护文化、守护身份的骄傲；《上新了，故宫》创造了文创类产品开发的节目模式。两档创意性节目通过让文物活起来，让历史发声，融会贯通古今，将思想性融入艺术性、趣味性、实用性之中，激发人们对历史文化的兴趣。

文化类综艺带火了文博热、旅游热、收藏热、读书热，催生一批批“网红”景点，成为消费者选择旅游目的地的参考指南。《朗读者》发布节目同名图书，提升全民读书兴趣和阅读水平，打造沉浸式阅读新体验。中国旅游研究院（文化和旅游部数据中心）发布的《2018旅游经济运行盘点系列报告：旅游产业》显示了文旅融合对产业投资的有力推动，大众旅游行为和文化IP已从过去“拍照”“打卡”向更具文化意味的“体验型”旅游产品延伸，旅游产业呈现“跨界式”发展。同样，音乐综艺《幻乐之城》《声入人心》播出后立竿见影，小众的音乐剧演员受到关注并“破圈”，音乐剧的原版引进、中文版和本土原创的数量激增。据北京演出行业协会统计，2018年北京地区全年各大中小剧场上演的音乐剧达775场，观众达42.9万人次，同比上年分别增长16.9%、26.7%。[3]

---

① 冷成琳：《专访关正文：做创作这件事儿，你就别想着挣钱了》，广电独家2019年1月19日。

② [德]阿莱达·阿斯曼：《回忆空间：文化记忆的形式和变迁》，潘璐译，北京大学出版社2016年版，第198页。

③ 刘臻：《走出小众，观众需要什么样的音乐剧？》，《新京报》2019年1月28日。

继《中国式相亲》后,《新相亲大会》这类子女带父母一起相亲的“家庭式”中国代际相亲节目在2018年继续热播，一方面引发两代人婚恋观念的讨论，另一方面折射出中国适婚青年的婚恋态度由被动到主动，以及不肯将就和屈从长辈催婚的积极变化。共青团中央发布的《当代青年群体婚恋观调查报告》指出，交际圈小、工作忙和不主动是青年单身的三大原因。① 天猫2018年“双11”榜单显示单身经济来临，“一人量”在过去10年成为购物新潮流。但是，中国的单身群体与《低欲望社会》《无缘社会》中提到的“无欲无求、孤独终老”的日本单身社会有所不同，中国年轻人对生活品质的追求越来越高，呈现“社交降级、消费升级”的趋势。② 因此，相亲节目的兴起有深刻的现实诱因，传统的“父母之命，媒妁之言”在新时代变为电视台牵线搭桥、父母掌眼的“合家欢”场景，缩短长辈的经验和年轻人心愿之间的距离，也为场外观众提供一个社会问题和价值理念公共讨论的空间，是映射时代变迁的一面镜子。

2018年，电视综艺节目全面升级，传播了文化、知识，增强了服务性、实用性，有意思也有意义，不止于娱乐。

三、电视剧：守正与创新，正剧与爽剧

2018年，现实题材电视剧播出呈先抑后扬、年末井喷的态势，遗憾的是，全年缺乏足够引以为傲的现象级“单品”，更多是数量优势。2017年的3部界碑之作《人民的名义》(反腐题材)、《鸡毛飞上天》(浙商题材)、《情满四合院》(年代剧)在现实主义创作上的胜利，成为2018年“言必称”的参照系。

政策调控是现实题材回归的一个重要原因，国家广电总局明确鼓励以“2018年改革开放40周年、2019年新中国成立70周年、2020年全面建成小康社会、2021年中国共产党成立100周年等重要时间节点”为坐标进行电视剧题材的献礼创作。2019年1月底出炉的“2018中国电视剧选集”中，23部剧代表了官方认可、提倡

---

① 《团中央“青年之声”发布青年群体婚恋观调查报告》，搜狐网，http：//www.sohu.com/a/232399946_119038。

② 《单身经济走红 商品越来越“小”》，中国财经网，http：//finance.china.com.cn/consume/20181109/4804532.shtml。

的创作方向。[①] 其中，20 部是当代题材，以献礼改革开放的剧集为主。仅有的 2 部古装剧《天盛长歌》《琅琊榜之风起长林》，抒发的也是理想主义和家国情怀。

用“回归”形容 2017—2018 年现实题材创作，意味深长。因为自 2011 年现实题材剧获得年度发行许可证的部数、集数占比分别跌至 50.53% 和 47.61% 后，就出现了一条“分水岭”。之后的 2012—2016 年，部、集比例双双盘桓在 51% 至 57% 间，之前的 2004—2010 年，部、集占比均高于显露“回归之相”的 2017 年（60.51%、56.40%）和 2018 年（63.16%、60.25%）[②]，最高占比是 2007 年的 73.35%、70.85%[③]。8 年时间换回中国现实题材电视剧创作的“回归”，这是一组多么沉重的数字。

（一）年度扫描：波澜不惊与艺术重、轻之态

2018 年剧集市场网热台冷，头部效应减弱，上新量不及网络，且大多波澜不惊，只有自带话题的古装剧《延禧攻略》《如懿传》和跨年剧《大江大河》泛起浪花。《武动乾坤》《天盛长歌》《远大前程》《橙红年代》《创业时代》《脱身》等被寄予厚望的电视剧，因剧作质量、演员演技、受众定位等关键指标不同程度的失控，未达预期。2018 年播出剧集总量是 383 部 11778 集，其中上星 113 部，较 2016 年减少 55 部，较 2017 年减少 10 部。央视仅 1 部《娘亲舅大》全国网收视破 2；卫视播剧连续 3 年下降，52 城收视破 1% 的新剧 14 部，较上年减少 8 部；网剧从前两年的 201 部、211 部升至 260 部，却没有网播量过 200 亿的剧集，100 多亿的 7 部，较上年减少 5 部。[④] 卫视全年收视率前三的电视剧是《恋爱先生》《娘道》《正阳门下小女人》，网播量前三的是《延禧攻略》《恋爱先生》《如懿传》(见表 2)。可见，台网两端的受众对年代传奇、古装剧各有偏爱，都市情感剧是共同的兴趣。

① 23部电视剧为：《换了人间》《勿忘初心》《大江大河》《那座城这家人》《北部湾人家》《最美的青春》《归去来》《黄土高天》《那些年，我们正年轻》《创业时代》《你迟到的许多年》《正阳门下小女人》《美好生活》《恋爱先生》《灵与肉》《爱情的边疆》《天盛长歌》《老男孩》《啊，父老乡亲》《莫斯科行动》《琅琊榜之风起长林》《楼外楼》《娘亲舅大》。

② 2018年全国生产完成并获得国产电视剧发行许可证的剧目共计323部13726集。其中，现实题材剧目共计204部8270集，分别占总部数、集数的63.16%、60.25%。数据参见国家广电总局官网。

③ 许婧：《中国电视艺术史》，文化艺术出版社2013年版，第213页。

④ 《2018腾讯娱乐白皮书 · 电视剧篇："剧人"的迷途》，腾讯娱乐 2019年1月17日。

表 2 2018 年度电视剧 CSM52 城收视率、网播量 TOP10①

排名	剧集	播出平台	收视率（%）	豆瓣	剧集	播放方式	网播量（亿）	豆瓣
1	恋爱先生	东方卫视	1.56	5.7	延禧攻略	爱奇艺独播・先网后台	181.81	7.2
2	娘道	北京卫视	1.54	2.5	恋爱先生	三家联播・台网剧	164.91	5.7
3	正阳门下小女人	北京卫视	1.41	7.8	如懿传	腾讯独播・先网后台	162.48	7.4
4	香蜜沉沉烬如霜	江苏卫视	1.30	7.7	香蜜沉沉烬如霜	三家联播・台网剧	151.15	7.7
5	幸福一家人	北京卫视	1.27	6.8	扶摇	腾讯独播・先网后台	144.31	4.7
6	美好生活	东方卫视	1.27	5.0	归去来	四家联播・台网剧	102.70	5.3
7	大江大河	北京卫视	1.24	8.9	谈判官	五家联播・台网剧	102.49	3.5
8	面具	北京卫视	1.23	8.0	猎毒人	三家联播・台网剧	94.07	4.5
9	谈判官	湖南卫视	1.19	3.5	温暖的弦	三家联播・台网剧	83.74	4.8
10	猎毒人	东方卫视	1.13	4.5	烈火如歌	优酷独播・网剧	82.68	5.9

表 3、表 4 显示了一个有意思的现象：央视全国网剧集普遍低分高收视，卫视收视数据和豆瓣评分反差相对较小。最典型的是郭靖宇担任编剧或兼编、导的两部剧《最美的青春》《娘道》，分别占据豆瓣 TOP10 第二位和最低分，在全国网评分人次双双最高。郭靖宇多次谈及“深入生活，融入生活，感受生活”的创作感受，他对民间艺术趣味的谙熟决定了创作上精确的受众定位和纯熟的戏剧技巧、导演功力。低分高收视不可一概论好坏，电视剧是大众文化艺术样式，既要制作兼顾传统受众、价值观相对稳定的剧集，又要生产受众定位精准的多样化产品。《大江大河》激发的是“全民向”的情感共鸣，“黑马”级爆款网剧《镇魂》完全是对特定圈层所思所爱命中靶心的定向创作。被批为“封建残余”的《娘道》收视和口碑分野如此之大，显示了中老年观众与年轻人的格格不入，实际受众和打分者是两拨喜好泾渭分明的收视群体，愿看免费电视剧的大龄观众不会成为网站会员，更不会看豆瓣

① 表格自制。收视率、网播量来自《2018腾讯娱乐白皮书・电视剧篇》，豆瓣评分截至2019年2月9日。

评分确定追剧还是弃剧。这预示了一线卫视和主流视频网站未来一定会强化彼此差异化的“头部内容”+“腰部内容”+“细分受众”内容孵化策略，2018 年的“圈层”喜好，已经做出回答。

表 3　2018 年度电视剧豆瓣评分 TOP10①（排名来自 VLinkage）

排名	剧集	评分	编剧	导演	制片人	主要出品公司
1	大江大河	8.9	袁克平等	孔笙、黄伟	侯鸿亮	正午阳光
2	最美的青春	8.4	郭靖宇、杨勇	巨兴茂	秦振贵、薛鑫	完美影视
3	教室的那一间	8.3	贾炳祺	贾炳祺	钟承霖	有仙则名文化
4	天盛长歌	8.2	路怡等	沈严、刘海波	钮继新、全浩进	华策影视
5	忽而今夏	8.2	赵夏盈等	吕赢	李尔云、李峥	完美影视
6	假如没有遇见你	8.2	郎雁平、倪骏等	杨龙	吴燕、唐锐	曼荼罗影视
7	灵与肉	8.1	杨真鉴	楼健	王浩	宁夏电影集团
8	啊，父老乡亲	8.0	贾兴安、徐文雁	张鑫、赵镭	鲁莽	春天影业
9	面具	8.0	王小枪	楼健等	张海东	海东明日影视文化
10	和平饭店	7.9	张莱	李骏、白涛	刘燕铭	海润影视

表 4　2018 年全国网、CSM52 城电视剧 TOP30②（数据来源：央视索福瑞）

排名	2018 年全国网电视剧收视				2018 年 CSM52 城电视剧收视			
	剧集	播出频道	收视率 / 份额	豆瓣	剧集	播出频道	收视率 / 份额	豆瓣
1	娘亲舅大	CCTV-8	2.04%　8.3	4.7	风筝	北京卫视	1.62%　5.18	8.8
2	初婚	CCTV-8	1.88%　8.02	2.9	恋爱先生	东方卫视	1.56%　4.97	5.7
3	我的继父是偶像	CCTV-8	1.85%　6.67	3.1	娘道	北京卫视	1.54%　5.8	2.5

① 表格自制。豆瓣评分截至 2019 年 2 月 9 日。《风筝》卫视首播于 2017 年 12 月 17 日至 2018 年 1 月 11 日，故不列入 2018 年豆瓣榜单。

② 表格自制。豆瓣评分截至 2019 年 2 月 9 日。全国网央视播剧、豆瓣评分人次大多几百人，少数剧上千人次，最多是《最美的青春》6067 人、《楼外楼》1828 人；表格中最多评分人次的两部均来自卫视：《娘道》26838 人、《我的青春遇见你》7447 人。

续表

排名	2018 年全国网电视剧收视				2018 年 CSM52 城电视剧收视			
	剧集	播出频道	收视率 / 份额	豆瓣	剧集	播出频道	收视率 / 份额	豆瓣
4	谈判官	湖南卫视	1.76% 5.84	3.5	风筝	东方卫视	1.53% 4.91	8.8
5	猎豺狼	CCTV-8	1.71% 6.94	3.5	岁岁年年柿柿红	CCTV-1	1.45% 5.42	4.3
6	一千零一夜	湖南卫视	1.68% 6.8	5.2	换了人间	CCTV-1	1.45% 4.86	6.6
7	甜蜜暴击	湖南卫视	1.62% 6.49	2.7	正阳门下小女人	北京卫视	1.41% 5.16	7.8
8	惊蛰	CCTV-8	1.61% 6.68	无	天下粮田	CCTV-1	1.41% 4.75	6.3
9	回家的路有多远	CCTV-8	1.53% 6.56	3.3	最美的青春	CCTV-1	1.39% 5.18	8.4
10	开封府	CCTV-8	1.49% 6.53	6.6	楼外楼	CCTV-1	1.35% 5.24	5.0
11	浴血十四年	CCTV-8	1.48% 6.09	无	娘亲舅大	CCTV-8	1.33% 5.21	4.7
12	天下粮田	CCTV-1	1.43% 5.02	6.3	香蜜沉沉烬如霜	江苏卫视	1.3% 4.82	7.7
13	岁岁年年柿柿红	CCTV-1	1.39% 5.44	4.3	我的继父是偶像	CCTV-8	1.3% 4.58	3.1
14	姥姥的饺子馆	CCTV-8	1.38% 5.5	3.9	幸福一家人	北京卫视	1.27% 4.54	6.8
15	熊爸熊孩子	CCTV-8	1.33% 4.74	6.2	美好生活	东方卫视	1.27% 4.28	5.0
16	奔腾岁月	CCTV-8	1.32% 5.5	无	大江大河	北京卫视	1.24% 4.42	8.9
17	区小队	CCTV-8	1.32% 5.56	无	面具	北京卫视	1.23% 4.56	8.0
18	换了人间	CCTV-1	1.31% 4.49	6.3	初心	CCTV-1	1.22% 4.27	5.1
19	大牧歌	CCTV-8	1.24% 5.32	无	谈判官	湖南卫视	1.19% 4.02	3.5
20	最美的青春	CCTV-1	1.23% 4.73	8.4	美好生活	北京卫视	1.18% 3.99	5.0
21	执行利剑	CCTV-8	1.22% 5.19	无	初婚	CCTV-8	1.18% 4.76	2.9
22	龙门飞甲	CCTV-8	1.22% 5.09	4.6	猎毒人	东方卫视	1.13% 4.28	4.5

续表

排名	2018 年全国网电视剧收视				2018 年 CSM52 城电视剧收视			
	剧集	播出频道	收视率 / 份额	豆瓣	剧集	播出频道	收视率 / 份额	豆瓣
23	幸福有配方	CCTV-8	1.21% 4.13	4.9	亲爱的她们	湖南卫视	1.12% 3.82	6.2
24	战天狼	CCTV-8	1.2% 4.94	无	红蔷薇	江苏卫视	1.1% 3.56	7.1
25	我的父亲我的兵	CCTV-8	1.2% 4.45	5.0	开封府	CCTV-8	1.09% 4.39	6.6
26	楼外楼	CCTV-1	1.19% 4.76	5.0	老男孩	湖南卫视	1.08% 3.86	6.0
27	大话红娘	CCTV-8	1.19% 4.43	2.9	猎豺狼	CCTV-8	1.07% 4.13	3.5
28	我的青春遇见你	湖南卫视	1.15% 3.96	7.1	好久不见	东方卫视	1.06% 3.76	4.3
29	娘道	北京卫视	1.14% 4.23	2.5	猎毒人	江苏卫视	1.06% 4.03	4.5
30	娘道	江苏卫视	1.14% 4.24	2.5	我的青春遇见你	湖南卫视	1.03% 3.49	7.1

年度艺术品质最高的电视剧是两部分别在年头和年尾播出的跨年剧：谍战剧《风筝》和献礼剧《大江大河》，都超越了类型框架具有年代史诗意味，就类型创新、思想内涵和审美趣味而言，是 2018 年的挽尊佳作，也是全年豆瓣评分最高的剧集。但是，正剧、爽剧并行是 2018 年备受瞩目的一个创作现象，同“沉重”相对照的“轻文化”成为重要的时代表征。与《风筝》《大江大河》所代表的有思想深度、人文重量、意义厚度、时代温度的作品相比，无论是远离历史正剧叙事，追求快感的《延禧攻略》，还是跳脱时代沉重视角，以轻快的叙事隐性而柔软地传递价值观、正能量、主旋律等调性的《正阳门下小女人》，代表了深谙互联网受众和全球文化潮流的创作趋势。

今天，处于商业包围圈中的艺术，擅长为生活重负下的人们提供赖以“喘息”的休闲消费型娱乐，佐证着黑格尔理想化的“绝对心灵的领域”[①] 的活动渐行渐远的事实。特别是在与宗教脱钩、失去了革命时代的动员力量后，艺术已经完成了面向“流着奶和蜜的国度”的解放使命，转身热情拥抱“有趣”，与技术、市场一道膜拜

① ［德］黑格尔：《美学》（第一卷），商务印书馆 2015 年版，第 121 页。

追求经济现实核心——“轻”的逻辑中，实现着“符号上的变革”。它与梭罗式返璞归真的极简追求近似，又没有走向“反文明”的极端。艺术仍然“承载着文化里最突出的价值观”，但无法回避“轻文明”作为第二种现代性的倾向。“轻”在第二层意思上“承载了正面的价值”，满足“超现代时代”中的个体活得更好更轻的愿望，对时尚、酷、轻盈、放松的热爱已是全球“超现代性的主流”。这便是法国哲学家利波维茨基在《轻文明》中阐释的思想：“无论是从字面上还是从寓意上，我们都生活在一个‘轻’大获全胜的时代。统治我们的是一种由大众传媒传播的日常的轻文化，消费领域不断宣扬着享乐主义、趣味至上的参考标准。”①

《延禧攻略》的影响波及港台及东南亚，甚至引发全球关注，并非空穴来风。其版权销售到90多个国家和地区，刷新YouTube华语剧集最高观看纪录，开创中国电视剧首登谷歌2018年全球电视剧“热搜”榜首的纪录，是国产剧近年来影响、规模最特殊的一次“现象级输出”文化案例。这应该是继艺术创作中继“高雅”和“雅俗共赏”之后又一件需要严肃看待的事情。

（二）献礼情结：话语生产和文化记忆的调用

对于“真理”“真实”“历史”“文化”的探寻和兴趣，是贯穿2018年电视节目的“最强音”。文化记忆和文明历史是通过媒介实现记录、分享、传播和传承的，并在互动、建构、重构中代代相传着较为一致的价值观和认同感。关于“集体记忆”“文化记忆”通过传媒实践尤其是现当代借助电子网络保存记忆的形态研究，西方学者提供了理论视野，法国的莫里斯·哈布瓦赫、皮埃尔·诺拉，德国的扬·阿斯曼、阿莱达·阿斯曼、艾斯特里德·埃尔等均有精辟阐述。中华人民共和国成立的思想资源和伟大实践、改革开放40年，都是关乎时代变迁、个体幸福的集体记忆，对国家和民众都是具有特殊意义的“非常岁月”。电视节目用各种艺术样式，调用共同的文化资源，运用差别性的象征符号，与意识形态主流话语达成一致的话语建构，形成电视艺术领域年度响亮的“记忆场域”。还有什么比回顾电视和中国人的“共同往事”更能激发起共有身份的文化认同和一个民族恒定的核心价值观？

2018年，央视整体收视排名保持着全国上星频道首位，央视8套黄金档首播的

① ［法］吉勒·利波维茨基：《轻文明》，郁梦非译，中信出版社2017年版，“引言”和第27、155页。

28 部剧，有 24 部平均收视率超过 1%，创全年电视剧收视最高。[①] 央视肩负着国家主流媒体的责任、使命和价值引领作用，播剧突出时代精神和“正能量”。如：以新疆军区原后勤部部长“将军农民”甘祖昌和妻子举家返乡改变家乡落后面貌为原型的《初心》；以塞罕坝几代造林人 50 年绿化荒漠建成“世界上最大的人工林海”事迹为原型的《最美的青春》；展现十八大以来中国法制建设进程和司法者群像的《阳光下的法庭》；致敬积极投身“大三线”建设，将青春和生命献给中国航天事业的《那些年，我们正年轻》；反映农村 40 年来历史变迁的“三农”题材电视剧《黄土高天》；等等。这些剧都是那个理想至上的年代中，将祖国需要与个人价值、个人命运与国家发展勾连、“对这片土地爱得深沉”的青春之歌。此外，央视配合年度重大主题播出了献礼中华人民共和国成立 69 周年的《右玉和她的县委书记们》、宁夏回族自治区成立 60 周年的《灵与肉》、广西壮族自治区成立 60 周年的《北部湾人家》等主旋律电视剧。

中国电视剧创作的“献礼情结”和“纪念传统”，对国家民生大事“逢十”必有的逐代“定格”“回溯”“重述”的隆重致敬达成的“想象共同体”，赋予 2018 年的荧屏以庄重。《最美的青春》《正阳门下小女人》《我们的四十年》《北部湾人家》《那座城这家人》《大江大河》《外滩钟声》《江河水》《大浦东》等从不同行业和视角反映改革开放的电视剧从年头播到年尾，唤起人们对昔日岁月的缅怀情愫，获得“重回现场”、让时间不朽的力量。[②] 如同美国电影理论家托马斯·沙兹对属于意识形态范畴的电影的主要魅力和社会文化功能的阐释那样：“不论它的商业动机和美学要求是什么……实际上在协助公众去界定那迅速演变的社会现实并找到它的意义。”

2018 年的献礼剧集中抒写了“不尽狂澜走沧海，一拳天与压潮头”的改革乐章，营造了感恩时代的氛围。《大江大河》承载了一个纯真年代中国人共同走过的悲欢岁月，“弄潮三子”是那个时代“典型环境”中三类典型人物的缩影，他们不负时代不负青春、一往无前九死不悔的不懈追梦，是改革年代执着奋进者的精神画像，回答了中国走向富裕强大的原因。该剧触及的第一个改革 10 年里的苦痛和欢畅，亦显亦隐地巧妙蛰伏在三位男主角所隐喻的改革开放的三种主流经济模式的群

① 韩平：《17部央视首播剧上榜全国20强》，《中国电视报》2019年1月10日。
② 许婧：《中国电视剧40年与中国人的“共同往事”》，《中国艺术报》2018年12月19日。

像叙事中，也毫不回避奋斗不息中的时代悲剧、改革中的习惯势力牵制、基层党政和办公室政治间“权力的游戏”。但三位“逐梦人”矢志不渝地前行，碾压了激流下的灰色和压抑，展示出历史车轮不可阻挡的必然轨迹。该剧是年度最好看的激情澎湃的正剧，与寄托了讴歌情怀的《最美的青春》，都是以最炙热的青春热血共同谱写了不同时代的现实主义底色，后者革命的乐观主义精神于今是饱满而稀缺的。

被业内专家盛赞为“不负天下不负农”的良心之作《黄土高天》，改编自陕西作家莫伸的报告文学《一号文件》，已故作家陈忠实曾给予高度评价。该剧通过当代中国农村40年的变迁，表现了“活下去，富起来，新农民”的农村新思想。剧中生动而典型的人和事，得益于原作“用双脚走出来”的独有的扎实史料价值和无可置疑的真实性。

《正阳门下小女人》融入“一山二虎、瑜亮相争”的商战剧手法，也不同于以往年代剧的正剧叙事路线，而是将愉悦、昂扬、逗贫的轻喜剧风格和“京味儿”文化结合。两个女人成为曲折人生的欢乐励志交响曲，唱出了该剧的魂：“原谅别人就是原谅自己”，以及“知者减半，省者全无”的人生境界。剧中女主角徐慧真是家庭顶梁柱，有着干大事的绝对权力和资质，并非“半边天”，但“小女人”不同于“大女主”，也不是“女汉子”，而是一种将残缺的人生过成“圆满”的理想化的智慧女性，倾注了创作者对拥有完美人格和生活品位的女性形象的现代性投射：家境殷实、通情达理、刚柔相济、才貌双全、柔婉而坚毅、妩媚却独立，风风火火立门户，是“风一样的女人”，一种双性合璧的完人形象。该剧是《情满四合院》的编剧、导演的接续合作，同样是描写“老北京”的人情人事，但后者的“小酒馆文化”，与前部剧中男主角“傻柱”悲催却乐观的人生和四合院文化，有着不一样的韵致与趣味。后者以女性为主角，男性是远比“绿叶”还要重要的故事支撑。健康的基调、“开挂”的人生、启智的剧情、有趣的人物、绝不给观众添堵的善恶有报的及时兑现等，不时缀以“爽点”，使观感更加“畅快”，与时俱进地更新故事话语表述系统。

《归去来》的剧情并不扎实，有将留学生活简单化的毛病，角色戏份难分主次平均用力，但它将海外留学生的所属的4类主要阶层与中国的反腐现实、官商文化和代沟等结合，是一种表现价值观博弈的叙事类型，理想化地传达了“成为更好的自己”的理念。《北部湾人家》的家庭线叙事渗透出来浓浓的亲情和宽严相济的家风家教，相比官场线叙事更加让人感到充满善意的家庭伦理剧的建设性出路。对家庭、都市剧而言，平实的叙事与宽容的引导尤为可贵，现实家庭中没有那么多动辄鸡飞狗跳、惊心动魄的“事故”，更多的是观念冲突、代际隔阂、阶层差异，并非二元对立、非黑即白的极端和非理性，平和智慧地挖掘生活本真的戏剧性与暧昧多义，更能彰显中国人伦社会的包容性，这也是《正阳门下小女人》《远方的家》《陪读妈妈》《美好生活》可贵的现实主义价值所在——发掘生活的戏剧性和智慧，在合理性基础上辩证地审视人性的善与非善。

（三）年度创作喜忧参半：话题纷扰大剧匮乏

2018 年是改革开放 40 年和中国电视剧诞生 60 年，尽管全年一派献礼的热闹和现实题材剧的繁荣，然而，除了《风筝》《大江大河》，竟无可拊掌击节的现象级大剧，反倒是郭靖宇、于正和他们各自的两部剧，在多个层面构成 2018 年现象级最大反差电视人。整体看，年度创作献礼 40 年有余，诚意致敬 60 年欠奉，追风盖过艺术品质。

1. 都市剧、行业剧依然是悬浮剧

上半年播出的《恋爱先生》《美好生活》，有亮点却未大热，原因是“失真”，炫酷的故事背景和太多巧合自绝于生活逻辑，这也是都市剧已成套路的缺陷。

《恋爱先生》是《好先生》的系列续集，都是讲述受伤男人迷失后在“寻找回来的世界”中获得自我的爱情故事。两部剧仅是主题性相似，质地悬殊，《好先生》可贵地探索了心理现实主义，《恋爱先生》不免浮夸，脱离生活实感的诊所场景、跨国取景和不接地气的情节，有哗众取宠之嫌。情节中“配方式”地叠加了斜杠青年、海归、直播、网红、网络暴力、高科技新贵、互联网创业、出国做全职太太等现代生活方式，以及单亲家庭、独居老人的辛酸。比比皆是的植入广告和生硬的台词植入，脱离生活实际，尤显中产阶级趣味和高端消费心理，让人质疑该剧的现实主义含量。《美好生活》讲述一个悲催海归换心后人生重设的爱情故事，中年大叔、劫后余生、一无所有等跌到谷底的人设，扒自韩剧套路。然而，随即展开的年轻人、老年人的两段情感线是亮点，配角叙事线出彩，几段逗趣的三角关系、金句频出的台词、都市人的孤独、栖遑和寻找、真实的老年人心理、主要演员在线的演技，中和着太多巧合造成的剧作硬伤，散发出一种扑面而来的哀而不伤的气息，让该剧出没在反常和正常交叉的疯癫叙事中。比起讲述熟男熟女爱情的《下一站，别离》中"早更"的女主和"爱无能"男主的契约婚姻,《美好生活》中的萝莉之爱、恐婚女性、"胭脂扣"式的不醒痴情更加落地。

至于《老男孩》，是一个简单到看了开头就知道结尾的故事，靠平庸套路和任性"互怼"推动剧情。《新京报》统计了近两年12部都市剧相似桥段的10个套路[①]，该剧全部收齐,《恋爱先生》《谈判官》紧随其后。

行业剧普遍存在的误区，要么拘泥于行业素材，在缩手缩脚的恪守中失去戏剧性，要么无视行业特性，权当编故事的背景毫无真实感，大多沦为讲述无差别爱情的偶像剧和披着行业剧外衣的"伪现实剧"。《谈判官》就是典型代表，缺乏职业伦理、职场规则、职人面貌，弱化精英的专业能力，以幼稚的卖萌打造人设表面的"出色"，招致多方诟病和《人民日报》的点名批评。行业时空错位的《创业时代》也在肤浅猎奇的情路和失真的商战硝烟中讲述创业故事，局限于偶像、中产和高干阶层的廉价想象，重复着国产剧中的行业剧短板。虽然该剧后面对职业理想与多种心态的展现渐入佳境，但对情感始新终乱的离奇处理，还是留下了男主角终究是靠资源上位的"渣男"印象，事业线与爱情线兼顾的野心落空。时装职场剧《你和我的倾城时光》高开低走的原因，也是服装行业背景下失真的商战与偶像剧的爱情套路。而同是女性为主角的两部剧——法医题材的日剧《非自然死亡》和聚焦媒体行业的韩剧《迷雾》——让观众领略了真正"称职"的行业剧的纹理，国产剧的行业想象相形见绌。

2. 谍战剧、抗战剧的创新意涵

2018年有新意的抗战剧、谍战剧基本都是非典型意义的类型剧，在叙事、题材、元素上有态度，演员阵容搭配也很用心，饶有"实验"意味，但很遗憾，除了《风筝》《面具》，其他都反响平平。

《风筝》延宕4年多终于在2017年底跨年面世，正视该剧摆脱党派之争阴影下的人性偏见，艺术地体现政治上的进步，反衬中国共产党的政党先进性，其"现实主义"的极致意味不言而喻。该剧在谍战外衣下渗透了时代剧的庄重，所有的悲虐和机锋都准确又极致地"事关未来"，含蓄、隐忧而犀利。[②] 如果说《暗算》将反特

① 张赫:《都市剧10个套路,〈老男孩〉全中》,《新京报》2018年4月5日。

② 参见"一周语文"黄集伟专栏,《新京报》2018年1月22日。

剧进化到谍战剧是基于更大格局与视野的类型提升，《风筝》则是将谍战剧升华到有史诗意味的年代剧。两部谍战剧的导演柳云龙 10 年间的两次作者式提升，终至形而上的哲理化境界，不虚“谍战教父”的地位。《面具》是一部真实再现特殊人群“复杂心理”，且有统战内涵的反特谍战剧，节奏紧凑，悬疑十足。谍战和家庭两条线相得益彰，从潜伏在公安解放系统里的两名特务的视角讲故事，展现了他们掩藏在“面具”背后的挣扎、痛苦、困惑，以及不同抉择命运悬殊的人生况味，投诚法医李春秋与双重身份两个面具下的丁战国的人生形成鲜明对比。法医和侦察科长的身份设置、大量法医角度专业破案细节的可信处理、特务生涯带给家庭的致命危害，成就了该剧的卓尔不群。

《和平饭店》《誓言》《脱身》也是年度非典型意义的抗战谍战剧。《和平饭店》的“历史想象”是气质的还原，非一般意义的抗日剧，在叙事、主题和人设上均有野心。文艺范儿的东北土匪和共产党高智商美女特工的反差新颖，行为痕迹分析的侦讯破案手段有新意，在封闭空间中充分调动巧合、悬念、喜剧等戏剧化技巧极速推进剧情见功力，“人不光是利己还要利他”是对“信仰”又一次富有亲和力的通俗讲述。《誓言》首次在战争、谍战题材中加入“兵棋推演”的新元素，中日两国高手围绕兵棋推演，殊死较量。剧中的“达华旅社”是上海滩情报交易中心，远东各国间谍云集于此，与《和平饭店》一样，是世界的一个缩影，都多少汲取了近年来流行的“密闭空间叙事”和场景集中的要素。《脱身》并非在传统谍战剧的框架内叙事，而是融入情感、生活、喜剧、悬疑等元素，展现了 20 世纪 40 年代的上海风情、市井气息、兄弟情义、日常生活，是将一对男女阴差阳错的情感发展和他们成长中不同寻常的“革命之路”结合在一起讲故事，互为背景。男主角奋不顾身地为革命者身份的女主角做事，甚至甘愿做双胞胎哥哥的替身瞒天过海，都只是出于爱情和亲情的立场，用自己的聪明才智保全心爱的女人和家人。相对于“谍战”，该剧更像一出民国版的家庭生活剧。

无独有偶，《脱身》与《和平饭店》都是通过描写爱情、革命表现男人的成长，女性成为男性的精神导师，美好的爱情将“他”塑造成一个“更好的人”。描写女性力量是当下中国电视剧现实、历史题材中的潮流，透露了女性作为观剧主力的市场密码。

3. 古装剧另辟蹊径的精致策略

向来是收视保障的“大女主”古装剧，在2018年情势急转而下。《巴清传》因主演涉事播出无望，《如懿传》话题不断，反复定档改期网播后终上卫视，但大势已去。随着《延禧攻略》“强情节、快节奏”爽剧模式先网播出后反哺卫视，一种更符合互联网趣味、戏仿游戏闯关打怪、大快朵颐的“爽剧”叙事模式开始流行。

制作精良的两部清宫剧成为全年焦点，正如一位网友感叹“被清朝三位皇帝锁死的电视剧人生啊”，确证了古装剧对清宫题材的青睐和过度开采。网剧“虐不如爽，男性向不如女性向”风格向电视剧迁移，过于伤感的悲剧气息和沉郁思想让正剧叙事、艺术气质更佳的《如懿传》不讨喜，有些生不逢时，尽管其豆瓣评分高于《延禧攻略》。前者以严肃的态度呈现了紫禁城里“青樱弘历，兰因絮果”的皇家爱情，初时美好，最终离散，情深缘浅的悲伤，为宫廷爱情的异化做了深刻的注解。后者则是白日梦般的意淫，魏璎珞进入后宫的动机、始于复仇的探案、忠于自我的爱情、笑到最后的全胜，相较于《如懿传》情感幻灭的真切，不过是又一则现代爱情的“爽文式”幻想。

《凤囚凰》和《延禧攻略》造就了“于正剧”在2018年天壤之别的反差，前者改编自与《甄嬛传》《琅琊榜》齐名的晋江三大奇书，年初首播只收获豆瓣3.1分的低分。而《延禧攻略》从剧作到制作一反常态的叙事模式和审美风格，引发年度“现象级”热议，相对于坊间激赏该剧引入莫兰迪色系的高级灰，一改“于正剧”以往宫廷服饰“阿宝色”的高饱和度俗艳，备受好评的是颠覆传统宫斗叙事和人设的“爽剧”模式。“爽剧”衍生于起点中文网形容网文的熟词“爽文”，也即“小白文”，情节以“打怪升级”为主，遵循简单快乐原则，用“高度幻想”实现逻辑自洽，符合人们现实无望后的期待视野。初看与“阿Q胜利法”式的意淫叙事相似，都是经过短暂的“闷”后迅速无节制地满足观众压抑的欲望，极度释放快意，必要时会忽略经典叙事中故事和人物的逻辑。其核心功能是“心理按摩”，情节完全服膺于“爽”的基础设定。几乎每一集都有战斗和凯旋，通过“加快打怪升级的节奏，大幅度缩短主人公的‘蛰伏期’和‘被打压期’，以一个胜利接着一个胜利来作为全剧（全文）的主线”①。然而，此类游戏化叙事简化历史的反智倾向、暴力对抗的合理性、观众被完全代入游戏状态的非理性观战与期待，需要格外注意。毕

---

① 参见“一周语文”黄集伟专栏，《新京报》2018年9月4日。

竟，艺术不是玩游戏，历史的意义是启智，浸入权力、浑然不觉地享受权力的照拂和以暴制暴的快感而毫无反思是危险的，它并非艺术的初衷。或许，《延禧攻略》最该为业界师表的是，在天价片酬甚嚣尘上时，没有押宝 IP 和流量明星，演员 2400 万的总片酬只占总制作费 3 亿的 8%。

“爽剧”叙事与网站倍速推进剧情的“节奏感”，基于心理同源，其在 2018 年的“逆风翻盘”得益于网络文学的滋养孕育。

4．“十翻九渣”仍屡败屡战的翻拍剧

中国电视剧市场的翻拍剧素有“十翻九糊”的尴尬。2018 年，翻拍数量增至 23 部，翻拍来源主要是三类：国产剧（大陆经典、台湾偶像、香港武侠）、日韩剧和经典电影。据不完全统计，待播翻拍剧尚有 90 部之多。[①] 其中，古装武侠剧减少，都市爱情剧最热，网播路线决定了多数由新人挑大梁的特点。

表 5 显示，除了 1 部严格讲不算翻拍只是根据原小说改编的剧版，以微弱比分高于电影版，其他 22 部全低于原版，原版越是经典，翻版越是“扑街”。其中，《新笑傲江湖》和新版《泡沫之夏》都是选角不当、演技生硬和情节改动过大，资本主导的翻拍只是在重复着相似的失败原因，前者更像是剧版《笑傲江湖》的“同人创作”，与金庸小说相去甚远。翻拍于 2001 年《寻秦记》的同名剧集缺乏诚意，浮夸廉价、粗制滥造，满盘皆输，两版评分差别最大。翻拍自 2000 年同名剧集的新版《流星花园》投机取巧地吃老本，与时代脱节，全无长进，比比皆是的逻辑漏洞和尴尬演技，被网友奉为“土味视频”，沦为三流之作。

表 5　2018 年 23 部翻拍剧及其来源、豆瓣评分[②]

国产剧	豆瓣评分		日韩剧	豆瓣评分		经典电影	豆瓣评分	
	翻拍剧	原作		翻拍剧	原作		翻拍剧	原作
新笑傲江湖	2.6	8.3	北京女子图鉴	6.2	8.7	原来你还在这里	6.9	4.1
新圣水湖畔	暂无	7.8	上海女子图鉴	6.7	8.7	合伙人	4.8	7.6

① 《艺恩发布〈翻拍剧市场研究报告〉》，搜狐娱乐，https://www.sohu.com/a/292161734_100271596?sec=wd。

② 表格自制。豆瓣评分统计截至 2019 年 2 月 9 日。原作拍摄于 2005 年的《圣水湖畔》仅有 110 人评价，新版翻拍剧暂无评分。

续表

国产剧	豆瓣评分		日韩剧	豆瓣评分		经典电影	豆瓣评分	
	翻拍剧	原作		翻拍剧	原作		翻拍剧	原作
天乩之白蛇传说	6.1	9.0	最亲爱的你	7.2	8.2	龙门飞甲	4.6	6.7
开封府	6.6	7.3	高兴遇见你	暂无	无	梦想合伙人	暂无	3.9
钟馗捉妖记	4.1	8.2	如果，爱	4.2	6.6	新万家灯火	暂无	8.3
流星花园	3.2	8.2	柒个我	5.4	8.8	新刑警本色	暂无	8.4
泡沫之夏	5.2	5.9	重返二十岁	6.2	8.3			
爱情进化论	5.3	8.3						
寻秦记	2.3	8.3						
再创世纪	6.8	8.9						

形成鲜明对照的是，2018年恰逢《还珠格格》播出20周年，湖南卫视与琼瑶因起诉于正剧《宫锁连城》抄袭《梅花烙》官司而生嫌隙。在琼瑶收回版权4年后，双方一笑泯恩仇，“暑期神剧”年初复播，再现经典欢颜，剧情频上热搜，收视可喜。《西游记》《雍正王朝》《康熙王朝》等老剧仍在霸屏，且收视稳定。

四、建议：重提创作门槛，回归文化理性

回顾2018年并不让人乐观的电视剧创作，对以下几点应该有清醒的认知。

第一，2018年电视行业的产业整顿只是亡羊补牢，无法根治中国电视剧20年来持续恶化的产能失调，“提质减量”不是简单的空话。1995年中国电视剧产量超过6000集时，以创作了现实题材剧作《西部警察》《车间主任》而著称的张宏森的良知告诫一语成谶，于今回想振聋发聩：“数字诞生不了美，数字也诞生不了道德和品格。如果中国电视剧创作界不正视在文化生产和文化建设的同时文化道德的严重下降和沦落，那么，数字的庞大只能说那是病入膏肓者的闪烁发光的浮肿。”①

① 宋强：《人民记忆》，江西人民出版社2008年版，第442页。

第二，优秀剧作出自有限的专业影视公司，与电视产业规模关系不大，回归“文化事业”的长远之计是认真思考“文化例外”。一位网友的统计显示了每况愈下的创作生态：“2010 年之后，国产剧 8 分以上作品数量大幅减少，2000 年到 2009 年之间，8 分以上的剧集有 346 部，但是 2010 年到 2018 年只有 206 部。不仅如此，2 分到 5 分的作品大幅增长，2000 年到 2009 年，5 分以下作品仅有 41 部，2010 年后这一数字直接飙升到 610 部。”[①] 中国电视产业化是在中国总体性社会改革基础上开始的，打破体制内、国有经济主体的垄断性运行机制，引入市场因素，激发民营活力，释放生产力，进而引发投资结构主体分化和再结构化。然而，行业内经济自主空间发育的无序，不可避免地导致无艺术标准门槛投资的获利愿望膨胀，冲击着电视剧的文化品质和艺术内涵，在多元化利益主体运行中的不良异质深深危害着行业生态。从历年行业几大奖项和各种评奖看，中流砥柱的仍是术有专攻、流程严谨、有内容生产积淀的专业制作力量。

第三，谨防题材创作上避重就轻的投机性选择，从而放大机制缺陷，有没有现实主义佳作无关审查制度，广电管理终究是趋利避害的底线把关。2018 年现实题材创作丰沛，但真正的胜利在于质量而非数量，应是现实主义创作精神和品质的回归。多年来，现实题材创作中缺乏“生活底色”的“四不像”——不像真都市，不像真奋斗，不像真人性，不像真面容的“伪现实主义”居多，很多是披着现实主义外衣的“悬浮剧”，掉入编剧刘和平指出的“商业上的投机”和“内容上的虚无”病灶。不尊重戏剧规律、疏于挖掘生活细节、机械罗织套路剧情、回避高级的性格冲突、呈现光怪陆离的花花世界等，是都市剧、行业剧似曾相识的配方模式。对细节的处理是评鉴一部剧集品质的重要指标，纳博科夫谈到文学对细节的热爱时说：细节所能提供的美和善集合了“科学家的热情和艺术家的精确”[②]。更甚的是，《你迟到的许多年》显示了悬浮已开始侵蚀军事题材，主旋律剧创作若不尊重戏剧规律，终将是“低级红、高级黑”。

第四，深刻认识古装剧戏说对历史真实的消减，绝非“限古令”限制数量即可。《北京日报》批评热播宫廷剧使宫廷文化传播不断升温，负面影响不容忽视，列举了宫斗剧五大罪状：（1）热衷追崇皇族生活方式，使之成为流行时尚；（2）精

① 董雨晴:《后流量时代，影视业出路何在？》，看电视2018年12月25日。

② 刘佳林:《坏的艺术家亵渎了好的文学吗？》，《新京报》2017年5月20日。

心演绎“宫斗”情节，恶化当下社交生态；（3）不吝美化帝王臣相，淡化今朝英模光辉；（4）宣扬奢华享乐之风，冲击克勤克俭美德；（5）片面追逐商业利益，弱化正面精神引导。[①]

第五，剧情注水和随意更改单集播出时长，不尊重编剧和观众。古装神话剧《香蜜沉沉烬如霜》由36集扩充到63集引发编剧和制片方的口水仗，以及湖南卫视播剧常年不规范，随意叠加剧情，剧集长短不一，过度追求商业价值而全然不顾观众心理和市场效果，应予以重视，进行行业立法、规范剧集市场势在必行。爱奇艺发布一组数据：“近年来长剧的弃剧率越来越高，对于45集以上的电视剧，2016年的观众弃剧率是47%，2017年是50%，2018年达到56%。短剧集观众追看到最后一集的比例是长剧集的4倍。”[②]

第六，广电管理应完善全剧集品质审查指标。“黄金前三集”的观念是圈内人熟知的创作规律，在2018年腾讯V视界大会上进一步升级为“生死7分钟，黄金前三集”。腾讯视频年度指数报告显示：“在第一集弃剧的用户中35%是发生在前7分钟内，与此同时40%的用户会在前三集弃剧。此外，前7分钟的弹幕发出率也是最高的，7分钟后倍速观看和拖拽的比例会增加20%。”[③]互联网时代，观众不断被新技术训练牵引，注意力被海量信息和选择分散，精彩和瑕疵都会被瞬间放大，演变成一个文化现象或一场大众狂欢的舆论场。这迫使创作者必须面对这一充满巨大焦虑感的情势调整叙事惯性。同时，也会造成剧集顾头不顾尾、越来越难看的后果。

五、结语：2018并非中国电视业的至暗时刻

回顾全年，中国电视业在检视产业乱象中根治危害行业肌体的毒瘤，开始扭转“财务思维”做产业的误区，从规模经济转向文化价值的考量。电视剧年度创作上折射出的主旋律精神融入各类型的主流化趋势，抗战剧、谍战剧类型元素延展后的年代史诗意味，献礼剧在一年又一年的抚今追昔中致敬历史、感恩当下，成为2018

① 《北京日报列举“5宗罪”宫斗剧疑遭卫视全面禁播》，腾讯网，https://new.qq.com/omn/20190129/20190129C0TJHV.html。

② 马思遥：《观众动不动就“弃剧”，“弃剧雷区”有哪些？》，编剧帮2019年1月24日。

③ 赵春晖：《四位少壮编剧妙解流行剧作法》，影艺独舌2019年1月23日。

年显著的电视艺术标签。同时，文化类综艺节目在文化内涵和视听感受上完成了示范性的转型升级，垂直类综艺甘冒创新风险探索平衡娱乐和提高大众艺术鉴赏力的内容创新路径，“三台合一”走出了融媒体发展的历史性一步。台网深度融合中的差异性内容布局和殊途同归的标准规范，在引导网剧步入精品时代，与电视剧共同谱写新时代的“高峰”。

年度语录和金句是一个年度社会心态的剪影，在各式花样用语中，2018 年两句话格外抢眼：一是孟晚舟的“我以祖国为傲”；二是网络金句“岁月不饶人，我也未曾饶过岁月”。这两句话形容改革开放 40 年令国人越发自信的面貌格外贴切。事实上，电视屏幕上，很多电视剧书写了“国家”和“个人”双重意义上“最美的青春”，在岁月沧桑中描述国家与人民是如何在艰难困苦中“玉汝于成”的。在与岁月的赛跑中并未虚度光阴，活出该有的精气神，才最终在无悔岁月中成就了“最好的自己”。

2018 年，正是电视剧、专题片、纪录片、电视综艺、网综网剧绽放的新意中，让人们嗅到了电视行业进入“融媒体时代”守正出新、砥砺前行的状貌。

课题主持机构：中国艺术研究院电影电视艺术研究所

主　笔：许　婧

撰稿人：许　婧

编辑、统筹：耿春晓

2018年度中国美术发展研究报告

摘要：2018中国美术界全年以各种形式隆重纪念改革开放40年，围绕“美育”“一带一路”两个中心展开研讨与展览，主题性美术创作持续开展，传统与经典魅力依旧，近现代美术大家话题常新，新青年美术力量健康成长，艺术博览会多地开花，双年展向各专业领域展开，外国美术多渠道引入，美术“走出去”步子依然强健，艺术品市场仍处于调整期。今后要提升与美好生活需求相适应的美术创作与服务，要增强主题性美术创作的艺术感染力，要大力提倡社会美育，要从中国美术“走出去”迈向“走进去”。

关键词：改革开放40年　美育　一带一路　主题性创作

2018年是全面贯彻党的十九大精神的开局之年，是决胜全面建成小康社会、实施“十三五”规划承上启下的关键一年，又逢中国改革开放40周年，中国美术界全年以各种形式隆重纪念改革开放40年，围绕“美育”“一带一路”两个中心展开研讨与展览，主题性美术创作持续开展，传统与经典魅力依旧，近现代美术大家话题常新，新青年美术力量健康成长，艺术博览会多地开花，双年展向各专业领域展开，外国美术多渠道引入，美术“走出去”步子依然强健，艺术品市场仍处于调整期。中国美术人以饱满的姿态、冷静的思考、精湛的艺术及多彩的活动，迎接共和国70年华诞。

一、年度热点：纪念改革开放40周年

2018年恰逢中国改革开放40周年。回溯中国美术40年的发展历程，梳理40

年的发展脉络，凸显 40 年的发展成就，总结 40 年的发展经验，成为贯穿 2018 年中国美术界的活动主线。

9 月，由中国美术馆主办的“中国美术馆庆祝改革开放 40 周年系列展：东方风来满眼春——中国美术馆典藏精品展（1978—2018）”，共展出中国美术馆收所藏创作于 1978 年至今的水墨画、油画、版画、雕塑、水彩（粉）画、装置作品 101 件，分为“春风又绿”“春潮涌动”“春意盎然”三个部分，梳理了 1978 年至 2018 年改革开放 40 年来当代中国美术的发展历程，映现中国社会 40 年的进步与发展。该展览也成为中国国家博物馆展出的“伟大的变革——庆祝改革开放 40 周年大型展览”的一个组成部分。

各省市也纷纷举办以“纪念改革开放 40 周年”为主题的晋京展览。5 月，由安徽省委宣传部、中国美术家协会、中国书法家协会、中国美术馆等单位主办的“新时代 新徽派——安徽书画 40 年精品晋京展”在中国美术馆举行，集中展示改革开放 40 年来徽派书画艺术新成就。7 月，由中国美术家协会、广东省委宣传部、中国美术馆等单位联合主办的“大潮起珠江——纪念改革开放 40 周年全国美术作品展览”，围绕改革开放的主题，由中国美术家协会向全国征集中国画和油画作品 100 件，由广东省专业美术机构围绕广东省改革开放各时期重要事件、人物创作大型主题性美术作品 78 件，由广东省挑选优秀作品 100 件，共展出 278 件作品，生动展现了广东省作为改革开放最前沿领风气之先的精神风貌。8 月，中共山东省委宣传部、中国美术馆等单位联合主办的“能量——改革开放 40 年山东美术发展成果展”在中国美术馆举办，集合了 301 位山东籍艺术家的中国画、油画、版画、雕塑、水彩·水粉、壁画、综合材料绘画等十多个门类的作品共 283 件进行综合陈设展示。9 月，由湖北省委宣传部、湖北省文化和旅游厅、中国美术馆联合主办的“从长江走来——湖北优秀美术作品展”在中国美术馆举行，以“情系长江”“击水中流”“扬帆启航”3 个板块呈现湖北百年来的优秀美术作品，向改革开放 40 年献礼。9 月，由中国美术馆与南京艺术学院共同主办的“闳约深美——南京艺术学院中国画、书法专业改革开放 40 年教学成果展”在中国美术馆举办，展出南京艺术学院众多杰出校友和现任教师共 42 位书画家的 140 余件作品。11 月，由中国文学艺术界联合会、中国书法家协会、中国楹联学会联合主办的“庆祝改革开放四十周年全国书法大展”在北京民族文化宫展览馆开幕。此外，12 月，上海市浦东新区人民政府主办的“今日浦东——庆祝中国改革开放40周年暨浦东开发开放28周年浦东美术作品展”在中国国家画院美术馆开幕，以文献展、主题创作展两部分见证改革开放为浦东带来的发展、巨变和成就。

各省市也相继举办了相关主题大展。比如，在上海中华艺术宫举办的“风生水起逐浪高——纪念改革开放四十周年长三角美术作品展”，通过改革开放以来江苏、浙江、安徽、上海三省一市的著名美术家创作的120件作品展现新时期、新面貌。由中国美术家协会、湖南省文学艺术界联合会主办的“美丽中国——纪念改革开放40周年全国中国画作品展”，从3700余件征稿中精选200件作品展出，基本反映了当代中国画发展现状。在内蒙古美术馆（新馆）举办的“庆祝改革开放40周年全区美术、书法、摄影作品展”共展出180件美术作品、154件书法作品和180件摄影作品。在中国西安国际美术城美术馆举办的“‘纪念改革开放四十周年’2018陕西省中国画学术年度展”共展出中国画作品120幅。由贵州省文化厅主办的“2018多彩贵州文化艺术节：庆祝改革开放四十周年主题美术作品展”在贵州省美术馆举办，共展出贵州画院的艺术家们创作的优秀作品70余件。12月，“新时代・新思想・新征程——天津美术学院纪念改革开放四十周年主题作品展”在天津美术学院美术馆举行，汇集了天津美术学院几代艺术家和青年学子的200余幅主题性作品，全面展示了改革开放40年以来所取得的丰硕创作成果。

在实验艺术领域，上海龙美术馆（西岸馆）举办的“转折点——中国当代艺术四十年”、上海宝龙美术馆举办的“艺术史：40×40——从四十位艺术家看改革开放四十年的中国当代艺术”，分别从不同的角度展示40年的中国当代艺术史。北京民生现代美术馆的“中国新水墨作品展1978—2018”则是首次对中国改革开放40年来水墨艺术进行系统大规模的梳理。深圳OCAT联合三影堂摄影艺术中心共同推出“中国当代摄影40年”，约200人的艺术家名单几乎覆盖了中国所有重要摄影艺术家。

《美术观察》杂志“观察家”栏目11月、12月连续两期开辟“我与中国美术这四十年”专栏，通过采访改革开放40年来在中国美术史上具有标志意义的二十余位美术家回溯中国美术40年的发展历史，用个人的历史书写中国美术乃至中国社会的历史。

二、年度关键词："美育""一带一路"

（一）"美育"

8月30日，习近平主席给中央美术学院8位老教授回信，指出："做好美育工作，要坚持立德树人，扎根时代生活，遵循美育特点，弘扬中华美育精神，让祖国青年一代身心都健康成长。"引发社会广泛关注，美术界以习总书记重要指示精神为指引，围绕美育展开系列研讨。2018年又恰逢中央美术学院建校100周年、中国美术学院建校90周年，也带动起美术教育及美育的话题。美术教育包含在美育之中，并且是其重要的组成部分。这一年有关美术教育的学术活动频繁举行。

1月，教育部正式颁发《普通高中美术课程标准（2017年版）》，分别从基本理念、选课模式、课程内容等方面对实验版进行了转变与更新，尤其是提出了"核心素养"这一概念，标志着中国基础美术教育正式走进核心素养时代。6月，由首都师范大学主办、首都师范大学美术学院和亚洲美术教育研究发展中心共同承办的"为师　传艺　树人——首届首都基础美术教育论坛暨京津冀美育高峰会议"在北京召开。7月，中国国家画院举行美育研究所成立揭牌仪式。7月，由北京师范大学艺术与传媒学院、人民美术出版社《书法教育》杂志等共同主办的"第十一届汉字书法教育国际研讨会"在北京师范大学举办。8月，"中国高校美术教师教育联盟"在上海华东师范大学成立，该联盟旨在凝聚高等师范院校的美术学科力量，整合优质教育资源，共同承担起引领美术教师教育发展方向的使命。11月，国际美术教育大会在中央美术学院举行，围绕"新时代的美术教育"这一主题，来自30多个国家和地区的114所美术院校、艺术机构的院校长与机构负责人及相关学科知名专家教授近300人汇集中央美术学院，其中有67位院校长与艺术机构负责人，使本次大会成为迄今为止规模最大、规格最高的国际美术教育盛会。大会分为校长论坛、设计论坛、建筑论坛、艺术史论坛、艺术管理论坛、美术馆论坛6个论坛。同时，在中央美术学院的倡议下，中国高校艺术博物馆联盟正式成立。11月，由中国美术馆主办的"共享·交融——2018年全国美术馆公共教育年会"在中国美术馆举行，主题为"共享·交融"，来自全国各地约70家美术馆的业界同行和各方面特邀专家学者等共120余人齐聚中国美术馆，共同探讨我国美术馆公共教育事业在新时代的新面貌和新发展。11月，中国美术家协会美术理论委员会筹划了"美育的知与行”2018年会，强调理论来自实践，倡导知行合一的美育实践。11月，由中国美术家协会中国画艺术委员会主办的“学院——中国画教学与创作论坛暨全国青年教师中国画邀请展开幕式”在炎黄艺术馆举行，论坛围绕“新时代中国画的创新与发展”“中国画的教学的现状与问题”等会议主题展开讨论；展览立足时代，关注当下全国青年中国画家创作状况，发掘和培养青年中国画教师，集中展现当代青年中国画教师创作研究风貌。11月，由华东师范大学美术学院主办的“2018视觉艺术教育研讨会”召开，来自中国、日本、加拿大、英国、澳大利亚等国家的70余位美术教育和理论界专家学者参加，围绕“AI时代的视觉艺术教育创新发展”这一主题展开研讨。12月，由中国美术学院美术博物馆总馆发起的“新时代全国高校博物馆、美术馆的建设与发展——首届全国高校博物馆、美术馆工作年会”在中国美术学院举行，包括馆长工作年会及博物馆、美术馆展览主题、研究与典藏、公共教育及推广专题三个工作座谈会，探讨高校博物馆的现状与发展；同时，还举行了“全国高校艺术博物馆联盟”成立大会；形成的“杭州共识”则为艺术教育的深度延展提供了更好更落地的中介。12月，西安美术学院召开“重塑艺术的美育功能座谈会”，以“坚持立德树人、扎根时代生活、遵循美育特点、弘扬中华美育精神”为主题。此外，中国美术馆“大师讲大美”等公共教育新品牌活动，进一步发挥“审美教育大课堂”的作用，在美术馆与公众之间建立起“超级链接”。

（二）“一带一路”

贯彻“一带一路”倡议精神的美术活动频繁举行。“丝绸之路国际美术馆联盟”成立仪式6月在中国美术馆举行，来自“一带一路”沿线19个国家及地区的国家美术馆和重点美术机构加入丝绸之路国际美术馆联盟。“包容与共进——丝绸之路国际美术馆联盟论坛”暨联盟第一次会议同时举办，来自法兰西艺术院、俄罗斯国家艺术科学院、白俄罗斯国家美术馆、乌克兰国家艺术科学院等机构的代表就相关议题进行了深入研讨。此外，中国美术馆还同期举办了“包容与共进——丝绸之路国际美术馆联盟艺术展”，展出了来自14个沿线国家的17件艺术精品。10月，“2019年第八届北京国际美术双年展”筹备工作在北京启动，确定本届主题为“多彩世界与共同命运”。该主题融合了“一带一路”倡议和“构建人类命运共同体”理念，在指向世界文化多样性、呈现多姿多彩的世界各国故事、形象、愿景和启示的同时，也共同响应、绘制了和平发展、合作共赢的人类命运共同体的宏伟蓝图。

反映“一带一路”沿线国家文化艺术交流历史与现状，是“一带一路”主题重要的艺术展现形式。由湖南省博物馆主办的“在最遥远的地方寻找故乡——13—16 世纪中国与意大利的跨文化交流”展览 1 月在湖南省博物馆举行，通过“从四海到七海”“指南针指向东方”“大都的日出”“马可・波罗的行囊”“来而不往非礼也”等展览单元，为观众讲述一段多元共生的中西文化交融故事。6 月，国家博物馆与湖南省博物馆合作，推出“无问西东：从丝绸之路到文艺复兴”，通过“大漠之舟”“跨越七海”“帝国剪影”“凤凰西行”“丝绸之梦”“世界交融”等六个单元，还原意大利文艺复兴艺术中的中国元素以及中国艺术中的西方影响，形成了不同文明之间彼此交融、共同发展、兼收并蓄的千年史诗。11 月，由中国国家博物馆和平山郁夫丝绸之路美术馆联合主办的“平民情怀——平山郁夫藏丝路文物展”在国家博物馆举行，通过“伟大的海——文明交汇的地中海”“四方之王——两河流域与伊朗地区”“宙斯・佛陀——文明交融的中亚与印度”“东土惊鸿——丝路东端的景象”四个展览单元，不仅全景式展现了丝绸之路近 3000 年的历史面貌，而且深刻揭示了文明之间交流互鉴的本质，昭示了文明在相互交流碰撞的过程中最终走向“人类命运共同体”的历史路径。此前，8 月，由敦煌研究院与日本平山郁夫丝绸之路美术馆联合主办的“平山郁夫的丝路世界——平山郁夫丝绸之路美术馆文物展”在敦煌莫高窟举行。

反映“一带一路”沿线国家当代文化艺术交流的展览有：由中国艺术研究院、今日美术馆主办的“合作・共赢——‘一带一路’国际版画邀请展”1 月在今日美术馆举行，展出了包括中国、保加利亚、波兰、俄罗斯、匈牙利、希腊、印度等国家的 51 名艺术家的作品。7 月，由保加利亚文化部与索非亚中国文化中心共同举办的“中国—中东欧国家当代艺术展”在索非亚中国文化中心举行，来自中国和 16 个中东欧国家的 27 名艺术家的 130 余件作品参展，以“异同与共生”为主题，体现以和平、独立、发展与和谐为内涵的“一带一路”精神。7 月，由中国驻孟加拉国大使馆主办的“丝路彩云——中孟师生画展暨中国民族服装展”在孟加拉国首都达卡举行。“劳动创造幸福・相约丝绸之路系列展览：沿巴尔干山到黑海——中保当代美术交流展”12 月在太庙艺术馆举行，汇集数十位中国、保加利亚两国代表性艺术家的 170 多件精品力作，表达并讴歌了丝绸之路沿线丰富的人文、历史、自然风情。

“一带一路”沿线国家艺术来华展有：5月，由中国艺术研究院、匈牙利艺术研究院和今日美术馆共同主办的“灵之所在，魂之所系——匈牙利艺术研究院作品展”在今日美术馆举行，全方位、多视角地介绍和展示了匈牙利现当代艺术的发展概貌。6月，由匈牙利驻华大使馆、北京匈牙利文化中心、中国美术馆共同主办的“匈牙利当代艺术展”在中国美术馆举行，展出来自匈牙利艺术家的99件绘画作品及24件雕塑作品，综合展现了匈牙利的当代艺术景观。9月，“流金溢彩——乌克兰博物馆文物及实用与装饰艺术大展”在故宫博物院举行，展出乌克兰珍稀的考古文物和当代艺术家的作品，展现了乌克兰丰富的文化遗产以及文化的多样性。10月，由中华人民共和国文化和旅游部、阿拉伯国家联盟等共同主办的“意会中国——阿拉伯知名艺术家访华采风10周年大展”在国家大剧院东展览厅举行，是对2009年开启的“意会中国——阿拉伯知名艺术家访华采风活动”十年成果的梳理和总结，展现了阿拉伯艺术家们访华写生创作的十年历程以及在此期间诞生的杰出作品。11月，由中国美术馆、白俄罗斯驻华大使馆联合举办的“文化风景——白俄罗斯当代艺术展”在中国美术馆开幕，共展出八位白俄罗斯艺术家的十余件精彩作品。

由文化和旅游部主办、中国国家画院承办的“一带一路”国际美术工程有新进展。11月进行国内作品验收评审，验收评审的作品共203件，涵盖了国画、油画、版画、雕塑、公共艺术等美术类别，是五年工作成果的集中展示；“一带一路”国际美术工程完整收官后所有作品将会被国家收藏并集中进行国内外巡展。12月，由中国国家画院主办的“2018中国国家画院‘一带一路’采风写生作品展”在炎黄艺术馆举行，共展出100余位研究员近期创作的近400幅作品，其中既有参与“一带一路”国际美术工程的创作草图、初稿、手稿，也有在采风写生中的速写、水彩、水墨作品，还有拍摄的影像资料等，涵盖国画、油画、版画、雕塑、公共艺术等多种类型。此外，1月，由中国国家画院主办的“写意中国——古代文明与当代社会：中国国家画院油画院‘一带一路’艺术考察专题研究展”在中国美术馆举行，共展出中国国家画院油画院研究员和参加“一带一路”国际美术创作工程的共36位油画家的近百幅作品。

以“一带一路”为主题的学术研讨有：6月，由中国美术馆、甘肃省文联主办的“丝路文化的传与承”国际学术研讨会在敦煌研究院召开。9 月，由中国艺术研究院和敦煌研究院共同主办、中国艺术研究院美术研究所承办的“2018 敦煌美术学国际学术研讨会”在敦煌隆重举办，来自英国、美国、日本、越南以及中国大陆的学者 30 余人参加了会议，主要议题包括：1. 敦煌美术色彩学、材料学、造型学等基础理论（技法）研究，2. 敦煌美术历史研究，3. 敦煌美术比较研究，4. 敦煌美术与现代发展研究，5. 史前美术、少数民族美术和出土简牍书法等研究。

三、年度大事

（一）习近平总书记给中央美院8位老教授回信引热议

8 月 30 日，习近平总书记给周令钊、戴泽、伍必端、詹建俊、闻立鹏、靳尚谊、邵大箴、薛永年等 8 位中央美术学院老教授回信，强调做好美育工作，弘扬中华美育精神，让祖国青年一代身心都健康成长。习近平总书记的回信充分体现了对美育的高度重视以及对中国美术教育发展的亲切关怀，对于如何在美术教育中加强美育、如何通过美术教育来推进美育具有十分重要的指导意义，为美术工作者立德树人、搞好艺术创作指明了新的方向。回信在全国美术界引起热烈反响。8 月 30 日，中央美术学院举办“学习贯彻习近平总书记回信精神座谈会”，美院领导班子成员、中层干部及师生代表参加了座谈会。在 8 月 31 日举行的中国美术家协会第八届理事会第三次会议闭幕会上，中国美术家协会分党组书记、驻会副主席、秘书长徐里带领与会理事集中学习了习近平总书记给中央美术学院 8 位老教授的回信。9 月 4 日，中国艺术研究院举办“学习贯彻习近平总书记给中央美术学院老教授回信精神”座谈会，院属各科研机构、创作机构相关负责人、艺术家、专家代表及研究生院学生代表等深入学习了回信内容，并就回信精神及今后如何做好美育工作表达了各自体会。全国各地的美术机构也都组织了学习座谈活动。

（二）中国美术家协会第九次全国代表大会召开

12 月 20 日至 24 日，中国美术家协会第九次全国代表大会在北京会议中心召开。这次会议是中国美术家协会在中国特色社会主义进入新时代以来召开的第一次代表大会，也是在决胜全面建成小康社会、夺取新时代中国特色社会主义伟大胜利的新形势下召开的一次十分重要的代表大会。大会回顾工作、总结经验，分析形势、规划未来，决心为繁荣发展社会主义文艺事业，实现中华民族伟大复兴中国梦而努力奋斗。会议于23日选举产生了新一届理事会和以范迪安为主席的主席团等领导机构。

此前，中国美协多个艺委会完成换届工作。7月24日，中国美术家协会壁画、水彩画、环境设计、工业设计艺术委员会换届大会在京召开；12月11日，“中国美术家协会漫画、少儿美术、雕塑、民族美术艺术委员会换届大会”在京召开。

（三）中央美术学院、中国美术学院迎来100年、90年校庆

4月1日，中央美术学院百年校庆于校庆日正式启动，系列活动主要包括“百年辉煌，校史建馆”“名家大师，立像校园”“悲鸿生命，空前大展”“国家形象，设计彰显”“时代丹青，经典永传”“典藏十卷，学术领衔”“学院大奖，树立标杆”“师生同绘，寄情百年”“金币邮票，珍贵纪念”“校友欢聚，展望明天”。以“梳理百年积淀，致敬历代先贤”为主旨，以“百年校庆，十大活动”的系列策划开始了持续一年的庆祝活动，通过经典作品展览、学术研讨、著述出版和校园文化活动敬仰先师风范，传承美院学脉，承载新时代的使命，发挥中央美术学院在美术事业和美术教育事业中的引领作用。

中国美术学院以建校九十周年为契机，共策划12项校庆学术活动。3月25日至4月8日，由中国美术学院、中国美术馆共同主办的“中国·美术·学院——中国美术学院九十周年纪念展”在中国美术馆举行，展览围绕“中国艺术的先锋之旅”“美术教育的核心现场”“学院精神的时代宣言”三条线索展开，回望中国美术学院90年办学历程，探寻中国高等艺术教育的实践路径与发展路径。历时8年、由300多位教师合力编成的39册巨著《国美之路大典》新书发布会也在中国美术馆与展览同时举行。4月7日是校庆首日，中国美术学院主办了“我与改革开放40年——国美77、78级校友座谈会”“东方竹——亚洲竹生活艺术展”“寄言2028——中国美术学院建校九十周年特展”等活动。

此外，10月20日，鲁迅美术学院开启“我们从延安走来”80周年校庆系列活动，包括大型展览、文献出版、书画笔会等六大主题活动。鲁迅美术学院的前身为1938年建于延安的鲁迅艺术学院，以此次校庆为契机，鲁迅美术学院从厚重的历史

积淀和精神之源中汇聚新力量，为其在新时代的发展注入精神动力。10月18日，“山东艺术学院建校60周年庆祝大会”在济南举行；11月22日，纪念改革开放40周年“时代的温度——山东艺术学院建校六十周年美术作品展”在中国美术馆开幕，展览全面回顾与梳理了山东艺术学院美术学科60年来的创作和教学成果。

（四）“首届全国工艺美术作品展”开幕

8月20日，“首届全国工艺美术作品展”在上海龙现代艺术中心开幕。展览由中国美术家协会和上海市文学艺术界联合会主办。展览以“传统工艺的活力”为主题，意在推动传统工艺融入当代生活、重塑工艺文脉的特征。展览包括玻璃、金属、纤维、漆器、首饰、刺绣、纺织、编制、雕刻各个类别，覆盖面广，并重点将高校手工艺创作群体作为作品征集的主要对象，旨在发挥高校手工艺在连接乡村手工艺、城市手工艺方面的传承与创新作用。“首届全国工艺美术作品展”的举办，不仅在于展现当代工艺美术的发展现状，也将通过此次展览引起社会大众的关注与思考，开启一个工艺美术的新时期，从而弘扬工匠精神，坚定文化自信。

（五）中国古代绘画拍卖创新高

11月26日晚，流失日本80余年的苏轼《木石图》在香港佳士得2018年秋季拍卖“不凡——宋代美学一千年”专场拍卖中以4.636亿港币拍出（约合人民币4.112亿元），成为佳士得于亚洲举行拍卖以来成交价最高的拍品。据悉，买者来自大中华区的收藏机构，这意味着《木石图》在流失日本近百年之后将回归中国人手中。

此外，5月26日，香港佳士得则迎来了在亚洲举行拍卖以来首个“十亿之夜”的诞生——“亚洲二十世纪及当代艺术/融艺”晚间拍卖成交总额达10.4039亿港元。11月20日，2018嘉德秋拍大观之夜，安思远藏善本碑帖11种以1.926亿元超高价成交，创造了善本拍卖价新的世界纪录。

（六）首届全国美术高峰论坛开幕

9月11日，由中共山东省委宣传部、中国美术家协会等单位联合主办的“首届全国美术高峰论坛”在山东济南开幕。论坛旨在加强当代美术理论建设及美术批评对艺术创作的指导与引领，挖掘培养美术理论、美术评论人才，分为美术思潮与学术方位、美术创作、美术理论、山东美术四大板块，汇聚了国内著名美术理论家60余人以及征稿优秀论文入选作者60余人。与会专家表示，美术理论、评论界的专业学者应该充分发挥学术引领、专家智库作用，同中国美术家协会一起，团结带领广大美术家和美术工作者深入生活、扎根人民，把提高质量作为文艺作品的生命线，用心、用情、用功抒写伟大时代，为创造中华民族伟大复兴时代的美术高峰作出积极贡献。

（七）“中国策展学”的提出

12月15日上午，由中国美术家协会策展委员会主办、陶溪川美术馆承办的首届“策展在中国”论坛暨中国美术家协会策展委员会2018年年会在陶溪川美术馆拉开帷幕。

中央美术学院院长范迪安从时代文化语境下中国策展的勃兴、中国策展的文化坐标和建立中国策展学的初步思考三方面，做了《建立中国策展学》主题演讲，指出中国策展有着自己的经验，中国策展人在艺术历史和理论、艺术批评、艺术传播等方面都形成了一个自己成长和成熟的基地。中国的策展学在过去30年的内外交往中有自己的脉络。最后他提出应从“以审视之思，提前沿问题”“谋特色之维，树品牌影响”“持学术新见，成学术气象”及“立文化主体，构全球对话”四个方面着手建立中国策展学。

（八）故宫成为全球年参观人数最多的博物馆

12月13日11时40分，随着一位20岁的刘姓大学生观众从午门检票入院，故宫博物院迎来了本年度第1700万名观众。这也是故宫博物院年接待观众数量首次突破1700万，创造了新的历史纪录。2009年，故宫年度接待观众人次首次突破1000万，之后每年参观人数都以每年几百万的速度持续增长，2012年度突破1500万，2016年突破1600万，到2018年首次突破1700万，不断刷新年度参观人数的纪录，当之无愧成为全球年参观人数最多的博物馆。

（九）草间弥生作品展真伪遭质疑

10 月 24 日，日本经济新闻网报道，中国广州、上海等五城市打着草间弥生和村上隆的旗号举办了多场展览，展品皆为赝品；随后各家媒体纷纷跟上，此事在日本国内舆论持续发酵，同时引发了中国艺术爱好者的关注。11 月 1 日，草间弥生方面首度对此事给出了官方表态，并发表了严正声明：对此事件表达了愤怒和谴责，指责中国展方缺乏道德，行为恶劣，亵渎艺术，同时确认了所展作品皆为赝品，对草间弥生女士在国际上的品牌与信誉造成了恶劣影响。另外，该声明还表示，除了新闻中报道的中国几大一线城市之外，此前中国的广州、武汉、天津、青岛、淄博、重庆、新疆等地也曾举办草间弥生作品展会，这些展览上的展品有可能也为赝品。草间弥生方面已敦促中国方停止所有的侵权展出行为，并表示打算以侵犯著作权、违反《中华人民共和国反不正当竞争法》为由从刑事和民事两个层面推进法律程序。上海等地的相关展览因此被叫停。

四、年度现象及动态

（一）主题性美术创作持续开展

2005 年的“国家重大历史题材美术创作工程”、2012 年的“中华文明历史题材美术创作工程”、2017 年的“中国共产党与中华民族伟大复兴——国家重大题材美术创作工程”及“‘中华家园’美术创作项目”等主题性创作是国家文化战略的体现，对于弘扬中华民族精神及展现时代风采具有重要意义。2018 年的主题性美术创作继续与时代同行，或深化既有主题，或创立新主题。

5 月 5 日，在马克思诞辰 200 周年到来之际，由中共中央宣传部、中共中央党史和文献研究院、中国文学艺术界联合会主办的“真理的力量——纪念马克思诞辰 200 周年主题展览”在中国国家博物馆开幕，展览分为“伟大革命导师马克思的壮丽人生”“马克思主义中国化的光辉历程”“新创作马克思主义题材美术作品”三个部分，由中国美术家协会组织新创作的《马克思、恩格斯与工人代表们在一起》《在国际工人协会（第一国际）成立大会上》《革命的一家人》等 24 件马克思题材美术作品展出。该展览参观人数达 300 万人次。

由中宣部、中国文联、财政部、文化和旅游部主办，中国美术家协会承办的

“不忘初心 继续前进——纪念中国共产党成立100周年大型美术创作工程”于8月1日在北京召开启动动员会，创作工程将依托丰富的历史素材和研究史料，运用绘画、雕塑等造型艺术形式再现中国共产党成立100年来各个历史时期的重大历史事件、杰出历史人物和优秀共产党人，艺术地展现中国共产党走过的光辉历程和建立的不朽功勋。

4月12日，“《中华家园》美术创作项目”草图观摩展在中国美术馆举办，共展出入围作品111幅，是“《中华家园》美术创作项目”创作草图阶段的展示汇报，也是一次专家、作者共同观摩交流评议活动。《中华家园》美术创作项目由中国文学艺术界联合会、国务院参事室、中央文史研究馆、中国美术家协会共同主办实施，中央文史研究馆书画院承办，于2017年正式启动，计划历时3年，用视觉艺术语言呈现中华56个民族丰富多彩的生活风情和时代新貌，表现祖国大好河山、历史遗迹、人文风物、当代新姿，融汇中国之美。《中华家园》美术创作项目使主题性创作拓展到中国山水画、花鸟画与西方风景画。

此外，各省市也相继推出主题性美术创作工程，如“时代风采——上海现实题材美术创作工程”“美丽湖南·三湘巨变”湖南省现实题材美术创作工程、宁波市重大历史题材美术创作工程等，涌现了一批水平较高的主题性美术作品。

12月，由《美术》杂志和上海美术学院共同主办的“中国当代美术建设专题研讨会系列：主题性美术创作的当代性（第二回）”学术研讨会在上海大学美术学院召开，围绕“当代主题性美术创作实践与问题”“美术创作中的叙事模式及其当代创新”“20世纪主题性美术研究”三个主题展开讨论。

（二）传统与经典魅力依旧

以古代书画大师为主题的展览陆续推出。由故宫博物院主办的“故宫博物院藏清初‘四王’绘画特展”9月至10月在北京故宫博物院文华殿书画馆举行，展出文物多达113件套，分为“‘师古’为宗”“融古出新”“雷溉后学”三个单元。同时，由故宫出版社与湖南美术出版社联合推出的《故宫藏四王绘画全集》也于9月11日首发，共10卷，收录了包含此次展览全部作品在内的近700件（套）文物藏品，全面展示了故宫藏四王绘画的整体风貌和艺术成就；由故宫博物院主办的“‘四王’暨清前期书画研讨会”同期在京召开。12月，上海博物馆主办的“丹青宝筏——董其昌书画艺术大展”在上海博物馆举行，展览集合了上海博物馆、故宫博物院、美国大都会艺术博物馆等海内外15家收藏机构的藏品，是中国大陆举办的规模最大的董其昌艺术大展；展览以“以古为师——董其昌和他的时代”“宇宙在手——董其昌的艺术成就与超越”“一代宗师——董其昌的艺术影响和作品辨伪”为主题。10月，“千载清风——古代墨竹名迹展”在浙江省博物馆举办，展出包括北宋文同以及李衎、赵孟頫、倪瓒、徐渭、朱耷、金农、郑燮等名家在内的元明清三代墨竹名迹38件（组），体现了文人墨竹画的传承与发展。5月，“清代中期绘画特展”在天津博物馆开幕，通过“四王、吴、恽传派绘画”“宫廷绘画”“扬州地区绘画”和“其他重要画家绘画”四个单元，较系统地呈现了清代中期的画坛面貌。2月，由浙江公望美术馆主办的“乾隆皇帝南巡行李箱中的书画”特展“君圣臣贤——乾隆与董家父子书画特展”在浙江公望美术馆开幕，展出乾隆皇帝与富阳的两位乡贤董邦达和董诰父子的书画作品。5月，由中国国家图书馆（国家典籍博物馆）与山东省潍坊市博物馆共同主办的“清官板桥　三绝传世——郑板桥专题展”在国家典籍博物馆开展，展出潍坊市博物馆精选馆藏郑板桥书画、石刻拓本以及扬州画派的墨迹67件。9月，由旅顺博物馆联合辽宁省博物馆等单位主办的“回望十七世纪——金陵书画艺术展”在旅顺博物馆举办，共展出包括金陵八家、龚贤和石涛、髡残在内的23位书画家的80余件作品，展览分为“古都纪胜”“金陵八家”“一代宗师”“名家辈出”四个单元。

一批在书画史上有极具影响的名品巨迹纷纷与观众见面。8月，辽宁省博物馆举办中国古代书法展、中国古代绘画展，顾恺之《洛神赋图》（宋摹本）、周昉《簪花仕女图》、张旭《草书古诗四帖》、欧阳询《仲尼梦奠帖》、董源《夏景山口待渡图》、宋徽宗《瑞鹤图》和《草书千字文》、赵孟頫《红衣西域僧图》等名迹重磅登场。12月，“中国古代书法展（第二期）”在辽宁省博物馆正式开幕，最接近王羲之真迹的国宝《万岁通天帖》再次走进观众的视线，怀素的《论书帖》也同时展出。12月，“传移模写——中国古代经典绘画摹本展”在辽宁省博物馆开幕，展品包括宋代《天水摹张萱虢国夫人游春图》等4件宋画。此外，6月至8月，天津博物馆举办了“守望文明　百年荣光——天津博物馆1918—2018特展”，同时，常设展览“耀世奇珍——馆藏文物精品陈列”调整陈列，范宽《雪景寒林图》、西周太保鼎、清乾隆款珐琅彩芍药雉鸡纹玉壶春瓶三件镇馆之宝同时亮相。12月，上海博物馆的“董其昌书画艺术大展”上，王献之《鸭头丸帖》、唐人《草书法华玄赞卷·第六》首次露面。10月，台北故宫博物院推出“国宝再现——书画菁华特展”，展出26件精品文物，包括王羲之《平安、何如、奉橘三帖》、唐玄宗《鹡鸰颂》、夏圭《溪山清远图》、赵孟頫《鹊华秋色图》。4月，由中央美术学院主办的“悲鸿生命——徐悲鸿艺术大展”上，封存了10年之久的《八十七神仙卷》再次与观众见面。4月，“予所收蓄 永存吾土——张伯驹先生诞辰120周年纪念展”上，展出李白传世的唯一书迹《上阳台帖》。1月，“石鼓墨影”展览在宁波天一阁博物馆云在楼开展，展出明清以来十数件《石鼓文》旧藏善拓。

在传统美术及艺术史研究方面，11月，由中国艺术研究院美术研究所主办的“2018中国传统色彩学术年会”在中国艺术研究院举办。来自中国大陆和中国香港地区、中国台湾地区以及日本的色彩研究专家、传统色彩爱好者和院校师生共计400余人参加了研讨会。《2018中国传统色彩学术年会论文集》同日出版发行。会议的宗旨是搭建中国传统色彩研究的高端学术平台，建立中国传统色彩研究的交流对话机制，形成具有共同理想和目标的中国传统色彩学术共同体。1月，由清华大学艺术博物馆学术研究部和清华美院中国艺术学理论研究所联合主办的“艺术史与博物馆学术研讨会”在清华大学艺术博物馆举办，与会专家学者围绕“西方博物馆和中国重要博物馆的艺术品收藏、展览特点”“博物馆的艺术藏品对艺术史研究的作用”“艺术史研究方法与博物馆藏品研究之间的关系”三个议题展开了讨论。

（三）近现代美术大家话题常新

作为中华人民共和国成立后中央美术学院首任校长的徐悲鸿，在央美百年校庆活动中被特别纪念。3月至4月，由中央美术学院主办的“中央美术学院百年校庆特展：悲鸿生命——徐悲鸿艺术大展”在中央美术学院美术馆举办，为首次大型、综合、全面回顾徐悲鸿的研究展。展览汇集了徐悲鸿重要作品200余件及多种首次披露的珍贵文献资料，囊括了他各历史时期几乎所有代表作。在此基础上，又依托中央美术学院美术馆所藏精品，策划了“徐悲鸿与他的时代”展，在江苏省美术馆、内蒙古美术馆、石家庄美术馆、宜兴美术馆、湖北美术馆、关山月美术馆巡展。此外，2月，由北京画院与徐悲鸿纪念馆联合推出的“白石墨妙·倾胆徐君——徐悲鸿眼中的齐白石”专题展在北京画院美术馆举办，通过相关作品、文献、信札全面梳理了两位艺术大师相识、相交、相知的过程。

2018 年适逢丰子恺、张伯驹、李苦禅、王个簃、韩乐然等先生诞辰 120 周年，何香凝先生诞辰 140 周年，各地纷纷举行纪念展或座谈会。1 月，“王个簃诞辰 120 周年书画精品暨文献展”在上海中国画院举行，共展出王个簃（1898—1988）各个时期的书、画、印精品 100 余件，以及王个簃艺术人生的宝贵文献资料。5 月，由中国美术馆主办的“丝路飞虹——韩乐然诞辰 120 周年中国美术馆藏韩乐然作品展”于中国美术馆举行，以 20 世纪 40 年代“丝路文化”探索浪潮为背景展出韩乐然作品 97 件，依次对应“革命与艺术人生”“丝路考古”“丝路写生”三个部分。10 月，浙江美术馆举办“此境风月好——丰子恺诞辰 120 周年回顾展”，展出丰子恺作品 125 件、师友作品 72 件、文献 120 件，全面展现了丰子恺先生的文艺人生。11 月，“法古禅心——纪念李苦禅诞辰 120 周年艺术展”在中国国家博物馆举行，以众多的作品真迹、手稿速写、图片影像、文献资料等向观众近距离呈现了李苦禅的人生历程与艺术魅力。12 月，纪念张伯驹诞辰 120 周年“高山仰止——张伯驹、潘素伉俪艺术文献展”在清华大学艺术博物馆举行，从张伯驹、潘素两位先生的笔墨耕耘、诗文唱和、师友交往等角度详细讲述了他们的艺术人生。6 月，“腕底烟云未等闲——纪念何香凝诞辰 140 周年艺术精品展”在深圳何香凝美术馆举行，展出何香凝的精品画作 70 余件以及征集到的与何香凝相关的历史照片和文献资料。6 月，由民革中央、中国美术家协会共同主办的“纪念何香凝先生诞辰 140 周年暨首届‘香凝如故’全国美术作品展”在中国美术馆举行。1 月，由中国文学艺术界联合会、中国美术家协会主办的“纪念潘天寿、李桦、李可染、叶浅予、张仃百年诞辰座谈会”在北京举行。5 月，由文化和旅游部、中央文史研究馆、国家文物局共同主办的纪念张伯驹先生诞辰 120 周年座谈会在人民大会堂举行。12 月，中国文联、中国美协在京举办了纪念何香凝诞辰 140 周年、丰子恺诞辰 120 周年、吴作人诞辰 110 周年、王琦诞辰 100 周年座谈会。

此外，由中国美术馆主办的“宝藏经典、活化精神——中国美术馆典藏精品展Ⅱ”2 月在中国美术馆六楼藏宝阁开展，展出近代绘画大师徐悲鸿的《奔马》、齐白石的《螃蟹》，以及于右任、林散之、高二适书法，还有王悦之、卫天霖、吴大羽、常书鸿、李瑞年、艾中信等的油画，雕塑有张充仁、滑田友、周轻鼎、袁晓岑等人的作品。2 月，由深圳关山月美术馆、李可染艺术基金会共同主办的“二十世纪中国美术家的记忆——大雅宝胡同甲2号文献展”在深圳关山月美术馆举行，展览将曾经居住在北京大雅宝胡同甲2号的主要艺术家齐白石、徐悲鸿、李苦禅、吴冠中、董希文、李可染、张仃、黄永玉等的代表作、日常生活及艺术交往的细节、美院教学及艺术创作的场景与大的时代背景相结合，用文献展的方式展现一段特殊时期的新中国美术史。4月，“大雅宝胡同甲2号——二十世纪中国美术的传奇”展览在上海宝龙美术馆举办。12月，“大雅宝胡同甲2号——二十世纪中国：美术·历史·现场”展览在嘉德艺术中心举行。1月至3月，“张大千艺术展”在国家博物馆举办，以“集古得新”“临摹敦煌”“大风堂收藏”“大千师友”“大千用印”五个单元系统展示张大千一生的创作历程。5月，由中国美术馆主办的国家美术作品收藏和捐赠奖励项目“为万世开太平——于右任书法作品展”在中国美术馆举行，展览遴选于右任代表作品100余件，并有部分碑志拓片，多方位展示了于右任多年以来的书法创作成果。6月至7月，“铁笔生花——故宫博物院藏吴昌硕书画篆刻特展”在故宫博物院文华殿展厅举办，通过“融古开今”“缶庐花香”“石交传馨”“铁笔柔毫”四个单元，从吴昌硕的艺术渊源、绘画风格、交游与影响以及书法篆刻方面展出绘画、书法、篆刻三类作品100余件。7月至8月，“时代风华——二十世纪中国美术名家精品展”在广东美术馆举办，分为“传承革新（清末至1949年）”“转型建构（1949年至1978年）”“开放多元（1979年至今）”三个部分，涵盖了20世纪中国画坛京津画派、海上画派、长安画派、新金陵画派、岭南画派，以及新时期以来几乎所有重要流派的代表艺术家的作品。7月至10月，由故宫博物院与北京画院合作举办的“清平福来——齐白石艺术特展”在故宫博物院展出，分为“天道酬勤”“扶梦还乡”“老当益壮”“白石篆字”四个板块，全方位、多角度地呈现了“人民艺术家”齐白石勤勉艰辛的探索、心系故土的乡愁、老而不颓的豪情、刀锋印痕的心相。8月至10月，由浙江省博物馆主办的“吴昌硕与他的‘朋友圈’”展览于浙江省博物馆武林馆区开幕，展出了吴昌硕与友人们的诗文唱和、印篆题跋、书画酬答和往来书札多件。8月至11月，“海派巨擘——任伯年绘画作品展”在辽宁省博物馆举行，展览分为“艺术成就”“师承起源”“游历交友”“后世影响”四个部分，展出任伯年及其相关艺术家绘画精品98件（组），是近年来全国首次举办大规模任伯年作品展览。8月，“刘开渠与中国美术馆”展览在北京中国美术馆举行，精选了刘开渠最具代表性的60余件雕塑原作和相关珍贵历史文献，分为“艺术启蒙与专业学习”“为中国现代雕塑艺术‘开渠’”“立民族之碑”“向新时代致敬”四个单元，全面呈现了刘开渠的艺术人生。

（四）青年美术力量健康成长

6月，由中华全国青年联合会、中国文学艺术界联合会、中国美术家协会共同主办的“第六届全国青年美术作品展览”在中国美术馆举行。全国青年美术作品展览自1957年创办至今，已成功举办了六届，成为发现、培养、展示青年美术人才的重要平台。本次的展品包括中国画、油画、版画、雕塑、水彩·粉画、漆画、插图·连环画、综合材料绘画8个类别的入选作品387件。3月，由国家艺术基金管理中心、中华世纪坛艺术馆主办的以“中国艺术新视界2018”为主题的“国家艺术基金青年艺术创作人才（美术、书法、摄影、工艺美术）滚动资助作品巡展”首展在中华世纪坛艺术馆举办，汇聚了国家艺术基金自2013年底成立以来，在2014年至2016年三个年度立项资助的美术类项目成果，包括绘画、雕塑、书法、摄影、工艺美术等艺术门类，共展出244位艺术家的499件（组）作品，分为“历史国魂”“吾土吾民”“都市景观”“林泉遗物”“翰墨心印”“影像叙事”六大主题板块，从不同维度展现新时代中国美术新生力量的创作实力与艺术风貌。由中国艺术研究院主办的“文化传承·丹青力量——中国艺术研究院中青年艺术家系列展”本年度继续在中国美术馆举办，李贵君“万物有灵”、张崴“交汇的空间”、徐小东“自然·性灵”、李继飞“初心”、徐青峰“尽我所能”、张爱玲“静逸”、肖文飞“轻与重”、刘波“不染尘”、周延“笃行”、阴澍雨“故园”、王桂勇“一点素心”、常磊“尽我所能”、徐晨阳“记忆·流星”、韩洪伟“亮光的指引”、李传真“暖阳”、韩学中“借月观山”分期展出。3月，由湖北美术馆主办的“开放式——青年漆艺创作研究展”在湖北美术馆举办，展览为“文化部2017年度全国美术馆优秀青年策展人扶持项目”，展览分为三个单元：从工艺到物语、从装饰到趣味、从器用到空间。6月，“西部少数民族青年美术家作品展暨第七届西部少数民族青年美术家高研班开学典礼”在中国文艺家之家展览馆举办。7月，“最绘画——第三届中国青年油画作品展（2018）”在内蒙古美术馆新馆举办，展出青年艺术家的油画作品近200幅。8月，由中国美术家协会、中共天津市委宣传部主办的“品真格物——全国青年工笔画作品展”在新建成的天津画院新址天津现代美术馆举行，共展出中国工笔画作品230余幅。10月，“2018学院本色——美院在校生创作展”在中国美术学院美术馆举办，展出由各校择优推荐的中国画、书法、油画、版画、壁画、雕塑等造型类艺术作品共计160件（套）。11月，由中国国家画院主办、中国国家画院版画院承办的国家艺术基金2018年度艺术人才培养资助项目“水印版画人才培养计划”汇报展在中国国家画院美术馆举行。11月，由中国书法家协会、郑州大学、国家典籍博物馆共同主办的“全国第二届大学生书法篆刻作品展”在国家典籍博物馆举行，共展出包括15位评委、监委在内的艺术家的212件作品，是我国当代高等书法教育成果的一次集中展示。

本年度的国家艺术基金“艺术人才培养资助项目”72项，其中有：中国国家画院的“水印版画人才培养”，中央美术学院的“艺术科技创新人才培养”“游戏设计艺术人才培养”，中国美术学院的“‘一带一路’汉字力量——中国汉字水墨国际交流创作人才培养”，清华大学的“麦积山雕塑研究与创作人才培养”，中国人民大学的“艺术品修复人才培养”，北京服装学院的“中国传统服饰图案传承与创新应用设计人才培养”，西安美术学院的“家具艺术当代设计人才培养”“丝路文创产品设计人才培养”，广州美术学院的“国际青年美术创作人才培养”，中国油画学会的“青年油画创作人才培养”，等等。

国家艺术基金支持的一些项目已着手实施。5月，由文化和旅游部文化艺术人才中心组织实施的国家艺术基金人才培养资助项目“艺术品营销人才创新能力培养”2018年培训班在北京正式开班。7月，国家艺术基金2018年度艺术人才培养资助项目“综合材料绘画创作人才培养”培训班开学典礼在北京市房山区举行。8月，国家艺术基金2018年度艺术人才培养资助项目“艺术品修复人才培养”开班仪式在京举行。此外，8月，由中国美术家协会主办、中国美术家协会综合材料绘画与美术作品保存修复艺委会承办的“中国文学艺术发展专项基金文艺人才培训（培养）资助项目——2018中国美协艺委会（综合材料绘画）青年文艺人才培训”在北京举办开班仪式。

2018年度“中国中青年美术家海外研修工程”终评会于4月在中国美术家协会召开。中国艺术研究院李妍“冷战时期美国对当代艺术资助的策略研究”、浙江大学毛秋月“美国抽象表现主义绘画与国家意识形态研究”、清华大学高远“意大利文艺复兴艺术的空间与展陈方式研究”、四川大学汪燕翎“中国民间工艺美术在英国的收藏与研究”、中国艺术研究院陈散吟“中国宋画对日本南画的影响”等入选。

中国艺术研究院美术研究所开办“美研所大学堂”，为美术院校青年教师推广学术成果搭建平台。11月1日，大学堂第一讲在中国艺术研究院学术报告厅举行。中央美术学院人文学院副院长黄小峰、广州美术学院美术史系主任郭伟其、四川大学艺术学院院长韩刚、中国美术学院人文学院副院长万木春四位学者分别就“公主的婚礼：《百子图》与南宋婴戏绘画”“超越了石头的纸上建筑”“也谈《江行初雪图》制作的时代：三论南唐画院有无”及“远离荒野：中国古代山水观的一个侧面”等标志性研究进行授课。

（五）山水画题材受关注

9月，北京画院“齐白石艺术国际研究中心”与“传统中国绘画研究中心”召开年会，本年度年会聚焦“山水”，并通过研究、展览、研讨呈现一个“山水年”。年会探讨四个主题：“交流·传播·合作”“跨界·融合”“中国山水画的时代性、精神性与永恒性”“齐白石与20世纪中国山水画”。这一年，“齐白石研究中心”还配合展览举办了四场齐白石山水画讲座，围绕“齐白石研究”“传统中国书画研究”“中国山水画走向何方”三个专题进行了深入的学术研讨，其中“中国山水画走向何方”专题包含了三个主题：中国山水画走向何方、艺术家的社会身份和责任、山水精神与多维度思考。与此相关，7月至9月，由北京画院主办的“胸中山水奇天下——齐白石笔下的山水意境之二”专题展览在北京画院美术馆举办，共展出齐白石山水画作逾160件（套），是齐白石山水画最为集中的一次展览。11月3日，北京画院主办的“我向毫端寻往迹——明清山水画的古意今情”展览，从明代的沈周、文徵明、董其昌到清初“四王”、蓝瑛等名家画作均有展出。

3月至4月，由中国国家画院指导、中国画学会联合多家美术机构主办的“造化心源——当代山水画系列展”于广州、郑州、重庆举行。此次系列展推出“坐望云起·全国山水画名家学术邀请展”“天地栖境·方向水墨作品展”“游心方外·艺术家眼中的山水”“院风新锐·当代青年山水画提名展”四个板块，以不同的展览主题来梳理和诠释当代山水画的历史文脉及承传发展。7月，由广东省博物馆策划的“解密中国传统山水画”展览在广东省博物馆举办，展出了书画、自然矿物标本、陶瓷、玉器杂项、古籍等多门类的文物近130件（套），从颜料、墨、宣纸、毛笔、印章等入手，还原绘画元素，将绘画技法与馆藏山水画一一对应，归纳绘画的创作规律及用途，品味中国传统山水之魅力。9月，由中国艺术研究院美术研究所主办的“山水本色——第二届中国当代青绿山水画学术邀请展”在中国美术馆举行。展览邀请了卢禹舜、牛克诚、许俊、何加林、祁恩进、范扬、林容生等11位当代中国画坛具有创作实力与学术影响力的青绿山水画家参展，展览力求通过11位艺术家的固定组合形成一个关于中国当代青绿山水画创作研究的学术个案，借此映射出中国当代青绿山水画创作的总体趋势与特征。6月，由中央数字电视书画频道主办的第二届“绿水青山——青绿山水画名家学术邀请展”在书画频道美术馆举行。

（六）艺术博览会多地开花

走过13个年头的“艺术北京”5月在北京农业展览馆举行，展览面积扩容到近30000平方米，是自2006年创办以来展出规模最大的一届。基于“立足本土，完整亚洲”的核心理念，集结了20个国家和地区约160家艺术机构，分为当代艺术、经典艺术、设计艺术板块，另设有公共艺术区和新加入的新锐艺术市集品牌“Hi21”等。此外，上海廿一当代艺术博览会、西岸艺术与设计博览会、上海艺术博览会、上海青年艺术博览会等四大艺术博览盛会同期开幕。9月，为期四天的“2018艺术深圳”当代艺术博览会在深圳会展中心举行。

北京新增两场艺博会：艺览北京（JINGART）、北京当代艺术展。5月，首届“艺览北京JINGART”登陆北京，开启ART021的双城模式。邀约的展商涵盖现代、战后等现当代艺术，以及古董、珠宝、设计等品牌，为北京艺术市场带来了更多元的选择。8月，首届“北京当代”展会在全国农业展览馆举办，展会致力于中国当代艺术的价值推广，把与中国密切相关的当代艺术画廊作为核心的合作伙伴与命运共同体，旨在打造一个与当下艺术生态及社会各层级密切相关的艺术交易、展示、交流的顶层平台。

另一方面，艺术博览会向二三线城市延伸的趋势明显。4月，艺术成都Art Chengdu在成都春熙路揭幕，作为中国中西部地区首个国际化艺术博览会，吸引了31家来自全球的当代艺术画廊。5月，中国内地首个聚焦“水墨”的艺术博览会“艺术西湖·国际水墨艺术博览会”在杭州举办。10月，首届南京扬子当代艺术博览会于南京玄武区国际展览中心举行。

（七）双年展向各专业领域展开

8 月，“第八届中国北京国际美术双年展”在北京启动。此次双年展以“多彩世界与共同命运”为主题，将于 2019 年 8 月至 9 月在中国美术馆举办。“多彩世界与共同命运”母题下将分设相应子题，力求多角度、多层次地呈现国际美术创作的立体面貌，题材除将涉及环境保护、战争威胁、难民潮、金融危机、贫富差距、流行病等全球性问题外，更重要的是将着力表现当今世界追求和平发展、共享繁荣、共建人类命运共同体的伟大进程。目前已顺利完成前期征稿工作，为 2019 年大规模评选、展览积极准备。此外，第 12 届上海双年展 11 月在上海当代艺术博物馆举行，以“禹步”（Proregress）为主题，用诗性和艺术回应充满矛盾性的时代，共有 26 个国家的 67 位（组）艺术家参展，是第一次大规模展出拉美地区作品。

另一方面，以某一专业领域为主题的双年展陆续举办。4 月，“首届深圳国际水彩画双年展”在广东省深圳市罗湖美术馆举办，来自英国、法国、俄罗斯、加拿大、澳大利亚等 18 个国家与地区艺术家的 248 件作品亮相本届双年展。11 月，以“开放与融合”为主题的“2018 首届深圳大芬国际油画双年展”在龙岗红立方公共艺术馆开幕，展出了来自中国、俄罗斯、美国、德国、法国、土耳其、阿根廷、荷兰、日本等 65 个国家和地区艺术家的 264 件作品，涵盖五大洲、50 多个国家和地区，在数量、质量、国际参与度以及艺术广度上都凸显了国际性和多元性。9 月，“2018 北京媒体艺术双年展（BMAB2018）”在中央美术学院美术馆举办，共邀请了来自 10 个国家的 30 余位艺术家、五个工作室在这里展示他们的作品。8 月至 9 月，由中国油画学会、上海中华艺术宫主办的“语言之在——第四届中国油画双年展（2018）”在中华艺术宫举办，展览分为“塑造之功”“形色之力”“东方之象”三大部分，比较完整地呈现了全国油画的状态和作品面貌。12 月，由中国美术家协会、厦门市文化广电新闻出版局主办的“2018 厦门全国工笔画双年展”在厦门美术馆举行。1 月，“第六届全国插画双年展”在深圳关山月美术馆开幕，共设置有广告品牌、出版物、游戏交互多媒体和自由创作四个类别，反映了本民族传统文化、民俗作品的迅猛增长。

（八）外国美术多渠道引入

本年度国际美术交流不断扩大。6 月至 7 月，由中国美术馆主办的“美美与共——中国美术馆藏国际艺术作品展”在中国美术馆举办，从中国美术馆收藏的外国艺术家的3500件作品中遴选出涉及60个国家的100多位艺术家创作的200余件精品，形式上涵盖了油画、版画、雕塑、摄影等多种类型。1月，由中国国家博物馆、法国国家造型艺术中心、巴黎国立高等美术学院主办的“学院与沙龙——法国国家造型艺术中心、巴黎国立高等美术学院珍藏展”在中国国家博物馆举行，展览分为“巴黎国立高等美术学院：美的圣殿”和“沙龙：美术舞台犹如时代的镜子”两部分，是19世纪法国“学院派”美术的集中展示。6月，由荷兰王国驻华大使馆、中国国家博物馆、莱顿收藏共同主办的“伦勃朗和他的时代：美国莱顿收藏馆藏品展”于中国国家博物馆举办，展览分为肖像画、历史画及风俗画三大部分，展出70余件古典绘画藏品，主要呈现来自莱顿收藏的荷兰黄金时代绘画大师的艺术佳作。5月，由中国文化和旅游部外联局与阿根廷驻华大使馆、厄瓜多尔驻华大使馆等共同举办的“异彩共生——拉美及加勒比艺术展”在北京民族文化宫举行，汇集了拉美及加勒比地区7国7位艺术家的88幅作品，其中包括当代绘画、摄影作品等。11月，由中国美术馆、希腊雅典国家当代美术馆共同主办的“道之为物：由象及神”展览在中国美术馆举行，展出了40位希腊国内外艺术家创作的近80件作品，是继2017年秋在希腊雅典国家当代美术馆举办的“中国写意：来自中国美术馆的艺术”展览后希腊雅典国家当代美术馆的部分藏品在京展出。9月，由清华大学艺术博物馆和美国印第安纳大学埃斯凯纳齐艺术博物馆联合主办的“穿越大洋的艺术——美国印第安纳大学埃斯凯纳齐艺术博物馆藏19—20世纪风景画展”在清华大学艺术博物馆举行，展出了19世纪前往欧洲的大量美国艺术家创作的优秀作品。

另一方面，由各地方主办外国美术作品展的趋势明显。1月，“国立俄罗斯博物馆典藏——莫伊谢延科作品展”在刘海粟美术馆举行，展览聚焦莫伊谢延科13件大尺幅的军事题材作品。4月，“心灵的风景：泰特不列颠美术馆珍藏展（1700—1980）”在上海博物馆举行，展出了透纳、庚斯博罗、康斯太勃尔、米莱斯等英国著名画家作品，全面追溯了英国风景画三百余年的发展历程，是迄今国内最大规模的英国风景画展。5月，“穆夏·欧洲新艺术运动瑰宝展”在江苏南京博物院举行，展览依循穆夏的生活变迁与艺术发展脉络，诠释了穆夏的美学风格与新艺术运动带来的影响。6月，“安格尔的巨匠之路——来自大师故乡蒙托邦博物馆的收藏”展览在浙江美术馆举行，分为“安格尔看自己”“安格尔看世界”和“世界看安格尔”三个角度进行展出，展品中有40多件安格尔本人作品，其余则是他人为安格尔创作的画像、塑像以及安格尔个人的收藏。7月，由南京博物院主办的“意大利文艺复兴三杰特展”在南京博物院特展馆举行，展览从意大利引进“文艺复兴三杰”的原作数件，包括绘画、雕塑、手稿等。7月，由广东美术馆主办的“绘画在绘画之后：德国当代艺术中形式的创造”在广东美术馆举行，展出4位德国当代具有代表性的艺术家艾稞曼、本杰明·阿普尔、托马斯·塞比茨以及卡佳·施特龙茨的作品多幅。8月，“天才狂想曲——毕加索与达利的版画艺术视界”展览在甘肃省博物馆举办，展览囊括毕加索在各个时期创作的109幅版画作品，达利的17幅超现实主义版画作品及15件雕塑和瓷盘画。

由中国艺术研究院美术研究所编译的《海外中国艺术史研究》(第一辑)8月由湖南美术出版社出版发行。本辑以“图像与媒介”为主题，编译了《变化的媒介：元代绘画的图像转译》《徽宗的新衣——〈捣练图〉中的欲望与寓意》《媒介转换与模件构造——宋代中国〈法华经〉雕版扉画》等海外研究者的深度学术论文9篇。该刊旨在为国内学者了解海外中国艺术史研究的前沿话题及学术动态打开窗口，为中外艺术史学者的知识共享及学术交流提供平台。

(九)美术“走出去”步子依然强健

本年度中国美术助推国际传播能力建设，用艺术形式讲好中国故事、传播中国声音、宣扬人类和平理想的展览频频举办。

中国美术家协会主办的“中国美术世界行”首次同时走向四大洲重要国家，作品水准、数量和尺幅为近年赴外展中少有，在传播广度、深度方面实现了突破。5月，由中国美术家协会主办的“艺术与和平——中国当代美术作品展”在希腊马其顿当代艺术博物馆举行，为中国美术家协会本年度“中国美术世界行”首展，40余件国画、油画、版画、雕塑作品生动形象地展现了中华民族“以和为贵”的价值观及中国人民对和平、和谐生活的美好向往与不懈追求，讲述了中国美术家眼中的“艺术与和平”故事。7月，“艺术与和平”在马耳他首都瓦莱塔展出；9月5日，“艺术与和平”在西班牙马德里中国文化中心盛大开幕；9月26日，“艺术与和平”在捷克国家会议中心隆重开幕，为2018年度国际巡展完美收官。

由中华人民共和国文化部与中国驻纽约总领馆主办的第四届“欢乐春节·艺

术中国汇”于2月12日至20日亮相纽约，活动由公共艺术与庆典活动、艺术展览与公共艺术教育活动三个板块构成，贯穿纽约市上、中、下城的多个主流文化与建筑地标，在春节期间为纽约市民带来了一系列丰富多样的艺术文化活动。威尼斯当地时间5月25日，2018威尼斯建筑双年展中国馆展览在意大利威尼斯军械库（Arsenale）正式拉开帷幕。中国国家馆由同济大学建筑与城市规划学院教授李翔宁担任策展人，以“我们的乡村”为主题，包含“居”“业”“文”“旅”“社”“拓”六大板块，从诗意栖居、乡土制造、文化实践、自在游憩、社区营造、开拓创新六个方面勾勒出一个呈现当下、放眼未来的中国当代乡村建设现场。7月至9月，由中国国家画院、中国文学艺术基金会主办的“中华意蕴——中国油画艺术国际巡展（意大利）”在意大利首都罗马举办。7月至8月，由中国国家画院主办的“写意中国——中国国家画院美术作品欧洲巡展”在乌克兰国家美术家协会大厦展厅举行。中央美术学院美术馆、英国泰特美术馆、英国华人当代艺术中心共同主办的“兴起：中国当代艺术中的女性声音”（NOW：A Dialogue on Female Chinese Contemporary Artists），2月至9月在英国八家公共美术馆同期举办。3月，由中国少年儿童新闻出版总社、中国图书进出口（集团）总公司等单位承办的“东方书韵——中国古代插画艺术展”在意大利博洛尼亚市政厅举行，展出350多幅图文精品，涉及领域横跨哲学、社会、文学、艺术和科学技术五大板块。

本年度国家艺术基金赞助的美术出国展览项目有：中国当代女性艺术家加拿大展览，儿童互动装置艺术意大利展览，中国绘画法国、俄罗斯、加拿大巡展，中国拓片文化艺术法国、意大利巡展，中德实验影像交流艺术展览，中国宣纸绘画意大利展，国家画院美术作品俄罗斯、法国、泰国、坦桑尼亚巡展，海派文艺土耳其、泰国巡展，全国高等书法教育优秀成果日本展览，20世纪以来中国摄影作品美国、日本、法国、新加坡巡展，丝路艺术作品俄罗斯、哈萨克斯坦、蒙古交流巡展，中国陶瓷艺术瑞士、芬兰巡展，中国传统服饰文化创新设计作品美国巡展，吉州窑传统技艺创新作品日本巡展，巴彦淖尔阴山岩画艺术埃及、希腊、意大利巡展，中国文博创意作品美国、法国、德国、阿联酋巡展。

（十）艺术品市场仍处于调整期

2018艺术品拍卖市场陆续出现了几个亮点，如苏轼《木石图》创古代绘画拍卖新高；中国嘉德创38项拍卖成交纪录，17个百分百成交专场；香港苏富比秋季拍卖“当代艺术晚间拍卖”专场中，赵无极创作的尺幅最大的油画《1985年6月至10月》以5.1亿港元天价成交，成为香港拍卖史上成交价最高的画作，同时刷新赵无极个人世界拍卖纪录；在中国嘉德秋拍暨25周年庆典拍卖邮品专场中，一枚横板《全国山河一片红》未发行8分面额邮票（俗称“大一片红”）以1380万元的高价拍出，让中国单枚邮票第一次进入了千万元级别，跻身世界珍邮价格前列；等等。即使这样，艺术品市场的总体规模并未得到拓展，甚至还略有萎缩，市场的整体信心有待提升，高端收藏投资市场与中低端消费市场这两个特质差异非常大的板块仍停滞在当前的趋势中，高端艺术品受到热烈追捧，大众作品仍处于调整期。核心拍品主要集中于书画板块的现象依然有待市场的多元开发。中国书画艺术市场的收藏投资进一步向资本化、机构化、企业化发展的趋势明显。随着中国书画艺术市场的金融服务、国际化及支撑服务体系的发展，跨界融合开始初步尝试。拍卖行已开始减量增质以应对变化，在波动中寻求发展。

五、问题与建议

（一）要提升与美好生活需求相适应的美术创作与服务

习近平总书记在党的十九大报告中指出，中国特色社会主义进入新时代，我国社会主要矛盾转化为人民日益增长的美好生活需要和不平衡不充分的发展之间的矛盾。文化艺术消费是“美好生活需要”的重要内容，多元、高质、跨界的文化产品是未来经济结构调整升级的内在需求。据有关数据统计，中国的艺术消费人群30岁左右占了5成，年均收入在6万元以上的消费人群占了近6成；中产阶层正以每年1%的速度增长，90%的中国中产阶层有收藏艺术品的意向。这两部分人群数量的持续增长必然带来艺术品需求的不断提升，新时代的社会主要矛盾也带来服务及消费的新要求：一是美术馆、博物馆的服务能力有待提升。随着民众日益增长的美好生活需求，到美术馆、博物馆参观体验已日益成为民众休闲生活的重要形式之一，这就要求美术馆、博物馆要进一步提升接待能力，营造良好环境，提供优质内容；二是艺术市场要将目光向下，在继续做好高端群体的“掐尖”式服务的同时，也要由从前的金融、投资的目标群体向中等收入人群的品位及能力贴近。

（二）要增强主题性美术创作的艺术感染力

自 2005 年以来的重大题材或主题性美术创作工程，在政策导向、官方组织及艺术家努力下，涌现出一批高品质的时代佳作。另一方面，在创作上也或多或少存在一些问题，如主题先行问题、图解历史问题、简单化问题、概念化问题、形式雷同问题、矫饰问题等。

主题性美术创作思想性与艺术性的统一尤为重要，在正确表现历史、现实及政治主题的同时，尤其要尊重美术创作的艺术规律。要处理好历史真实与艺术真实的关系，既要尊重史实，通过文献史实的认真学习进入历史情境之中，通过深入生活进入现实情境之中；同时，也要关注艺术语言的生动与深入，用精湛的技艺表现历史与现实，用精粹的艺术手段烘托主题。要提倡创作观念、语言表现及艺术风格的多样性，做到重大主题表现与艺术家个人艺术追求相统一。要避免对历史做简单图解，要融入艺术家对于历史的理解之同情；要避免题材的标签化处理，要通过实地调研的“深扎”体验获得对于人物、事件的深切感受，用真情实感驱动创作。要用当代人的历史叙述与当代视角思考主题，用新时代艺术家的观念与情感表现主题，从而实现对于 20 世纪以来历史题材及现实题材美术经典的历史超越。

（三）要大力提倡社会美育

美育并非只是专业艺术院校的技艺传授，而是包括情感取向、价值导向、道德修为等在内的人的整体素质的培养，是通识教育的有机构成部分，是通过大、中、小学及社会合力而形成的素质教育。既要重视小学、中学美术及音乐等基础美育，也要鼓励大学建设博物馆或美术馆，使之成为与普通专业互为补充的第二课堂。要提升美术馆、博物馆硬件设施及服务水平，吸引更多的观众接受艺术熏陶，鼓励专业艺术机构及从业人员到中小学及社区进行艺术普及工作。要加强博物馆、美术馆方面的人才培养，通过艺术史系或艺术教育系的设置培养公共艺术教育人才。要加强美术馆、博物馆的文创产品开发，以延伸馆藏品艺术感染力的社会传递。包括画廊、拍卖行等在内的相关商业机构要通过藏品的宣传推广促进艺术市场与艺术教育之间的良性互利发展。新闻、出版、广播、电视及网络等传播媒体要着力打造公共美育平台，以实现美育熏陶的日常化。

（四）要加强艺博会的特色经营

艺术博览会在从北京、上海等一线城市向二三线城市延伸的过程中，有模仿和套用一线城市艺博会的做法，脱离了当地的经济、文化环境及消费水准，因此整体成交量并不理想，艺博会的整体布局也不甚合理。艺博会向二三线城市延伸的趋势释放出更多竞争压力和发展可能，但从长远来看，二三线城市的艺博会能否获得足够的市场支撑也不甚明朗。今后，各艺博会应当在经营理念上积极寻求差异化，特别是要与所在地消费群体的审美品味及消费能力相适应，办出自己的特色，拉开各艺博会之间的定位，从针对高端人群的单一思维中走出去，形成服务不同人群的艺博会及其品牌。同时，艺博会也要克服短期经营思路，要在与优质参展机构的长期合作、对藏家的耐心发掘与长期培养，以及向被更广泛的受众支撑的市场的长期拓展中逐步建立起自己的规模及品牌。

（五）要从中国美术“走出去”迈向“走进去”

自本世纪初国家实施文化“走出去”战略以来，中国美术已通过展览形式走到四大洲的重要国家。随着综合国力的日益提升，中国美术“走出去”已不成问题，但是“走进去”则是未来一个长期的工作主题。“走进去”意味着中国美术在国际间的有效传播，意味着中国美术的国际影响力的全面提升，意味着在世界美术格局中中国画、中国书法等中国样式被广泛理解和接受，意味着中国风格、中国气派、中国精神的中国艺术对世界人心的深刻感召力。而目前中国美术“走出去”主要停留在展览层面，而同样作为传播方式的出版、研讨、教学等则严重不足。因此，要走出带作品到国外办展览的简单思路，通过更多的传播主体、传播方式形成中国美术走向世界的集合效应，包括通过基金赞助的形式在国外培养所在国的中国艺术翻译者，在国外大学开设中国艺术课程，在国内以“艺术营”的形式集中培训中国艺术的外国学员，以及集中翻译一批有关中国艺术的高品质的著作，派遣对中国艺术有深刻理解的学者、艺术家、理论家、策展人等到国外讲学、开办讲座，在国外举办各种形式的中国艺术研讨会，等等。

（六）要着力培育基于本土消费能力与文化价值判断的艺术品市场

在艺术品市场调整的过程中，一批新藏家纷纷入场。据悉，亚洲苏富比拍卖新客户占整体买家人数的27%，40岁以下的年轻买家占整体买家人数的23%。针对年轻藏家收藏品味的“当代艺术专场：TURN IT UP”专场拍卖当中，年轻买家比例更高达40%。同时，国内藏家拍卖份额保持高水平增长，在纽约佳士得销售总额达到7.45亿美元的春季夜场拍卖会上，中国客户贡献了总销售额的30%，并在成交额前十位的交易中占据了一半席位。中国嘉德方面，“活跃于大中华地区的收藏机构、企业美术馆以及私人收藏家依然信心十足，在各自的收藏体系建设上积极投入顶级艺术品的竞买，并实现了新老藏家队伍的融合和更替”；“新买家的入场，是社会代际交替和社会财富增长后富裕阶层资产配置需求的必然结果”。

另一方面，本年度各大公司的拍卖中，超过5000万元的中国古代书画拍品数量极少，大多数拍品价格在3000万元左右徘徊，甚至许多古代书画大师的作品价格很难突破2000万元，前几年的明清书画、宋元书画及晋唐书画的热度板块在2018年没有呈现。也即是说，新藏家的投资选择大多集中在西方艺术形态的油画及当代艺术方面，中国古代书画很少进入他们的投资视野之中。

因此需要着力培育基于本土消费能力与文化价值判断的艺术品市场。这既包括通过早期艺术教育中古典书画的学习形成对于中国古代书画的亲和感与欣赏能力，也包括艺术市场进行过程如拍卖公司的宣传推广活动中培育新生藏家对于古代书画的价值取向，还包括相关政策法规对于传统艺术的政策性保护，因为艺术品市场并非只是一个商业市场，它也是一个文化角逐场。

课题主持机构：中国艺术研究院美术研究所

主　笔：牛克诚

撰稿人：牛克诚　孔德平

编辑、统筹：周进生

2018 年度中国摄影艺术发展研究报告

摘要：2018 年度摄影艺术从“影像”与“历史”相互关系中延伸出“影像中的历史”和“历史中的影像”，以及影像与真实、现实、记忆、意识等关系的思考与探究。180 年摄影艺术发展的历史，静态摄影艺术本体不断交替呈现消散与聚合两种运动方式，也呈现为广大摄影家在大众化和艺术化两个方向上的努力，最终形成更高时空结构下的影像形式。创作活动和研究学术方面的突出现象有：纪念改革开放 40 年之际，出现了大量纪实类的回顾展；当前国际摄影界的前沿话题在一些摄影节上有所体现；在第 13 届全国摄影理论研讨会上，自然观与风景摄影发展脉络得到了较为清晰的梳理；摄影史的挖掘进一步深入；高等摄影教育面临转型；西方摄影理论、评论书籍和画册的翻译及引进越来越多元丰富；影像的价值与收藏越发受重视。主要问题在于近几年的中国摄影缺少明显潮流性的东西，未来可见社交摄影和图像社区会更加膨胀，纪实摄影的分化趋势更加明显。总的来说，中国摄影在思、史、艺三方面还有巨大的提升空间。

关键词：影像　历史　本体　纪实　风景

一、现象与热点

（一）影像与历史和记忆

2018 年，虽然摄影艺术发展缺少明显的跃升和令人惊叹的力作，但这一年注定会在中国摄影史上因全社会借助影像对改革开放 40 年历史多层次、多方位、多角度的回顾而留下富有学术内涵的一笔。这种学术性体现为从“影像”与“历史”相互关系中延伸出的两个方面：一是“影像中的历史”和“历史中的影像”，二是由此对影像与现实的关系、影像与记忆、影像与作者读者的关系和影像与人类文化形式关系的进一步探究。

首先是国家层面影像化的改革开放40年历史记忆的建构，国家博物馆举办的“伟大的变革——庆祝改革开放40周年大型展览”就是明证和体现。这个展览以影像、图表、文字、言语和实物及模型等形式，建构起了一个系统化的话语系统，与习近平总书记“在庆祝改革开放40周年大会上的讲话”相呼应。在这个展览中，影像的运用极具典型性，充分发挥了摄影现场性、客观性的特征，用不可重复的历史瞬间印证了习总书记对改革开放的高度概括——“一次伟大觉醒”“一次伟大革命”“重要法宝”“关键一招”，并以令人信服的见证方式凸显了历史进程中的代表性细节。以此展为思想统领，全国各地、各行业都对本地区、本行业40年的改革开放历史进行了影像化的回顾，所有这些，构成了“影像中的改革开放史”。

“改革开放历史中的影像”，是指截止到目前有关改革开放的研究，无论是在传统纸媒上传播的，还是在互联网媒体上传播的，都没有离开影像的支撑和见证作用。在与文字和言语的融合运用中，影像越来越成为主体，而言语和文字成为影像周边缠绕着的辅助成分。这是技术进步给社会带来的变化，也是文化演进的必然结果。

中国摄影业界在改革开放40周年纪念活动中，立足于“影像记忆”的梳理，请大批纪实摄影家出场，或者他们主动出场，在各种媒体上以系列化的形式、专题性的内容不断呈现中国社会这40年的各个侧面，他们以自己特有的方位感、角度和时代意识，一方面重温走过的场景和道路、记忆中的人物与形象，另一方面从历史建构的角度再次重温摄影的记录职责、影像的客观力量和摄影人的天职与任务。其中笔者所参与的北京国际摄影周“时代与方位——中国当代摄影家作品展”特别在影像叙事中注重时间轴上日常生活现场的呈现，并试图在空间方面建立起摄影家的方位感。这是一种关于影像与社会关系的本体经验。

由影像与改革开放40周年回顾引发的学术思考仍在继续，并且必将在2019年纪念五四运动100周年、纪念中华人民共和国成立70周年的历史回顾和影像叙事中获得更加丰富和深入的延伸。其中涉及的学术话题很多。有关于影像真实性问题、影像中的现实与虚拟现实问题、社会纪实摄影的价值和当代延续问题，还有影像与集体意识和无意识问题、影像与记忆建构和治理问题、影像与文本和传播问题、影像与国家形象建构、意识形态建构问题，等等。这样的讨论和研究对于推进摄影艺术的学术积累大有裨益。这种探索也是 2018 年视觉文化和影像研究的主要收获。

关于影像与真实的关系。三十年前，我们说摄影的真实性问题时面对的是全球每年可以估量的胶片化影像生产量。而现在，我们面对的是难以计数的电子影像的海洋。二十年前，我们焦灼的是摄影人如何拍摄出更加真实的影像，如何让社会公众接受这些自以为真实的影像。现在的情况显然更加复杂了，我们除了对上述问题的担忧，还担心这些费尽心力拍出来的有真实性的影像究竟在多大程度上被人们注意，这些影像会不会被影像的海洋所淹没。过去的摄影人常常在摆拍与抓拍、导演与纪录之间纠结而困惑，现在的摄影人除了此类传统延续下来的纠结，还不得不为避免被淹没而面对其个人数量庞大的影像进行自己的梳理和价值判断。所以在当下，所谓影像的真实性除了需要坚持拍摄中的原则和底线，还需要面对众声喧哗的淹没感而挺立起来。

关于影像与现实的问题。包括现实中利用影像在代复一代的人际交替中建构现实概念的问题，也包括在影像建构起的虚拟现实中阅读和理解现实的问题。摄影发展到今天，静态的、动态的，局部的、全景的，二维的、立体的，拍摄的、后期制造的，影像的、文字和话语的，都融合在一起，构成了我们现实概念得以形成的基础，可以说，影像成为支撑现实概念的主体力量，话语是缠绕在影像旁边的解说角色。我们在上下、大小、高低、前后等方位概念上使用影像，在影像所举证和呈现的内容里，进行真假、美丑、善恶这样的认知体系、审美体系、道德体系里的价值判断。在当今社会，充斥和包围着人类意识的是影像，而不是第一现实的信息。在某种意义上说，影像已经成为人类与现实之间的玻璃墙。人类被这种玻璃墙全方位包围着，难以自拔。

关于社会纪实摄影的价值和当代延续问题，业界已经给予足够多的关注和讨论。从纪录与传播方式的角度和艺术发展的角度来看，全民日常纪录式摄影正在成为现实，社会纪实摄影作为艺术创新的意义在消退，但作为有力量的和专题化的纪录和传播方式，会一直被摄影人所操持。在此过程中，社会纪实摄影更加趋向于主观和个人化还是朝更加客观化努力是两个自然的方向，并没有固定的标准和边界，并且仍然具有穿透玻璃墙、突破我们对内外认知局限的可能。

关于影像与记忆的问题。从记忆生成的要素和过程来看，摄影过程就是选择性记忆的过程，没有被纳入镜头中的东西等于不存在；而在4G或5G的网络时代，一个东西上网后迅速被淹没，不被识别和传播，也几乎等于它不存在。将拍摄素材编辑成可以言说、理解的文化成品在网络上传播，要想不被淹没，本身就需要对前期镜头选择性记忆的再选择、再过滤、再提炼。其中当然蕴含着意识形态的方向和规划，也体现着个人趣味和思想走向，决定成败的常常是作品对当下人们心理活动和预期的反映是不是直接和强烈，而不仅仅是作品的特异性。这样就会面临一种局面：影像直接构成现实概念，有的现实不被纪录，有的现实制成影像后不被看到、不被重视；掌握和控制了影像生产和传播，就掌握了关于现实、历史的描述和建构的权力。大众记忆的生成，消费意象的提炼，表面看起来与社会治理关联不大，但二者真正植根于其中的是影像的生产和把控。

关于影像与集体意识和无意识问题。在大众记忆里，集体意识和无意识占据怎样的地位，发挥怎样的作用？个人意识如何突破集体的意识而被群体认可？以影像化的手段塑造起来的政治意象、社会意象和消费意象如何编织在一个序列里，构成有序的逻辑体系？类似的问题在影像艺术和文化现象的研究中应该属于重要内容。

在2019年对中华人民共和国历史的回顾中，在当代中国形象的建构中，在人类命运共同体的书写中，影像是新时代离不开的视听书写手段。2019年注定会延续2018年改革开放的历史回顾，成为国家历史和记忆的再度建构之年，影像必将在其中发挥主体作用。所有致力于历史记忆的人都应该充分地认识影像的属性，掌握影像的力量。

（二）摄影艺术本体之惑

2018年是摄影术诞生180周年。综观180年来技术发展的态势，静态摄影之后出现的电影、电视和现在的视频、抖音，以及VR（Virtual Reality）、AI（Artificial Intelligence）等不断发展壮大，越来越进化的强大技术系统可以超越前人的想象，生产更加多样化、多层级的产品，这些技术和产品成为弥漫在全社会的重要文化力量和传播方式；而作为静态方式存在的摄影，一直在其后代的不断壮大和冲击中局促于末端，越来越被社会边缘化，即使偶尔以作品集群、摄影家集群等方式，或者以特殊形势下的生动瞬间露一下峥嵘的头角，但从作品内容含量、社会大众的关注度、作品影响力看，还是没办法与其他样式相比。静态摄影艺术创作的无声、静态、单幅等特点，与作为工业化生产的电影、电视和当代视听方式比较，在涵盖力和表达力方面自然是弱势的，其作为大众喜闻乐见的个人化、日常化创作方式的优势可以集合起一个人几十年的力量，也可以集合起一个摄影群体的力量，朝某一个主题或者表达目标集中发力，但不可能改变其固有的弱势特点。如果从媒介与作品关系的角度梳理 180 年摄影艺术发展的历史，可以概括地说：静态摄影艺术本体不断交替呈现消散与聚合两种运动方式，也呈现为广大摄影家在大众化和艺术化两个方向上的努力，最终形成更高时空结构下的影像形式，为记录、表达和传播提供更多角度、更具真切质感、融合更多感知方式的可能性。

因为这些固有特点，传统静态摄影在每次的技术革命包括介质、观看方式、画幅的变化以及连拍等新技术面前，都出现了本体的动摇，引发业界人士对摄影艺术本体属性的重新界定，在这些摄影技术发展和革命的节点上都要触及摄影艺术的本体边界和属性的探讨。这是因为用影像方式记录和表达，本身就有一个从“不能”到“能”的过程。当我们把原来的“不能”变成了“能”的时候，原来的“能”的边界被突破了，立足点和根基也需要重新锚定。

在 2012—2013 年，摄影技术实现了日常化和大众化；之后的 2015—2018 年，VR、AI 等技术手段让原有的电影、视频技术冲破原来的界限，每个人都可以进入一个虚拟空间参与创作，并且后期技术让拍摄得来的影像和虚拟制造得来的影像天衣无缝地实现了融合。日常动态拍摄和传播即拍即得、即得即播，也实现了日常化和大众化。在这样的媒介形式、记录手段、传播方式、创作可能下，传统静态摄影的无力感越来越强。虽然业界之内仍然有人坚持“ 图胜千言”，坚持“此地无声胜有声”（事实上在特定的范畴里确实如此），但从大众文化和社会文化的层面上看，能方便做“5”的作品效果的时候，谁还坚持做“3”呢？从时空结构的角度看，能在四次元中存在和发展，哪个还一定坚持二次元的存在呢？能活过四季的时候，谁还坚持只活在春夏两季呢？

当然，高时空影像形式并不能代替低时空影像形式存在的价值，二者并不是替代关系，而是互补关系。

而摆在摄影业界面前共同的问题是：热爱摄影的大众不断从低时空影像形式介入摄影，在对影像时空形式的追索中不断成长，自然而然地走向了高时空影像形式的创造，客观上造成了传统静态摄影团队和人员的大量流失。我们看到，传统静态摄影的艺术本体还在那里，其记录本性使它作为要素永远被归类在内容框架里；其艺术方向也在辐射性拓展，技术指数仍然可以提升；其哲学意义依然产生在有意味的形式里……消散和聚合的交替，使本体若明若暗，若有若无，我们困惑在二维和瞬间的时空结构里，困惑在记录与表达的纠缠中，困惑在全景扫描与片段取舍的斗争中……这是当前传统静态摄影之感，也是传统静态摄影之惑；还是 2017—2018 年度摄影艺术发展研究中绕不开的现实处境。

二、活动与问题

站在 2018 年的坐标上可以看到，前几年在中国摄影中潜行的因素变得明晰起来。其一，随着移动互联网技术的发展，今天摄影作品中数量最大的一部分是由手机完成并发布在社交媒体（微信、微博、脸书、推特及个人公众号等）上的图像，其主要功能不是艺术创作而是社交，并以兴趣为中心结成了各类图像社区。可以预见，社交摄影和图像社区在未来几年会更加膨胀。其二，纪实摄影的分化趋势更加明显。欧美国家在 20 世纪 90 年代之后纪实摄影（含报道摄影）也在分化，大体向两个方向变，一个是转向了艺术化的纪实摄影方向，进入了“记者—艺术家时代”（reporter–artist era，法国评论家 Christian Caujolle 语）；另一个则是演变成更加激进的行动主义摄影（photography as activism）。在中国没有出现行动主义摄影，演变的情况是较为接近艺术化的纪实摄影，很多摄影师处理传统的纪实性题材不用传统的纪实 / 报道手法，而是结合纪录片、视频和当代艺术的表现方法，游走于纪实、艺术、人类学、社会学等多学科边缘（陈荣辉近年的创作即是一个例子）。导致这种变化的原因是多方面的。自 20 世纪 90 年代纪实摄影在中国大兴，经历了二十余年发展，纪实摄影的基本概念、历史脉络、价值观、与社会和人的复杂关系越来越明晰。“时代的观看——安哥、张新民、李伟坤摄影作品展暨纪实摄影研讨会”（广东大沥，广东摄影家协会主办）是 2018 年度颇有深度的一次纪实摄影研讨，从众人的发言可以看出，今天中国摄影界不再简单地认为纪实摄影是推动社会变革、促进公平正义的手段，更认识到政府和各种社会权力机构都在利用甚至操纵纪实摄影来实现各自的目的；就纪实摄影所赖以自傲的真实性与文献性而言，更认识到其所呈现的生活具有天然的片面性，虽然可能有力地揭示现象，对于现象背后的原因及上下文却难以呈现。加上随着纸媒衰落，纪实摄影师生存日艰，20 世纪二三十年代是搞艺术摄影没饭吃，所以酷爱超现实主义诗歌和绘画的卡蒂埃－布列松也只好去搞新闻摄影，今天的情况正好反了过来。其三，以 2018 年为基点作一个回望，就会发现近几年的中国摄影缺少“故事”，或者说缺少明显的潮流性的东西。将眼光放得更长一点可以看得更清楚：20 世纪 80 年代，中国摄影与那个时代拨乱反正、改革开放的精神高度一致，努力建立摄影艺术自身的主体性，图像内涵与文字陈述都具有强烈的启蒙意味。20 世纪 90 年代纪实摄影突起，在“摄影人要有责任担当、不给历史留下空白”的认知之下，纪实摄影既有力配合了中国社会的进程（比如解海龙的希望工程系列），也广泛深入地开展了自身特性的探索，中国“50 后”一代纪实摄影师的力作大多诞生在这一阶段。进入 21 世纪的前 10 年，吕楠沉潜十余年完成的《三部曲》达到了国际一流水平，并完成了对传统纪实摄影的超越，成为“记者—艺术家时代”的标杆人物；艺术摄影方面，摄影成为当代艺术的利器，出现了王庆松的《老栗夜宴图》等一批力作。直到 2015 年前后，中国摄影中尚有新风景摄影（也有人称为景观摄影）引领一时之风尚，但到了近年，纪实摄影与艺术摄影领域似乎进入了一种“上不着天下不着地”的状态。所谓“上不着天”，是因为这几年的中国摄影对人类意识、未来意识（比如关于人类纪、超人类主义的话题）等前沿话题缺少敏感，对虚拟 / 混合 / 增强现实和人工智能等当代最新影像技术方面也触及较浅，而国际上在这些领域都有力作出现。所谓“下不着地”，是指对于当下中国复杂、尖锐的社会问题缺少深度介入，当代摄影没有与大众共享沉重而广泛的忧患意识，反而在相当程度上退回到个人情绪表达，沉醉于时髦的观念游戏和视觉技巧，在商业和权力面前透出媚俗之气。这种创作中的没有潮流和突起实际上是缺少精神和思考的外现，正所谓“运思的人越稀少，写诗的人越寂寞”（海德格尔语）。

虽然创作方面相对平淡，但 2018 年是纪念改革开放 40 周年，摄影活动仍然多过往年，规模较大、影响较广且具有一定学术水平的摄影活动主要有以下 20 项（以举办时间为序排列）：

（1）时代的观看——安哥、张新民、李伟坤摄影作品展暨纪实摄影研讨会（2018.3.31，广东大沥）；

（2）中国国际摄影艺术节暨中国第 17 届国际影展（2018.5.18，河南郑州）；

（3）第二届深圳国际摄影大展（2018.6.19，广东深圳）；

（4）第二届映·纪实影像奖（2018.7.10，北京）；

（5）第五届中国·长安摄影周暨第十三届全国摄影理论研讨会（2018.8.18，广东东莞长安镇）；

（6）韶影华章——石少华摄影回顾展（2018.8.23，北京）；

（7）影像见证 40 年全国摄影大展（2018.8.30，北京）；

（8）平遥国际摄影大展（2018.9.19，山西平遥）；

（9）上海国际摄影节（2018.9.20，上海）；

（10）“正在到来的图像”（Coming Image）论坛（2018.10.15，北京）；

（11）北京国际摄影周（2018.10.20，北京）；

（12）第七届济南国际摄影双年展（2018.10.25，山东济南）；

（13）第三届深圳国际摄影周（2018.10.26，广东深圳）；

（14）第三届宁波（国际）摄影周（2018.10.27，浙江宁波）；

（15）首届河北摄影双年展暨“文人与史诗（Ⅱ）——摄影作为武器”（2018.11.15，河北石家庄）；

（16）第二届三门峡白天鹅·野生动物国际摄影大展（2018.11.18，河南三门峡）；

（17）集美·阿尔勒国际摄影季（2018.11.23，福建厦门）；

（18）第二届汕头摄影周暨广东省第九届摄影理论研讨会（2018.11.24，广东汕头）；

（19）连州国际摄影年展（2018.12.1，广东连州）；

（20）西双版纳国际影像展（2018.12.22，云南西双版纳）。

就以上摄影活动来看，至少反映出以下三个具有学术意义的热点：

1. 关于纪念改革开放 40 年

在主题内容上，回顾中国改革开放 40 年的艰巨历程，呈现发展成就和生活巨变，歌颂人民的奋斗精神，是 2018 年各地摄影活动的主旋律，海量影展在宣扬成就、传播共识、凝聚力量方面起了重要作用。但从摄影艺术的专业角度来看也有美中不足：面对改革开放40年这一史诗性实践，在策展、呈现与评论方面本应出现高水平的鸿篇巨制，但现实情况是许多展览满足于线性、平面、单一、概念化、符号化地展示过去40年的老照片，用满墙笑脸代表幸福，用高楼大厦、高铁、高速公路代表成就，却忽视或回避了中国的改革开放是经历苦难而至辉煌。因此，许多展览给人的感觉不但“史”乏力而且“诗”不足，一股糖水味儿，缺少历史的力量、艺术的力量、人性的力量。就摄影本身而言，在改革开放40年的背景之下摄影界一度期待出现深度思考摄影自身变化的总结性、回顾性、学术性的展览和成果，遗憾的是这个层次的成果和活动也很少。因此，中国摄影在思、史、艺三方面还有巨大的提升空间。

2.关于当前国际摄影界的前沿话题

虽然中国摄影师的创作较少涉及人工智能、未来意识、未来世界、未来人类这样的主题（随着人工智能时代的到来，这类主题在国际摄影界热度很高），但“正在到来的图像”论坛（清华大学主办）、连州摄影年展和集美·阿尔勒摄影季都敏锐地意识到这类主题在人类生活和当代艺术中正变得日益重要，并通过研讨和展览将人工智能时代的图像可能性、超人类主义等话题带入中国摄影界，为摄影创作开阔视野提供了借鉴。简单讲，超人类主义（transhumanism，常简写为H+）主要源于这样一种西方近代思想：人如同一台精确的机器，随着科学技术的发展，人类可以通过技术手段和相关装置来有效修复自身的器官缺陷，提升学习能力，增强生理机能，从而获得超人能力，直至获得多次生命甚至长生不老。投身这一实践的艺术家卢卡斯·泽皮拉（Lukas Zpira）在《人体黑客主义宣言》(*Body Hacktivism Manifesto*）中写道：“为了反对以部落人类学为基础的现代原始人，受日本漫画、滑稽连环画和科幻小说影响，身体黑客活动家发明并实践了有先锋派和未来主义色彩的人体改造，并提出了自己的理论。由于对技术—医学突破的持续好奇，这些实验和实践被定义为‘人体黑客行为’。”这个术语表达了这些艺术家、研究人员和思想家的目标，即打破生物界限，而当代生物科学、医学、纳米技术、认知科学和信息技术的发展，确实为这一目标提供了可能。本质上这是西方传统的理性主义世界观和近代以来技术崇拜在人类身体上的实践行为，但其所涉及的社会问题、伦理问题、当下践行超人类思想的群体（即热衷于佩戴或置入各类技术装置以改善或提升自身某种机能的超人类主义者）在日常生活中的情况、超人类主义者的情感状态等，却对当下人类认知自己、重新思考生活和未来带来许多启示。如果我们考虑到中国科学家贺建奎通过伪造伦理评估证书进行转基因人类实验的行为给世界带来的震惊，就不难明白超人类主义这样一种思想及其越来越普遍的实践所带给人类生活的冲击——这样的人在世界上将会越来越多，这样的生活方式将日益流行，这类主题超前但不空泛，具有很高的艺术价值。集美·阿尔勒摄影季展出的瑞士摄影家马修·加弗苏（Matthieu Gafsou）的《H+》（超人类主义）专题，表现出了出色的策展眼光。这个专题以冷静中立的态度提出了很有深度的前瞻性话题，既展示了高科技将人类提升为全能物种的可能性，又展示了社会对这一后果的忧心忡忡，是具有新人文主义思想的摄影力作。

3.关于中国风景摄影40年

结合东莞摄影周“中国风景摄影40年”的主题展、传统风光摄影与新风景摄影论坛的对谈以及同时在东莞召开的第13次全国摄影理论研讨会（主题是“风光摄影与自然观”），风景摄影（本文中义同风光摄影）的两个核心问题即自然观与风景摄影发展脉络得到了较为清晰的梳理。

先说说“自然观”。在中西方文化中，自然观都是不断发展、模糊多义、需要借助语境确认的概念，但略做梳理就可以看出其流变轮廓。就西方哲学而言，“自然观”的流变大体可分为三个阶段，所言及的“自然”之概念也有差异。第一阶段是在古希腊时期，按照英国哲学家罗素在《西方哲学史》中的说法，“自然”（nature）一词可以追溯到亚里士多德在其《物理学》中所言的“物理”（phusis或physis），二者意思相近，指事物之本性、自身内在的运动规律；一颗橡树种子之“物理”或“自然”是长成一棵橡树，这是其自身内在的运动规则，也是其本性。亚里士多德的“自然观”初步明晰了“自然”之物乃是依其本性运动变化、不在人的意志或干预之内这样一种意思。到文艺复兴之后，“自然”的概念发生分化，一方面在自然科学价值方面展开，另一方面在人文价值方面展开。16—18世纪，随着欧洲天文学、物理学、解剖学等的发展，开普勒、伽利略、牛顿等将自然观奠定在近代科学的基础之上，他们所谓的“自然”，乃是指“事物规则之总和”（康德语）；所谓“事物规则”，是指如地球作为行星围绕太阳运转这样的客观规律，它不受一切世间权力的干扰，也不是运行于教会或宫廷编造的各类虚妄的神话或谎言之中，而是独立地自行其是。这一点具有鲜明的时代性，卢卡奇在《历史与阶级意识》中做了进一步阐释："……在自然法的历史中，'自然'从根本上来讲打上了资产阶级革命斗争的印记：即将到来的，发展着的资产阶级社会的'合规律的'、能预计的、形式上抽象的特点作为自然的东西出现在封建主义和极权主义的虚伪、专擅和混乱的旁边。"这一自然观即是延伸到今天的自然科学自然观的基本含义。"自然"之人文价值的展开，主要是随着资本主义的发展，人不断被资本主义生产关系所异化，"自然"是作为与"异化"对立、使人重新成为人的那个东西而出现，具有社会批判的意义。卢梭在《论人类不平等的起源和基础》(1755)中说，私有财产的出现破坏了人类社会的自然状态，使人失去了他作为人的本质，他占有的文明和物质越多，他就越不会是人(离人越远)。席勒也将回归自然列为治疗异化的药方，他在《审美教育书简》(1795)中写道："自然是我们过去曾经是的东西，也是我们将来应该重新成为的那个东西。"正是在这样的理论脉络下，卢卡奇说"自然"这个概念就在无意识中成了一个容器，"所有一切反对不断增长的机械化、丧失灵魂、物化的内在倾向都汇聚在这个容器中。这时它就获得了和人的文明的、人文的结构相对立而有机地成长起来的东西的意义。它同时被看作是人的内心的一个方面，这一方面依旧是自然的，或至少具有重新成为自然的倾向或渴望"(《历史与阶级意识》)。卢卡奇认为从18世纪开始"自然"就成了人对抗物化的利器，"这时自然就意味着真正的人的存在，意味着人的真正的、摆脱了社会的错误的令人机械化的形式的本质：人作为自身完美的总体，他内在地克服了或正在克服着理论和实践、理性和感性、形式和内容的分裂；对他来说，他要赋予自己以形式，这种倾向并不意味着是一种抽象的、把具体内容扔在一边的理性；对他来说，自由和必然是同一的"(《历史与阶级意识》)。卢卡奇以杰出的眼光结合"自然"概念延伸了马克思关于"异化"的理论及其批判学说，对此后法兰克福学派的理论家有深远影响。今日西方的"自然观"进一步认识到"自然"这一概念本身乃是人类意识的产物，自然观中天然地包含了人类社会的权力、性别、种族、历史、科技等内涵，这是西方自然观的第三个阶段，上述"自然"诸含义在当代西方摄影中均有反映。

中国文化中的"自然"与西方的"自然"(nature)就其本义而言相去甚远(中文将英语的nature译为"自然"乃是借自日语)。近代之前，中国文化中的"自然"很长时间并没有今日作为常识的"与人类社会相区别的物质世界之总和"之义，更多的是在两个方面展开，一个是宗教性的个人精神修为和实践境界，一个是悬于人类或国家王道之上的天道。近代西学东渐之后，作为客观存在的“物质世界之总和”的“自然”概念才传入中国。改革开放40年背景下的中国风光摄影之嬗变，其自然观和审美观虽与中国传统文化相连，更多的实是受当下社会巨变、文化潮流和个人生存状态的刺激与影响。

我们可以美国风光摄影作为参照。简言之，过去百余年美国风光摄影的演进路径大体可说是从地形学摄影过渡到新地形学摄影；而改革开放40年背景下的中国风光摄影则是从传统风光摄影转向了新风景摄影；而这个“新风景摄影”，与美国的“新地形学摄影”貌合而神似，其实是新地形学摄影的中国版。

“风景”一词在中国魏晋南北朝时期的文献（《世说新语》）中就已出现，而在西方艺术史中，“‘风景’一词首次出现在1549年博学的人文主义者罗贝尔·埃斯蒂安的笔下，指的不是乡间风景，而是乡间风景这一类画作。两个世纪后，在《百科全书》里，‘风景’一词还专指表现乡间和其中所遇物品的一类绘画”（雷吉斯·德布雷:《图像的生与死》）。“风景摄影”（landscape photography）一词出现得更晚，这个术语借自“风景画”（landscape painting），当时英国的“风景画”指的是18世纪末、19世纪上半叶托马斯·庚斯博罗、约翰·康斯坦布尔这样的风景画家的作品，其特征是面对风景做精确的透视性描绘，对自然地理地貌有极高的忠诚度，批评家又将这类风景画称为“地形学绘画”（topographic painting，或称为地志学绘画）。英国的这种风景画极大地影响了美国。19世纪美国重要画家托马斯·寇尔、弗里德里克·丘吉及哈得逊河画派的画家都是这个调调，阿尔伯特·比尔斯塔的作品乍看完全就是风景照片，与后来安塞尔·亚当斯的风景摄影简直一模一样。因此，英文的landscape photography，原意指的就是像地形学绘画那样有客观真实之特征的摄影，或曰地形学摄影，美国摄影家欧·沙利文和安塞尔·亚当斯堪为代表。正是出于这个原因，1975年威廉·詹金斯策展的“人为改变了的风景照片”展览（Photographs of A Man-Altered Landscape），他称之为“新地形学摄影”（New Topographics），旨在强调现代性进程中人对自然的改变，以便与沙利文和亚当斯的那种传统地形学摄影区别开。风景摄影在20世纪成为艺术，经历了安塞尔·亚当斯为代表的细腻、深入、繁杂的材料征服过程，将风景摄影中的技术工艺升华为现代性美学，新地形学摄影则实现了向社会的转向，从此风景之概念大为开阔，气象一新。

20 世纪的中国风景摄影走的是另一条路子。20 世纪大部分时间里，中国风景摄影的精神还是附着在传统山水画的精神里。在中国农业社会的视觉文化中，山水具有神圣性、超越性和永恒性（“三性”）。神圣性：山水入画（此为图像之泛指）源于当年秦始皇为求长生派人寻找海外仙山，寻找不得便把自然山水入画做替代品。超越性：文人遁庙堂而入江湖，亲近山水意在脱俗明志。永恒性：农业社会改变自然山水极为困难，自然山水也就天然地具有了一种永恒不变的属性。比如愚公移山，即便天天挖山不止，但最后移走大山还是要靠神仙帮忙。古人信仰无论人力如何强大，也“不废江河万古流”。但到了 21 世纪，三峡大坝横截长江，如果杜子美再次行走长江，会否感叹一句“风景殊好，而山河殊异”？

新风景摄影的这个“新”字，代表的与其说是“新”的人造景观，不如说是急速工业化背景之下人与自然的新关系，以及由此挤压出的新情绪、新焦虑、失控感……社会力量如江河，个人存在如泥沙，个中滋味，岂是一个“新”字了得？

新风景摄影是最近十余年中国摄影中最具当代性、最引人关注的一个潮流，它不是单纯的摄影运动和艺术风格；它的意义是全球化运动、互联网思维、WTO 与二次思想启蒙背景下，出现的以影像为手段，对当前中国社会变化与社会问题的反思性、反讽性、批评性的社会文化活动。它追求的不是单纯的审美结果，而是社会与审美的复合结果；它撕下了传统风景摄影的诗意外衣，揭示了现代化与自然之间的残酷关系——它的确是“新”的。

三、研究与学术

（一）摄影史挖掘深入

中国摄影史的研究在史料的挖掘、搜集、整理方面已是越来越深入、越来越翔实，一大批摄影研究者投入大量精力、时间和心血，致力于中国摄影史的重构和再书写。这些新史料的发现和个案研究的推进，可以促成中国摄影史的新的讨论。如《中国摄影家》杂志 2018 年刊登的几个专题，《被遗忘的“文革”摄影史——1972—1978“全国摄影艺术展览办公室”史料发掘》不偏不倚、客观公正地挖掘了当年的文献史料，为研究者提供了更多的第一手资料；《百年韶光念少华》对诞辰一百周年的摄影前辈石少华生平进行回顾及史料、研究论文展示。这些系列材料的发掘和整理为摄影史写作提供了新的机会。正如王保国在《中国摄影家》第4期卷首语《重写中国摄影史，如何？》中指出的："今日之中国摄影史研究，已积累完成四大新发现：1949年之前中国本土摄影史料更加完备清晰；因涉及'文革'长期避而不谈的全国影展办时期的摄影有了翔实资料；与当代艺术并行的当代摄影40年的历程正可做一总结；自摄影术传入以来外国摄影师在中国的拍摄活动的研究也有长足进步（这一部分虽然难称是中国摄影史的组成部分，但可与同时代中国摄影师的作品对比阐释）——这四大发现，与今日更加开阔的视野、更加多元的研究方法相结合，不正是重写中国摄影史的好机会吗？"

（二）高等摄影教育面临转型

十年树木，百年树人。摄影的未来和可持续性发展归根结底在年轻人，在教育。2018年10月25日，第七届济南国际摄影双年展上，在山东工艺美术学院开办"中国高校影像教育论坛"，北京电影学院视听传媒学院院长宿志刚和西安理工大学教授张辉主持中国高校影像教育论坛，与会嘉宾五十余人进行了主题为"大时代·全媒体·新影像"的学术研讨会，会议针对高校摄影教育及国家艺术基金等话题做了深入研究探讨。正如宿志刚在会上所说："在重要的转型时期，高校教师面临新媒体时代的发展，他们在思考什么？他们决定要做什么？这可能会给中国高校带来一个强转型的、理念性的、纲领性的发展态势问题。如何从教育入手实现当下与未来的一个破冰，如何在传统文化发芽时代实现传统影像教育与新影像教育的融合与创新，如何从教育工作者和创造者双重角度实现理论实践的真正结合等，都将成为值得探讨的重要议题。"此次研讨会的意义在于针对全媒体时代，高校摄影教育随之做出转变，当摄影教育与时俱进，未来的摄影之变化亦可期待。

（三）"西方"出版繁荣

中国摄影出版社、中国民族摄影出版社、浙江摄影出版社三家专业出版社，平均每家每年出摄影类书籍150种左右，其中摄影史论10本左右，从这个数据来看，研究摄影史论的书籍在各类摄影书中占比并不大，这与摄影大军的蓬勃壮大不成比例，摄影史论研究急需更多的力量。

综观这几年的出版态势，基本上集中于老照片的展示、摄影史的钩沉与西方经典摄影作品的引进这几方面。2018 年值得关注的较重要的出版物如下：

史论方面，西方摄影理论书籍和批评文集的翻译和引进几乎占据史论类大半江山，国内优秀的值得称道的史论研究著作屈指可数，一方面国外优秀史论书籍的引进可以促进国内摄影研究的进步和发展，另一方面也反映出国内摄影研究的窘况和尴尬。上海译文出版社出版的《苏珊·桑塔格全集》（套装 16 册）可谓 2018 年这方面书籍出版的重头戏，影响深远，其中《论摄影》至今仍被誉为“摄影界的《圣经》”，《关于他人的痛苦》则聚焦战争摄影，探讨影像反映出的人的痛苦与观者之间的关系。[英] 伊斯特·莱斯利《本雅明论摄影》（中国摄影出版社）记录了本雅明对摄影的诸多重要论点与看法，是一本对本雅明 1931 年起摄影历史方面的作品的新译本，还增补了大量其他作品。[英] 约翰·伯格、[瑞士] 让·摩尔合著的《另一种讲述的方式：一个可能的摄影理论》（中国美术学院出版社）探索了摄影师与被拍摄之物、图片与观众、被拍摄的瞬间与回忆之间的张力。由杰夫·戴尔编选，收入约翰·伯格撰写的超过 20 篇文章的新选集《理解一张照片：约翰·伯格论摄影》（中国美术学院出版社）一如既往地将对照片的阅读置于政治、社会、历史的语境中加以审视。[英] 戴维·卡帕尼《摄影与电影》（南京大学出版社）以希区柯克的电影《后窗》的一张宣传剧照为起点，分析卢米埃尔兄弟、安东尼奥尼、戈达尔、诺兰、沃霍尔等导演与布尔津、沃克、沃尔、雪曼等摄影艺术家的作品，从时间性、叙事、先锋艺术等角度，挖掘了近一个多世纪以来摄影与电影两者间互相启发、不可分割的关系图谱。[法] 米歇尔·赛邦、茜尔维·多维利耶编著《四十年新闻摄影：希帕时代》（后浪 | 湖南美术出版社）讲述了世界四大图片社之一、创建于 1969 年的希帕（SIPA）图片社的故事。[英] 琳赛·史密斯《刘易斯·卡罗尔：摄影漫记》（中国摄影出版社）从卡罗尔在牛津大学基督教堂的工作室开始，到伦敦的剧院、海滨小镇伊斯特本，以及 1867 年的俄国之旅，追溯了卡罗尔对摄影的热爱。[英] 夏洛特·科顿《作为当代艺术的照片》（第三版）（浙江摄影出版社）为当代艺术摄影的故事赋予了现代性，将摄影从纪实工具发展到艺术形式的历史叙述做了修订，并且更新了最后一章的内容，使之聚焦更年轻一代的艺术家。[法] 安德烈·胡耶《摄影：从文献到当代艺术》（浙江摄影出版社）研究摄影的多样性、演变性和历史性，即摄影如何从文献向当代艺术进行转变。[英] 汤姆·昂《伟大的摄影》（北京美术摄影出版社）从 19 世纪 30 年代摄影术发明之初起，每 20—30

年为一个时间跨度，详细地介绍了摄影发展史。[英]克里斯·迪基《改变摄影的摄影师》(浙江摄影出版社)呈现了摄影史上50位重要的摄影大师的创作理念以及他们引人入胜的作品，同时还通过10个专题探讨了对摄影的发展产生重要影响的事件、思潮和运动。[巴西]塞巴斯蒂昂·萨尔加多《萨尔加多传》(中国摄影出版社)讲述了萨尔加多如何从一名巴西的小镇青年，经历经济学专业的培训，成为世界著名摄影家的成长历程和心路历程。[日]饭泽耕太郎《私摄影论》(湖南美术出版社)从日本摄影谱系出发，以中平卓马、深濑昌久、荒木经惟、牛肠茂雄四位代表性摄影家为例，讲述他们各自传奇的人生历程，观察、深入其作品中的"私性"表现。

国内重要的史论著作有：

陈勃《摄影往事七十年：陈勃回忆录》(中国摄影出版社)以图文并茂的形式对中华人民共和国成立前后近70年与摄影有关的历史记忆进行了梳理，从历史亲历者和事件执行者的视角对诸多重大史实进行了回忆和描述。崇秀全《表征的图像——当代非洲摄影文化研究》(浙江大学出版社)通过扫描当代非洲摄影地理生态，分析当代非洲摄影与政治、社会、文化的关联，思考非洲摄影发展中的重要理论和现实问题。陆晔《影像都市：视觉、空间与日常生活》(复旦大学出版社)聚焦新技术背景下影像传播对中国都市日常生活的影响和意义，力图讨论从户外电子媒介到基于互联网的各类影像传播如何重塑公众的日常生活。赵刚《世界摄影美学简史》(中国摄影出版社)阐述摄影术诞生之初直至当代世界范围内主要摄影美学的产生、发展与传承。

"老照片"是这些年摄影出版长盛不衰的"宠儿"，既契合社会及人们集体的怀旧情绪，也是摄影记录功能和文献价值的体现。早期历史影像由于众所周知的多方面原因大多为外国人所拍摄，如单霁翔主编《故宫藏影：西洋镜里的宫廷人物》(故宫出版社)收录的是在故宫博物院收藏的上万张照片中遴选出的精品，以故宫博物院院藏19世纪—20世纪初老照片为主要内容，是清末到民国时期宫廷人物形象的缩影。[英]德博拉·爱尔兰著《伊莎贝拉·伯德：中国影像之旅1894—1896》(中国摄影出版社)展现了女探险家伯德1894—1896年在中国拍摄的180多张的照片。张明编著的《外国人拍摄的中国影像：1844—1949》(中国摄影出版社)以类似辞典的形式梳理了1844年至1949年百余年间近百位外国来华摄影师在中国的摄影行为：他们的身份、来华原因、在华经历和拍摄成果等。［英］詹尼·瓜达卢皮《天朝掠影——西方人眼中的中国》（商务印书馆）讲述了从马可·波罗到清帝退位几百年间西方对中国的认识不断深化的历史过程。秦风照相馆编《岁月中国1965：斋藤康一摄影作品精选》（山东画报出版社）汇集了日本摄影家斋藤康一于1965年到北京、上海、杭州、武汉、长沙、韶山、延安、南昌、广东等地所拍摄的照片。除了这些外国人的作品，浙江摄影出版社还整理出版了中国摄影教育先驱孙明经先生的珍贵纪实照片，在孙明经摄影、孙健三著的《中国百年影像档案：孙明经纪实摄影研究Ⅰ——1938：从重庆到自贡》《中国百年影像档案：孙明经纪实摄影研究Ⅱ——1938：从峨眉到乐山》《中国百年影像档案：孙明经纪实摄影研究Ⅲ——1938：雷马屏峨》三卷本中，孙明经通过影像全景展现了20世纪初期中国社会的现实景象，忠实记录了华夏大地民众的生存状态与历史细节，既有人文纪实，也有壮美风物，既提供了珍贵的影像史料，也为研究中国早期纪实摄影史提供了文字资料。

在2018年"纪念改革开放40周年"的大环境之下，关于历史与影像的书写不仅通过各种展览得以展示，更得以通过各类画册、摄影集的形式来展现，他们或以宏观视野对几十年中国经济、政治、科技、教育、文化等各方面的变迁进行影像化的梳理和展示，如《百名摄影师聚焦中国改革开放四十年1978—2018》（王浩主编，中国文联出版社）、《时间的力量：改革开放40年影像记》（柴继军主编，中信出版社）。或从摄影师个人几十年如一日对百姓生活的记录展开，以生动鲜活的普通百姓的生活为内容，在细节的流淌中展示时光的消逝和岁月的变迁，书写摄影师个人的"影像史"，如安哥等著《百姓足迹：生活在1979—2018》（岭南美术出版社）、王福春《火车上的中国人：中国改革开放40年影像记录》（中国铁道出版社）、《工业时代1978—2017：中国摄影家王玉文》（中国摄影出版社）、任曙林《不锈时光》（新星出版社）、赵钢《摄汇万象：我的大学》（浙江摄影出版社）、布仁巴雅尔《呼伦贝尔·万岁》（新世界出版社）、仝冰雪《一站一坐一生：一个中国人62年的影像志》（中央编译出版社）等。或从一个特殊的地点展开，同样贯注影像的时间性和历史性，以及对影像的记录功能和文献价值的思考，如庄学本、徐献摄影的《羌族影像志——从叠溪大地震到汶川大地震》（四川美术出版社）、邱焰《汶川地震·十年》（中国摄影出版社）等。

其他如王庚飞、邹盛武著，邹盛武摄影的《永定长流》《凝视西山》（门头沟西山永定河人文地理图像志，2 册，中华书局）；宋群编著的《市井西仓》（陕西师范大学出版社）；［美］那仲良著、［菲］王行富摄影的《图说中国民居》（生活·读书·新知三联书店）等摄影书更多地从地理志、市井生活、建筑等方面入手，充分展现摄影的人文性和社会性。而沱沱《将进酒》（新星出版社）、李颀拯《怒海谋生》（浙江摄影出版社）、肖全《金川》（中国青年出版社）、刘立宏《风物一城》（浙江摄影出版社）、《中国摄影艺术家：于云天》（浙江摄影出版社）、邵大浪《境生象外 1985—2018》（中国摄影出版社）等摄影集则展现了摄影家的个人艺术风格和独特的摄影语言。

名人影集的出版和热卖无疑释放出一个信号：图像已无处不在，不管你是做文学，还是研究经济。如《鲁迅影集（1881—1936）》（人民文学出版社）收录了鲁迅先生一生保留下来的照片共 140 余张。《缓流总比急流宽：何玉春摄影　厉以宁诗词》（商务印书馆）由经济学界泰斗厉以宁先生题诗、其夫人何玉春先生摄影，是两人为纪念钻石婚而出版的纪念册。

自制图书从早几年的新鲜状态进入一个普遍情况，中国摄影图书榜年度自制摄影图书上榜的便有三种，分别是：王丽珠摄影、编辑并设计的《蝉音》，陆元敏摄影、姚瑶编辑、胡佳颖设计的《陆元敏：无题》，吕格尔摄影、程音和与吕格尔设计的《羌的山》。

这些年，对国外优秀摄影师尤其是被视为摄影大师或摄影史上重要人物的作品的引进和出版一直是出版的重头戏之一，也为广大读者所喜爱，2018 年亦不例外。如［美］约翰·洛恩加德《银盐时代：与伟大摄影师相遇》（后浪 | 湖南美术出版社）在艺术家的工作室、家中或外景中捕捉他们的身影，精彩的肖像照和富有表现力的抓拍展示了艺术家工作和休息时的状态，让读者得以从内部观察摄影师们的艺术创作过程。罗斯·霍迪诺特《风景之眼》（中国摄影出版社）、《艾略特·厄威特的巴黎》（后浪 | 湖南美术出版社）、史蒂夫·麦凯瑞作品集《阅读》《东南偏南》《看东方》《印度》（后浪出品）、《我与这个世界的距离：薇薇安·迈尔自拍精选摄影集》《我是这个世界的间谍：薇薇安·迈尔街拍精选摄影集》（九州出版社）、［美］弗兰斯·兰廷《非洲的眼睛》（中信出版社），［日］寺山修司文、森山大道摄影的《剧场写真帖》（四川文艺出版社），［日］荒木经惟著《荒木经惟：道》（人民邮电出版社）、［日］森山大道《犬的记忆终章》（中信出版社）、《蜷川实花：光》（云南美术

出版社)、《一生的凝视：摄影大师简·鲍恩精选集》(后浪 | 湖南美术出版社)等摄影集，让摄影师、摄影研究者、爱好者有了一睹名家名作简便直观的机会，对促进摄影师的进步和研究的深入裨益良多。

(四)知网条目数锐减

2018 年，中国知网以摄影为主题词搜索有 2139 条，以摄影理论为主题词搜索有 19 条，以摄影艺术为主题词搜索有 186 条，博士论文一条，为中央美术学院设计学博士迟鹏《悬置的情感——数字化操控下当代影像艺术的审美表述》，硕士论文 68 条。2017 年，中国知网以摄影为主题词搜索有 3576 条，以摄影理论为主题词搜索有 35 条，以摄影艺术为主题词搜索有 736 条，硕士论文 38 条。与 2017 年相比，2018 年条目数锐减，即便硕士论文数量有所增加，但与摄影的相关性、主题的重要性以及理论价值并未有所增加。

在中国知网上，真正从理论上探讨摄影艺术有关问题的论文并不多，专业摄影刊物只有《中国摄影报》的文章知网能搜索到，其他如《中国摄影》《中国摄影家》《摄影世界》《摄影之友》《人民摄影报》等报刊，都未与中国知网有合作，摄影媒体从业者们未曾有意识地把摄影刊物纳入整个学术研究系统之内，但这些刊物一直努力在学术研究上有更深的建树。如《中国摄影家》杂志 2018 年刊登的专题和学术文章《最美的风景在前线——王建民军事摄影 40 载》《纪念陈复礼先生》《摄影师的“暗室”与“景深”——李前进摄影作品阅读札记》《西德尼·甘博的三峡影像》《摄影与木刻的战时宣传——一场围绕着“平型关大战”的艺术宣传战》《研究“中国摄影史”需要一个严肃的开端》等,《中国摄影》杂志的专题《四十年河南》《当别人的照片成为你的作品》《快门声响之后》《摄影的田野调查》《非洲，看我的》《看，这 40 年》《山水，摄影的乡愁与愿景》等，或紧扣摄影史上的重要事件，对重要史料进行再挖掘，为摄影史的再书写提供新的材料和研究视野，或对为中国摄影史的发展做出重大贡献的摄影家的创作进行全面回顾和展示，或对摄影的当代问题进行探讨，并对摄影未来的新方向进行摸索，既有深度又有广度，在业界反响较大。

(五)国家艺术基金项目期待创新

从 2018 年国家艺术基金传播交流推广资助项目，如“二十世纪以来中国摄影作品美国、日本、法国、新加坡巡展”“纪念改革开放40周年摄影作品展览”“人工智能时代摄影作品巡展”“齐鲁大地影像艺术作品巡展”“振兴东北纪实摄影作品巡展”“丝路艺术作品俄罗斯、哈萨克斯坦、蒙古交流巡展”等来看，摄影纪录专题的功能还在发挥，艺术的探索也在延伸。从青年艺术创作人才资助项目来看，获得资助的青年人才中有戴翔、金西鸣、孙建辉、陈荣辉等正活跃在当下摄影界的年轻摄影师，可见在国家艺术基金的推动之下，越来越多从事影像创作的人才申请艺术基金并获得资助。从这两年艺术基金资助的项目来看，其突出问题在于没有大的突破，没有特别亮眼的选题和创意，这方面期待有所创新。

（六）影像的价值与收藏越发受重视

随着时代的进步和发展，影像的价值和意义愈发为有识之士所重视。这些年，从国家层面的博物馆、美术馆，到民营影像馆、艺术馆，无不有意识地收藏大量珍藏历史照片、当代影像作品、摄影书籍和文献资料。中国美术馆捐赠与收藏系列展收藏了高帆、牛畏予、吴印咸、石少华、赵羡藻等十几位老一辈摄影家的珍贵历史照片，丰富了国家摄影艺术宝藏。而民营影像馆的繁荣更是为摄影艺术的收藏和展览添砖加瓦，从各个层面丰富了国内对影像的收藏和传承，具有重要的展示和交流意义。规模和影响比较大的如湖南的谢子龙影像艺术馆在早期历史影像、经典影像画册、早期影像器材、当代影像作品等方面进行了系统收藏，馆藏作品已达10000多件，并以馆藏影像作品为基础，持续对影像艺术发展史进行全面系统梳理和研究。北京的拾光影像博物馆收藏了各类照片35万余张。山东的云志艺术馆集结了当代摄影艺术领域百余位大师的经典名作。浙江的嘉兴影上书房摄影史料馆收藏了大量的国内外摄影书籍、影像史料。这些影像和史料的收藏和整理必将推动摄影艺术进一步深入的研究和发展。

四、发展趋势

2019年是多个重要事件的节点，如中华人民共和国成立70周年、五四运动100周年、澳门回归20周年等，由此可见，2019年各类回顾展还会延续，但因为有了2018年的铺垫和积蓄，相信业界对影像与历史关系的思考与书写将更深入、更富有学理性。

随着流媒体、动态媒体的广泛传播和使用，摄影业界普遍存在着迷茫的情绪，摄影的发展与技术的发展息息相关，在现今技术泛滥的时代，摄影的边界在哪里？摄影的立足点、方向又在哪里？当所有人大量造像的时候，摄影艺术又在哪里？当娱乐化驱赶艺术化之时，摄影该何去何从？这是值得思考和探究的问题。

课题主持机构：中国艺术研究院摄影艺术研究所

主　笔：李树峰

撰稿人：李树峰　王保国　阳丽君

编辑、统筹：丛玲玲

2018 年度中国建筑发展研究报告

摘要： 2018 年中国建筑进入了一个新的时期，落实十九大精神是新时代城市规划工作的使命和任务，将城市建设与新时代具体实践紧密结合起来，将传统文化与时代创新有机结合，成为当前建筑艺术研究和创作的主要趋势。本文选取 2018 年中国建筑界具有代表性的主要成就与事件，总结 2018 年我国建筑领域的建设实践工作，分析年度建筑艺术创作的发展脉络与趋向，以期为今后的学术研究与创作实践提供借鉴。通过对 2018 年规划界、建筑界的实践、理论以及相关活动的梳理，可以看出城市建设注重区域的协调发展和新区健康发展，注重村镇建设和保护，建筑设计遵从环境文脉、场所精神以及文化性、生态多样等原则。各类相关活动和会议层出不穷，不仅带动了设计者的学理提升，而且为今后的设计之路指明了方向。在理论建设领域，相关学者面对当下现实，理论联系实际，做出既具有国际视野又注重本土实际的理想探索，这对我国建筑创作的内涵提升具有重要参考价值。

关键词： 建筑艺术　新城镇建设　建筑创作

2018 年适逢中国改革开放 40 年，伴随着中国经济体的崛起，中国在产业与技术大潮中逐渐走向世界舞台的中心，中国与世界的关系正在发生微妙且根本性的变化。中国建筑实践与话语也在以一种独立姿态积极地融入世界建筑体系之中，使其更为多元，语境与视角也发生了变化。现在的中国建筑越来越追求质量，追求品质，追求在城市既有存量的建设基础上进行优化。本文选取 2018 年中国建筑界具有代表性的主要成就与事件，总结 2018 年我国建筑领域的建设实践工作，分析年度建筑艺术创作的发展脉络与趋向，以期为今后的学术研究与创作实践提供借鉴。

一、综述

2018年中国建筑市场依旧繁荣，建筑领域以协调、绿色、开放、共享等发展理念为指导，落实十九大精神是新时代城市规划工作的使命和任务，将城市规划与新时代具体实践紧密结合起来，将传统文化与时代创新有机结合，是把中央精神落到实处的关键。目前建筑业逐渐从粗放增长向精细发展转变，产业结构持续调整，利益格局深刻变化。2018年3月27日，住建部标准定额司印发《住房城乡建设部标准定额司2018年工作要点》，包括社会投资的房屋建筑工程，建设单位可自主决定发包方式；推行电子招投标和网上异地评标；推进工程总承包；民用建筑推行建筑师负责制；简化施工许可管理，进一步压缩施工许可证办理时间；完善个人执业资格管理制度；继续简化资质，减少专业类别等多项内容。2018年相关内容逐渐得到落实，进一步规范了建筑市场，对促进建筑业深化改革和持续健康发展具有重大意义。2018年9月，交通运输部发布《铁路工程建设项目招标投标管理办法》，于2019年1月1日起颁布施行。2018年完成铁路投资7320亿元，公路、水运投资1.8万亿元左右，水利在建投资规模1万亿元左右，新建改建农村公路20万公里。2017年住建部印发《建筑业发展“十三五”规划》，强调绿色建筑、智能建筑、装配式建筑是未来建筑业发展的方向，到2020年，城镇绿色建筑占新建建筑比重达到50%，新开工全装修成品住宅面积达到30%，绿色建材应用比例达到40%，装配式建筑面积占新建建筑面积比例达到15%。因此2018年中国继续推动建筑产业现代化，推广绿色建筑、智能和装配式建筑，应用BIM技术，采用PPP模式，实现投资、建设、营运一体化。

2018年学术界围绕“城市设计与城市特色风貌塑造”“提升城乡发展品质”“乡村振兴”“中国建筑的本土化”“建筑历史与遗产保护”“中国建筑史及其学术史”等主题，对当前城市化背景下中国建筑及城市出现的问题和发展策略进行了讨论和研究。城市建设从“城市设计”“生态宜居”“京津冀协同发展”“北京城市规划”“新型城镇化建设”等视角出发持续探讨中国城乡规划出现的一系列变化，城市发展的宜居性、生态性、协同性特征得到凸显和加强。建筑发展在“中国文化”“传承转化”以及“乡村建设”“空间改造”等主题的引领下继续进行富有成效的探索。建筑历史与理论研究的很多成果对中国的建筑文化进行了深入的研究和探索，着力于中国建筑现代化的回溯与历史研究，探索在过去的一个世纪里中国建筑的演变过程，反思中国建筑文化的特质，探索当代建筑的价值及未来发展方向。

伴随着城市化进程的加剧，城镇建设与文化遗产保护之间的矛盾逐渐尖锐，这也促使建筑学、规划学、环境学等不同学科的学者将研究方向调整到文化遗产保护方面，共同应对新的问题和新的挑战。2018 年我国文化遗产保护理论在价值认识、保护原则、合理利用等多个方面都有了新的提升。2018 年我国在传统建筑营造技艺的保护与传承方面取得很大进展，成立了很多相关组织机构和研究机构，开展了一系列学术探讨和培训工作。

2018 年建筑创作继续呈现多元共存的局面，更加注重关注建筑的本体，关注建筑与环境、建筑与文脉的关系。中国的建筑师更加具有文化自信，作品多次在国际建筑界获奖，中国本土的原创设计开始逐渐站上世界的建筑舞台。张轲、马岩松、李兴钢、葛明等建筑师在进行建筑创作的同时，也在进行着建筑设计理论的不断探寻，因此 2018 年中国建筑设计理论认识论和方法论诸方面都有新的探索。

二、城市建设

2018 年城市建设工作如火如荼，成果丰硕。在城市规划主题上，2018 年相关论坛主要围绕“城市双修”“生态宜居”“绿色智慧”等议题展开。具体表现在：国际生态城市理论前沿与实践进展、生态宜居城市规划建设、中外城镇化发展进程比较、绿色交通与综合交通体系、智慧城市建设最新进展、城乡规划改革与城市转型发展、历史文化名城（镇）的保护与发展、城市双修理论与实践、城市综合管廊线规划建设管理、海绵城市规划与建设、“多规合一”与空间规划体系变革、城市老旧小区改造实践与有机更新、城市设计与城市特色风貌塑造、特色小镇规划建设管理与产业创新、绿色生态社区评价与发展、雄安新区与京津冀协调发展、科学把控“城市设计”试点工作、美丽中国生态理论与实践、数据驱动的可持续城市、城市双修升级版的海口实践等相关议题。

（一）城市设计

随着城市建设发展日渐成熟，城市从外向型的拓展逐步转变为内向型的优化提升，城市设计作为规划管理的辅助手段日益受到重视。城市设计正在成为中国城市转型发展中的学术探讨和工程实践热点。“城市设计的理论前沿、热点领域及信息时代的新方法和新技术”“城市设计中空间场所的创造修复及历史文化的保护和传承”“全球环境变迁中的城市设计”等成为讨论的主题。

9 月 18 日至 21 日，2018 首届郑州国际城市设计大会在郑州市郑东新区举行。大会主题为“塑造新时代城市特色风貌”，专家学者围绕城市设计的理论与实践、城市风貌特色保护与有机更新、城市设计教育与建筑学人才培养等议题进行了深入探讨。11 月 3 日、4 日，第三届北京国际城市设计大会在京举办，以“新时代城市设计创新与实践”为主题，围绕“城市设计理论创新与实践”“历史城市更新与文化遗产保护”“绿色城市与绿色建筑”等专题展开了多层次、多角度的学术研讨。王建国院士在《从理性规划的视角看城市设计发展的四代范型》中提出：城市设计已经历了传统城市设计、现代主义城市设计、绿色城市设计几个阶段的发展，目前已经呈现出以数字化为方法工具特征的城市设计发展新趋势，进而提出第四代“数字化城市设计范型”。北京市建筑设计研究院总建筑师吴晨围绕中央政务区开展了旧城更新实践，设计以减法为主，突出特色，重塑了北京旧城的都市活力和街区风貌。北京建筑大学穆钧教授在生土建筑建造、传统建造工艺改良等方面进行了设计实验，揭示了传统建筑技艺、专业美学表达与社会现实、用户诉求之间的互动和冲突。

大数据是当前最热的话题之一，在城市规划及相关领域，一批城市规划、地理、计算机等学科的研究者开展了一系列基于大数据的城市研究，并迅速对城市规划产生了冲击，引起了规划行业的重视。智慧城市是城市发展的高级形态，其本质是利用大数据、云计算及物联网等新一代信息技术来解决城市出现的各类问题，从而提升城市发展质量。《国家新型城镇化规划（2014—2020 年）》明确强调将智慧城市作为提高城市可持续发展能力的重要手段和途径，智慧城市将成为中国新型城镇化的重要战略方向。在政府部门的引导下，相关的规划与实践已在全国各地不断推进。与此同时，信息科学、地理信息科学、城市规划、地理学、经济学等不同学科的学者分别从不同视角出发，展开了大数据与智慧城市的研究与探讨，有关研究成果正在不断丰富中。

在城市设计中对中国文化的继承和创新也是关注点。2018 年《城市规划》杂志中“继承与创新”栏目以“结合自然山水的城市规划”为专题连续多期探讨了城市与周围山水环境的整体关系。青年学者左为在《城市规划的“留白”之道》中回顾了迄今为止我国城市规划的种种问题和面临的挑战，认为城市规划的多解性和城市的复杂性问题正需要艺术的“留白”的思想加以补充。城市规划语境下的“留白”思维内核主要体现在计利长远、格局为先、有机生长和少就是多。

（二）新型城镇化建设

2014 年出台的《国家新型城镇化规划（2014—2020 年）》提出，到 2020 年我国常住人口城镇化率要达到 60% 左右，户籍人口城镇化率要达到 45% 左右；在中西部资源环境承载能力较强的地区培育发展若干新的城市群；推进绿色城市、智慧城市的建设，推动形成绿色低碳的生产生活方式和城市建设运营管理模式等目标。新型城镇化对我国当前的城市建设理论和实践都提出了新的目标和要求，譬如新型城镇化更加注重对“人”的关注，包括城市中人的基本生存需求、适宜的居住空间与公共空间、对环境的尊重以及城乡联动等内容。

1. 注重小城镇建设

十九大报告中提出建立健全城乡融合发展体制与体系是当前的重要任务，强调要贯彻新发展理念，实施区域协调发展战略，以城市群为主体构建大中小城市和小城镇协调发展的城镇格局。特色小镇、传统村落、绿色农庄等工程，是新型城镇化的重要内容。2018 年 9 月，中共中央、国务院印发了《乡村振兴战略规划（2018—2022 年）》，按照产业兴旺、生态宜居、乡风文明、治理有效、生活富裕的总要求，涵盖城乡融合发展体制机制和政策体系，是融合经济社会发展、产业发展、村庄和基础设施建设及空间格局优化的“多规合一”规划。

学术界也聚焦乡村营建进行了各种学术探讨和交流。赵毅等《快速城镇化地区乡村振兴路径探析——以江苏苏南地区为例》基于对苏南地区乡村发展现状特征和问题的研判，以乡村振兴为目标导向，提出价值认知、布局优化、产业振兴、生态宜居和乡村治理等乡村振兴方法和路径，对于促进该地区的城乡融合发展、乡村健康发展具有现实意义，同时也为全国其他地区乡村发展提供了借鉴和参考。西安建筑科技大学北斗城乡工作室在陕西杨陵有多年的驻村实践经验，致力于探索关中地区普通村庄的建设与发展模式，形成了一套贯穿“规划—设计—建设—运营”全过程的工作方法。华东理工大学张杰教授结合湖北郢城遗址乡村规划实践，提出了保护规划修补之策，即寻找丢失的规划本质、重拾双向价值取向、回归乡土本源、完善空间特质与强化遗产的多元体验等，以期实现乡村文化遗产保护与乡村振兴的双赢。

2. 提升城乡发展品质

2017 年新型城镇化建设还对城市品质提出了要求，要转型和创新，不能仅仅满足于生产需求，还要提高人们的生活品质。11 月 24 日至 26 日，2018 中国城市规划年会在杭州举办。年会以“共享与品质”为主题，围绕年会主题以及城市规划等热点问题展开学术探讨。清华大学张杰教授介绍了景德镇陶溪川的老厂房更新实践经验，将原有破败的宇宙瓷厂改造成瓷器创意园区，集聚优秀的创意人员在此交流生活。在更新过程中关注人的尺度，提出“空间塑造、场所塑造和社会是共生一体”的观点。东南大学建筑学院阳建强教授认为空间品质应包括优美的城市人居环境、多样的城市公共空间、完善的城市公共设施、绿色的城市出行方式和丰富的历史文化资源五大要素，比较全面地阐述了空间品质的内涵，对当前提升城乡发展具有重要的意义。

当前中国城市面临着环境、交通、管理等诸多方面的问题和挑战。建设低碳宜居城市是解决当前城市问题的主要策略之一，《城市规划学刊》《国际城市规划》等杂志都策划了相关研究专题，提出空间规划应利用旧城更新的时机，从城市系统优化的角度出发，大力发展绿色节能建筑，建设绿色社区，协调土地与交通的相互关系，调整城市空间结构，促进绿色经济发展，减少城市建筑、交通和产业经济活动过程中的能源消耗。在采用新技术和新方法的过程中，应注重历史遗迹保护，促进社会与环境公平。同时要完善规划管理，增强规划效力，将能耗和碳排放量作为旧城更新规划的指导性指标，并注意空间规划与行为教育、财税政策等其他管理方法相结合。

（三）北京城市规划与京津冀协同发展

在京津冀协同发展的过程中，疏解北京的非首都功能无疑是重中之重，以有序疏解北京非首都功能为核心的京津冀协同发展战略贯穿始终。在京津冀协同发展这个重大国家战略中，设立雄安新区则是党中央作出的一项重大的历史性战略选择。

雄安新区设立近两年来，顶层设计已基本完成。4 月 21 日，《河北雄安新区规划纲要》(以下简称《纲要》）发布。《纲要》分 10 个篇章，从空间布局、城市风貌、生态环境、产业发展、公共服务、交通网络、智能技术、城市安全等方面，描绘了一座高起点规划、高标准建设的新时代宜居“人民之城”的发展蓝图。《纲要》的编制，充分体现了用新体制、新理念和新方法进行规划建设的思想，树立起高质量发展的全国样板，对规划理念和实践发展都具有重要而积极的示范意义。7 月 2 日，雄安新区面向全球征集启动区城市设计方案。同时，包括雄安新区总体规划、白洋淀生态环境治理和保护规划、起步区控制性规划、启动区控制性详细规划四个综合性规划以及 26 个专项规划的规划体系也已基本建立。

建设北京城市副中心是千年大计、国家大事，是疏解非首都功能的标志性工作。为疏解北京非首都功能，北京城市副中心建设近年在加快推进，目前主要部分已经基本建成。副中心的建设凝聚了全球顶级设计师的智慧。北京副中心总体城市设计和 6 个重点地区详细城市设计已通过专家评审，整个方案突出亲水特征、人文特色、和谐宜居，着力打造鲜明的城市特色，目的就是要把北京城市副中心建成绿色城市、森林城市、海绵城市、智慧城市的示范区。副中心规划编制呈现出“新时代”特点：围绕城市副中心的功能定位，把服务北京中心城区、服务京津冀协同发展作为规划编制的出发点；突出新理念，如强调以绿色交通为先导的发展模式，强调城市功能的综合性，主张土地混合使用，主张生态廊道、风道，强调构建疏密有致的城市肌理的重要性等；北京城市副中心体现着生态城市的理念，广泛应用世界最先进的绿色建筑技术、可再生能源技术。在这里，节能环保的标准、材料、技术、工艺均为全球领先水平。2018 年 12 月，《北京城市副中心控制性详细规划（街区层面）》已获得批复，标志着其已成为城市副中心建设发展的法定蓝图。

三、建筑创作

2018 年建筑创作作品呈现出关注中国本土文化、关注建筑本体及绿色建筑，以及深入到日常生活的空间改造的特色，面对更加具体、微观的现实问题的层面，取得了具有突破性的成绩。更重要的是，2018 年的建筑创作理论呈现出丰富、多元、深入的特点，各种展览、论坛、会议、评选层出不穷，对建筑理论的关注和重视呈现出前所未有的局面。

（一）多元共存的建筑创作

1. 关注建筑本体

建筑创作注重对建筑本体的研究，包括建筑材料、建造技术及对空间的不断探索，这些基于建筑本体的思考是建筑创作的原发动力。譬如建筑材料不但呈现出自身的材料性能，还表现建筑师的意志、观念，表现出不同的空间塑造能力和空间表现力，有时也反映着人们日常的生活方式和文化观念，因此讨论设计及结构和构造的做法是无法脱离具体的材料的，建筑师也在一直追求材料的不断创新。当代建筑设计中对材料的研究比较具有创新意识的是本土材料的现代运用，如王澍、张永和等建筑师的设计实践。王澍的中国美术学院象山校园规划与设计，整个学校呈现为一系列“面山而营”的差异性院落格局，在当代建筑美学叙事中重新发现中国传统的空间概念，并诠释了园林和书院的精神。对来自浙江省拆房现场的旧建筑材料砖头、瓦片、石头的使用，可视为中国建筑之“循环建造”，又是对当下城市大规模拆迁改造的回应。张永和设计的巴黎国际大学城“中国之家”学生宿舍楼，将宿舍房间组织成围绕中心庭院的环形，在中心庭院之外建筑的四周和屋顶上都设计了园林，中心庭院中的楼梯再串联一系列绿化平台，将一个垂直的景观体系融入建筑中去，使学生生活在自然之中。以中国的青砖作为主要外立面材料，并通过镂空、浮雕等不同的砖的砌筑方式，反映出建筑师对细部和匠艺是重要的建筑形式这一理念的认同。内立面采用木格栅，和外立面的黏土砖一起进一步表达了中国传统中以土木定义的建筑观。

2018年相当数量的建筑师将设计焦点聚集在对建筑空间的改造和提升上。2018WAF世界建筑节设计大奖入围作品万境设计的泊空间，坐落于杭州西溪湿地一片由老厂房改造而来的文化创意聚集地——和创园。设计师胡之乐通过设计改造，拆除了面向小院子的部分墙体，将整个空间向外渗透，设计了较开阔的中庭，将户外空间和室内空间完全连在一起。运用复合空间，打破了单一的以目的为导向的格局，让场所延续城市的文化与记忆，给流动在城市里的人们提供具有意义的多个停留点。正如其设计师所言：“建筑是有时间和记忆的……当我们希望表达它最初的意义之时，需要思考建筑对于我们真正的意义，才能看到物体最为真实感动的一面。”

2. 关注环境、关注文化

建筑师逐渐关注建筑与历史的联系，探讨当代建筑与传统文化之间的关系，认为建筑设计尤其需要尊重历史文化、尊重城市环境。IAPA 设计的朝花夕拾生活馆，获得 ICONICAwards 2018 创新建筑最佳设计奖（德国）、2018 A’Design Award 金奖（意大利）。该项目位于长城脚下饮马川——拾得大地幸福实践区，其功能除了接待来客、赏景品茗外，也是展示朴门永续理念和整个“拾得大地幸福实践区”建设的博物馆。简单的模数化单元箱体重复拼凑看似工业，它格式化的呆板样貌、功能至上的框架，不经修饰的外表，难以想象可与长城脚下的风月山水相容。然而，正是这些格式化的单元，形成内外交错大小不同的院落，使其能拼合出具有传统意象的园林建筑空间。何镜堂设计的侵华日军第七三一部队罪证陈列馆，获得 2017—2018 中国建筑设计奖公共建筑类金奖。该项目原有场地由残壁断瓦、砂石地、铁轨、建筑遗址等构成，本身具有历史特有的一种场地气质。为了消解新建建筑体量对原有场地的压抑，建筑师把主要的展示空间沉入地下，“碎裂”的“黑匣”倾侧于塌陷的场地之上，黑灰色的屋面成为广场地面的延伸。“倾侧”的本身体现在设计的尺度上，同时也表达了一种设计的态度。“黑匣”是建筑师赋予建筑的概念。“黑匣”象征了记载真相的容器，暗喻了打开“黑匣”，事件的真相便暴露于天下。整个建筑运用内敛的设计手法，采用平静的态度，注重历史文化，使建筑内外空间环境，建筑与场地、历史进行对话，引发人们深思。

（二）数字化设计

近年来，数字技术与建筑学学科迅速融合，其设计思想、建造流程均朝着更科学的方向发展。“建筑数字技术”在当今的建筑设计、建造、管理等方面已经有了具体而细致的应用，各种“数字化”思路与手段已成为设计界发展的趋势之一。大数据解析逐步形成统计分析和数据挖掘的数理同构，并为建筑学学科提供科学的动态演化机制。在此背景下，数字技术应回归建筑设计的学科本原，共同探讨算法技术对建筑学学科的核心意义。有关学者就数字技术与设计方法的结合、数字技术与建筑产业的链接、数字技术对人性环境的支撑和数字技术的应用与实践等展开讨论。东南大学李飚教授提出用程序算法揭示并寻求设计方法的模式化解决策略，进而实现数字设计方法的连续性转化，促使建筑学科形成彼此促进、互为依存的学科共生关系。华好等人重点讨论自组织原理与优化算法在住区规划和住宅设计中的应用，运算化设计是实现建筑人工智能的重要途径。算法、计算几何学、自组织设计原理的结合可以实现自动化的设计过程，让计算机生成传统方法难以企及的个性化方案。而吕帅、徐卫国等结合参数化模型和音质模拟等数字设计方法，提出一种基于快速反馈的建筑方案设计流程；而后以音乐厅为例探讨了实现所提出设计流程的技术方法，并开发了工具雏形。

数字建筑的应用实践方面也收获颇丰，如袁烽设计的四川竹里的乡村建设项目是数字化参数设计与当地木构工艺结合的实践探索。作为一个乡村社区文化中心，整个片区的建筑功能具体包括展示、展览、会议、民宿以及餐饮、娱乐等。设计构思试图合理融入原有场地、周围村落以及自然生态资源，探索城市与新乡村建设的互动，实践新建造技术与当地手工艺的紧密结合，以及实现传统营造技艺与预制工业化等不同层面的融合。

（三）绿色生态建筑

2018 年，“绿色生态建筑”的建设更具生态、文化指向，在建筑设计、建造和使用中充分考虑环境保护的要求，将建筑物与环保、高新技术、能源等结合起来，在有效满足各种使用功能的同时有益于使用者的身心健康，创造出了符合环境保护要求的工作和生活空间结构。2018 年 10 月 12 日，住房和城乡建设部科技与产业化发展中心主办的“2018 绿色城市与绿色建筑发展论坛”在京召开。作为第十七届中国国际住宅产业暨建筑工业化产品与设备博览会的主旨论坛，会议聚焦高质量发展背景下的绿色城市建设和绿色建筑发展。10 月 18 日，以“生态冬奥、绿色选材”为主题的“2018 年生态人居发展大会暨第四届绿色建筑选材高峰论坛”在北京新疆大厦举行。10 月 20 日，“绿色建筑设计方法创新论坛 2018”在京举办。本次论坛是基于国家重点研发计划项目的阶段性成果召开的。孟建民院士主持的“目标和效果导向的绿色建筑设计新方法及工具”项目，从“绿色空间组合与调节理论”“贡献率设计方法及流程”“开放式标准及工具”三大板块、六个关键环节的技术体系，提出保证绿色建筑设计目标效果的一致性的设计方法与工具。崔愷院士主持的“地域气候适应型绿色公共建筑设计新方法与示范”项目，探讨具有气候适用性的以空间形态为核心的机理研究及设计方法，而且在其设计的2019年世界园艺博览会中国馆中采用了绿色建筑的设计方法，把中国馆设计成半环形，使其以圆满温润的轮廓融入场地，环山抱水，与园区山水格局相协调，是整个园区景观脉络的延续。清华大学庄惟敏院长主持的“基于多元文化的西部地域绿色建筑模式与技术体系”项目，研究青藏高原地区、西北荒漠区和西南多民族聚居区三个典型地域的绿色建筑设计理论方法、营建模式和技术体系，并且在第十二届中国（南宁）国际园林博览会园林艺术馆、海东市河湟民俗文化博物馆和西宁市市民中心等工程中应用其绿色技术。

绿色生态建筑不仅追求满足人的生理需要和身体舒适度等纯功能化需求，而且注重重塑建筑的精神，寻找支撑建筑自然性的文化渊源和情感归属，把城市和自然有机融合起来。建筑师李晓东设计的篱苑书屋就体现了这类建筑的特征，该作品在与自然相配合的前提下，通过人造的场所环境将大自然凝聚成为一个有灵性的气场，水边栈道、平展的卵石、篱笆围合的空间，以及光影的交织与变化体现出人与自然的和谐共处。形体的简单不妨碍对话的丰富，步移景异透射出的是对传统的当代诠释。

（四）建筑遗产保护

近年来，建筑遗产保护成为建筑界的重要命题。随着文化遗产保护实践的空前活跃，中国的文化遗产保护理论在价值认识、保护原则、合理利用等多个方面都有了很大的发展，“以人为本”的保护理念逐渐深入人心。2018年7月，第42届联合国教科文组织世界遗产委员会会议（世界遗产大会）在巴林闭幕，19处遗产地被列入世界遗产名录，其中包括中国贵州省梵净山。7月23日、24日，“他山之石：国际文物保护利用理论与实践学术研讨会”在中国文化遗产研究院召开。此次会议依托国家社会科学基金特别委托项目“符合国情的文物保护利用之路研究”举办，共含27个学术报告，从国际发展、理论研讨、管理实践、遗产与社会等四大方面进行了广泛探讨。清华大学教授吕舟认为世界遗产体系的核心目标已从单纯的遗产保护发展成为对可持续发展的支撑。中国文化遗产研究院的燕海鸣、浙江大学的马庆凯分别从国际古迹遗址理事会的议题演变和国际遗产学界的文献研究着手，分析了国际遗产保护的理念变化，即从“以物为本”到“以人为本”。9月7日，第二届中国文化遗产保护国际会议在苏州举行。会议以“活态遗产，传承保护”为主题，与会嘉宾重点围绕文化遗产保护与利用、检测与修复、传统民居、遗产与文创、街区更新等展开研讨，认为以人为核心，以生活为载体的“活态遗产保护”无疑可在保护与传承之间取得微妙的动态平衡。东南大学朱光亚教授认为文化遗产保护不是简单的利用，而是重在传承教育。

此外，6 月，“面向空间再生的保护技术——2018 建成遗产保护技术”国际研讨会在同济大学召开。“建成遗产”是以建造方式形成的文化遗产。在城市快速更新的条件下，基于保护建成遗产及其环境的前提实现历史空间的适应性再生，将遗产与城市环境、当代需求密切整合是遗产保护工作者面临的严峻挑战，而保护技术是实现这一愿景的关键环节。本次国际研讨会探讨了遗产空间再生中的技术问题与技术手段，以期建构建成遗产保护技术的研讨平台，推动建成遗产保护技术的进步。

崔恺主持的祝家甸村砖厂改造项目是建筑遗产保护的成功实践，获得 2017—2018 年度建筑设计奖建筑保护与再利用类金奖。该项目为振兴祝家甸村和传统工艺，将砖厂改造成一座金砖文化的展示馆。设计师提出了“安全核”的概念，在保持旧砖厂外观基本不变的情况下植入三个“安全核”，这些核直接放在旧砖厂二层的地面上，并联合形成支撑体系，共同承载屋面的荷载，这是个非常大胆的构想。同时，在三个安全核之间放入两个独立的镜面小盒子，提供了全部辅助功能，包括卫生间和机房，这两个小盒子以镜面反射的方式消解在大空间中。同时设计了透明瓦，非常轻，可以减轻屋面重量。

非物质文化遗产的研究和传承也有较大的进展。6 月 9 日，2018 年“文化和自然遗产日”大会在京举行。本届主题为“多彩非遗，美好生活”。2018 年继续推进中国非物质文化遗产传承人群研修研习培训计划，成立 2018 年传统建筑营造技艺普及培训班。

（五）论坛、展览

1. 论坛

2018 年建筑展览、论坛数量众多，主要围绕着 2018 年建筑界的热点问题，比如“新型城镇化”“城乡建设”“智慧城市”“绿色建筑”“中国建筑的现代性”等主题展开。其中影响比较大的论坛有2018中国城市规划年会和2018中国建筑学会学术年会论坛。中国城市规划年会是我国城市规划行业规模最大、学术水平最高、参与性最强的行业性盛会。2018中国城市规划年会以"共享与品质"为主题，设有一场主题论坛，八个大会报告，二十六场专题会议，二十八场学术对话，四场特别对话和两场高端对话，围绕年会主题以及城市规划等热点问题展开学术探讨，涉及历史文化保护与城市复兴、城市生态规划的理论和实践、城市更新与品质生活、城乡融合与乡村振兴等内容。2018中国建筑学会学术年会主题为"新时代本土建筑文化的融合与创新"，就地域文化与时代特色、新区建设与城市设计、古城保护与有机更新、建筑遗产与传统建筑文化教育、BIM与装配式建筑技术、新型建筑技术与地方适应性技术等专题进行了广泛深入的交流，深入探讨了当代建筑创作的跨学科融合与创新问题。

2018年是改革开放40周年，建筑界也举行了相关主题的论坛活动。6月26日，中国文物学会20世纪建筑遗产委员会在深圳举办了"以建筑师的名义纪念改革开放：我们与城市建设的四十年·深圳广州双城论坛"。与会专家归纳了深圳建筑设计改革重要"时段"和主要建筑师，以建筑师独有的视角品评城市变迁，找到在业界纪念改革开放40年的动力源，展现了建筑师的社会责任感。

2. 展览

2018年中国建筑艺术展览精彩纷呈，具有国际性、开放性、实验性、艺术性等特点。2018年中国建筑展览主要包括两种类型，一种是建筑师或事务所的个展，或者某特定主题展览，如"地域、文化、时代——为激变的中国而设计"何镜堂美国首展、"郁郁乎文哉——陈从周百年诞辰致敬展"、"觉醒的现代性——毕业于宾夕法尼亚大学的中国第一代建筑师"展览等。2018年是著名古园林专家陈从周诞辰100周年，9月29日，"郁郁乎文哉——陈从周百年诞辰致敬展"在上海举办，主要展出陈从周与师友往来书信、书画作品及文献手稿等70余件，内容涵盖他与众多文人大家的书信往来，并展出了陈从周的书画作品。其中陈从周参与上海豫园东部的修复工程，从对豫园最初的勘查、研究，到之后的修复和完善，充分体现了他对传统园林修缮和造园的思想，具有重要的史料价值。

另一种则是参与人数众多、影响比较广泛的综合性展览，其中以2018年威尼斯建筑双年展为代表。2018年5月26日，第16届威尼斯建筑双年展开幕，以"自由空间”为主题，强调建筑中的慷慨精神和一种人性观，一方面延续了威尼斯双年展对于建筑的社会性的关注，另一方面也以一种理想化的愿景激发了参与者创造性的回应。中国国家馆策划了“我们的乡村”主题展览，主要展示了近十多年来中国建筑师的乡村建筑实践作品。中国当代的建筑师或艺术家的建造实践努力参与乡村环境的改造、乡村经济的发展、农村产业的转型，是一种多角度深层次的建造行动，试图重塑当地的乡村文化。而中国馆室外展亭“云市”详细介绍了“实验室研究—数字设计—数字建造”的全流程，从建造方式和材料两方面详细探究了机器人数字建造为未来乡村建造带来的新的可能性。

3. 建筑创作活动

2018 年的建筑创作相关活动非常活跃，进一步增强了中国建筑创作的活力和动力。9 月 21 日，由日本设计中心原研哉先生发起，并携手长城会（GWC）共同主办的“CHINA HOUSE VISION 探索家——未来生活大展”正式在北京鸟巢开幕。展览持续至 11 月 6 日。大展汇集 10 位中外建筑师及其团队，与 10 家企业共同打造理想中的“未来之家”。10 座 1∶1 大小并可亲身体验的展馆在鸟巢南广场展出，向公众呈现了属于未来之家的无限可能。10 月 31 日至 11 月 3 日，首届建筑设计博览会 2018（北京）在北京中国国际展览中心（新馆）举办。该博览会作为中国建筑学会成立 65 周年系列活动的重头戏，以“传承与新生”为主题，从建筑文化发展脉络、建筑设计理念及建筑解决方案等角度，为建筑师打造了一站式全产业链沟通交流平台。博览会由展览和设计师沙龙两大部分组成，展览部分重点关注中国建筑将近百年的发展进程。

4. 评奖

“中国建筑学会建筑创作奖”是国内建筑创作优秀成果的最高荣誉奖之一，涵盖工程类、科技类和人物类三个类别。2018 中国建筑学会建筑创作奖金奖包括侵华日军第七三一部队罪证陈列馆、中国国学中心、杭州富阳东梓关回迁农居、昆山锦溪祝家甸砖窑改造工程二期三期（民宿）等项目。该奖每两年举办一次，关注以创作为核心的建成后的整体建筑品质，强调创作贯穿于建筑设计的全过程，在建筑设计领域具有很高的声誉和广泛的影响力。2018 年获奖作品基本涵盖了近两年主要的建筑设计实践，代表主流的价值评判标准。

相比之下，WA 中国建筑奖则更加强调建筑设计作品的创新性和实验性。2018

年 10 月 12 日，2018WA 中国建筑奖评审会召开，评选出 2018WA 中国建筑奖的 6 个奖项。“WA 中国建筑奖”由《世界建筑》杂志社在 2002 年设立，分为建筑成就奖、WA 设计实验奖、WA 社会公平奖、WA 技术进步奖、WA 城市贡献奖、WA 居住贡献奖等 6 个奖项，每两年评审一次。如恩设计的南外滩水舍精品酒店获得优胜奖。

国际上的建筑奖主要有 2018WAF 世界建筑节设计大奖。世界建筑节（World Architecture Festival）是国际建筑界规模最大、声望最高的颁奖盛典之一。2018WAF 世界建筑节设计大奖分为三个部分即建筑完成部分、未来项目部分和景观项目部分进行评奖。在 WAF 评选中，中国 60 多个项目入围，其中土上建筑的甘肃省马岔村村民活动中心、万境设计的 BAR & RESTAURANTS / BO Space、东仓建设的 UR 旗舰店、柏成设计的永联物流瑞芳办公室等 6 个项目获得最高推荐。

四、理论研究

（一）城市建设

2018 年城市建设方面的学术著作涵盖了理论与设计等多个领域。丁成日的专著《城市空间规划理论与方法》从经济和市场角度及规划与政策角度出发，分别从城市空间结构理论、城市空间规划理论、城市空间规划技术与方法、城市空间规划案例等四个方面讨论城市可持续的空间结构，对于当前城市空间规划具有重要的理论和实践价值。徐林的专著《“花园城市”的“管”与“治”——新加坡城市管理的理念与实践》全面透视了国内外城市管理研究的历史流变，认为新加坡“超前治理”的城市管理理念是对传统城市管理实践范式的超越，并以此为框架全方位解读了新加坡城市管理的组织框架、城市公共政策供给、智慧城市建设和社区治理等内容，是中国当前城市管理可以借鉴的管理理念和具体实践。

小城镇建设也是当前学术研究的重点。姚青石的专著《历史、传承、活化——川渝地区传统场镇空间环境特色及其保护策略研究》借用系统分析法、类型学等研究方法，系统分析了川渝地区传统场镇的空间环境特色，论述了传统场镇的历史文化价值和社会经济价值，探索了传统场镇可持续发展的保护策略与方法，对传统场镇的理论研究和保护均有较高的学术价值和实践指导意义。

（二）建筑历史与理论

2018年建筑理论研究成果丰厚，包括学术论著、文集、传记等多种类型。2018年《中国建筑史论汇刊》《建筑史》保持以往的学术水准，收录了2018年建筑史的最新研究成果。中国建筑工业出版社策划的《改革开放40年深圳建设成就巡礼系列丛书》分建设成果篇、城市设计篇、杰出人物篇三卷，展示了改革开放以来深圳的建筑成就。清华大学吴焕加教授的专著《中外近现代建筑引论》对近现代建筑进行了分析和评述，阐述了建筑的基本概念、学术内涵、艺术理念与建筑审美的渊源和性质，具有重要的学术价值。

2018年建筑学术界聚焦建筑历史研究。8月18日至10月14日，“觉醒的现代性——毕业于宾夕法尼亚大学的中国第一代建筑师”展览在上海当代艺术博物馆展出，这是国内当代艺术机构首次通过历史文献的呈现方式展现朱彬、范文照、赵深、杨廷宝、陈植、梁思成、林徽因、童寯等20余位中国现代建筑学的重要奠基者的海外经历与归国成就，聚焦他们在建筑实践、教育体系、学术刊物、都市规划等各领域的贡献。该展览属于2018年“学界”的热点，“通过1400多件当年的照片、图纸、采访记录，展现这群人的成长史和奋斗史，及建筑学这门学科在中国的起源”。11月3日，2018中国建筑学会建筑史学分会学术年会召开，以“中国建筑学会成立65周年回顾”为主题。东南大学陈薇教授为大家详解了东南大学四代学者在不同时代对古典园林展开的研究工作及其成果，阐述了研究跨越时空的价值意义。清华大学吕舟教授以“从历史建筑保护到历史文化传承”为主题，剖析保护历史建筑不仅是保护古代艺术作品、工艺技术，更是保护和传承优秀的传统文化。华南理工大学吴庆洲教授从《老子》《楚辞》《易经》为出发点，展开对古代南方城市的研究。天津大学张玉坤教授持续多年进行“社会—军事组织结构与明长城军事聚落体系”研究，其系列专著《明长城宣府镇防御体系与军事聚落》《明长城辽东镇防御体系与军事聚落》分别以明长城宣府镇、辽东镇为例，探究其防御体系的建立、军事聚落的时空分布与层次构成，以及后来发生的历史演变。重庆大学杨宇振教授通过重庆府文庙修葺计划讨论了未来建筑文化遗产的传承及保护问题，同时在其论文《乡土景观与乡土建筑之死：建造体系的现代转型与建构》中认为乡土景观的死亡是社会转型的必然，乡土建筑的死亡在于传统建造体系的消失，建筑的生产作为社会生产与再生产的一个重要组成部分，需要正视和积极回应当代社会生活的各种复杂问题，它的转型与建构需要来自传统的语言符号，却又必须忘记这些语言符号，创造性地建立新时期的语法和词汇。

关于传统建筑、民居建筑和村落保护的研究近年来也颇为深入。2018 年中国建筑工业出版社出版的《浙江民居》《福建民居》等是中国初代民居专家于 20 世纪 50 年代初至 90 年代中期的中国传统民居调研成果之一，内容包括村镇布局、建筑与地形的结合、平面与空间的处理、体型面貌、建筑构架、装饰及细部、民居实例等，是迄今不可多得的珍贵民居研究材料。万幼楠《赣南历史建筑研究》将赣南现存历史建筑进行分类，对各类型建筑考其源流和本质、述其文化背景和特色、析其设计意匠和功能，是地方建筑研究的专业记录。美国人那仲良的专著《图说中国民居》2018 年国内出版后广受好评，该书通俗易懂，内容翔实，从中国民居的建筑形式写起，大到民居的整体架构、具体组成部分的南北差异，小到建筑取材、用料乃至榫卯等细节，皆有巨细靡遗的呈现。中国建筑设计研究院编撰的书籍《乡土再造——乡村振兴实践与探索》是当前文化遗产保护与乡村振兴的实践探索。2018 年 12 月 8 日，“2018 年第 23 届中国民居建筑学术年会暨中国民居学术会议 30 周年纪念大会”在华南理工大学举行。年会回顾了民居研究 30 年走过的历程，就中国传统民居、村镇与文化的调查、发掘、研究、保护、利用、传承、借鉴和发展等问题进行了深入交流和探讨，涵盖了乡村振兴战略与传统聚落（民居）的保护与更新、传统聚落（民居）的营建智慧与文化传承、传统聚落（民居）研究的学术传承与发展创新等多个方向的内容，多层次、多方位地展现了传统聚落（民居）研究的丰富实践经验和众多创新方向。

2018 年建筑界注重对近现代中国建筑文化遗产的研究，并举办了相关论坛和活动。同济大学童明教授在论文《范式转型中的中国近代建筑——关于宾大建筑教育与美式布扎的反思》以范式转型为基本视角，以毕业于宾大的第一代建筑师所接受的建筑教育为研究对象，通过对 19 世纪末、20 世纪初在法国、美国以及中国之间的建筑教育传播过程的解读，分析布扎建筑教育的内涵和原理，以及这一过程对于现代建筑理论发展的影响，从而揭示了它对于中国当代建筑学发展的价值与意义。同济大学彭怒教授等人在论文《中国现代建筑遗产的保护与遗产价值研究：以华东电力大楼为例》提出应重视中国现代建筑遗产价值体系的基础理论研究和价值评估的应用研究以及对上海现代建筑遗产的普查和上海现代建筑史的研究。唐琦、沈中伟的专著《滇缅铁路工程及建筑遗产价值研究》探讨了如何在城市建设中保护和利用铁路遗产（工业遗产）。

本年度内在对国外建筑历史与理论的研究方面也呈现出了丰富的成果。相关学者从建筑学批判性策略的角度出发总结相关历史过程的当代意义——对传统的辩证解读，对西方价值体系的选择性认同，基于本土视角的文化再创造。由中国建筑工业出版社出版的“给建筑师的思想家读本”丛书包括《建筑师解读德里达》《建筑师解读福柯》《建筑师解读伊里加雷》等国外建筑理论译本。还有不少学者展开对欧洲、非洲、亚洲等建筑历史和理论的相关研究，成果也相当显著。

（三）建筑设计理论

建筑设计理论与方法呈现出多元发展的局面，有关专家在方法论、实践论等层面进行了深入的研究探索。2018 年影响比较大的设计著作，比如王辉《多维之思：当代建筑设计思维与审美》从本体、主体、环境、技术四个维度梳理当代建筑设计思维与审美的发展状况。

随着各领域专业化趋势的日益加剧，正统的建筑学已深陷艺术与技术非此即彼的纠结之中。“结构建筑学”的提出正是试图突破这一困境，重塑建筑空间所赖以存在的技术基础，探索建筑学所蕴含的新的可能性。2018 年“结构建筑学”进一步发展。一系列全新的建筑结构性能化设计方法和工具的出现使建筑师与工程师能够在概念设计阶段密切合作，通过动态、交互的结构设计方式实现多目标的建筑结构性能化设计与生形。《建筑学报》等建筑期刊围绕建筑与结构的关系，从结构形态的意义、结构形态的技术、结构形态的表现等不同视角来呈现它们之间或独立、或综合的多样化观点。郭建祥等人通过虹桥国际机场 T1 航站楼改造设计，探讨多目标性能优化下的结构建筑学设计实践，即基于原结构约束条件，结构工程师早期融入建筑设计过程，平衡建筑使用功能、建筑效果、结构效率、工程造价等多目标性能需求，综合确定结构建筑和谐统一的结构方案。

建筑学中的技术变迁并非简单的累积和发展，而是不断通过本地化的实践转化为一种与设计相关的知识。因此，环境维度作为技术原型与本地变体之间的诱因和限制条件，促使其与建筑学其他因素产生新的关联。相关学者以既有建筑案例为出发点，展开技术与环境之间的复杂关系，进而探讨设计在这二者之间的潜力。王兴田专著《在地设计——休闲度假酒店的多维视野》展示了“在地”设计理念形成和演进的过程，并结合多年对休闲度假酒店的实践与思考，不断深化、完善了对于“在地”设计的理解，即“在地”设计始终聚焦建筑与地域的关联，强调建筑以低调、谦逊的姿态融入环境。李婧专著《住区建成环境对居民健康活动行为的影响研究——以北京上地、清河地区为例》将居民的健康活动行为与住区的建成环境要素进行逐一分析与研究，寻找两者之间的关系。

近年来，在建筑学科领域，适老化居住建筑和养老设施的设计研究越来越受到学界的关注。王哲的论文《养老环境的竞争力设计——中美机构比较》从环境对人及其行为的影响入手，结合社会凝聚力指标，展开 14 家中美养老机构环境和产业竞争力的分析。陈楚权的论文《基于适老化设计理念的广州地区养老建筑公共空间设计研究》围绕养老建筑公共空间的适老化设计的核心问题，提出了安全性、适老性、无障碍和内外空间互通互融的设计原则，提出创造完善的空间功能、创建层次感明晰的空间结构、保障连续无障碍的空间布局、营造舒适的空间环境、营造便捷的空间流线、营造空间的精神归属感和空间融合地域性特征等七个设计策略，颇具实用价值。

（四）园林理论研究

近年来，关于中国传统园林文化的当代传承的研究与讨论不断扩大，很多建筑学者在此领域累积了重要的成果。郑曦专著《山水都市化：区域景观系统上的城市》从区域视角审视人居环境的发展，解释区域景观系统的构成、演变及构建在其上的城市营建过程，并把这一过程称为“山水都市化”。李建伟专著《情景·心境——对现代风景设计的思考》强调用景观去诠释场地和建筑的空间关系，表达场所的精神气质。余青等编著的《美国主题型风景道规划设计》对美国具有代表性的 15 条主题型风景道规划设计进行了全面系统的分析研究和理论总结，具有重要的借鉴意义。

五、热点与焦点

（一）关注中国建筑文化，关注人与自然的和谐共存

党的十九大提出文化自信，要求珍视自身文化传统，尊重地域文化和人民的真实需求。建筑也应如此，其发展应是植根于所在地风土和文化传统的，满足当地人们的生活需要和精神需求。中国的建筑很长一段时间“崇洋”，沦为资本的游戏，本土设计遭到压制，中国建筑师的实践空间被大幅压缩。随着整个社会环境的改变以及对中国传统文化的重视，中国的建筑设计开始重新审视自身的文化传统，关注建筑本体和文化，进行了各种深入的思考和实践。

中国建筑师对中国文化传统理解得更加深入。王澍在《我们需要一种重新进入自然的哲学》一文中提出“重建一种当代中国本土建筑学”的主张，中国美术学院象山校园规划与设计即是这种主张的探索和具体实践，在中国传统的空间概念中诠释了园林和书院的精神。2018WAF世界建筑节设计大奖入围作品苏州“大家”社区活动中心探讨了中国传统空间秩序性与现代居住设计融合的问题，深入思考建筑如何在有着独特东方气质的吴越之地建构一座人文之所，如何使现代建筑与传统城市产生深层次的联系，因此在设计中将传统的秩序性引入现代居住环境的设计中，从传统建筑中的表象中剥离出品相与神韵，用一种去形式感和去物质化的手法来探寻传统空间的要义。

建筑是人工的，但是这种人工的建筑跟它所身处的自然环境是密切相关的，这是来自中国文化的价值观。我们的先人把它叫作“天人合一”，实际上说的就是一种生活的状态，一种生活的理想，这本身也构成我们这种文化的特色。建筑师马岩松近年来的设计实践即是对此的一种思考，他提出“山水城市”理念，致力于将建筑和景观融合，将传统的“山水”引入城市之中，让城市建筑具有山水的韵味，这是对巨构建筑的一种突破，也是一种山水化的超景观的尝试，比如他设计的朝阳公园广场入围2018Arichitizer A+ Awards建筑作品，设计以中国山水艺术为灵感，在城市中心重塑大型的建筑关系，再现了峰、涧、溪、石、谷、林等自然形态和空间，创造出一个高密度城市与自然景观和谐过渡的空间。崔愷、王辉、马岩松等青年建筑师的建筑设计也体现出对自然的强烈关注，尝试用一种东方的自然观来指导建筑实践，让我们看到了以现代建筑为物质载体来重构传统意境的可能性。

（二）乡土建设

乡村振兴战略是党的十九大做出的重大战略部署。在城市化和经济全球化的背景下，乡村与城市的发展始终休戚与共，而中国乡村建设也迎来新一轮的建筑实践。近十多年来，由于国家政策对于乡村地区建设和发展的引导与支持，建筑学界关于当代乡土营建的话题讨论和关注日益增加，越来越多的当代建筑师从事乡土营建实践活动并摸索建筑设计策略和方法，促进了一系列反映时代背景、乡土特征及社会价值的建筑实践作品的落地。回溯中国历史上形成的特殊的“城乡”关系，“城”与“乡”并非截然对立，乡村不仅是农产品的生产基地，在某种程度上乡村更是中国传统农耕文明的载体，乡村是家园，是连接人们与故土之间的纽带。第16届威尼斯建筑双年展中国国家馆即在此背景下策划了“我们的乡村”主题展览，呈现了近十多年来中国建筑师的乡村建筑实践作品。乡村建设的主题也是对展会主题“自由空间”的一种回应。

随着当代中国乡村产业方式的变化和升级，乡村的生产生活方式也在发生变化。中国当代的建筑师或艺术家的建造实践不仅是做一个建筑设计作品，而是参与营建乡村环境，参与当地农民的生活。建筑师和艺术家的乡村建造实践更多体现了一种深度的责任感，在呈现出多元化、在地性的设计作品的同时，也尝试延伸为一系列多角度、多层次的建造行动和社会活动，持续性地参与乡村环境的改造、乡村经济的发展、产业的转型乃至文化的复兴。不仅完成空间环境的重建，某种程度上更包含了对“乡土建造”观念的“重建”，激发了对乡村问题的反思。这是一个既向乡村输出又向乡村学习的过程，绝非仅是一波建设热潮，而是早已成为一种经济的、社会的和文化的现象。建筑师张雷的云夕深澳里书局即是在此理念指导下的一次成功的设计实践。AECOM的西藏扎叶巴谷地风貌整治概念性策划及总体规划入围2018WAF世界建筑节设计大奖。项目村落改造目标是为当地居民保留传统文化，使他们对博大精深的传统文化充满自信的同时，也能更好地融入现代生活，并且能够获得更好的生活体验和满足感。项目组沿用藏式建筑上小下大碉楼式的体量感，门边、窗边装饰继承当地的黑色梯形边框，展现传统藏式风情。同时入围2018WAF世界建筑节设计大奖的是土上建筑的甘肃马岔村村民活动中心，设计师充分利用本土自然条件以及潜在自然资源，研究实践更具在地性的建筑设计和营造方法。采用当地常用的生土，形成了一套比较完整有效的新型夯土建造技术体系；空间组合方式也借鉴了当地民居传统合院的形式，利用地形和高差围合出一个三合院，开口面向东侧山谷。更值得重视的是这个项目特殊的建造组织方式。在乡村中做夯土建筑，优先考虑的是如何通过设计让村民参与建造过程。参与这个项目的十余名当地村民既是中心的建设者也是使用者，是整个项目施工建设的主体。

六、小结

我们通过对 2018 年规划界、建筑界的实践、理论以及相关活动的梳理，可以看出城市建设注重区域的协调发展和新区健康发展，注重村镇建设和保护，建筑设计遵从环境文脉、场所精神以及文化性、生态多样等原则。各类相关活动和会议层出不穷，不仅带动了设计者的学理提升，而且为今后的设计之路指明了方向。在理论建设领域，相关学者面对当下现实理论联系实际，作出既具有国际视野又注重本土实际的理想探索，对我国建筑创作的内涵提升具有重要参考价值。

参考文献

[1] 童明:《范式转型中的中国近代建筑——关于宾大建筑教育与美式布扎的反思》,《建筑学报》2018年第8期。

[2] 彭怒等:《中国现代建筑遗产的保护与遗产价值研究：以华东电力大楼为例》,《时代建筑》2018年第6期。

[3] 王哲:《养老环境的竞争力设计——中美机构比较》,《建筑学报》2018年第2期。

[4] 杨宇振、覃琳:《乡土景观与乡土建筑之死：建造体系的现代转型与建构》,《建筑学报》2018年第1期。

[5] 丁成日:《城市空间规划理论与方法》，中国建筑工业出版社2018年版。

[6] 徐林:《“花园城市”的“管”与“治”——新加坡城市管理的理念与实践》，中国社会科学出版社2018年版。

[7] 姚青石:《历史、传承、活化——川渝地区传统场镇空间环境特色及其保护策略研究》，中国建筑工业出版社2018年版。

[8] 吴焕加:《中外近现代建筑引论》，中国建筑工业出版社2018年版。

[9]杨申茂、张玉坤、张萍:《明长城宣府镇防御体系与军事聚落》，中国建筑工业出版社2018年版。
[10]万幼楠:《赣南历史建筑研究》，中国建筑工业出版社2018年版。

课题主持机构：中国艺术研究院建筑艺术研究所

主　笔：杨莽华

撰稿人：杨莽华　黄　续

编辑、统筹：张乃锋

2018年度中国工艺美术发展研究报告

摘要：我国政府接连推出非物质文化遗产保护、传统工艺振兴等方面的政策措施，社会媒体、社会团体、学术机构也大力推动，促使社会上出现“手工艺热”。但文化热不一定直接成就经济热。我国2018年工艺美术的发展仍处于以调整为主、压缩规模、小幅震荡上扬的态势中。发展工艺美术要考虑如何扬长避短，尽可能在人文旅游、传统村落保护、乡村振兴、精准扶贫、解决就业、治愈都市焦虑症等方面发挥其独特的社会文化功能，助力工艺美术由单纯的轻工业向创意文化产业和文化事业双重社会属性的转型。

关键词：2018　工艺美术　发展　趋势　对策

导　言

2018年中国工艺美术行业稳步向前发展，国家在政策上仍有显著倾斜，支持公益美术的文化创意产业，也取得了一些成效。因文化和旅游部非遗研修培训计划在高等院校广泛实施，加上国家艺术基金工艺美术培训项目在高校开展，2018年在全国各省市高等院校和职业技术学院里形成一股工艺美术专业人才的培训热潮，也因此推动了传统手工艺与现代设计以及综合材料工艺的结合，产生许多让人耳目一新的作品。各地政府在《中国传统工艺振兴计划》的推动下，纷纷结合自己的具体情况有针对性地出台了实施办法或实施意见。这些办法或意见的出台无疑增加了政府对工艺美术行业的直接干预手段。与此同时，工艺美术行业真正的从业人员却普遍感到市场没有真正热起来，因销售方面普遍受阻，许多企业压缩产能，或者纷纷转向少量创意产品的生产。2018 年，因中美贸易战、全球消费市场疲软等一些国际经济不稳定因素的影响，工艺美术全行业的发展势头有所减缓，总体上是 2017 年工艺美术“市场冷、文化热”形势的延续。

一、现象与热点

2018 年，工艺美术行业最大的热点是开展第七届中国工艺美术大师评审工作，它牵动着全行业从业人员的神经，甚至引起了行业之外的广泛社会关注。

根据国务院 2013 年修订颁布的《传统工艺美术保护条例》(国务院令第 217 号)，经国务院批准，中国工艺美术大师的组织评选工作由工业和信息化部转交中国轻工联合会。这一决定标志着这个自 1979 年开始有的工艺美术界的最高荣誉的组织评审和授予正式由国家部委移交给了社会团体，这是大事。在没开始评之前，坊间舆论就起来了，大家质疑由社会团体评出来的“大师”还算不算国家级？第七届的证书上不可能有国徽，与前面六届能不能等值？面对质疑，中国轻工联合会顶住压力，把功夫下在如何严格评审制度上，只有评得公开、公正、透明，才有可能打消行业从业人员的思想顾虑。在工业和信息化部指导下，中国轻工联合会成立了第七届中国工艺美术大师评选工作领导小组和评审专家委员会。参照第六届的评审办法，在各省（区、市）牵头单位推荐申报的基础上，在上海召开全封闭式的评审工作。经评审专家初评、评审委员会复评、领导小组审定，确定了 89 名候选人入选第七届中国工艺美术大师。

“中国工艺美术大师”荣誉称号不仅代表了个人的最高荣誉，更是行业的标杆。不可否认，过去这个荣誉的获得者曾起到过行业示范的作用，尤其是全行业经过 20 世纪 90 年代初经济体制改革之后遇到了长约 10 年的震荡期、过渡期，在这个困难时期里有大师荣誉称号的手艺人发挥个人声望，率先在市场经济条件下办起了民营工艺美术企业，他们团结了工友，恢复了生产，并且很快在各个门类中发挥了技艺标杆的作用。2004 年以后，又是这批人承担起了非物质文化遗产传承人的工作，他们很快适应了非遗保护的工作机制，理解了工作要义，自觉地担负起了为文化续命的重任。所以客观地讲，中国工艺美术大师群体的的确确在近 20 年里发挥了全行业中流砥柱的作用。当然，这 20 年也是商业环境大为改变，商品经济意识普遍高涨的年代，不排除也有个别大师以利为重、失去诚信，造成一些不良社会影响。

第七届中国工艺美术大师结果公布之后，一个特别值得关注的现象是，往届评审结果一公布就会直接掀起市场波澜，新晋大师的作品一定会出现价格暴涨、众人抢购的场景。但这一届不同，市场反应普遍冷淡，根本没有出现市场异动，说明全社会已趋于理性消费，对于大师评审这件事的看法和态度也趋于理性。这种现象不是异常，恰恰是回归正常。一来是因为“八项规定”措施出台之后，工艺美术的礼品市场大幅度萎缩，不正常消费之风被刹住；二来是因为经济普遍不景气，艺术品收藏也遭遇寒流，前些年艺术品收藏的泡沫还没有完全挤掉，各类艺术品投资基金出现烂账，投资人在选择新藏品时更是谨慎又谨慎；三来是各类荣誉称号五花八门，如“大国非遗工匠”“中国工美艺术大师”“中国陶瓷艺术大师”“中国刺绣艺术大师”“中国雕刻艺术大师”等层出不穷，高密度的评审和荣誉授予直接干扰了中国工艺美术大师这一荣誉制度，劣币逐良币，导致所有工艺美术行业的荣誉称号都减弱了社会公信力。

2018年第二个热点应该是振兴传统工艺，关键词是“振兴”。

为落实党的十八届五中全会关于“构建中华优秀传统文化传承体系，加强文化遗产保护，振兴传统工艺”和《中华人民共和国国民经济和社会发展第十三个五年规划纲要》关于“制定实施中国传统工艺振兴计划”的要求，制定了《中国传统工艺振兴计划》。该计划提出了10项主要任务，可以概括为以下5个方面：一是要建立振兴目录，以国家级非物质文化遗产代表性项目名录为基础，对具备一定传承基础和生产规模、有发展前景、有助于带动就业的传统工艺项目，建立国家传统工艺振兴目录，予以重点支持；二是要扩大非物质文化遗产传承人队伍，形成合理梯队，调动年轻一代从事传统工艺的积极性，并通过多种方式为收徒授艺等传习活动提供支持；三是要将传统工艺作为中国非物质文化遗产传承人群研修研习培训计划实施重点，依托相关高校、企业、机构，帮助传承人群提高传承能力，增强传承后劲，同时开展巡回讲习活动，鼓励同行之间或跨行业切磋互鉴，提高技艺水平，提升再创造能力；四是要加强传统工艺相关学科专业建设和理论、技术研究。支持具备条件的高校开设传统工艺的相关专业和课程，积极推行现代学徒制，支持有条件的学校帮助传承人群提升学历水平，鼓励高校、研究机构、企业等设立传统工艺的研究基地、重点实验室等；五是要提高传统工艺产品设计、制作水平和整体品质。

强化并提高质量意识、精品意识、品牌意识和市场意识，改进设计，改善材料，改良制作。鼓励拥有较强设计能力的企业、高校和相关单位到传统工艺项目集中地设立工作站。开展多种形式的传统工艺大赛、技能大赛，发现、扶持传统工艺创意人才。同时对拓宽传统工艺产品的推介、展示、销售渠道，加强行业组织建设，加强文化生态环境的整体性保护，促进社会普及教育和开展国际交流与合作等多个方面提出了具体要求。

2018 年 5 月，文化和旅游部、工业和信息化部联合发布了“第一批国家传统工艺振兴目录”，全国共计 383 个传统工艺项目入选，涉及纺染织绣、服饰制作、编织扎制、雕刻塑造、家具建筑、金属加工、剪纸刻绘、陶瓷烧造、文房制作、漆器髹饰、印刷装裱、食品制作、中药炮制、器具制作等 14 个门类。建立国家传统工艺振兴目录旨在选取并重点支持一批具备传承基础和生产规模、有发展前景、有助于带动就业的传统工艺项目，推动形成可推广的经验案例，带动全国范围内传统工艺的发展和振兴。自国家颁布《中国传统工艺振兴计划》以后，全国各省市都迅速开展了相关工作，就如何落实这一计划，一些省、市举办了非遗保护干部和传承人培训班，开展振兴计划的培训。各省市随即还陆续制定并出台了有针对性的《振兴计划实施办法》，比如 2018 年 11 月，北京市文化局委托中国艺术研究院工艺美术研究所研究制定《北京市振兴传统工艺实施意见》，结合北京市首都文化定位，拿出了北京市的第一批振兴目录和具体工作办法。一些省份甚至连地级市也拿出了自己的《实施意见》。总之，《中国传统工艺振兴计划》公布后，全国各地政府职能部门都高度关注，并迅速落实到具体工作中。工艺美术行业从业人员对于振兴计划的出台自然是欢欣鼓舞，都十分期待政府能在这方面有所投入，对产业有所扶持。

2018 年，工艺美术行业第三个热点是传统工艺与精准扶贫。

文化和旅游部印发《关于大力振兴贫困地区传统工艺助力精准扶贫的通知》指出，近年来，许多地方大力探索和实践“非遗 + 扶贫”工作，取得了很多典型经验和显著成效。许多传统工艺企业、作坊、合作社主动招收当地贫困劳动力就业，帮助贫困家庭脱贫增收，取得了实实在在的效果。《通知》要求加大贫困地区传统工艺振兴力度，支持高校、企业或相关单位在条件成熟的贫困地区设立传统工艺工作站，帮助贫困地区传统工艺企业和从业者解决工艺难题，提升设计水平，提高产品品质，培育品牌，拓展市场。《通知》强调应加强贫困地区非遗传承人群培养，各省（区、市）要将贫困地区和贫困家庭的非遗传承人群作为重点推荐研培学员，支持各省（区、市）将贫困地区和贫困家庭的非遗传承人群作为本省份研培计划的实施重点；支持研培高校结合精准扶贫，面向国家贫困县开展整建制培训，为贫困地区有意愿、有一定基础的非遗传承人群提供免费研修研习培训。《通知》还强调，要搭建贫困地区传统工艺产品设计、展示和销售平台。文化和旅游部将结合传统工艺工作站，组织由设计师、专家、高校教师、非遗传承人等参加的团队，帮助贫困地区发展提升传统工艺产品；引进有阵地、渠道和平台的知名电商企业和相关企业，采取订单生产、以销定产等多种形式，扩大销售贫困地区的传统工艺产品；将贫困地区传统工艺产品展示销售与各类相关博览会、展销会相结合，鼓励和支持各省（区、市）每年专门针对贫困地区举办传统工艺展示交流活动。

2018年工艺美术的第四个热点是传承人群研培计划的实施，关键词是“研培”。

自文化部2016年开展传承人研培计划以来，该项工作推进速度极快，每年在全国各地的高校中有数十个班举办各个门类的研培班。4月26日，文化和旅游部、教育部、人力资源社会保障部公布关于印发的《中国非物质文化遗产传承人群研修研习培训计划实施方案（2018—2020）》指出，传承人群研修研习培训计划是《国家“十三五”时期文化发展改革规划纲要》提出的重要任务，是非物质文化遗产保护事业的一项基础性、战略性工作。该计划旨在为非遗保护工作提供高校的学术和教学资源支持，通过组织非遗项目持有者、从业者等传承人群到高校学习专业知识、研究技艺和技术、开展交流研讨与实践，提高传承实践能力，促进非遗的可持续发展。比较有代表性的研培班有北京市文化局主办、中央美术学院承办的“非遗保护与现代生活——中青年非遗传承人高级研修班”，中国美术学院“青瓷技艺研修班”“银饰锻造技艺研修班”，清华大学美术学院“北京市非物质文化遗产传承人研修班”，中南民族大学主办的“传统漆艺研修班”，太原理工大学主持的“陶瓷烧造技艺和传统大漆髹饰技艺研修班”，等等。

工艺美术传承人的培养也形成风潮，不仅文化和旅游部在抓这个工作，中国民艺家协会、中国工艺美术协会、中国轻工联合会等社会团体都在开展这方面专业技能培训工作。

2018年工艺美术第四个热点是对话和交流频繁。

文化和旅游部推动在全国各地开展了“对话传承人”的活动。处于传承一线的工匠与从事文化创意的设计师、互联网销售平台的运营官以及专家学者们被请到一起，就如何让非遗走入生活等问题展开现场对话。国际在线非遗频道（http：//ich.cri.cn）于6月6日全新上线。非遗频道依托国际在线的国际传播力及多语种渠道资源，秉承“传播非遗文化，促进文明多样性”的宗旨，运用图、文、音视频等多媒体手段，将优质的非遗内容向全球进行传播，搭建了一个非遗信息交流和非遗传播的国际化平台。目前，国际在线非遗频道除现有栏目外，还将推出四大精品栏目：“非遗中国说”“非遗中华行”“匠心对话”“非遗生活观”。其中“非遗中国说”是首档以短视频、脱口秀形式推出的非遗题材文化类节目，聚焦中国非物质文化遗产中传统技艺、美术、戏曲等内容背后的故事。“非遗中华行”是第一档大型寻访中国非物质文化遗产的文化旅游类节目，是传播中华文化瑰宝、讲述中国故事的重要文化活动和影视栏目。“匠心对话”栏目通过与非遗代表性传承人多维度对话与访谈，解密传承密码，讲述非遗背后的故事，并从艺人、艺品、艺道等角度揭示匠人的内心世界。“非遗生活观”聚焦非遗与人、空间及生活的关系，通过一个个成功的非遗美学样本，呈现出古老非遗的现代性与品质感，以艺术点亮人生，让传统文化活起来、火起来。此外，2017年首播的北京卫视《非凡匠心》在2018年推出了第二季系列专题节目。类似这些对话和交流的电视节目在一些地方台还有许多，如江苏卫视的《非遗江苏》、湖南卫视的《非遗湖南》等。

工艺美术从业人员可以加入中国美术家协会引起热议，也成为2018年的热点话题之一。

8月23日，中国美术家协会官方发布了最新修订的《中国美术家协会入会细则（试行）》。最新《入会细则》首次启用积分制考核申报人的业绩条件，只要积满9分以上（含9分）即达到申报入会的条件。中国美协下辖22个专业艺委会，其中就包括工艺美术艺术委员会。在一般人的思维中，“工艺美术”属于实用艺术，与纯美术的关联比较微弱。而绝大多数工美从业者一来受自身学艺经历的影响，美术理论、美术基础相对薄弱，二来对中国美术家协会的认知度也没有对工美行业协会、学会那么高。此次中国美术家协会采取积分制的方式吸纳会员，无疑增加了工美从业者加入中国美协的机会。工艺美术从业者只要能获得五年一届的全国美术作品展览金奖、银奖，就可获得积分，其中金奖积9分，银奖积6分。参加其他符合中国美协规定的相关展览等也可获得相应积分，与人合作创作作品也可按相应规定给予积分。不仅如此，中国美术家协会最新《入会细则》还规定，工美从业者等参与工艺美术文物作品修复，获得正高级、副高级职称，出版美术理论著作，发布美术学术论文等，都可获得相应积分。有人认为，中国美术家协会将与工艺美术协会和学会组织形成竞争关系。也有人认为，这是中国美术家协会对工美行业进行的“跨界打劫”。

二、政策与导向

关于工艺美术职称改革。2017 年底，国家人力和社会保障部印发了《关于在部分系列设置正高级职称有关问题的通知》，指出要增设工艺美术“正高级”职称。2018 年 6 月 8 日，由工信部主办的“全国 2018 年工艺美术行业管理座谈会”在广西钦州召开，各省市区工信委及工艺美术主管部门等相关单位的领导齐聚钦州，会议提出，各省市要把树立行业领军人物作为引领行业发展的第一抓手，抓特色行业集聚，培育区域品牌，加强产品宣传和推广，促进形成发展合力；要推动融合创新，结合文化、旅游、非遗传承保护等各方资源，进一步提高工艺美术行业的文化含量；要围绕国家传统工艺振兴目录做好传承创新，将传统工艺产品与现代生活更好地结合起来，进一步拓展市场，促进产品品质提升；要把工艺美术职称制度改革作为下一步工作重点，广泛调研、征求意见，以改革激发活力，推动工艺美术行业实现新发展。会上，关于工艺美术职称制度改革引起热议，因为工艺美术职称序列中所谓高级工艺美术师仅相当于副高，只有个别省份如江苏、广东试行了研究员级高级工艺美术师的评审制度，其余各省都遵照老办法。工信部消费品司工业司轻工二处处长孙平就《关于深化工艺美术人员职称制度改革的指导意见（讨论稿）》起草情况进行说明，提出将认真落实 77 号文件主要精神，要顾及工艺美术的行业特点，也要顾及部分地方的实际（即专业类别应考虑传统工艺美术和现代工艺美术），提出全国统一基本条件，推进行业内全国职称互认，建立全国统一的工艺美术人员职称和信用管理系统，开展工艺美术人员职称评审网上申报、职称证书网上查询验证和信用档案电子管理等服务。未来人事部和工信部将联合发布工艺美术人员职称制度改革的相关指导意见。

关于工业遗产资源的利用。11 月 19 日，工信部印发《国家工业遗产管理暂行办法》，对开展国家工业遗产保护利用及相关管理工作进行了明确规定。工业文化是在中国工业化、现代化进程中形成并渗透到工业发展中的物质文化、制度文化和精神文化的总和，是中国特色社会主义文化的重要组成部分。工业遗产是工业文化的重要载体，记录了我国工业化进程不同阶段的重要信息，承载了行业和城市的历史记忆和文化积淀。《办法》鼓励利用国家工业遗产资源，建设工业文化产业园区、特色小镇（街区）、创新创业基地等，培育工业设计、工艺美术、工业创意等业态。注重“活化利用”，如打造工业博物馆、工业文化主题公园、工业旅游精品线路或产品、发展文化创意产业等。这是一个重要举措，事实上，景德镇市遗留下来的工业遗产有的已经被改造成了陶瓷工艺美术的文化创意园区，如建国瓷厂、宇宙瓷厂、为民瓷厂、雕塑瓷厂等都成功地实现了工业遗产的资源利用。

关于传统工艺精准扶贫。6 月 27 日，文化和旅游部办公厅发布了《关于大力振兴贫困地区传统工艺助力精准扶贫的通知》，指出为深入贯彻落实党的十九大精神和习近平扶贫思想，全面贯彻落实党中央关于深度贫困地区脱贫攻坚的总体部署，将通过加大贫困地区传统工艺振兴力度，加强贫困地区非遗传承人群培养，支持传统工艺项目优秀代表性传承人、工艺师到贫困地区开展讲习活动，支持贫困地区探索设立非遗扶贫就业工坊，搭建贫困地区传统工艺产品设计、展示和销售平台等途径振兴贫困地区传统工艺，发挥非遗尤其是传统工艺在助力精准扶贫方面的重要作用，大力推进文化扶贫工作。7 月 11 日，文化和旅游部办公厅《国务院扶贫办综合司关于支持设立非遗扶贫就业工坊的通知》明确提出，文化和旅游部、国务院扶贫办以深度贫困地区“三区三州”为重点，兼顾部分少数民族地区国家级贫困县，选取确定了第一批“非遗 + 扶贫”重点支持地区，支持设立非遗扶贫就业工坊。9 月 13 日，“振兴传统工艺，助力精准扶贫”主题论坛在济南（第五届中国非物质文化遗产博览会期间）举办。本次论坛分为“主旨交流”和“圆桌对话”两个部分，国务院扶贫办开发指导司副司长张洪波从脱贫攻坚的形势和任务、非遗扶贫就业工坊的设置、如何更好促进扶贫工作三个方面做主题发言。张洪波强调，非遗扶贫就业工坊的相关工作因地制宜，突出特色，及时总结，加强推广，下一步国务院扶贫办将继续积极支持该项工作的深入开展。圆桌对话阶段，来自政府、学界、高校、企业等方面的嘉宾针对当前传统工艺振兴助力精准扶贫的政策、经验和做法，以及现阶段面临的困难、问题及对策措施等开展交流讨论并达成广泛共识。通过发展非遗传统美术类和传统技艺类来实现精准扶贫，这是 2018 年的一个重要政策导向。

关于传统工艺与乡村旅游。11 月 15 日，文化和旅游部等 17 部门印发《关于促进乡村旅游可持续发展的指导意见》，提出为丰富文化内涵，提升产品品质，突出乡村旅游文化特色，要“支持农村地区地域特色文化、民族民间文化、优秀农耕文化、传统手工艺、优秀戏曲曲艺等传承发展，创新表现形式，开发一批乡村文化旅游产品。依托乡村旅游创客基地，推动传统工艺品的生产、设计等和发展乡村旅游有机结合。鼓励乡村与专业艺术院团合作，打造特色鲜明、体现地方人文的文化旅游精品。大力发展乡村特色文化产业”。

三、创作与作品

工业和信息化部工业文化发展中心发布的《工艺美术产业白皮书（2018）》。《白皮书》显示，近几年来受宏观经济整体增速趋缓的影响，我国工艺美术产业增长面临较大的压力，明显增速放缓。截至 2017 年 12 月，全国工艺美术行业规模以上企业共 5440 家，规模企业数量较 2016 年同期有所增加。2017 年 1 月至 12 月，全国工美行业累计完成主营业务收入 10654.83 亿元，同比增长 7.39%。全国工美行业累计主营业务收入利润率为 5.49%，同比减少 0.07%。就工艺美术门类来看，主营业务收入前三名是珠宝首饰及有关物品的制造 3458.17 亿元，雕塑工艺品制造 1153.19 亿元，抽纱刺绣工艺品制造 1041.79 亿元。另外金属工艺品制造 671.68 亿元，漆器工艺品制造 184.97 亿元，花画工艺品制造 244.67 亿元，天然植物纤维编织工艺品制造 902.60 亿元，地毯、挂毯制造 773.11 亿元，其他工艺美术品制造 2224.64 亿元。2018 年工艺美术行业的发展数据尚未统计出来，根据当前形势预判，全面主营收入与 2017 年相比大约会持平，而利润极可能仍为负增长。

尽管近几年工艺美术的生产和销售势头减缓，但不能影响珍品精品的出现。2018 年 3 月起，广东省工艺美术协会、广东省工艺美术珍品馆向行业公开征集工艺美术珍品（精品），共收到各地送来的 234 件捐赠作品，最终有 206 件作品入选收藏。目前，广东省工艺美术珍品馆共收藏珍品（精品）600 多件，涵盖陶塑、雕刻、剪纸、刺绣、漆器等传统工艺美术的十多个门类，这些作品具有浓厚的岭南文化特色。由中国工艺美术大师辜柳希创作，名为“双层龙虾蟹篓”的金漆木雕珍品引人注意。作品除了运用传统的镂空雕技艺外，还融合了浮雕、圆雕、镂通雕等多种技艺。《九龙屏风》由中国工艺美术大师林智成和团队创作，作品用999纯金线和纯银线来刺绣，耗费金线达长达20万米。画面上有九条姿态各异的蛟龙腾空飞舞，色彩浓郁鲜艳，肌理立体感强，具有绚烂富丽的风格。潮彩《百花百鸟图》由国家级非物质文化遗产“潮彩”项目代表性传承人谢金英创作，作品以百花百鸟为题材，描绘出四季花卉争艳竞放的景象。

江苏工美馆主导推出了以青年工艺美术家为主要参与对象的行业展览——“工美新力量”，收获了近千件报名作品，从中遴选出三白余件参赛佳作，通过大众投票产生出了票数最高的10件作品。其中有闵欣鉴创作的紫砂壶“暗香”，灵感来源于李清照《醉花阴》：“东篱把酒黄昏后，有暗香盈袖。”壶把上缓缓缠绕的藤蔓，犹如悠悠茶香四溢弥漫。壶身如一位婀娜柔美的女子，上面的花儿只在暗处散发着清香。小花上停歇着一只瓢虫，它爬上细细的藤蔓。作品整体呈现出一种自由自在的田园风光，给人心旷神怡之感。张万敏创作的紫砂壶“新姿”设计灵感来源于一盆案头水仙。“幽姿冉冉弄晴烟，玉蕤晕碧晓肌鲜”，作品精选黄龙山原矿红降坡泥料，色泽红润，油脂好。制作时充分考虑三维一体的空间理念，把握线条的美感与整体的协调性，于明暗转折、虚实对比中凸显了出此壶的温润、凝重、古雅之风。

“杭州西湖博览会”展会方征集了近20件故宫和中国国家博物馆等单位的收藏品，既有明、清制作的景泰蓝8件，又有福建莆田木雕精品。江苏省扬州市送展的加拿大碧玉《清明上河图》长2米，宽0.8米，厚0.04米，选用整块优质碧玉，由中国工艺美术大师薛春梅策划、田翔等设计制作。主场馆的主题为“中国梦·劳动美——杭州工匠·为你喝彩”，展示的作品中有很多杭州工匠最新的作品，如嵇锡贵大师创作的釉上彩瓷瓶“水仙花”、青花斗彩瓷瓶“牡丹”，陈水琴大师的手绣双面绣“白孔雀”、王文瑛大师机绣双面异色绣“快乐的小贵宾”、朱炳仁大师新创作的熔铜艺术作品等。

在2018年的工艺美术双年展上，苏绣大师姚惠芬的作品《骷髅幻戏图》引起观众兴趣。这一系列作品参加过威尼斯双年展。从技术层面而言，作品运用了传统打籽绣、平针绣、盘金绣、滚针绣等近50种针法。姚惠芬一反传统刺绣的运针方式，将几十种传统针法在《骷髅幻戏图》中进行矛盾与冲突的构成，打破原来刺绣语言的指向次序及表现形式，构建了一种全新的刺绣语言表现形式，并赋予其当代的审美形式与内涵。

由中国美术家协会和上海市文学艺术界联合会主办的“首届全国工艺美术作品展”的展览主题为“传统工艺的活力”，与往届不同，此次参展者大多来自全国各大高校，参展作品也以玻璃、金属、纤维、漆器等为主。这次展览不是原封不动地重复过去的技艺和形式，而是要在传统的文脉上注入时代的新的活力，结合新的材料、新的科技、新的生活需要，创作既有传统文化韵味又适应现代生活与时代审美风尚的新的工艺美术品。

在工艺美术作品的投资理财方面，2018 年仍旧是盘整下行、分化加剧，是极为艰难的一年。除少数“生”“鲜”（指从未或极少出现在市场中的藏品）、高端精品行情逆市上扬外，高价“熟货”（指多次出现在市场中的藏品）及中低端艺术品价格继续下滑。尽管稀有的、艺术价值较高的清宫旧藏并没有受到行情冲击，甚至有逆势上涨之势，但艺术水平不高而价格随着这波高古瓷行情一起上扬的普品、粗品高古瓷已经出现颓势，价格在这两年将出现较大跌幅。顶级的工艺美术品价格还在上扬，一般的中国工艺美术大师作品不仅是价格下跌而且无人问津，证明艺术品市场逐步走向理性，从高峰期的投机市场慢慢转变成真正的投资、收藏市场。

对于工艺美术从业人员而言，则要拓展销售渠道，店面销售、送拍、代售、微拍交叉进行，细分市场，不同档次的作品在不同的渠道销售，建立立体的销售网络。2018 年，工艺美术品的在线销售著名的有东家 APP、微拍堂、阿里巴巴匠仓等。

四、活动与交流

4 月 6 日，由工业和信息化部工业文化中心主办的“独具匠心——工艺美术四十年回顾展”在中华世纪坛开幕，此次回顾展也属国家艺术基金的资助项目。展览共征集了百余位一至六届中国工艺美术大师作品近 300 件（套），涉及陶瓷、织绣、雕刻、印染、金属工艺等工艺美术品类。此次展览既是对中国工艺美术精湛技艺的展示，也是对中国工艺美术最近二三十年发展变化的一次回顾总结。

6 月 9 日，“流动的文化——大运河文化带非遗大展暨第四届京津冀非遗联展”在中国农业展览馆举行。6 月 15 日，“2018 中国（扬州）大运河文化旅游博览会暨第十三届中国玉石雕精品博览会”也随之开幕，来自全国各地的数百家工艺美术企业共聚扬州，交流传统工艺与现代文创理念。

6月23日，“2018全国手工艺产业博览会暨非物质文化遗产传统技艺展”在上海青浦世界手工艺产业博览园开幕，本届博览会以“复兴中国传统文化，创新时代作新篇章”为主题，汇聚国内工艺美术、书法艺术、非遗传承的杰出大师和代表性作品，分设中国木雕、中国玉石雕、中国陶瓷、中国古典家具、艺术品全球购等主题展区。

8月20日至9月20日，由中国美协和上海市文联主办的“首届全国工艺美术作品展”在上海龙现代艺术馆举行。本届展览主题为“传统工艺的活力”，此次260件（组）入选作品包含玻璃、金属、纤维、漆器、首饰、织绣、编织、雕刻八个工艺类别，并将高校手工艺创作群体作为作品征集的主要对象，以期发挥高校手工艺在连接乡村手工艺、城市手工艺方面的传承与创新作用。

8月29日，位于陆家嘴上海中心大厦38楼的宝库匠心馆正式开馆。宝库匠心馆是以中国工艺美术、非遗为主要艺术方向，集典藏、展览、交易、营运、推广、交流为一体的文化产业平台。此次对外开放的宝库匠心馆由三大主题展馆、二十八个大师空间与多功能厅组成，馆区共约2000平方米，涵盖的工艺门类包括陶瓷、玉石雕刻、金属工艺、织染绣、唐卡、玻璃类、漆器、竹木雕刻等，全面展示丰富厚重的中国工艺美术文化与非遗艺术。宝库匠心馆将助力中国匠人向艺术家的转变，实现大师工艺向品牌化发展，支持民族工艺走上国际舞台。

9月13日至17日，由文化和旅游部以及山东省政府主办的“第五届中国非物质文化遗产博览会”在泉城济南开幕。本届中国非遗博览会的主题为“活态传承、活力再现”，通过多种形式进行展演、展示，旨在让非遗走近大众，贴近生活，充分体现我国非遗的丰富性和多样性，体现非遗与人民群众生活的密切联系，体现非遗传承与发展的活力。本届博览会大量使用互联网和音视频技术，线上线下同时举办，并设立第五届中国非物质文化博览会官方网站，进行非遗产品、传统工艺制作流程、非遗传承人故事等的直播、记录、展示。为拓展本届中国非遗博览会的影响，还与阿里巴巴等电商平台联系，推动参展单位和传承人与电子商务平台开展多种形式的合作。

9月15日，淘宝网在西湖畔举办了“2018淘宝造物节”。在古筝、长笛、二胡等乐器接棒演奏的造物节主题曲中，众多以“创造力”为共性的淘宝商家代表在西湖一一登场。但与前两届不同，本届淘宝造物节除了深受年轻人喜爱的“黑科技”和“亚文化”外，还专门为传统工艺和手艺人单独设置了文市“非遗”板块。其中大漆无忧鼓、仙居花灯、苏绣、石湾公仔、传统纸灯以及金箔锻造技艺等传统工艺品都安放在装潢与其艺术特色相符的店铺，参观者还可以现场免费学习体验非遗技艺。除了 18 家非遗店铺，现场设置了非遗故事电影院，讲述 300 多名手艺人的传承与坚守。

9 月 22 日至 10 月 7 日，“北京国际设计周”在中华世纪坛、歌华大厦、北京设计之都大厦、全国农业展览馆及经组委会认定的其他分会场、活动站点举办，包括开幕活动、主题展览、主宾城市、北京设计博览会、设计周奖项、北京设计论坛、非遗设计、创新设计服务大会、设计之旅、时尚北京等十项主体内容板块，与文化创意、设计相关的活动达到近千项。本届设计周以“致敬生活”为主题，以设计满足人民日益增长的美好生活需要为关注点和出发点。围绕这一主题，设计周增设了“传统工艺设计奖”和“服务设计奖”两个专项奖，重点鼓励传统工艺非遗项目通过创意设计与现代生活方式相结合，促进设计思维在社会生产、生活服务中更为广泛的应用。非遗设计是本届设计周的新增板块，旨在推动传统工艺的创造性转化、创新性发展，促进设计力量参与传统美学的挖掘，让传统工艺在现代生活中得到新的广泛应用，增强我国非物质文化遗产的传承实践能力，让“现代设计走进传统工艺，传统工艺融入现代生活”。

10 月 10 日至 14 日，“第十九届中国工艺美术大师作品暨手工艺术精品博览会”在厦门国际会展中心举办。本届“中国工美大师精品展”共有来自全国 28 个省、自治区、直辖市的 400 余家参展商参展。展品包含珠宝玉石、金属工艺品、雕塑工艺品（玉、木、石、牙等）、漆器、抽纱刺绣、地毯挂毯、美术陶瓷、民间工艺品、工艺花画等。展品琳琅满目，涵盖了工艺美术全部类别。

10 月 18 日至 22 日，“中国（杭州）工艺美术新文创展”在浙江展览馆举办。它鼓励特色文化元素、传统手工技艺与创意设计、现代科技、时尚元素结合，擦亮杭扇、杭剪等一批“老字号”金字品牌，打造具有时代感的良品美器。“新文创”让手工艺界更多着眼于产品的创意设计、大数据管理、科技探索与新零售的发展。2018 中国（杭州）工艺美术精品博览会在杭州和平国际会展中心隆重开展。本届工美博览会以“弘扬大国工匠精神，展示传统工艺风采”为主题，汇集了来自北京、深圳、大连、浙江、江苏、江西、福建、广东、重庆等多个省、市参展商组团参展。在展会现场与杭州市文交所及浙江心选拍卖有限公司合作，共同举办线上线下大师作品拍卖活动。

10月25日至28日，主题为“引领文化产业高质量发展，助推全国文化中心建设”的“第十三届中国北京国际文化创意产业博览会”在中国国际展览中心召开，展出了北京市第七届中国工艺美术大师设计制作的精品，还有诸多来自国家级、北京市级工艺美术大师、工艺美术从业者及知名工艺美术企业的精品，以及60余件2018年“工美杯”传统设计大赛的获奖作品。展品在设计上匠心独具，制作上工艺精良，将传统工艺美术深厚的文化底蕴展现得淋漓尽致。

11月14日，“2018年广东省工艺美术行业职工职业紫砂、朱泥壶创作技能大赛”顺利开幕，本次大赛由广东省总工会、广东省人力资源和社会保障厅、广东省科学技术厅、广东省经济和信息化委员会主办，旨在弘扬工匠精神，提高广东省工艺美术从业人员的技能水平，进一步推动紫砂、朱泥壶的创作传承及创新发展。从全省超过150名报名者中筛选出来的73名手拉壶设计和制作者参加了决赛。决赛选手在两天内通过参加理论考试，并现场制作完成手拉壶作品1件。大赛评出金奖1名、银奖4名、铜奖6名，前五名获广东省四家主办单位颁发证书，金奖获得者可申请广东省“五一劳动奖章”。

11月23日，由江苏省政府主办的第四届江苏技能状元大赛总决赛在镇江开幕，全省近5万名企业职工、技能技艺工作者、职业院校学生参加选拔，463名优秀选手进入了总决赛。而作为本届首次新增的乡土人才项目，紫砂陶制作（制壶）项目受到了多方的关注与肯定，经过几天的激烈角逐，来自宜兴的吴奇敏凭借深厚扎实的技艺功底、具有代表性的创新能力和独具内涵的艺术审美，从参赛者中脱颖而出，成为紫砂陶制作项目（制壶）的江苏省技能状元。江苏技能状元大赛是江苏省职业技能大赛中规格最高、范围最广、表彰奖励力度最大的赛事活动，大赛共设立职工组和青苗组两个组别，每个组别10个项目，每个项目分设一等奖1名、二等奖3名、三等奖6名。获得职工组一等奖的选手由省政府授予“江苏技能状元”荣誉称号，享受省劳动模范待遇，给予10万元奖励，直接认定为“江苏工匠”，直接列入“333工程”项目的培养对象，原专业技术职称和职业资格晋升一级。

五、研究与学术

潘鲁生在中央美术学院召开的“国际美术教育大会”上做《传统工艺与设计教育》主旨发言。从“重新认识传统工艺价值”“发展传统工艺造物体系”“传统工艺与设计教育探索”等角度对我国的工艺美术与设计教育问题进行了阐述，并结合目前工艺美术教育现状，提出应建立四个层面的工艺美术国民教育体系。第一个层面，学前及中小学传统工艺美术教育：学前及小学以体验式教育为主，培养儿童的传统文化情操以及对材料、结构和日常生活的感知；中学工艺美术教育面向学生未来发展及职业规划而培养解决问题的能力、精益求精的精神。第二个层面，工艺美术职业教育：包括中等职业教育和高等职业教育，培养工艺美术职业型、技能型人才。第三个层面，高等工艺美术专业型教育及普及型教育：这是传承传统工艺美术最重要的方式，专业型教育培养高级工艺美术专门人才，此类教育逐渐得到加强；普及型教育则是在非工艺美术类专业中传播工艺美术知识，承担着普及和传承工艺美术的使命。第四个层面，社区的工艺美术教育：承担在城镇化、老龄化社会进程中丰富人民精神生活的任务。

上海大学举办了首届“传统工艺国际论坛”，与会专家学者探讨了传统工艺的传承、保护与发展以及传统工艺研究与艺术史构建、传统工艺的案例研究及方法、传统工艺与物质文化交流、传统工艺的当代叙事方式等话题。

北京国际设计周非遗设计板块主论坛“传统工艺设计的启示——找寻当代设计与传统文化、艺术间的译码”在故宫紫禁书院举行。近些年来，以传统工艺融合当代设计的探索尝试在设计界形成了一种风潮，并由此引领了当下一股新的审美与生活风尚。传统工艺与当代设计的各类跨界合作使二者之间的界限逐渐模糊，取而代之的是一种更高层次的表现形式和对传统文化多维度的诠释与表达。许多设计师、设计机构以“出新意于法度之中”的态度，从传统文化、工艺中提取相关元素，通过解构与演变，在当代艺术与当代设计的共通、碰撞中寻找设计灵感。这些有价值的个案体现着大设计的文化视野与当代格局，为创新设计思维、可持续设计理念、推动传统文化与艺术融入当代生活提供了重要启示。黄永松认为，民间艺术可以横贯古今，也能够融汇中西。中国民间艺人所创作的剪纸图案与博物馆中陈列的文物、西方艺术家的创作有惊人的相似之处。在他看来，民间艺术既可以与中国历史相衔接，也可以与西方艺术相交汇。民间艺人、民间艺术哪怕普通人充满情谊的日常手作也蕴含着中国人的智慧与来自东方的审美启示。中国的风筝、瓷器、古建筑、竹制品等传统艺术和民间美术形式都是中国传统文化的重要组成部分，随着历史的演变，逐渐在生产和生活的各个方面成为不可或缺的重要工具或者用具，并渗透到宗教、艺术、伦理等各个领域，成为文化的表征，传导并表现着中华民族的审美情感和人格理想。对这些艺术形式与内涵的理解及挖掘可以为当代设计提供一些有价值的参考。李挺伟认为，未来国与国、人与人的竞争是创造力的竞争，而美育则是连接传统文化、审美与公众的桥梁。因此，要借助科技手段，打造文化、艺术与公众之间的“方便之门”和艺术教育的“入口”。未来的展览形式，无论科技将一件作品打造得多么酷炫，都无法替代艺术品原作的意义。在中国式器物的研究方面，吴学夫及其团队搜集了民间日常生活中最鲜活、最常用的一些中国式物品，这些东西带有鲜明的中国特色，包含了传统习俗、古老美学和文化的影响，同时又受到社会体制和西方外来文明的影响，比如前几年在春运和中国人旅行途中常见的红蓝白编织袋。在“中国房子”的研究中，吴学夫对中国式居所进行了大量调研，从传统四合院到居民楼、20 世纪 50 年代政府统一分配的筒子楼，到房地产商开发的毫无特色的商品房，这些东西无不带有强烈的社会体制的烙印。在中国人的日用物品及居所的演变中，包含着非常深刻的中国人的生命观念及其对于规则、契约精神的体现，这是中国式器物和居所背后折射出的深刻的文化密码。

“2018 第二届工匠中国论坛”在北京召开。本届论坛以“新时代背景下工匠精神突破和创新”为主题，聚焦行业改革与创新，围绕解读新工匠精神的全新定义、新时代工匠精神如何打造品牌升级、如何实现产教融合培养现代工匠、企业家精神与工匠精神如何同频共振、传统工艺如何焕发新的工匠之路、老艺人的工艺传承之道等议题，展开思想的碰撞、研讨和交流。

由中国艺术研究院工艺美术研究所指导，中共深圳市龙华区委宣传部（文化体育局）、观澜街道办事处联合主办的“国匠荣耀·第三届手工艺创新盛会”在深圳观澜湖召开。《中华手工》杂志与“手艺 APP”前期展开了对当前我国手工艺发展现状的调查，并将 3 万余份生态调查数据做了整合发布。邱春林、袁佳君子详细分析了《2018 中国手工艺生态调查报告》各种数据，解读了每项数据所反映的手工艺当前发展中遇到的问题：一方面，不同于现代高新技术职业，手工艺的学习过程具有其独特性，需要漫长的岁月积累与沉淀，经验性知识的获得往往要求艺徒不断地重复技艺、感受物性以求游刃有余的身心体悟，因此手工艺行业内甚少见得到年少成名者，而以耐得寂寞、踏实勤学的手艺人为众；另一方面，伴随手工艺在当代社会中的“回归”，传统亦成为时下年轻人所追捧的时尚元素之一，有越来越多的青年学者关注手工艺文化的价值。与此同时，大量年轻人从一线城市走向二、三线城市，从高科技产业走向手工艺生产，许多手艺人的子女也愿意跟随父辈学艺。跻身大城市、进入企业或成为政府公职人员已不再是 80 后、90 后走出校园的唯一出路，而留在家乡、守住自然也不再是安于一隅的表现。伴随着社会对“手工艺”文化整体认可度的攀升，许多美术与设计专业毕业的学生也投入到手工艺的学习或经营中，当前，47.4% 的手艺人及业余爱好者拥有大学本科及以上学历，可见“手艺人”的身份与相对自由的生活方式成为时下的人们特别是成长于我国工业技术飞速发展的这二三十年内的年青一代所向往的美好生活。“报告”反映出的数据也显示男女性别比例存在不平衡。在非遗传承人与工艺美术大师这一群体中体现得较为明显，男女分别占总数的 65%、35%。而在手艺人与业余爱好者这一群体中男女分别占总数的 58.5%、41.5%，较为均衡。之所以如此，可能一方面由于大众潜意识中对男性与女性社会角色的区别对待，另一方面受制于古代“传男不传女”工艺传习思想残留的影响。

“传统手工艺的当代转换——2018 中国工艺美术理论与批评论坛”在北京召开。本次活动由中国艺术研究院、中国非物质文化遗产保护中心主办，中国艺术研究院工艺美术研究所、传统技艺研究室承办，来自全国各地的专家学者、工艺美术大师、非物质文化遗产代表性传承人等 50 余人参加论坛，就传统手工艺在当代社会的功能以及工艺美术如何应对社会变迁等议题展开学术讨论。邱春林从宏观层面回顾了百年来中国工艺美术所经历的三次文化转型，并着重指出，1990 年之后工艺美术迎来的第三次文化转型发生在大工业化社会、信息化社会这一时代背景之下，工艺美术从整体上由轻工业转变为文化创意产业和非物质文化遗产，具有产业和文化事业的双重特性。尤其是在非物质文化遗产保护工作的推动下，工艺美术逐渐成为弘扬我国优秀传统文化的重要实践领域，向全社会释放出越来越多的文化服务功能。面对这一转型，传统工艺美术行业应重视自身发展规律，回归手工艺的本位，按照本色来发展，这才有未来。李砚祖则认为工艺美术是一个复杂体系，伴随着时代发展，其传承和创新问题日益凸显。他提出传统手工艺当代转换的四个途径：一是走向艺术，或者说与艺术结合，与当代审美情趣共振；二是走向大生产，即手工艺与现代生产方式相结合，传统手工艺向文化创意产业转型，走大批量生产之路；三是走向设计，与现代设计相结合，适度创新；四是走向精致，以不变应万变，传承即创新。黄永松在演讲中重点谈及传统文化和新创意的结合问题，通过对缭绫、竹子等材质的介绍，解析了工艺美术设计与材料呈现的关系。比如一些传统织物，以及敦煌石窟壁画、塑像上相关纹样、图案的运用，不仅为今人了解传统染织技艺提供了可靠资料，也为当下中国设计提供了取之不尽的传统素材。他强调，在进行传统手工艺转换的过程中，应当温故而知新，学会古为今用。许平从实践层面探讨了传统手工艺的当代转换问题。他结合相关设计案例指出，当代工艺美术已与设计、艺术等领域并存，成为当代社会一个重要的文化构成。应当重视和研究新时代条件下工艺美术生存姿态的调整与发展方式的变化，为之正名、正形、正业、正心，使工艺美术行业在恢复对传统的感知、恢复精良品质和优雅气质的基础之上寻求更为清晰的发展路径。

通过此次论坛的探讨，与会专家就传统手工艺的当代转换与发展达成几点共识：发展手工艺，有助于传承和弘扬中华优秀传统文化，涵养文化生态，丰富文化资源，增强文化自信；有助于释放人的创造性，提高动手能力，在全社会培育和弘扬精益求精的工匠精神；有助于为全社会提供个性化、艺术化产品，满足人们追求美好生活的愿望；有助于促进年轻人自主择业，提高城乡居民收入，增强传统街区和村落活力；有助于缓解快速社会变迁中可能出现的心理焦虑问题，促进社会和谐；有助于文化和旅游的深度融合，改变旅游产品的同质化现象，增强文化体验的魅力。只有在继承传统手工艺核心本质、要义、精髓的基础上有所创新，有所前进，才能够自觉、主动、清晰地去创造当今时代手工艺新的文化形态、新的风貌和新的辉煌。与会的专家学者指出，手工艺的生产不单纯是商品生产，它还是文化再生产，是手艺人对传统文化符号进行自觉利用、加工改造的过程。他们指出，当工业化程度越来越高、信息化时代又紧随而至的时候，传统手工艺面临着严重危机，其生产力的增长及创造经济财富的能力都远不如大工业和人工智能生产。在这种情况下，手工艺在国民经济生活中居于什么位置？在国家文化战略中又居于什么位置？未来手工艺在社会生活中将担负什么功能角色？学者们从各自的地域和不同学术研究的视角去观察这些年的中国手工艺实践。

“2018 中国工艺美术文化产业创新发展论坛”在厦门国际会展中心举行。本次论坛以“聚焦工艺美术文化，谋划产业创新发展”为主题，探讨中华传统工艺美术如何实现传承与创新并举，与时俱进地讲好工艺美术这篇中国故事。现场，著名文化节目主持人王鲁湘与邱春林、高常梓、马佩等几位工美专家展开对话。王鲁湘表示：“20 世纪 50 年代提出工艺美术概念时，是为满足人民群众日益增长的艺术需求，美化人民的生活。”在工业化、现代化浪潮下，费时费工制作的手工艺品反而越来越不实用，一度脱离人民群众的日常生活。而在供给侧改革、多样化消费兴起的当下，工艺美术正在迎来复兴契机。邱春林表示：“曾经大陆工艺美术与台湾存在很大差距，但经多年交流和发展，两岸现在至少是齐平的状态，甚至有些方面大陆还超过台湾，开始向台湾输出工艺美术创意产品。”而在这过程中，厦门作为承接两岸交流的平台，作用不可忽视。高常梓表示，两岸工艺美术市场要实现真正融合，未来同样在于模式创新。通过厦门等重点地区的努力，两岸工艺美术在创作理念、技法方面已取得深度交流，但仍要在通关模式、交易模式等方面取得突破，才能实现工艺美术作品在两岸之间的畅行流通。

邱春林所著《手工技艺保护论集》一书正式出版。他认为，联合国教科文组织《保护非物质文化遗产公约》中指出保护非遗的目的是“促进人类文化多样性和人类的创造力”。这两个目标看似统一在非遗保护的框架下，其实是一对相互依存的矛盾：因为人类有无法遏制的创造力，才造成文化的多样性面貌；反过来，也正是因为创造力的发展才导致全球化的到来，文化多样性的现有格局可能被一再打破，发展中国家向发达国家的文化趋同现象日益严重。在开放程度越来越大的中国，跨文化交流和文化产业化十分活跃，政府对文化的干预也很主动，手艺人对新材料、新工艺、新科技的尝试冲动、产品创新冲动以及占有国际市场的愿望都十分强烈，这些有关人类创造力的释放都无时无刻不在挑战文化多样性的现有面貌。在市场经济条件下，共同市场必将对手工艺的发展方向产生实质性的影响，尤其不同地域环境中的同类别的手工艺容易发生文化特质的借用现象。比如说，中国的手工刺绣在全国有十分广泛的分布，我们 56 个民族的刺绣各具特色，但在最近 20 年共同市场的作用下，它们互融互渗，其结果是各个绣种原有的文化特质消失较快，技艺和艺术特色逐渐趋同。类似这种文化变迁遵循利益原则，即像李泽厚所说的有实用理性在起作用，人们习惯于选择那些有意义的、相对优越的、强势文化的、可行性和利益可预见的方向去做适应性改变，否则消费者的排拒态度至少会延缓手艺人对传统样貌的改变。

宋武、李艳、吴荻帆合著的《图说福建传统手工艺与闽台文化》一书出版，该书记载了包括福州脱胎漆器、厦门漆线雕、漳州木偶头、泉州金苍绣等当地所熟知的传统手工技艺，也记录了诸如石狮锡雕、漳绒漳缎等濒临失传的传统手工技艺，并从文化、工艺、产业等角度对各门类传统手工艺进行了解说。

张西昌的《传统手工艺的知识产权保护研究》一书出版，该书是“西安美术学院优秀博士文丛”中的一本。作者从历史和现实、理论和实践各个角度探讨了有关传统手工艺的知识产权保护问题，涉及传统手工艺知识产权保护的历史、理论、焦点争端、现状以及传统手工艺知识产权立法的路径选择和制度完善等，具有一定的理论价值和现实指导意义。

由盛羽撰写的《中国传统镂版印花工艺研究》一书出版。该书追溯了镂版印花艺术的历史源流与演绎概况，分别对全国各地的镂版印花工艺进行了调研，详细记录了该工艺的流程与艺术特色，同时通过大量翔实精美的实物图片对镂版印花艺术进行了剖析，从造物观与审美观入手，探讨了其背后所蕴含的文化特性，并借鉴日本对传统工艺的保护措施，提出了手工技艺保护与传承的设想。

刘若琳著的《中国传统服装的嬗变：民国服装》出版，该书分析中国传统服装风格，阐述民国期间中国服装的演变，讲解了西方服装对民国服装的影响，分别解析了民国男装和女装的发展演化，通过具体的图像阐述了民国时期服装样式的来源、结构及工艺。

李锐文所著《砚工新曲：端州程氏的砚艺源流与艺术发展研究》一书出版，该书图文并茂，是对端州程氏的砚艺源流与艺术发展研究的著作，作者根据自己的教学实践和研究，从美学的角度对端州程氏端砚世家的工艺源流、工艺技巧与发展进行了研究。

由王文章主编的大型学术丛书《中国工艺美术大师全集》2018 年出版了《甘而可卷》《刘伟卷》《王芝文卷》《李艳卷》等，延续了这套书及时总结当代工艺美术成就的宗旨。

由连辑主编，中国艺术研究院工艺美术研究所出品的《中国好手艺展作品集》

正式出版发行。吕品田在《序言》中说，本着立标准、明取向、领风尚的宗旨，“中国好手艺展”力扣“好”字做文章。基于广泛磋商和研讨，活动确定以“材美、工巧、器韵、时宜”为甄选和评判好手艺作品的标准。所谓材美，意指珍惜天材、巧用物料；所谓工巧，意指因材施艺、工契意匠；所谓器韵，意指形完神足、宛若天成；所谓时宜，意指制随时变、合宜适用。合此四者，方可谓好。邱春林在《中国好手艺的当代构成要素》一文中说，“材美、工巧、器韵、时宜”既是一个制度性的学术展所持的遴选展品的标准，更是我们推出的一个衡量当代手工艺好坏的评判标准。在《考工记》诞生了 2300 年之后，该有一个契合我们这个时代发展变化的新的价值导向出现。

六、趋势与对策

政府接连推出非物质文化遗产保护、传统工艺振兴等方面的政策措施，各种媒体、社会团体、学术机构也大力推动，促使社会上出现“手工艺热”。但文化热不一定直接成就经济热。2018 年工艺美术规模企业普遍在压缩生产规模，大型工艺美术聚集区、园区难以为继的居多数，只有青年人的文化创意小企业、小作坊得到互联网销售平台的支持出现快速增长势头。有 24.5% 的工艺美术从业者年收入在走下坡路，也有 43.6% 的从业者年收入呈现小幅增长势头，总体上反映出我国 2018 年工艺美术的发展仍处于以调整为主、压缩规模、小幅震荡上扬的态势中。

工艺美术发展存在的主要问题体现在传承人缺乏符合现代审美的设计能力（17.1%）、老龄化且后继乏人（16.9%）以及社会大众的认知不足（15.6%）三个方面。根据中国非物质文化遗产保护中心公布的“国家级非物质文化遗产代表性项目代表性传承人数据统计”显示，截至目前五批入选传承人共 3068 位，其中男性 2327 人，女性 741 人，其中最近公布的第五批入选人平均年龄为 63.29 岁。此项数据亦从一定程度上解释了第一部分中手工艺群体的年龄分布及非遗传承人与工艺美术大师群体中的明显性别比例差现象。尽管年轻、高学历背景的新力量不断注入手工艺行业内部，但传统手工艺的传承中断层现象依旧突出。年轻人更多倾向于企业管理、现代设计、手工艺与工业化结合等领域内的发展，专注于手工技艺传承的群体相对较少。

根据《2018 中国手工艺生态调查报告》，有 25.1% 的工艺美术从业者最为关注的现实问题是对当前如何获得营销渠道，只有 14.4% 的受访者关注与时俱进的设计理念与产品开发思路。又有 46.2% 的人在对自己的手工艺品售价核算中并未对产品的设计费用进行过计算，也就是说不太重视创意设计的智力投入。传承人更希望通过研修研习的培训了解当前市场的实时动态以及有关手工艺产品的切实销售方式。

《2018 中国手工艺生态调查报告》显示有关“手工艺消费与市场现象”，消费者更加看重具有日用功能（茶具、食器、装饰物等家具用品 18%）、设计个性（表达创作者鲜明个性的产品 15.1%）、体现传统文化内涵（带有非物质文化遗产属性的产品 13.4%）的手工艺品。单价 500 元以下的手工艺品更易被消费者接受（74.8%）。这就说明，工艺美术的生产越来越要重视面向日用的创意产品的生产，而不是一味脱离市场需求去生产工艺礼品或做仿古的器物。

销售渠道方面，在各大展会、市集以及实体店铺中工艺美术大师的粉丝与品牌效应作用突出，所占比例均超过 50%，而普通手艺人及业余爱好者更多地选择借助微信这一综合性的社交网络平台进行产品的宣传、推广和销售，价格相对低廉、易于物流运输的手工艺产品被互联网消费时代所接纳，进而从某种程度上减少了部分初期创业者的额外成本支出。

从投资和经营的角度来看，行业标准的缺失问题备受重视，建立行业标准、发掘传统文化的内在潜力是投资者所强调的打造手工艺品核心竞争力的主要方式（分别占比 26.1%、23.9%）。由此反映出手工艺不同于工业产品的生产特性及文化价值在投资领域内已得到较好的认知。接下来所面对的问题即如何从投资、经营者的角度上正确把握手工艺的文化属性，进行合理推广及适度产业化发展，进而避免手工艺的市场化完全趋同于机械技术生产的营销模式，被工业化所同化。

工艺美术嵌入现代工业化大生产的发展模式并非适应所有门类，或可将其称之为机械技术中加入“传统”元素的“时尚产品”，已经脱离了手工艺的核心特征。大批量工业产品出现在旅游市场中，并被赋予“手工”“非遗”一类的标签，大量纯艺术作品中硬性插入“传统”的符号，却置其文化内核于不顾，成为传统的传承与创新的代表，如此“玩传统”的现象在市场中屡见不鲜。恰是这种产业化发展盛景所造成的假象令不少人坚信我国优秀的手工艺文化已繁荣复兴，但是，手工艺文化的繁荣时期尚未到来，目前仍处于调整适应期，大规模工业化的形式并不能取代传统的手工艺经营模式。

伴随我国社会整体对手工艺保护与传承意识的逐步增强，居民可支配收入的提升，手工艺行业的未来发展将呈现出以下主要趋势：1. 愈来愈多的青年人加入手工艺行业内，但专门从事传统技艺的学习者较少，传承人老龄化问题并不会在短期内得以改善；2. 旅游观光、生态体验将成为手工艺向社会进行自我宣传、推广的主要方式，手工艺中承载的传统文化价值属性将成为当下发展的重要支点；3. 机械化产业模式下的手工艺品将逐渐独立出传统手工艺品的圈子，以文化工业产品的形势继续存在，但纯正手工艺生产的“慢”节奏将在后工业社会中更多地发挥其精神文化价值；4. 手工艺品向纯艺术化发展的趋势与适应当代人生活日用的产品风格将在未来的发展道路中并行，不少工艺美术大师、学院派手工艺人渴望向艺术家的方向发展，收藏品市场亦刺激着大量凸显装饰、礼仪之用的手工艺品的创作，而具有使用功能的手工艺品一方面满足了大众在生活中亲近手工、感受传统的精神诉求，另一方面为手艺人、青年创业者提供了一定的收入保障。总体而言，开放的社会环境将促进手工艺的多元发展，将其“回归”之路引向旅游、文化、教育、创新设计等多个不同领域。

今后，政府应该继续扩大非物质文化遗产传承人队伍。鼓励技艺精湛、符合条件的中青年传承人申报并进入各级非物质文化遗产代表性项目、代表性传承人队伍，形成合理梯队。尤其要引导返乡下乡人员结合自身优势和特长，发展工艺美术文化创意等产业。

提高工艺美术产品的设计、制作水平和整体品质。鼓励工艺美术从业者在自己的作品或产品上署名或使用手作标识，支持发展基于手工劳动、富有文化内涵的现代手工艺。鼓励工艺美术企业和从业者合理运用知识产权制度，注册产品商标，保护商业秘密和创新成果。支持有条件的地方注册地理标志证明商标或集体商标，培育有民族特色的工艺美术知名品牌。工艺美术企业符合现行小微企业和高新技术企业等税收优惠政策条件的可按规定享受税收优惠政策。

拓宽工艺美术产品的推介、展示、销售渠道。鼓励在传统工艺集中的历史文化街区和村镇、自然和人文景区、工艺美术项目集中地设立工艺美术产品的展示展销场所，集中展示、宣传和推介具有民族或地域特色的传统工艺产品，推动工艺美术与旅游市场的结合。利用现有资金渠道，对符合规定的工艺美术相关项目以及特色文化产业予以适当支持。将传统工艺展示、传习基础设施建设纳入“十三五”时期文化旅游提升工程。

开展国际交流与合作。通过双边、多边渠道组织工艺美术传承人、企业和行业组织代表开展国际交流和研修培训以及技术领域的研究与合作，开阔视野，借鉴经验。

今天，我们有13亿多人口，8亿在城镇，正处于新型工业化、信息化、城镇化、农业现代化同步发展跃升期。习近平总书记在党的十九大报告中指出：“中国特色社会主义进入新时代，我国社会主要矛盾已经转化为人民日益增长的美好生活需要和不平衡不充分的发展之间的矛盾。”不平衡，表现在区域差距、城乡差距、收入差距以及经济建设水平与文化、社会、生态建设水平之间的差距；不充分，表现在发展的质量和效益不够高，供给的水平不够高，还不能完全满足人民群众美好生活的需求。中国工艺美术的未来发展要紧跟社会形势，任重而道远。尤其是作为大工业化和智能化生产方式的合理补充，工艺美术生产商要给全社会供应个性化、差异化、高质量的兼具实用性与美的产品，同时还要提供高水平的文化服务。一方面，工艺美术的生产要充分利用大数据精细研究社会分层和消费需求；加强各平台经济信息的互联互通；加大力度扶持本土工艺美术品牌，实施品牌战略；继续增强创新活力，以创新兴产业。另一方面，我们要看到，工艺美术在文化服务方面的竞争力与大工业化和智能化生产相比有其鲜明优势，要考虑如何扬长避短，尽可能在人文旅游、传统村落保护、乡村振兴、精准扶贫、解决就业、治愈都市焦虑症等方面发挥其独特的社会文化功能。让工艺美术的传统生产方式成为人人都可看得见的“乡愁”，走向未来的“历史”；让工艺美术的新产品成为人人都欣赏的文化，可尽情拥抱的“活着”的传统。

课题主持机构：中国艺术研究院工艺美术研究所

主　笔：邱春林

撰稿人：邱春林

编辑、统筹：丛玲玲

2018 年度中国文化发展研究报告

摘要：2018 年是改革开放 40 周年，这 40 年不但是经济社会发生巨变的 40 年、人民生活日新月异的 40 年，而且是文化、艺术和学术繁荣发展的 40 年。2018 年，文化界和学术界以纪念改革开放 40 周年为契机，在回顾以往中国文化发展研究及中华优秀传统文化传承实践的基础上，坚定文化自信，探索文化发展新的动向和路径。学界重新反思“国学热”的缘由和得失，评估传统文化和海外汉学研究的价值，推动中国文化进行自我重估，提出并探讨了中国文化能否提供解决本国和世界其他国家所面临问题的思路、中国文化本身如何明确新的定位和方向以及如何建构价值观念、重塑公共思想等一系列重大问题；佛教界和道教界延续并开展了“教义体系的现代建构”“中国化”“一带一路”“多元共融”等议题的讨论；儒学界和文化界通过丰富的活动、会议和著述，热议推动建设人类命运共同体的提议和倡导，认为这是中国传统文化特别是儒家文化一直以来关心和关注的问题，并积极探索建构传统文化与当代相结合的生活美学；在移动互联网的帮助下，文化科技融合力度持续加大，新的传播渠道连接了经典与大众，传统文化的扩散及传承方式更加便捷多元。2018 年，中华优秀传统文化进一步国际化，这与实现文化自信和增强国际认同密不可分，而坚定文化自信更需强调中国梦的世界意义与文明担当。随着中国实现由富变强的历史性飞跃，中国文化势必走向世界，并在与其他国家文化开展对话和交流的同时发挥独特的影响力，而在此过程中，中华优秀传统文化磅礴的精神力量也必将进一步彰显。

关键词：中国文化　中华优秀传统文化　文化自信　文化发展　人类命运共同体

2018 年是改革开放 40 周年，过去 40 年来，党中央高度重视文化建设，不断加强和改进党对文化工作的领导，党的十四届六中全会、十六大、十七届六中全会、十八大、十八届三中全会、十九大等重要会议持续对深化文化体制改革、繁荣社会主义文化做出重大决定、重大部署。特别是党的十八大以来，以习近平同志为核心的党中央高度重视文化建设，习近平总书记就文化建设发表一系列重要讲话，特别是提出了文化自信，将中国特色社会主义文化建设理论推向了新的时代高度。数据和调查报告显示，40年来艺术创作生产持续繁荣，公共文化服务体系不断完善，文物和古籍保护利用成效显著，非遗保护传承水平不断提升，文化产业健康快速发展，文化科技融合力度持续加大，市场培育监管协调推进，对外和对港澳台文化交流日益活跃，政府文化投入效果明显。[①]我国文化建设迈出了历史性步伐，文化改革发展成绩斐然。

2018年3月20日，习近平总书记在第十三届全国人民代表大会第一次会议上的讲话明确指出："我们要以更大的力度、更实的措施加快建设社会主义文化强国，培育和践行社会主义核心价值观，推动中华优秀传统文化创造性转化、创新性发展，让中华文明的影响力、凝聚力、感召力更加充分地展示出来。"讲话高度重视并强调中华优秀传统文化在新时期建设有中国特色的社会主义文化强国进程中所起到的巨大作用，也对加快推动其创造性转化和创新性发展提出要求和部署。2018年，文化界和学术界以纪念改革开放40周年为契机，在回顾以往中国文化发展研究及中华优秀传统文化传承实践的基础上，进一步坚定文化自信，探索文化发展的新动向和新路径。

一、现象与热点：全方面反思与多向度探索

1. 回顾和重估"国学"与中国传统文化

随着改革开放以来经济社会发生翻天覆地的变化，人们的文化视野和文化心理也产生了巨大的改观，如何看待世界和理解世界、如何看待"世界看待中国和理解中国"的方式，成为知识界和学术界普遍思考的一个问题，"国学热""传统文化研究热"以及"海外汉学热"，都与这一时代背景密切相关。2018年，文化界聚焦40年来相关研究的历程，重新反思"国学热"的缘由和得失、评估传统文化和海外汉

① 《中国特色社会主义文化繁荣发展40年：谱写改革开放长卷的壮美文化篇章》，《中国文化报》2018年12月20日。

学研究的价值。

2018年11月14日，《中华读书报》发表《国学四十年：回顾与展望》一文，着重分析了20世纪90年代以来“国学”成为思想文化界最为火热的关键词之一的原因，指出国学发展的历程与改革开放事业之间有着深刻的内在关联。文章认为，改革带来的思想解放，冲击了长期以来人们对于传统文化的教条化认识，为人们重新思考、认识自身文明传统提供了空间与可能，开放引入的西学资源，在极大丰富国人视野的同时也引发了中西文化的比较思考，进而刺激了民族文化精神认同、现代学科建制反思等一系列议题的产生。40年来国学的兴起与发展恰如一面镜子，照映出开放的时代背景下思想文化的多元繁荣，记录下传统学术在新的历史条件下摸索前行、返本开新的探索，展现了华夏文明寻求现代复兴的努力。①

如果说“国学”更容易与社会大众发生关联的话，那么以经典文献及其所承载思想为对象的传统文化研究，则显得相对专业化和学术化。40年间的中国文化研究被认为大致经历了三个阶段：20世纪80年代带有强烈的激进色彩，具有明显“向西走”的特征，以批判性为主；20世纪90年代，以国学热的兴起为标志，回归古典，开掘传统，注重传承，以肯定性为主调，具有“往回走”的特点；21世纪以来，在全球化进程扩张、全球化意识日益增强的态势下，以国学热和文化热交相递进为表现形式，以理性平和的心态为底蕴，以文化自觉和文化自信为信念支撑，具有强现实感和实践性的“向前走”特征。②学界普遍认为，中国传统文化的现代化和当代中国文化与世界文明的互动，是40年间最核心的议题，而相应的成就也表现为复兴、继承和创造性转化优秀传统文化成为学界和官方的共识，发挥中国文化的优胜和长处、携手世界文明、构建人类命运共同体成为全民族的共同追求。

改革开放推动中国走向世界，同样也见证世界理解中国，世界汉学为中国走向世界和世界理解中国打开了一扇窗口。中国文化从来是包容的，既抱持对话的期待，也具备对话的能力，因此，在国家把改革开放不断推向深入的新的历史条件下，发展中的中国文化将进一步拓展中外互鉴和文明对话的影响力。2018年11月，以第六届世界汉学大会的召开为契机，海内外汉学研究专家再度强调西方与中国互相理解的重要性，指出理解的含义中最关键部分是文化对话，而“在差异中共同前

① 梁涛、顾家宁：《国学四十年：回顾与展望》，《中华读书报》2018年11月14日。

② 李宗桂：《40年文化研究的反思和前景展望》，《社会科学战线》2018年第10期。

行，是文化对话之于当今世界最重要的价值”[①]。通过西方的“理解”和与西方文化的“对话”，中国文化获得一种特别的阐释，这种阐释又是中国文化进行自我重估的宝贵资源。

2. 重申人文精神的价值与文化立场

当前，中国和世界又走到了一个变化的节点，全球化进程遭遇重大的挫折和挑战，国家间对抗性风险加剧，旧有的治理模式已经无法有效调节全球性的政治和社会矛盾。在这种情况下，中国文化能否提供解决本国和世界其他国家所面临问题的思路，中国文化本身如何明确新的定位和方向，如何建构价值观念、重塑公共思想，都成为文化研究学者所共同关注和热议的话题。

较之一般的传统文化及相关研究，国学特别是儒学在知识属性之外更具备一种价值属性，既有系统的知识体系，又有极为开放和包容的现代文化基因及价值体系。2018 年 5 月以来，中国艺术研究院艺术与人文高等研究院围绕儒家人文主义主题，举办了数场“艺术与人文高端讲座”，邀请不同学科领域的学者针对人文精神的重建和儒家思想的历史与现实价值等焦点展开对话与讨论。陈方正认为，传统理念作为指导性原则，能够孕育一个知识分子阶层，为他们提供一个思想框架，以作为讨论国家变革的话语基础。中国文化在现代世界仍然有作用、有价值，甚至比西方所赖以建立其庞大优势的科学与技术更为重要，其重要性在于对宇宙运行和发展原理的了解，以及“仁心”在其中所能够发挥的巨大作用——亦即儒学的现代发挥。[②] 任剑涛认为，儒家不仅仅是中国的地方性知识，真正要把原始儒家以一种普适化的方式在全球背景下呈现出来，就要做到跨文化的概念的相对一致性、今后论据的一致性，进而交流比较，才能实现跨文化价值，才能兑现其普适性价值。而反思人文主义的理性、平衡性对中国和西方以及其它的人文主义筹划人类未来前景有重要引导作用。[③]

2018 年 11 月 2 日，主题为“国际学术视野下的儒家思想”的国际儒学论坛在中国人民大学举行，一份题为《儒学与东亚命运共同体》的主旨报告指出，在全球化与信息化时代，面对生态、人文、道德、心灵、价值五大冲突，儒学应时而变，

① 姚晓丹:《“分享世界对中国的阐释”——写在第六届世界汉学大会闭幕之际》,《光明日报》2018 年11月5日。

② 《陈方正论人文精神之重建》，凤凰网2018年6月13日。

③ 《中国艺术研究院艺术与人文高端讲座第二场畅论儒家人文主义》，光明网2018年6月27日。

“和合学”应运而生，“和合学”的国际价值在于其主张万物多元和合，体现为促进人人和气守规、国家和平和谐，营造各国融合发展的互动氛围。一些学者强调儒学的人文立场及其对现实和当下具有的重要启示，儒家对天人关系的理解基于“仁”与“礼”的观念，“仁”与“礼”的统一作为儒学的核心观念渗透在儒学的各个方面，儒学本身则由此展开为综合性的文化观念系统，儒学的具体性、真实性也体现于此。①

价值关怀与文化担当意识，使国学和儒学研究区别于现代体制下的单一分类学科和知识导向型的学术。中国文化研究所创建人刘梦溪一贯认为，研究传统文化和学问关键在于成人，从个人到国家，都必须重视传统文化的基本价值理念，并发挥其对现代社会的积极作用。民族的伟大复兴，应该以文化复兴为前提和标志，社会的发展不能以牺牲文化的基本价值为代价。中国文化价值理念中的仁爱、诚信、爱敬、忠恕、知耻、和同六组价值伦理，具有永恒性和普遍性，既适用于古代，也适用于今天，不仅是中国人之所以为中国人的基本义理，也是中国文化贡献给人类的价值，至于传统文化资源中的“和而不同”和“己所不欲，勿施于人”，则是中华文化给出的人类危机解决之道。②

3. 新时代宗教的角色定位和教义体系的建构

改革开放 40 年，中国的宗教文化和宗教工作也与社会共同发展变迁，佛教、道教都是传统文化的重要资源和组成部分，宗教界人士和相关专家学者表示，处于新时代，应更加积极贯彻党的宗教工作基本方针，更好助推中华文化的繁荣发展，在中华传统文化发展中找准自己的位置，大力加强文化建设和研究，紧跟时代发展步伐，充分发挥出应有的时代价值。

2018 年，佛教和佛学文化领域延续了“佛教中国化”“一带一路”“多元共融”等议题的讨论，改革开放以来的佛学与佛教文化研究也得到细致总结和充分反思。40 年中，各类专业佛教学术研究机构相继建立，各级各类佛教刊物陆续创办，优秀佛教科研工作者不断涌现，国内外佛教学术交流日益扩大和频繁，这四个方面发生的变化和取得的成绩，都直接推动了佛教学术研究走向繁荣。③孙英刚在“佛教与

---

① 杨国荣:《何为儒学？——儒学的内核及其多重向度》,《文史哲》2018年第5期。

② 综合刘梦溪先生近年发表的论著、演讲及相关报道。

③ 魏道儒:《改革开放四十年来的佛教研究》(上),《中国宗教》2018年第8期。

一带一路”新媒体论坛上提出，中国人对佛教文化的贡献是长期的、巨大的、不可替代的、具有世界意义的，正因为有了这样的贡献，佛教才能从一个地方宗教发展成为亚洲宗教，进而发展成为世界宗教，了解中国人对佛教文化的保护、弘扬和丰富，有利于树立对中华民族传统文化的自觉、自信和自尊，有利于为今天中国文化走向世界提供可资借鉴的历史经验。①魏道儒认为，佛教在新时期“一带一路”建设和人类命运共同体构建中应该扮演三个重要角色，即维护和平的使者、增进友谊的桥梁和坚守信仰的表率，佛教应该理直气壮地宣扬自己经过历史检验的真知灼见和正确观念，为世界人民的安宁和福祉发挥不可替代的关键作用。②

2018年，道教界集中力量探索新时代道教教义体系如何建构的问题，在7月14日至15日召开的“道教教义体系的现代建构启动仪式暨学术研讨会”上，来自全国各地的专家学者和道教界人士探讨如何重新整合道教教义、明晰教义体系，力求在教内凝聚共识，形成合力，增强道教文化发展的内源动力，以更好地适应和服务于当代社会。中国道教协会和课题主要负责专家表示，新时代下的道教要适应社会、革新创新，这是全体道教界的众心所向，要找准道教在新时代中的文化定位，构建道教在现代社会中的文化主体性，而“道教教义体系的现代建构”课题的启动正是给道教的发展指明方向。丁常云在发言和文章中认为，道教是中华传统文化的重要组成部分，道教的生命力也包含在中华文化的生命力之中，道教文化的发展和理论研究必须要与时俱进，要始终坚持中国特色社会主义宗教观，准确把握社会主义时期宗教理论，道教界要始终坚持道教中国化方向，积极弘扬道教优秀文化，为实现中华民族伟大复兴的中国梦贡献智慧和力量。③

4.探索“e时代”传统文化的继承和传播方式

随着技术革新的不断升级，“e时代”的内涵也愈加丰富，它既说明电子信息技术和互联网在日常生活中占据不可替代的地位，也提示我们传统生活方式正在经历革命性的变化。“e时代”的传统文化也获得一种新态，它既是被传播内容也是传播方式，而开发、激活和重启传统文化的“通路”又是多种多样的，随着移动终端的普及，文化传播也必然要考虑到终端及其用户的接受习惯与体验。作为既是内容也是形式的传统文化，其信息构成的双元性和传播途径的多元性决定了其呈现效果和

①② 《多元共存　和合共生：“佛教与一带一路”新媒体论坛》，菩萨在线2018年10月30日。

③ 丁常云：《改革开放40年来道教文化研究的思考》，《中国民族报》2018年10月30日。

传播态势。

2018 年，作为互联网思维的进一步实践成果，“互联网 +”及其影响力已被人们广泛熟知和深刻感受，越来越多的文化研究者和工作者也开始将注意力转移到“互联网 +”背景下中国传统文化传承与发展的问题上来，而在此前，有关“互联网 + 传统文化”传承的新途径，并无专门研究文章和相关课题问世。[①] 新兴媒体普及之后，“微文化”理念随之提出，“以‘微载体’推动传统文化转化”也成为一种新趋势和部分文化工作者努力的方向。“微博”“微信”“微电影”等网络文化微载体层出不穷，文化微载体凭借其简短精练、内涵丰富的特色，促进了文化的国际化、信息化和时效化。相关领域专家强调，中国传统文化只有凭借“互联网 +”的时代东风，运用微文化传播载体，才能以一种新的态势呈现给受众，以“微言大义”的深刻诠释凸显其鲜活有力的教育功能。[②]

2018 年 2 月 8 日小年夜和 2018 年 2 月 15 日农历大年三十当天，人工智能机器人亮相央视春晚特别节目，与主持人“人机合作写春联”，为全国人民在新春之际送上美好祝愿，同时也展现了传统与科技的融合创新。人工智能作为改变生活的技术，是当下最受关注的技术创新和产业趋势，它为传统文化产业发展和文化传播助力尤多，2018 年 5 月 18 日世界博物馆日当天，百度与国家文物局共同启动了“AI 博物馆计划”，旨在用技术的力量推动“互联网 + 中华文明”的建设。11 月 15 日，20 余家知名文博机构齐聚珠海第三届中德人工智能大会，在现场热议 AI 技术如何应用于传统文化和三维数字化技术，以及如何在传统文化遗产保护中发挥作用，分享“AI 与文博”的故事，让 AI 为传统文化赋能。11 月 29 日，百度与湖南省博物馆正式宣布基于百度“AI 博物馆计划”达成战略合作，标志着“AI 博物馆计划”开始落地。

传统文化是有关社会历史生活的积淀，丰富的物质、精神资源蕴含着巨大的转化势能和可待激活的“引爆点”，让古典参与现实生活和现代生产并不矛盾，在政治多元化、经济全球化、文化多样化的时代，传统文化扮演着不可替代的角色，“e 时代”也必将赋予传统文化全新的载体形式，由此归纳和激发我们对于生活方式的

① 孙晓婧：《“互联网 +”背景下中国传统文化传承与发展的问题研究》，硕士学位论文，沈阳师范大学，2018 年。

② 张永文：《以“微载体”推动传统文化转化》，《中国教育报》2018 年 5 月 24 日。

新一轮想象。

在“e时代”新技术飞速发展且促进传统文化以新的方式存在和传播的同时，人文学者还借助传统文化的视角对之加以审视和思考，如顾骏以“体和用”“道和器”“天和人”等中国哲学的基本范畴来讨论人工智能的属性，而这三个维度以及内含的两个不同方向，对于前瞻人工智能及其可能存在的风险具有重要意义。[①]

二、政策与导向：文明共融互鉴，文化交流共生

1.推动构建人类命运共同体

党的十八大明确提出“要倡导人类命运共同体意识，在追求本国利益时兼顾他国合理关切”。习近平总书记在十九大报告中也强调，我们不能因现实复杂而放弃梦想，不能因理想遥远而放弃追求，他呼吁各国人民同心协力，构建人类命运共同体，建设持久和平、普遍安全、共同繁荣、开放包容、清洁美丽的世界。2018年3月11日，第十三届全国人民代表大会第一次会议通过的宪法修正案将宪法序言第十二自然段中“发展同各国的外交关系和经济、文化的交流”修改为“发展同各国的外交关系和经济、文化交流，推动构建人类命运共同体”，这表明在“倡导人类命运共同体意识”这一议题上，党的主张上升为国家意志。2018年10月25日，在第八届北京香山论坛开幕式上，习近平主席向论坛致贺信，指出：“中国坚持共同、综合、合作、可持续的新安全观，愿以更加开放的姿态与各国同心协力，以合作促发展、以合作促安全，推动构建人类命运共同体。”再次强调了中国推动构建人类命运共同体的信心和决心。

推动建设人类命运共同体的提议和倡导不是无源之水、无根之木，而是有着悠久的历史和丰厚的积淀，它源自中华文明历经沧桑始终不变的“天下”情怀，从“以和为贵”“协和万邦”的和平思想，到“己所不欲，勿施于人”“四海之内皆兄弟”的处世之道，再到“计利当计天下利”“穷则独善其身，达则兼济天下”的价值持守，都是中国传统文化特别是儒家文化有关人类命运共同体的阐述。2018年9月26日开幕的第五届尼山世界文明论坛，就以“同命同运　相融相通：文明的相融与人类命运共同体”为主题，这正契合了人类文明新时代的需要，论坛主席许嘉璐

① 顾骏主编：《人与机器：思想人工智能》，上海大学出版社2018年版。

指出："文明之间的相融相通和最后形成一个长远的奋斗目标——人类命运共同体，不是可能不可能的问题，也不是我们该不该做的问题，它是必然性的问题。……但困难是很多的，需要世界的智者联起手来去研究它的必然性和我们应该为它所付出一代代人的智慧。"[①] 杨朝明则表示，我们之所以进行文明对话，实际上我们建立在一种自信的基础上，在比较中我们互相鉴别、互相吸取。中华文明立足于自身，我们把握自己的主动权、话语权。尼山论坛会后发表了主席声明，提出"一个世界，多样文明""命运与共，相融相通""交流互鉴，和而不同"等倡议。

2018 年 10 月 21 日，"儒家文化与中华民族共同体建设学术研讨会暨第五届河北儒学论坛"在承德召开，来自全国各地包括台湾、香港等地区的百余位学者参与，研讨会设有四个议题，其中最重要和最受关注的两个议题分别是儒家大同思想与中华民族共同体建设及儒学、多元民族文化与文明对话。主办方在开幕辞中提到，召开"儒家文化与中华民族共同体建设"学术研讨会，深入研讨儒家"大一统"思想，就是要继承老祖宗留下的"多民族的大一统，各民族多元一体"这笔重要财富，通过挖掘儒家文化中"协和万邦，和衷共济，四海一家"的历史基因和优良传统，为新时代中华民族共同体建设做出积极贡献。[②]

2. 倡导文明的交流、互鉴与共融

党的十九大报告明确提出，要"尊重世界文明多样性，以文明交流超越文明隔阂、文明互鉴超越文明冲突、文明共存超越文明优越"。这一极具特色的文明观根植于中国传统文化，展示出中国对世界文明多样性极强的包容性。

2018 年 10 月 28 日至 30 日，第五届世界佛教论坛在福建莆田开幕，论坛围绕"交流互鉴、中道圆融"的主题，对佛教与"一带一路"、佛教与人类命运共同体、佛教的世界传播、佛教与中华文化、佛教与艺术等议题进行了深入研讨，彼此交流思想、分享经验、表达关切、凝聚共识。中共中央政治局常委、全国政协主席汪洋向大会发来贺信，贺信中说，佛教倡导众生平等、慈悲圆融、中道和平等理念，应该为促进世界和平、增进人类福祉做出积极贡献，推动人类命运共同体建设，共同创造人类的美好未来。文明因交流而多彩，文明因互鉴而丰富。从丝绸之路到"一

① 赵秋丽、李志臣：《让文明之光在交流互鉴中熠熠生辉——第五届尼山世界文明论坛综述》，《光明日报》2018年10月8日。

② 《"儒家文化与中华民族共同体建设学术研讨会暨第五届河北儒学论坛"纪要》，儒家网2018年10月23日。

带一路”的历史，说明交流互鉴是推动人类文明进步和世界和平发展的重要动力。中国政府支持中国佛教与各国佛教开展友好交流，推动民间往来，促进民心相通，共同建设“各美其美”“美人之美”“美美与共”的美好世界。①闭幕式上，大会发布了“第五届世界佛教论坛宣言”，宣言倡议弘扬佛教中道圆融精神，倡导多样、平等、包容的文明观，推动不同文明交流互鉴，支持对话协商、合作共赢，反对冲突对抗、封闭孤立，致力于维护世界持久和平。

12月19日至20日，来自“一带一路”沿线10多个国家和地区近百位专家、学者、艺术家齐聚广西北海，参与第三届“一带一路”文化艺术交流合作国际学术研讨会。中国艺术研究院院长、党委书记、中国非物质文化遗产保护中心主任韩子勇在开幕式致辞中表示，当今世界，各国相互依存，全球命运与共。和平与发展、合作与共赢不仅是人民的普遍期待，更加成为21世纪的国家发展潮流。“一带一路”倡议作为承载时代使命的世纪工程，掀开了世界发展进程的新一页，是“构建人类命运共同体”思想的伟大实践。韩子勇认为，弘扬“一带一路”精神，增进文化艺术交流合作，需要关注人类命运共同体意识下的文化交流、拓展国际合作新空间背景下的文化互鉴，以及“一带一路”倡议平台上的文化研究三个方面。研讨会期间，主办方为参会嘉宾们带来了主题为中国稻作文化传播与扩散、中国传统工艺展示与交流、中国与东盟文化纽带等的专题展览。此外，在中国传统工艺展示与交流的展览中，集中展示了作为中国文化标志性符号的茶瓷文化在世界各地的传播，以及丝绸与棉花、中医药与香料以及造船技术与航海技术等在海上丝绸之路发展历史中的独特价值和地位。②

3. 推动中华优秀传统文化走出去

早在2013年中共中央政治局第十二次集体学习时，习近平总书记就指出，提高国家文化软实力，关系“两个一百年”奋斗目标和中华民族伟大复兴中国梦的实现。近年来，习近平总书记围绕努力夯实国家文化软实力的根基、努力传播当代中国价值观念、努力展示中华文化独特魅力、努力提高国际话语权四个方面进行的一系列精辟阐述，是建设社会主义文化强国、提高国家文化软实力的根本指引。

---

① 《第五届世界佛教论坛在福建莆田开幕 汪洋致信祝贺》，《人民日报》2018年10月30日。

② 《第三届“一带一路”文化艺术交流合作国际学术研讨会在北海举行》，中国青年报中青在线2018年12月23日。

一个大国发展兴盛，必然要求文化影响力大幅提升，使软实力和硬实力相得益彰。从 2013 年到 2018 年，党中央将文化软实力进一步阐述为中国文化的影响力，对之高度重视，在 2018 年 8 月 22 日召开的全国宣传思想工作会议上，习近平总书记提出“展形象”的重要使命任务，明确了提升中华文化影响力的工作要求，为在新形势下做好对外宣传工作、提高国家文化软实力指明了方法路径，提供了根本依循。《人民日报》发表的评论员文章指出，文化是一个国家、一个民族的灵魂。中华优秀传统文化是中华民族的文化根脉，其蕴含的思想观念、人文精神、道德规范不仅是我们中国人思想和精神的内核，对解决人类问题也有重要价值。推动中华优秀传统文化走出去，不能停留在舞个狮子、包个饺子、耍套功夫上，不能满足于向国外提供一些表层的文化符号上，关键是要把优秀传统文化的精神标识提炼出来、展示出来，把优秀传统文化中具有当代价值、世界意义的文化精髓提炼出来、展示出来。①

2018 年 12 月 2 日，“当代与传统：中国文化国际影响力生成国际论坛”在北京师范大学召开，论坛围绕着传统与现代两面性，以及当代语境下中国文化国际传播中的情况进行了深入而有益的研讨。吴为山认为，构建人类命运共同体的重点是中国文化价值的体现，让世界了解中国文化不仅是中国自身在历史发展进程中的伟大创造，也是人类宝贵的财富；安乐哲（Ames Roger）从伦理学、宗教和社会秩序等角度，认为儒学具有批判性、进步性、充满希望，将对变化之中的世界文化秩序做出重要贡献；曹卫东援引黄会林的观点指出，中国文化面临的问题正是如何处理传统文化的再中心化与再相对化。②中华优秀传统文化的国际化与实现文化自信和增强国际认同密不可分，随着中国实现由富变强的历史性飞跃，中国文化势必走向世界，并在与其他国家文化开展对话和交流的同时发挥出独特的影响力，而在此过程中，中华优秀传统文化磅礴的精神力量也必将进一步彰显。

4. 建构传统文化与当代相结合的生活美学

十八届一中全会后，习近平总书记在和中外媒体记者会面时就郑重宣示：“人民对美好生活的向往，就是我们的奋斗目标。”首次提出：“我们的人民热爱生活，

① 《不断提升中华文化影响力——论学习贯彻习近平总书记在全国宣传思想工作会议重要讲话精神》，《人民日报》2018 年 9 月 2 日。

② 《聚焦当代与传统 中国文化国际影响力生成国际论坛召开》，中国青年网 2018 年 12 月 2 日。

期盼有更好的教育、更稳定的工作、更满意的收入、更可靠的社会保障、更高水平的医疗卫生服务、更舒适的居住条件、更优美的环境，期盼孩子们能成长得更好、工作得更好、生活得更好。”党的十九大报告一开篇就号召全党要“永远把人民对美好生活的向往作为奋斗目标”，报告从战略高度作出历史性重大判断，“中国特色社会主义进入新时代，我国社会主要矛盾已经转化为人民日益增长的美好生活需要和不平衡不充分的发展之间的矛盾”。“人民对美好生活的向往”这一思想，像一根红线贯穿在党的十九大报告中，贯穿在习近平总书记系列重要讲话中，成为习近平新时代中国特色社会主义思想的鲜明主题和初心本色。中国优秀传统文化作为传统生活方式的凝萃，本身对当代生活方式的改善和美好生活方式的设计都具有相当重要的参考、借鉴和启发作用，探索传统文化与当代相结合的生活美学，也越来越成为人文艺术家和自然科学家所共同关注的议题。

2018 年 8 月 23 日上午，第三届生活榜启动仪式暨《2018 中国美学与居住体验报告》发布会在广州举行，活动邀请跨行业多领域的专家学者、业界精英对话美好生活标准，分享美好生活提案，生活榜还联合腾讯家居联手打造“生活方式体验展计划”，并共同招募 100 件生活好物、匠人与品牌，确定第三届生活榜发布会定于 2018 年 12 月 23 日举行。第三届生活榜发布会暨首届生活方式体验展以中国古代生活美学经典《长物志》作为情景演绎的蓝本，透过古典生活文化中十二类“物品”的选择，探索建构生活美学空间，按照“雅”和“趣”的标准将“物”呈现于生活美学的五个空间。[①] 生活方式体验展借鉴古典资源，以现代的艺术陈设、创新的科技手段、丰富的互动体验抽绎并展现出传统文化中的生活美学，在提升“物”的价值与意义的同时，为“人”与“物”和“环境”之间的建立了多重链接。

2018 年 12 月 14 日，首届中国（杭州）文化消费节在浙江展览馆开幕，活动集展会、论坛、品牌盛典于一体，旨在“促成一批匠心与生活的融合”。文化消费节名誉主席、中国文联副主席陈振濂认为，杭州是一座极具文化底蕴的城市，通过打造首届文化消费节，可以将文化消费的概念清晰化，深入市民概念中、融入百姓生活里，打造出大文创产业的“杭州样本”，并提出杭州可以成为引领全国文化产业发展标杆的希望。[②] 文化消费作为当代生活方式的重要组成部分体现出的传统文化

① 《首届生活方式体验展来袭 重构中国美学生活场景》，腾讯家居2018年12月18日。

② 《2018首届文化消费节盛大开幕》，《每日商报》2018年12月17日。

质素越来越多,《人民日报》也曾刊文指出：文化消费是消费升级的重要体现，文化消费要扩大体量，也要提高供给质量。[①] 因此，重新认识传统文化，发掘传统文化的新价值，对新时期社会生活中的文化消费、文化的发展和美好生活方式的探索都将起到不可替代的作用。

三、活动与交流：传统文化全面复兴，借助“他者”反观“自我”

1. 传统书院助力教学探索和研究创新

在中国文化的传承发展与绵延赓续中，书院传承着教书育人、以文化人和传道授业、兼济天下的思想与精神，随着传统文化全面复兴，古代书院制度和当代书院复建热也逐渐走入官方的视野，成为新时期教育改革和文化创新的重要参考资源。2018 年 10 月 25 日，由浙江大学马一浮书院和人文学院联合举办的“纪念马一浮泰和会语八十周年座谈会”在杭州举行，与会学者共同缅怀马一浮的事业与精神，探讨当代书院和教育的发展方略。作为浙江大学教育创新实验性特区的马一浮书院成立于 2017 年底，首任院长由中国艺术研究院终身研究员刘梦溪出任，书院希望继承马一浮先生复性书院“尊经”“重道”“育人”“刻书”的传统，以“复性明体，开物达用”为宗旨，开展学术研究、人才培养、书刊出版、传播文化四个方面的工作。浙江大学校长吴朝晖指出，成立马一浮书院，就是要以弘扬中华传统文化的使命感推进思想文化的研究与传播，构建开源创新的思想文化高地，让中华传统文化在时代的转型发展中及与世界的文明交流中实现传承与创新，要推动源头开源，让中华传统文化在时代发展中传创，要推动东西交融，让中华传统文化在合作互鉴中创新，要推动以文育人，让中华传统文化在人才培养中发展，马一浮书院在当前高等教育大背景下，应主动承担大学通识教育、传承优秀传统文化以及增强文化自信的重要责任。[②]

传统书院兼有研学、祭祀、藏书等重要功能，当代书院或传统书院在复建之

① 《文化消费 潜力不小》,《人民日报》2017 年 11 月 17 日。

② 《浙江大学成立马一浮书院，文史学者刘梦溪受聘出任首任院长》，澎湃新闻 2017 年 12 月 28 日。《纪念马一浮泰和会语八十周年座谈会在杭召开》,《浙江大学报》第 687 期。

后，在此基础之上还具备了新的文化价值和功用。11月24日，由中央网信办网络新闻信息传播局指导，光明网、湖南大学承办的“文脉颂中华·书院@家国”网络传播活动在湖南大学岳麓书院启动，中央重点新闻网站及地方媒体的记者先后探访岳麓书院、石鼓书院、白鹿洞书院、鹅湖书院、问津书院、嵩阳书院等著名书院，希望以“书院”为切入点，通过探访书院遗存、巡礼书院文化、致敬书院精神的方式，挖掘并展现书院的文化基因、时代内涵和社会价值，推动网络空间进一步激发优秀传统文化的生机与活力。① 启动仪式结束后，学者围绕“书院与现代大学教育”“当代书院的文化使命”“文化复兴与中国书院”等主题开设讲坛，与湖湘学子一道挖掘阐发中国书院的历史经验与当代价值。中国书院学会副会长邓洪波在接受采访时指出，今天的书院要想获得认同与发展，需要政府进行有效引导，实施宏观调控，同时自身要坚持完善现代体制，实现与社会的接轨。② 黄钊认为，书院大力倡导的“尊道”“崇德”“好学”精神，不仅成为当代教学机构兴学育才的精神财富，而且对今天建设具有中国特色的社会主义精神文明亦有不可忽视的现实价值。

2. 聚焦“他者的眼光”，搜集中国文化海外形态的数据

2018年11月2日至4日，“第六届世界汉学大会”在北京举行，大会由孔子学院总部、国家汉办和中国人民大学共同主办，近百名中外学者围绕“理解中国：包容的汉学与多元的文明”的主题，针对汉学的发展与中西文化进行交流。国家汉办和孔子学院总部负责人表示，汉学是沟通中国与世界的纽带、促进多元文明互学互鉴的桥梁，需要更加包容。汉学家是世界各国与中国交往的桥梁，也是时代思想引领者。全球化的今天，世界需要汉学研究，需要真正汉学家。大会设有“汉学的译介与对话”“汉学的传统与现代转型”“汉学与跨学科研究”“汉学发展与人才培养”“海外汉学与本土学术”等五个专题小组，学者们普遍认为，汉学最突出的特质在于跨文化、跨语言与跨学科，汉学的发展离不开跨学科的对话和比较的视野，汉学启发人类对自身发展的思考，通过不同思想的交流、交锋、交融，推助人与人的相识、相知、相通。

20世纪80年代，在改革开放的社会环境和“文化热”的潮流下，江苏人民出

① 《“文脉颂中华·书院@家国”网络传播活动启动》，《光明日报》2018年11月25日。

② 《将书院文化精髓发扬光大——访湖南大学岳麓书院教授、中国书院学会副会长邓洪波》，光明网2018年11月28日。

版社推出了海外学者研究中国的系列著作，截至 2018 年 10 月，这套译丛已出图书 185 种，内容涉及政治、经济、哲学、历史、文学、社会学等领域，透过它几乎可以看到整个海外汉学研究的变化。2018 年 10 月，“海外中国研究丛书出版 30 年回顾暨学术研讨会”在清华大学举行，来自海内外的学者（包括作者和译者）对丛书给予了高度评价，与会者以此为契机，回顾了中西学术在 30 年间的密切交流以及中国人文社科研究的高速发展，在国际汉学这个“他者的眼光”的注视和观照之下，中国文化获得了更多的“自知之明”。①

立场独特的海外汉学体现了“他者”如何看待和理解中国文化，而内容宏富的域外汉籍文献则保留和呈现了中国文化海外形态的数据。所谓域外汉籍是指在中国之外用汉字书写的文献，主要包括中国国内失传但保存在域外的典籍、中国古代典籍在域外的翻刻本和域外人士用汉字写成的文献等。② 域外汉籍涉及中国经学、佛学、道学、民间宗教、通关档案、传记、文学、政治、杂记等各个方面，具有极高的文化价值，是研究中国传统文化的重要资料，是探究中外文化历史因缘的核心资料，更是构建东亚汉文化圈整体研究的基础资料。2018 年 11 月 9 日，《域外汉籍珍本文库》学术座谈暨项目总结会议在中国社会科学院召开，这一文化项目于 2007 年启动，是《国家“十一五”时期文化发展规划纲要》所列八个国家重大出版工程之一，也是我国第一次大规模地系统整理海外汉文古籍的文化活动，文库的出版为文化界和学术界提供了丰富的文献资料，也得到海内外各界的关注，它以汉籍为纽带，以文化交流为管道，以文化遗产保护为共识，有助于不同国家、不同民族之间消除隔阂、互通有无、加强联系、增进友谊。③ 另据山东大学透露，2017 年正式启动的国家级文化工程“全球汉籍合璧工程”正有序推进，并于 2018 年取得阶段性成果。该工程规模巨大，主要目的是对流失海外的中华传统典籍进行全面调查和编目，并按照相关要求对学术价值较高的海外古籍进行数字化回归和点校整理，同时建立相应的“全球汉籍合璧工程”数据库，包括目录数据库、珍本全文图像数据库、汉籍与汉学研究论著数据库等，数据库平台的全面升级和改建工作也在开展，

① 《惠及几代中国学人的学术资源——“海外中国研究丛书”出版30周年回顾暨学术研讨会在清华大学举行》，光明网 2018年10月22日。

② 卞东波：《海外稽古：域外汉籍与中国古典文学研究的新景观》，《中国社会科学报》2018年7月16日。

③ 《海外“四库全书”〈域外汉籍珍本文库〉学术座谈会召开》，手机中国网 2018年11月9日。

将为广大域外汉籍研究者提供良好的技术支持和阅读体验。

3. 传统文化凝聚两岸民心、走进大众生活

2018 年 11 月 22 日，第十届海峡两岸道文化论坛在道教祖庭江西鹰潭龙虎山召开，来自中国道教协会和台湾中华道教联合总会的海峡两岸道教界人士、道文化专家齐聚于此，共同探讨中华道文化和道教在新时代的发展方向。道教作为有着悠久历史的中华本土宗教，深深植根于中华传统文化的沃土之中，广泛吸收诸子百家的精华思想内容，是中华民族共有的精神家园，海峡两岸道文化同根同源，龙虎山源远流长的道文化在海内外有着重要影响，已成为凝聚两岸同胞的重要纽带。与会的台湾中华道教联合总会副会长王双秀在接受采访时称，道教文化到台湾后不断变化和发展，两岸开展文化交流就是为让更多台湾道教信众清楚“道教的根在哪里”。该会秘书长张肇珩也表示：“道教是存在于两岸人民心中重要的文化基因，也是日常依循的生活内涵，如今有少数人在操弄着自我解构文化的荒诞行径，虽一时能哗众取宠，但终究不敌深厚的文化宝藏作为我们的精神后盾。我们需坚定地定位自己为文化的传扬者，并积极将厚重的传统智慧赋予时代新生命。”①

两岸同胞血脉相通、心心相印，海峡两岸的道教也是这样，海峡两岸的道教虽然看起来是两个不同区域的道教，其实本是一家，在本质上没有区别。为增进两岸民众的了解，本届论坛有宗教科仪展示交流和宫庙参访，也有坐而论道的专业人士交流和学术交流，活动期间，主办方组织参访了世界自然遗产上饶三清山、葛玄祖师炼丹传教的圣地葛仙山、净明派祖庭西山万寿宫等江西省道教圣地。鹰潭市委台办负责人透露，该市将围绕打造“中华道都”的发展定位，通过挖掘、研究、提炼、展示、体验、宣传道文化，推动道文化显性化、大众化、体验化。②

不止道文化对社会民众具有巨大吸引力，2018 年，由各地举办的传统文化节和各种各样的文化活动来看，传统文化在民间产生的影响力正越来越大。9 月 7 日，为期三周的第十届上海孔子文化节在嘉定博物馆拉开序幕，文化节依托嘉定一座始建于南宋时期的孔庙，延续一贯以来“金声玉振 嘉定儒风”的主题，围绕“风雅礼乐篇”“崇德尚文篇”“儒韵和风篇”三大篇章，开展祭孔大典、开笔礼、成人礼、中式婚礼、中秋生活雅集等多项主题活动。主办方表示，上海孔子文化节作为 150

①② 《纵观十届“海峡两岸道文化论坛”：成两岸同胞情感沟通桥梁》，中国新闻网2018年11月25日。

个上海文化品牌之一，将进一步推动传统文化的创新性转化和创造性发展，力求以新思维和新模式成为打造江南文化的新亮点，让市民游客在品赏儒家文化、传统文化和江南文化精髓的同时，充分感受到“教化嘉定”的魅力。[①]11月，第五届“百姓儒学节”在孔子故里山东曲阜举办，自 2014 年首次举办以来，已有超过 25 万人次参与祭孔活动，传统文化在有趣的活动中得以继续传承，而 2013 年以来“乡村儒学”在山东遍地开花的轨迹，也成为独特的现象级事件，截至 2017 年 2 月，山东省乡村（社区）儒学讲堂达到 9200 多个，举办各类活动逾 4 万场次。参与“乡村儒学”建设的赵法生认为，乡村儒学讲堂不但要替代传统中国乡村社会中学堂、祠堂和道堂的功能，而且要提升它的公共性、现代性和教化功能，让它与现代社会更好衔接。[②]

四、研究与学术：探考思想文化的变迁与物质文化的内涵

1. 儒学经典的再思考

作为中国文化的核心，儒学在今天对中国社会发挥着越来越重要的作用，又一次成为中国的显学，但儒学现代化的任务依然没有完成，2018 年，以国际儒学论坛、国际孔子文化节、尼山世界文明论坛、世界哲学大会等系列重大文化活动的举办为契机，相关领域的专家学者聚焦传统儒学及其与现代中国和世界的关系，发表了一系列具备当下观照的论述。任剑涛认为，以往一些儒学家将内圣外王视为儒家核心命题，并且将“老内圣”开出“新外王”看作现代儒学的基本使命，宗旨不离内圣外王的直接贯通，但这是儒学无法完成的现代使命，“内圣的归内圣，外王的归外王”[③]应当是儒学完成道德与政治分流运行之现代蜕变的突破性标志，他提出留给儒学一个现代性理论建构的空间，促使它的政教面向适度分立，重建传统儒学具有的包容性，使其成为中国现代转型的动力因素，这应是儒学研究的目的性所在。学者应高度重视传统儒学的现代价值，但绝对不取传统儒学即现代体系的做派；同时又要理性拒斥贬斥儒学的立场，以现代中国建构为核心，支持儒学的重建尝试。[④]

① 《2018年上海孔子文化节，展现嘉定八百年文脉》，澎湃新闻2018年9月8日。
② 《山东独特的“乡村儒学现象”》，《大众日报》2017年10月14日。
③ 任剑涛：《内圣的归内圣，外王的归外王：儒学的现代突破》，《中国人民大学学报》2018年第1期。
④ 任剑涛：《当经成为经典：现代儒学的型变》，社会科学文献出版社2018年版。

李海超等通过考察明清以至20世纪现代新儒学的实质内涵后发现，在这些儒学理论中，作为现代性特质的个体主体性逐步由“确立”转向“模糊”，进而转向“虚显”，这正是儒学现代化受限的根本原因。[①]至于当代的儒学复兴也常与儒学现代化无涉，人们往往错将继承“儒学传统”直接等同于复活“传统儒学”，于是不免滋生了各种复古的乱象，究其原因，根本在于人们尚未明辨“儒学传统”与“传统儒学”之间的关系[②]，“儒学传统”着眼的是儒学的共时性观念——儒学之为儒学的根本所在，集中显示为基础观念“仁”与“内圣外王”的一般性思想结构，“传统儒学”则着眼于儒学的历时性开展，是指前现代儒学历史形态，无论是“传统儒学”还是与之相对而言的“现代儒学”都体现了“儒学传统”，当代儒学的开展，既要体现“儒学传统”，又要走出“传统儒学”，致思于儒学与社会的现代转型。[③]这些问题的讨论也见于2018年7月20日举行的“儒学当代开展的路径与问题学术研讨会”[④]。

儒学如何由知识、学说转化为参与意识形态建构、人类文明重衡的思想资源，也得到充分的研究和讨论。人们回顾60年前唐君毅、牟宗三、徐复观、张君劢等发表的《为中国文化敬告世界人士宣言》，发现他们将儒家心性之学作为中国学术文化的本源和核心，而这一观点需要面对认真的质疑和反思，在当代语境当中，儒学要说明儒家心性之学本质上是提升人的境界与功夫的杠杆，方能既不致误解儒学精髓，又能使儒学显示其内在价值，成为当代世界文化的建构资源。[⑤]儒学的“五常”精髓在构建人类命运共同体中可以为人类第三次启蒙提供人文资源价值，“和谐辩证法”在维护世界和平、构建人类命运共同体中具有思想方法、思维功能价值，“道法自然”“天人合一”的宇宙观可以为构建人类命运共同体提供生态智慧价值，而中国今天处理国际关系的智慧就是马克思主义唯物辩证法与中国传统的“和

---

① 李海超、黄玉顺:《个体主体性的虚显：儒学现代化受限的根源》,《南京社会科学》2018年第11期。

② 郭萍:《论儒学传统与传统儒学》,《人文天下》2018年第17期。

③ 杨虎:《论“儒学传统”与“传统儒学”》,《宁夏社会科学》2018年第6期。

④ 《“儒学当代开展的路径与问题”学术研讨会在安庆师范大学召开》，中国当代儒学网2018年7月28日。

⑤ 倪培民:《心性之学与当代儒学的世界化——〈为中国文化敬告世界人士宣言〉发表60周年评议》,《杭州师范大学学报(社会科学版)》2018年第6期。

谐辩证法”有机结合的产物。[①] 杜维明认为，中国尊重自己的文明，从中找到自我认同，找到发展的渠道，“我必然有自己的特殊性，我的特殊性中必然有着普遍性，有普遍性就可以分享给其他文明和民族。同理，对其他文明也要能认同他们的优越性，和人分享就是要承认他人的特殊性和普遍性，这里就点出了学习的自觉性。所以，儒家提倡‘为己之学’，就是要开拓自我性和主体性”[②]。改革开放40周年为儒学提供了发展和反思的契机，目前儒学复兴处于重要的关节点，当代儒学研究也已进入新时代，儒学应当跳出西方中心主义和中西对立的格局，树立自信，以开拓儒学研究的新局面。

2. 在中西比较视野中建构“中国古典学”

近年来，随着中国古代文化与文明研究的不断深入和推进，学界关于建构“中国古典学”的呼声越来越大，2017年底，第一届中国古典学国际会议在北京大学开幕，参加会议的海内外专家学者对这个概念进行了阐释。2018年，更多关于古典学和中国古典学学科建设的讨论出现，一些代表性的意见认为，古典即古代典籍，典籍泛指古代书籍，包括一直流传下来的和历代出土的，先秦的古籍是后代古籍的源头，最值得研究，不将先秦古典学研究清楚，两汉以后的历代古典学研究就成为无源之水、无本之木，特别应该研究中国古代典籍中的那些属于经典的内容。经典既可以是成本的书，也可以是单篇文章。之所以要研究中国古典，是因为中国古代典籍文本本身有相当丰富的知识营养，足资后人汲取，当今国民寻找精神家园、重建社会共识社会互信、增强民族的凝聚力、创造新文化，需要研究中国古典。[③] 徐正英从确立研究对象、明确研究方法与视角、避免虚浮之学等角度重点讨论了如何做好中国古典学的学科建设的问题，同时建议中国古典学研究应当采用比较的视角，“要阐释探讨中国早期经典，就应该有世界眼光，有比较意识，唯有如此，才能实现传统经典价值发掘的最大化”[④]。匡钊也认为，以求取关于古代经典世界的某种整体性知识为目标的中国古典学的现代建设尚在途中，而作为其与西方古典学共通方法论基础的语文学亦应得到自觉探讨，由此出发既可见现代中国传统文化和学术在

① 邵龙宝：《儒学在人类命运共同体构建中的资源价值》，《上海师范大学学报》2018年第1期。

② 杜维明、李念：《杜维明：地方性知识的儒学如何具有全球意义》，《船山学刊（哲学社会科学版）》2018年第6期。

③ 孙玉文：《中国古典学之我见》，《江苏师范大学学报（哲学社会科学版）》2018年第5期。

④ 徐正英：《扎实推进中国古典学建设》，《中国社会科学报》2018年4月17日。

知识意义上的延续性，亦可见其世界性。[①]

2018 年 10 月 13 日，第六届全国古典学年会在湖南大学岳麓书院举行，年会以“经史与义理”为主题，会议的热点和学者们强调的重点仍是古典学中作为基础的经史典籍和文献，至于义理方面的阐发必须建基于此，而围绕“比较视野中的经史之学”这一主题，学者们也发表了众多富有创见的观点。

3. 重视出土文献及其承载的文化与文明

2018 年 10 月，“殷墟科学发掘九十周年纪念大会”召开，专家学者联名签署《殷墟发展共识》，《九十年殷墟考古人与事》《殷墟青铜器全形拓精粹》等殷墟学术著作首发，“晚商考古新发现”主题沙龙、殷墟发展与考古论坛等活动同步举办。学术界隆重纪念殷墟，在于它丰富的地下遗存催生现代考古学在中国的发展，并成为世界遗产，让中国文化实现了与世界其他文明的对话。考古专家强调，殷墟发掘不同于前，首先是选点本身与中国传统学术相衔接。当时甲骨文已经发现近 30 年，殷墟作为甲骨文出土地为学术界所知也已经 20 年，发掘殷墟已经是以金石学为核心的整个学术界的期待；其次，殷墟发掘是中国官方学术机构组织的活动，除第一次发掘者是董作宾外，随后的发掘由受过现代西方田野考古学训练的李济、梁思永主持；第三，殷墟的发掘是连续性的。从 1928 年开始到 1937 年抗日战争爆发，历史语言研究所在殷墟共实施 10 次发掘，发掘的连续性使得田野考古活动广受关注，学科思想逐渐深入人心；第四，殷墟发掘诞生了真正的考古学方法。1931 年，梁思永在后岗确认的“三叠层”奠定了考古地层学的基础，李济倡导的陶器分类法也是对现代考古类型学的有益探索。殷墟奉献给我们的不仅有 3000 年前的人物与细节，还有社会组织、国家结构，以及以各种青铜器为代表的礼制，这一独特的维系社会秩序的方式。[②]

国学大师饶宗颐早在世纪之初就指出：“二十世纪为中国学术史之飞跃时代，亦为返哺时代”，“飞跃者，谓地下出土文物之富及纸上与田野调查史料之大量增加。由于考古学之推进，可征信而无文献纪录之历史年代，已可增至七八千年之久。返哺者，谓经典旧书古写本之重籀，奇字奥旨，新义纷披，开前古未有之

① 匡钊：《中国古典学与中国哲学“接着讲”》，《深圳大学学报（人文社会科学版）》2018年第5期。

② 唐际根：《纪念殷墟发掘九十年，并不仅因为地下遗存证实商王朝的存在》，澎湃新闻2018年10月18日。

局。"[①] 考古使出土文献大量进入学术研究的视野，也推进了人文社会科学与中国传统文化研究的长足进步，更有助文化自信的树立。中国早期古史文献的"史料品性"一直是焦点话题，也是影响人们对上古文化历史整体面貌认识的疑难问题，学者们以改革开放 40 周年纪念为契机，梳理和回顾了 20 世纪 70 年代以来各地新发现的涉史类简帛古书文献，结合传世文献的相关记载，探讨出早期古史书写与历史意识变迁的内在互动关系，对我们理解中国古代文化史籍和出土文献的当代构建具有重要的学术价值。[②] 文学文献学者徐正英指出，殷商甲骨刻辞、两周铜器铭文、战国秦汉简帛等出土文献"大文学"文本告诉我们，"表现性"及"抒情性"是我国古代"大文学"区别于西方"再现性"文学的独特存在形态和文化优势，这在上古就已定型并固化，春秋时代已经获得这方面的理论自觉，从创作实践和理论建构两个方面都更加充分地证明了其优势之所在，坚定的文化自信因此更为坚定。[③]2018 年 11 月 17 日，纪念清华简入藏暨清华大学出土文献研究与保护中心成立十周年国际学术研讨会召开，《清华大学藏战国竹简（捌）》同期举行成果发布会，清华简的整理与研究不仅丰富了古文字、上古音的体系建构，更丰富了学界关于古文字、古书流传等方面的认识，还极大推进了中国古代文明重大问题的研究，增强和坚定了文化自信。而在此前的 8 月 25 日，"第一届出土文献与古代文明青年学者研讨会"也在清华大学召开，来自中日两国的 40 余位学者汇聚一堂，回顾了 19 世纪末至今出土文献的发现和历史及其对近代学术发展"转一时之风气"的影响，青年学者们以新材料和新视野进一步推动了以出土文献为基本对象的中国古代文明和传统文化研究。

五、趋势与对策：从改革开放成就中总结经验，寻求新时期中国文化发展契机

1. 思考与总结改革开放的文化成就和动力

2018 年 12 月 18 日，庆祝改革开放 40 周年大会在北京人民大会堂隆重举行。习近平总书记在大会上发表重要讲话，"文化"成为讲话的关键词之一，他指出：

---

① 饶宗颐：《选堂序跋集》，中华书局 2006 年版，第 105 页。

② 于凯：《早期古史书写及其体例的流变与分衍——以近 40 年新发现涉史类简帛为中心》，《社会科学战线》2018 年 10 期。

③ 徐正英：《出土文献"大文学"研究与坚定文化自信》，《文学遗产》2018 年第 4 期。

40年来，我们始终坚持发展社会主义先进文化，加强社会主义精神文明建设，培育和践行社会主义核心价值观，传承和弘扬中华优秀传统文化，坚持以科学理论引路指向，以正确舆论凝心聚力，以先进文化塑造灵魂，以优秀作品鼓舞斗志，爱国主义、集体主义、社会主义精神广为弘扬，时代楷模、英雄模范不断涌现，文化艺术日益繁荣，网信事业快速发展，全民族理想信念和文化自信不断增强，国家文化软实力和中华文化影响力大幅提升。

不少关注改革开放和中国文化发展的学者在回顾中发现，思考和总结改革开放的巨大成就，还必须考虑到内在的机制，对此应该到中国文化内部去找寻。一些学者认为，中国经济发展的动力存在于“世代之间”，在中国人的传统观念里，代与代之间犹如链条中的环节，环环相扣，无限延续，“世代之间”意味着承上启下，中国文化的核心可以理解为一种系谱式的家族主义，它是儒家“慎终追远”的具体体现。① 另一些学者进一步指出，改革开放是对中华优秀传统文化的大力传承，事实上，改革开放的精神代表的就是中华优秀传统文化的“创造性转化”和“创新性发展”。②

改革开放的40年，也是中国特色社会主义文化繁荣发展的40年。研究中国传统文化，离不开改革开放的伟大实践，促进和推动文化发展需要改革开放保驾护航，而改革开放本身也是对优秀传统文化的传承和发扬。只有充分理解这一现实和命题，才有可能看清新时期文化发展的动态和走向，才能更好地深入研究和传承中华优秀传统文化。

2.探求传统文化在网络文化的共生

随着网络技术的飞速发展，当代生活方式的变化也日新月异，在这样的时代背景下，网络文化与传统文化的关系和冲突成为当代大众文化从业者以及传统文化研究者所共同关注的问题。台湾学者周祝瑛认为，网络文化是一种新型的沟通形式与文化新载体，其“去中心化”具有可以去除任何形式的文化中心与内涵的力量，从而重构整个世界，使世界变得多元化与碎片化，传统文化被改变成一种“随意”且“松散”的文本游戏，传统文化与经典等内容甚至变成了年轻人戏说、娱乐与解构的对象，文化变成消费的逻辑，传统节日也随之失焦。因此，传统文化在当前面对

① 范可:《改革开放的文化动力》,《人民论坛》2018年第33期。

② 郑承军、陈伟功:《论改革开放的文化底蕴》,《前线》2018年第8期。

着“如何在网络世界突围”的考验，首先需要解决的问题是正视网络的发展为传统文化带来的强大助力和冲击，利用网络不同的载体来保存与传播传统文化，承认传统文化的局限性，破除空间限制，让地域界限的世界缩小成村落，让不同国家的文化传统、价值观念在同一平台上充分交流，以打破文化传承与传播的地域限制。在网络时代，传统文化的深度与历史意义已被商业化、娱乐化和消费化取代，而厘清文化和经济的界线，不让文化纯粹变成“文化产业”，也是应该奋斗的目标。①

传统文化如何在网络世界突围，关系到《关于实施中华优秀传统文化传承发展工程的意见》中坚持创造性转化和创新性发展，坚持交流互鉴、开放包容，坚持统筹协调、形成合力等基本原则，其首要问题是正视网络的发展为传统文化带来的强大助力和冲击，利用网络不同的载体来保存与传播传统文化。学者还分析道，尽管网络文化横扫全球，但我们的大脑还是偏爱纸本，这也给了传统文化一个突围的机会；同时，父母仍是影响孩子使用网络与否的关键性人物，最好延迟学龄前儿童接触或使用电子产品的时间，让他们有机会去学习更多网络虚拟世界以外的东西，如书法、阅读诗词、户外运动、群体的接触等，只要父母能让孩子自小接触传统文化，学校中重视传统文化的保留与传承，文化创意产业与网络行业愿意融入传统文化的元素，传统文化仍旧有突围与脱胎换骨的机会。②

互联网平台除了自身在为传统文化“活起来”进行各方面的尝试以外，更加重要的是要赋能传统文化，让更多传统文化拥有符合时代元素的传播渠道和平台，助力传统文化的传承和发展。③在移动互联网的帮助下，文化科技融合力度持续加大，经典与大众由新的传播渠道连接，传统文化的扩散及传承方式更加便捷多元，我们不仅能够借助经典文本了解传统文化形式，更可以进一步考虑通过转换因果关系对之进行多维呈现，借助新媒体平台，优秀的传统文化必将以更加符合年轻人解读和理解的方式得以重新繁荣绽放。

3. 坚定文化自信，强调中国梦的世界意义与文明担当

习近平总书记指出，文化是一个国家、一个民族的灵魂。在当代中国，文化自信是具有科学性的时代命题，是中华民族生生不息、走向复兴的精神源泉，也是事

① 周祝瑛：《传统文化如何在网络世界突围》，《中国教育报》2018年9月20日。

② 周祝瑛：《传统文化如何在网络世界突围》，《中国教育报》2018年9月20日。

③ 《互联网平台赋能传统文化“活起来”》，新华网2018年5月10日。

关国运兴衰、事关文化安全、事关民族精神独立性的大问题。中华民族从5000年绵延不断的悠久历史中走来，创造了博大精深的中华文化，孕育出世界上唯一没有断流的中华文明。

中国文化和中华文明需要在文化自信的基础上发掘和弘扬，并随着中华民族的伟大复兴对人类文明贡献智慧和解决方案。2018年8月21日，习近平在全国宣传思想工作会议上强调："中华优秀传统文化是中华民族的文化根脉，其蕴含的思想观念、人文精神、道德规范，不仅是我们中国人思想和精神的内核，对解决人类问题也有重要价值。要把优秀传统文化的精神标识提炼出来、展示出来，把优秀传统文化中具有当代价值、世界意义的文化精髓提炼出来、展示出来。"中国与世界的关系发生了近代以来最为深刻的变化，中国近代遭受100多年的屈辱，现在处在复兴的阶段，从站起来到富起来，再到强起来，文化的功用不可忽视，如今，中国倡议、中国方案、中国智慧正在塑造和引领全球化和全球治理，背后都是中华优秀传统文化在提供源源不断的资源。

在漫长的历史进程中，文化自信始终把56个民族紧紧凝聚在一起，我们的文化自信建构于改革开放40年的伟大实践，建构于中华人民共和国69年的持续探索，建构于近代以来170多年的民族发展历程，更是建构于中华民族5000多年悠久文明传承之中。当前，坚定文化自信，发展中国文化，就是要从强调中国梦的世界意义与文明担当着手，作为世界大国与文明古国，中国不仅要实现自身的现代化，也要帮助其他发展中国家实现现代化，不仅自己要强起来，也要和世界一起实现人类文明的永续发展，把跨越时空、超越国界、富有永恒魅力、具有当代价值的优秀传统文化精神弘扬起来，激活其内在的强大生命力，让中华文化同各国人民创造的多彩文化一道为人类提供正确精神指引。

课题主持机构：中国艺术研究院中国文化研究所

主　笔：喻　静

撰稿人：喻　静　谷　卿

编辑、统筹：周进生

2018 年度中国红学发展研究报告

摘要：2018 年红学《红楼梦》原著与学术著作出版热点不断，各个版本的珍藏本先后问世；学术研究论题深入，学术普及持续推广；《红楼梦》的对外文化交流频繁，主题突出；《红楼梦》艺术传播形式多样，学术的支持作用尤为显著；学术刊物社会影响稳步上升；各地红学活动频繁，网络红学蓬勃发展，学术水平得到稳步提升；红学前辈引领学术前沿，青年学者富有创新精神，红学新人不断涌现，展现出生机活力和学术新姿。

关键词：红学　作者　文本　传播　文化走出去

2018 年红学继续健康发展，《红楼梦》原著与学术著作出版热点不断，人民文学出版社出版的各个版本的珍藏本先后问世；学术研究论题深入，学术普及持续推广，过程环节有声有色；《红楼梦》的对外文化交流丰富多彩，主题突出；《红楼梦》艺术传播形式多样，学术在其中的支持作用尤为显著；学术刊物增多，《曹雪芹研究》成为核心期刊，社会影响稳步上升；各地如上海、天津、山西临汾、江苏、贵州、吉林、江苏无锡、广东深圳、陕西渭南、四川、河南南阳邓州、云南等红学活动频繁，学术水平得到稳步提升，以传统文化为底色的文化自信进一步得到彰显；红学前辈指点江山，引领学术前沿，青年学者承担课题，富有创新精神，红学新人不断涌现，展现出生机活力和学术新姿；并且以红学界为主追悼冯其庸、李希凡、王湜华、凌解放（二月河）等红学大家和前辈，宣传和学习他们为学求真、为艺求美的精神。

一、打牢学术基础，反思学科发展

红学的内容涉及作者、文献、文本、文化等多个方面，研究《红楼梦》的学术文章则力图从一个侧面加强中华文化研究的阐释工作，从而进一步深入研究阐明中华文化的历史渊源、发展脉络、基本走向。这是高度，也是难度。中华人民共和国成立后的红学，是以马克思主义为指导思想的学术研究，当年《红楼梦》研究曾经是思想领域的风向标。今天，《红楼梦》研究依然备受瞩目，台湾红学专家欧丽娟教授称《红楼梦学刊》依然成为海内外红学领域的常青树和领头羊。这充分说明，以《红楼梦》研究为代表的古典文学研究为构建有中国底蕴、中国特色的学术话语体系做出了贡献。阐释经典，形成中华民族的文化自信，需要深入挖掘《红楼梦》百科全书、千门万户的知识和价值。《红楼梦学刊》本年度发表《红楼梦》研究的相关学术文章100余篇，分别从《红楼梦》的作者、版本比较、思想价值、艺术成就、语言特点、艺术改编、学术人物、译介等方面，论证、阐发了《红楼梦》作为文学经典在内容和形式、继承与创新上的完美结合。对中国古代文学以及古典名著《红楼梦》进行学术求真的研究，是传播中国的优秀传统文化、坚定文化自信的要求，也是落实习总书记“提高国家文化软实力，要努力展示中华文化独特魅力”的要求。梅新林在《〈红楼梦〉之于当代文化建构的典范意义》一文中认为，《红楼梦》作为文学经典，要不断通过“意义重释、文本重述与价值重构三大路径深度参与当代文化建设”(《红楼梦学刊》2018年第5期)。同时，《红楼梦》研究在坚决反对对待传统文化的历史虚无主义、反对学术上的弄虚作假和伪考证、坚持实事求是的学风和文风等方面，都起到了率先垂范的作用。

(一)《红楼梦》作为文学经典的定位

中国红楼梦学会会长张庆善研究员在“中国西部首届《红楼梦》学术研讨会”的致辞中说：一个民族的伟大文学家、科学家和伟大的作品是令人骄傲自豪的，曹雪芹的《红楼梦》无疑是令中国人感到骄傲、自豪的伟大著作，《红楼梦》对于增强民族文化自豪感、文化自信和凝聚力具有重要的意义。我们在仰慕文学经典的同时，更应该好好阅读、研究文学经典，深刻认识理解这些经典的文化内涵，努力推动伟大经典的当代传播。

推广《红楼梦》与《牡丹亭》是台湾作家白先勇晚年的“志业”，同时也被他视为中华文艺复兴的起点。白先勇先生在《红楼梦》研究上的主要观点有：其一，推广程甲本，承认后四十回的合法性和艺术性。从创作经验上讲，白先勇认为：古往今来，没有哪一部伟大的文学作品是两个人前后合著而成的。《红楼梦》后四十回的悲剧延续了挽歌说，所以《红楼梦》书写了一个大时代、一个大的传统的兴衰，对人世间枯荣无常、对于人生命运变幻莫测的感受。这不仅是史诗式的一曲挽歌，在某种意义上，《红楼梦》可以说是我们中国文化、传统文化的一首“天鹅之歌”，他写的是对过去的繁荣的无限哀悼。白先勇接着说：《红楼梦》为何有如此高的地位？因为它不仅是一部小说，它有崇高的立意，它讲了中国人所信仰的三种处世哲学：儒、道、佛。一个石头下凡历劫，以“情”为宗教，经历入世后复归佛道。入世、出世的两难选择是我们每个人都会遇到的问题，一生都要面临的矛盾和紧张，它也是我们文学的起因。“白茫茫一片真干净”——这是《红楼梦》最后的结局，也是每个中国人到末年都会有的感触。这一点共有的美学共鸣，可能是我们每个中国人骨子里的文化基因。而在白先勇的眼中，《红楼梦》将这种文化基因放大到了极致。《红楼梦》除了表面哀惋贾府的兴衰之外，有意无意地也在哀惋整个时代。《红楼梦》可以说是我们整个中国传统文化的一首挽歌。所以后四十回曹雪芹生前的时候收起来了，不敢流出去。他死了好多年后，人家才分分散散再找出来。其二，白先勇认为《红楼梦》是“天下第一书”，是中国浪漫文学的最高峰，是中国“情”文化的集大成者。其三，2018 年 3 月 25 日，在上海全季酒店举办的“《红楼梦》与我们的‘文艺复兴’”主题论坛上，白先勇说：我教《红楼梦》教了 29 年，是把它当文学作品来讲，以文本为主。所以我是作家的观点、文学的观点。他对《红楼梦》的定位是“如果说文学是一个民族心灵最深刻的投射，那么《红楼梦》在我们民族心灵构成中应该占有举足轻重的地位”。

关于白先勇研究《红楼梦》的学术特征，南京大学刘俊教授在《文本细读·整体观照——论白先勇的〈红楼梦〉解读式》（《中国现代文学研究丛刊》2018 年第 1 期）中做了如下总结：白先勇对《红楼梦》的解读具有非常明显的个人特点，那就是首先将《红楼梦》视为一部经典文学作品，然后在此基础上注重文本细读，代入创作经验，化用“新批评”理论，对《红楼梦》进行主题、人物、语言、场景、视角、结构等方方面面的分析，并以这种分析为前提，对《红楼梦》的版本进行比较，对后四十回的作者、成就以及与前八十回的关系等问题进行研析和判断，从而形成一种整体观照。

2018年北京大学出版社出版了台湾另一位在《红楼梦》研究中颇具人气和影响力的学者欧丽娟教授的《大观红楼》(3、4)，该套著作是根据作者在台湾大学教授《红楼梦》公开课（此公开课为作者赢得了“全球开放式课程联盟”2015年杰出教学者奖的殊荣，且被评为台大和网易最受欢迎的公开课）的讲稿整理、增删而成。《大观红楼》(3)聚焦金陵十二正金钗，提出了其新颖独特的人物诠释原则，并将此方法论成功地运用到对人物的评价中，详细且具说服力地解读了每个金钗性格的形成与天赋、环境、人格哲学及最后命运之间的复杂关联，其解读之深、之细、之奇令人耳目一新，且能给予读者更深的哲学思考。《大观红楼》(4)则聚焦贾宝玉、香菱、晴雯、袭人、薛宝琴几个人物，结合历史史料、心理学、生命哲学等跨学科知识，完整而全面地探讨了贾宝玉与几位次金钗的性格、精神和灵魂世界，颠覆了一些既定的说法，丰富了读者对人物性格复杂性的认识。另外，关于《红楼梦》的整体定位与评价，欧丽娟也有自己的看法，她认为《红楼梦》是中国文学史上唯一的贵族小说，它处处告诉我们，得体的礼教就是中国文化所能够达到的最高度的文明。我们今天只把礼教片面理解为一个外在规范，但礼教不只是如此，它由内而外，而且外与内互相沟通、互相交流，礼这个东西要发自内心人们才能够去实践，甚至透过礼的行为，它会反过来塑造我们的内心。这是古人对人性的一个很深刻的理解，所以他们会强调制礼作乐，礼跟乐其实就是两种调整人性，让其升华、提升的力量。作者自己并不赞成等级制，但她认为《红楼梦》是客观的存在，我们要用它的内在法则和内在运作逻辑认识它。回到《红楼梦》来看，礼正是中国传统的贵族文化的绝佳体现，好的贵族涵养所能够展现出来的在等级中优雅的、宽广的那一面，是否对于我们现在民主、自由、平等的社会依然很有启发性？

在关于《红楼梦》艺术整体的研究上，复旦大学教授罗书华2018年春季学期的《红楼梦》课安排了12个专题，分别是《红楼梦》的读者文本、社会文本、人性文本、生命文本、哲理文本、美文本、爱文本、英雄文本、钗黛文本、凤姐文本、姥姥文本、作者文本。12个专题犹如12个横断面，贯穿于《红楼梦》整部书，以此从传统文化资源中寻找永恒因子、现代因子，并用于现代文化建设（《今在红楼第几层？——复旦〈红楼梦〉课程中的文化与人生》，《红楼梦学刊》2018年第

5期）。

关于《红楼梦》定位，龚鹏程教授发出了异响，将《红楼梦》戏谑般地定位于“妖书”。龚鹏程发表《〈红楼梦〉在道路尽头的路标旁》（《衡水学院学报》2018年第6期）为台湾徐秀荣的《红楼梦》新校本作序。龚鹏程在其序文中说“《红楼梦》乃我国第一妖书”，“何以称妖书？就因为它善于迷惑人，能令人昧惑。关于它的内容、主旨、来历、文本、指涉、寓意，从没有两个人看法是一样的”。这个异响虽然刺耳，但依然是针对《红楼梦》博大精深、兴会无限的内在品质而言的。

（二）关于红学的方法论

在方法论研究上，本年度收获的一部重要的学术著作是浦安迪著、夏薇翻译的《〈红楼梦〉的原型与寓意》（生活·读书·新知三联书店2018年版）。尽管该书已于1976年在普林斯顿大学出版社出版发行，且在海外风靡一时，但40多年一直未有中译本。此次中译本问世，浦安迪教授专门为中文版写了序言，他强调这本书在研究《红楼梦》上的方法论意义，并重点介绍了书名中的两个关键词“原型”与“寓意”。他说：“原型”（archetype）一语所指的是一种特定的学术用语，取自哲学、人类学，尤其是荣格分析心理学，用来表达蕴含在某种文化表现里的内在思维模型。具体到《红楼梦》中则要归之书中拟称为“互补二元性”（complementary bipolarity）“多项周旋性”（multiple periodicity）这两种笼统抽象的概念框架。而“寓意”（allegory）并非意味着“《红楼梦》所寓之意”，而是某种特定的修辞写法。西方文学从古至今常用它来阐释某些古典作品表面上的叙事文本隐秘着另一层思想内容的情况。《红楼梦》适用这一术语，乃在于认为作者曹雪芹讲述木石金玉的奇缘，另有隐藏的深刻含意，就如首回里“谁解其中味”等处历历揭示。总之，浦安迪熟练地使用原型理论的文学观念和美学方法，开创性地将蕴含于中国古代神话、中国古代庭园建筑、西方中世纪诗歌中的一般规律运用到《红楼梦》文本考察中，使《红楼梦》叙事、人物、情节、主题等多方面的研究视野得到更深一步的拓展。

在《红楼梦》阐释学上，南京师范大学文学院教授骆冬青的《论〈红楼梦〉“通灵”阐释学》（《江苏社会科学》2018年第6期）则显得别具一格。他认为，《红楼梦》以“满纸荒唐言”，抒发辛酸深情，继承了庄子思想的言说方法，即“三言”——寓言、重言、卮言，以“借”说话，从而由掩蔽真意来强调真意。在叙述中，“春秋笔法”“太史公笔法”等传统写法也在汲取之列。但是，曹雪芹更有自己的写作艺术，这种艺术首先表现为“甄士隐解释学”。从《好了歌》到《〈好了歌〉解》正显示了其操作程序，具体表现是以“听”的模糊体验抓住“关键字”，在对“关键字”做哲学解释后，为原有歌词命名，显示其意蕴。在注解《好了歌》时，采取“还原情境”以恢复感性体验，又从感性体悟引发新的哲学理解。全书阐释学的目标则在首回回目中提出：以人生此在体验的女性悲歌，经由虚构的梦幻世界，达到“通灵”。

（三）《红楼梦》的艺术成就

对《红楼梦》艺术成就的总结，有下面三篇文章值得重视。陈文新、张奕在《〈红楼梦〉“以戏曲为小说”论》[《福州大学学报》（哲学社会科学版）2018 年第 6 期］一文中指出“以戏曲为小说”是《红楼梦》最为显著的特征之一，在以大观园为主体的部分尤其如此。它包括两个层面：一是创造性地继承和发扬“十部传奇九相思”的抒情传统，把大观园作为一种超越了尘俗的感情生活空间来加以描写；二是采用戏曲的情节展开方式来写宝黛之情，别开生面也别具魅力。该文分为两部分进行论证：1. 作为抒情原则的“以戏曲为小说”，2. 作为表达方式的“以戏曲为小说”。文章的结论是《红楼梦》“以戏曲为小说”表达了曹雪芹对于中国文化的反思。他肯定个人感情的重要价值，对中国文化做出了一种新的个人判断，并以此丰富了中国文化的内容。《红楼梦》百科全书式的内容囊括了整个中国文化，但是此书之伟大更在于它就这一文化所提出的种种疑问。“《红楼梦》中对于一个失去的世界的缅怀和理想化，令现代中国读者得以把握整个中国文化，与此同时，书中具有反讽意味和批判精神的自我反省，又揭示着现代性的负荷。”《红楼梦》打通小说、戏曲间的壁垒，融诗意与写实为一体，既超越了不加节制地展示负面生活的《金瓶梅》，又超越了背离真实原则的才子佳人小说，《红楼梦》是中国文学的伟大经典，更是中国文化的伟大经典。与此一艺术成就分析相接近的还有俞晓红教授的《〈红楼梦〉“戏中戏”叙事论略》（《红楼梦学刊》2018 年第 1 期），她认为，《红楼梦》中大量的“戏中戏”与小说文本存在着某种对应关系，或是对比反衬，或是正比映照，或是连类比喻，或是局部勾连，由此便形成结构性的互文关系。戏中戏作为潜文本介入了小说的叙事进程，开启了读者的非线性阅读与理解。

另外一篇是李建军的《俄罗斯的〈红楼梦〉——论阿克萨柯夫的〈家庭纪事〉》(《红楼梦学刊》2018 年第 5 期)。李建军研究员认为：从艺术上来看,《家庭纪事》与《红楼梦》具有极大的相似性，显示出一种成熟的“中间风格”，一种朴素而优雅的文化修养和美学气质；从揭示人性的深度看，它以冷静而客观的叙事，揭示了人性和俄罗斯民族性的幽暗面，这与曹雪芹借助众多人物形象的塑造来反思人性具有异曲同工之妙；从人物塑造来看，它所塑造的苏菲亚在性格上跟《红楼梦》中的王熙凤颇多仿佛之处，但却另有一种气质，另有一番心思，别是一种人物。他认为，《家庭纪事》之所以被称为“俄罗斯的《红楼梦》”，是因为其独特的个性和风格都具有无可替代的价值和地位。对于中国读者来讲，读到这种充满日常生活气息的作品会觉得分外亲切，因为它跟我们的《红楼梦》神似。

(四)红学学科发展的反思

本年度特别值得一提的是对学科发展的反思不断深入。红学是一个传统学科，虽然属于显学，但是不同研究者对于学科对象、学科方法的认识却是不同的。白水和陆仁甲在《关于“周汝昌之问”及红学的对话》(《文学与文化》2018 年第 4 期)中认为,“红学”何以为“学”，是周汝昌持续发问并言说的一个问题，也是红学史研究绕不过去的一个问题。周汝昌据所谓曹学、脂学、版本学、探佚学对红学做排他性的界定，在学理上难以成立，但《红楼梦》研究难度最大、死结最集中的又确实是在周汝昌特别强调的几个领域。红学现有研究本身面临着深刻危机，有很多问题，需要从头梳理。对此刘相雨教授在《关于红学学科发展的困惑和思考》(《曹雪芹研究》2018 年第 2 期)中反思了当前红学学科的发展，认为有三个问题值得思考：一是红学的研究对象，应以《红楼梦》小说为主，而不是以曹学、版本学、探佚学、脂学为主；二是红学的研究方法无好坏之分，哪一种研究方法对于研究的对象更加合适就应选择哪一种；三是红学的发展需要新的理论指导，这种新理论应该以中国传统文艺理论的创新性发展为主，借鉴和吸收国外的文艺理论，使之能够相互沟通、对话，促进红学研究的深入和发展。虽然不是商榷、辩难文章，但两文可谓针锋相对。

苗怀明教授在《〈红楼梦〉思想三论》(《江苏第二师范学院学报》2018 年第 2 期)中回顾了 20 世纪五六十年代《红楼梦》研究的三种观点：“农民说”“市民

说”“叛逆说”。该文认为，“以曹雪芹独特的思想资源和人生经历，其思想观念、观点见解与俗世不同，带有较为明显的反传统和叛逆色彩，这是比较容易理解的。但是以当时的社会文化条件，他还不可能达到从根本上反对和否定封建制度乃至整个经济基础和上层建筑这样的思想高度，这样的高度即便现代人也难以完全达到”；“从贾宝玉这一核心人物来看，他的言行确实可以称得上特立独行，与众不同。不过他的叛逆和反抗，多是凭着个人的直觉和情绪，以其率真的个性来对抗世俗的虚伪，并没有现代人所拥有的那些系统、成熟的民主或人性的思想观念”。关于忏悔意识，该文写道：“从作品开篇的交代来看，作者是怀着负罪忏悔的心理来进行创作的，这给我们全面、深入理解作品提供了一个很好的切入点。作者为什么要忏悔，他到底忏悔什么，忏悔都具体包含哪些内容？不务正业、拒绝科举、仕进、放弃家族责任等等，算不算忏悔的内容？”提出了一些至今仍需深入探讨的问题。

从上面的简单梳理来看，本年度的学科反思是全方位的，包括思想艺术、学术人物评价、艺术接受、学术方法等，这不仅反映了学科发展不断自我净化、自我反省、自我规范、自我更新、自我提升的创新要求，反映了学科自觉意识（包括研究对象、研究方法、历史意识、学术史意识）的增强，同样也反映了在评价历史问题与历史人物的问题（如周汝昌、冯其庸、李希凡、二月河等，对他们的评价问题反映了尖锐的思想冲突，也反映了认识的距离和落差，再往前推还涉及胡适的评价问题、脂砚斋的评价问题）上研究者越来越趋向客观性和系统性。

（五）版本研究

文献是《红楼梦》研究的基础。从胡适开始，对于《红楼梦》版本的关注以及由此引发的对作者家世生平乃至小说主旨的讨论，就一直是《红楼梦》研究中的重要课题。特别是近年来，随着交流的开放，海外文献频频出现，不论是异国文人的随笔日记，还是流落在海外的中国文献，都越来越多地浮现在研究者的视野之中。

2018 年 5 月 7 日，《人民政协报》第 12 版刊登了黄安年《1870 年前〈红楼梦〉刻本在美宾州被发现》一文，披露了美籍华人、探寻美国铁路华工历史的志愿者黄倩发现藏在美国宾夕法尼亚州水獭瀑布市卡内基图书馆地下室的一个刻本《红楼梦》的消息。该书虽然严重残缺，只有第五十一回的两页与第四十五回，但据黄先生推断，该刻本是 19 世纪 70 年代华工参与建设中央太平洋铁路时携带到美国并随后被东移到宾州水獭瀑布市刀具厂的，从侧面说明了当年《红楼梦》在广东侨乡中的流传与影响不可低估，也再一次提醒我们应对海外文献有足够重视。

除了甲戌本，不少学者也对其他版本如郑藏本、蒙府本、庚辰本、己卯本等钞本以及程高刻本系列均有所讨论。其中《红楼梦学刊》《曹雪芹研究》《北京师范大学学报》《红楼梦研究》以及《河南教育学院学报》等刊登的文章，从版本研究的特点、版本特征特别是其标准等方面进行了辨析，进一步推进了对各版本的认知与判断。

比如，《红楼梦学刊》刊登的蔡芷瑜《嘉德春拍程甲本〈红楼梦〉小考——兼论程甲本版本标志》（2018 年第 5 期）和张俊《程乙本改动程甲本字数述议》（2018 年第 6 期）分别对如何判断程本的标准进行了尽可能的确定与分析。蔡芷瑜认为，从逐叶、逐行校勘的结果来看，大部分书叶只有两种型态：辛亥年所印的程甲本叶面和壬子年所印的程乙本叶面。但程甲本系统与程乙本系统又各自有再改进的情形。因此，从目录叶、字模倒排与误排、版心叶码错误、挖改及抽换、纸店钤印以及程甲本和程乙本间的异文等版本标志入手，可以判断某旧藏本是否为程甲本系统。张俊还提出，自 1927 年汪原放首次对乙本修订甲本字数进行统计开始，目前所见有七种统计数字，多者为 28138 字，少则五六千字。之所以数字如此悬殊，是因为统计的人各自所用版本不同、把握标准有别。字数修订的多少，可作为考察和评判程乙本对程甲本修订方式、修订结果的有力参照。

《红楼梦研究》（第贰期）刊登的戴英马《〈红楼梦〉程高翻印本对原本劣文的修改》一文提出，程甲本和程乙本对前八十回和后四十回的修改性质是不同的。后四十回相对独立，且自身有可取之处，文学水准尚可，而前八十回经过删改后文学水准降低。删改者需要增减字数维持版面的总字数不变，其匠工式态度表明其有可能仅仅是个排字者。张杰在《〈红楼梦〉拼配本底本来源初探》一文中把《红楼梦》版本分为整体本和拼配本，其中经过文人修改整理的卞藏本、列藏本、梦稿本和郑藏本，其主体都是拼改誊清本的后代钞本，同源于一个早期版本。而众多版本的流传是多线流传，需要大量精力寻找比对多种版本内部累积的多层次异文。梁岳标在《郑藏本的渊源与流变》一文中从版本和文本两方面探索了郑藏本的渊源和流变，认为郑藏本两回结尾异文都是脱漏造成的，是长期传抄翻阅和保存过程中的常见现象，由其版本面貌可知其某一代祖本有可能是与现存庚辰本体例相同。

2018年社会科学文献出版社出版的刘世德《红楼梦舒本研究》一书集中体现了版本研究中的这种理性与科学精神。舒序本是《红楼梦》众多版本中唯一的“货真价实”的“乾隆抄本”，作者自20世纪中期便持续关注，并陆续写成系列论文。该著考证了舒序中的几个相关人物，如筠圃、舒元炜、周春、杨畹耕等，并对舒本中的第五回首页、第九回结尾、回目、二尤故事以及前四十回中的独特异文进行了细致分析与考证。特别是其中对版本异文出现原因的观察、对文字中讹脱衍倒现象的分析判断，力图把观点在一个可控范围内表述清楚，是作者始终坚持的一种学术表达。

大陆地区的原著再版主要有如下几类：

第一，带有名家导读的经典名著普及读本，如人民文学出版社、巴蜀书社、岳麓书社、浙江古籍出版社等，不仅在校注方面选择慎重，如人民文学出版社选择的是俞平伯校、启功等注，还邀请了宁宗一、郭英德等学者名家有针对性地撰写了导读。

第二，以权威经典读本为底本，针对高考进行问题设置，如中华书局在书末设置了独特的“阅读方案”，从人物形象、艺术特色、思想内涵、文化价值、备考方案等方面进行了指导。

第三，根据学校教育与高考形势进行一定的改编或改写，如现代出版社、旅游教育出版社、福建教育出版社、北京少年儿童出版社、中国画报出版社、浙江少年儿童出版社、河北少年儿童出版社、江苏凤凰少年儿童出版社、安徽少年儿童出版社等。

第四，对原著进行艺术改编，将文字图像化后展示给读者，如上海古籍出版社的《梦影红楼：旅顺博物馆藏孙温绘全本红楼梦》、作家出版社《清・孙温绘红楼梦：原作复制描金册页版》、河南美术出版社《红楼梦》、江苏凤凰美术出版社《红楼梦绘本故事》以及上海远东出版社《绣像里的红楼梦》等。

第五，一般性再版多为一百二十回，对署名等问题没有过多考虑或沿袭旧例，如安徽文艺出版社、浙江古籍出版社、万卷出版公司、华文出版社、上海大学出版社、岳麓书社、时代文艺出版社、长春出版社、江西教育出版社、四川科学技术出版社、陕西人民出版社、哈尔滨出版社、陕西师范大学出版总社、北京日报出版社、开明出版社、现代出版社、汕头大学出版社、北京出版社、三秦出版社、天地出版社、中国华侨出版社、江苏凤凰美术出版社、九州出版社、天津人民出版社等。

（六）作者家世研究

作为小说的作者，曹雪芹的家世背景一直受到学者不断的追述与考索。正如张书才在《曹学断想》（《曹雪芹研究》2018 年第 3 期）中所说的那样，曹学目前仍需着力于史料的发掘，以期澄清史实，运用历史文献、文物遗迹、调查资料三者结合的三重证据法，对既有的聚讼日久的一些问题重新进行学理层面的探讨，并不断发现、研究和解决新的课题，全面了解曹雪芹生活时代的社会状况及其独特的家世遭际与人生经历，弄清造就曹雪芹、产生《红楼梦》的历史条件和时代背景，从而为更加准确地认知曹雪芹、阐释《红楼梦》提供可靠的基础。

2018 年，与作者家世相关的话题总体而言依然围绕着曹雪芹的家族背景、交游、创作背景以及小说的著作权等问题来展开。

1. 曹雪芹家世

关注作者的家世，大致可以从成长经历和创作背景两方面来讨论。家族文化是作家形成某种观察思考方式的基本背景，在一定程度上会影响其审美趣味。而目前对曹雪芹家族的考察，更多还是来自对其祖父曹寅的关注。这一点在 2018 年继续得到推进，不仅有新材料的出现，对曹雪芹祖父生平以及曹雪芹本人的生活背景的研究也有了新的拓展。

如刘上生《曹寅童奴生涯探析——〈南辕杂诗〉“旧日侲童半服官”的另类解读》（《曹雪芹研究》2018 年第 1 期）和《曹寅童奴生涯与〈红楼梦〉的反奴文化创造》（《红楼梦学刊》2018 年第 1 期）两文，前者侧重对材料的重新解读，后者则侧重对小说创造背景的探讨。刘上生从语义学的角度对曹寅“旧日侲童半服官”一句进行解读，认为“侲童”意即年幼入宫当差。他援引钱谦益的《冬夜观剧歌》与清代宫廷“哈哈珠子”的相关文献记载，认为曹寅曾经在十二岁进京入侍，有过一段侲童经历。这种从包衣到仕宦的经历，使热爱戏曲和表演艺术的曹寅在内心深处潜藏着一种被轻贱的悲哀，也因此形成了他反奴与奴性忠诚的双重人格，这种精神传承对《红楼梦》中反奴文化的创造有深刻影响。曹雪芹对童奴命运的人文关怀以及小说中塑造的一系列反奴形象，都受到这种家族文化背景的影响。

关于这种家族文化的影响，刘上生在另外一篇文章《从曹寅诗注到曹雪芹改曲词——兼论〈红楼梦〉第六十三回的表意艺术》[《红楼梦研究》(贰)] 中也有涉及。该文就小说第六十三回芳官的唱词在不同版本中的异文讨论了异文出现的原因，以及潜藏在这种原因之下曹雪芹对家族精神的接受与传承。同样表达这一主题的还有胡晴的《由〈楝亭集〉中诗作看曹家文化传承及其对〈红楼梦〉创作的影响》(《红楼梦学刊》2018 年第 4 期)。文章通过《楝亭集》中呈现出来的日常细节与审美趣味，细致展示了家族历史、家族记忆对曹雪芹创作的影响。

张俊的《〈红楼梦〉及其续书与明清小说中的张家湾——兼谈〈红楼梦〉之"地舆"避讳》(《曹雪芹研究》2018 年第 2 期) 一文则侧重于小说中存在的"地舆"避讳现象，揭示出作者的生活背景对《红楼梦》乃至由其衍生出的系列续书的影响。奚沛翀《曹雪芹与〈圆明园四十景图〉关系浅探》(《曹雪芹研究》2018 年第 1 期) 探讨的是小说中对大观园的描写与现藏于巴黎国家图书馆的《圆明园四十景图》中部分图文有高度呼应，反映出曹雪芹在创作过程中有参考四十景图并适当改造移植的可能。

此外，张玉洁的《曹雪芹旗籍研究的红学史回顾》(《红楼梦学刊》2018 年第 3 期) 一文对曹雪芹的旗籍和民族归属问题进行了回顾与梳理。胡鹏的《"曹雪芹在西山"遗迹寻踪》(《曹雪芹研究》2018 年第 3 期)、丁帆的《南京与〈红楼梦〉》(《新华日报》2018 年 2 月 2 日)、陈正荣的《〈红楼梦〉中的江苏元素》(《新华日报》2018 年 3 月 23 日)、刘守华的《探寻曹雪芹身世的一次官方调查》(《档案春秋》2018 年第 2 期) 等文章分别择取北京和江苏两个地理元素，对曹雪芹的生活轨迹进行了追踪寻觅。

2. 曹雪芹的生平与交游

不同于曹寅所留下的众多资料，关于曹雪芹的生平与交游一直很少文献，也因此，每一次新材料的出现，都会引起研究者们的兴奋与质疑。本年度的热点依然是 2016 年在贵州省博物馆发现的《种芹人曹霑画册》。该画册问世之后，围绕着"种芹人曹霑"或"芹溪"究竟是否为《红楼梦》作者曹雪芹、《种芹人曹霑画册》是否为曹雪芹作品等问题，研究者不断拓展与之相关的历史文献，试图多角度、多层次地勾勒出曹雪芹更为广泛且真实的交游网络。

沈治钧在《重读〈生香书屋诗集〉札记》(《曹雪芹研究》2018 年第 1 期) 和

《陈浩交游录》[《红楼梦研究》(贰)] 两篇文章中，通过对陈浩《生香书屋诗集》的重读，特别是对陈浩与敦诚交游的考证，以及诗集中的多处记载，确定“陈浩亲身接触过曹君芹溪是确切无疑的”。他认为，虽然疑点确实存在，但红学原始新材料的出现偶然性往往极大，应该另辟蹊径努力接近历史的真相。

台湾学者黄一农对画册始终持肯定态度，《长江学术》在 2018 年第 1 期刊登其《〈种芹人曹霑画册〉考实》一文，不仅详细描述了画册的形制、钤印、字号以及字画的意境，还通过对字号钤印上的“闰周”二字推断曹雪芹或许生于康熙五十五年闰三月。他认为，“虽然文物证真在本质上永远无法完善，该画册有很大可能是现存诗书画印俱见的真迹”。

《曹雪芹研究》在 2018 年第 4 期刊登了拾井磊的《〈种芹人曹霑画册〉析真》一文，对画册体现的画风画技进行了探讨，并认为画册作者“曹霑”与小说作者“曹霑”都有“遁世情怀”，且都擅长皴法画技，结合学界既有成果，画册应该是曹雪芹的传世真品。

崔川荣也在《〈种芹人曹霑画册〉中的“闰周”印章及可能推出的雪芹生年》（《曹雪芹研究》2018 年第 4 期）一文中表示画册作者是曹霑，并联系《诗经》《赠王粲》等文献，认为曹霑表字可能是“润周”，取义于“皇恩润及四周而无疏漏”。

当然，也有学者持不同意见，如《九江学院学报》(社会科学版）刊登的张志《〈种芹人曹霑画册〉与〈红楼梦〉的关系——关于〈画册〉相关研究的再商榷》(第 2 期）一文认为，画册第六幅中的“忆昔茜纱窗”图章与“种芹人”落款的表意是矛盾的，至少是有歧义的，归隐后的曹雪芹不会对过去繁华生活念念不忘。用杜甫的《春夜喜雨》来配双茄画也与曹雪芹的朋友们对其“善画”的评价相矛盾。

此外，刘广定《〈临罗两峰鬼趣图〉之疑与“凄香轩”》(《曹雪芹研究》2018 年第 1 期）一文从裕瑞诗的内容、作品之钤印形式与使用时期，以及《临罗两峰鬼趣图》中的其他疑点，认为图中题诗用印可能皆是后人之“添款”。故虽有“凄香轩”之印，也不能证明裕瑞早年已用“凄香轩”代“萋香轩”。同时，作者认为“萋”“凄”不通假是当时一般用法，以书画内容研究曹雪芹及《红楼梦》时必先确定其真实性的意见。

3. 曹雪芹著作权的论争

与家族交游考证相比，关于《红楼梦》尤其是后四十回究竟是否为曹雪芹所撰是个颇有争议的问题。虽然曹雪芹拥有著作权一直是学界的主流观点，但对此表示质疑的声音也不绝于耳。如沈新林就认为小说的原作者是曹雪芹的父辈“曹颜”。在2018年，《明清小说研究》第1期和《古典文学知识》第4期分别刊登了《〈红楼梦〉原作者非曹雪芹论》和《由中秋联诗看〈红楼梦〉原作者》两文，前者从小说文本、创作动机、创作时间、重大事件、人物设置、形象塑造、方言语汇、生活细节、脂砚斋批语、小说成就等诸多方面进行分析论述，后者由黛玉、湘云中秋联诗的诗句切入，试图共同证明《红楼梦》原作者不是曹雪芹，而是其父辈人物曹颜。

更多学者依然认同曹雪芹是小说包括后四十回的作者，如《中国艺术报》4月11日第8版《张庆善：红楼梦后四十回作者为何变为“无名氏”？》，《解放日报》5月19日第7版《新校红楼“新”在哪里》，以及《光明日报》7月10日第15版刊登的《〈红楼梦〉后四十回作者是谁》等文章中即强调了这一点。张庆善在这些采访中清楚展示了作者问题的始末渊源。此外，《中国艺术报》刊登的位灵芝《谈谈〈红楼梦〉的作者署名问题》（2018年3月2日）一文也认同这种说法，不过她认为相对于曹雪芹和无名氏的署名，采用“曹雪芹著，程伟元、高鹗补”是更为合理的做法。

当然，也有学者在承认曹雪芹是《红楼梦》作者的同时，提出小说可能不止有一位作者的假设。如《光明日报》2018年2月27日刊登的《〈红楼梦〉是怎样写成的——专访中国红楼梦学会常务理事杜春耕先生》，杜春耕列举小说中存在的种种纰漏和问题之后说：“我们读《红楼梦》，都会认为这本书应当存在一个完善的、最后的底本。但事实上……我们可能怀疑这本书不止一个作者，而曹雪芹只是其中比较重要的一位作者。”

王润华则在《新世纪重返〈红楼梦〉——周策纵的曹红学研究之路及其对后四十回著作权的考证》（《曹雪芹研究》2018年第3期）一文中除强调了周策纵对西方传统汉学的思考之外，还特别指出周策纵曾经用电脑分析小说词汇频率的方法鉴定出小说前后作者是同一人。

正如葛安菁在《规则与边界：〈红楼梦〉著作权的学术史反思》[《河南教育学院学报》（哲学社会科学版）2019年第1期］一文中总结的那样，探讨著作权问题需要明确概念的界定，是原始作者，不是修改者、写定者，甚至某位人物的原型。同时，也要有客观、可被公认或普遍接受的研究规则。

（七）考证与索隐

对作者著作权的讨论带来的不仅是更多文献的汇集与考证，也有因文学想象进而产生的其他观点。这一类著述自小说诞生后，便一直伴随不同人的解读绵延至今。如岳麓书社 2018 年出版了率秋玲的《纳兰揆叙与红楼梦》，便是对曾经在乾隆时期流行一时的“明珠家事说”所进行的重新阐释。作者认为，以小说中的时间背景、神仙隐喻、人物年龄属相等与历史上的纳兰家进行对比发现，《红楼梦》确实写的是明珠家事，贾宝玉是明珠次子纳兰揆叙，纳兰揆叙同时也是小说作者，曹雪芹只是后来的整理者。其封面简介上评价说：“该书虽为个人爱好之作，但其逻辑较为严谨，论证也很充分……加之其写作方法能自成一体，实是红学索隐派中一部较有独创性的著作，为解开《红楼梦》之谜打开了一扇崭新的窗户，开启了一片新的天地，具有一定的学术价值和文学价值。”

值得关注的是社会科学文献出版社人文分社出版的雷戈《家天下的家族世界：〈红楼梦〉建构的历史语境》一书。该书在绪论部分对历史语境与家族世界的概念进行了界限清晰的阐释，特别剖析了在小说研究中存在的对史料与语境的误解。他认为《红楼梦》不是历史，不是史书，不是史料，而是历史语境，它改变了历史学的认知，营造出一种历史语境，制造出一个使历史得以言说的话语系统。史书描述的是事实性世界，而小说描写的是可能性世界。《红楼梦》也因此受到多重误读。

这种对历史与文学、索隐与考证的反思同样表达在孙勇进《索隐、考证以及索隐派红学》[《南开学报》（哲学社会科学版）2018 年第 5 期] 和黄一农《索隐文学与〈红楼梦〉中之碍语》（《中国文化》2018 年第 2 期）两文中。孙勇进认为，界定索隐派必须明确索隐并非与考证平行的概念，它不是研究方法，而是一种阐释旨趣。凡视文本为伪装，在文本内各意义单元和文本外各对象间建立映射关系，并将其推定到作者意图层面，以索解此意图为阐释之根本目标的皆为索隐。黄一农则在文章的最后提出“理性且有节制的索隐，应重新被纳入红学研究的正途”，建立在历史学统计学基础上的索隐，是史实背景与小说进行的健康理性的对话。

二、丰富的学术活动为古典文学研究注入新活力

红学一诞生就具有超越文学经验的学科性质。红学作为一个跨学科的门类，文学经验是基础，多学科研究不能偏离此宗。一门学科成为显学，往往是跨越了雅俗，超越了时代，成为新的知识与文化的生长点。因此，红学活动具有与学术建设、学科发展、文学创作、地方文化建设相结合的特点。

中国艺术研究院2018年的主要学术活动有：1. 2018年5月与西南交通大学联合举办《红楼梦》译介学的学术研讨会；2. 2018年6月与北京市通州区合作办好纪念该院前终身研究员、红学家冯其庸逝世一周年的学术活动，编辑出版60余万字的《瀚海梦痕——冯其庸先生纪念文集》，此纪念文集已由文化艺术出版社出版；完成院级课题《纪念冯其庸先生及其学术成果的收集与整理》项目；3. 2018年9月与中国人民大学合作举办“经典阐释与文本对话——《红楼梦》与《儒林外史》学术研讨会”；4. 2018年9月在二道白河举办“2018首届《红楼梦》与长白山文化研讨会”；5. 2018年10月接待率团来该院进行学术交流的韩国红学会会长、高丽大学教授崔溶澈一行；6. 2018年10月与北京大学东方文学研究中心合作举办“《红楼梦》在东亚的传播”国际学术研讨会；7. 12月7日—9日作为学术指导单位参与云南省红学会、云南民族大学举办的“中国西部首届《红楼梦》学术研讨会”；8. 12月初举办中国红学会主要负责人年会，总结全年工作，策划议题，寻找重点，克服难点，力推普及，为下一年度的工作开展做思想和组织准备；9. 12月13日举行“真理的追求——李希凡同志追思会”，常务副院长吕品田主持会议，祝东力副院长致辞。

这些活动的特点是：1. 继承前辈学人优良的学术传统，为学求真，为艺求美，使传统学科焕发生机，使学术事业得到发展。本年度学术刊物上追思、怀念的人物有吴组缃、周汝昌、冯其庸、林冠夫、裴世安，还有本年度逝世的红学家李希凡、二月河、曲沐、邸瑞平、王湜华等。2. 回顾历史，立足当下，凝聚智慧，展望未来，把握方向，积极开展关以与《红楼梦》相关的学术研究、艺术改编、艺术展演、学术讲座、文化传播、文化创意、文化产业等为内容的红学事业的发展，使红学与时代的发展相适应，与提高和满足人们不断提高的文化要求、精神需要等美好生活愿望相适应。

三、积极展开学术普及与提高活动，网络红学呈现新面貌

学术普及与提高是红学中的一个重要问题。中国红楼梦学会主持、参与的 2018 年 9 月恭王府《红楼梦系列讲座》和河北正定红楼梦文化论坛等，论题与时俱进，趣味雅俗共赏，传播迅速，受众广大；大力支持地方红学会的发展，加强团体合作，普及学术规范，指导学术发展；参与并指导地方红学会工作，如到吉林长白山、云南昆明、陕西渭南红学会参加他们的成立大会和学术活动；参与上海越剧院《红楼梦》上演六十周年的活动、北方昆曲院《红楼梦》在中国国家大剧院的年度演出活动、苏州昆曲传习所《红楼梦》的艺术改编和演出活动。通过这些活动，借助《红楼梦》传达和培育中华文化独一无二的理念、智慧、气度、神韵，增添了中国人民和中华民族内心深处的自信和自豪。

网络红学发展登上新台阶，步入高层次，一个标志是《红楼梦学刊》微信公众号关注度达到新高，在 2018 年度，《红楼梦学刊》微信订阅号目前已经有了 83000 多位关注者，并且已经有了较为固定的作者群体，在中国艺术研究院范围内和以《红楼梦》为主题的自媒体中处于领先地位。并与其他同类自媒体经常展开合作，共同推广《红楼梦》的阅读普及。在本年度，《红楼梦学刊》微信订阅号的第二本精选集《微语红楼 2》（约 30 万字），在中国艺术研究院的项目资金资助下业已出版发行，此书因为第一本结集的发售及订阅号影响力的逐步扩大，已形成较强的读者期待。本订阅号致力于推广《红楼梦》的阅读，论题大小适宜，内容长短不限，论证富有文采，文体自由活泼，切合爱好者和红迷的阅读水平和兴趣点，多角度多层次地引导读者从文学的角度深入理解小说。除此之外，订阅号还广泛报道与《红楼梦》有关的会议及主题活动，使广大红迷群体在第一时间了解与《红楼梦》有关的信息，信息传播速度快，影响力大。

另一个标志是学术水平与层次得到提高。网络上《红楼梦》学术具有自发性质，往往缺乏学术基础，对学科历史不熟悉，研究方法不自觉，分析论断缺乏科学支撑。南京大学苗怀明教授的“大嘴红楼”以嬉笑怒骂的方式，以子之矛，攻子之盾，比如让学生每个人收集碎片证据，以证实自己是《红楼梦》作者，各自貌似理由充分，但却十分荒谬，有力地反击了各种荒诞不经的作者新说。在《网络红学一瞥》（《曹雪芹研究》2018 年第 3 期）中苗怀明认为：网络红学就是在互联网上以红

楼梦网站、论坛、博客、微信群、公众号等形式所呈现的《红楼梦》研究。由于媒介形式的变化，出现了很多新的特点。其成果的发表、传播形式与网络新媒体有着密切的关系。它是《红楼梦》业余研究在网络时代的一种新形式，是一种利用网络手段进行的红学探讨。网络红学对《红楼梦》的研究、普及有其正面意义。作者对其印象总体上负面多于正面，希望它能有改变，逐渐形成一种良性的监督和淘汰机制，朝高水准、好风气的方向转变。

第三个特点是网络及一些自媒体在反对文化造假与伪考证问题上发挥了有力的作用。比如网上流传的《旧时真本横空出世，红学大厦轰然坍塌》，编造所谓发现了 1753 年（癸酉）一百零八回《红楼梦》，作者是吴梅村。这实际上是现代人写出来的网络恶搞文，假托古人之名来混淆视听，沽名钓誉。《红楼梦学刊》微信订阅号 2018 年 3 月 5 日刊载的《毁三观的“吴氏石头记”》一文指出，“癸酉本”无论文字和情节，毫无《红楼梦》的神韵。学刊微信公众号发表编者按：近些年来，不断有人以“旧时真本”之名进行文化造假，张扬造势，哗众取宠，欺骗读者。如 2013 年张贵林的后二十八回，又如最近四处散播、甚嚣尘上的吴氏红楼，这种恶意的炒作事件，引起了广大红学研究者和爱好者的极大不满。为建立健康的学术环境，倡导好的学风，树立正气，揭露这种造假的恶劣行为是十分必要的。学术以求真为本，此种文化造假行为已严重影响了学术的正常生态环境，给古典名著《红楼梦》及其研究也造成了危害。

总结近十年来借红学热炒的种种文化现象，可以断言：任何说颠覆了红学大厦的说法都是妄说，任何发现了后二十八回真本古本的说法都是文化造假，都是不可信的。

程高本产生于清乾隆时期，后四十回也产生于乾隆时期，是真正的古本，也是保留最好的古本之一。而抄本都是过录本，过录年代不详，见抄本就说是古本的做法是皮相之论，是望文生义的说法。

四、《红楼梦》的艺术改编与传播

作为中国优秀的传统文化经典，《红楼梦》自诞生以来就不断被改编为各类文艺形式，并漂洋过海，成为世界的《红楼梦》。从 2018 年 1 月 1 日至 12 月 31 日，在中国知网上主题词输入“红楼梦”，可检索到文章 857 篇；以“曹雪芹”为“主题词”检索则有 254 篇。除去相同篇目，再加上国家哲学社会科学学术期刊库、万方、维普、中文社会科学引文索引等资源，2018 年度有关《红楼梦》影视、戏曲、翻译、续书、教育研究与传播等的文章大约有 250 篇，其中翻译类研究所占比重最大，约 140 篇。

（一）关于《红楼梦》影视剧作的改编与传播

关于《红楼梦》影视改编的研究，近年来一直是红学的研究热点。小说文本究竟怎样才能更好地改编为影视剧作？改编后的人物形象会有何异同？后四十回怎么处理才能更兼顾作者原意与观众接受？诸如此类的问题，一直都颇受研究者青睐。2018 年度有多篇涉及《红楼梦》影视改编与传播的文章。梅新林的《〈红楼梦〉影视传播的问题与思考》(《红楼梦学刊》2018 年第 1 期）对近百年来的《红楼梦》影视作品所面临的经典改编的诸多共性问题，如改编文本的选择、主体故事的重述、艺术精神的把握、诗化风格的展现以及象征意义的揭示等进行了探考与思索。詹丹《能不能改编〈红楼梦〉？——有感于近来对传统文化的各种“新解”》(《文汇报》2018 年 7 月 31 日）一文从传统礼仪的角度阐述了自己对《红楼梦》改编的思考。狄悦卿的《分析小说改编成影视作品的创作——以〈红楼梦〉为例》(《传媒论坛》2018 年第 3 期)、李汇群的《四十年来〈红楼〉剧——〈红楼梦〉电视剧改编刍议》(《曹雪芹研究》2018 年第 1 期)、杜安琪的《语言视野下〈红楼梦〉与〈红楼梦〉电视剧比较研究》(《汉字文化》2018 年第 7 期）、台湾成功大学张玉明的《台湾 1996 华视版〈红楼梦〉后四十回之改编探佚》(《红楼梦学刊》2018 年第 3 期）等也都从不同角度对小说与剧本之间的改编、转化问题提出了自己的探索。

此外，王瑛洁的《古典名著改编影视作品中听觉与视觉的互动关系——以 87 版〈红楼梦〉为例》(《传播力研究》2018 年第 25 期)、邹馨仪的硕士论文《论〈红楼梦〉影视人物造型设计》、王荧荧《导演，请让晴雯穿得“好”些》(《东方艺术》2018 年第 20 期)、李冬的《浅议场景设计在电视剧鉴赏中的审美特征——以新旧两版电视剧〈红楼梦〉为例》(《中国电视》2018 年第 4 期）则分别对《红楼梦》影视作品中听觉与视觉的互动关系、人物造型设计及装扮、场景设计等具体问题提出了自己的看法。

也有研究者对电视剧中的某一个或某一类人物形象情有独钟。饶道庆的《〈红楼梦〉影视剧中的秦可卿形象》(《红楼梦学刊》2018 年第 1 期）对秦可卿这一虽然在全书中比重并不多，但起到重要作用、且颇有争议的人物形象在有关影视剧作中的改编进行了讨论。夏爽《87 版〈红楼梦〉电视剧中凤姐艺术形象刍议》(《新闻研究导刊》2018 年第 8 期）、《1987 版〈红楼梦〉电视剧中贾母的艺术形象》(《文教资料》2018 年第 28 期）则分别论述了 1987 版电视剧中的凤姐、贾母形象。张琳琳的《电视剧〈红楼梦〉中的师者形象品析》(《艺海》2018 年第 1 期）则着重分析了《红楼梦》电视剧中许多封建时代的师者形象，不仅折射出当时的教育状况，也为当下提供了借鉴。

1987 版《红楼梦》电视剧是红楼影视改编的热门议题，也是许多人心中的美好回忆，在这个关注流量、关注新媒体、新技术的时代，经典如何保持地位？怎样更广泛地进入大众视野？潘玥舟的《流量时代如何关注公众情怀与个人品牌——1987，我们的红楼梦》(《国际公关》2018 年第 1 期）从贾宝玉的扮演者欧阳奋强的个人品牌与利用众筹成功举办《红楼梦》30 周年音乐会谈起，娓娓道来，认为这不仅是 1987 版《红楼梦》的成功之处，也是“贾宝玉”个人的魅力。魏颖的《为文化赋形——1987 年版电视剧〈红楼梦〉的艺术公赏力探源》[湘潭大学学报（哲学社会科学版）2018 年第 4 期] 则认为 1987 版电视剧《红楼梦》的艺术公赏力之所以持续而强大是因为作品以中华文化精神为底蕴呈现古典中国的物质幻像、人物幻像和诗意幻像。理想主义精神给电视剧灌注了质朴自然的审美特质和优柔的审美风格，电视剧与原著构成了相互借力、相互补充的良性循环。

1987 版《红楼梦》电视剧中还有颇受关注的一点，即剧中由王立平创作的音乐。一方面，作曲家以及作品的音乐风格与创作思想一直为人所探究，原唱陈力及其后一些翻唱者如著名女高音歌唱家郑绪岚、吴碧霞、黄华丽等的《红楼梦》音乐会曲目都成为研究对象；另一方面，在 1987 版电视音乐的基础上又派生出许多新的作品，也成为关注点。丁丽娜的《〈红楼梦〉的倾诉者——王立平音乐创作的北方文化情怀》(《当代音乐》2018 年第 2 期）、苑佳佳《浅谈文艺创作的思想性与艺术性——以〈红楼梦〉音乐创作为例》(《科技资讯》2017 年第 33 期）都是对作者与作品的分析。吉首大学的何丽、天津音乐学院的杜青馨玥、西安音乐学院的彭琳惠则分别从不同的角度撰写了硕士论文《电视剧〈红楼梦〉悲情性音乐主题特征及演唱研究》《十年辛酸泪，一曲梦红楼——电视剧〈红楼梦〉插曲〈分骨肉〉作品分析及演唱探究》《声乐组曲〈红楼梦〉演唱浅析——以〈枉凝眉〉〈葬花吟〉为例》，从音乐创作、作品分析、演唱处理等方面进行详细阐述，希望能为《红楼梦》音乐的研究提供参考价值。李晓航的《浅析电视剧〈红楼梦〉中的歌曲〈葬花吟〉》（《北方音乐》2018 年第 14 期），徐怡然、马璐瑶的《王立平〈红楼梦〉音乐创作中有关黛玉的四首作品的叙事分析》（《北方音乐》2018 年第 1 期）都对与黛玉有关的音乐兴趣浓厚。

还有一些研究者的关注点在音乐组曲的演唱者或者重新改编者身上。如张柠的《论吴碧霞〈红楼梦〉组曲的演唱风格》（《当代音乐》2018 年第 2 期）；内蒙古师范大学车立华的硕士论文《组曲〈追梦红楼〉音乐形态研究》则论述了指挥家、作曲家张列先生选取电视剧音乐重新编配、2011 年首演于中央民族音乐厅的大型民族管弦乐作品《追梦红楼》。此外，河北师范大学的张雪丹则在硕士毕业论文中对自己作为演唱者、同时也是音乐设计者的于 2017 年 6 月 19 日举办的"歌诉红楼"硕士毕业音乐会进行了阐述（《"歌诉红楼"毕业音乐会设计与分析》）。

不仅如此，众多器乐演奏家也对之饶有兴趣。董梅的《"一带一路"上的〈红楼梦〉——钢琴协奏曲〈红楼梦〉赏析》（《音乐爱好者》2018 年第 9 期）对 2014 年 9 月在北京首都博物馆首演的钢琴协奏曲《红楼梦》重新进行了关注。此曲由马来西亚华裔钢琴家克劳迪娅·杨（Claudia Yang）与匈牙利李斯特音乐学院作曲家费凯（Gyula Fekete）一起以 1987 版《红楼梦》电视音乐为素材改编创作。作为中国国家艺术基金 2016 年的重点资助项目，这首钢琴协奏曲不仅在天津、西安等地的大剧院演出，其第二版还于 2018 年 3 月在马来西亚国家大剧院上演，成为"一带一路"中马友好交流的重点项目。

此外，湖南广播电视台的"小戏骨"系列古典名著改编作品也引起了人们的关注，尤其是其中的《红楼梦》改编最具有代表性，也褒贬不一。梁琨的《中国古典名著影视改编的新探索——以〈小戏骨：红楼梦〉为例》（《传媒》2018 年第 6 期）从该剧剧情编排、人物诠释和语言运用几个方面分析了该剧改编成功的因素。而谢秋的《对"小戏骨"热的冷思考——以〈小戏骨：红楼梦〉为例》[《太原学院学报》（社会科学版）2018 年第 5 期］则认为，从角色的选择到播出及产生的节目效果而言均存在儿童成人化的问题，也不可避免地具有娱乐化、商业化的倾向，值得我们冷静下来认真思考。

2018 年 5 月，由胡玫导演的电影《红楼梦》开机，据 10 月份消息电影已经杀青。

（二）《红楼梦》戏剧的改编与传播

自 1792 年仲振奎改编昆曲《葬花》一折以来，《红楼梦》的戏剧改编一直是红学史上不可或缺的一部分，近年来也得到更多研究者的关注。尤其 2018 年还是一个关键节点，即脍炙人口的越剧《红楼梦》自 1958 年在共舞台首演以来恰逢六十甲子。

1958 年 2 月 18 日，由上海越剧院二团徐玉兰、王文娟主演，徐进编剧，吴琛艺术指导，钟泯导演的越剧《红楼梦》首演于共舞台。演出一直持续到 3 月 31 日，连演 54 场，令人印象深刻。1962 年，该剧被拍成电影在全国各地放映，红遍大江南北。它不仅成为上海越剧院的“四大经典剧目”之一，也是越剧的代表作之一。2017 年 4 月 19 日，“宝哥哥”徐玉兰因病逝世，享年 96 岁，这是上海越剧院的损失，更是越剧界的悲哀。在 2018 年这样一个特殊的年份里，为纪念徐玉兰先生的卓越贡献，同时也是对 60 年前那场演出的纪念，上海越剧院于 2018 年隆重推出“玉兰隽永 · 甲子辉煌——越剧宗师徐玉兰暨《红楼梦》首演 60 周年系列巡演”活动。上海越剧院胡红萍、刘倩的《玉兰隽永 · 甲子辉煌　上海越剧院纪念越剧宗师徐玉兰暨〈红楼梦〉首演 60 周年系列巡演活动》（《中国戏剧》2018 年第 3 期）对此有较为详细的说明。比如 2018 年 2 月 18 日、19 日（大年初三、初四），在上海大剧院演出的殿堂版越剧《红楼梦》，汇聚了五位优秀“徐派”传人。3 月至 6 月，上海越剧院还推出《红楼梦》全国巡演活动，共计演出 20 余场，剧院还出版了《上海大剧院版越剧〈红楼梦〉》（1 张 DVD）。2018 年 8 月，上海越剧院还与正乙祠携手打造了古戏楼版越剧《红楼梦》。而其他一些越剧团体也组织了《红楼梦》的全国巡演，如绍兴越剧艺术发展有限公司组织了杭州越剧院版《红楼梦》等。

2018 年，越剧经典《红楼梦》再次唱响大江南北，这是美好的记忆，也是更好的传承。张庆善的《越剧〈红楼梦〉：经典的改编　改编的经典》（《中国文化报》2018 年 4 月 19 日）、谢柏梁的《越剧〈红楼梦〉的经典意义》（《中国文艺评论》2018 年第 8 期）、李楠的《情系经典　梦绕“红楼”——越剧〈红楼梦〉观后》（《中国艺术报》2018 年 6 月 8 日)、胡晓军的《天上掉下个红楼梦——越剧〈红楼梦〉首演 60 周年随感》(《文学报》2018 年 7 月 5 日)、罗松的《永恒的坐标　越剧〈红楼梦〉盛演 60 年的启示》(《中国戏剧》2018 年第 5 期)、李小菊的《越剧〈红楼梦〉:悲凉之雾遍华林》(《艺海》2018 年第 6 期)、曹静的《越剧〈红楼梦〉,为何一"红"一甲子》(《解放日报》2018 年 5 月 4 日)、郑娜的《越剧〈红楼梦〉六十年历久弥新》[《人民日报》(海外版)2018 年 4 月 12 日]、佟静的《缔造经典——女子越剧"红楼梦"与现代中国镜像(1942—1962)》(《红楼梦学刊》2018 年第 4 期)等都是对有关盛况及经典形成的论述和研究。

2018 年度还有一场《红楼梦》的演出别具一格,即 2018 年 9 月 20 日晚,由顾笃璜任艺术总监、朱栋霖担任文学指导的古本昆剧《红楼梦传奇》由苏州昆剧传习所在苏州大学天赐庄校区敬贤堂举行首次公演。之所以称为"古本昆剧",是因为此次演出取清代仲振奎《红楼梦传奇》的《葬花》《听雨》和吴镐所作《红楼梦散套》的《焚稿》《诉愁》,合为四折,仍名《红楼梦传奇》,而且此本"除了在时间上压缩外,没有动古本的一个字"。与近年来一些大型昆剧演出的豪华布景不同,此次演出的舞台布置非常简洁雅致,一桌两椅、5 位演员、7 名奏乐,坚持师法古剧、本色演出。苏州昆剧传习所副所长、《红楼梦传奇》导演薛年椿这样说:"我们要守住昆曲的魂。"此剧还在 10 月份的第七届中国昆剧艺术节期间进行了展演,《光明日报》(苏雁、吴天昊《古本昆剧〈红楼梦传奇〉百年后重现舞台》,2018 年 10 月 11 日)等众多媒体都进行了报道。

近年来以《红楼梦》为媒介的不同载体在东西方的交流不仅为全世界人所喜爱,也颇受研究者关注。比如 2016 年 9 月在旧金山歌剧院首演的英文版歌剧《红楼梦》在一年之后开启了中国内地巡演的大幕,冯全功、徐雪飞的《旧金山英文版歌剧〈红楼梦〉的推介与接受——基于相关网络资源的分析》(《曹雪芹研究》2018 年第 3 期)基于国外相关网络报道,对歌剧《红楼梦》首演前的推介和首演后的评论进行了梳理分析。刘华芳的《英文原版歌剧〈红楼梦〉用西方语言讲中国故事的成功探索》(《戏剧文学》2018 年第 1 期)、左娜的《瑞·阿姆斯特朗:如何打造一台中外共赏的〈红楼梦〉?》(《国际人才交流》2018 年第 3 期)、陈顺江的《评英文版歌剧〈红楼梦〉对中国文化走出去的成功探索》(《戏剧文学》2018 年第 11 期)都试图对其在艺术领域内的变革做出有益探索,怎样用英语语言讲好中国经典?歌剧如何演绎我们心目中的宝、黛、钗？这些探索有利于尽力推动中国文化顺利地走出去，增强中国的软实力。这也是《红楼梦》走向世界、中国传统文化走向世界的主要途径之一。

2018 年度中有关其他剧种的《红楼梦》研究也有不少，比如胡淳艳的《曲耶？戏耶？——王安祈〈红楼梦〉京剧论》(《红楼梦学刊》2018 年第 5 辑）对台湾学者、剧作家王安祈创作的八场《红楼梦》京剧进行了分析；台湾师范大学陈芳的《误读作为写作策略：论当代昆剧〈红楼梦〉》(《红楼梦学刊》2018 年第 4 期）则借助布鲁姆（Harold Bloom）诗学误读概念研究当代“全本”昆剧《红楼梦》，希望这些研究可以为当代戏曲的创编提供一些思考和启示。郑永为的《历久弥新的经典之作——〈宝玉和黛玉〉》(《音乐生活》2018 年第 3 期）对沈阳评剧院的青春版评剧《宝玉和黛玉》进行了分析，认为它不失为传统剧目推陈出新的努力。张慕晗的《由舞台剧〈金锁记〉、〈红楼梦〉见名著改编规律性中的不规律》(《黄河之声》2018 年第 5 期）通过对许鞍华版《金锁记》和林奕华版《红楼梦》与原著“同与不同”的比较，分析了戏剧对于原著的改编手法，这些差异意味着对文字的迁徙以及表演的诗意。刘衍青的《民国〈红楼梦〉京剧唱片的艺术价值》(《红楼梦学刊》2018 年第 3 期）认为民国期间《红楼梦》的京剧唱片再现了 20 世纪二三十年代“红楼戏”演出的热潮与流行趋势，具有独特的艺术价值，是研究民国京剧名角唱腔和“红楼戏”的珍贵资料。

刘衍青 2018 年还出版了《〈红楼梦〉戏剧研究》(中国社会科学出版社)，资料较为丰富，既有对文献的梳理，也有对具体作品及《红楼梦》唱片的研究。李虹的《粤剧红楼戏丛谈》(文化艺术出版社 2018 年版）一书以光绪年间以来的粤剧红楼戏为研究对象，对剧目进行初步整理和辨析，并选择其中几位比较重要的演员、唱腔及其传播与影响进行了阐述分析。中国艺术研究院青年学术文库于 2018 年出版的著作中有王慧的《〈红楼梦〉及其戏剧研究》(北京时代华文书局 2018 年版)，是作者近年来有关《红楼梦》研究的文章合集，其中也有不少对《红楼梦》戏剧改编的经典之作的分析。

（三）《红楼梦》在中学教育中的传播与研究

我们说《红楼梦》在当代的传播，其中颇为重要的一点是《红楼梦》在青少年中的影响以及接受。且不说经典的阅读对一个人的影响有多大，单从近年来《红楼梦》频频进入高考试题而言，就让我们的中学语文教育更加任重道远。因此，2018 年度有关《红楼梦》与中学语文教育的文章也颇有一席之地。在教育部制定的《普通高中课程标准（2017 年版）》附录 2“关于课内外读物的建议”中，不再提“必读书目”，而是采用“下列篇目仅为举例”的说法，其中包括曹雪芹的《红楼梦》。《课程标准》指出，这些篇目既可以作为之前提出的学习任务群的备选，也可以让学生在课外阅读。而“整本书阅读”就是其中的学习任务群之一，目的是引导学生通过阅读整本书拓展阅读视野，建构“整本书阅读”的经验，形成适合自己的读书方法，提升阅读鉴赏能力，养成良好的阅读习惯。因此有不少研究者尤其是一线教师本着实际操作的经验对此用力颇勤。

深圳育才中学陈晓华的《基于语文核心素养的整本书阅读——〈红楼梦〉教学实践与探索》(《中学语文教学参考》2018 年第 16 期）、浙江省绍兴鲁迅中学彭玉华的《建立“这一篇”与“这一本”的关联》(《中学语文教学》2018 年第 10 期）、南京师范大学附属中学张志强的《〈红楼梦〉思辨读写任务群学习设计》[《教育研究与评论》(中学教育教学）2018 年第 10 期]、长沙市明德中学蒋雁鸣的《〈红楼梦〉的思辨读写教学实践初探)(《语文教学通讯》2018 年第 12 期)、浙江富阳中学季丰的《因类定教，以研带读——“整本书阅读与研讨”活动设计的两个要点》(《语文教学通讯》2018 年第 7 期)、江苏省常州市第三中学蒋霞《整本书阅读视域下的高考名著阅读考查——以〈红楼梦〉为例》(《语文建设》2018 年第 16 期)、李晓丹的《〈红楼梦〉整本书阅读教学安排》[《文学教育（上）》2018 年第 4 期]、浙江省汤溪高级中学杨建华的《整本书阅读与研讨——以〈红楼梦〉阅读活动课型为例》(《语文教学通讯》2018 年第 7 期)、广东省东莞市石龙中学一级教师朱少山《有效激趣，推动整本书阅读——以〈红楼梦〉(第一回）导读教学设计为例》(《语文教学之友》2018 年第 10 期）等，都对如何在教学中加强学生对《红楼梦》“整本书”的阅读素养介绍了自己从实践中得来的经验。

我们知道《林黛玉进贾府》是《红楼梦》第三回的节选，被选入多个版本的中学语文必修教材中，并且是一篇必读课文，因此引起了许多研究者的关注。上海师范大学卜理梅和聊城大学的路会会分别写了硕士论文《〈林黛玉进贾府〉选文和异文研究》《〈林黛玉进贾府〉教学设计研究》。此外，还有临港经济开发区第一中学的陈维花、临港经济开发区实验中学马德恩的《透过〈林黛玉进贾府〉窥清末等级制度》(《中学语文教学参考》2018 年第 18 期)、江苏省无锡市堰桥高级中学的桂丹瑜《在小说教学中培养"文化传承与理解"核心素养——以〈红楼梦〉之"林黛玉进贾府"为例》(《华夏教师》2018 年第 4 期)等。

近年来，随着时代的发展与红学成果的普及，有的中学语文课本中增添了宝黛爱情及香菱学诗的内容，这也成为研究内容之一。中国人民大学附属中学崔秀霞的《繁花有枝　锦缎多纹——〈红楼梦〉第三十二回导读及宝黛情感线索梳理》(《中学语文教学参考》2018 年第 19 期)、山东省淄博市第一中学王慧军的《宝黛爱情的审美因素——〈红楼梦〉整体阅读课例举隅》(《语文教学之友》2018 年第 8 期)，长沙市明德中学傅海勤、蒋雁鸣的《人生自是有情痴——〈红楼梦〉"宝黛爱情"主题阅读探究》(《语文教学通讯》2018 年 Z1 期)，伏涛《〈红楼梦〉"香菱学诗"、〈牡丹亭〉"闺塾"对当今教学的启迪》(《红楼梦学刊》2018 年第 6 期)、淄博市张店区重庆路小学语文教研室王春伟的《从香菱学诗看学生学习主体地位的体现》(《淄博师专论丛》2018 年第 3 期)都从不同角度对其进行了探索。

此外，广东汕头市东厦中学邵晓乐的《在名著阅读教学中提升文化传承与理解素养》[《文学教育(上)》2018 年第 11 期]、江苏省平潮高级中学姜秀琴《红楼三问：在名著研读中融合职业生涯教育》(《中小学心理健康教育》2018 年第 15 期)，烟台四中语文组曲永辉、王珊珊、张丽娜的《沉醉〈红楼梦〉书中日月长》(《走向世界》2018 年第 13 期)，内蒙古自治区包头市第一中学郑煦、侯媛儒、李金的《〈红楼梦导读与写作〉校本课程的设计与实践》(《中国信息技术教育》2018 年 Z1 期)、河北省张家口经济开发区第一中学何海琴的《文化元素在阅读教学中的价值及解读途径——以〈红楼梦〉人物服饰为例》(《语文建设》2018 年第 5 期)、河北师范大学杨明月的硕士论文《评点法在中学〈红楼梦〉教学中的运用》也都对《红楼梦》的课程学习以及教导青少年将其融入未来的人生素养进行了讨论。《红楼梦学刊》2018 年第 5 期发表的张心科的《〈红楼梦〉与语文教育(1997—2016)》与刘彩祥、亓校盛的《现象学视角下的教材比较研究——以大陆、台湾高中语文〈红楼梦〉节选篇目编选为例》则分别从历时性、共时性的角度对《红楼梦》在语文教育中的变化进行了分析。

事实上，《红楼梦》不仅是中学语文教育的重要内容，同时也是职校其他各类学校教育的课程之一。如郭惠芬的《〈红楼梦〉阅读与职校生独立人格的培养》(《文教资料》2018 年第 24 期)、何丛梅的《探析高校写作课教改新思路——以〈红楼梦〉阅读为例》(《河套学院论坛》2018 年第 3 期)、张玲秀的《〈大学语文〉翻转课堂教学实践探索——以〈黛玉葬花〉为例》(《科技资讯》2018 年第 4 期)、李伟的《〈红楼梦〉前五回文本解读教学》(《宁波教育学院学报》2018 年第 4 期)、徐琼的《〈红楼梦〉多重价值在大学人文通识教育中的选择和阐释》[《教书育人》(高教论坛)2018 年第 30 期]、杨莉的《如何指导大学生阅读〈红楼梦〉》(《办公室业务》2018 年第 20 期)等。而吴丽娜、王思佳的《今在红楼第几层?——复旦〈红楼梦〉课程中的文化与人生》更是论述了复旦大学的《红楼梦与人生》课程在《红楼梦》接受与传播以及当代文化建设中的独到价值。此外，南京大学《红楼梦》课程的“花式教学法”也引起了众多人的兴趣。

《红楼梦》是一部永远也读不完的书，不同的岁月会给我们的《红楼梦》阅读带来不同的风景。

五、《红楼梦》的海外传播与文化走出去

《红楼梦》是我国在软实力上的最杰出代表，走出去是文化交流的必然，也是需要积极推动的。2018 年《红楼梦》的海外传播成果颇丰：一是 2018 年 3 月在瑞典斯德哥尔摩的中国文化中心的开馆首展是“红楼梦文化展”，同时中国红楼梦学会作为学术指导单位参与在斯德哥尔摩米勒斯博物馆举办“百米云锦长卷《红楼梦》展”。二是与保加利亚文的译者韩裴合作，红学相关专家担任保加利亚文《红楼梦》翻译的学术顾问，保加利亚文《红楼梦》第三卷(第六十回至九十回)出版。此文译本的出版社是保加利亚国家最高级别的出版社，我国驻保加利亚大使馆和我国外宣单位极为重视，每年一次邀请译者来中国出席活动，每一次作者来都与红楼梦研究所进行了学术交流。三是中国红楼梦学会学者参与策划和支持的缅文版 1987 版《红楼梦》电视连续剧将在缅甸国家电视台播出。

本年度值得重点介绍的是在瑞典举办的“红楼梦文化展”。位于斯德哥尔摩市中心的“中国文化中心”有三个展厅，分别展出《红楼梦》原著、译著、连环画艺术改编、《红楼梦》书画作品、《红楼梦》影视剧、《红楼梦》相关衍生产品等。中

国艺术研究院红楼梦研究所研究人员的相关著作和作品在展出中亮相的有：冯其庸、李希凡主编的《红楼梦大辞典》，张庆善的《惠新集》、孙伟科的《〈红楼梦〉与诗性智慧》、张云的《也读红楼》、何卫国的《〈红楼梦〉影视文化论稿》、王慧的《大观园研究》、胡晴的《〈红楼梦〉评点中的人物批评》、谭凤嬛的《红楼梦人物画集》《谭凤嬛红楼梦人物墨线图集》《谭凤嬛画选》以及《微语红楼》等。中国云锦·红楼梦长卷展由米勒斯博物馆（公园）、斯德哥尔摩中国文化中心主办，涟水天宫云锦织造有限公司协办。米勒斯博物馆是瑞典的顶级艺术博物馆，在其展厅展出一件长达 124 米的中国云锦·红楼梦长卷，讲述了 120 个章节的《红楼梦》故事。

我国驻瑞典大使馆张彪代办在致辞中说，多年来，《红楼梦》在中国对外文化交流中扮演着重要角色，已经有包括瑞典文在内的 30 多种语言的版本，影响遍及世界各地，今天来的瑞典朋友中也有不少人对这部著作有独到的见解，海内外“红学”的兴盛正是中外文化互相促进的体现。中国红楼梦学会副会长孙伟科在致辞中说：《红楼梦》是我国清代伟大作家曹雪芹创作的一部长篇小说，素有百科全书之称，对中国传统文化有千门万户的展示。以《红楼梦》及其版本、作者家世研究而形成的红学也是世纪显学，有百余年的历史。目前，中国红楼梦学会、《红楼梦学刊》、中国艺术研究院红楼梦研究所是中国最高的学术团体组织和学术展示平台，推出了《红楼梦》新校本，发行已达七百多万册，《红楼梦大辞典》由著名红学家冯其庸、李希凡主编，是阅读《红楼梦》重要的辅助工具书。《红楼梦学刊》也已出版 183 期，字数达 5000 万，创专学刊物之最，发表了大量的研究成果和论文，展示了中外学者对《红楼梦》的研究成果。自《红楼梦》产生以来，对《红楼梦》的艺术改编就没有停止过。各类改编使《红楼梦》广为传播，产生了广泛影响，成为人们精神生活的重要组成部分。此次展出的云锦底本是清代画家孙温所绘的《红楼梦》画卷，用了着色工笔彩绘绢本画的形式，在设色上既以民间传统的绛红色和翠绿色为基调，却又在此壮丽色彩的基调上将人物和环境融为一体，使画面色泽秾丽、清新典雅。画卷在构思上匠心独运，卷帙浩繁，风格宏伟，具有史诗品格，也堪称经典。《红楼梦全景图云锦百米长卷》则由中国江苏涟水天宫云锦织造有限公司用时十载精织而成，是“云锦 + 红楼梦 + 孙温画本”三绝结合的稀世珍品。云锦长卷根据画中的实际描写有所取舍，本着更适宜云锦表现、忠实于原著的原则，实现了与作家的心灵对话，画面表现更集中、凝练、含蓄，具有再创造的艺术魅力。百米云锦长卷将《红楼梦》故事浓缩在 230 幅画作中，为阅读和研究这部文学经典提供了形象资料。云锦版《红楼梦》融三绝为一绝，实乃惊世创造，必将彪炳史册。瑞典米勒斯博物馆馆长欧妮塔在开幕式上表示，丝绸是古代瑞典人对中国的“第一印象”，至今仍是瑞典人眼中中国文化的重要符号，此次展出的云锦《红楼梦》作品每一寸都值得细细品味、细细欣赏，愿以本届展览为契机，为促进中瑞文化交流、增进两国人民相互理解做出更多贡献。此次展览是中瑞文化交流的一件大事，开幕式有近千人参加，展览期间参观者络绎不绝，可谓盛况空前。中国驻瑞典大使馆、北欧多家媒体对此次展览进行了报道。

课题主持机构：中国艺术研究院红楼梦研究所

主　笔：孙伟科

撰稿人：孙伟科　王　慧　李　虹

编辑、统筹：周进生

2018 年度中国文化战略发展研究报告

摘要：中国文化发展战略是我国基于中国特色社会主义制度的政治、经济、社会框架，为实现社会主义文化强国目标而实施的一系列对内和对外具有宏观性、全局性、前瞻性意义的文化治理手段、方略以及文化发展策略、规划。2018 年中国文化发展战略以习近平新时代中国特色社会主义文化思想的阐释、深化与推进为基本主线。在对内方面，在思想文化治理与发展战略上体现凝魂化心、自信自强；在制度文化治理与发展战略上体现改革创新、融合聚力；在社会文化治理与发展战略上体现变与不变、危与机并存；在对外文化发展战略上体现命运共心、和合共存。内外兼修，内外并举，正在为实现“两个一百年”目标续写中国文化发展战略的新篇章。

关键词：中国文化发展战略　习近平新时代中国特色社会主义文化思想　文化治理　命运共心　“两个一百年”

一、中国文化发展战略的问题与范畴

“战略”一词来源于军事战争领域，强调为实现目标而采取的方法和手段。战略既需要宏观的方向判断，也要有刀剑一般的实施利器。战略作为区分有意义物和无意义物的标准，在文化场合同样是适合的。文化战略往往强调文化在动态演化过程中人的主动性的策略行为，强调在一种整体文化观下通过政策、制度和观念引导的方式，在文化与环境互动过程中影响、介入和策动文化走向。

中国文化发展战略可谓基于中国特色社会主义制度的政治、经济、社会框架，为实现社会主义文化强国目标而实施的一系列对内和对外具有宏观性、全局性、前瞻性意义的文化治理手段、方略以及文化发展策略、规划。

站在国家立场，文化发展战略可初步划分为对内和对外两个方面。在对内文化发展战略上，往往强调思想认知、价值认同上的统一性、一元性；在对外文化发展战略上，各国往往强调文化的多样性、差异性，反对文化霸权主义。

首先，我们来看对内文化发展战略。

对内文化发展战略主要指的是增进民族认同和价值统一，推进文化治理现代化及服务，引领国家总体发展战略的理念、价值和文化策略、内容。主要有两个方面的内涵：一是作为推进现代文化治理的文化发展战略，主要是通过思想文化力量来发挥、巩固意识形态主导权和文化领导权，通过有效的文化管理体制机制设计，构建起支撑文化创新创造的文化环境和文化繁荣发展的制度体系。二是作为服务、引领国家总体发展战略的文化发展战略，主要强化文化作为一种价值引领、精神引领的方式，铸牢国家（民族）共同体意识，构建起一个国家或民族团结一心、奋进拼搏、改革创新的精神动力以及经济社会发展过程中所需要的文化支撑和精神支撑。

对内文化发展战略可以从以下三个方面进行思考和规划：

一是思想文化治理与发展战略。即通过在思想观念引导、核心价值观培育、教育普及等方面的战略举措，贯彻国家意识形态和主流价值观，从而实现凝聚人心，促进集体价值认同、文化认同的目标。二是制度文化治理与发展战略。即通过制度管理层面的改革、文化政策法律的出台来有效调配国家文化资源，实现对文化内容的生产、管理和服务，从而构建现代化的文化治理制度，促进文化繁荣发展。三是社会文化治理与发展战略。即关注社会变革因素对文化演进造成的影响，促进文化治理方式的改善，顺应社会文化发展趋势和潮流，目标是为了应对社会变革带来的挑战，及早谋划应对之策和适应新的文化发展需求。

对外文化发展战略是国家与国家之间在文化软实力比较、价值观传播和意识形态竞争领域的策略，目标是展示国家文化形象，提升国家文化软实力，在国与国之间的文化交流中获得价值、道义制高点和文化话语权。一般而言，主要可分为三个方面的内容：

一是对外文化交流与传播战略。对外文化交流战略主要指在尊重文化多样性、文明差异的基础上以及尊重各国文化传统的前提下，广泛开展文明交流、对话与互鉴。对外文化传播战略指通过有效的跨文化交流和话语方式的创新实现文化信息的有效沟通和交流，弥合文化认知和话语鸿沟，从而实现跨文化接受、理解、欣赏或认同的作用。二是国际文化贸易战略。国际文化贸易是指国际间文化产品与服务的输入和输出的贸易方式。文化贸易战略是指国家如何借助资本、市场和文化商品及服务的对外进出口传播文化和价值观。三是对外文化安全战略。“文化安全是指国家文化的生存与发展免于威胁或危险的状态。”① 文化安全战略是指如何在国际文化竞争和意识形态竞争中维护国家的文化立法权、文化管理权，也包括文化制度和意识形态选择权以及文化传播、文化交流的独立自主权。

二、2018 基本主线：习近平新时代中国特色社会主义文化思想的阐释、深化与推进

2017 年召开的党的十九大是习近平作为中国共产党和国家领导人治国理政思想的一次承前启后的会议，其中文化思想部分的内容，无论是文化内涵涉及的广度，还是文化战略的宏观高度，都将影响深远。2018 年，中国文化发展战略的主线基本上围绕着十九大以来习近平新时代中国特色主义文化思想的阐释、深化与推进来展开。

2018 年 6 月 7 日，中宣部部长黄坤明强调，要深入学习领会习近平新时代中国特色社会主义思想，树立高度的政治自觉和坚定的文化自信，切实担负起新的文化使命，推动社会主义文化繁荣兴盛。2018 年 5 月，中共中央宣传部在学习出版社正式出版《习近平新时代中国特色社会主义思想三十讲》，系统阐释习近平新时代社会主义文化思想的精神内涵。②

慎海雄在《求是》撰文指出：“伟大的时代离不开思想灯塔的指引，新时代的宣传思想文化工作尤其如此。习近平总书记关于宣传思想文化工作的重要思想，内容丰富、论述深刻，把我们党对宣传思想文化工作的规律性认识提升到一个新的高度。”③ 徐光春在《人民日报》撰文，从新时代新的文化思想、新时代文化发展的重

---

① 付瑞红:《国际文化秩序与中国文化安全战略》,《中共中央党校学报》2012年第16卷第5期。

② 中共中央宣传部:《习近平新时代中国特色社会主义思想三十讲》，学习出版社2018年版，第194—222页。

③ 慎海雄:《坚定不移贯彻落实习近平总书记关于宣传思想文化工作的重要思想》,《求是》2018年第3期。

要部署、担负起新的文化使命三个方面，逐字逐句对十九大报告中的文化部分进行了分析和阐释。[①]孙庆聚在《人民政协报》撰文指出，“习近平新时代中国特色社会主义文化思想……从理论和实践结合上系统回答了在坚持和发展中国特色社会主义新时代，什么是中国特色社会主义文化、为什么要发展中国特色社会主义文化、怎样发展中国特色社会主义文化的问题”[②]。

习近平新时代中国特色社会主义文化思想是社会主义文化建设的一次里程碑式的理论总结和行动纲领，梳理起来，在文化观和文化立场上分别体现出三个方面的内涵：

其中文化观的内涵主要体现在：一是大文化观。习近平总书记以一位政治家的视野和格局，将文化上升到关乎国家命脉、民族兴亡的高度来认识和把握。文化不仅仅是文化事业产业发展意义上的文化，而是包括意识形态建设、核心价值观培育和思想道德建设等内容在内的大文化。二是大国文化观。习近平总书记提出的提高国家文化软实力、展形象和人类命运共同体理念，体现的是一种大国文化观。一个大国发展兴盛，必然要求软实力和硬实力相得益彰，应在思想理念上拥有影响这个世界的力量，价值观能够为全人类贡献智慧，文化具有强大的感召力、影响力。三是中国特色社会主义文化发展观。在习近平总书记所描绘的社会主义文化蓝图中，马克思主义是思想指导，中华优秀文化是价值立场，当代中国现实是实践基石，面向现代化、面向世界、面向未来的是价值目标，民族的、科学的、大众的是文化特征。这就赋予了中国特色的典型特征，要求我们坚定地走中国自己的文化发展道路。

在文化立场上，习近平新时代中国特色社会主义文化思想核心体现了中华文化立场，内涵主要体现在：一是五千年文明的历史立场。习近平总书记指出，中国特色社会主义文化，源于中华民族五千多年文明历史所孕育的中华优秀传统文化，熔铸于党领导人民在革命、建设、改革中创造的革命文化和社会主义先进文化，植根于中国特色社会主义伟大实践。二是人民立场。习近平总书记指出，要坚持为人民服务、为社会主义服务，坚持百花齐放、百家争鸣。习近平新时代社会主义文化思

① 徐光春：《深刻领会、把握习近平新时代文化思想——学习党的十九大报告的体会》，《光明日报》2017年11月3日。

② 孙庆聚：《深刻领会习近平新时代中国特色社会主义文化思想》，《人民政协报》2017年12月14日。

想始终以人民的需求、人民满意不满意作为文化发展的根本出发点，始终认为人民是文化的真正创造者。社会主义文化只有扎根基层、扎根人民，才能迸发出蓬勃发展的朝气和活力。三是与时俱进的时代立场。习近平总书记指出，要坚持创造性转化、创新性发展，不断铸就中华文化新辉煌，要担负起新的文化使命，在实践创造中进行文化创造，在历史进步中实现文化进步。这种文化创新理念和文化进步观，蕴含着强烈的时代意识、时代关注、时代主张，也旗帜鲜明地昭示出中国特色社会主义只有保持文化的先进性，永远应对现实挑战，不封闭、不僵化，才能保持生生不息的文化活力。

三、2018 中国思想文化治理与发展战略：凝魂化心，自信自强

思想文化战略是文化战略的重中之重，当前中国思想文化战略的关键是凝魂化心。

（一）2018思想文化战略的主基调：巩固思想基础，凝聚人心，增强文化认同

1. 巩固马克思主义的意识形态指导地位。2018 年 5 月 4 日，“纪念马克思诞辰 200 周年大会”在人民大会堂举行，习近平总书记发表重要讲话。他指出：马克思主义没有过时，也不是书斋式的学问，马克思主义理论将随着中国特色社会主义的发展而不断发展，继续为中国人民认识世界、改造世界提供强大的思想武器。[①] 习近平总书记的讲话进一步确认了马克思主义对新时代中国特色社会主义的一元指导思想地位，进一步巩固了全党全国人民团结奋斗的共同思想基础。

当然，如何切实保持马克思主义对中国特色社会主义实践的指导作用及其理论活力，不断推进其与中国实践相结合的理论创新，是马克思主义理论研究需要不断加强的。

在此问题上，民间有一些不同的声音，有人认为弘扬中华优秀传统文化就是尊孔复古，借机提出“以儒代马”，主张用儒家思想来治理国家和社会。刘奇葆在《求是》撰文，专门阐述了马克思主义与儒家思想的关系，他认为，马克思主义在

---

① 习近平:《在纪念马克思诞辰200周年大会上的讲话》，新华网2018年5月4日。

吸纳中华优秀传统文化精髓中创新发展，马克思主义为中华优秀传统文化增添了科学元素，中华优秀传统文化为马克思主义在中国落地生根提供了适宜的文化土壤，中华优秀传统文化是中国特色社会主义植根的文化沃土。[①] 马儒关系问题，有待思想理论界做更多的研究和深入研讨。

另外，近年来随着互联网技术的发展，各类自媒体、短视频平台迅速崛起，我国与西方在互联网上的意识形态斗争更加激烈，社会思想、思潮更加多元，各类负面言论、杂音层出不穷，这给马克思主义的思想主导地位和意识形态安全带来了挑战。2018年，中央相关部委出台了《关于严格规范网络游戏市场管理的意见》以及启动打击网络侵权盗版“剑网2018”专项行动。这些举措有效遏制了网络空间的乌烟瘴气、生态恶化，让网络生态朝着健康、有序的方向发展。

在这个人人都是媒体、人人都是发声筒的时代，代际文化鸿沟不断拉大，对于网络舆情引导、文化治理的手段及方法提出了更高的要求。如何进行有序的引导和管控相结合，有效地化解网络冲突和疏导网络民意，成为互联网治理的全新挑战。

2. 核心价值观内容写入宪法。2018年3月12日，第十三届全国人民代表大会第一次会议表决通过了《中华人民共和国宪法修正案》，社会主义核心价值观的内容正式写入宪法。这显示了国家通过法律保障来长期贯彻、实施培育和践行社会主义核心价值观的决心和信心。

24字的社会主义核心价值观的形成凝结了中国优秀传统文化的思想智慧，社会主义建设和改革开放发展思想经验的总结与提炼来之不易。但是，写入宪法并不意味着核心价值观的培育一片坦途，从这些年的情况来看，如何深入浅出地表述，让全民进一步深刻理解其中的深刻内涵，如何让核心价值观真正融入每一个中国公民的价值自觉、行为规范、生活实践中，还有很多工作要做。

3. 铸牢中华民族共同体意识。2018年，中共中央办公厅正式下发《关于全面深入持久开展民族团结进步创建工作铸牢中华民族共同体意识的意见》，铸牢中华民族共同体意识成为全党的共同意志和基本遵循。习近平总书记指出，文化认同则是最深层次的认同，是民族团结之根、民族和睦之魂，要着眼构筑各民族共有精神家园，不断增强中华民族的凝聚力和向心力。从精神层面构建各民族同胞之间的深度认同，增强各民族的心灵共鸣，是实现“中华民族一家亲，同心共筑中国梦”总

① 刘奇葆：《坚定文化自信 传承中华文脉》，《求是》2017年第8期。

目标，铸牢中华民族共同体意识的重要举措。2018 年，各地纷纷落实和贯彻意见要求，在开展宣传教育、促进交往交流方面积极工作，努力增强文化认同，积极培育中华民族共同体意识。

（二）2018 思想文化战略主旋律：坚守中华文化立场、坚定文化自信、推动中华优秀传统文化的创造性转化与创新性发展

党的十八大以来，以习近平同志为核心的党中央提出了一系列推动中华优秀传统文化传承弘扬的重大论述和系列举措。2017 年，国务院正式颁布《关于实施中华优秀传统文化传承发展工程的意见》，这是党中央首次以正式文件的形式将传统文化的传承发展上升为国策。坚定文化自信、推动中华优秀传统文化的创造性转化和创新性发展的理论阐释和实践作为齐头并进，成为 2018 年当前中国思想文化战略的主旋律。

1. 思想理论领域深入阐释“文化自信”

习近平总书记反复指出，“文化自信，是更基础、更广泛、更深厚的自信”。“文化自信”成为国家文化发展战略中的一个重要关键词，而对其来源、价值和意义的阐释则构成 2018 年思想理论界的一个热点。

董国政在《坚定我们的文化自信》一文中指出：“我们文化自信的底气来自哪里？首先，来自中国文化的‘硬件’。……它有三个有机组成部分，即中华优秀传统文化、革命文化和社会主义先进文化。……其次，来自中国文化的‘软件’：主要包括文化创造力和融合力。”① 汤恒在《文化自信的来源及价值》一文中指出：“文化自信是道路自信的根脉。理论自信与文化自信既有区别又有联系，理论自信规约着文化自信，文化自信包含着理论自信。制度自信是文化自信的具体形态和集中体现。文化自觉和自信体现着中国特色社会主义的文化本质和魅力，与‘三个自信’一起展现着中国特色社会主义的根本性质和发展方向。”② 荣开明在《“文化自信”的独特作用和重大意义》一文中指出，文化自信是国家文化软实力激烈竞争的必然要求，是对传统社会主义观念和模式的重大突破和创新，指明了新时代满足人民日益增长的美好生活需要，推动社会主义文化繁荣兴盛的实践方向，是实现我国由富变

① 董国政：《坚定我们的文化自信》，《解放军报》2018 年 10 月 27 日。

② 汤恒：《文化自信的来源及价值》，《红旗文稿》2017 年第 18 期。

强这一新飞跃的必然要求，是应对意识形态领域激烈斗争、保证国家安全的必然要求。[①]

2. 深入阐释“两创”方针

“创造性转化与创新性发展”是习近平总书记为弘扬中华优秀传统文化所确立的科学指导方针。“两创”方针与“二为”（文艺为人民服务、为社会主义服务）方针、“双百”（百花齐放、百家争鸣）方针一起，成为社会主义文化发展所取得的重大成果。进一步阐释、贯彻“两创”方针成为 2018 年思想文化战略领域的一个主题词。

李军在《“两创”：建设社会主义文化强国的重要方针》一文中指出：“‘双百’‘二为’和‘两创’在不同历史时期应运而生，各有侧重又互为支撑，前后相继又不断深化，共同回答了中国文化发展的战略性、全局性问题，都具有极其重要的理论价值和实践价值，构成了我们党文化建设方针的一个有机整体。”[②] 王彬、徐国亮在《“两创”方针是弘扬中华优秀传统文化的根本路径》一文中指出：“‘两创’方针不是孤立的，需以‘两相’为旨归，即创造性转化与创新性发展要与当代文化相适应、与现代社会相协调。”[③] 陈卫平在《习近平提出的“两创”方针，破解了中国近代以来哪两种文化观点之间的对峙？》一文中指出：怎样对待本国传统文化，是中国近代以来的时代之问。“两创”有力地破除了近代以来激进主义把传统与现代绝对对立的迷误。[④]

3. 践行中华优秀传统文化的传承发展

2018 年，各地各部门深入贯彻《关于实施中华优秀传统文化传承发展工程的意见》的要求，在深入阐发文化精髓、贯穿国民教育、保护传承文化遗产、滋养文艺创作、融入生产生活等方面积极践行，取得了一些阶段性成果。

比如，在国民教育方面，教育部深入贯彻落实《完善中华优秀传统文化教育指导纲要》，大量中华优秀传统文化经典进入幼儿、小学、中学和大学教材和课程，非遗、京剧、书法等走进中小学课程。山东省在全国率先把“中华优秀传统文化”

① 荣开明：《“文化自信”的独特作用和重大意义》，《光明日报》2018年9月14日。

② 李军：《“两创”：建设社会主义文化强国的重要方针》，《人民日报》2017年9月5日。

③ 王彬、徐国亮：《“两创”方针是弘扬中华优秀传统文化的根本路径》，《红旗文稿》2018年第5期。

④ 陈卫平：《习近平提出的“两创”方针，破解了中国近代以来哪两种文化观点之间的对峙？》，上观新闻2018年5月17日。

纳入中小学必修课程，并已编出多版教材供中小学生使用。在文化遗产传承方面，“数字故宫”“数字敦煌”促进科技与文化的融合，实现了文化遗产的全球共享。在文艺创作领域，一批传统文化题材的文艺作品相继问世，中央电视台相继推出的《朗读者》（第二季）、《中国诗词大会》（第三季）、《国家宝藏》（第二季）、《如果国宝会说话》等电视节目和纪录片获得了极高的收视率，在互联网上也获得了大量青年粉丝的追捧。

4. 值得重视的一些问题

第一，存在唯古是尊，不加甄别的现象。甄别中华传统文化表现形式的问题，是我们今天遇到的一个难题。其中的关键点在于，要适应现代生活，不是一味复古。当下某些地方对孝文化的全盘接受，将《弟子规》奉为传统经典等现象，都是因为缺乏对传统文化的甄别，需要引起重视。

第二，存在符号化、标签化的现象。所谓符号化就是以传统文化的元素、符号等表层元素替代传统文化本身，没有走进传统文化的内核。所谓标签化就是没有针对传统文化所处的具体历史情境、内容和价值导向做具体剖析，往往大而化之。

第三，存在盲目自信、妄自尊大的现象。学术和理论界在讨论文化自信问题时，经常出现简单否定外来文化或者生硬地从中国方面找寻外来文明成就的历史根源，把文化自信扭曲为一种盲目狭隘的民族主义意识，这是需要避免的。

第四，将文化资源和文化软实力画等号。我们有 5000 年的历史文化积淀和延绵不绝的文化传统，这是我们中华民族宝贵的精神财富。但是我们不能躺在文明古迹或故纸堆里沾沾自喜，静态的文化资源不完全等于文化软实力，要真正实现从文化资源到文化软实力的转换，需要培育文化创新的土壤和环境，充分激发出全民族的文化创造活力。

（三）2018思想文化战略的新亮点：加强美育，提升全民审美和人文素养

2018 年 8 月，周令钊、戴泽等中央美术学院 8 位老教授致信中共中央总书记习近平，表达老一代艺术家和艺术教育家对中华民族伟大复兴的坚定决心，以及进一步加强美育，培养德智体美全面发展的社会主义建设者和接班人的心声。8 月 30 日，习近平总书记给 8 位美院老教授的回信中强调，“美术教育是美育的重要组成部分，对塑造美好心灵具有重要作用”，“做好美育工作，要坚持立德树人，扎根时

代生活，遵循美育特点，弘扬中华美育精神”。2018年9月10日，全国教育大会在北京召开。习近平总书记出席会议并发表重要讲话，在讲话中指出，要全面加强和改进学校美育，坚持以美育人、以文化人，提高学生审美和人文素养。全民美育成为2018年思想文化发展战略的一个新亮点。

学术界纷纷就习近平主席回信召开座谈会、发表学术文章，对美育建言献策。9月3日，中央美术学院举办“学习贯彻习近平总书记回信精神座谈会”，范迪安院长指出，要把美育贯穿于教学之中，努力探索艺术人才的培养模式，进一步加强审美教育，培养学生感受美、鉴赏美、想象美、创造美的能力。9月4日，中国艺术研究院举办“学习贯彻习近平总书记给中央美术学院老教授回信精神”座谈会，并形成了《让艺术精神复归人民群众的生产生活》专题报告，在报告中指出：“中华美育是一种全社会全民审美‘化育’而非强制性‘教育’，其本质在‘化’不在‘教’，其主战场在民间生产生活不在学校；中华美育利于怡情养性、化性起伪、化育群才、移风易俗、安邦保民、化成天下，应定位为育才良策、辅国重器。”[①]

叶朗在《以美育培养时代新人》一文中指出：“我们这个时代呼唤思想，呼唤理论，呼唤学术高峰和文艺高峰，呼唤‘立时代之潮头，通古今之变化，发思想之先声’的大学者、大思想家、大科学家、大艺术家”，他们“不能只局限于专业知识和技能，要有高远的精神追求，要有高尚的人格修养，要有广阔平和的胸襟，要有丰富的文学、艺术、哲学、历史的学养，要有深厚的人生感和历史感。他们追求人生的神圣价值。正是这种追求，使他们生发出无限生命力和创造力。……美育和艺术教育在这个过程中起很重要的作用。”[②] 吴为山在《以美育提升人文素养筑牢文化自信》一文中指出：“纵观历代中国社会，无不将生活化、道德化的艺术作为人格培养的基本手段。这种通过审美中介来实现外在规范向内在自觉的转变，迥异于德国哲学家康德对抽象‘先验理性’或‘道德律令’的绝对服从，而是融合具体情境，一方面在艺术审美中追求人格的道德境界，另一方面又在道德培养中追求人格的艺术境界，最终实现‘从心所欲不逾矩’的极致。”[③] 彭锋在《美育应聚焦于态度教育》中指出，“美育不能等同于教育美学或艺术教育”，“作为职业教育或者专业

① 中国艺术研究院、中国非物质文化遗产保护中心：《让艺术精神复归人民群众的生产生活——贯彻落实习近平总书记回信精神报告》，2018年10月。

② 叶朗：《以美育培养时代新人》，《人民日报》2018年9月18日。

③ 吴为山：《以美育提升人文素养筑牢文化自信》，《光明日报》2019年2月1日。

教育的艺术教育，更加重视技术方面的训练，作为素质教育的美育，更加重视趣味的培养”，“作为态度教育的美育，关键在于保持无利害的态度”。[①]

从国家层面推动全民美育，是对5000年从未间断的中华文明发展史中，以中和为美、礼乐教化、三教互补、阴阳相生、艺美一统、风骨境界为内核的中华美育思想和中华美育精神的继承和开掘，从文化发展战略高度来认识和把握美育问题，才能深刻理解美育的时代内涵。

第一，美术教育不等于美育，艺术教育也不等于美育。美育关乎心灵涵养，不仅是艺术美，自然美、科学美、道德美都是审美教育的范畴。我们要在社会各界普及和矫正美育观念和对美育的理解，避免窄化美育，或者出现美育的认知偏差。

第二，美育关乎道德重建。中国美育传统与西方不同，注重美善关系的内在平衡。美育关乎美丽心灵的培植，关乎全民整体素养的提升。审美状态中的心灵，更适合道德戒律的内化，使之成为自觉的向善追求，从心所欲不逾矩。我们当前社会出现的道德滑坡、拜金主义，物欲横流、贪污腐败、信仰缺失等诸多问题，与审美教育缺失息息相关。

第三，审美问题是一个社会问题。今天出现的诸多审美乱象不能简单归因于学校美育，而是有其复杂性，需要我们从更多的角度进行思考。比如，城市建设的建筑视觉审美问题与设计师的审美素养、城市设计决策机制等诸多因素有关。

第四，应高度重视生活美育。中国美育传统非常重视生活中的审美。重新唤醒中国人的生活美学传统，让审美、艺术回归老百姓的日常生活，是当代美育的重要内容。

第五，美育工作不仅与艺术教育机构有关，还与公共博物馆、图书馆等公共文化机构有关，也涉及产品设计、建筑设计、环保和生态部门以及每一个家庭的家庭环境。对于美育问题的解决要做全面系统的思考。

四、2018中国制度文化治理战略：改革创新，融合聚力

2018年，中国制度文化治理战略的主要目标是通过体制机制的调整，文化政策、法律法规的丰富完善，文化管理方式的改变盘活文化资源和文化资产，释放文

---

① 彭锋：《美育应聚焦于态度教育》，《光明日报》2018年10月13日。

化发展活力，提升文化发展效能，带动文化事业、文化产业融合发展，推进文化领域供给侧改革，促进文化创新与繁荣。

（一）以制度改革战略推进文化治理现代化进程

2018年，国家在文化体制改革上不断深化，推行重大改革举措，释放新的改革信号。

1. 大部制改革实现文化管理体制重大变革

2018年3月，国家大部制改革方案尘埃落定，文化部和国家旅游局正式合并，原归属于国家出版与广播电影电视总局的出版局、电影局收归中宣部直接管理，三大台撤销，组建中央广播电视总台，国家文化治理方式出现重大调整。

文化部和国家旅游局的合并是国家推动文化事业、文化产业和旅游业融合发展的战略性举措，也是针对地方旅游市场发展过程中文化挖掘不足、文化建设过程中落地功能弱的现状进行的一次战略性融合措施调整，有利于发挥好文化为魂、旅游为体的作用，统筹各类文化旅游资源，改善文物、文化、旅游景区等机构各自为政的局面，实现融合发展，实现社会效益和经济效益的统一。

电影部门划归中宣部直管，是为更好发挥电影在宣传思想和文化娱乐方面的特殊重要作用，发展和繁荣电影事业。出版局划归中宣部直管，是为加强党对新闻舆论工作的集中统一领导，加强对出版活动的管理。组建中央广播电视总台则是为了加强党对重要舆论阵地的集中建设和管理，增强广播电视媒体整体实力和竞争力。

2. 文化立法进程加速

从文化政策管理向文化法治化，一直是近几年来我国推进文化治理现代化的重要举措。近两年来，中国也加快了文化法律的制定和出台步伐，"电影产业促进法""公共文化服务保障法""公共图书馆法" 相继出台并实施，文化建设初步走上了法治轨道。2018年3月2日，人民网发表《文化立法：5年人大立法工作一大亮点》一文，全国人大教科文卫委员会主任委员柳斌杰指出，近几年来，"我们制定出台的文化法律相当于过去的一倍，填补了文化立法的一些空白" ①。

诚然，文化立法工作也并非一片坦途。从目前出台文化法律的执行效应和文化产业促进法迟迟不能出台的情况看，因为存在文化体制改革还在深化，很多行政管

① 张贺：《文化立法：5年人大立法工作一大亮点》，人民网2018年3月1日。

理机制没有定型，与文化相关的许多领域立法盲点较多，文化立法的价值导向存在诸多分歧等因素，我国的文化立法之路举步维艰，任重道远。

3. 庆祝改革开放四十周年大会释放深化改革信号

2018 年 12 月 18 日，习近平总书记在庆祝改革开放四十周年大会上发表重要讲话。习近平总书记指出："我们既要敢为天下先、敢闯敢试，又要积极稳妥、蹄疾步稳，把改革发展稳定统一起来，坚持方向不变、道路不偏、力度不减，推动新时代改革开放走得更稳、走得更远。"[①] 党中央进一步释放了深化改革、扩大开放的信号，文化领域积极总结改革开放四十年取得的成就和遇到的问题，在进一步深化文化体制改革和扩大文化市场开放上积极谋划。

从 2018 年文化制度变革的总体趋势来看，中央一方面积极推进文化管理体制的深度改革，推进文化治理的法制化进程，朝着更为现代化的文化治理体系迈进。一方面，面对关乎意识形态安全的重大文化领域，中央也在进一步加强监管措施，牢牢把握意识形态领域的领导权、主动权。

（二）以融合发展战略盘活文化资产，破解文化发展藩篱

近年来，我们发现当代文化发展的消费属性日益凸显，市场行为日益成为文化活力体现的重要衡量指标。同时，当代文化发展的整体性、系统性越来越强，各类文化机构、文化内容之间的互动性、互补性、连接性越来越紧密，简单的事业、产业二分法会导致文化发展效率的降低，人为阻隔文化资源和资产的盘活。

2018 年，文化事业、文化产业、旅游产业与城乡发展、扶贫攻坚等国家战略不断走向深入融合。

1. 文化事业与文化产业融合发展

2018 年 10 月 8 日，中共中央办公厅、国务院办公厅印发了《关于加强文物保护利用改革的若干意见》，首次出现"建立文物资源资产管理机制""探索社会力量参与国有不可移动文物使用和运营管理""鼓励文物博物馆单位开发文化创意产品，其所得收入按规定纳入本单位预算统一管理"等新提法，这是文博事业单位与文化产业融合发展的信号。

2018 年，文化事业与文化产业加速了融合步伐，各大文博机构积极推进机构改

① 习近平：《在庆祝改革开放四十周年大会上的讲话》，中国新闻网 2018 年 12 月 18 日。

革，向市场开放，促进数字文博展览、文创产品开发、文博旅游等市场化运营。各大民营文化企业纷纷与拥有相关版权的国有文化事业机构合作，积极开放中华文化主题 IP，共同推出并打造各类中华文化 IP 产业链。

文化事业与文化产业融合发展一方面解决了事业机构因为国家眷养，缺少足够的造血动力、缺乏活力的困境，进一步盘活了各类闲置的文化资产和文化资源。另一方面，从我国目前的文化资源集中程度来看，优质的文化内容资源和文化资产主要集中在国家相关文化事业单位手中，促进融合发展有利于解决当前文化产业发展内容支撑严重不足、空心化的问题，必将促进文化产业的健康良性发展。

当然，毕竟事业和产业的目标不同，在事业和产业融合过程中也容易出现文化事业目标偏移或国家文化资产被商业利益所利用等问题。如何有效把握事业与产业之间的边界，实现事业和产业的良性健康融合，需要在机制设计上做好功课，下对功夫。

2. 文化与旅游融合发展

文化和旅游部部长雒树刚在《以高质量文化供给增强人民群众的文化获得感幸福感》一文中指出："扎实推进文化和旅游部组建工作，牢固树立融合发展理念，坚持宜融则融、能融尽融原则，以文化和旅游的真融合、深融合推动形成发展新优势。"[①] 随着国家文旅融合的决策部署展开，各地纷纷启动文化与旅游机构合并改革，截至 2018 年 11 月末，新疆、天津两地文化和旅游部门完成挂牌，标志着地方文旅系统完成全部挂牌。文化与旅游在理念融合、机制融合、产业融合等方面正在积极深入。

3. 文化事业产业与乡村振兴、扶贫攻坚融合发展

2018 年，文化与扶贫的结合是一个亮点。在 2020 年实现全面小康的目标中有文化小康的指标要求，文化扶贫不同于物质扶贫，而更强调智力扶贫、精神扶贫，是一项更具有战略意义的举措。

2018 年，全国范围内公共文化投资项目向基层和贫困地区的倾斜力度加大，中央财政通过转移支付下达 2018 年免费开放补助资金 51.85 亿元，支持范围包括全国 1854 个博物馆、纪念馆和全国爱国主义教育示范基地，1123 个市级和 5941 个县级美术馆、公共图书馆和文化馆，41493 个乡镇文化站、城市社区（街道）文化中

① 雒树刚：《以高质量文化供给增强人民群众的文化获得感幸福感》，《求是》2018年第19期。

心。文化和旅游部办公厅出台了《关于大力振兴贫困地区传统工艺助力精准扶贫的通知》，大力推进文化扶贫工作，振兴贫困地区传统工艺，发挥非遗尤其是传统工艺在助力精准扶贫方面的重要作用。2018 年 9 月 26 日，中共中央、国务院印发了《乡村振兴战略规划（2018—2022 年）》，首次提出“发展乡村特色文化产业”。

（三）以创新引领战略推进文化领域供给侧改革

随着我国经济从高速增长阶段向高质量发展阶段的转变，文化市场也已经从“战略性短缺”进入“短缺与过剩并存”时代，从投资推动转向消费拉动阶段。2018 年，文化领域着眼于满足人民群众精神文化生活新期待，着眼于文化需求端的升级，以创新引领战略推进供给侧结构性改革，以高质量文化供给增强人民群众的文化获得感、幸福感。

1. 促进传统文化在文化内容生产中的创造性转化和创新性发展

2018 年，基于传统文化的 IP 开发成为热词。故宫、敦煌的文化 IP 热进一步升级，推出了很多为老百姓喜闻乐见的文创产品；在影视领域，国产优秀动画作品不断涌现，继《小门神》《大圣归来》《大鱼海棠》之后，《白蛇·缘起》等优秀国漫作品收获良好口碑和票房。

2. 加快文化科技融合创新

2018 年，新技术应用正在改变文化的服务方式、体验方式和消费方式。在公共文化服务领域，坚持中心下移，探索数字服务新模式，推进公共文化服务均等化、标准化，各地建立了公共文化服务云平台、数据库计划等数字化公共文化服务设施。各类高新技术 VR、AR、沉浸式新媒体等在文化演艺、博物馆体验、网络领域的广泛应用，引发了新一轮的体验热潮。腾讯公司于 2018 年推出新文创战略，以 IP 构建为核心，打造出更多具有广泛影响力的中国文化符号，把各种协作主体、文化资源以及创意形式广泛连接起来，实现更高效的数字文化生产。

3. 文艺创作实施精品创作策略

2018 年，文艺创作领域积极贯彻习近平总书记在文艺座谈会讲话精神，推出了一批文艺精品和力作。在舞台艺术方面，涌现出京剧《红军故事》、话剧《船歌》和《塞罕长歌》、儿童剧《鹬·蚌·鱼》、沪剧《敦煌女儿》等优秀现实题材作品。在电影领域，主旋律电影《战狼 2》《红海行动》取得票房和口碑双丰收，用视听语言展现英雄群像，激荡起强烈的爱国主义情怀。现实主义题材电影《我不是药神》获得高票房，也赢得广泛追捧。纪录片《我在故宫修文物》《如果国宝会说话》《西南联大》等在老中青三代中都获得广泛认可。

（四）值得重视的一些问题

第一，文化体制改革取得的成绩有目共睹，但是也遭遇了一些问题，文艺院团一刀切式的改革带来了诸多的遗留问题。一脚要踩油门，要释放市场活力，开放文化市场环境；一脚要踩刹车，要管控意识形态。如何平衡意识形态管控和文化市场开放之间的矛盾，仍然是文化体制改革需要破解的难题。

第二，文化部与国家旅游局的合并，有利于加速文化旅游融合发展，解决部分文化和旅游资源没有很好地利用和开发的问题。但是我们要时刻警惕的是，不能用旅游替代文化，文化的功能除了经济效应，还有更重要的凝聚人心功能、价值引领功能、改善社会风尚功能，切勿因为把文化旅游合并在一起而忽视了思想文化领域的建设。

第三，文化立法喊了多年，但是仍然举步维艰，已出台的法律法规执行效率有限，未出台的法律法规迟迟出不来。长期形成的行政管理惯性，没有足够的法治意识和经验，仍然是摆在文化法治化面前的障碍。要真正实现从人治、行政命令向法治方向发展，这条路还很长。

第四，政府与市场、社会之间直接对话、直接碰撞的刚性管理机制并不能保障文化的有效管理，需要更加柔性的、宽松的管理机制和环境。西方国家大量的文化中介组织、民间基金会等机构的设立，有效承担了政府与市场之间的“缓冲地带”，减少了政府的越位，促进了文化艺术的繁荣。我们要进一步改革文化体制机制，将政府的文化职能从传统管理转变为现代治理，从管文化向办文化转变，在文化资源的配置中管住该管的，该放开的要放开，实现参与治理主体的多元化。

第五，我们是一个文化资源大国，但还需要努力追求文化创造强国。文化创造、文化创新需要思想创新的土壤，需要足够的创作空间和思想空间。文艺创新需要原创性人才，如编剧、作家、艺术家等，他们承担着文化艺术产品生产的关键角色，要尊重艺术生产规律，保护他们的智力成果，关心他们，为他们创造有利的条件；同时，艺术家也要在国家文化强国建设目标中来规划自己，融入国家文化大局之中来成就自己。

五、2018 中国社会文化治理战略：变与不变、危与机并存

现代社会，科技、商业和人的空间移动等是影响社会领域变革的主要因素，而社会变革往往带来的是当代文化的变迁，也是当代文化演化的主要动力源泉和生成场域。而一般情况下，社会变革往往相对超前于政府相应的文化治理，这就使得国家政府有必要预判和观察社会领域的前沿变革，从而为改善和制定相应的文化治理方案进行前期研判。2018 年，中国在社会领域的变革对未来文化产生关键性影响的主要有三个方面，分别是城乡变局、科技革命和文化经济带来的产业转型。

（一）城乡大变局：乡村文化振兴、城市精神重塑

改革开放以来，在中国大地上发生了从乡村到城市的大规模人口迁徙，乡村衰落和空心化、城市人口集聚和扩张同时展开。2018 年 1 月 2 日，中央一号文件《中共中央国务院关于实施乡村振兴战略的意见》对实施乡村战略进行了全面部署，提出建设“产业兴旺、生态宜居、乡风文明、治理有效、生活富裕”的总体目标。国家从战略层面对乡村振兴进行全面规划，可见中央深刻认识到农村、农业、农民是中国政权稳固、发展进步的坚实底盘，这个底盘和阵地不能丢。

近年来，乡村文化问题也成为学界关注的热点。邓小南在“乡村建设及其艺术实践研讨会”上指出，“我们都认识到中华文明的源头在乡村，社会秩序的根基也在乡村”，“所谓危机，其实危和机都是相依相生的，从来都有两重性。在城镇化形势和乡村建设的困局之下，如何寻求一种精神的复兴之路，如何重塑信仰和价值，这不仅关系着城乡物质形态的变化，也关系着我们民族的文化命运”。[①] 赵秀玲在《乡村振兴中的文化发展向度》一文中指出：“问题的关键是，如果站在城乡文化的关系，尤其是中国是建立在数千年农业文明这一根基之上进行思考，我们的农业文明及其乡村文明是不是消失得太快了，是不是被不加思考地简单删除掉了，是不是被严重误解、误读和低估了。”[②] 渠敬东在《乡村是一个社会文化生态系统》的访谈

① 邓小南、渠敬东等:《当代乡村建设中的艺术实践》,《学术研究》2016年第10期。

② 赵秀玲:《乡村振兴中的文化发展向度》,《东吴学术》2018年第2期。

中说："恰恰在现代社会里，乡村却显得更为重要，只有乡村，才能平衡城市中过快流动的生活状态和精神状态。如果仅从经济或是资本发展的角度来讲，乡村好像没那么重要，只能是循着资本的方向人口不断流出的地区，但是从整个现代带来的很多精神危机的角度来讲，其实乡村更重要，它是疏散和化解之地，只是我们今天的发展走的恰恰是相反的道路。"①

社会上也有一种声音，认为乡村的衰落是社会进步和自然演化的必然结果，没有太多惋惜的必要。但是，对于中国这样一个农耕文明为主的地理单元，对于中国文化这样一个以乡村宗法制度维系的文化结构而言，乡村文化对于中国文化来说有着特殊的地位和价值。

从文化内生处境意义上来讲，乡村文化的命运关乎中国文化的前途和命运。今天的乡村从经济总量和产值层面虽然不足以成为中国的主体，但从国土面积、人口总量、文化意义等因素来看，中国乡村问题仍然是中国问题中的核心问题之一。中国是一个农耕文化历史悠久的国家，尽管随着城市化的进程，中国的大量人口向城市迁移，但是中国文化的根很多还保留在农村。乡村文明作为中国农耕文明的基础，也是中国儒家思想等优秀传统文化的主要承载地，仁义礼智信等中国优秀传统文化和价值观隐性存在于农村的婚丧嫁娶、家族观念、节庆礼俗、非遗手工等形态中。乡村文化振兴不是让所有的中国人回到农村生活，而是在现代文明的基础上建立一种与城市文明协调统筹发展的新的文明形态和生活方式。

乡村文化振兴的核心是重建乡村生活的精神世界。尽管从基础设施建设、建筑更新等物理层面来看，中国乡村正在朝着现代化的方向迈进。但是思想观念、价值追求、生活方式等文化意义上的现代化才是中国乡村走向现代化的关键。幸福美好生活不仅与物质条件有关，更与心灵、精神、价值、快乐等文化条件有关。当前，中国农村的空心化问题从表象来看是人的流失，从根本上来看是精神的空心化、文化的空心化。从中国乡村的家族、民间信仰、祠堂等物象的凋零来看，是中国乡村神性的缺失，欲望膨胀、生活趣味消失、家族观念和亲情的淡漠，人与自然的疏离，农民尽管住上了新房，但精神世界却有更加空虚的危险。乡村文化振兴，重新找回那些失去的最珍贵的文化价值，重建中国乡村的现代生活方式，是为了重建中国乡村生活的精神家园和生活意义。2018 年，短片《啥是佩奇》刷爆朋友圈，其背

① 渠敬东、李淑娟：《乡村是一个社会文化生态系统》，搜狐历史 2017 年 10 月 6 日。

后隐藏的是乡村衰落带来的文化衰败和精神衰败，是遗留在乡村的老年群体的集体性孤独写照，以及我们对那份回不去的乡愁的共同缅怀，也是对乡村振兴的一种集体无意识的期盼。

从城市战略来看，中国政府加快了京津冀城市群、长三角城市群、珠三角城市群建设，形成三足鼎立的局面。同时，国家在“一北一南”实施两大城市战略，在北方，为缓解北京首都城市压力，雄安新区建设成为近年来国家城市战略的一着重棋。在南方，为实现香港、澳门和深圳城市之间的联动，粤港澳大湾区城市群建设正在积极推进。

在城乡大变局中，一方面政府和民间正在积极推动乡村振兴，一方面也在积极推动城市建设。2018 年，全国各地纷纷在推动城市改造更新、新城（区）建设、城市消费综合体营造等方面频频使招，各类城市更新、城市主题论坛也不断举行。而在建设城市过程中，大家普遍意识到城市精神塑造和城市文化建设越来越关键。城市犹如一个生命体，没有精神和文化的城市仿佛没有灵魂的躯壳，是没有生命力和创造力的。正如潘知常所言，“人最需要的是灵魂，城市也是如此。灵魂的塑造，说到底，是一种精神的塑造。因此，‘城市精神’，就是城市灵魂的呈现”①。

当前和未来一段时期，中国城市的核心是重塑城市精神、城市想象和城市生活意义。城市精神是生活在城市中的群体传递的一种共同精神气质、共同的行为规范和价值遵循，一个城市独特的精神标识，一个城市创造力的源泉所在。

如果说中国乡村几千年来塑造了一套基于熟人社会的农民生活意义系统，他们有着共同的家族伦理规范，有着共同的民间信仰、仪式，在这样一套自我构建意义系统中完成每个个体的生活意义建设和身心安顿。而改革开放几十年的城乡迁徙，新来到城市的人群进入了一个现代性的生人社会，原来赖以安顿内心的乡村生活意义系统已经土崩瓦解，这就呼唤重建城市居民在这片新土地上的生活意义。所谓生活意义，是指支撑群体性生活背后的价值和意义系统，是人在生活中获得幸福感、价值感和尊严感，自主决定按自己期待的方式生活的符号表征，包括智识生活、行动生活、家庭生活、休闲娱乐生活等，这也是未来城市居民得以安居乐业的根本意义所在。

城市生活意义重构需要我们重新审视支撑城市人群生活的价值旨归，审视当代

① 潘知常：《关于“城市精神”——答〈新华日报〉记者问》，爱思想网 2017 年 6 月 8 日。

城市生活的现代性问题，在两个维度上进行深度的思考和展开：一是作为一个中国人，如何重新找回在传统乡村地理空间和社会中形成的最根本性的人伦关系、人伦情感、生活价值伦理，并试图在城市生活空间中以新的方式、样态重新加以修复和重建；二是对作为一个现代都市居民的生活意义诉求和情感诉求进行审视和充分关照，包括公共社交、情感连接、劳动闲暇、人性关怀等，以其为满足和构建这样一种现代生活意义而进行设计和规划。

（二）科技革命：数字新文化、后生命文化

科技是当代文化的重要表征，是驱动当代文化演变的核心力量，科技变革正在迅速改变文化生产方式、传播方式、消费方式，衍生出新的文化样态和文化表征，应该引起高度的关注和重视。当前和未来很长一段时期，科技文化主要会从因数字互联网技术催生的数字文化和因基因测序、生物技术和人工智能等技术催生的后生命文化这两种主要的形态来展开。

联合国教科文组织在《重塑文化政策》一书中指出，“未来的文化活力在很大程度上有赖于数字媒体，且可能被这些新的逻辑所充斥”，“数字时代代表着文化获取的绝佳机会”，“数字文化传承了网络的相同力量，因此，创作更具有超链接性、多媒体性及交互性”，“越来越明显的云计算优势为数百万数字产品提供了边际成本为零的平台”，“新技术代表着公众意识和民间社会参与的一大进步”。[①] 同时，数字文化也带来了一系列的问题，“当大量的信息如潮水般涌来时，我们会感到被信息所淹没，被信息所干扰，变得无所适从”，“人类心灵深处所持有的信仰和情感正在现代媒体声音和图像的围攻中支离破碎”。[②]

新兴成长的数字世界的主流是以 95 后、00 后为主的网络原住民一代，他们对新技术敏感，对网络世界十分熟悉，“技术已经内化为一种他们与生俱来的生存土壤和生存能力。他们在多平台进行多任务操作，他们的工作遵循着集体智慧和反复迭代的在线伦理”[③]，他们对权威文化、政治文化保持一种绝缘态度，通过社群、社

① 联合国教科文组织编，张晓明审校：《重塑文化政策：为发展而推动文化多样性的十年》，意娜译，社会科学文献出版社2016年版。

② 联合国教科文组织，世界文化与发展委员会编：《文化多样性与人类全面发展——世界文化与发展委员会报告》，张玉国译，广东人民出版社2006年版。

③ ［澳］约翰·哈特利：《数字时代的文化》，李士林、黄晓波译，浙江大学出版社2014年版。

区建立了一个个新文化社群，如创客群体、极客群体、二次元群体等，建立起他们自己的价值观和文化行为方式，新的代际文化鸿沟正在不断加大。

代际文化鸿沟凸显，数字世界的文化贫瘠状况急需改变。如果不能有效地实现人类优秀文化成果向数字世界的转移，不能有效地弥合物质世界与数字世界存在的文化和价值鸿沟，人类文明的传承与发展将遭遇很大的挑战，国家主流意识形态也将在这块阵地面临失守的危险，这是应该引起高度重视的国家文化发展战略新命题。

如何弥合这个文化鸿沟？张晓明先生提出以国家之力推动文化基因提取和构建数字文化基础设施，形成“数字文化生态圈”。“现在的重点和难点是‘数字文化资源整合’与‘数字人文创意’两个基本环节，具体说，就是如何全面推动国家文化遗产数字化，如何建立国家文化大数据云服务平台，向在互联网中大规模涌现的非专业‘创意者’进行文化资源的滋养和赋能。”[①]

近年来，随着基因测序、生物技术和人工智能技术的飞速发展，技术如何改造人、如何重新思考人的生存处境和生命处境等前沿话题成为社会文化领域讨论的热点话题。2018 年 11 月 26 日，南方科技大学副教授贺建奎宣布一对名为“露露”和“娜娜”的基因编辑女婴在中国健康诞生，由于这对双胞胎的一个基因经过修改，她们出生后即能天然抵抗艾滋病病毒 HIV。这一消息迅速激起轩然大波，震动了中国和世界科学界，引起全世界诸多科学家和媒体对于这位中国科学家的鲁莽行为进行了科学伦理的质疑和询问。2018 年 9 月 5 日，第二届北京媒体艺术双年展以“后生命”为主题在中央美术学院美术馆举行，分为数据生命、机械生命和合成生命三个板块。2018 年 11 月 24 日，第二届互联网思想者大会以“技术与生命”为主题展开。

朱嘉明先生在互联网思想者大会上发表题为《现在：需要重新定义人类生命》的主题演讲：“在重新定义人类生命的问题上，朱嘉明认为有三个思路。第一条思路是通过把人看作是一个从生到死的过程，来理解人的生命；第二种方式，讲人的构造，具体地说是从基因角度理解生命；第三是从意志角度理解生命。总之，我们对生命的定义应该充满想象。”[②]

---

① 张晓明：《“新文创”助力数字文化建设》，《光明日报》2018年5月30日。

② 零壹财经：《后机器时代，人类该如何与机器共处？——第二届互联网思想者大会侧记》，搜狐科技2018年12月7日。

2018 年 11 月 23 日至 24 日，由孙周兴教授主导发起的“首届未来哲学论坛”举行，主题为“技术与人类未来”，他认为未来哲学的一个主要问题是技术困境问题。“技术问题才是最核心的‘世界哲学’问题，前面两个问题（文明对话、人类政治）说到底都是由技术问题带来的。技术进步已经大大影响了人类生活，深刻改变了人们的生存方式和行为方式。我们必须认真对待技术进步，否则现代技术可能威胁到人类作为自然物种的存在。”[①] 在《技术统治与类人文明》一文中，孙周兴认为：“那么哲学如何介入？未来哲学何为？哲学的当务之急是什么？我想首先需要的是一种生命哲学，是关于类人新生命的规划。如上所述，人类已进入由技术所规定和推动的去自然化（非自然化）和技术化（计算化）的进程中了，而且正在不断加速推进。在人类向‘类人’的反转中，生命问题突现为第一位的问题，生命的本质需要重新定义，生命形态和结构需要重新规划，生命的价值和意义需要重新确认。”[②]

赵汀阳在《人工智能“革命”的“近忧”和“远虑”——一种伦理学和存在论的分析》一文中指出：“就其革命性的存在论后果来看，人工智能有可能改变或重新定义‘存在’概念，有可能在存在论层面上彻底改变生命、人类和世界的存在性质。这个‘革命’过于重大，以至于我们难以判断这样深刻的‘存在升级’是人类的幸运还是不幸。”[③]

笔者认为，数字信息技术、基因技术、生物技术和人工智能正在重塑人类的生命和生存逻辑，未来可能有三种生命形态出现，一是数字生命，即在数字化生存的时代人的生命时空在碳基世界（物理世界）和硅基世界（数字世界）之间不断切换；二是合成生命，即基因技术和生物技术对人的生命的改造；三是智能生命，即因人工智能技术的发展，地球上将诞生一种有意识的智能生命体与人类共存。面对这些技术浪潮，生命可能需要重新定义，人的生命意义可能需要重新思考，这就必然带来人类文明、文化的重大变迁，这是摆在科学、艺术、哲学等学科面前的重大理论问题。科技变革无疑成为影响当代文化发展的最大变量，也是国家文化发展战略需要正视的重大命题。

① 孙周兴:《未来“世界哲学”的问题域》,《人民日报》2015年2月2日。

② 孙周兴:《技术统治与类人文明》,《开放时代》2018年第6期。

③ 赵汀阳:《人工智能“革命”的“近忧”和“远虑”——一种伦理学和存在论的分析》,《哲学动态》2018年第4期。

（三）文化经济：传统产业转型、新经济潜力股

2018年，一个新的学科概念“文化经济”被广泛关注，一些经济学领域的知名专家纷纷开始就文化经济发表观点。经济学家魏杰牵头在清华大学成立了文化经济研究院，并发布了题为《构建推动国家发展与文化复兴的文化经济学》的研究报告，报告指出：“文化经济是人类经济社会发展到较高阶段的产物。伴随着人类社会发展同时出现两种趋势，一方面是文化越来越带有经济的特征，文化成为重要的国民经济部门。另一方面是经济越来越带有文化的特征，文化成为经济的内核。经济和文化边界相互渗透、高度融合，由此衍生出一种新的形态——文化经济。”[①]

经济学家江小涓认为，文化服务业因为网络空间的拓展而提高了效率，将成为新现代服务业的重要支撑。“市场经济在其他领域展现的活力，同样可以构建文化产业的创造性、异质性和多样性。处于网络空间下的文化服务业正以极快的速度开拓创新，形式精彩纷呈，获得了前所未有的蓬勃发展。”[②]

文化经济的提出在某种程度上超越了文化产业的概念和范畴，不仅包括文化经济化内容，也包括基于传统产业转型升级、供给侧改革的经济文化化内容，更加关注文化作为一种新的精神元素、符号元素对经济发展模式的整体改造和经济业态的整体提升，也是对人类经济和消费进一步向精神消费和精神经济阶段过渡的一次回应。

随着现代社会消费主义的兴起，文化的经济化属性越来越强，经济的文化属性越来越强，两者之间的界限越来越模糊。但是，我们也看到整个社会弥漫着一种商业文化、文化商业的迷雾，很多人甚至认为当代文化发展已经离不开经济和市场的考量因素。诚然，经济、市场、商品是当代文化的重要推动手段和方式，同时我们也需要警惕用文化经济、文化产业来替代文化创造、文明进步。文化和经济犹如人类进步的两翼，尽管有交集，但文化的终极使命仍然是人类精神向上的推动力量。当代文化发展要接受现代社会的市场手段和消费方式，但是，如果过度以经济化、商业化为目标，可能会使文化发展偏离自己的轨道。

---

① 清华大学文化经济研究院：《构建推动国家发展与文化复兴的文化经济学》，2018年4月7日。

② 江小涓：《网络空间服务业：效率、约束及发展前景——以体育和文化产业为例》，《经济研究》2018年第4期。

六、2018中国对外文化战略：命运共心，和合共存

（一）人类命运共同体理念：彰显中国为人类可持续发展贡献的中国智慧、中国方案

自2012年11月中共十八大明确提出要倡导“人类命运共同体”意识。2017年1月19日，习近平在瑞士日内瓦发表题为《共同构建人类命运共同体》的主旨演讲，深刻、全面、系统阐述了人类命运共同体理念。2017年2月，“构建人类命运共同体”理念写入联合国决议。2018年3月11日，第十三届全国人民代表大会第一次会议通过的宪法修正案，增加“推动构建人类命运共同体”内容。

人类命运共同体理念是中国政府在新的全球化格局下为促进人类和平发展所贡献的智慧理念和解决方案。其核心要义是五个坚持：坚持对话协商，建设一个持久和平的世界；坚持共建共享，建设一个普遍安全的世界；坚持合作共赢，建设一个共同繁荣的世界；坚持交流互鉴，建设一个开放包容的世界；坚持绿色低碳，建设一个清洁美丽的世界。习近平总书记指出，“在经济全球化的今天，没有与世隔绝的孤岛。同为地球村居民，我们要树立人类命运共同体意识”，“携手构建人类命运共同体”，“全球经济治理应该以共享为目标”，要“寻求利益共享，实现共赢目标”。[①] 关于人类命运共同体的文明理念，习近平强调：“要尊重世界文明多样性，以文明交流超越文明隔阂、文明互鉴超越文明冲突、文明共存超越文明优越。”[②]

国际知名人士和媒体纷纷发表意见，对人类命运共同体理念发表见解。联合国秘书长古特雷斯说：“多极世界需要多边的治理方式，今天的中国可以发挥重要的作用。”“美国‘外交学者’网站刊登学者雅各布·马德尔的评论文章认为，‘人类命运共同体’描述的是一个相互合作的世界，它以双赢为前提，是一种取代西方‘落后’模式（零和思维）的‘新型’国际关系理念。美国《福布斯》双周刊网站引述专家观点称，如果说‘人类命运共同体’有政治含义，这个含义就是尽力找到避免对抗、避免我们在冷战年代体会到的国际社会分裂的新途径。”[③]

---

① 新华社：习近平在二十国集团工商峰会开幕式上的主旨演讲，[EB/OL].http：//www.xinhuanet.com/world/2016－09/03/c_129268346.htm，2016－09－03。

② 习近平：《决胜全面建成小康社会　夺取新时代中国特色社会主义伟大胜利——在中国共产党第十九次全国代表大会上的报告》，人民出版社2017年版，第59页。

③ 许启启、宁曙光：《国际舆论中的“人类命运共同体”》，中国网2018年7月19日。

滕文生在《构建人类命运共同体是世界发展的历史必然》一文中指出："构建人类命运共同体是对中国和世界人民思想智慧的创新性发展，不仅中华传统文化中蕴含着有益于构建人类命运共同体的历史智慧，在世界各种文明中都蕴含着这样或类似这样的历史智慧。人类命运共同体是建立在人类利益共同体基础之上的，命运共同体与利益共同体紧密相联、存亡攸关。"①

刘方喜从文化战略学意义上论述了人类命运共同体的价值与意义，他指出，"人类命运共同体、共享理念为我们提出不同于西方而又与西方保持对话关系的文化战略理念提供了坚实的价值根基"，"理论界应以此为理论遵循，关注西方文明共情理论等相关研究，超越社会达尔文主义的文明观，这对于顺应全球发展进步大势，立足全球价值制高点，推动新时代中国特色社会主义文化战略学建构具有重要意义"。②

因此，人类命运共同体理念的提出深根于中华优秀传统文化智慧，应用于"一带一路"的伟大实践，直面新一轮的经济全球化挑战，制衡于以美国为首的资本主义国家长期以来的冷战思维、零和游戏和文明冲突论，有利于中国在开启新一轮全球文化战略中占领道义的制高点，形成有利的价值观优势和话语权。

（二）"一带一路"民心相通：深度广度、官方民间齐头并进、成果初显

2018 年，以共商共建共享为基本原则的"一带一路"倡议有序推进。民心相通、人文交流是"一带一路"倡议的暖心工程，取得了阶段性成果。

各类丝绸之路文化年、旅游年、艺术节、影视桥、研讨会、智库对话等人文合作项目百花齐放，人们往来频繁，在交流中拉近了心与心的距离。4 月 3 日，《"一带一路"民心相通报告》在北京发布，系统回顾和总结了"一带一路"民心相通领域取得的阶段性成果。5 月 11 日，陕西省政府与哈萨克斯坦代表在西北大学召开"一带一路"和"光明之路"研讨会，中哈双方共同发布了《"一带一路"与"光明之路"对接研究报告》及《2027 中亚可能的趋势》。

9 月 27 日，第三届丝绸之路（敦煌）国际文化博览会在敦煌开幕，此次博览会以"互鉴共进、和谐共生、增进构建人类命运共同体的文化认同"为主题，各类丝

① 滕文生：《构建人类命运共同体是世界发展的历史必然》，《人民日报》2019年1月11日。

② 刘方喜：《论人类命运共同体与共享理念的文化战略学意义》，《学术论坛》2018年第3期。

绸之路展览、论坛和交易会精彩纷呈。9 月 28 日，第五届丝绸之路国际电影节在西安举行，以“新时代·新丝路·新视界”为主题，以电影为媒，用光影艺术架起了连接丝绸之路起点及沿线国家的文化桥梁。12 月 19 日，由中国艺术研究院主办的第三届“一带一路”文化艺术交流合作国际学术研讨会在广西北海举行，来自十多个国家和地区的近百位专家、学者和艺术家出席了研讨会并发表主题演讲和讨论。

经过 5 年的努力，“一带一路”民心相通呈现出几个特点：一是文化交流的广度和深度都在不断拓展，涉及门类包括影视、非遗、智库、艺术等多个门类，交流对象逐渐向点对点的展开；二是逐渐走向国别交流和合作，比如陕西与哈萨克斯坦，敦煌文博会每年设立的主宾国等；三是官方与民间齐头并进，尤其是民间力量、国际组织之间的交流合作成为重要的补充和新生力量。

（三）“展形象”：2018年度对外文化传播、提升中国文化软实力主题词

2018 年 8 月，习近平总书记在全国宣传思想工作会议上提出要“展形象”，就是要推进国际传播能力建设，讲好中国故事、传播好中国声音，向世界展现真实、立体、全面的中国，提高国家文化软实力和中华文化影响力。作为一个崛起的世界大国，党中央从战略高度正视中国目前的对外宣传短板，试图扭转中国整体的国际形象和国际文化格局，“展形象”成为中国对外文化战略的年度关键词。

真实、立体和全面是“展形象”的三个关键词。所谓“真实”，就是展现中国形象须建立在提供真实而权威的信息的基础之上，不允许出现虚假信息、过度包装；所谓“立体”，就是从多个侧面、多个角度的展示中国形象，不特别偏重某一方面而故意回避某一方面；所谓“全面”，就是为外国观众提供丰富的形象信息，既展示历史也展示现实，既展示成就也展示问题。

2018 年，我们在“展形象”上形成了文化交流、文化传播、文化贸易齐头并进，三管齐下，互相促进和互相补充的良好局面。

在文化交流和文化传播方面，各类大型中国文化年（节）持续举行，中俄、中美、中欧、中阿、中非等文化交换相助机制更加成熟。中国杂技、武术、书法、京剧、太极拳等传统文化纷纷走上国际舞台，《舌尖上的中国》等优秀的中国影视作品走向海外，获得海外观众的欢迎。

海外文化中心建设和孔子学院推广仍然是海外文化传播的主阵地。海外中国文

化中心备受欢迎，成为全方位展示中华文化精粹和国家形象的重要平台。到2020年，海外中国文化中心总数将达到50个，形成覆盖全球主要国家和地区的中国文化对外传播推广网络。截至2018年12月，我国已在154个国家和地区建立了548所孔子学院和1193个中小学孔子课堂，学员总数达187万人，其中2018年全球新建孔子学院30所。

在文化贸易领域，根据商务部服贸司公布的最新数据显示，2018年上半年，我国文化贸易总额为594.3亿美元，同比增长8.8%。其中文化产品进出口421.0亿美元，同比增长4.8%；文化服务进出口173.3亿美元，同比增长20.0%；总体上，我国对外文化贸易处于增长势头，尤其是文化服务进出口增长明显。但是，从文化产品进出口和文化服务进出口的比例来看仍然存在不平衡现象，文化服务贸易逆差比较大，这也是中国对外文化贸易的短板。

在中美贸易战硝烟未散之际，2018年11月5日，首届中国国际进口博览会在上海举行，吸引了58个“一带一路”沿线国家的超过1000家企业参展，彰显了中国坚定支持贸易自由化和经济全球化、主动向世界开放市场的战略主张。其中包含了大量的文化贸易相关领域的展示和交易，包括电子游戏、在线与家庭娱乐、文化用品、创意设计、文化教育、旅游服务等内容。这是中国与美国加重关税，推行贸易保护主义政策之间的一次战略博弈，是中国推行人类命运共同体理念的有效举措，昭示了中国将敞开大门、扩大开放的决心和信心。

综观2018年中国对外文化战略的整体布局，我国整体上加大了对外文化战略的推进力度，这是中国成长为世界大国应有的文化担当，也是中国文化在新的世界政治、经济、文化格局中的主要作为和溢出效应。主要特点表现在：一是从被动防守到主动进攻，我们在对外文化战略中不再缩手缩脚，不再遮遮掩掩，首先坚持明确的中华文化立场，主动全面、立体真实地向世界展示中国形象，彰显出充分的道路自信、理论自信和文化自信；二是从平铺直叙到重点突围，自“一带一路”倡议实施以来，中国对外战略不再与西方资本主义阵营火拼，而是以“一带一路”这个西方价值观没有广泛占领的区域进行重点突破，以道义的制高点赢得“一带一路”沿线国家的信任和主动权；三是从文化输出到价值观对垒，人类命运共同体理念的提出和获得世界各国的广泛认同，在理念上压倒西方长期以来的零和游戏和文明冲突论，中国有望为新的全球治理体系和人类可持续发展提供中国智慧和中国方案。

当然，我们还是需要正视我们在对外文化领域的短板：

一是我们自身文化软实力还不够强。目前我国的文化资源丰厚，但是文化创造力和创新能力还不够，这是制约我们对外文化输出的软肋。

二是讲故事的能力还不够强。选择什么样的文化对外讲故事和输出至关重要。孔子学院的模式长期以来还是受到一定的局限，真正把中华文化中具有全球普遍性共同价值的内容、观念梳理出来，传播出去，还需要我们的进一步努力。

三是讲故事的方法还不够有效。到底用什么样的对方接受的话语来讲故事，在这方面我们还有很大的距离。我们不习惯于向不同国家的人民讲中国故事，或者说我们还没有真正掌握良好的国际叙事技巧和方法，怎么样讲到对方心里去，不引起别人的反感，不让对方认为我们在自吹自擂，还有很多功课要做。

七、结语

2018 年度，在习近平新时代中国特色社会主义文化思想的引领下，国家文化发展战略的谋篇布局已经徐徐展开，马克思主义在意识形态的主导地位得到重申，中华优秀传统文化的创造性转化和创新性发展深得民心，大部制改革有效推进了文化治理现代化进程，人类命运共同体理念获得全世界认同，正在为人类文明可持续发展贡献中国智慧、中国方案，“一带一路”民心相通有效推进，“一带一路”沿线国家的误解和质疑正在化解。

同时我们也要看到，中国的文化发展战略还存在诸多问题和短板需要来解决：面对日趋多元的思想文化局面，我们的核心价值观培育还缺少更有效的、潜移默化的落实方法和手段；与丰厚的文化资源相比，我们的文化创造活力还需要进一步提升和激发；我们的文化管理体制有待进一步改革和完善，一脚踩油门，一脚踩刹车，“一管就死、一放就乱”的现象仍然存在；尽管近年来文化立法有所加快，但离文化法治国家的目标还有较大距离；面对广大人民群众对美好生活的向往，我们的精神文化产品的供需矛盾还很突出；面对日新月异的技术变革，我们的网络管理手段和方法亟待创新；要在 2020 年实现全面小康目标，我们离文化小康、精神小康指标还有差距，文化扶贫的任务还很艰巨；在对外文化传播上，我们讲好中国故事的方法不够多，对外文化话语体系建设还有待完善。

为实现“两个一百年”的奋斗目标，建设社会主义文化强国，如何在现在的基础上形成一个更为整体性、更为清晰的文化发展战略规划，有待于国家层面进一步加强研究、谋划和推行。

课题主持机构：中国艺术研究院文化发展战略研究中心

主　笔：肖怀德

撰稿人：肖怀德　郑长铃　孙　伊

编辑、统筹：耿春晓

2018 年度中国艺术人类学发展研究报告

摘要：2018 年艺术人类学的发展逐步进入成熟阶段，不少学者撰写了学科自觉和学科反思的文章，另外，在研究中出现了由关注“物”到关注“人”，用历史文献、器物、图像的角度诠释艺术现象，关注艺术介入乡村建设的研究，关注前沿理论的探讨，关注手工艺复兴等几方面的思潮。最后落脚点还主要是民族志的撰写，在这一方面的研究还是 2018 年的主流，大家得到的共识是只有走进田野，沿着从实求知的人类学研究之路走下去，中国的艺术人类学的发展之路才会越走越宽广。同时在田野中感受中国社会不断实践的脉搏，发掘中国传统文化中的艺术资源，认识中国的文化基因，并在此基础上推动中国社会和文化经济的发展，就能够建立一个中国的艺术人类学学派，为世界人类学理论大厦的建构贡献一份力量。

关键词：2018 年　艺术人类学　艺术资源　从实求知

一、发展报告的叙述框架

本发展报告共分四个部分：第一部分为 2018 年艺术人类学发展的焦点、热点与结语部分，由方李莉执笔；第二部分为 2018 年西方艺术人类学研究要目，由李修建执笔；第三部分为 2018 年艺术人类学表演部分综述（音乐、舞蹈、戏剧），由王永健执笔；第四部分为 2018 年艺术人类学活动与学科建设综述，由安丽哲执笔。由于执笔人不一样，体例不尽相同，但该报告还是尽可能全面反映 2018 年国内外艺术人类学发展的总体面貌。笔者写的这一部分是在后面三个部分的基础上的总括，主要是关注理论上的焦点与热点，同时对后面有遗漏没有关注到的问题也进行了补充。

二、2018 年中国艺术人类学讨论的焦点与热点

有关 2018 年中国艺术人类学的发展部分，王永健写的第三部分和安丽哲写的第四都分别用不同的篇幅做了很详细的介绍，在这一部分就不重复了，笔者在这里只是找出一些理论的热点与焦点做一个概括性的补充和讨论。这里讨论的相当一部分观点都是来自 2018 年中国艺术人类学年会的论文集，有的还没有来得及正式发表，应该是 2018 年学术观点最新的一些研究信息。

（一）学科的自觉与反思

中国艺术人类学发展至今已有近 40 年的历史，中国艺术人类学学会从成立至今也已走过了 12 年的风风雨雨，一年一次会议，每一年都会出版厚厚的两大本论文集，还出版有大量的译著与专著。这些论文和专著所形成的资料足以让我们总结和反省我们所走过的学科之路。另外，2018 年也是中国改革开放 40 周年，而中国的艺术人类学的发展也是由此而起。也许是这个原因，在 2018 年，许多学者几乎都在不约而同地开始反思这些年我们所走过的学术之路，开始有了学科自觉，并在追问我们中国艺术人类学应该做什么，又做了些什么，在未来我们还需要做什么？

这一年，方李莉发表了论文《中国艺术人类学发展之路》[①]，同时在 2018 年的中国艺术人类学年会上宣读了一篇题为《建构艺术人类学“中国学派”的设想与实践》[②] 的论文。第一篇论文主要是对中国艺术人类学 40 年的发展之路进行了论述，通过论述让我们看到，任何新的理论都是来自新的社会实践，中国 40 年来的巨大变化，为中国学术理论创新提供了许多新的研究资源，尤其是艺术人类学，因为作为其研究对象的艺术在社会实践方面往往具有先锋性，其所具有的创造性精神往往是冲破旧的藩篱的一种力量。为此，艺术人类学学者们所收集的丰富的田野材料和所进行的大量的社会实践，正在促使其本土理论的进一步完善，并汇集为一股推动中国学术创新的重要力量。第二篇论文首先从中国艺术人类学自身发展所经历的历史背景和国家社会实践确认中国艺术人类学学科建设的初心，进而探讨是否可以在

---

① 方李莉：《中国艺术人类学发展之路》，《思想战线》2018 年第 1 期。

② 方李莉：《建构艺术人类学“中国学派”的设想与实践》，收录于《艺术人类学与新时代的中国发展 2018 年学术年会论文集》，尚未出版。

此基础上建构艺术人类学的中国学派，再进一步讨论我们为什么要建立自己的艺术人类学中国学派，其价值和意义是什么？在论述中方李莉认为，中国的艺术人类学一开始的切入点就跟西方不一样，西方是从认识“他者”的艺术、认识异邦的艺术开始的，而中国艺术人类学则是从认识自身的艺术开始的，是从反思和发掘自身的文化资源和艺术资源开始的。因此，其研究之路是在通过保护、发掘、认识自己的艺术和文化资源及脉络去重构中国的新的当代文化和艺术，既富有传承性又富有建设性。因此，其所论证的问题是：我们是否可以根据这样的一些实践建构富有中国特色的理论，在国际社会中形成一个中国学派，借此加入世界学术的共同体？洛秦在 2018 年艺术人类学年会上宣读的论文《论音乐人类学的“中国经验”》[①] 则提出了艺术人类学的“中国经验”这样的论述，这一论述很重要，因为没有艺术人类学的“中国经验”也就不会有艺术人类学的中国学派，笔者认为两者是相辅相成的。他在论文中提出的“音乐上海学”里面不仅体现了“中国经验”，还有上海这样的大都市所形成的自身经验，可以形成一个上海音乐学派。笔者相信，以后像这样有地方特色、有自身独立见解的研究会越来越多，并汇集成一个中国学派的洪流。

孟凡行副教授也在 2018 年的学会年会上宣读了论文《从学科建设的角度看艺术人类学的学科位置、研究对象和研究方法》。在这篇论文中，他从学科建设和学科发展的角度进行了深刻的反省与讨论。他提出艺术人类学是一个跨学科的专业，因此，学科属性很模糊，但在高校中，每一个学科都要找到一个明确的属性才便于学科建设，于是艺术人类学到底是人类学下面的门类学科，还是艺术学下面的或者成为艺术学下面的学科，这样的问题开始浮出水面。他认为，有关这个问题就研究的层面来谈归属于哪个学科都是可以的，但是按照学科分类，尤其是在中国目前的教育体制来讲，就必须要有一个站队。他个人认为，艺术人类学就人类学的角度来看只是属于一个分支，但就艺术学的角度来看，其实属于一个层面，分支砍掉问题不大，但层面却是离不开的，因此应该归属于艺术学。这样的看法别开生面，就学科角度来看，艺术人类学的研究方法和视角主要是偏重人类学，但目前关心艺术人类学的发展，并在实践中运用艺术人类学来讨论问题的大多是来自艺术院校的学者，而且这一研究方法和角度纠正了传统艺术学的许多观念，的确成为艺术学的不可分割的部分。因此，孟凡行的观点的确值得关注。

① 洛秦：《论音乐人类学的“中国经验”》，《音乐研究》2018 年第 2 期。

与此同时，董波发表了一篇名为《今天需要什么样的艺术人类学——新时代中国艺术人类学发展的新的生长点》[①]的论文，为了回答这个问题，她在论文中梳理了中国艺术人类学学会历年开会的主题，得出的结论就是：中国艺术人类学的研究始终是跟着中国社会实践的发展来选择研究主题的，每一次国家提出的重大战略，中国艺术人类学的研究都是在积极参与，如非遗保护、传统文化复兴、振兴传统手工艺、美丽乡村建设等。因此，这样的艺术人类学研究是可以推动中国社会发展的，也正是我们所需要的艺术人类学研究。

安丽哲在《2006—2016中国艺术人类学研究范式与特征——以中国艺术人类学学会的数据与文献为例》[②]一文则以中国艺术人类学学会成立以来的各种数据以及历年论文为例，分析了近10年以来中国艺术人类学研究的5种主要范式，并用数据证明中国艺术人类学研究者以艺术类学科背景的研究者为主要主体，这决定了中国艺术人类学研究当前阶段的向度与特征，即多数研究以人类学的理论与方法来探讨艺术方面的问题，而非从艺术角度探索人类学关注的问题。这样以数据为基础的研究非常重要，它让艺术人类学的学者们对自己学科的发展路径、知识结构和研究目标有了一个清晰认识，从而可以有更进一步的学科自觉性。

（二）由关注“物”到关注“人”

通过2018年中国艺术人类学年会收到的论文，我们还可以看到一个新的趋势，那就是学者们的研究对象开始由“物”向“人”转化，而且从开始研究人的外表到研究人的内心世界。如张士闪宣读的论文《生计、信仰、艺术与民俗政治——胶东院夼村谷雨节祭海仪式考察》[③]，通过对胶东院夼村人每年所举行的“谷雨节祭海仪式”的田野考察，提出了“基于生计、信仰、艺术等统合而成的民俗政治，是解读这一仪式传统的关键”的观点，同时认为研究者需要在深度田野研究中体察民众主体意识，并结合国家历史进程与地方社会发展的时移势易态势予以分析，才有望获

① 董波：《今天需要什么样的艺术人类学——新时代中国艺术人类学发展的新的生长点》，《内蒙古艺术学院学报》2018第4期。

② 安丽哲：《2006—2016中国艺术人类学研究范式与特征——以中国艺术人类学学会的数据与文献为例》，《南京艺术学院学报（美术与设计）》2018年第4期。

③ 张士闪：《生计、信仰、艺术与民俗政治——胶东院夼村谷雨节祭海仪式考察》，收录于《艺术人类学与新时代的中国发展2018年学术年会论文集》，尚未出版。

得真正的理解与阐释。他的研究让我们看到民俗仪式的空间是可以改变的，仪式的程序也是可以改变的，仪式的主体参与者同样可以改变，但是唯一不变的是内心深处的东西，也就是信仰，包括信仰的主体“神”，这是不可变的，若变了就不能成为仪式。还有它里面的那些仪式符号也是不可变的，仪式符号既是象征物，同时又可以给人们单调的生活带来喜悦的艺术形式，而这样的东西也是不可变的。他的这一研究让我们看到了表面的形式只是外在的可变的因素，只有内心深处的价值体系是相对恒久不变的因素。

纳日碧力戈在 2018 年中国艺术人类学学会上宣读了论文《艺术与实效》，他指出：人本身是物的存在，随时为自我和他者生产着“物感”；艺术离不开“感官技术”，也离不开观众互动，更离不开文化解释和艺术思想。作品、观众、解释的结合产生实效，实效决定了艺术品的价值，这都是因为人是指号。如果人是指号，艺术是指号，那么人就是艺术，做人是一个制作和创造的过程，学习是一个实践的过程、身体力行的过程，根据实效自我评价、自我调整、自我实现的过程。[①] 这篇论文将对艺术的研究提高到一个哲学的层面，并认为人和艺术是可以互换的，从某种程度来讲人不仅创造了艺术，人自身也未尝不是一件艺术品。其观点值得深思。

来自日本的杨小平博士在 2018 年中国艺术人类学年会上宣读了论文《艺术与和平——和平象征物的创造与社会意义》[②]，用“和平鸽”和“千纸鹤”的象征意义，让我们看到了日本国民的特性，也看到了艺术作为一个象征符号在民族里面起到的重要作用。他发言的主题是“日本人怎么通过一系列的象征符号来平复战争痛苦的”。也许是因为广岛的原子弹给日本留下了非常深刻的印象，所以战争就成为许多日本学者反复研究的主题。杨小平指出，在日本艺术中的“和平鸽”实际上是抚平战争痛苦的一个象征，而日本人喜欢叠的“千纸鹤”，也是因为千纸鹤代表健康，人们通过千纸鹤抚平对死亡的恐惧感，他的这一研究让我们看到了艺术的象征意义在日常生活中的价值。

① 纳日碧力戈：《艺术与实效》，收录于《艺术人类学与新时代的中国发展2018年学术年会论文集》，尚未出版。

② 杨小平：《艺术与和平——和平象征物的创造与社会意义》，在2018年中国艺术人类学年会“艺术人类学与新时代的中国发展”发言。

罗易扉的论文《从物的工具回到人的本身》[①]很重要的一点就是提出：通常我们很容易只是把人类学作为一种研究事物的工具，而她认为人类学研究回到人的意义本身非常重要。她提出的“启蒙现代性”和“温和现代性”让笔者比较感兴趣，“启蒙现代性”是一种知识精英居高临下的态度，但是作为人类学家和大众在一起形成的是相互学习和商讨的关系，是以一种平等的眼光和角度来实现的“温和现代性”。这样的讨论也是很有意思的。

在近期的论文中，有关以人为中心的讨论还有不少，如关祎发表的论文《作为社会存在的造物者——艺术人类学视野中的手工艺者》[②]也是如此，她的文章是将手工艺以及手工艺者放在文化整体之中进行考察，检视手工艺者的身份认同问题、手工艺及其从业者所承载的文化内涵、社会功能以及经济功能等。

（三）从历史文献、器物、图像的角度诠释艺术现象

艺术历史的艺术资源是中国艺术人类学所要发掘的重要宝库，中国是世界上少有的文明历史一直没有中断的农业文明古国，并且远在2000多年以前的秦朝就有了统一的文字。连绵的历史文明不仅遗留下了大量的文献资料、图像资料，还遗留下了大量的手工艺制品，这在世界上是绝无仅有的重要资源。以人类学的研究方法及角度去重组和研究这些资源，毫无疑问会形成中国学派最有特色的方面之一。在2018年艺术人类学的论文中出现了不少这方面的重要论文。如在2018年中国艺术人类学年会上李立新宣读了论文《鹿车考述》[③]，通过搜集来的中国古代器具史的资料对中国独轮车进行考述，是中国古代交通工具研究的一篇重要文章。

像这一类的论文还有李金来的《神与物游：民俗文化对宋瓷艺术性生发的价值探析》[④]，在这篇论文中讨论了宋代民俗文化中火神与窑神崇拜、五行及道教思想、神仙信仰、饮食习俗及乡野俚俗传播四个方面对于宋瓷艺术性的影响，非常新颖，

① 罗易扉：《从物的工具回到人的本身》，收录于《艺术人类学与新时代的中国发展2018年学术年会论文集》，尚未出版。

② 关祎：《作为社会存在的造物者——艺术人类学视野中的手工艺者》，《贵州大学学报（艺术版）》2018年第6期。

③ 李立新：《鹿车考述》，收录于《艺术人类学与新时代的中国发展2018年学术年会论文集》，尚未出版。

④ 李金来：《神与物游：民俗文化对宋瓷艺术性生发的价值探析》，收录于《艺术人类学与新时代的中国发展2018年学术年会论文集》，尚未出版。

这是以前很少有的角度。还有孟蕾的论文《唐代陶瓷执壶形态演变研究》是将唐代陶瓷执壶形态的变化与唐代生活方式、执壶使用的操作行为以及饮食环境等建立联系，通过研究提供了重构当时生活场景、大众生活认知的科学依据，这都是以往的历史学和考古学较少关注的角度。孔含鑫的论文《云南师宗黑尔村新发现石寨山型古代铜鼓研究》[①]，以2005年在云南师宗县龙庆彝族壮族乡发现的两面石寨山型古代铜鼓为例，对黑尔壮族先民以铜鼓祭祀农神、祈求丰年的神圣宗教仪式等进行了论述，同时认为，铜鼓在世俗权力与宗教权力之间发挥了重要的调适作用，也是铜鼓及其宗教信仰在南方边疆社会治理中的体现。

除了以上对古代器物进行研究的论文，还有研究古代图像的论文，如何雅闻、罗晓欢的论文《"永恒"的演出——论四川地区清代墓葬建筑的戏曲雕刻》[②]，以大量田野考察为基础，从石头的纪念碑性、匠师雕刻技艺、墓主的主观意愿等角度进行了探讨，特别是传统工匠如何将即时性的舞台表演转为固化的雕刻图像，并实现作为墓主祈求"永固"的载体。这些墓葬建筑上的戏曲雕刻图像不仅深刻地反映出墓主生前的喜好和其时戏曲演出的繁盛，更彰显了墓主对吉祥寓意、自身德行和子孙教化的复杂语境。还有李沺的论文《安丘宋代菩萨造像：文化表征与历史记忆》，李强的论文《宝鸡西山新民村圣母庙壁画与信仰再调查》，李东风的论文《想象与事实——四川藏民居的艺术与宗教》，牛犁、崔荣荣的论文《族群认同与服饰选择——以屯堡与屯堡服饰为例》等论文，都是通过古代庙宇、建筑、服饰上的图像研究，让我们进一步认识到中国古代不同地域和民族的文化观念、乡土习俗的传统如何构成了多元一体的中华民族文化的丰富景象。

（四）有关艺术介入乡村建设的研究

艺术人类学最值得肯定的地方就在于其始终是跟随中国的社会实践，也始终是为中国的发展而进行研究。近期艺术介入乡村建设是艺术人类学界所关注的一股潮流，从2016年开始，由方李莉倡导和主持的艺术介入乡村建设的论坛每年都由中国艺术研究院艺术人类学研究所承办，2017年出版了《艺术介入美丽乡村建设：人

① 孔含鑫：《云南师宗黑尔村新发现石寨山型古代铜鼓研究》，收录于《艺术人类学与新时代的中国发展2018年学术年会论文集》，尚未出版。

② 何雅闻、罗晓欢：《"永恒"的演出——论四川地区清代墓葬建筑的戏曲雕刻》，收录于《艺术人类学与新时代的中国发展2018年学术年会论文集》，尚未出版。

类学家与艺术家对话录》论文集。与此同时，还发表了论文《论艺术介入美丽乡村建设——艺术人类学视角》[①]，主要观点为：社会的转型常常会引发启迪人类心灵的文艺复兴，艺术介入社会建构，介入美丽乡村建设，是一场“中国式的文化复兴”的表现形式之一，而艺术介入美丽乡村建设的意义在于通过艺术复兴传统中国人的“生活式样”，修复乡村价值，将“旧文化转变出一个新文化来”，推动“乡土中国”走向“生态中国”的发展。

在2018年中国艺术人类学的年会上，多位学者宣读了相关的论文，如季中扬、康泽楠宣读的《主体重塑：艺术介入乡村建设的重要路径——以福建屏南县熙岭乡龙潭村为例》[②]一文，通过对山西许村和福建龙潭村以艺术介入的乡村建设实践的对比研究，论述了艺术介入乡村建设的重要路径，其论述的观点和方法很有启发性。作者通过在许村的考察发现，许村模式的“艺术乡建”对乡村经济的长期性带动有限，原因是其“艺术乡建”的出发点并不完全是为了乡村、为了乡民，因此忽视了乡民的主体性。而龙潭村乡村建设观念的首要任务就是让当地村民发现自身的价值，让他们通过艺术创作“专注自己，并认可自己的价值，由此逐渐表达自己生命的精彩”。这样的“艺术乡建”的宗旨既不是为了保护文化遗产，也不是为了艺术本身，更不是为了来自城市的游客，而是为了乡村、为了乡民。作者认为，“艺术乡建”的关键就在于以现代艺术精神重塑乡民的主体性，促进乡村的传统文化与现代文明的精神汇通。

李祥林的论文《乡村振兴背景下的乡村艺术》[③]讨论了从现代社会的“去语境化”到后现代的“再语境化”过程中乡村艺术在其中所起的作用与具备的价值。作者批评了随着城镇化快步推进，以“以统一模式改造乡村”不断进行，构成“千村一面的现象”，认为乡村振兴战略旨在让农业更发展、农村更美丽、农民更幸福，既然如此，要做好“三农”工作，让乡村实实在在振兴起来，建设真正意义上的乡村美好生活，无论从物质层面还是精神层面讲，都不可不关注各个地方拥有的形形色色的“地方性知识”系统，不可不重视形塑着乡民与乡村的乡土文化（物质的和

---

① 方李莉：《论艺术介入美丽乡村建设——艺术人类学视角》，《民族艺术》2018年第1期。

② 季中扬、康泽楠：《主体重塑：艺术介入乡村建设的重要路径——以福建屏南县熙岭乡龙潭村为例》，收录于《艺术人类学与新时代的中国发展2018年学术年会论文集》，尚未出版。

③ 李祥林：《乡村振兴背景下的乡村艺术》，收录于《艺术人类学与新时代的中国发展2018年学术年会论文集》，尚未出版。

精神的）及乡土艺术（传统的和现代的）的“在地性”，并指出许多传统的乡村艺术包括“傩”艺术遗产作为乡土资源被空前激活，正在构成新的乡土文化和乡村振兴的一股新的力量，这是值得我们关注的。

罗瑛的论文《民族艺术的认同空间：文化景观与地方表述》①论述了民族艺术是文化景观构建与地方性表述再生产的重要元素，认为在这样的再生产过程中会形成一种公开和不断扩展的法则，对世界文化多样性进行不断的新的阐释。作者认为，在视觉表象处于世界中心地位的现代性社会中，文化差异越大，地方性表述和族群性表述的需求就越重要，在文化作为象征性生产机制的实践当中，文化景观、族群意识、地方标记与符号象征体系等的塑造是区分人我的手段，也是民族艺术所承担的社会职责，它唤起了地方意象并表述族群身份认同，同时从中自证身份并获得本学科的认同空间。民族艺术在族群文化特性构建与诠释方面形成了一套直观而具有象征意义的符号体系，包括仪式、节庆、图像、形象、音乐、工艺、自然物等，为洞见不同社会基本规律与族群欲求提供了多种途径。这样的观点使我们意识到，乡村振兴也包括乡村景观形象和地方性表述的再生产，在这样的过程中民族艺术与乡土艺术将起到至关重要的作用，这将也是属于艺术介入乡村建设的一部分。

王璇的论文《艺术人类学视角下“安居乐业”的乡村空间形态探析》②也从生活和人本层面对传统与当代乡村空间在追求“安居乐业”目标时两种存在形态的特点进行比较，讨论了如何通过正确处理人与自然、人与人的关系，使乡村空间形态更加符合人们的物质与精神生活需要，更加宜居，从而为乡村振兴提供了有益的思考。东南大学的王廷信等在题为《乡村振兴战略与中华优秀传统艺术体系建构》③的文章中提出了乡村文化建设在乡村振兴战略中发挥着基础性的关键作用，中华优秀传统艺术作为乡村振兴的核心要素之一，是乡村文化的有机组成部分的重要观点。作者认为，在一些艺术形式处于凋零状态的情形下，如何借助乡村振兴战略建构中华优秀传统艺术体系，是一个关涉乡村生态的综合性问题，并指出，只有在梳理中华优秀传统艺术在乡村的生存现状、保护乡村文化的生态环境的基础上培育艺术创

① 罗瑛：《民族艺术的认同空间：文化景观与地方表述》，收录于《艺术人类学与新时代的中国发展2018年学术年会论文集》，尚未出版。

② 王璇：《艺术人类学视角下“安居乐业”的乡村空间形态探析》，收录于《艺术人类学与新时代的中国发展2018年学术年会论文集》，尚未出版。

③ 王廷信、李制：《乡村振兴战略与中华优秀传统艺术体系建构》，《民族艺术》2018年第5期。

作队伍，结合相应的策略、机制、体制研究，才能保障中华优秀传统艺术的持续发展。

（五）前沿理论的探讨

这里的前沿理论的探讨指的是以往艺术人类学较少关注的新的研究，这一研究有的还与国际潮流有所关联。第一个值得关注的问题是艺术人类学对当代艺术的研究，这在国际上已经形成了一个热门话题，但国内在这一方面的研究才开始。

在这里先讨论2018年国际上在这方面的研究。继出版于2017年由挪威阿纳德·施耐德（Arnd Schneider）主编的《另类的艺术和人类学：全球性邂逅》（*Alternative Art and Anthropology*：*Global Encounters*）[①]后，2018年又出版了由奥地利人类学家托玛斯·菲利兹（Thomas Fillitz）和法国学者保罗·范·德·格利普（Paul van der Grijp）主编的《当代艺术人类学：实践、市场和藏家》（*An Anthropology of Contemporary Art*：*Practices*，*Markets and Collectors*），这两本书的共同特点是不仅关注当代艺术的人类学转向，还把眼光拓展到欧洲以外的艺术领域。前者关注到了中国、日本、印度尼西亚、不丹、尼日利亚、菲律宾等国家及地区的当代艺术，后者则不仅关注欧洲艺术，更将眼光投向了巴西、土耳其以及亚太地区的艺术。

2018年刘翔宇将阿纳德·施耐德主编的《另类的艺术和人类学：全球性邂逅》的前言《抉择：世界本体论和当代艺术与人类学的对话》[②]翻译出来，被收录在2018年中国艺术人类学年会的论文集中。这篇文章中最值得关注的两个方面是：

1. 许多西方艺术家已直接接触到西方之外的他异性和各种知识，这种知识的接触将会改变当代艺术家的创作。

在这样的过程中，人类学的理论要重新构建，并对艺术品的构思和制作产生影响，当然这些影响不是表现在田野调查的现场周围或在民族志表演活动中，而是在艺术家工作室（也就变成了实验室），并最终表现在展览空间和艺术界中物化的艺

---

① Arnd Schneider：*Alternative Art and Anthropology*：*Global Encounters*，London：Bloomsbury Academic，2017.

② ［挪威］阿纳德·施耐德：《抉择：世界本体论和当代艺术与人类学的对话》，刘翔宇译，收录于《艺术人类学与新时代的中国发展2018年学术年会论文集》，尚未出版。

术形式中。[1] 这样的结果将导致越来越多的艺术家进入田野，成为准人类学家，同时人类学家也可以介入艺术创作成为准艺术家，这是一个很有趣的思考。

2. 另一方面，他提出了有关艺术“当代性”的概念问题。他提出：从他者的视角看，西方艺术又如何是当代的（与他者同时发生）？或者其他地区生产的艺术又是如何“是当代的”？是不是“当代艺术”只是一种有着历史偶然性、属于特定时代或特定历史时期的西方艺术形式呢？为了讨论这一问题，他的这本论文集收集了来自不同国家的人类学家共同完成的有关当代艺术方面的论文，方李莉的有关 798 艺术区的论文也被收入其中。

美国的华人作者王爱华（Aihwa Ong）在她的《马可·波罗忘了：当代中国艺术重建全球》一文中提出了“全球的非欧洲式重构”的观点，并指出：“未来正变得越来越模糊，因为未来不再由唯一的历史观来预想。”[2] 特里·史密斯也在其名为《当代艺术：超越全球化的世界潮流》的文章中认为“全球化的霸权作为一种世界现象”已经被打破，全球化不能替代现代性和后现代性。[3] 在这里史密斯看到的是，不是只有一股全球化力量在影响当代艺术，而是各种不同当代艺术的同时并存，每种当代艺术都有其自身的审美标准。[4] 因此，即便当代艺术也不是只有一种标准，和传统艺术一样，它存在着多元化的发展趋势。因此，阿纳德·施耐德提出，“我们必须要认可差异、尊重彼此”，“必须承认差异的同时代性”，他的这些观点告诉我们，“当代艺术家与土著艺术家的合作超越了传统的边缘与中心、西方与非西方、民族国家与土著团体或其他二元模式”[5]，从而构成了一个新的全球化当代艺术场景。这种情况同样出现在中国，在中国这样的案例也很多，如杨丽萍的《云南映象》、谭维维的《华阴老腔一声喊》、谭盾的《女书》都是当代艺术家与民间艺术家合作；

---

① Douglas R. Holmes and George Marcus，“Para-Ethnography”，in Lisa M.Given ed.*The SAGE Encyclopedia of Qualitative Research Methods*，Thousand Oaks：Sage，2008，pp.596－597.

② Aihwa Ong，“What Marco Polo Forgot：Contemporary Chinese Art Reconsfigures the Global”，*Current Anthropology*，53（4）（2012），pp.471－494（including comment section），pp.483，472.

③ Terry Smith，“Contemporary Art：World Currents in Transion Beyond Globalization”，in Hans Belting，Andrea Buddensieg，and Peter Weibei，eds. *The Global Contemporary and the Rise of New Art Worlds*，Cambridge，MA：MIT Press，2013，p.186.

④ Ibid，p.188.

⑤ Mark Watson，“Centring the Indigenous’：Postcommodity’ s Transindigenous Relational Art”，*Third Text*，29（3）（2015），pp.141，142，144.

2017年，中国策展人邱志杰以“生生不息”作为主题，通过中国古代神话，采用传统的民间技艺，推出了具有中国哲学思想的当代艺术。在他组织的创作队伍中不仅有当代艺术家，还有传统的民间艺人。

李牧的论文《“人类学转向”下的当代艺术的文化逻辑与民族志实践》[①]也关注到了这一相关理论，他在文章中引用了西方人类学家的观点，指出人类学家研究的“他者”及其文化正在顺应全球化的潮流，不断涌入西方世界，成为自身或者当地艺术家可资利用的创作材料和灵感来源。它们通过被客体化（objectification）、挪用（appropriation）和杂糅（hybridism），作为具有能动性（agency）和文化附加价值（value）的“物”，参与了当代艺术（contemporary art）作品的生成和生产过程。[②]也就是说，艺术人类学家早期所关注的、脱离当今世界政治经济一体化趋势而独立存在的纯粹“他者”已不复存在。[③]因此，艺术人类学研究正在面临一个转型的问题，这一转型涉及三个方面：一个方面是在艺术人类学的艺术民族志的实践中，将进一步思考如何从学理上将传统艺术研究者所极为倚重的独立的审美观照和审美经验放置于历史、文化变迁、文化交换和全球化过程等更为宏大的话语情境中进行理解。

另一个方面是人类学对于艺术创作的影响，这一影响使当代艺术界出现了一个“人类学转向”（anthropological turn）或曰“民族志转向”（ethnographic turn）的现

① 李牧：《“人类学转向”下的当代艺术的文化逻辑与民族志实践》，收录于《艺术人类学与新时代的中国发展2018年学术年会论文集》，尚未出版。

② 参见 Arnd Schneider, “Uneasy Relationships: Contemporary Artists and Anthropology”, *Journal of Material Culture 1*, no. 2, 1996, pp. 183－210; Arnd Schneider and Christopher Wright, *Contemporary art and anthropology*. Oxford and New York: Berg, 2006; Arnd Schneider and Christopher Wright, *Between Art and Anthropology: Contemporary Ethnographic Practice*. Oxford and New York: Berg, 2010; Arnd Schneider and Christopher Wright, eds. *Anthropology and Art Practice*. Oxford: Berg, 2013; Strohm Kiven, “When Anthropology Meets Contemporary Art: Notes for a Politics of Collaboration”, *Collaborative Anthropologies 5*, 2012, pp. 98－124.

③ Hal Foster, “The Artist as Ethnographer?” In George E. Marcus and Fred R. Myers, eds. *The Traffic in Culture: Refiguring Art and Anthropology*, Berkeley: University of California Press, pp. 302－309.

象。[①] 这一现象是指"艺术家透过人类学视角"（anthropological gaze）[②]，有时甚至直接采用田野调查等人类学研究方法以完成其艺术作品或者进行相关的艺术实践。

最后一个更为重要的方面是在"人类学转向"的影响之下，西方学者与艺术家观看"他者"艺术的视角发生了根本性的转变，从而造就了新时代全球艺术的崭新格局与样貌。汉斯·贝尔廷（Hans Belting）将这一变化称为从"世界艺术"（world art）向"全球艺术"（global art）的转变。[③]

李牧的这篇文章主要讨论的是西方艺术人类学研究的转向，而中国的当代艺术界虽然也出现了类似现象，但中国的艺术人类学有关这方面的研究较少，这方面的艺术民族志就更少。在2018年的论文中，有一篇傅祎与廖橙合作的民族志论文《当艺术家遇见民艺大师》，记录和讨论了2018年值得探讨的前沿研究以及有关虚拟民族志的问题，王可论文《非线与深浸——虚拟民族志的双重性刍议》[④] 别开生面地将我们引入了一个新的研究空间，也就是在虚拟空间中研究数字化艺术。其所言"虚拟民族志"（virtual ethnography）是指针对虚拟空间里人类的数字化生存和虚拟

① 参见 Desai，Dipti，"The Ethnographic Move in Contemporary Art：What does it Mean for Art Education？" *Studies in Art Education：A Journal of Issues and Research 43*，no. 4，2002，pp. 307－323；Coles，Alex，ed. *Site-Specificity：The Ethnographic Turn*，London：Black Dog Publishing，2000；Rutten，Kris，An Van Dienderen and Ronald Soetaert，"Revisiting the Ethnographic Turn in Contemporary Art." *Critical Arts 27*，no. 5，2013，pp. 459－473；Siegenthaler，Fiona，"Towards an Ethnographic turn in Contemporary Art Scholarship"，*Critical Arts 27*，no. 6，2013，pp. 737－752。当然，与艺术界的"人类学转向"几乎同时进行的是人类学界在民族志研究中出现的"感官转向"（sensory turn）。所谓"感官转向"是指人类学者开始更多地运用艺术手段（如拍摄民族志电影）去呈现和书写其田野经验进行民族志思考。关于人类学的"感官转向"，可参见 Pink，Sarah，*Doing sensory ethnography*，London：Sage，2009；Arnd Schneider and Christopher Wright，*Contemporary art and anthropology*，Oxford and New York：Berg，2006，以及张晖《视觉人类学的"感官转向"与当代艺术的民族志路径》（《西南民族大学学报》2016年第8期）中的相关论述。

② 所谓"人类学视角"即对异文化和他者文化传统和生活世界的关注。

③ Hans Belting，"From World Art to Global Art：View on a New Panorama"，in Hans Belting，Andrea Buddensieg，Peter Weibel，ed. *The Global Contemporary and the Rise of New Art Worlds*，edited by Cambridge，MA:MIT Press，2013，pp.178—185。本文原文为德文，由伊丽莎白·沃克（Elizabeth Volk）译为英文，后由陈娴、华代娟从英文译为中文，发表于《美术文献》2014年第2期。本文写作参考的是沃克所译的英文版。以下关于汉斯·贝尔廷的讨论均出自此文。关于贝尔廷所谓"世界艺术"和"全球艺术"概念的定义和主要特征，笔者根据其分散于文章各处的论述进行了概括和综合，为避免累赘和过度繁琐，本文将不一一列出原文对应之处。

④ 王可:《非线与深浸——虚拟民族志的双重性刍议》，收录于《艺术人类学与新时代的中国发展2018年学术年会论文集》，尚未出版。

社会/社区展开的民族志研究。它以计算机和数字网络为媒介，以虚拟田野的行为体验为基础，具有多路径、非线性叙事的超文本特征，属交互的、沉浸型民族志。在此基础上他还提出了一个新的关键词即“虚拟艺术人类学”，他认为虚拟艺术人类学是从人类学的视角阐释虚拟艺术，用人类学的方法研究虚拟艺术，研究虚拟艺术世界中人（艺术家与受众）、物（艺术作品）、事（艺术行为与艺术事件），并从中揭示其的内在关系和整体关联。他的这一研究让我们看到艺术人类学的研究开始从实体空间进入虚拟的空间，人类也开始从“实体的生存”转向“数字化的生存”。未来的我们在实体空间里面有一个具体的人，在虚拟的空间里面还有个“替身”，所以我们为自己建构了一个“彼岸”，一个我们看不见摸不着，但是可以进入的“彼岸”，那就是一个“数字化的彼岸”。在论文中，他提出了很多新的术语，比如说“互动”“选择”“反馈”“交替”“流变性”“冲浪（surfing）”“导航（navigation）”和“潜水（diving）拼贴”“超文本”“非线性叙事”等。同时他还就虚拟民族志的研究提出了一系列新的概念，如将我们所讲的“深描”加上了“深绘”“深浸”等关键词。“深浸”这个词很有意思，是要将人浸透到虚拟世界中去。还有看世界不光是用目光来看，还可以通过镜像来看、通过镜头来看，等等。这些新的概念、新的词语都扩展了艺术人类学的研究范围和深度。

王永健的论文《后工业社会城市艺术区的景观生产与景观消费——以景德镇陶溪川为个案的调查与研究》① 也为艺术人类学的研究提出了一个新的可能性，他认为，在工业废弃地基础上建构起来的城市艺术区是后工业社会背景下的一种景观生产，是对工业遗产资源的再利用。这些城市艺术区往往现代气息浓郁，成为当代艺术与时尚的展示场，是城市最有代表性和象征性的文化符号。该文将艺术景观作为研究对象，并将艺术景观作为一个消费对象来研究和考察，拓宽了艺术人类学的研究范围。

（六）艺术民族志的纪录与研究

艺术人类学研究的主体就是做田野，撰写艺术民族志，这样的工作在 2018 年仍然是中国艺术人类学研究的主流工作，并且出版了第一部专门讨论艺术民族志的

① 王永健:《后工业社会城市艺术区的景观生产与景观消费——以景德镇陶溪川为个案的调查与研究》，收录于《艺术人类学与新时代的中国发展2018年学术年会论文集》，尚未出版。

文集，该文集由方李莉主编，题目为《写艺术——艺术民族志的研究与书写》，内容分为“艺术民族志写作方法探讨”“城市艺术民族志写作”“舞蹈民族志写作”“音乐民族志写作”“美术民族志写作”“非遗、民俗及其他”六个部分，选入了30余位具有代表性的作者的论文。对于年轻的中国艺术人类学研究队伍来说，这部文集的出版具有一定的典范性和引导性。

另外，从2018年发表的论文包括在2018年中国艺术人类学年会上收到的论文来看，还是反映不同地域和民族的艺术现象的民族志式的论文最多，在这些论文中学者们对不同地域的不同艺术现象、艺术仪式进行了描述，纪录和呈现了中国多元的地方艺术和民族艺术发展现状，是非常重要的学术成果。其中有相当部分是描述不同少数民族艺术的文章，如申波、冯国蕊《“地方化”语境中的“象脚鼓”乐器家族释义》，牛乐、刘阳《沸腾在乡间的娱神者——洮河流域“拉扎节”田野考察》，刘雨《医巫闾山满族剪纸的艺术特征与创新发展——张侯氏剪纸艺术研究》，刘鑫林《关东满族刺绣枕头顶图案研究》，王晓珍《文化交流中的新疆库车建筑彩画》，袁晓莉《刻木为契：黎族物化的原始记事符号研究》，张红梅《海南黎族传统手工艺中的原始宗教信仰研究》，向芳《艺术的神话背景　以壮族铜鼓、服饰为例》等，所涉及的都是极其珍贵、非常值得记录和研究的民间艺术现象。

还有一些艺术民族志研究自觉地将非遗保护与传承纳入自己的研究中，因为艺术人类学研究的这些民间艺术事象基本上都是当地的非遗项目，如果我们是动态地研究和记录这些艺术事象的话就不得不讨论这方面的内容。有关这方面的论文很多，如黄丹《沪剧保护与传承的艺术人类学思考》，黄龙光、杨晖《非遗视野下彝族花鼓舞保护的多主体协作》[①]，吴衍发《皖北非物质文化遗产的特征及生成性分析》[②]等。

还有　些论文让我们看到，民间的传统艺术资源不仅面临需要讨论的非遗的传承与保护问题，还面临着在新的社会语境下新的发展问题，尤其是商品化所带来

① 黄龙光、杨晖:《非遗视野下彝族花鼓舞保护的多主体协作》，收录于《艺术人类学与新时代的中国发展2018年学术年会论文集》，尚未出版。

② 吴衍发:《皖北非物质文化遗产的特征及生成性分析》，收录于《艺术人类学与新时代的中国发展2018年学术年会论文集》，尚未出版。

的冲击，如杨丹妮《非物质文化遗产伦理视角下的龙州壮族天琴女性禁忌破除》①、杨飞飞《非遗传承与特色小镇的融合新范式——以浙江非遗主题小镇为例》、张晨《商业场域视角下民众在文化重构中的推动作用——以土家族撒尔嗬为例》②、郝春燕《艺术教育视阈中网络“非遗”人类学价值研究》③等。以上这些论文不仅记录了传统的民间艺术成为被保护的非遗对象以及转化为具有商品价值的现代人的消费对象的动态过程，同时进行了许多令人深省的思考。

三、2018 年西方艺术人类学研究要目

（一）旅游与土著艺术市场

当旅游和遗产行业展示当地的艺术和文化实践时，文化碎片经常成为商品。但是，如果当地社区更多地参与这个文化市场会发生什么？美国学者索伦·罗斯（Solen Roth）在《合并的文化：土著人民如何重塑西北海岸艺术产业》（*Incorporating Culture*：*How Indigenous People Are Reshaping the Northwest Coast Art Industry*，UBC Press）中考察了土著艺术家和企业家如何与那些在日常物品上再现其设计的公司建立更公平的关系。本书超越了文化商品化必然具有剥削性的假设，阐述了当地土著一直主张对西北海岸艺术产业进行控制，重塑它以反映土著财产、关系和经济模型的过程。

比利时根特大学的雨果·德布洛克（Hugo DeBlock）的《手工艺品：文化复兴、旅游和瓦努阿图的历史重建》（*Artifak*：*Cultural Revival*，*Tourism*，*and the Recrafting of History in Vanuatu*，Berghahn Books）：

在瓦努阿图，文化和艺术的商业化和振兴并不相互排斥，二者都围绕着价值形成和事物认证。本书探讨了艺术品在不同的过渡状态下作为商品的意义和价值，如

---

① 杨丹妮：《非物质文化遗产伦理视角下的龙州壮族天琴女性禁忌破除》，收录于《艺术人类学与新时代的中国发展2018年学术年会论文集》，尚未出版。

② 张晨：《商业场域视角下民众在文化重构中的推动作用——以土家族撒尔嗬为例》，收录于《艺术人类学与新时代的中国发展2018年学术年会论文集》，尚未出版。

③ 郝春燕：《艺术教育视阈中网络“非遗”人类学价值研究》，收录于《艺术人类学与新时代的中国发展2018年学术年会论文集》，尚未出版。

在当地、市场、博物馆等。它提供了瓦努阿图文化和艺术复兴背景下商品化的民族志记录以及由此产生的问题，例如行为和事物的认证、本土化的版权以及关于kastom所有权和kastom本身性质的争议等。

（二）艺术介入社区建设

传统艺术能改善老年人的生活质量吗？当艺术干预契合老年人的文化认同时，它们是否更为有效？在《老年人的精彩生活：民俗、艺术和老龄化》（*The Expressive Lives of Elders*：*Folklore*，*Art*，*and Aging*，Indiana University Press）中，美国学者乔恩·凯（Jon Kay）等人通过对各种公共机构的调查指出，当它们在文化、社会和个性上都与参与者息息相关时，这种调解功能最为有效。从裁缝、制造罐头到编织和木工，本书探讨了传统艺术和民俗在美国老年人生活中的作用，强调进行老龄化的民族志研究对于理解老年人的精彩生活以及设计一套富有成效的艺术疗法和课程的重要性。本书中的每个案例研究都展示了民俗和传统如何帮助老年人保持身心健康，为改善美国老年人的生活、增加他们的福祉提供了路线图。

（三）艺术与认同研究

捷克学者约瑟夫·格里姆·范伯格（Joseph Grim Feinberg）《本真性的矛盾：后社会主义时期斯洛伐克的民俗表演》（*The Paradox of Authenticity*：*Folklore Performance in Post-Communist Slovakia*，University of Wisconsin Press）：作者考察了斯洛伐克城市民间舞蹈爱好者的活动，探究了“真实的民间传说”被识别、谈论、表现、重建、重演和复兴的过程。“二战”之后，共产党政府推动了民间传说的复兴，举办歌舞表演，以表征“人民性”。1989年后，民间传说一度式微。21世纪初，年轻一代发起了一场恢复民间传说声誉的运动，并将其重新引入公众视野。作者结合个人叙事、民族志分析和哲学反思，研究了年轻的民间舞蹈爱好者的愿望和困难，揭示了专业表演和广泛参与的问题、民间文艺与公共领域之间的不安关系以及现代世界对本真性的矛盾追求。

美国学者列维·S. 吉布斯（Levi S. Gibbs）的《歌王：关联起人民、地方和当代中国的过往》（*Song King*：*Connecting People*，*Places*，*and Past in Contemporary China*，University of Hawaii Press）：当来自中国农村的巡演歌手成为偶像级的艺术

家时，世界就会发生碰撞。这些有代表性的歌手的生活和表演成为农村和城市、地方和民族、民间和精英、传统和现代之间对话的场所。作者考察了“中国西部歌王”王向荣的生平和表演，并探讨了巡回表演者如何成为代表性的符号，他们跨越不同的群体，连接不同的观众，并在地方、区域和国家身份认同之间进行转换。他们体现了一系列地方之间的联系，为观众呈现了传统与现代、乡村和城市之间的不同身份，并在不断变化的世界中重新定位。

（四）土著艺术的调查与记录

比利时学者米歇尔·德拉盖特（Michel Draguet）:《纳迦人：令人惊艳的美》（*NAGA*：*Awe-Inspiring Beauty*，Mercatorfonds）：本书运用人类学和艺术史的方法，辅以丰富的插图，展现了横跨印度东北部和缅甸西北部几个土著部落的少数族群纳迦人的艺术、手工艺和文化。这本书旨在辨析所有纳迦部落共有的文化和艺术传统以及各部落间的文化差异。本书记录了纳迦人的纺织品、篮子、木雕、陶器、金属制品、珠宝和珠饰等艺术品，以及使用玻璃、石头、金属、木材、贝壳、种子、骨头和头发等各种材料制作的物品。

美国学者康斯坦丁·彼得里迪斯（Constantine Petridis）的《路路瓦：天地间的中非艺术》(*Luluwa*：*Central African Art between Heaven and Earth*，Mercatorfonds）：路路瓦人居住在刚果民主共和国中南部的路布迪河和卡塞河之间，以精雕细琢的人物雕塑、面具和装饰艺术而闻名。作者借鉴了19世纪80年代到20世纪70年代期间到访该地区的众多探险家、传教士、殖民地服务人员、人类学家和艺术史家的第一手资料，将路路瓦的精美艺术置于其始初的生产和使用环境之中。通过对已发表、未发表的资料以及博物馆藏品和档案照片的深入研究，本书揭示了中非最为壮观的艺术遗产之一的历史背景，其创作可以追溯到19世纪下半叶。

澳大利亚学者伊丽莎白·格兰特（Elizabeth Grant）的《当代土著建筑手册》（*The Handbook of Contemporary Indigenous Architecture*，Springer）：本书首次全面概述了当代重要的土著建筑、实践和话语，论述了来自澳大利亚、新西兰、太平洋群岛、加拿大、美国和其他国家的土著作者和从业者。本书展现了当代作品的广度和深度，确立了作品的历史和当前语境，并突出了未来进行研究和实践的重要方向，涵盖的主题包括土著场所营造、身份认同、文化复兴和土著知识等。

（五）当代艺术的人类学研究

奥地利学者托玛斯·菲利兹（Thomas Fillitz）和法国学者保罗·范·德·格利普（Paul van der Grijp）主编的《当代艺术人类学：实践、市场和藏家》（*An Anthropology of Contemporary Art: Practices, Markets and Collectors*, Bloomsbury Academic）运用人类学的方法探索艺术市场和全球当代艺术的变化，考察了构成全球艺术界的当地艺术市场、双年展，以及由收藏家、策展人、艺术家、赞助人、拍卖行和博物馆组成的网络。全书分为四个部分："图像和媒介""世界艺术研究和全球艺术""艺术市场、赞助人和收藏家""参与式艺术与合作"。本书具有全球化视角，不仅关注欧洲艺术，更将眼光投向了巴西、土耳其以及亚太地区的艺术。该书呈现了运用民族志和人类学的方法对当代艺术展开研究的新路径。

《实验北京：中国当代艺术中的性别和全球化》（*Experimental Beijing: Gender and Globalization in Chinese Contemporary Art*, Duke University Press Books）：中国当代艺术迅速崛起成为一种全球现象。美国学者魏淑凌（Sasha Su-Ling Welland）利用民族志的田野考察和身为摄影师及策展人的经验，分析了艺术家、策展人、官员和城市管理者在商定艺术的社会角色以及建立新的文化制度时的复杂关系。围绕出现的矛盾和冲突，作者追溯了其中所涉及的复杂的性别政治，表明女权主义的艺术实践具有潜在的重塑意识，能够制造中国当代艺术的规范性历史，并想象出更为公正的世界。

瑞典学者安娜·莱恩（Anna Laine）的《艺术和人类学的实践：跨学科之旅》（*Practicing Art and Anthropology: A Transdisciplinary Journey*, Bloomsbury Academic）对艺术与人类学之间不断扩大的跨学科工作进行了深入探讨。安娜·莱恩从事过数十年的艺术实践，同时也是一名人类学家，这种背景为她提供了从理论和实践两方面观察艺术与人类学之间关联的独特视角。莱恩超越了传统的研究方法，将艺术和人类学的工作方式结合在一起，呈现了跨学科立场的意义。她利用自己与印度和英国的泰米尔人合作的丰富案例，展示了如何跨越艺术与人类学之间的界限，达到多层面的理解。

英国学者斯蒂芬尼·布恩（Stephanie Bunn）的《人类学和美：从美学到创造性》（*Anthropology and Beauty: From Aesthetics to Creativity*, Routledge）以"美"为主题，深入探讨了近年来人类学对艺术、美学和创造力的思考。本书集中于美的感知和生成过程，超越了纯粹的审美和相对主义的立场，意在考察人们如何通过创造力和生产行为来感知和寻求美，如通过声音、光线或触觉等感官感受建筑，参观遗址或古建筑，通过“绝佳的自然美景”领略环境等。

四、2018年艺术人类学研究要目之一（音乐、舞蹈、戏剧）

（一）音乐人类学

本年度音乐人类学研究领域涌现出7部专著和20多篇论文，涉及理论与研究方法、音乐民族志、音乐与认同、传承发展等多个话题，提出了一些颇具启示性的观点，对于当下的学术研究具有借鉴意义。

理论与研究方法方面，洛秦《论音乐人类学的“中国经验”》[①]从学科意义，研究视角、领域和范畴及研究范式等方面对中国经验的概念进行了界定，对中国经验的实践成果和结构性思考展开了系统的论述，对当下音乐人类学本土话语体系的建构和学科建设具有重要的启示意义。日本学者工藤隆的《对歌的世界》（上海交通大学出版社2018年版）根据20多年来对云南、贵州、湖南少数民族的对歌调查，分析了日本古代的对歌记录，回顾了对歌研究的学术史，探讨了“对歌”与“踏歌”的区别及与丧葬的关系，把对歌研究推向了基于田野调查的实证研究时代。赵书峰《民族音乐学理论与方法阐释：以中国少数民族音乐研究为例》（知识产权出版社2018年版）对民族音乐学理论与方法、中国少数民族音乐研究的学科问题等进行了分析与研究。该书主要涉及历史民族音乐学研究、仪式音乐文本的互文性与符号学阐释、音乐口述史理论与方法、音乐民族志电影、民族音乐学的田野考察、中国民族音乐研究学科问题及瑶族传统音乐文化的调查研究等内容，可以作为一本基础理论和研究方法的教材使用。熊晓辉《土家族打溜子的隐喻叙事—— 一种音乐人类学解读》[②]通过对土家族打溜子艺术事象的解读认知土家族社会内部结构及其文化艺术，窥探土家族人在民俗生活中的思想观念。

音乐民族志研究方面，刘桂腾《鼓语：中国萨满乐器图释》（上海音乐出版社2018年版）是作者30多年萨满乐器田野研究的成果，可视为一部关于萨满乐器的

① 洛秦:《论音乐人类学的“中国经验”》,《音乐研究》2018年第2期。

② 熊晓辉:《土家族打溜子的隐喻叙事——一种音乐人类学解读》,《民族艺术》2018年第1期。

音乐民族志。该书对萨满音乐的研究从一器渐及多器，再及多族，在器物细描的基础上探索它们如何被仪式所激活。持续的“定点”追踪，使文化研究由族属专志、地域性多民族专志，再及语系专志，逐渐建构出以使用“单面鼓”为共同特征，以满—通古斯语族和蒙古语族为当代“中国萨满音乐文化主体”的仪式音乐研究框架，共包括三大部分：第一部分“远古而来的萨满祭祀风俗”，解读萨满信仰及其仪式知识；第二部分“作为象征符号的萨满乐器”，阐释对万物有灵观物化形式的萨满乐器的深描；第三部分“融入世俗之中的萨满艺术”，窥探传统乐器在历史长河中的流变与传承。这部著作对中国萨满音乐研究以及整个萨满文化研究都具有开创意义，不仅为国际视野下的比较研究打下了坚实的基础，也对民间信仰体系以及中国音乐文化的理解和研究具有重要的学术价值和现实意义。苗金海《书写“全息式”仪式音乐民族志——鄂温克族敖包祭祀仪式音乐研究反思》[①] 对音乐民族志的写作理念进行了探讨。通过对以往鄂温克族敖包祭祀仪式音乐研究的反思，提出了“全息式”仪式音乐民族志的构想，包括三个层次：底层立足于对表象的“全息式”感知，着眼于近景；中间层次关注情感体验与“互主体”间的情感互动，着眼于中景，强调在仪式中音乐和情感对于建构身份认同的重要作用；第三层次是对于概念、信仰、思想等意识形态方面的认知。这样的书写理念对于艺术民族志写作具有一定的借鉴意义。

音乐与认同方面，王建民《民族民间音乐与多重认同的场景性表达》[②] 提出，在民间音乐实践中，认同的建构和表达受到多种现实存在的场景性因素的影响，需要更多从艺术实践过程中去发现和认识。作者以当代现实场景中哈萨克族阿肯阿依特斯和图瓦卡基拉音乐实践为个案，解说民间音乐在面临各种不同场景时所表达出的多重的、变化的文化认同，强调对民族音乐与认同的关系的理解和讨论应当放置在田野的场景中，从不同族群的音乐人和民间艺人的音乐实践的细节出发去考察和描述。杨民康《从布朗族“索”调的60年变迁看“音乐与认同”》[③] 通过回溯布朗族“索”调60年以来的发展与变迁，分析了其所经历的多重社会和文化转型，以及在强化和建构民族、区域、国家、文化认同中的作用。魏琳琳主编《音乐与认

① 苗金海：《书写“全息式”仪式音乐民族志——鄂温克族敖包祭祀仪式音乐研究反思》，《民族艺术》2018年第6期。

② 王建民：《民族民间音乐与多重认同的场景性表达》，《中国音乐》2018年第3期。

③ 杨民康：《从布朗族“索”调的60年变迁看“音乐与认同”》，《民族艺术》2018年第2期。

同：民族音乐学与人类学的跨学科对话》（知识产权出版社 2018 年版）将近年来围绕音乐与认同话题的研究成果进行汇编，统合了不同学科门类的研究，实现了跨学科整合。冯丽荣的《族群记忆的审美观照》（西南交通大学出版社 2018 年版）通过坡芽探究、审美实践、诗意栖居、滇地风情、民俗田野、文学小议等几个部分探索并呈现云南本土文化的精神内核，对民族学、民俗学、人类学等相关学术研究亦有一定的借鉴作用。贺宇《历史记忆、身份表述与文化维度——双重文化认同下的蒙古族杭哈民歌与民歌手》① 从人类学视角探讨了杭哈蒙古族的历史与当下，将其置入时间、空间双重维度中，阐释当地民歌的界定、民歌手的身份表述和他们在音乐生活中的文化建构。魏琳琳《蒙汉杂居区四胡演奏与族群认同研究》② 通过对蒙汉杂居区四胡演奏的调查与研究，指出四胡"顶弦"的演奏技法承载着蒙古曲儿的特色和蒙古族的民族身份，以及"准格尔地"所特有的音乐风格，是蒙古族族群身份的标识。

传承发展方面，胡牧《在歌俗中诗意生存——以侗族河歌为例》（人民出版社 2018 年版）系统研究河歌生发、发展的生态环境和生态构成及其在当下的利用、传承和保护路径，指出了河歌对生态审美者培育的价值意义，有利于补充生态美育理论建构的内容，具有一定的理论和现实意义。朱奕亭《音乐人类学视角下的长沙弹词研究》（苏州大学出版社 2018 年版）通过对长沙弹词的调查，对其曲目脚本、弹琴指法、唱腔音乐和表演技艺等内容展开系统研究。王竞雄《延边朝鲜族"农乐"的当代传承与文化阐释》③ 对延边朝鲜族"农乐"的历史、题材、功能、变迁历程以及表演形态进行了深入的文化阐释，对保护和传承朝鲜族传统音乐文化具有一定的借鉴意义。谷子瑞《变与不变：技术世界中的定州秧歌》④ 以定州秧歌为例，探讨了现代技术下传统民俗传播与传承的实践，通过研究发现技术改变的是外在条件，不变的是口传身授的传承方式，是乡土本色，坚守本色、重返民间或是技术世界中定州秧歌发展的可取路径。

---

① 贺宇：《历史记忆、身份表述与文化维度——双重文化认同下的蒙古族杭哈民歌与民歌手》，《中国音乐》2018年第4期。

② 魏琳琳：《蒙汉杂居区四胡演奏与族群认同研究》，《民族艺术》2018年第2期。

③ 王竞雄：《延边朝鲜族"农乐"的当代传承与文化阐释》，《中国音乐》2018年第6期。

④ 谷子瑞：《变与不变：技术世界中的定州秧歌》，《民间文化论坛》2018年第4期。

（二）舞蹈人类学

舞蹈人类学研究继续扎实推进，本年度出现了 4 部专著和 20 多篇论文，主要关注舞蹈形态、社会功能、当代传承、身份认同等方面的问题。值得关注的是，《北京舞蹈学院学报》设立"求索 · 舞蹈文化研究"专栏，本年度共刊出 12 篇论文，皆是源自田野调查基础上的研究成果。

邓佑玲、江东主编的《中华舞人口述志实录》（第 1 卷）（文化艺术出版社 2018 年版）是对中国舞蹈界德高望重的 10 位舞蹈家的访谈，分别是彭松、盛婕、叶宁、郭明达、梁伦、王克芬、李正一、张苛、田静和李承祥，本书为中国舞蹈史留下了珍贵的资料。

舞蹈形态研究方面，邓小娟主编《守望田野：西北民间舞蹈的人类学考察二》（中国社会科学出版社 2018 年版）对西北地区甘肃宁县社火"地故事"舞蹈样态、武威"攻鼓子"舞、天水武山旋鼓舞与清水轩辕鼓舞、永昌县赵定庄"节子"舞等进行了深入的考察与研究。桑嘎卓玛《西藏藏族歌舞"囊玛"的形态特征》[①]在文献资料的基础上，从舞蹈、音乐和服饰三个方面对"囊玛"的形态特征进行了分析和研究。

社会功能方面，黄龙光《彝族花鼓舞民间自组织"花鼓会"的结构与功能》[②]探讨了花鼓会的内部组织结构和多重功能。作者指出花鼓会通过组织各种彝族花鼓舞展演，在彝族社会中发挥着送灵归祖、文化传承、生产互助与角色协调等功能，在日常社会实践中，花鼓会超越了一个民间社团的文艺功能，是成员之间互惠型抚慰的精神家园。王阳文《甘肃天水"夹板舞"的文化意义阐释》[③]探讨了甘肃天水夹板舞在当地社会中的功能、体现的观念以及在发展变化中承载的文化意义。

当代传承方面，海维清《有意味的形式：舞蹈符号视角下的中华"圈舞"舞蹈文化遗存研究》（四川大学出版社 2018 年版）聚焦于中华大地上普遍传承的"圈舞"艺术形式，从构成舞蹈形式的"符号"载体入手，就其产生动因、传承和发展的广义文化内涵进行了考察和研究，解读其之所以在原始社会初期普遍萌发并恒久传承的奥秘。彭娜娜、吴秋林、姚丹《册亨布依族转场舞人类学研究》（中央民族大学

---

① 桑嘎卓玛：《西藏藏族歌舞"囊玛"的形态特征》，《北京舞蹈学院学报》2018 年第 2 期。

② 黄龙光：《彝族花鼓舞民间自组织"花鼓会"的结构与功能》，《北京舞蹈学院学报》2018 年第 4 期。

③ 王阳文：《甘肃天水"夹板舞"的文化意义阐释》，《北京舞蹈学院学报》2018 年第 3 期。

出版社 2017 年版）探讨了册亨县威旁大寨布依族转场舞的历史渊源、原型与发展及非遗化等问题，对转场舞与乡村仪式、地域文化和村落现代发展的关系以及舞蹈人类学的中国实践、国家化过程、历史定位、布依族艺术文化的优选关切等问题进行了论述。谢雯雯《论“卡拉角勒哈”的当代传承》[①] 从民间传承、群众传承、教学传承三个层面考察“卡拉角勒哈”的当代传承，通过研究发现，立足于民族文化本位，进行当代创造性转化、创新性发展是这一民族传统艺术在当代语境下传承和发展的重中之重。王晓兵《钱鼓舞的舞蹈形态变迁与当代传承》[②] 则通过研究发现，随着传承文化语境的逐渐消失，民间钱鼓舞濒于消亡，而职业艺术群体对其进行了新的艺术加工，开辟了一条新的传承之路。

身份认同方面，吴丹《湘西苗族花鼓舞“非遗”传承人的身份认同》[③] 通过对湘西苗族花鼓舞非遗传承人的分析，阐述了族群文化与个性生命体认互动所形成的身体舞蹈语汇的差异性，分析传承人作为族人、演员、鼓王等角色时的身份角色话语，认为非遗传承人的身份认同有助于研究和尊重传承人个体能动性的存在，推动非遗民间舞蹈的传承实践。

（三）戏剧人类学

戏剧人类学研究领域本年度涌现出 4 部专著和 10 多篇论文，该领域研究的特点在于，戏剧学本身是一个有深厚学术传统的学科，受其影响，交叉学科的戏剧人类学较为注重历史的研究，关注当代田野中戏剧仪式、乡土社会情境和艺人的研究。此外，有一些研究具有对策性，对当下的乡村振兴和文化建设具有指导意义，呈现出了一些不错的研究案例。曾澜《地方记忆与身份呈现：江西傩艺人身份问题的艺术人类学考察》（生活·读书·新知三联书店 2018 年版）探讨了江西傩艺人家族宗族身份、地缘身份、族群身份与地方家族宗族记忆、村落公共空间记忆及族群记忆各个层面在历史和逻辑两个维度上的复杂性关联和互动关系。张春娟《晋商、移民与戏曲》（中国书籍出版社 2018 年版）以明清晋商和移民的视角，从戏曲传播、戏曲班社、戏曲艺人、戏曲舞台、戏曲剧目五个方面探讨山西戏曲在明清时

① 谢雯雯：《论“卡拉角勒哈”的当代传承》，《北京舞蹈学院学报》2018 年第 2 期。
② 王晓兵：《钱鼓舞的舞蹈形态变迁与当代传承》，《北京舞蹈学院学报》2018 年第 3 期。
③ 吴丹：《湘西苗族花鼓舞“非遗”传承人的身份认同》，《北京舞蹈学院学报》2018 年第 2 期。

代发展繁盛的原因以及传播流布的轨迹。作者多次深入山西省临县碛口镇李家山村以及山西省祁县贾令镇谷恋村调查，采访当地的民间艺人，了解当时的戏曲生存状况，对当今时代改革与发展戏曲艺术也提出了一些见解，具有一定的参考价值。周永忠《桂南前戏剧形态“跳岭头”研究》(复旦大学出版社2018年版)通过大量的田野调查，对“跳岭头”产生和发展的人文环境、时空分布、祭祀性和戏剧性等进行了深入研究，探索“跳岭头”从傩到戏、从宗教仪式到戏剧表演的发展轨迹。陈漪《民间文化生态视阈下的杭剧研究》(中央编译出版社2018年版)通过梳理杭剧发展的历史脉络，全面考察其民间文化生态的演变，剖析地方戏曲民间文化生态与戏曲发展的相生互动关系，并探索当下的传承路径，以期为其他类似濒危地方剧种提供参考与借鉴。

李祥林《傩戏学视野中的羌区“斗旱魃”》[①]从历史文献和田野实证研究出发，对川西北羌区的傩戏“斗旱魃”包括学界研究状况、历史概貌、仪式过程、功能等方面进行了阐述。吴昶《逃逸与融合：山地社会里的非遗传承——以三岔傩戏为例》[②]通过调查发现，在湖北省恩施市三岔乡，傩戏是依靠当地“端公”团体和他们比较严格的“度职”制度传承下来的。它一方面确保了作为民间信仰活动组成部分的傩戏表演技艺能够得到有效而稳定的传承，消除了未经师承而获得端公资格的可能性；另一方面亦使傩戏传承人与官方正统文化一直保持着较远的距离，强化了其“逃逸文化”的属性。恩施傩戏的非遗保护工作理应将与其生存发展息息相关的端公群体纳入共同的文化系统之中来考量。

赵倩《地方戏曲复兴与乡村社会重建——艺术人类学视野中的宛梆剧种研究之二》[③]通过田野调查发现，礼俗是地方戏曲与乡村社会的黏合剂，礼俗中的戏曲表演不仅对乡民知识结构和精神世界的完善具有重要意义，而且对礼俗的建构与乡村社会发展亦具有不可忽视的功能。陈宁《河北省蔚县灯影戏传承保护现状的田野调查》[④]通过对蔚县灯影戏现状的实地调查，结合对蔚县灯影戏历史发展脉络的梳理，

---

① 李祥林:《傩戏学视野中的羌区“斗旱魃”》,《贵州大学学报(艺术版)》2018年第2期。

② 吴昶:《逃逸与融合：山地社会里的非遗传承——以三岔傩戏为例》,《内蒙古艺术学院学报》2018年第3期。

③ 赵倩:《地方戏曲复兴与乡村社会重建——艺术人类学视野中的宛梆剧种研究之二》,《民族艺术》2018年第1期。

④ 陈宁:《河北省蔚县灯影戏传承保护现状的田野调查》,《内蒙古艺术学院学报》2018年第1期。

对其生存现状及传承保护提出政府给予政策支持和财政补贴、剧团演出剧目应主动创新、结合当下实际谋发展三点建议。这样的研究对政府在乡村建设上的规划和政策制定具有借鉴意义。

五、2018 年中国艺术人类学研究要目之二（学术成果、学科建设、学术会议、美术、手工艺）

（一）学术成果与学术活动

2018 年关于艺术人类学研究的论文集相继出版，共有 4 本，其中方李莉主编的《写艺术：艺术民族志的研究与书写》为有关艺术民族志的研究与书写的论文集，共包括 30 余篇论文，六大部分，内容涵盖城市艺术民族志、舞蹈民族志、音乐民族志、美术民族志、非遗、民俗等方面，是近十年艺术人类学田野民族志的精华，提供了非常丰富的案例与参考。乔晓光主编的《村寨里的纸文明——中国少数民族剪纸艺术传统调查与研究（第一卷）》内容涉及美术学、人类学、文化学、宗教学等多学科的突破性研究成果，从视觉文化遗产的角度，比较恰当地梳理出口述调查以及图像记录的主要田野信息，并在此基础上增加了相关剪纸类型研究的文化背景和一些基础文化分布相关信息，构成了此书图文并茂、活态文化信息直接丰富的特色。此外还有两本中国艺术人类学学会的论文集出版，2016 年中国艺术人类学国际学术研讨会的论文集《艺术人类学的中国建构》由中国艺术人类学学会与大连大学主编，2013 年中国艺术人类学国际学术研讨会的论文集《文化遗产与艺术人类学》由中国艺术人类学学会与山东大学文化遗产研究院主编。

本年度出版的专著主要有以下 3 本：冯莎《艺术在别处：对中国当代旅法艺术家的人类学研究》以 2009 年作者遭遇的第一个艺术事件“里昂双年展”为入口，结合田野工作，对当下旅居法国的中国艺术家的生活世界、创作形态、职业境遇和身份策略等方面进行了研究，探讨他们与艺术史叙事、社会文化语境、艺术场体系的关联与互动，试图以艺术家的多重实践回应既有认知框架，为反思“海外艺术家”“中国性”等问题提供可能。麻国庆、朱伟著《文化人类学与非物质文化遗产》对艺术化生活、文化的本质、非物质文化遗产等五个方面进行了论述。李世武《艺术人类学：反思与实践》内容主要包括：艺术人类学研究方法的回顾与反思、西方艺术哲学与艺术人类学间的分歧及其成因分析、非西方艺术研究中审美中心主义的误区及超越路径论析、“悬置审美，回归语境”方法的提出。

王永健《走进艺术人类学》共分为理论探索、田野寻真、评与论、学术译介四部分。该书对于学界认知艺术人类学学科本身的相关问题提供了基础性的文本，也对运用艺术人类学的研究方法进行艺术田野研究工作提供了鲜活的研究案例。

（二）学科建设

2018 年有多家刊物开辟了艺术人类学专栏。《贵州大学学报（艺术版）》开设的艺术人类学专栏发表了系列艺术人类学名家访谈的文章，如对王建民进行的关于民族学与艺术人类学研究的访谈[①]，还发表了 4 篇艺术人类学论文，包括 2018 年的学术综述以及 3 个个案研究。《内蒙古艺术学院学报》在第 6 期针对 2018 年艺术人类学会议推出了一组文章，如方李莉在此次会议的开幕式与闭幕式发言、名家访谈以及此次会议的综述等。《思想战线》第 1 期的艺术人类学专栏发表了 3 篇艺术人类学理论方面的探讨文章。

翻译：《民族艺术》“海外视域”栏目本年度译出 6 篇文章，如玛利亚·克里斯蒂奇的《人类学研究中艺术方法的应用——对马库斯的批判性阅读》[②]等。

关于机构：中国艺术人类学阵营再添一重要研究机构，2018 年 11 月 14 日东南大学艺术人类学与社会学研究所获批成立。东南大学艺术人类学与社会学研究所致力于艺术学理论交叉学科原创性研究，准确把握国际艺术人类学和艺术社会学研究的前沿动态，加强艺术学理论学科与人类学、社会学、民俗学、艺术哲学、各门类艺术学等学科的学术交流，直面现实，推动中国的经验艺术理论研究；田野考察和理论建构并重，重点关注民族民间艺术和现当代艺术现象，实践基于中国本土的艺术田野考察和艺术民族志撰写，深入挖掘本土艺术经验、艺术行为、艺术词汇的理论潜力，为构建中国艺术人类学、艺术社会学理论和方法体系做出贡献；运用中国学术眼光审视西方艺术景观和艺术话语，在与西方学界平等对话的基础上讲述中国故事；积极参与国家文化遗产保护、中华传统文化全面复兴、乡村振兴、传统工艺

---

① 王永健、王建民：《跨界与融合：民族学与艺术人类学研究——王建民教授访谈》，《贵州大学学报（艺术版）》2018 年第 3 期。

② 玛利亚·克里斯蒂奇：《人类学研究中艺术方法的应用——对马库斯的批判性阅读》，《民族艺术》，李修建译，2018 年第 2 期。

振兴等重大战略工程，凭借艺术人类学和艺术社会学以问题为导向、开放包容的跨学科理念和田野工作方法的优势，为国家和地方相关战略工程提供坚实的资料基础和必要的理论支撑。

东南大学艺术人类学与社会学研究所是国内第一家熔艺术人类学和艺术社会学两大学科方向为一炉的研究机构。艺术人类学重文化，艺术社会学重社会，艺术人类学擅长精细的田野考察和文化分析，艺术社会学精于宏观和中观理论建构，若能综合利用两者的长处，打通艺术本体、艺术的文化和社会层面进行针对中国文化艺术问题的研究，其成效可期。

（三）主要学术会议

本年度艺术人类学的学术会议有很多。第一，2018 年 9 月 25 日至 27 日，中国艺术人类学学会联合东南大学主办，东南大学艺术学院承办，《民族艺术》杂志社协办的题为“艺术人类学与新时代的中国发展”的 2018 年中国艺术人类学学术研讨会在坐落于南京市的东南大学召开，参会的专家学者有 200 余位。由费孝通先生倡导提议的“中国艺术人类学学会”成立已逾 10 年，中国艺术人类学的研究也呈现出蓬勃发展的态势。这 10 年来，中国艺术人类学研究的一个显著特征就是紧密联系时代背景下的国家政策大环境以及民众生活的小环境，遵循费孝通先生提出的“从实求知”的研究方法。这种求实的研究方法极大改变了艺术门类理论研究脱离实际的状况，越来越多的艺术门类研究者加入艺术人类学的研究，使得门类艺术研究挣脱学科藩篱，投入到国家建设的理论建构中来；同时，这种宽广的视野也引起了艺术人类学研究的多角度反思，从而促进了艺术人类学学科建设的进一步深化。此次会议标志着中国艺术人类学的发展已经到了学科自觉的阶段，而中国艺术人类学研究者的未来任务就是通过发掘、认识和重建自己的艺术和文化的脉络，去建构一个属于自己的、能够得到国际学术界承认的中国学派。随着中国艺术人类学研究者队伍的日益活跃与壮大，曾经被认为是无足轻重的“艺术”研究必定会在相关学术界乃至整个社会发展与国家建设中起到举足轻重的作用。

第二，“社会转型与传统工艺美术发展”国家重点课题的第三次会议在佛山召开。与此同时，佛山文化局、佛山创作院、佛山非遗中心和课题组一起进行了“非遗新时代——佛山传统手工技艺传承人对话”。通过此次会议可以得到以下结论：

1. 非遗的传承人已由二代的年轻人在取代他们的父辈；2. 非遗正在进入当代生活，佛山的陶艺和香云纱不仅没有濒危，而且还在促进当地文化和经济的发展；3. 当代设计与非遗的结合产生了新的生活时尚，所以不是我们在拯救非遗，而是非遗在拯救今天的我们，它不仅让我们产生了新的中国时尚，还让我们的生活具有了历史和文化以及新的生态观念。4. 非遗保护不是文物保护，而是文化保护、文明保护。任何文化和文明都是发展和流动的，一定要用开放的心态看待它，一定要用发展的眼光看待它。所谓“新时代的非遗”不仅传承人已经在更新换代，包括我们的理念和思考也需要创新。

（四）有关手工艺方面的研究①

2018 年艺术人类学手工艺方面的研究文章和专著很丰富，其中有荣树云的杨家埠年画研究、安丽哲的潍坊风筝研究、杨柳的云南新华村金属工艺研究、王永健的景德镇陶溪川研究、孟凡行的陕西凤翔泥塑研究、郭金良的景德镇老鸦滩瓷板画研究、李宏复的江苏镇湖刺绣研究、吴南的北京雕漆研究、韩澄的北京金属工艺研究、朱翊叶的宜兴紫砂陶研究、洪梓萱的福建莆田仙游镇红木家具研究、邹龙洁的福建莆田仙游镇木雕工艺研究等，这些学者的研究成果在 2018 年都陆续得到了发表。艺术人类学对手工艺的田野考察成果引起了《中华文化画报》的关注，于 2018 年辟出了一期题目为《中国传统手工艺复兴调查》的增刊，发表了上述学者的田野考察的研究文章共 14 篇。这些研究都属于国家重点课题“社会转型中的工艺美术发展”的子课题成果，这是中华人民共和国成立以来规模最大的一次手工艺复兴的田野调查。这一课题于 2015 年立项，将于 2019 年结题，现在研究已接近尾声。

在这一研究中作为课题主持人的方李莉发表论文《生活革命与中国式文艺复兴的新观察》②，在研究中提出了一个“手艺中国”的概念，这一概念的重要性在于其认为传统的中国不仅是一个农业国家，还是一个农工国家，也就是农业和工业并存的国家，当然这里讲的工业不是机械工业而是手工工业。因此，中国不仅是一个乡土中国，也是一个手艺中国，这是中国的文化基因。基因的重要性就在于其始终会

① 此部分由方李莉执笔。

② 方李莉：《生活革命与中国式文艺复兴的新观察——社会转型中的手工艺复兴研究》，《中华文化画报》2018 年 S1 期。

成为中国发展的一个重要的内在因素。在工业文明时由于机器代替手工，中国的手工业优势丧失了，所以中国落后了。当人类社会经历了四次工业革命，并向超工业文明时代转型时，在中国大地掀起的一场手工艺复兴的潮流，就有可能让中国无论在文化还是经济上都获得一个新的发展机遇。

首先是人类社会进入后工业文明所带来的社会价值观的转变，这一时期人们的审美更加趋于个性化和情感化；其次，全球化带来的本土性反弹，使人们更加趋于从母体文化中吸取养分，并将其投射到自己的生活审美中。另外，由于中国的经济起飞而产生了一个白领阶层和富裕阶层，这个阶层需要有一个新的文化符号来定义自己，于是充满文化附加值又具有中国传统文化情感的手工艺品开始进入这一阶层衣食住行的方方面面，从而形成了一个巨大的市场。在这样的背景下，一场生活革命正在中国悄然兴起，方李莉将这场生活革命称为“中国式文艺复兴”，她认为，如果说发生于14、15世纪的欧洲文艺复兴是从人理性地认识人自身开始的，那么这一场源自中国的文艺复兴却是从重新认识和肯定自身的文化、复兴传统生活样态开始的。

传统工艺的发展目前已成为国家的重要战略之一，在艺术人类学者关注这一研究的同时，民俗学界也开始与艺术人类学者们联手介入这一研究。2018年12月9日，由华东师范大学人文与社会科学研究院主办，华东师范大学中华优秀传统文化传承创新研究院和华东师范大学社会发展学院民俗学研究所承办的“市场与能力：传统工艺当代传承关键问题”学术论坛在位于上海市的华东师范大学闵行校区人文学术沙龙成功举办。会议邀请了中国艺术研究院艺术人类学研究所方李莉研究员，北京师范大学社会学院朱霞教授，南京农业大学人文与社会发展学院季中扬教授，北京联合大学艺术学院谢崇桥教授，同济大学国际设计与创意学院张磊副教授，东南大学艺术学院孟凡行副教授，苏州工艺美术职业技术学院手工艺术学院赵罡院长，华东师范大学社会发展学院民俗学研究所田兆元教授、徐赣丽教授、李明洁教授和王均霞副教授等来自全国12所高校和研究机构的20余名专家学者以及上海多所高校的博硕研究生参与讨论。

本次论坛讨论的主题是：随着我国新中产的崛起和日常生活审美化的影响，传统工艺有望成为新的生活时尚而走向复兴。面对新时代背景下由城市中产阶级主导的消费市场，传统工艺逐渐实现转型。传承人基于文化自觉及市场能力积极进行生产实践的更新，尤其是传承人联合企业、创意工作室、创意开发团队等新型生产模式结合当代市场需求开辟创新路径的传承和发展模式。作为学者我们应该做出哪些反应？在这次会议上，方李莉做了题为《传统手工艺复兴与中式时尚的审美转向》的主题发言。她在发言中指出，中国的审美转向具有两个特点：1. 从崇洋转向崇敬传统文化。2. 富裕阶层和白领阶层所拥有的文化符号不再是洋派的、西式的，而是中式的，如古代的文物、本土艺术家的艺术品、中式的实木家具、中式的建筑、中式的服饰、中式的生活方式等。时尚开始于一个新的和“自然的”生活，所有这些样式的存在不是人为意志决定的，它是一股时代潮流，是社会发展的重要动力之一，也是值得人类学家们关注的。

最后，笔者关注到的还有吴昶的论文《近现代鄂西南土瓷窑的兴衰及其山地社会特征——以映马池、磁洞沟、堰塘坪三个调查点为例》①，这是一篇关于湖北山区土窑陶瓷研究的民族志，写得很朴素，但却反映出许多有价值的可以破除以往一些理论局限性的社会事实，如按照现有的研究，我们认为民国时有很多手工艺陶瓷因为机器的使用受到了冲击，很快就遭到历史的淘汰。但是他的研究却让我们看到，即使到 2000 年以后，在山区还有许多手工生产的土窑存在，其之所以存在是因为在山区里面很不方便，由于没有公路，运输全靠人力来挑、牲口来驮，土窑就为这些交通不方便的地方提供日用陶瓷器皿。这让我们改变了一个观念，传统手工艺不仅是因为机器生产的冲击才衰败的，还与交通有关系，便捷的交通让工业化的产品得以普及，反之，没有交通的便捷，工业化和现代化就难以普及。

六、结语

通过以上的叙述我们可以看到，尽管在艺术人类学研究中理论的总结非常重要，但如果没有扎实的民族志的记录与研究，我们就很难及时关注到中国在社会实践中所发生的各种文化与社会的变迁甚至重构，也很难关注到在这些变迁与重构的过程中中国的传统艺术与当代艺术又会产生哪些变化，在这些变化的过程中作为社会象征符号和体系的艺术作品在扮演着什么样的角色，以及它意味着人类社会正在

① 吴昶：《近现代鄂西南土瓷窑的兴衰及其山地社会特征——以映马池、磁洞沟、堰塘坪三个调查点为例》，收录于《艺术人类学与新时代的中国发展 2018 年学术年会论文集》，尚未出版。

发生一些什么样的转型等这样的一些问题。因此，只有走进田野，在田野中感受中国社会不断实践的脉搏，发掘中国传统文化中的艺术资源，认识中国的文化基因，沿着从实求知的人类学研究之路走下去，并在此基础上推动中国社会和文化经济的发展，中国的艺术人类学的发展之路才会越走越宽广，才能最终建立一个中国的艺术人类学学派，为世界人类学理论大厦的建构、为推动人类社会和文化的发展贡献一份力量。

课题主持机构：中国艺术研究院艺术人类学研究所

主　笔：方李莉

撰稿人：方李莉　安丽哲　王永健　李修建

编辑、统筹：傅　秋

2018 年度中国非物质文化遗产保护发展研究报告

摘要：通过文献分析、经验总结和个案研究，本文对2018年中国非物质文化遗产保护发展状况、趋势、取得的成绩和存在的问题进行了总结。2018年，非物质文化遗产保护传承形成了新的气象和格局。文旅融合为非物质文化遗产传承发展及其成果共享创造了新机遇。在“见人见物见生活”的理念指导下，非物质文化遗产保护实践在助力精准扶贫中发挥了积极作用。本年度文化生态区建设稳步推进，非物质文化遗产传承教育顶层设计和落地实施逐渐有效衔接，传统工艺振兴计划深入实施，传承人群研培计划持续推进，传承核心力量进一步加强，展示传播异彩纷呈，数字化保护体系逐步形成，保护人才队伍的基础进一步夯实，相关国际交流与合作不断加强。在取得成绩的同时，保护工作中存在的一些问题也应引起我们的理性思考。

关键词：2018 年　非物质文化遗产　保护　传承　发展　文旅融合

2018 年，非物质文化遗产保护工作坚持以习近平新时代中国特色社会主义思想为指导，全面贯彻落实党的十九大和十九届二中、三中全会精神，全面推进，开拓发展，形成了非物质文化遗产保护传承新的气象和格局。

文化和旅游部党组书记、部长雒树刚在 2019 年 1 月 3—4 日召开的“全国文化和旅游厅局长会议”上总结 2018 年非物质文化遗产保护工作时指出，中国传统工艺振兴计划深入实施，传统工艺工作站和非遗扶贫就业工坊建设稳步推进。中国非物质文化遗产传承人群研修研习培训计划累计覆盖人群达到 7.1 万人次。“藏医药浴法”列入联合国教科文组织人类非物质文化遗产代表作名录，我国入选项目达 40 项。“文化和自然遗产日”、全国非遗曲艺周、中国非遗博览会等活动形式新颖、影响广泛。各地开展了一系列传统戏剧、曲艺等会演活动。非遗传承实践日趋活跃，保护非遗正在成为社会自觉。[①]

本年度，非物质文化遗产保护工作在机构改革、法规健全、政策完善、理念深化、保护实践等诸多方面取得了重大进展。

一、文旅融合，为非物质文化遗产传承发展及其成果共享创造新机遇

1. 新组建的文化和旅游部履行非物质文化遗产保护行政职责

2 月 28 日，中国共产党第十九届中央委员会第三次全体会议通过了《深化党和国家机构改革方案》。3 月 13 日，第十三届全国人民代表大会第一次会议听取了国务委员王勇所做的《国务院机构改革方案》说明，并审议通过该方案。组建文化和旅游部，成为贯彻落实党和国家机构改革决策部署的重要工作。文化和旅游部的主要职责包括“负责非物质文化遗产保护，推动非物质文化遗产的保护、传承、普及、弘扬和振兴”[②]。4 月 8 日上午，新组建的文化和旅游部正式挂牌，非物质文化遗产司作为其内设机构构成部门，履行“拟订非物质文化遗产保护政策和规划并组织实施。组织开展非物质文化遗产保护工作。指导非物质文化遗产调查、记录、确认和建立名录。组织非物质文化遗产研究、宣传和传播工作”的职责[③]。与此同时，非物质文化遗产司调整设立综合处、规划处、管理处、发展处和传播处 5 个处室，以适应新时期我国非物质文化遗产保护发展需要。

2. 文旅融合，激发非物质文化遗产传承发展新动力

3 月 9 日，《国务院办公厅关于促进全域旅游发展的指导意见》（国办发〔2018〕15 号）印发。该文件指出“旅游是发展经济、增加就业和满足人民日益增长的美好生活需要的有效手段，旅游业是提高人民生活水平的重要产业”，要“推动旅游与科技、教育、文化、卫生、体育融合发展”，“科学利用传统村落、文物遗迹及博物馆、纪念馆、美术馆、艺术馆、世界文化遗产、非物质文化遗产展示馆等文化场所开展文化、文物旅游，推动剧场、演艺、游乐、动漫等产业与旅游业融合开展文化

① 《新时代、新作为，努力推动文化建设和旅游发展再上新台阶》（2019－01－08）［2019－01－18］，https：//www.mct.gov.cn/whzx/whyw/201901/t20190108_836857.htm。

②③ 《文化和旅游部职能配置、内设机构和人员编制规定》（2018－9－10）［2019－01－18］，http：//www.gov.cn/zhengce/2018－09/10/content_5320818.htm。

体验旅游”，“提升旅游产品品质，深入挖掘历史文化、地域特色文化、民族民俗文化、传统农耕文化等，实施中国传统工艺振兴计划，提升传统工艺产品品质和旅游产品文化含量”。①

6 月 7 日，中共中央政治局委员、国务院副总理孙春兰在文化和旅游部调研时指出，“文化是旅游的灵魂，旅游是文化的载体，文化和旅游领域的融合相得益彰”。她强调，要拓展文化和旅游融合发展的广度与深度，满足人民群众的美好生活需要，不断开创文化建设和旅游发展新局面。②

6 月 8 日，雒树刚《在全国非物质文化遗产保护工作先进集体、先进个人和第五批国家级非遗代表性项目代表性传承人座谈活动上的讲话》中指出：“文化和旅游密不可分，文化是旅游的灵魂，旅游是文化的载体。文化和旅游合体既强强联合，又相辅相成，文化和旅游部的成立将为文化事业、文化产业、旅游业的发展带来重大机遇。非遗是文化多样性的重要体现，很多人正是因为文化的多样与差异，因为着迷于各地多姿多彩的非物质文化遗产，才有了旅游的需求。很多旅游产品实际都是文化旅游，深度游都是文化游。我们讲风景名胜，风景不一定是名胜，有了文化才是名胜。山不在高，有仙则名；水不在深，有龙则灵。这就是与文化结合的魅力。旅游的发展也为非遗的传播拓宽了渠道、插上了‘翅膀’。我们要深入贯彻中央的决策部署，牢牢把握文化和旅游融合的方向和要求，贯彻新发展理念，进一步加强对非遗资源的挖掘阐发，通过提高传承实践水平，为旅游业注入更加优质、更富吸引力的文化内容。要充分发挥旅游业的独特优势，为非遗保护传承和发展振兴注入新的更大的内生动力。”③

11 月 15 日，文化和旅游部等 17 部门印发的《关于促进乡村旅游可持续发展的指导意见》（文旅资源发〔2018〕98 号）提出：“在保护的基础上，有效利用文物古迹、传统村落、民族村寨、传统建筑、农业遗迹、灌溉工程遗产、农业文化遗产、

① 《文化和旅游部职能配置、内设机构和人员编制规定》（2018－9－10）［2019－01－18］，http：//www.gov.cn/zhengce/2018－09/10/content_5320818.htm。

② 《孙春兰强调：扎实推进机构改革任务落实，推动文化事业、文化产业和旅游业融合发展》（2018－06－11）［2019－01－18］，https：//www.mct.gov.cn/whzx/whyw/201806/t20180611_833244.htm。

③ 雒树刚：《在全国非物质文化遗产保护工作先进集体、先进个人和第五批国家级非遗代表性项目代表性传承人座谈活动上的讲话》（2018－07－10）［2019－01－18］，https：//www.mct.gov.cn/whzx/whyw/201807/t20180710_833742.htm。

非物质文化遗产等，融入乡村旅游产品开发。”①

12月10日发布的《国家级文化生态保护区管理办法》明确提出：“国家级文化生态保护区建设管理机构应当依托区域内独具特色的文化生态资源，开展文化观光游、文化体验游、文化休闲游等多种形式的旅游活动。”②

文旅融合为激发非物质文化遗产传承发展动力，以及非遗保护成果满足大众旅游需要发挥重要作用，创造了新机遇。

二、“见人见物见生活”的理念全面付诸非物质文化遗产保护实践

“见人见物见生活”是新时期非物质文化遗产保护提出的新理念。

3月13日，在十三届全国人大一次会议第四次全会后的“部长通道”上，雒树刚就文化遗产保护问题回答了记者提问。他强调，在非物质文化遗产保护方面，主要是体现“见人见物见生活”的精神。非物质文化遗产一定要和群众的生产生活相结合，才有强大的生命力。③

6月6日，《人民日报》刊发文化和旅游部副部长项兆伦的署名文章《非遗保护要见人见物见生活》。文章对这一理念如此阐释：“非物质文化遗产是我国优秀传统文化的重要组成部分，它就在我们的生活中。非遗的当代实践，是优秀传统文化与现实生活相融合，实现创造性转化和创新性发展的过程。”“这些年的非遗保护工作确立了一个重要理念：见人见物见生活。非遗是一个文化现象的整体。非遗不只是一件件体现文化传统的产品或作品，它更是可见、可参与的生活。非遗传承是不断融入人们智慧、才艺和创造力的生动实践。”“要支持非遗回归社区，回归生活，让

① 《文化和旅游部等17部门关于印发〈关于促进乡村旅游可持续发展的指导意见〉的通知》（2018－11－15）[2019－01－18]，http://zwgk.mct.gov.cn/auto255/201812/t20181211_836468.html?keywords=。

② 《国家级文化生态保护区管理办法》（2018－12－10）[2019－01－18]，http://zwgk.mct.gov.cn/auto255/201812/t20181225_836660.html?keywords=。

③ 《两会“部长通道”聚焦热点话题》（2018－03－14）[2019－01－18]，https://www.mct.gov.cn/preview/special/8596/8604/201803/t20180314_831481.htm。

非遗在千家万户的日常生活中得到体现和传承，成为当下的生活方式。”①

9月13日，由文化和旅游部、山东省人民政府共同主办的“第五届中国非物质文化遗产博览会”，以“活态传承、活力再现”为主题，开展“非遗社区行”“非遗校园行”“舌尖上的非遗”“非遗的世界”等系列活动，力求全面体现“见人见物见生活”的非物质文化遗产保护理念。

本年度，文化和旅游部坚持“见人见物见生活”的工作理念，全面推进非物质文化遗产保护工作。

三、推进非物质文化遗产助力精准扶贫，落实国家扶贫战略

6月27日，文化和旅游部办公厅印发《关于大力振兴贫困地区传统工艺助力精准扶贫的通知》（办非遗发〔2018〕40号）。文件在总结近年来各地探索“非遗+扶贫”工作的实践经验基础上，提出要加大贫困地区传统工艺振兴力度，加强贫困地区非遗传承人群培养，支持传统工艺项目优秀代表性传承人、工艺师到贫困地区开展讲习活动，支持贫困地区探索设立非遗扶贫就业工坊，搭建贫困地区传统工艺产品设计、展示和销售平台。通知要求各省（区、市）要高度重视传统工艺振兴助力精准扶贫工作，根据地方实际积极探索实践，及时总结传统工艺振兴助力精准扶贫的典型案例、工作做法和有益经验，报送文化和旅游部非物质文化遗产司，文化和旅游部将组织向其他贫困地区宣传和推广。②

7月11日，文化和旅游部办公厅、国务院扶贫办综合司印发《关于支持设立非遗扶贫就业工坊的通知》。该文件从总体定位、工作目标、基本路径、工作任务四个方面对设立非遗扶贫就业工坊相关工作进行了说明。③该项工作将充分依托传统工艺带动贫困劳动力就近就业和稳定增收的独特优势，发挥文化在脱贫攻坚工作中“扶志”“扶智”的作用，帮助深度贫困地区建档立卡贫困人口参与学习传统工艺，

---

① 项兆伦：《非遗保护要“见人见物见生活”》（2018－06－06）［2019－01－18］，http：//paper.people.com.cn/rmrb/html/2018－06/06/nw.D110000renmrb_20180606_2－12.htm。

② 《文化和旅游部办公厅关于大力振兴贫困地区传统工艺助力精准扶贫的通知》，（2018－06－27）［2019－01－18］，http：//zwgk.mct.gov.cn/auto255/201807/t20180717_833855.html?keywords=。

③ 《文化和旅游部办公厅　国务院扶贫办综合司关于支持设立非遗扶贫就业工坊的通知》，（2018－07－11）［2019－01－18］，http：//zwgk.mct.gov.cn/auto255/201807/t20180717_833857.html?keywords=。

激发内生动力，有效促进就业，持续增加收入，助力精准扶贫。文化和旅游部、国务院扶贫办以深度贫困地区“三区三州”为重点，兼顾部分少数民族地区国家级贫困县，选取确定并公示了第一批“非遗＋扶贫”重点支持地区（共计10个），支持设立非物质文化遗产扶贫就业工坊。

截至12月底，河北、广西、青海等地已印发本地区“非遗＋扶贫”相关落实文件；河北、四川、贵州、甘肃、青海等地已设立非物质文化遗产扶贫就业工坊44家，非物质文化遗产保护已经成为助力精准扶贫的重要举措和具体抓手。

四、加强文化生态区建设，促进非物质文化遗产整体性保护

12月10日，《国家级文化生态保护区管理办法》（中华人民共和国文化和旅游部令第1号，以下简称《办法》）由雒树刚部长签署发布。《办法》包括四章三十八条具体内容。[①] 建设文化生态保护区是我国非物质文化遗产保护实践的探索与创举。与各级非物质文化遗产代表性项目名录重在保护文化表现形式不同的是，国家级文化生态保护区的保护对象是文化形态。文化形态既包括相关表现形式、存续状态，也依托于涵养它的文化生态系统。2007年“文化遗产日”（现为“文化和自然遗产日”）期间，文化部（现为文化和旅游部）授牌在福建省厦门、漳州、泉州三市设立我国第一个国家级文化生态保护实验区——闽南文化生态保护实验区。迄今，经国务院文化行政主管部门批准的国家级文化生态保护实验区共有21个，涉及17个省份的相关行政区域，包括亲缘文化（如羌族、客家文化生态保护实验区）、地缘文化（如陕北、晋中、潍水文化生态保护区）、业缘文化［如海洋渔文化（象山）、说唱文化（宝丰）生态保护区］相关文化类型的文化形态。

《办法》发布前，国家级文化生态保护区建设的政策性文件是2010年2月10日印发的《文化部关于加强国家级文化生态保护区建设的指导意见》（文非遗发〔2010〕7号，以下简称《意见》）。《意见》对全面推进我国非物质文化遗产整体性保护发挥了重要作用。相比《意见》而言，《办法》主要的变化包括文件性质、制定依据、指导思想、建设意义、建设理念、建设目标、申报设立条件等。

---

① 《国家级文化生态保护区管理办法》（2018－12－10）［2019－01－18］，http://zwgk.mct.gov.cn/auto255/201812/t20181225_836660.html?keywords=。

值得注意的是，《办法》强化了建设管理的相关责任，明确了总体规划实施 3 年后验收合格正式公布并授牌国家级文化生态保护区的去“实验”程序。《办法》也对已公布的国家级文化生态保护实验区建设管理工作依据其执行情况做了说明。申报设立国家级文化生态保护实验区的条件新增一项内容：“在省（区、市）内已实行文化生态区域性整体保护两年以上，成效显著。”这一条件将大力促进省（区、市）级文化生态保护区建设工作，进一步促进非物质文化遗产整体性保护的体系化进程。

10 月 29 日至 11 月 1 日，由文化和旅游部非物质文化遗产司主办，陕西省文化和旅游厅、延安市文化广电新闻出版局承办的西部地区国家级文化生态保护实验区建设经验交流活动在延安市举办。西部地区 7 个省（自治区、直辖市）文化和旅游厅（委）分管厅（委）领导、非遗处处长和 10 个国家级文化生态保护实验区所在地区文化部门负责同志共 110 余人参加交流活动。交流活动上，西部地区 7 个省（区、市）相关国家级文化生态保护实验区的代表先后发言，汇报、交流了热贡文化、羌族文化、迪庆民族文化、大理文化、陕北文化、铜鼓文化（河池）、黔东南民族文化、格萨尔文化（果洛）、武陵山区（渝东南）土家族苗族文化、藏族文化（玉树）共 10 个国家级文化生态保护实验区的工作机制、保护措施、建设成效等方面情况。与会代表对当前文化生态保护区建设中存在的问题进行了讨论，并提出了针对性意见和建议。文化和旅游部非物质文化遗产司司长陈通结合代表发言进行了总结讲话。他指出，当前西部地区 10 个国家级文化生态保护实验区建设工作成效显著，与旅游、精准扶贫等工作进行了有效对接，但在资金投入、人才队伍、理论研究、制度建设等方面仍存在不足。各地应当依据《中华人民共和国非物质文化遗产法》《文化部关于加强国家级文化生态保护区建设的指导意见》等文件，结合文化生态保护区总体规划开展建设工作；要注重以非物质文化遗产保护为核心，形成从项目保护到整体性、区域性保护的完整生态系统；在加大资金投入和政策支持力度的同时，也要加强整体保护氛围的营造；注重总结，完善制度建设，抓紧研究和建立绩效及评估工作机制；明确责任主体，夯实工作基础，多措并举地开创文化生态保护区建设工作新局面。[①]

① 《西部地区国家级文化生态保护实验区建设经验交流活动在陕西延安举办》（2018－12－10）［2019－01－18］，http：//www.ihchina.cn/11/56840.html。

本年度，文化和旅游部同意武陵山区（鄂西南）、武陵山区（渝东南）土家族苗族国家级文化生态保护实验区总体规划，相关规划进入实施阶段。

五、相关部门联合行动，促进非物质文化遗产传承教育顶层设计和落地实施的有效衔接

《中华人民共和国非物质文化遗产法》第三十四条规定："学校应当按照国务院教育主管部门的规定，开展相关的非物质文化遗产教育。"[①]5月10日，教育部发布《关于开展中华优秀传统文化传承基地建设的通知》（教体艺函〔2018〕5号），支持高校围绕民族民间音乐、民族民间美术以及民族民间舞蹈、戏剧、戏曲、曲艺、传统手工技艺和民族传统体育等传统文化项目建设传承基地，通过高校强大的学术理论资源和丰富的优秀人才资源，普及、保护、传承、创新、发展、传播优秀传统文化。中华优秀传统文化传承基地建设内容包括课程建设、社团建设、工作坊建设、科学研究、辐射带动、展示交流等六个方面。教育部将对认定的基地予以经费、课题、平台、政策等方面的支持。[②]

1月25日，由厦门市台湾艺术研究院、台湾戏曲学院青年剧团、厦门艺术学校、厦门市金莲陞高甲剧团共同主办的"闽南传统艺术种子培训"冬令营在厦门举行。在为期1周的冬令营活动中，台湾戏曲学院青年剧团的师生共23人，与厦门艺术学校高甲戏班学生一起学习水袖、团扇、把子、趟马等组合基本功。厦门市高甲戏非物质文化遗产代表性传承人吴晶晶、纪亚福、陈炳聪、吴伯祥等高甲名角组成的教学阵容手把手为台湾师生传授高甲戏《阿搭嫂》。

2月11日，中共四川省委宣传部、四川省教育厅、四川省文化厅（现为文化和旅游厅）等部门联合印发《四川省戏曲进校园实施方案》（川宣通〔2018〕3号）[③]（以下简称《方案》）。《方案》明确四川省戏曲进校园工作将分为4个阶段推进，

---

① 《中华人民共和国非物质文化遗产法》（2011－02－25）[2019－01－22]，http：//www.ihchina.cn/3/10377.html。

② 《教育部关于开展中华优秀传统文化传承基地建设的通知》（2018－05－14）[2019－01－22]，http：//www.moe.gov.cn/srcsite/A17/moe_794/moe_628/201805/t20180523_336874.html。

③ 《四川省戏曲进校园实施方案》（2018－02－26）[2019－01－22]，http：//www.sohu.com/a/224196811_756392。

从 2018 年起每半年为一个实施阶段。2018 年上半年，成都、自贡、泸州、德阳、绵阳、宜宾将先行试点；到 2018 年底，试点城市实现大中小学全覆盖，其他市（州）大中小学 50%覆盖。到 2019 年底，实现全省大中小学全覆盖，戏曲活动多姿多彩，戏曲教育丰富多样，争取实现全省大中小学所有学生每年免费欣赏 1 场优秀戏曲演出，戏曲进校园工作实现常态化、机制化、普及化。《方案》提出，戏曲进校园的主要形式包括开展戏曲教育活动，观看优秀戏曲作品，组织戏曲传习展演活动，建立戏曲特色学校、社团、基地等。为保障戏曲进校园工作有序开展，《方案》明确了四川戏曲进校园剧（节）目目录认定机制、演出实施考核机制、演出评估反馈机制、戏曲表演团体资格审核机制四大工作机制，并要求各市（州）建立由宣传部门牵头，教育、财政、文化、新闻出版广电、文联等部门（单位）参与组织和协调的机制，推进工作具体落实。

本年度，在宣传、教育、文化等部门联动下，逐步形成了非物质文化遗产传承教育顶层设计和落地实施的有效衔接。

六、年度非物质文化遗产保护工作深入推进

1. 传统工艺振兴计划深入实施

2017 年发布的《中国传统工艺振兴计划》（以下简称《计划》）指出："振兴传统工艺，有助于传承与发展中华优秀传统文化，涵养文化生态，丰富文化资源，增强文化自信；有助于更好地发挥手工劳动的创造力，发现手工劳动的创造价值，在全社会培育和弘扬精益求精的工匠精神；有助于促进就业，实现精准扶贫，提高城乡居民收入，增强传统街区和村落活力"。《计划》要求"立足中华民族优秀传统文化，学习借鉴人类文明优秀成果，发掘和运用传统工艺所包含的文化元素和工艺理念，丰富传统工艺的题材和产品品种，提升设计与制作水平，提高产品品质，培育中国工匠和知名品牌，使传统工艺在现代生活中得到新的广泛应用，更好满足人民群众消费升级的需要"。①

5 月 15 日，文化和旅游部、工业和信息化部发布第一批国家传统工艺振兴目

① 《国务院办公厅关于转发文化部等部门中国传统工艺振兴计划的通知》（2017－03－24）［2019－01－22］，http：//www.ihchina.cn/3/52171.html。

录，对纺染织绣、服饰制作、编织扎制、雕刻塑造、家具建筑、金属加工、剪纸刻绘、陶瓷烧造、文房制作、漆器髹饰、印刷装裱、食品制作、中药炮制、器具制作共 14 个门类的 383 个传统工艺项目予以重点支持。① 河北、青海、山东、湖北等地也公布了省级传统工艺振兴目录。

本年度，文化和旅游部非物质文化遗产司支持设立了 4 个传统工艺工作站，至此传统工艺工作站累计达到 14 个。非物质文化遗产司支持工作站参加国内外各类活动，开展交流研讨，设计孵化传统工艺产品，促成传承人与设计企业、高校等机构的跨界合作；支持举办“锦绣中华——非遗服饰秀”“杭州工艺周”“年画重回春节”等品牌活动。我国传统工艺与当代生活进一步结合，正在得到新的广泛应用。

2. 中国非物质文化遗产传承人群研培计划持续推进

中国非物质文化遗产传承人群研修研习培训计划（以下简称“研培计划”）旨在为非物质文化遗产传承提供高校的学术资源和教学资源支持，通过学习专业知识、研究主要技能和技术、开展多形式的交流研讨与实践，帮助非物质文化遗产项目持有者、从业者等传承人群强基础、拓眼界、增学养，提高文化自信和可持续发展能力，在秉承传统、不失其本的基础上实现为民族传承、为生活创新。

4 月 26 日，文化和旅游部与教育部、人力资源社会保障部联合印发《中国非物质文化遗产传承人群研修研习培训计划实施方案（2018—2020）》，对研培计划进行了系统部署，明确了今后 3 年工作目标和路径。② 文化和旅游部还印发了科学设置研培课程的通知，要求加强工作总结和绩效考核，建立研培院校动态调整机制。据统计，2018 年全年共举办各类传承人群研修研习培训班 143 期。

已实施 4 年的研培计划，全国累计举办培训班 590 期，培训学员 2.5 万人次，加上各地组织的延伸培训，覆盖传承人群已累计达 7.1 万人次。

3.1082人被认定为第五批国家级非物质文化遗产代表性项目代表性传承人，传承核心力量进一步加强

为加强非物质文化遗产传承人队伍建设，推动国家级非物质文化遗产代表性项

① 《文化和旅游部、工业和信息化部关于发布第一批国家传统工艺振兴目录的通知》（2018－05－31）[2019－01－22]，http：//www.ihchina.cn/3/56035.html。

② 《文化和旅游部教育部人力资源社会保障部关于印发〈中国非物质文化遗产传承人群研修研习培训计划实施方案（2018—2020）〉的通知（2018—2020）》（2018－05－03）[2019－01－22]，http：//www.ihchina.cn/14/54717.html。

目的传承发展，经各地申报、专家组初评、社会公示、评审委员会审议等程序，文化和旅游部于5月8日确定并公布了第五批国家级非物质文化遗产代表性项目代表性传承人名单，共1082人。[①] 此批代表性传承人认定主要关注3个方面：一是国务院新公布的第四批国家级代表性项目，二是前三批中无国家级代表性传承人的项目，三是现有国家级代表性传承人已去世的项目。在此次入选的1082人中，80岁以上的有107人，40岁以下的有7人，平均年龄为63岁；属于少数民族的有339人，占31%。至此，文化和旅游部（含原文化部）已认定五批国家级非物质文化遗产代表性项目代表性传承人，共计3068人。

4.展示传播异彩纷呈，保护非物质文化遗产重要意义的社会认知度明显提升

本年度“文化和自然遗产日”以“多彩非遗，美好生活”为主题，以“见人见物见生活”“活态传承、活力再现”“非遗让生活更美好”“新时代、新生活、新传承”为口号，全国共举办相关非物质文化遗产宣传展示活动3700多项。文化和旅游部、天津市人民政府于6月7日—14日在天津举办“全国非遗曲艺周”“文化和自然遗产日”主场活动，首次将127个曲艺类国家级非遗代表性项目近170个曲艺保护单位进行集中展演。中央电视台制作并播出《非遗公开课》，宣传非物质文化遗产保护理念，普及非物质文化遗产知识。在山东济南举办的第五届中国非物质文化遗产博览会展示了近年来全国非物质文化遗产保护工作取得的进展，成为“济南人民身边的非博会”和“全国人民看得见的非博会”，获得广大群众和专家学者的一致好评。

截至2018年12月31日，“中国非物质文化遗产保护中心”微信公众号（以下简称“公众号”）全年累计推送图文信息194篇，月均推送量16篇；总订阅用户数达22815人。在公众号原有内容基础上，中国非物质文化遗产保护中心本年度策划、推出了多个新的原创性专题内容，包括“1分钟知非遗事”“国际资讯汇”“非遗数据知多少”“老字号里话非遗”“联合国教科文组织非遗名录（名册）项目译介”等；同时对文化和自然遗产日、第五届中国非遗博览会等重要活动进行了现场报道。全年发布原创性内容108篇，占推送总量的56%。此外，光明网还开展了

① 《文化和旅游部关于公布第五批国家级非物质文化遗产代表性项目代表性传承人的通知》(2018-05-16)[2019-01-22]，http://www.ihchina.cn/3/54776.html。

2018 年度非遗年度人物评选工作，受到广泛关注。

5. 非物质文化遗产数字化保护体系逐步形成

（1）抢救性记录工程工作范围拓展，非物质文化遗产记录工程启动

国家级非物质文化遗产代表性传承人抢救性记录工程于 2015 年启动，是利用数字化技术对国家级代表性传承人传承实践活动进行全面记录的专项工作。随着相关工作成果的积累，原来针对年龄、身体等条件因素考虑选取的记录人选已逐渐拓展为所有国家级代表性传承人。本年度，文化和旅游部组织开展了非物质文化遗产记录工程总体方案制定工作：明确了指导方针，即在系统、全面、专业梳理现有记录成果基础上充分依靠社会各方力量，建立学术支撑，填平补齐，最终形成完整记录；制定了记录成果梳理规范；部署了民间文学和民俗项目记录成果梳理工作，并开展了培训，进行辅导，开发了成果填报系统；支持对 103 名国家级代表性传承人进行全面记录，对 2016 年支持的记录项目成果进行验收。

6 月 9 日，国家图书馆启动了“年华易老，技・忆永存——国家级非物质文化遗产代表性传承人抢救性记录工作成果展映月”系列活动。展映的 25 个项目成果是国家图书馆 5 月完成的首批抢救性记录项目验收的 227 个项目成果中的优秀成果。

（2）非物质文化遗产数字化标准纳入国家标准体系

7 月，国家标准化管理委员会发布了 2018 年度第二批国家标准制修订计划，由中国艺术研究院・中国非物质文化遗产保护中心起草并申报的《传统戏剧类非物质文化遗产数字资源采集方案编制规范》获准立项，后续将进入国家标准编制环节。该项标准是我国非物质文化遗产领域获批立项的第一个国家标准，该项标准的制定将为文化和旅游部“十三五”时期“非物质文化遗产记录工程”及相关工作的开展提供专业参考和依据，有效提升传统戏剧门类非物质文化遗产代表性项目资源采集工作的规范性和专业性，从而促进非物质文化遗产保护和传统戏剧的传承发展。

（3）建设“全国非物质文化遗产信息公共服务平台”，实现非物质文化遗产数据资源互通互联

5 月，中国非物质文化遗产保护中心启动了“全国非物质文化遗产信息公共服务平台”建设工作。该平台着力于为非物质文化遗产保护专业工作者、研究者和广大公众提供权威的非物质文化遗产数据信息服务、资源展示和知识服务。年内完成

了包括 3154 个国家级非物质文化遗产代表性项目（含扩展项目）、3068 个国家级非物质文化遗产代表性项目代表性传承人在内的一系列国家级非物质文化遗产基础数据信息的梳理、建档和入库应用工作，并吸纳了 3 个试点省份的省级非物质文化遗产基础数据信息，初步实现了与地方数据的互联互通。同时，作为平台建设的基础工作，中国非物质文化遗产保护中心编制了 17 项非物质文化遗产基础元数据标准（草案），为数据互通和平台建设夯实了标准基础。该平台的建设将有助于带动全国非物质文化遗产领域基础数据梳理、标准制定、数据库建设和数据资源互通共享等工作，进一步体现数字化保护在提高我国非物质文化遗产保护水平方面所起的重要作用。

4 月 22 日—24 日，首届数字中国建设峰会在福州举行，由福建省文化厅（现为文化和旅游厅）负责的“海上丝绸之路及边疆万里数字文化长廊”展览亮相峰会。通过“互联网 + 科技 + 非遗”的手段，以“听得见的非遗”“带得走的非遗”“学得来的非遗”三种简单、贴近生活的数字化方式，展示非遗、讲好非遗故事，呈现福建数字文化建设成果。

目前，我国非物质文化遗产数字化保护在资源采集、存储、管理、应用、共享方面的工作体系已初步形成。

6. 非物质文化遗产保护传承专业化水平显著提升

非物质文化遗产丰富多彩，存续状况千差万别。按照非物质文化遗产自身规律开展保护实践活动，是确保非物质文化遗产保护水平不断提升的基本认识。

10 月 20 日，“让古琴发声——中国艺术研究院藏古琴音乐展演”首场演出在中国艺术研究院拉开帷幕。多年来，作为联合国教科文组织人类非物质文化遗产代表作名录项目古琴艺术的申报和保护单位，中国艺术研究院在古琴艺术的抢救、保护与传承方面做了大量工作。中国艺术研究院图书馆是国内乃至国际收藏琴谱、琴器、古琴录音档案等最丰富的学术机构，现藏有唐代到民国时期的古琴 92 张，其中唐琴 1 张，宋琴 2 张，明琴多达 37 张，涉及琴式达十余种，藏琴量位居全国乃至世界之首。中国艺术研究院研究员、中国昆剧古琴研究会会长田青针对院藏古琴长眠于库房导致其生存样态改变的现状，提出了“让古琴发声”的倡议。在得到国家艺术基金的大力支持后，经过遴选，首批“发声”的珍贵传世古琴确定为枯木龙吟、鸣凤、真趣、小递钟、无名琴（蕉叶式）。此次展演古琴尽可能使用旧弦，对于不堪使用的旧弦，则使用由香港黄树志依古法所制的丝弦——太古琴弦。目前，5张琴状态稳定，音色迥然，古意高远。经由诸位琴家操缦，为现场观众带来来自久远年代的回声，引发了共鸣。

“让古琴发声”包括名琴保护研究、琴人切磋实践、听众参与互动等内容，涉及考古学、音乐学等研究领域，是非物质文化遗产传承实践与文物保护研究的琴瑟和鸣，是“让文物活起来”的创举，对提升非物质文化遗产保护传承专业化水平具有范式作用。

7.非物质文化遗产保护人才队伍的基础进一步夯实

本年度，文化和旅游部组织实施了全国非物质文化遗产保护工作先进集体、先进个人评选表彰工作，共表彰先进集体50个、先进个人99名；举办10期全国非物质文化遗产保护工作人员培训班、2期非物质文化遗产策展培训班、1期非物质文化遗产传播高级研修班和1期文化生态保护区建设高级研修班。千余名非物质文化遗产保护工作者参加了培训活动，学习了政策法规、文化理论、非物质文化遗产专业知识，分享了优秀案例，考察了保护实践示范机构，交流了保护工作经验，探讨了问题与对策。

七、理论研究成果丰硕，非物质文化遗产保护的智力支撑更加有力

非物质文化遗产的保护实践绵延着人类文明的历史性创造，观照着人们当下的社会生活，面向着人类可持续发展的未来。它的传承发展离不开理性思考，是以学术研究成果为基础的。本年度，非物质文化遗产的理论研究视野更加开阔，维度更加立体，成果更为丰富。

12月21日，中国艺术研究院院长、党委书记、中国非物质文化遗产保护中心主任韩子勇在为“文化生态保护区建设高级研修班”学员讲授“新时代、新融合——非物质文化遗产保护的几个关系”时，阐释了非物质文化遗产保护理念、原则、维度、方向等。具体内容包括以下10个方面：用习近平新时代中国特色社会主义思想统领非物质文化遗产保护传承工作；站在历史发展的大尺度上看待非物质文化遗产的形成、演变和传承发展；站在文化自信的高度看待非物质文化遗产的价

值和意义；立足新时代中国社会的基本矛盾寻找非物质文化遗产保护传承工作的突破口；用政治眼光看文化，把握好非物质文化遗产多样性与“四个认同”的关系；用社会的眼光看文化，见人见物见生活；理性认识现代化和非物质文化遗产保护传承的关系；以人民为中心，推动优秀传统文化创造性转化、创新性发展；在生产生活方式的变迁中建构新的保护传承通道，做好文化生态保护区工作；文旅融合，激发非物质文化遗产保护传承工作的活力。

中国艺术研究院常务副院长吕品田研究员的《以手工造就人本身》一文分析了手工与人的关系，并提出：“手工艺是富含自我体验价值的实践形态。在生活水平较高、生活节奏较快的大城市也已出现专注手工艺体验的新业态，也许目前还不够成熟不够普遍，但随着对现代工业文明体验与认识程度的提高，它在未来体验型经济中的占比一定会大幅度提升以致呈现蓬勃发展之势。”[①] 该文对手工艺的发展趋势进行了深刻分析。

中国社会科学院学部委员、民族文学研究所所长朝戈金研究员的《从招财猫传统到借势宠物消费——非遗传承新业态的创造性转化与创新性发展》一文提出：“创造性转化”和“创新性发展”是对优秀传统文化的继承和发展问题的又一次升华，而且特别提到“创造性”和“创新性”这两个特性，强调“转化”和“发展”这两个归旨。他认为，以“非物质文化遗产工作而论，其历史轨辙、现实遭际、地方知识、美学品格、传承规律、实践方式、社会功能、文化意义等，都在通过迥异于传统的方式和平台，以难以想象的速度和广度传播和接受。声音、文字、影像、超文本链接、云技术等，即便没有取代传统非遗的存在方式和传播方式，也已经成为非遗传承和传播的新业态、新走向。能够大为便捷地接触到非遗，就为人们的学习和欣赏、继承和发展、改编和创新提供了极大的便利。这方面，转化和发展的成功事例很多。在艺术领域，可以举出改编自传统故事大获成功的影视作品；在商业转化领域，可以看到传统习俗信仰与当代生活的对接，如招财猫的传统就借势宠物消费潮流形成商业热点，如传统刺绣工艺大踏步进入高端时尚设计等，都是随处可见的事例。非物质文化遗产的创造性转化和创新性发展，能够让人们在享受舒适便捷健康的当代产品和服务时，不会失去历史连续感，不会失去文化基质的承传、文

① 吕品田：《以手工造就人本身》（2018－11－22）［2019－01－22］，http：//www.ihchina.cn/8/56894.html。

化养分的汲取，并建立坚定的文化自信心与自豪感”。[①]

中国艺术研究院曲艺研究所所长吴文科研究员的《让中国曲艺更好地“走出去”》一文立足“文化走出去”的时代背景和要义，阐释了曲艺传承传播规律，提出了中国曲艺“走出去”的策略。吴文科认为：与文化“走出去”宏观战略的相关要求相比，与中国曲艺品种数量比较繁多的资源优势相比，已经取得的这些成绩还远远不够。[②]

中国社会科学院文学研究所安德明研究员的《以社区参与为基础构建人类命运共同体——社区在非物质文化遗产保护中的重要地位》一文论述了构建人类命运共同体理念的提出，对于深刻认识和解决当前国际社会所面临的种种难题具有十分重要的启发和引领意义。这一理念同联合国教科文组织所倡导和推进的非物质文化遗产保护的宗旨既有高度的一致性，又有更为普遍、更为一般的指导性。而非物质文化遗产保护工作的不断展开，尤其是随着其所强调的“以社区为中心”原则的不断普及，反过来又会从文化交流的角度为推广“和而不同”的文化多样性观念，进而推动人类命运共同体的建设发挥具体而切实的作用。[③]

中国文艺评论家协会副主席向云驹的《记录传承人口述史十万火急》一文提出：“传承人口述史是当前非遗保护新呈现的一个最鲜活、最重大的理论问题和理论创新，是我们为世界非遗保护提供的中国方案、中国智慧、中国创造。我们必须把传承人口述史放在一个紧迫、严峻、重要的地位予以严重关切和强力推行，否则我们将继续失去；我们必须把传承人口述史的方法论结构、组合完善起来，工欲善其事必先利其器，要推广传承人口述史，必先建立和推行传承人口述史的方法论。”[④] 该文基于非物质文化遗产濒危性提出了记录传承人口述史的紧迫性。

1月17日，国家新闻出版广电总局官方网站发布了《关于第四届中国出版政府奖表彰决定》，正式公布“第四届中国出版政府奖获奖名单”和“第四届中国出版

---

① 朝戈金：《从招财猫传统到借势宠物消费——非遗传承新业态的创造性转化与创新性发展》（2018－09－18）[2019－01－22]，http：//www.ihchina.cn/8/56645.html。

② 吴文科：《让中国曲艺更好地“走出去”》（2018－01－24）[2019－01－22]，http：//www.ihchina.cn/8/54216.html。

③ 安德明：《以社区参与为基础构建人类命运共同体——社区在非物质文化遗产保护中的重要地位》（2018－06－06）[2019－01－22]，http：//www.ihchina.cn/8/56090.html。

④ 向云驹：《记录传承人口述史十万火急》（2018－07－02）[2019－01－22]，http：//www.ihchina.cn/8/56273.html。

政府奖获提名奖名单”，其中，由中国艺术研究院组织编纂、安徽文艺出版社出版的《昆曲艺术大典》荣获第四届中国出版政府奖图书奖。《昆曲艺术大典》编纂工程于 2004 年由中国艺术研究院正式启动，十余年间，先后有百余位大陆及港澳台地区老、中、青专家学者及出版工作者参与编纂和出版工作。《昆曲艺术大典》所收内容为明代中叶以来六百多年间昆曲最重要的文字文献、谱录文献、图片资料、音像资料文献、昆曲传承人的文化遗存等。全书版面字数约 9005 万，其中整理编纂文字文献 2230 余万字，影印文献 396 种（套）7 万多面，图片 6000 余幅，录音 120 余小时，录像 400 余小时，成书 149 册。《昆曲艺术大典》突破传统集成式图书编纂形式，借助文字文献、音像资料、图片资料等多种形式，立体形象、多层次、多侧面地展示中国昆曲艺术在舞台表演、传统文化历史等方面的遗存；同时，它最大限度地收集、整理了各类昆曲文献。《昆曲艺术大典》的编纂出版得到了学界、业界等方面的高度评价，它被认为是迄今为止对我国昆曲艺术最大规模，最为系统、全面和科学地保护、整理与研究的成果。①

1 月 22 日—23 日，中国民间文艺家协会（以下简称“民协”）第九届主席团第四次会议及中国民协 2018 年工作会议在河南郑州举行，中国文联副主席、中国民协主席潘鲁生在会议上宣布启动《中国民间文学大系》出版工程。② 该工程由中国文联总负责，由中国民协具体组织实施，其总体目标是：通过整理和收集中国民间文学资料，出版大型文库《中国民间文学大系》并建立电子文献数据库，并通过这一工程的运行开展一系列以中国民间文学为主题的社会活动，促进全社会共同参与民间文学的发掘、保护、传播，形成全社会热爱民间文学的热潮，形成德在民间、艺在民间、文在民间的共识，以进一步坚定文化自信与文化自觉，不断筑牢和夯实建设社会主义先进文化的群众基础。《中国民间文学大系》按照神话、史诗、民间传说、民间故事、民间歌谣、民间长诗、民间说唱、民间小戏、谚语、民间文学理论等类别与系列编选，计划出版 1000 卷，每卷 100 万字。2018 年将分批推出示范卷。

10 月 12 日，中国艺术研究院舞蹈研究所举办了“南疆地区非遗传统舞蹈传承

① 《〈昆曲艺术大典〉荣获第四届中国出版政府奖》（2018－01－18）［2019－01－22］，http：//www.ihchina.cn/11/54187.html。

② 《〈中国民间文学大系〉出版工程全面启动》（2018－01－23）［2019－01－22］，http：//www.chinesefolklore.org.cn/web/index.php?NewsID=17159。

现状学术调研报告会”。在会上考察团成员呼吁，传统舞蹈的传承，自古乐、舞难以分离，且不能脱离其民俗环境，要注重对舞蹈类非遗的整体性保护。

12 月 8 日—9 日，“‘一带一路’国家的非物质文化遗产保护与乡村振兴”国际学术研讨会在北京举行。会议由北京师范大学文学院主办，北京师范大学文学院民间文学研究所承办，国际民俗学会联合会和中国社会科学院文学研究所民间文学研究室协办。会议围绕“非遗保护与乡村振兴”这一主题展开，与会专家交流了各国在非遗保护和实现乡村振兴方面的举措、经验以及目前存在的问题，话题涉及非遗如何促进乡村振兴，理论探索与实践经验，社区主体性、遗产旅游、民间工艺等与乡村振兴的关系，作为资源的口头传统，列入非遗名录对乡村的影响，以及对遗产化的反思等。

12 月 28 日，“传统手工艺的当代转换——2018 中国工艺美术理论与批评论坛”在北京召开。本次活动由中国艺术研究院・中国非物质文化遗产保护中心主办，中国艺术研究院工艺美术研究所（中国非物质文化遗产保护中心传统技艺研究室）承办，来自全国各地的专家学者、工艺美术大师、非物质文化遗产代表性传承人等 50 余人参加论坛，共同就传统手工艺在当代社会的功能以及如何应对社会变迁等议题展开讨论。

八、深入开展国际交流与合作，深化《公约》实践

1. 中国高票当选保护非物质文化遗产政府间委员会委员

6 月 4 日—6 日，《保护非物质文化遗产公约》（以下简称《公约》）缔约国大会第 7 届会议在联合国教科文组织巴黎总部召开。156 个缔约国、59 个教科文组织认证的非政府组织、3 个政府间组织、6 个教科文组织支持的二类中心及其他机构代表共计 700 余人出席会议。联合国教科文组织文化助理总干事奥托内出席开幕式并致辞。会议审议了保护非物质文化遗产政府间委员会（以下简称“委员会”）和《公约》秘书处的工作报告、非物质文化遗产基金使用方案、《公约》全面成果框架；修订了《公约》操作指南与履约报告相关的内容，将缔约国提交履约报告的周期由批约后每 6 年提交一次逐渐过渡到每 6 年按地区组轮流提交；认证了可向委员会提供咨询服务的 29 个非政府组织；改选了半数委员会委员国，包括中国在内

的 12 个国家当选，任期至 2022 年 6 月。我国以 123 票高票当选，有效宣介了我国非物质文化遗产保护实践成果和对人类非物质文化遗产保护事业的贡献，提升了我国的国际影响力。此外，会议充分肯定了中国近年以承办联合国教科文组织相关会议、向非物质文化遗产基金持续捐款等形式提供的支持。

2. 保护非物质文化遗产政府间委员会第 13 届常会在毛里求斯路易港举办，我国申报的“藏医药浴法”通过审议列入人类非物质文化遗产代表作名录

11 月 26 日—12 月 1 日，联合国教科文组织保护非物质文化遗产政府间委员会（以下简称“委员会”）第 13 届常会在毛里求斯首都路易港召开。来自联合国教科文组织总部、24 个委员国、102 个非委员国的缔约国、73 个教科文组织认证的非政府组织、6 个教科文组织支持的二类中心和各国媒体代表共计 800 余人出席会议。联合国教科文组织总干事阿祖莱、文化助理总干事奥托内出席会议。会议审议了《公约》缔约国提交的 32 份履约报告；评审通过了 40 个非物质文化遗产项目列入各类名录、名册；确定 2020 年和 2021 年可受理的申报项目数量继续维持在每年 50 项；确定从 2020 年起实施新的按地区轮流提交履约报告制度及轮流提交顺序，我国所在的亚太地区组将于 2024 年底前提交。

我国申报的“藏医药浴法——中国藏族有关生命健康和疾病防治的知识与实践”经委员会评审，列入人类非物质文化遗产代表作名录。该项目因其作为活态遗产对提升有关自然和宇宙知识的认识具有巨大潜力而被审查机构列为范例之一。至此，我国有 40 个项目入选联合国教科文组织各类名录、名册，数量保持在世界第一。

在联合国教科文组织的积极斡旋下，本届会议上朝鲜和韩国同意合并此前各自提出的申报项目，联合申请将朝鲜族传统摔跤列入人类非物质文化遗产代表作名录，获得委员会一致通过。

3. 联合国教科文组织高级官员访华，深入沟通中国履约实践相关工作

应中华人民共和国文化和旅游部邀请，联合国教科文组织新任文化助理总干事奥托内一行 2 人于 9 月 23 日—27 日访问北京、甘肃。在甘肃期间，奥托内出席了第三届丝绸之路（敦煌）国际文化博览会开幕式，并与雒树刚部长进行了工作会谈，双方就文化和旅游部与教科文组织未来在保护文化遗产和文化多样性、促进可持续发展及相关合作意向等方面进行了深入沟通。

4. 亚太地区非物质文化遗产国际培训中心续约协议签署，继续承担培训工作

继2017年亚太地区非物质文化遗产国际培训中心（以下简称“亚太中心”）顺利通过联合国教科文组织评估后，《中华人民共和国政府与联合国教育、科学及文化组织（联合国教科文组织）关于续延设于中华人民共和国北京由联合国教科文组织支持的亚太地区非物质文化遗产国际培训中心（第2类）的协议》于8月正式签署。该协议自生效之日起，有效期为6年。亚太中心将继续发挥其培训职能，为实现教科文组织非物质文化遗产保护能力建设战略和提升亚太地区成员国非物质文化遗产保护能力服务。12月18日—19日，亚太中心管委会第七次会议和咨委会第五次会议在北京举行。

2018年，设在中国艺术研究院的联合国教科文组织亚太地区非物质文化遗产国际培训中心积极推进联合国教科文组织全球非物质文化遗产保护能力建设战略在亚太地区的落实，先后在吉尔吉斯斯坦、瓦努阿图、泰国、哈萨克斯坦、韩国、中国、孟加拉国和巴基斯坦举办了8期培训班，学员来自23个国家，直接受益人员共241人次。联合国教科文组织《保护非物质文化遗产公约》秘书处在向第十三次政府间委员会陈述年度工作时，专门提到亚太中心为全球能力建设战略实施所做的贡献。联合国教科文组织文化助理总干事拉米雷斯9月来亚太中心访问时高度肯定了亚太中心为亚太地区乃至世界的非物质文化遗产保护事业做出的杰出贡献，并高度赞赏中心这些年密切配合联合国教科文组织的战略部署、在亚太地区积极开展能力建设工作所取得的成就。与此同时，该中心还积极配合国家文化外交，及时了解国际保护动态，传播推介了我国的保护经验，努力发挥智库作用。

5. 我国列入联合国教科文组织非物质文化遗产名录（名册）项目履约工作不断深化

本年度，文化和旅游部对列入联合国教科文组织非物质文化遗产名录（名册）项目的制度性、规范性保护正式提上日程，支持二十四节气、中国蚕桑丝织技艺等14个已入选的人类非遗代表作项目开展“3+N”（每年1个行动计划、1次论坛研讨、1份工作总结、N项具体活动）保护工作试点。受文化和旅游部委托，中国非物质文化遗产保护中心组织实施了14个试点项目年度保护工作，指导其开展“3+N”保护工作。年底前，已组织相关专家完成赴北京、江苏等六省（直辖市）调

研相关项目保护计划制订及实施情况等工作。

九、问题与思考

1. 围绕新时代、新要求，采取问题导向，补短板、强弱项，着力推动非物质文化遗产存续发展和保护传承中的不平衡、不充分问题的解决

继承和弘扬中华优秀传统文化、促进社会主义精神文明建设是保护非物质文化遗产的目标任务。进入新时代，我国社会的主要矛盾转化为人民日益增长的美好生活需要和不平衡不充分的发展之间的矛盾。我们应围绕推动解决新时代社会主要矛盾，梳理非物质文化遗产存续发展的不平衡、不充分性和保护传承工作的不平衡、不充分，补短板、强弱项，从供给侧发力，在遵循社会发展规律和非物质文化遗产保护传承规律的基础上，探索更加有效的保护方式，进一步优化相关工作机制和资源，不断提高保护传承能力与水平。

2. 充分尊重、调动、支持社会各界广泛参与非物质文化遗产保护，提升合力效能

我国非物质文化遗产保护工作起步早、起点高、成效显著，从根本上说是得益于我们的制度优势和对“政府主导、社会参与，明确职责、形成合力；长远规划、分步实施，点面结合、讲求实效”的保护工作原则的坚持。近几年随着非物质文化遗产保护理念的深入人心，在各级政府的鼓励下，在相关优惠政策的推动下，相当多的企业、团体、群体等社会力量积极投入保护工作。如何完善和强化指导社会力量参与保护工作的机制，使非物质文化遗产保护传承工作形成更加深厚、更富活力、融合贯通的有机整体，需要进一步从政府职能优化、社会资源现状和非物质文化遗产传承实践主体意愿 3 个主要方面加以重点思考。《中华人民共和国非物质文化遗产法》和联合国教科文组织《保护非物质文化遗产公约》是我国开展非物质文化遗产保护的两份重要法律文件，其性质是行政性法律，规定了行政机关、机构的权利与义务。非物质文化遗产孕育、传承、发展于民众的社会生产生活，具有鲜明的社会属性。全社会参与非物质文化遗产保护，是确保非物质文化遗产生命力的重要基础。鼓励并进一步激发社会力量参与非物质文化遗产保护，显现合力能效，需要各级行政部门做好指导和引导。相关行政部门要更加坚定地把握非物质文化遗产

保护公益性的根本原则，为社会力量参与保护的资源投入、效益回报提供更好的服务条件，为传承实践者相关权益保障提供更有力的支撑。只有不断地完善融合性、贯通性、整体性的工作机制，才能更好地保持并发挥我国非物质文化遗产保护的制度优势，不断提升全社会参与保护的合力能效。

3. 充分认识“非遗进校园”的意义，着力提高青少年的文化自信

非物质文化遗产是人类文化多样性最为直观的写照，是人类伟大创造力的重要成果，是人类非凡智慧的生动见证。提高青少年对非物质文化遗产及其保护的重要意义的认识，是联合国教科文组织开展非物质文化遗产保护的一个重要动议。经过多年努力，“非遗进校园”活动已在各地大中小学踊跃开展，对于激发青少年的中华文化认同感起到了不可忽视的作用。剪纸、古琴艺术、年画、太极拳、书法、二十四节气等非物质文化遗产已成为广大师生耳熟能详的文化表现形式。古琴进校园，不仅要在音乐课上讲授古琴的弹奏方法，还应介绍“破琴绝弦”的知音典故及中国人的友情境界；太极拳进校园，不仅要在体育课上传授太极拳招式，还要让学生们知道《易经》及中国人阴阳循环、天人合一的哲学思想和养生观念。每一项非物质文化遗产都有着丰富的内涵。“非遗进校园”要通过相关非物质文化遗产知识传授、能力培养，促进青少年增强文化自信，从而自觉传承传播中华优秀传统文化。要加强“非遗进校园”师资能力建设，鼓励非物质文化遗产保护传承专业人员进校园上讲台；要从包括非物质文化遗产在内的经验、知识、技能传统习得方式变迁层面认识学校教育在非物质文化遗产传承保护中日益重要的作用，不断拓展代际人才培养通道。

本年度有一段温暖而有深义的话语，分享给大家：

> 当人类越来越了解外界与自身，依然需要幻想性的艺术创造。嫦娥住在广寒宫，玉兔在捣药，那棵桂花树开得正好，人物、动物、植物、建筑物，那是另一个世界。尽管我们已经知道月球不过是一个星体，但还是要保留这个美好的传说。尤其对孩子来说，刚刚认识月亮的时候，应该听到这样的故事，人类也需要保持这样的童心，这是人之所以为人的智慧，也是我们幸福感的来源。
>
> ——中国社会科学院荣誉学部委员刘魁立在2018年中秋节之时接受采访时

所说的话[①]

（本文部分数据由文化和旅游部非物质文化遗产司、国际交流与合作局和联合国教科文组织亚太地区非物质文化遗产国际培训中心提供，特此鸣谢！）

课题主持机构：中国艺术研究院·中国非物质文化遗产保护中心

主　笔：罗　微

撰稿人：罗　微　张勍倩

编辑、统筹：傅　秋

① 蒋肖斌:《一个节日的保护与传承：我们为什么要过中秋》(2018－09－25)[2019－01－22], http：//news.eastday.com/s/20180925/u1ai11845855.html。